研究生教学用书

现代无机道路工程材料

梁乃兴　主编
王秉纲　主审

人民交通出版社

内 容 提 要

本书对无机道路工程材料从分类、结构特性、工程技术性质、强度及结构形成机理、技术标准、在路面工程中的适用性、施工及使用过程中的性能及性能变化特点等方面作了较为系统、完整的论述，从道路路面使用的角度对材料的结构、性能及适用性进行了科学的解释及描述。同时，书中给出了较为详尽的材料参数资料，以方便读者使用。

本书可作为土木工程道路方向的研究生教材，也可作为相关研究人员的参考资料，亦可供工程技术人员参考使用。

图书在版编目(CIP)数据

现代无机道路工程材料/梁乃兴主编．—北京：人民交通出版社，2011.6
ISBN 978-7-114-09139-1

Ⅰ.①现… Ⅱ.①梁… Ⅲ.①道路工程 - 无机材料：工程材料 - 研究生 - 教材 Ⅳ.①414

中国版本图书馆 CIP 数据核字(2011)第 093944 号

研究生教学用书
书　　名：现代无机道路工程材料
著 作 者：梁乃兴
责任编辑：沈鸿雁　郑蕉林
出版发行：人民交通出版社
地　　址：(100011)北京市朝阳区安定门外外馆斜街 3 号
网　　址：http://www.ccpress.com.cn
销售电话：(010)59757969,59757973
总 经 销：人民交通出版社发行部
经　　销：各地新华书店
印　　刷：北京盈盛恒通印刷有限公司
开　　本：787×1092　1/16
印　　张：21.25
字　　数：528 千
版　　次：2011 年 6 月　第 1 版
印　　次：2011 年 6 月　第 1 次印刷
书　　号：ISBN 978-7-114-09139-1
定　　价：42.00 元

21世纪交通版
高等学校教材(公路与交通工程)编审委员会

总　序

当今世界，科学技术突飞猛进，全球经济一体化趋势进一步加强，科技对于经济增长的作用日益显著，教育在国家经济与社会发展中所处的地位日益重要。进入新世纪，面对国际国内经济与社会发展所出现的新特点，我国的高等教育迎来了良好的发展机遇，同时也面临着巨大的挑战，高等教育的发展处在一个前所未有的重要时期。其一，加入WTO，中国经济已融入到世界经济发展的进程之中，国家间的竞争更趋激烈，竞争的焦点已更多地体现在高素质人才的竞争上，因此，高等教育所面临的是全球化条件下的综合竞争。其二，我国正处在由计划经济向社会主义市场经济过渡的重要历史时期，这一时期，我国经济结构调整将进一步深化，对外开放将进一步扩大，改革与实践必将提出许多过去不曾遇到的新问题，高等教育面临加速改革以适应国民经济进一步发展的需要。面对这样的形势与要求，党中央国务院提出扩大高等教育规模，着力提高高等教育的水平与质量。这是为中华民族自立于世界民族之林而采取的极其重大的战略步骤，同时，也是为国家未来的发展提供基础性的保证。

为适应高等教育改革与发展的需要，早在1998年7月，教育部就对高等学校本科专业目录进行了第四次全面修订。在新的专业目录中，土木工程专业扩大了涵盖面，原先的公路与城市道路工程，桥梁工程，隧道与地下工程等专业均纳入土木工程专业。本科专业目录的调整是为满足培养"宽口径"复合型人才的要求，对原有相关专业本科教学产生了积极的影响。这一调整是着眼于培养21世纪社会主义现代化建设人才的需要而进行的，面对新的变化，要求我们对人才的培养规格、培养模式、课程体系和内容都应作出适时调整，以适应要求。

根据形势的变化与高等教育所提出的新的要求，同时，也考虑到近些年来公路交通大发展所引发的需求，人民交通出版社通过对"八五"、"九五"期间的路桥及交通工程专业高校教材体系的分析，提出了组织编写一套21世纪的具有鲜明交通特色的高等学校教材的设想。这一设想，得到了原路桥教学指导委员会几乎所有成员学校的广泛响应与支持。2000年6月，由人民交通出版社发起组织全国面向交通办学的12所高校的专家学者组成21世纪交通版高等学校教材（公路类）编审委员会，并召开第一次会议，会议决定着手组织编写土木工程专业具有交通特色的**道路专业方向、桥梁专业方向以及交通工程专业**教材。会议经过充分研讨，确定了包括**基本知识技能培养层次、知识技能拓宽与提高层次**以及**教学辅助层次**在内的约130种教材，范围涵盖**本科**与**研究生用**教材。会后，人民交通出版社开始了细致的教材编写组织工作，经过自由申报及专家推荐的方式，近20所高校的百余名教授承担约130种教材的主编工作。2001年6月，教材编委会召开第二次会议，全面审定了各门教材主编院校提交的教学大纲，之后，编写工作全面展开。

21世纪交通版高等学校教材编写工作是在本科专业目录调整及交通大发展的背景下展开的。教材编写的基本思路是：(1)顺应高等教育改革的形势，专业基础课教学内容实现与土木工程专业打通，同时保留原专业的主干课程，既顺应向土木工程专业过渡的需要，又保持服务公路交通的特色，适应宽口径复合型人才培养的需要。(2)注重学生基本素质、基本能力的培养，为学生知识、能力、素质的综合协调发展创造条件。基于这样的考虑，将教材区分为二个主层次与一个辅助层次，即基本知识技能培养层次与知识技能拓宽与提高层次，辅助层次为教学参考用书。工作的着力点放在基本知识技能培养层次教材的编写上。(3)目前，中国的经济发展存在地区间的不平衡，各高校之间的发展也不平衡，因此，教材的编写要充分考虑各校人才培养规格及教学需求多样性的要求，尽可能为各校教学的开展提供一个多层次、系统而全面的教材供给平台。(4)教材的编写在总结"八五"、"九五"工作经验的基础上，注意体现原创性内容，把握好技术发展与教学需要的关系，努力体现教育面向现代化、面向世界、面向未来的要求，着力提高学生的创新思维能力，使所编教材达到先进性与实用性兼备。(5)配合现代化教学手段的发展，积极配套相应的教学辅件，便利教学。

教材建设是教学改革的重要环节之一，全面做好教材建设工作，是提高教学质量的重要保证。本套教材是由人民交通出版社组织，由原全国高等学校路桥与交通工程教学指导委员会成员学校相互协作编写的一套具有交通出版社品牌的教材，教材力求反映交通科技发展的先进水平，力求符合高等教育的基本规律。各门教材的主编均通过自由申报与专家推荐相结合的方式确定，他们都是各校相关学科的骨干，在长期的教学与科研实践中积累了丰富的经验。由他们担纲主编，能够充分体现教材的先进性与实用性。本套教材预计在二年内完全出齐，随后，将根据情况的变化而适时更新。相信这批教材的出版，对于土木工程框架下道路工程、桥梁工程专业方向与交通工程专业教材的建设将起到有力的促进作用，同时，也使各校在教材选用方面具有更大的空间。需要指出的是，该批教材中研究生教材占有较大比例，研究生教材多具有较高的理论水平，因此，该套教材不仅对在校学生，同时对于在职学习人员及工程技术人员也具有很好的参考价值。

21世纪初叶，是我国社会经济发展的重要时期，同时也是我国公路交通从紧张和制约状况实现全面改善的关键时期，公路基础设施的建设仍是今后一项重要而艰巨的任务，希望通过各相关院校及所有参编人员的共同努力，尽快使全套21世纪交通版高等学校教材(公路类)尽早面世，为我国交通事业的发展做出贡献。

21世纪交通版
高等学校教材(公路类)编审委员会
人民交通出版社
2001年12月

前　言

为适应公路交通建设事业的发展、满足高等教育对路面工程材料方面知识的需要，21世纪交通版高等学校教材(公路与交通工程)编审委员会组织编写本教材作为道路与铁道工程专业及相关专业研究生的教材。

道路工程材料的适用性、材料的品质、材料合理的组成设计及施工工艺对道路的使用性能起决定性的作用。对道路工程材料的正确认识及了解是合理、有效地使用路面材料的基本前提。

近年来，随着交通建设事业的发展，交通科技也得到了快速发展，在道路工程材料领域有许多的研究成果。有些研究成果已在道路工程中得到应用，并取得了良好的效果，推进了公路工程技术的发展与进步。

编者对有关路面无机工程材料的主要论著及路面无机工程材料领域近期的许多研究成果进行了汇总、分析及整理，并加入编者的部分研究成果，编成此教材，以适应研究生教育对无机道路工程材料领域的需要。本书对主要的无机道路工程材料从分类、结构特性、工程技术性质、强度及结构形成机理、技术标准、在路面工程中的适用性、施工及使用过程中的性能及性能变化特点等方面作了较为系统完整的论述。本书试图从道路路面使用的角度对材料的结构、性能及适用性给予科学的解释与描述。同时，书中给出了较为详尽的材料参数资料，以方便读者使用。

本书由重庆交通大学梁乃兴、梅迎军、李志勇编写。其中，第一章、第二章、第三章由梁乃兴编写，第四章、第五章、第八章由梅迎军编写，第六章、第七章由李志勇编写。全书由梁乃兴主编并统稿，由王秉纲主审。

在本书的编写过程中，重庆交通大学图书馆在资料搜集方面给予了帮助，在此表示感谢。

由于编者水平所限，谬误之处在所难免，欢迎读者批评指正。

作　者

2011年4月

目　录

第一章 水 泥

在建筑材料中，水泥占有重要的地位。它是基本建设的主要材料之一，广泛用于工业、农业、国防、交通、城市建设、水利以及海洋开发等工程建设。在公路交通建设中，水泥起着非常重要的作用，也越来越显示出它在技术经济上的优越性。

凡以适当成分的生料烧至部分熔融，所得以硅酸钙为主要成分的硅酸盐水泥熟料，加入适量的石膏，磨细制成的水硬性胶凝材料，称为硅酸盐水泥。

由硅酸盐水泥熟料，掺入不大于15%的活性混合材料或不大于10%的非活性混合材料以及适量石膏经磨细制成的水硬性胶凝材料，称为普通硅酸盐水泥(简称普通水泥)。将硅酸盐水泥熟料与一定量粒化高炉矿渣或火山灰质材料或粉煤灰混合，并掺入适量石膏共同磨细，还可以配制成矿渣水泥、火山灰水泥、粉煤灰水泥等。

第一节 硅酸盐水泥

一、硅酸盐水泥的组成与生产

1. 硅酸盐水泥的生产

目前，硅酸盐水泥的生产技术概括起来，称为两磨一烧，即：生料的配制与磨细，将生料经煅烧使之部分熔融形成熟料，将熟料与适量石膏共同磨细成为硅酸盐水泥。上述过程中最关键的一环是通过煅烧形成具有我们所要求的熟料矿物。硅酸盐水泥生产流程如图1-1所示。

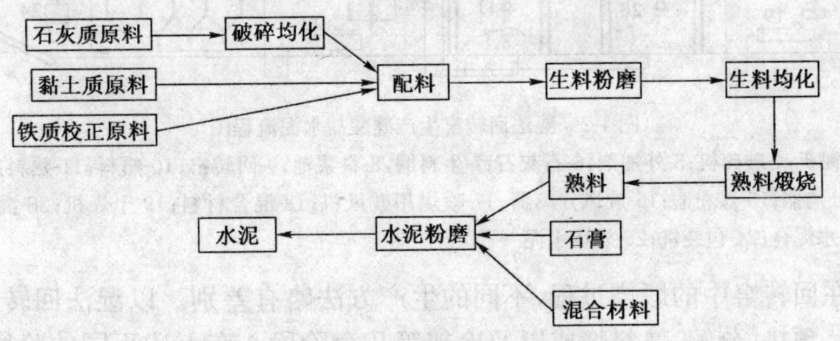

图1-1 硅酸盐水泥生产流程示意图

(1)生产硅酸盐水泥的原料

生产硅酸盐水泥的原料主要是石灰质原料和黏土质原料两类。石灰质原料主要提供CaO，它可以采用石灰石、白垩、石灰质凝灰岩等。黏土质原料主要提供SiO_2、$A1_2O_3$以及少量的Fe_2O_3，它可以采用黏土、黏土质页岩、黄土等。如果所选用的两种原料按一定的配比组合还满足不了形成熟料矿物的化学组成的要求时，则要加入第三、甚至第四种原料加以调整。例如，当生料中Fe_2O_3含量不足时，可以加入黄铁矿渣或含铁高的黏土等加以调整；生料中SiO_2

的含量不足时，可以加入硅藻土、藻石、蛋白土、火山灰、硅质渣等加以调整；生料中 Al_2O_3 含量不足时，可以加入铁矾土废料或含铝高的黏土加以调整。此外，为了改善煅烧条件，常常加入少量的矿化剂，如萤石等。

(2)生料的配制

生料的配制技术，主要包括以下几个方面：按指定的化学成分确定所选用的各种原料的比例，同时或分别将这些原料磨细到规定的细度，并且使它们混合均匀，从而为煅烧过程创造良好的条件。生料的制备方法有干法和湿法两种。当采用干法制备时，先将原料干燥，而后粉碎，混合、磨细而得生料粉，再通过预均化措施(如采用空气搅拌)，使之得到混合均匀的生料粉；当采用湿法制备生料时，先将石灰石破碎至大小为 8～25mm 的颗粒，同时将黏土压碎，并将其加入到淘泥池中淘洗。然后，将经破碎后的石灰石与黏土泥浆按配料的要求，共同在生料磨中湿磨，所得生料浆可以用泵送入料浆库，在料浆库中对其化学成分再进行调整，然后用泵送至料浆池中备用。

(3)硅酸盐水泥熟料的煅烧

水泥熟料的煅烧采用回转窑。采用回转窑煅烧水泥熟料时，生料的制备可采用干法，也可采用湿法，要因地制宜，进行技术经济比较。目前，水泥生产工艺中大力发展窑外分解新技术。

图 1-2 为用湿法回转窑生产硅酸盐水泥的流程图。

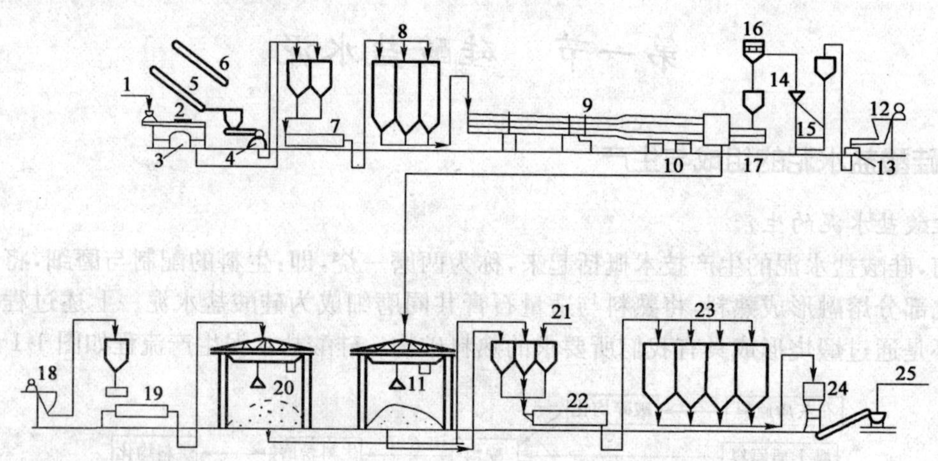

图 1-2　湿法回转窑生产硅酸盐水泥流程图

1-黏土；2-水；3-淘泥机；4-破碎机；5-外加剂；6-石灰石；7-生料磨；8-料浆池；9-回转窑；10-熟料；11-熟料库；12-燃烧用煤；13-破碎机；14-粗分离器；15-煤粉磨；16-旋风分离器；17-喷煤用鼓风机；18-混合材料；19-干燥机；20-混合材料库；21-石膏；22-水泥磨；23-水泥仓；24-包装机；25-外运水泥

水泥生料在回转窑中的煅烧过程，不同的生产方法略有差别。以湿法回转窑生产工艺为例，要经历干燥、预热、分解、熟料烧成以及冷却等几个阶段。在上述不同的阶段，物料的反应如下：

100～200℃时，生料被加热，水分逐渐蒸发而干燥。

300～500℃时，生料被预热。

500～800℃时，黏土质原料脱水，并分解为无定形的 Al_2O_3 和 SiO_2；在 600℃以后，石灰质原料中的 $CaCO_3$ 也开始分解。

$$CaCO_3 = CaO + CO_2$$

800℃以下，生成CA，并可能有C_2F生成，C_2S开始形成。

800～900℃，$C_{12}A_7$开始形成。

900～1 100℃，有C_2AS形成，随后又重新分解；C_3A与C_4AF开始形成；所有$CaCO_3$分解完毕，f-CaO达最大值。

1 100～1 200℃，大量形成C_3A和C_4AF，C_2S生成量达最大。

1 260～1 300℃时，水泥生料开始熔融，并出现液相，从而创造了C_2S吸收CaO生成C_3S的条件。这时，生料中的MgO一部分以方镁石小晶体析出，另一部分以分散状态存在于液相中。

1 300～1 450℃时，C_3A和C_4AF呈熔融状态，产生的液相把CaO及部分C_2S溶解于其中。在此液相中，C_2S吸收CaO形成C_3S。这一过程是煅烧水泥的关键，必须有足够的时间使生成C_3S的反应完全。否则，水泥熟料中将有不少的游离氧化钙存在，它将影响水泥的安定性。

经以上各阶段煅烧，形成的硅酸盐水泥熟料迅速冷却后，即为水泥熟料块。将水泥熟料与适量石膏共同磨细就成为硅酸盐水泥。

(4)水泥的粉磨

水泥粉磨的主要任务是将熟料、石膏和某些混合材料在磨机中磨成细粉，在水泥生产过程中的重要性仅次于熟料煅烧。水泥粉磨细度在很大程度上决定其产品品质。水泥水化速度越快，水化越完全，对水泥胶凝性质的有效利用率就越高。一般试验条件下，水泥颗粒大小与水化速度的关系是：

①$<10\mu m$，水化最快；

②$3\sim10\mu m$，是水泥主要活性组分；

③$>60\mu m$，水化缓慢；

④$>90\mu m$，表面水化，只起微集料作用。

在熟料矿物成分相同的条件下，提高水泥细度，增加比表面积，水泥颗粒的水化速度加快，从而可达到更高的强度。一般来说，水泥强度与比表面积之间的关系有一定规律性。有资料表明，在勃氏比表面积300～400m^2/kg范围内，比表面积增加或减少10m^2/kg，抗压强度增减0.5～1.0MPa。另外，在同一比表面积的情况下，颗粒分布范围越窄，粒度大小越均匀时，水泥强度越高。

影响水泥粉磨系统产量、质量的因素有：喂料的均匀性、入磨物料温度、磨内通风等。在粉磨过程中，加入少量的助磨剂可消除细粉的黏附和凝聚现象，加速物料粉磨过程，提高粉磨效率，降低单位粉磨电耗，提高产量，并有利于水泥早期强度的发挥。但加入量过多，会明显降低水泥强度。此外，助磨剂的加入不得损害水泥的质量。

2.化学组成

硅酸盐水泥熟料矿物的组成主要是：硅酸三钙（$3CaO \cdot SiO_2$，简写为C_3S），硅酸二钙（$2CaO \cdot SiO_2$，简写为C_2S），铝酸三钙（$3CaO \cdot Al_2O_3$，简写为C_3A），铁铝酸四钙（$4CaO \cdot Al_2O_3 \cdot Fe_2O_3$，简写为$C_4AF$）。上面4种矿物中硅酸钙（包括硅酸三钙与硅酸二钙）是主要的，占70%以上。这些矿物主要是依靠原料中所提供的CaO、SiO_2、Al_2O_3、Fe_2O_3等氧化物在高温下互相作用而形成的。为了得到合理矿物组成的水泥熟料，要严格控制生料的化学成分及烧成条件。

硅酸盐水泥熟料的化学成分和矿物组成的大致范围如表1-1所示。硅酸盐水泥熟料的化

学组成在 $CaO-SiO_2-Al_2O_3$ 系统中的区域如图 1-3 所示。

硅酸盐水泥熟料组成范围(单位:%)　　表 1-1

化学成分					矿物组成			
SiO_2	Al_2O_3	Fe_2O_3	CaO	MgO	C_3S	C_2S	C_3A	C_4AF
21～23	5～7	3～5	64～68	<5	44～62	18～30	5～12	10～18

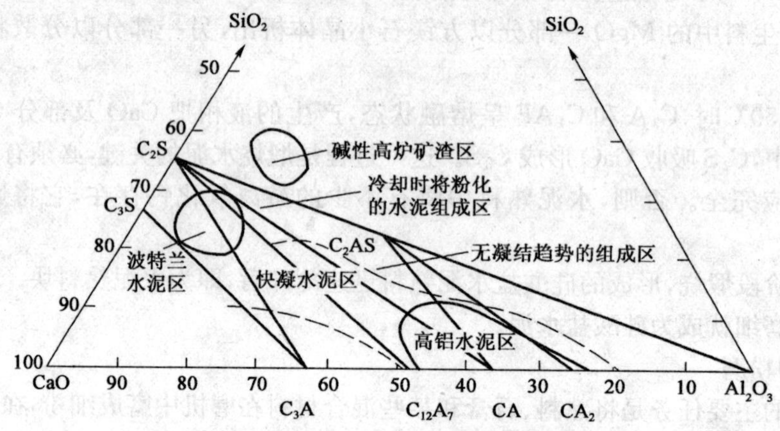

图 1-3　$CaO-SiO_2-Al_2O_3$ 系统中的水泥区

各种水泥的一般化学组成如表 1-2 所示。当然,随着水泥生产工厂的不同,其化学组成与表 1-2 所给结果会有一些偏差。

水泥的化学组成(单位:%)　　表 1-2

成　分	硅酸盐水泥	铝酸盐水泥	高炉矿渣水泥	火山灰水泥
CaO	61～69	39～41	43～60	43～58
SiO_2	18～24	6～7	23～32	25～28
$Al_2O_3+TiO_2$	4～8	48～51	6～14	6～9
$Fe_2O_3(FeO)$	1～4	0.5～1.5	0.5～3	2.5～3.5
$Mn_2O_3(MnO)$	0～0.5	0～0.1	0.1～2.5	0.1～0.3
MgO	0.45～4	0.5～1.5	1.0～9.5	1.0～3.0
SO_3	2.0～3.5	0.2～0.7	1.0～4.5	2.0～3.0

硅酸盐水泥的化学组成中含有较多的 SiO_2,而铝酸盐水泥中含有较多的 Al_2O_3。高炉矿渣水泥是水泥原材料中使用了高炉矿渣,火山灰水泥是水泥原材料中使用了火山灰物质。

水泥熟料是一种多矿物集合体,由 4 种主要氧化物化合而成。因此,在生产控制中,不仅要控制熟料中各氧化物的含量,还要控制各氧化物之间的比例(率值)。这样可以比较方便地表示化学成分和矿物组成之间的关系,明确地表示对水泥熟料的性能和煅烧的影响。因此,在生产中用率值作为生产控制的一种指标。

1868 年,德国的米哈埃利斯(W. Michaelis)首先提出了水硬率(Hydraulic Modulus),以此作为控制熟料适宜石灰含量的一个系数。它是熟料中氧化钙与酸性氧化物之和的质量百分数的比值,以 HM 表示。其计算式如下:

$$HM=\frac{CaO}{SiO_2+Al_2O_3+Fe_2O_3} \tag{1-1}$$

式中:CaO、SiO_2、Al_2O_3、Fe_2O_3——代表熟料中各该氧化物的质量百分数。

通常水硬率波动在 1.8～2.4。上式假定各酸性氧化物所结合的氧化钙量是相同的,而实际上，各酸性氧化物比例变动时，虽总和不变，但所需要氧化钙的量并不相同。因此，只控制同样的水硬率，并不能保证熟料中有同样的矿物组成。古特曼(A. Guttmann)与杰耳(F. Gille)认为酸性氧化物形成碱度最高的矿物为硅酸三钙、铝酸三钙、铁铝酸四钙，从而提出了石灰理论极限含量。为了便于计算，将 C_4AF 改写成"C_3A"和"CF"，令"C_3A"和 C_3A 相加。在"C_3A"$+C_3A$ 和"CF"中，每 1%酸性氧化物所需氧化钙量分别为：

每 1%Al_2O_3，形成 C_3A 所需 $CaO=\frac{3\times CaO\text{分子量}}{Al_2O_3\text{分子量}}=\frac{3\times 56.06}{101.96}=1.65$

每 1%Fe_2O_3，形成"CF"所需 $CaO=\frac{CaO\text{分子量}}{Fe_2O_3\text{分子量}}=\frac{56.06}{159.70}=0.35$

每 1%SiO_2，形成 C_3S 所需 $CaO=\frac{3\times CaO\text{分子量}}{SiO_2\text{分子量}}=\frac{3\times 56.06}{60.09}=2.8$

由每 1%酸性氧化物所需氧化钙量乘以相应酸性氧化物含量，便可得石灰理论极限含量计算式：

$$CaO=2.8SiO_2+1.65Al_2O_3+0.35Fe_2O_3 \tag{1-2}$$

前苏联学者金德(В. А. КИНД)和容克(В. Н. ЮНГ)根据石灰理论极限含量提出了石灰饱和系数，用 m 表示。他们认为，在实际生产时硅酸盐水泥熟料的 4 个主要矿物中，氧化铝和氧化铁优先为氧化钙所饱和，唯独 SiO_2 可能不完全被 CaO 饱和生成 C_3S，而存在一部分 C_2S。否则，熟料就会出现游离氧化钙。因此，应将 KH 作为 SiO_2 的系数，即：

$$CaO=KH\cdot 2.8\cdot SiO_2+1.65Al_2O_3+0.35Fe_2O_3 \tag{1-3}$$

将上式改写为：

$$KH=\frac{CaO-1.65Al_2O_3-0.35Fe_2O_3}{2.8SiO_2} \tag{1-4}$$

由此可知，石灰饱和系数 KH 值为熟料中全部氧化硅生成硅酸钙(硅酸三钙和硅酸二钙)所需氧化钙含量与氧化硅全部生成硅酸三钙所需氧化钙最大量的比值，即表示熟料中氧化硅被氧化钙饱和形成硅酸三钙的程度。

上式适用于 Al_2O_3/Fe_2O_3 为 0.64 的熟料，如 $Al_2O_3/Fe_2O_3<0.64$，则熟料矿物组成为 C_3S、C_2S、C_2F 和 C_4AF。同理，将 C_4AF 改写成"C_2A"和"C_2F"，令 C_2F 和"C_2F"相加。根据矿物 C_3S，C_2S，"C_2A"与 C_2F+"C_2F"可得：

$$KH=\frac{CaO-1.1Al_2O_3-0.7Fe_2O_3}{2.8SiO_2} \tag{1-5}$$

当石灰饱和系数等于 1.0 时，此时形成的矿物为 C_3S、C_3A 和 C_4AF，而无 C_2S；当石灰饱和系数等于 0.667 时，此时形成的矿物为 C_2S、C_3A 和 C_4AF，而无 C_3S。为使熟料矿物顺利形成，不因过多的游离石灰而影响熟料品质。通常在工厂条件下，石灰饱和系数为 0.82～0.94。石灰饱和系数 KH 值和矿物组成之间的关系，可用数学式表示如下：

$$KH=\frac{C_3S+0.8838C_2S}{C_3S+1.3256C_2S} \tag{1-6}$$

式中：C_3S、C_2S——分别代表熟料中该矿物的质量百分数。

可见，石灰饱和系数 KH 值随 C_3S/C_2S 比值大小而增减。

熟料中各酸性氧化物之间的比例可通过硅率表示。硅率(Silica Modulus)，又称硅酸率，以 SM 或 n 表示；铝率(Iorn Modulus)，又称铁率或铝氧率，以 IM 或 p 表示。其计算式如下：

$$SM=\frac{SiO_2}{Al_2O_3+Fe_2O_3} \tag{1-7}$$

$$IM=\frac{Al_2O_3}{Fe_2O_3} \tag{1-8}$$

式中：SiO_2、Al_2O_3、Fe_2O_3——分别代表熟料中各氧化物的质量百分数。

通常，硅酸盐水泥熟料的硅率为1.7～2.7，铝率为0.8～1.7。但白色硅酸盐水泥熟料的硅率可高达4.0，而抗硫酸盐水泥或低热水泥的铝率可低至0.7。硅率是表示熟料中氧化硅含量与氧化铝、氧化铁之和的质量比，也表示熟料中硅酸盐矿物与熔剂矿物的比例。当铝率大于0.64时，硅率和矿物组成之间关系的数学式为：

$$SM=\frac{C_3S+1.325C_2S}{1.434C_3A+2.046C_4AF} \tag{1-9}$$

式中：C_3S、C_2S、C_3A、C_4AF——分别代表熟料中各该矿物的质量百分数。

可见，硅率随硅酸盐矿物与熔剂矿物之比而增减。如果熟料中硅率过高，则煅烧时由于液相量显著减少，熟料煅烧困难，特别是当氧化钙含量低、硅酸二钙含量多时，熟料易于粉化。硅率过低，则熟料中硅酸盐矿物太少而影响水泥强度，并且由于液相过多，易出现结大块、结炉瘤、结圈等，影响窑的操作。

铝率是表示熟料中氧化铝和氧化铁含量的质量比，也表示熟料熔剂矿物中铝酸三钙与铁铝酸四钙的比例。当铝率大于0.64时，铝率和矿物组成关系的数学式为：

$$IM=\frac{1.15C_3A}{C_4AF}+0.64 \tag{1-10}$$

式中：C_3A、C_4AF——熟料中各该矿物的质量百分数。

可见，铝率随C_3A/C_4AF而增减。铝率的高低，在一定程度上反映了水泥煅烧过程中高温液相的黏度。铝率高，熟料中铝酸三钙多，相应铁铝酸四钙就较少，则液相黏度大，物料难烧；铝率过低，虽然液相黏度较小，液相中质点易于扩散，对硅酸三钙形成有利，但烧结范围变窄，窑内易结大块，不利于窑的操作。

我国目前大多采用的是石灰饱和系数KH、硅率n和铝率p三个率值。生产中三个率值都应加以控制，并要互相配合适当，不能单独强调其中某一个率值。控制指标应根据各工厂的原燃料和设备等具体条件而定。

熟料的矿物组成可用岩相分析、X射线分析和红外光谱分析等测定，也可根据化学成分算出。用化学成分计算熟料矿物的方法较多，现列出如下两种计算式。

(1)已知石灰饱和系数和化学成分求矿物组成

$$C_3S=3.8(KH-2)SiO_2 \tag{1-11}$$

$$C_2S=8.6(1-KH)SiO_2 \tag{1-12}$$

$$C_3A=2.65(Al_2O_3-0.64Fe_2O_3) \tag{1-13}$$

$$C_4AF=3.04Fe_2O_3 \tag{1-14}$$

(2)已知化学成分求矿物组成(鲍格法)

$$C_3S=4.07CaO-7.60SiO_2-6.72Al_2O_3-1.43Fe_2O_3-2.86SO_3 \tag{1-15}$$

$$C_2S=2.87SiO_2-0.754C_3S \tag{1-16}$$

$$C_3A=2.65Al_2O_3-1.69Fe_2O_3 \tag{1-17}$$

$$C_4AF=3.04Fe_2O_2 \tag{1-18}$$

$$CaSO_4=1.70SO_3 \tag{1-19}$$

从石灰饱和系数KH、硅率SM和铝率IM表达式还可导出由率值计算化学成分的计算式。

$$Fe_2O_3=\frac{\Sigma}{(2.8KH+1)(IM+1)SM+2.65IM+1.35} \quad (1\text{-}20)$$

$$Al_2O_3=IM \cdot Fe_2O_3 \quad (1\text{-}21)$$

$$SiO_2=SM(Al_2O_3+Fe_2O_3) \quad (1\text{-}22)$$

$$CaO=\Sigma-(SiO_2+Al_2O_3+Fe_2O_3) \quad (1\text{-}23)$$

式中：Σ——设计熟料中 CaO、SiO_2、Al_2O_3、Fe_2O_3 四种氧化物含量的总和。

二、硅酸盐水泥熟料矿物的结构与性能

水泥熟料是一种多矿物的聚合体，由不同的矿物和中间物组成。硅酸盐水泥的主要矿物为硅酸三钙、β型硅酸二钙、铝酸三钙和铁铝酸四钙。除此之外，还有少量的玻璃相和游离的氧化钙和氧化镁等。硅酸盐水泥熟料的矿物组成如表 1-3 所示。

硅酸盐水泥熟料矿物组成范围(单位：%)　　表 1-3

C_3S	C_2S	C_3A	C_4AF
45～80	0～32	7～15	4～14

1. 硅酸三钙(C_3S)

硅酸三钙是硅酸盐水泥熟料的主要矿物，其含量通常在 50%左右，对水泥的性质有重要影响。

硅酸三钙结晶结构形态共有 6 种，属三个晶形的 6 个变型，即三方晶系—R 型；单斜晶系—M 型，它有两种形态，即 M_{I} 和 M_{II}；三斜晶系 T 型，它有三种形态，即 T_{I}、T_{II} 和 T_{III} 型。上述各种变型的转变温度为：

$$T_{I}\xrightarrow{650℃}T_{II}\xrightarrow{920℃}T_{III}\xrightarrow{980℃}M_{I}\xrightarrow{990℃}M_{II}\xrightarrow{1\,050℃}R$$

在水泥生产中，水泥原料中 MgO、Al_2O_3、SO_3 等在形成 C_3S 过程中可以代替 CaO 或 SiO_2 进入 C_3S 晶格，形成固溶体。

C_3S 在温度为 1 250～2 150℃时是热力学稳定的。在 2 070℃时，熔化并分解出 CaO。在 1 250℃下，分解为 C_2S 及 CaO，但是这种分解速度较慢。因此，在水泥生产中可通过对熟料的迅速降温来避免这种分解。在常温下，C_3S 是热力学不稳定的，有较高的活性(与水反应的能力)。纯 C_3S 为白色，密度为 3.14～3.25g/cm^3。在硅酸盐水泥中，硅酸三钙并不以纯的形式存在，总含有少量其他氧化物，如氧化镁、氧化铝等形成固溶体，称为阿利特(Alite)或 A 矿。阿利特的组成，由于其他氧化物的含量及其在硅酸三钙中固溶程度的不同而变化较大，但其成分仍接近纯硅酸三钙。

在水泥生产中，水泥原料中 MgO、Al_2O_3、SO_3 等在形成 C3S 过程中可以代替 CaO 或 SiO_2，进入 C_3S 晶格，形成固溶体。

硅酸三钙在熟料中常固溶少量的 MgO、Al_2O_3、Fe_2O_3 等物质，又被称为 A 矿。A 矿在单偏光显微镜下为无色透明的棱柱状晶体，$N_g=1.722\pm0.002$(Na)，$N_p=1.718\ 0.002$(Na)，$N_g-N_p=0.004\sim0.007$，N_p 近于平行 C 轴。在正交偏光显微镜下干涉色为一级灰白或深灰，平行消光，二轴晶正光性，光轴角 $2V=0\sim5$ 。

在反光显微镜下，用 1%NH4Cl 溶液侵蚀光片后，A 矿呈蓝色，用 1%硝酸酒精侵蚀光片后，A 矿呈棕色。图 1-4a)、b)是反光显微镜观察到的 A 矿的形态。

硅酸三钙的结构特征如下：

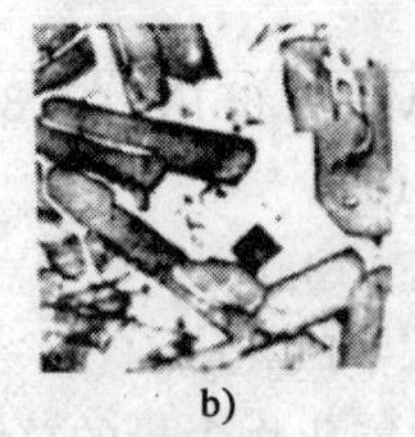

a) b)

图 1-4 水泥熟料中 A 矿的显微镜照片

a)六角形板状和短柱状 A 矿晶体；b)长柱状 A 矿晶体

(1)C_3S 是高温下存在的介稳的高温型矿物，因而其结构是热力学不稳定的。

(2)在硅酸三钙结构中，进入了 Al^{3+} 与 Mg^{2+} 离子，并形成固溶体，固溶程度越高，活性越大。

(3)在硅酸三钙结构中，钙离子的配位数是 6，比正常的配位数(8～12)低，并且处于不规则状态，从而使钙离子具有较高的活性。

2. 硅酸二钙(C_2S)

硅酸二钙也是硅酸盐水泥熟料的重要组成成分，其含量一般为 20%。在水泥熟料烧制过程中形成的硅酸二钙常含有少量的杂质，如氧化铁、氧化钛等。

硅酸二钙在熟料中常是含有 Al^{3+}、Fe^{3+}、K^{+}、Na^{+}、Ti^{4+} 等离子的固溶体，又被称为 B 矿。B 矿有多种晶型，水泥熟料中的 β 型，属于单斜晶系，$N_g=1.735$，$N_m=1.726$，$N_p=1.717$，$N_g-N_p=0.018$，正交偏光显微镜下干涉色为一级橙黄，平行消光，二轴晶正光性，光轴角 $2V=64°69$ 。

B 矿在反光显微镜下一般呈圆粒状，用 1%NH4Cl 溶液或 1%硝酸酒精溶液侵蚀光片后，呈棕色或棕黄色。当煅烧温度高于 1 400℃，冷却较快时，常形成具有两组相互交叉的双晶纹(图 1-5)；当煅烧温度低于 1 400℃，冷却较慢时，形成具一组平行的聚片双晶纹(图 1-6)；当煅烧温度低于 1 300℃时，B 矿一般不具有双晶。如果冷却时固溶组分分离，会形成花蕾状 B 矿(图 1-7)和脑状 B 矿(图 1-8)。如图 1-9 所示的手指状、树叶状 B 矿存在于在还原气氛条件下煅烧的熟料或含硫量高的熟料中。

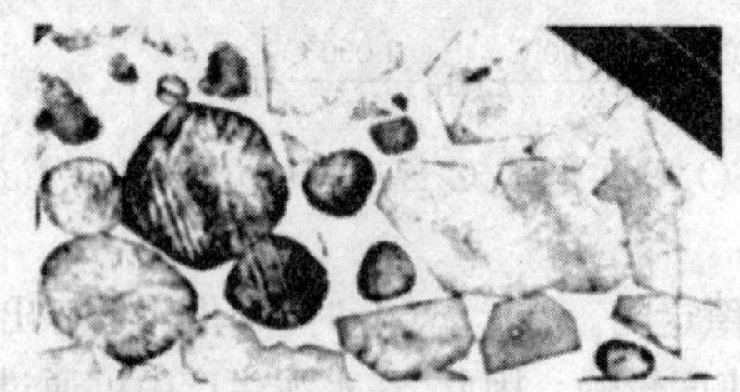

图 1-5 交叉双晶 B 矿

图 1-6 平行双晶 B 矿

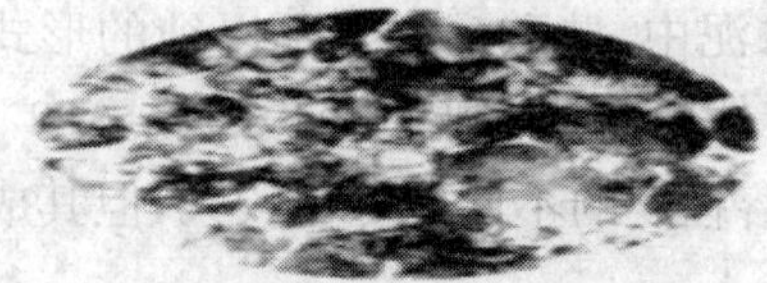

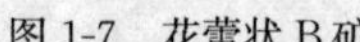

图 1-7 花蕾状 B 矿

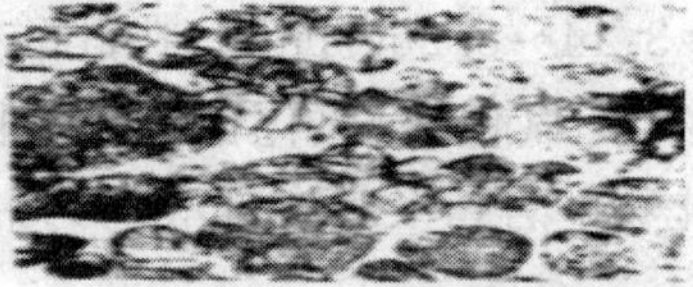

图 1-8 脑状 B 矿

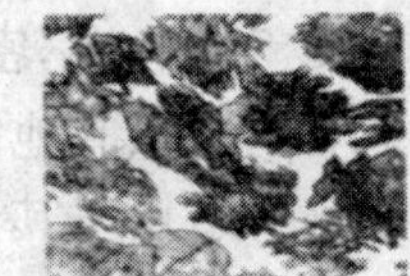

图 1-9 手指状、树叶状 B 矿

硅酸二钙有 4 种晶型，即 α-C_2S、α^I-C_2S、β-C_2S、γ－C_2S 等。其多晶转变情形如图 1-10 所示。

α-C_2S 是六角形晶体，在 1 423℃～1 447℃时是稳定的；在冷却过程中可向 α^I-C_2S 转变。α^I-C_2S 是正菱形晶体，在 725℃以上是热力学稳定的；在缓慢冷却过程中能转变为 γ-C_2S。γ-C_2S 在常温下是热力学稳定的，因此没有水化活性。

α^I-C_2S 在快速冷却过程中，则转变为 β-C_2S。β-C_2S 属单斜晶系，是热力学不稳定的。在水泥熟料中，C_2S 一般以 β-C_2S 形式存在。由于 β-C_2S 中的钙离子具有不规则配位，所以有较高的活性。水泥生产时在 C_2S 的形成过程中有杂质进入结构，从而提高了 β-C_2S 的结构活性。

因此，β-C_2S具有很好的水化活性，但比C_3S的水化活性要差。固溶有少量氧化物的硅酸二钙（β-C_2S）称为贝利特（Belite），简称B矿。

表1-4所示为C_2S及C_3S的晶型及基本物理参数。

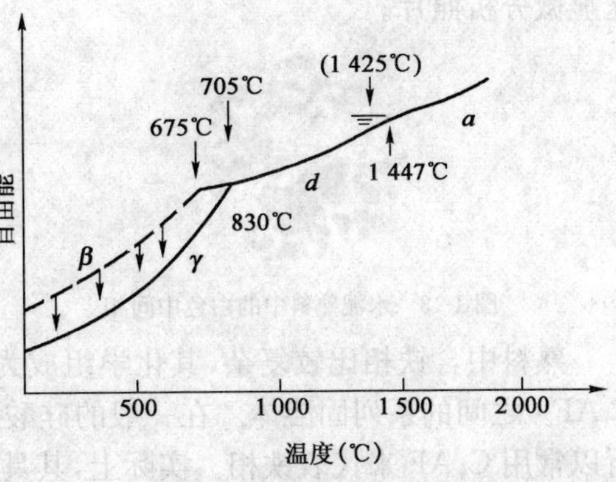

图1-10　硅酸二钙多晶转变

3. 铝酸三钙（C_3A）

在水泥熟料中生成的铝酸钙以铝酸三钙为主，有时还可能有七铝酸十二钙（$C_{12}A_7$）。铝酸三钙在熟料中的潜在含量为7%～15%，纯C_3A为无色晶体，密度为3.00g/cm³，熔化温度为1 542℃。C_3A具有较大的活性，水化速度非常快，并且产生大量的水化热。铝酸三钙（C_3A）因其反射率小又被称为黑色中间相。

C_2S及C_3S的晶型及基本物理参数　　表1-4

类　型	晶　型	密度(g/cm³)	熔点(℃)
α-C_2S	六角形	3.27	2 130
$α^I$-C_2S	菱形	3.40	1 723→αC_2S
β-C_2S	单斜晶形	3.28	940→$α^I C_2S$
γ-C_2S	菱形	2.97	998→$α^I C_2S$
C_3S	六角形	3.22	2 070

铝酸盐矿物主要是在单偏光显微镜下C_3A无色透明，$N=1.710$。在反光显微镜下，用1%NH_4Cl溶液或1%硝酸酒精溶液侵蚀光片后，C_3A呈暗色或灰色；用蒸馏水侵蚀光片后，C_3A呈蓝灰色。当水泥熟料的铝氧率大、熟料慢冷时，C_3A晶体为四方片状或叶片状（图1-11）；当冷却快时，则呈点滴状、点线状和骨骼状（图1-12）。

图1-11　四方片状C_3A

图1-12　点滴状、骨骼状C_3A

C_3A具有以下结构特征：

(1)在C_3A晶体结构中，钙离子具有不规则的配位数。其中，处于配位数为6的钙离子以及虽然配位数为12，但联系松散的钙离子，均具有较大的活性。

(2)在C_3A晶体结构中，铝离子也具有两种配位情况，而且四面体$[AlO_4]^{5-}$是变了形的，因此，铝离子也具有较大的活性。

(3)在C_3A结构中具有较大的孔穴，OH^-离子容易进入晶格内部，因此C_3A的水化速度较高。

4. 铁铝酸四钙（C_4AF）

硅酸盐水泥熟料中反射率大的铁铝酸盐又称为白色中间相，是一系列固溶体，通常用C_4AF表示。C_4AF在单偏光显微镜下为棕黑色至棕红色，多色性明显，N_g=深棕色，N_p=浅棕色，平行消光，二轴晶，负光性，$2V=75$。图1-13和图1-14是水泥熟料中白色中间体的反光显微分析照片。

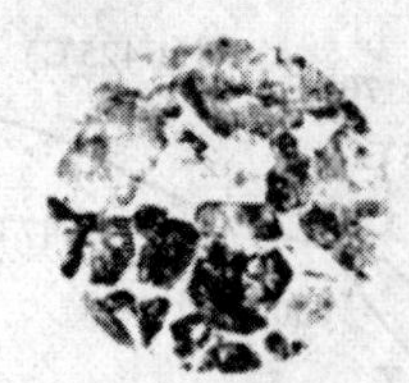

图 1-13　水泥熟料中的白色中间相

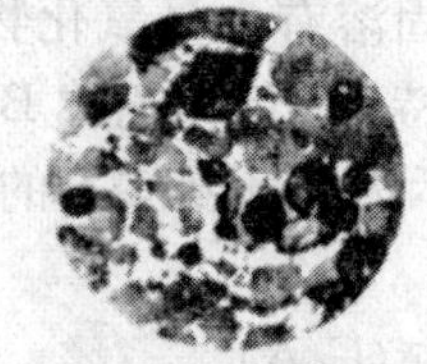

图 1-14　白色中间相中的 CAF 析晶

熟料中含铁相比较复杂，其化学组成为一系列连续固溶体，即 C_3A_3F—C_2F（或 C_6A_2F—C_6AF_2）之间的系列固溶体。在一般的硅酸盐水泥熟料中，因成分接近于铁铝酸四钙（C_4AF），所以常用 C_4AF 来代表铁相。实际上，其具体组成随该相的 Al_2O_3/Fe_2O_3 而有差异，如有可能含 C_6A_2F 或 C_6AF_2。当 Al_2O_3/Fe_2O_3 比小于 0.64 时，则生成 C_4AF 和 C_2F 的固溶体。

铁铝酸四钙也叫才里特（Celite），简称 C 矿。C_4AF 的密度为 $3.77g/cm^3$，水化速度较慢。它在水泥熟料中很容易用显微镜观察出来。在透射光下，它为黄褐色或褐色的晶体，有很高的折射率，$N_Q=2.04\sim2.08$，$N_P=1.93\sim1.98$。此外，才里特有显著的多色性，它形成长柱状晶体，或形成有显著突起的小圆形颗粒。在反射光镜下观察磨光片时，因为它具有高的反射能力和最浅最亮的颜色，所以很容易识别。

C_4AF 的结晶结构是由四面体$[FeO_4]^{5-}$和八面体$[AlO_6]^{9-}$互相交叉组成。上述四面体和八面体层由钙离子互相联结，其结构式为 $Ca_8Fe_4{}^{IV}Al_4{}^{VI}O_{20}$。其中，$Fe^{IV}$表示配位数为 4 的四面体，$Al^{VI}$表示配位数为 6 的四面体。

铁铝酸盐的固溶体是铝原子取代铁酸二钙中的铁原子的结果。C_2F、C_4AF 和 C_6A_2F 的晶胞尺寸如表 1-5 所示。

C_2F、C_4AF 和 C_6A_2F 的晶胞尺寸　　表 1-5

化 合 物	a_0(Å)	b_0(Å)	c_0(Å)
$2CaO\cdot Fe_2O_3$	5.32	14.63	5.58
$4CaO\cdot Al_2O_3\cdot Fe_2O_3$	5.26	14.42	5.51
$6CaO\cdot 2Al_2O_3\cdot Fe_2O_3$	5.22	13.35	5.48

5. 玻璃体

在硅酸盐水泥煅烧过程中，熔融液相若能在平衡条件下冷却，则可全部结晶析出，而不存在玻璃体。但在工厂生产条件下，熟料通常冷却较快，部分液相来不及结晶就成为玻璃体。在玻璃体中，质点排列无序，组成也不固定。玻璃体的主要成分为 Al_2O_3、Fe_2O_3、CaO，也有少量的 MgO 和碱（K_2O、Na_2O）等。玻璃体的形成是由熟料烧至部分熔融时，部分液相在冷却时来不及析晶的结果。因此，它是热力学不稳定的，所以也具有一定的水化活性。

铁铝酸四钙和铝酸三钙在煅烧过程中熔融成液相，可以促进硅酸三钙的顺利形成，这是它们的一个主要作用。如果熟料中熔剂矿物过少，氧化钙不易被吸收完全，导致熟料中游离氧化钙增加，影响熟料质量，降低窑产量，增加燃料消耗；如果熔剂矿物过多，易在窑内结大块，结炉瘤，甚至在回转窑内结圈等。

6. 游离氧化钙和氧化镁

游离氧化钙是指熟料经高温煅烧未被吸收、以游离状态存在的氧化钙，又称游离石灰（Free Lime 或 *f*-CaO）。游离氧化钙水化生成氢氧化钙时，体积膨胀 97.9%，在硬化水泥石内部造成局部膨胀应力。因此，在硬化水泥浆体中，随着游离氧化钙含量的增加，首先是抗拉、抗折强度降低，3d 以后抗压强度倒缩，严重时甚至产生不均匀的变形，即引起水泥体积安定性不良。游离氧化钙因其生成条件不同可有不同的形状，其相应的危害程度也不同。经高温煅烧而未化合的游离钙（或称一次游离钙）包裹在熟料矿物中，结构比较致密，水化很慢，通常要在加水 3d 后反应才比较明显。未经高温煅烧的游离钙，由于熟料在形成过程中出现漏生和欠烧，形成温度较低，结构疏松，遇水反应快，对水泥安定性危害较轻。

游离氧化镁（也称方镁石）是在生料煅烧时未被固溶于熟料矿物的呈游离状态氧化镁晶体。方镁石比游离氧化钙更难水化，需几个月甚至几年方才明显起来。水化生成氢氧化镁时，体积膨胀 148%，可使硬化水泥石结构破坏。方镁石的膨胀程度与其含量、晶体尺寸有关。水泥中 MgO 总量和游离氧化镁含量之间没有一定的比例关系，随着烧成温度、冷却制度和原料成分不同而变化很大。因此，国家水泥标准中对氧化镁最大含量进行限制，以确保水泥的长期安全稳定性。

三、硅酸盐水泥的技术性质

1. 密度

硅酸盐水泥的密度一般在 3.05～3.20g/cm³，其值与熟料矿物组成有关。各矿物组成的密度如前所述。当熟料中的 C_4AF 含量较多时，水泥的密度增加。水泥的密度与矿物组成及磨细程度有关，水泥越细，其密度越小。硅酸盐水泥的疏松密度一般为 1.0～1.3g/cm³，紧密密度为 1.5～2.0g/cm³。

2. 细度

水泥的细度是表示水泥磨细的程度或水泥分散度的指标。它对水泥的水化硬化速度、水泥的需水量、和易性、放热速度及强度都有影响，是一个非常重要的物理特性。

目前水泥细度的测定方法有两种：一种是筛分法；另一种是测定比表面积法。硅酸盐水泥和普通硅酸盐水泥的细度以比表面积表示，其比表面积不小于 300m²/kg，矿渣硅酸盐水泥、火山灰硅酸盐水泥、粉煤灰硅酸盐水泥和复合硅酸盐水泥的细度以筛余表示，其 80μm 方孔筛筛余不大于 10%或 45μm 方孔筛筛余不大于 30%。

测定水泥的比表面积是根据空气穿透水泥层时所遭受的阻力大小计算而得的。水泥的比表面积一般在 2 500～5 000cm²/g。

水泥是一种粉末状物质，它的细度对水泥的性能影响很大。图 1-15 表示水泥细度对水泥强度的影响。从图 1-6 中可看出，当水泥颗粒粒径在 7～200μm 范围内，水泥颗粒粒径越小，强度越大。但粒子过细时，虽然早期强度增长比较快，但后期强度有下降的趋势。一般情况下，当水泥颗粒粒径小于 40μm 时，才有活性；大于 100μm 时，活性就很小了，大颗粒的水泥几乎接近于惰性物质。然而，水泥的细度过细会引起水泥的需水量增加，和易性降低，水泥制品的收缩增大，抗冻性降低等。许多试验指出，硅酸盐水泥的细度不要超过某一限度，如比表面积不要超过 5 000～6 000 cm²/g。超过此数，不仅使水泥生产成本提高，

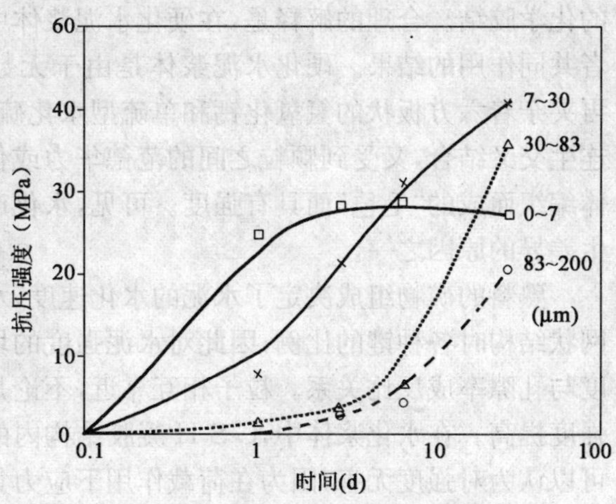

图 1-15　水泥细度对强度的影响

而且会影响水泥的使用品质。

当水泥的细度在某一范围内时，如果颗粒大小比较分散，则水泥的各种性能，如和易性、最终强度、收缩性质都比较好；但当颗粒粒度不分散，都具有同一尺寸或接近同一尺寸时，则会引起水泥的使用品质下降，如出现凝结过快，甚至出现假凝，影响水泥和易性等，最终对水泥的各种物理力学性质产生不利的影响。

3. 需水量

水泥的需水量是水泥为获得一定稠度时所需的水量。硅酸盐水泥的标准稠度需水量一般为25%～28%(占水泥质量)。但水泥水化需要的水量，即水泥完全水化后所结合的水量，要低于此值。

影响需水量的主要因素有：

(1)水泥的细度。水泥越细，需水量越大。

(2)水泥的矿物组成对需水量也有一定的影响。铝酸三钙(C_3A)水化的需水量最大，硅酸二钙(C_2S)的水化需水量最小。

4. 凝结时间

水泥和水拌和形成水泥浆体后，由于水泥的水化会使浆体逐渐失去流动性，由半流体状态转变为固体状态，此过程称为水泥的凝结。我国规范规定，硅酸盐水泥的初凝时间不得早于45min，终凝时间不得迟于390min；普通水泥初凝不得早于45min，终凝不得迟于10h。

影响水泥凝结时间的因素很多，除硅酸盐水泥中的石膏掺量及熟料矿物组成外，还与水泥的细度、拌和时的用水量及温度高低等有关。水灰比越小，温度越高，凝结越快；水泥的细度越细，水化作用越快，凝结也越快。

5. 强度等级

水泥强度是水泥的技术要求中最关键的性能指标，直接反映了水泥的质量水平和使用价值。水泥的强度是设计混凝土配合比的重要依据。

硬化水泥浆体强度的产生，一种说法是由于水化产物中的CSH凝胶具有的巨大表面能，颗粒表面有从外界吸引其他离子以达到平衡的倾向，因此能相互吸引，构成空间网架，从而具有强度(属于范德华力)。另一看法认为，硬化浆体强度可归结于晶体连生，由化学键产生强度。在浆体组成中CSH凝胶占的比例最多，比表面又如此巨大，应该是决定浆体强度的一个重要因素。此外，据硬化浆体在水中的稳定性和其具有刚性凝胶的特点，就可能还有各种形式的化学胶结。合理的解释是：在硬化水泥浆体中既有范德华力，又有化学键，强度的产生是两者共同作用的结果。硬化水泥浆体是由于无数钙矾石的针状晶体和多种形貌的CSH凝胶，再夹杂着六方板状的氢氧化钙和单硫型水化硫铝酸钙等晶体交织在一起而构成的，它们密集连生交叉结合，又受到颗粒之间的范德华力或化学键力的影响，硬化水泥浆体就成为由无数晶体编织而成的“毛毡”而具有强度。可见，水化产物的形貌、表面结构以及生长情况等是强度产生差异的原因之一。

熟料的矿物组成决定了水泥的水化速度、水化产物本身的强度、形态和尺寸以及彼此构成网状结构时各种键的比例，因此对水泥强度的增长起着最为重要的作用。硬化水泥浆体的强度与孔隙率成反比关系。粒子相互靠近，不论是范德华力，还是化学键，都能相应增加，从而使强度提高。在水化浆体中，C-S-H凝胶结构内的凝胶孔以及在范德华引力作用范围内的小孔，可以认为对强度无害，因为在荷载作用下应力集中及随后的破坏开始于硬化浆体中存在的毛细孔和微裂缝。水化水泥浆体中的毛细孔体积与水化开始时拌和水的量(水灰比)及水化程度有关，是随不同水灰比的水泥浆体中水化程度不同而变。胶空比(凝胶固相在浆体总体积中所占的比例)和强度呈指数的关系。水灰比越大，产生的毛细孔越多，胶空比越小。随着水化程度的提高，单位体积内水化产物不断增加，孔隙率相应减少。当水化程度相同时，浆体的孔隙率决定于水灰比。

由于水泥在硬化过程中，强度是逐渐增长的，常以各龄期的抗压、抗折或水泥强度等级来表示水泥的强度及其增长率。水泥强度等级的含义是指除28d抗压强度达到相应指标外，各龄期的抗压强度、抗折强度均要求达到规定的指标。水泥划分强度等级可把水泥质量按强度高低分出等级，并通过水泥强度等级对混凝土强度等级进行准确推算，以便合理使用水泥，减少浪费。水泥强度等级按规定龄期的抗压强度和抗折强度来划分，水泥型号分为普通型和早强型(称R型)两个型号。根据现行国家标准，各强度等级水泥的各龄期强度不得低于表1-6中的数值。

硅酸盐水泥、普通硅酸盐水泥、道路硅酸盐水泥的强度指标

(GB 175—2007)(单位:MPa) 表1-6

品 种	强度等级	抗压强度		抗折强度	
		3d	28d	3d	28d
硅酸盐水泥	42.5	17.0	42.5	3.5	6.5
	42.5R	22.0	42.5	4.0	6.5
	52.5	23.0	52.5	4.0	7.0
	52.5R	27.0	52.5	5.0	7.0
	62.5	28.0	62.5	5.0	8.0
	62.5R	32.0	62.5	5.5	8.0
普通硅酸盐水泥	42.5	17.0	42.5	3.5	6.5
	42.5R	22.0	42.5	4.0	6.5
	52.5	23.0	52.5	4.0	7.0
	52.5R	27.0	52.5	5.0	7.0
道路硅酸盐水泥	32.5	16.0	32.5	3.5	6.5
	42.5	21.0	42.5	4.0	7.0
	52.5	26.0	52.5	5.0	7.5

注:道路硅酸盐水泥的强度标准摘自《道路硅酸盐水泥》(GB 13693—2005)。

硅酸盐水泥及普通硅酸盐水泥的技术标准分别列于表1-7及表1-8。

道路硅酸盐水泥(GB 13693—2005)规定，道路硅酸盐水泥的比表面积为300～450 m^2/kg。初凝时间不早于1.5h，终凝不得迟于10h。安定性用沸煮法检验必须合格。氧化镁含量应不大于5.0%。三氧化硫含量应不大于3.5%。烧失量应不大于3.0%。28d干缩率应不大于0.10%。28d磨耗量应不大于3.00 kg/m^2。

硅酸盐水泥技术标准(GB 175—2007) 表1-7

技术性质	细度比表面积 (m^2/kg)	凝结时间 (min)		安定性 (沸煮法)	抗压强度 (MPa)	不溶物(%)		水泥中MgO (%)	水泥中 SO_3 (%)	烧失量(%)		氯离子 (%)
		初凝	终凝			Ⅰ型	Ⅱ型			Ⅰ型	Ⅱ型	
指标	>300	≥45	≤390	必须合格	表1-6	≤0.75	≤1.50	≤5.0①	≤3.5	≤3.0	≤3.5	0.06
试验方法	GB/T 1345—2005	GB/T 1346—2001		GB/T 750—1992	GB/T 17671—1999	GB/T 176—2008						

注:1.如果水泥经压蒸安定性合格，则水泥中MgO含量允许放宽到6.0%。

2.水泥中碱含量按 $Na_2O+0.658K_2O$ 计算值来表示。若使用活性集料，用户要求低碱水泥时，水泥中碱含量不得大于0.60%，或由供需双方商定。

普通硅酸盐水泥技术标准(GB 175—2007) 表 1-8

技术指标	细度(80μm)方孔筛筛余量(%)	凝结时间		安定性(沸煮法)	强度(MPa)	水泥中 MgO(%)	水泥中 SO_3(%)	烧失量(%)	氯离子(%)
		初凝(min)	终凝(h)						
指标	≤10	≥45	≤10	必须合格	表 1-6	≤5.0	≤3.5	≤5.0	0.06
试验方法	GB/T 1345—2005	GB/T 1346—2001		GB/T 750—1992	GB/T 17671—1999	GB/T 176—2008			

GB 13693—2005 规定,道路硅酸盐水泥的比表面积为 300~450m²/kg。初凝时间不早于 1.5h,终凝时间不得迟于 10h。安定性用沸煮法检验必须合格。氧化镁含量应不大于 5.0%,三氧化硫含量应不大于 3.5%,烧失量应不大于 3.0%,28d 干缩率应不大于 0.10%,28d 磨耗量应不大于 3.00kg/m²。

6. 安定性

安定性是评价水泥质量的一个重要指标。影响安定性的主要因素是水泥中游离氧化钙的含量和游离氧化镁的含量。游离 CaO 及 MgO 的含量超过一定数值后,会对水泥的安定性产生明显不利的影响。

四、硅酸盐水泥水化过程

1. 纯矿物的水化过程

(1)C_3S 的水化过程

C_3S 与水接触后立即开始水化,C_3S 矿物表面的 Ca^{2+} 进入溶液,形成过饱和溶液(过饱和度约为 1.5)。同时,水被结合到矿物表面形成水化硅酸钙凝胶(CSH),形成的水化硅酸钙凝胶中 C/S(CaO/SiO_2)值较小,而 H/S(H_2O/SiO_2)值较大。初期数分钟内有 1%~2% 的 C_3S 发生了水化。然后进入所谓的休止期。经数小时后,C_3S 的水化反应重新加速进行。C_3S 继续水化仍形成水化硅酸钙凝胶 CSH 及 $Ca(OH)_2$ 晶体。但休止期后生成的水化硅酸钙凝胶 CSH 与初期水化时形成的 CSH 相比,C/S 值较大,达 1.5~1.8,H/S 值较小,为 1.3~1.5。

C_3S 水化形成的硅酸钙凝胶一般表示为 CSH,但 CSH 的化学组成不是唯一的,而是可变的,可表示为 C_xSH_y。其中,x、y 的值与浆体水固比、水化温度、水化时间、化学外掺剂等因素有关。一般 x 在 1.3~2.0,而 y 在 1.1~1.8 变动。CSH 的结晶程度很差,表面积很大(>100m²/g)。良好结晶的 CSH 晶体的形态是纤维状,但也有研究认为有球体形结晶。对纤维状的 CSH 结晶,初期水化形成的以较长纤维状为主,后期则以较短纤维状为主。

(2)C_2S 的水化过程

C_2S 的水化过程与 C_3S 相似,但水化反应速度要慢得多。同时,由于 C_2S 中的 CaO 含量较 C_3S 中的少,所以 C_2S 水化过程中形成的 $Ca(OH)_2$ 晶体也比 C_3S 水化时形成的少。

(3)C_3A 的水化过程

C_3A 的水化反应进行较快。纯 C_3A 的水化反应见下式:

$$2C_3A+27H = C_4AH_{19}+C_2AH_8 \tag{1-24}$$

即 C_3A 水化时形成 C_4AH_{19} 及 C_2AH_8 的混合物。C_4AH_{19} 及 C_2AH_8 是六角薄片形晶体。C_4AH_{19} 仅在水中是稳定的,在空气中脱去部分水转变为 C_4AH_{13}。在干燥环境中,C_4AH_{13} 及 C_2AH_8 都是介稳质,可进一步脱水,随着时间的延长,最终脱水转变成 C_3AH_6。

当有 $Ca(OH)_2$ 存在时,C_3A 的水化产物仅为 C_4AH_{19}。

当有石膏($CaSO_4 \cdot 2H_2O$)存在时,C_3A 与石膏反应形成三硫型水化硫铝酸钙(钙矾石,AFt)。

$$C_3A + 3CaSO_4 \cdot 2H_2O + 26H_2O = C_3A \cdot 3C\bar{S} \cdot 32H(\text{钙矾石}) \quad (1\text{-}25)$$

式中:$\bar{S} = CaSO_4$。

钙矾石一般为针状晶体。形成的钙矾石可与 C_3A 反应形成单硫型水化硫铝酸钙(AFm)。

$$C_3A \cdot 3C\bar{S} \cdot 32H + 2C_3A + 4H = 3C_3A \cdot C\bar{S} \cdot 12H \quad (1\text{-}26)$$

(4)C_4AF 的水化过程

C_4AF 的水化过程与 C_3A 相似,但水化反应速度较慢。

2. 硅酸盐水泥水化过程

硅酸盐水泥的水化,由于是多种矿物共同存在,有些矿物遇水的瞬间,就开始溶解、水化。因此,填充在颗粒之间的液相实际上不是纯水,而是含有各种离子的溶液。硅酸盐水泥的水化如图 1-16 所示。

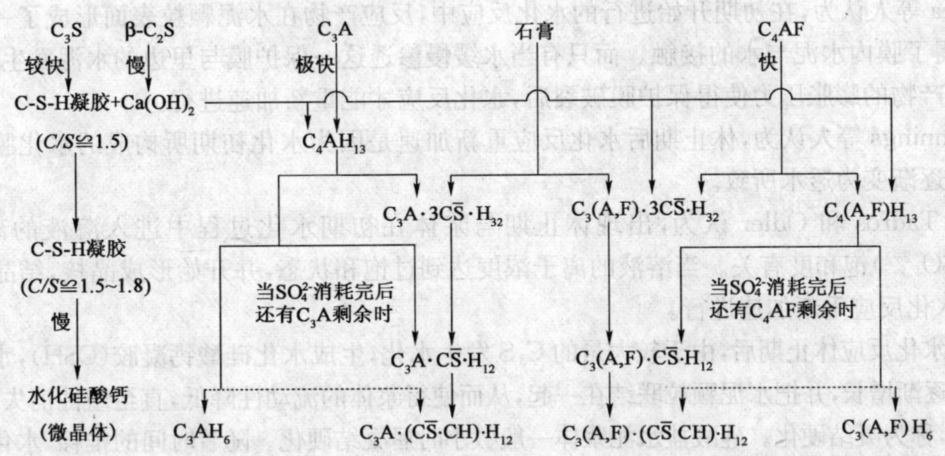

图 1-16 硅酸盐水泥的水化

水泥加水后,C_3A 立即发生反应,C_3S 和 C_4AF 也很快水化,而 C_2S 则较慢。几分钟后可见在水泥颗粒表面生成钙矾石针状晶体、无定型的水化硅酸钙以及 $Ca(OH)_2$ 或水化铝酸钙等六方板状晶体。由于钙矾石不断生成,使液相中 SO_4^{2-} 离子逐渐减少,并在耗尽之后就会有单硫型水化硫铝(铁)酸钙出现。如果石膏不足,还有 C_3A 或 C_4AF 剩余,则生成单硫型水化物和 $C_4(A,F)H_{13}$ 的固溶体,甚至单独的 $C_4(A,F)H_{13}$。

水泥是多矿物、多组分的体系,各熟料矿物不可能单独进行水化,它们之间的相互作用必然对水化进程有一定的影响。例如,由于 C_3S 较快水化,迅速提高液相中的 CA^{2+} 离子的浓度,促进 $Ca(OH)_2$ 结晶,从而能使 β-C_2S 的水化有所加速。C_3A 和 C_4AF 都要与硫酸根离子结合,但 C_3A 反应速度快,较多的石膏由其消耗掉后,就使 C_4AF 不能按计量要求形成足够的水化硫铝(铁)酸钙,有可能使水化受到较小程度的延缓。一定量的石膏可使硅酸盐的水化略有加速。同时,在 CSH 内部会结合进相当数量的硫酸根以及铝、铁等离子。因此,C_2S 又要与 C_3A、C_4AF 一起共同消耗硫酸根离子。可见,水泥的水化过程非常复杂,液相的组成依赖于水泥中各组成的溶解度,而反过来又影响各熟料矿物的水化。因此,在水泥水化过程中,固、液两相处于随时间而变的动态平衡之中。

硅酸盐水泥的水化反应可概括如下:水泥中的一部分硅酸三钙与水反应生成硅酸钙凝胶

(CSH)，并同时形成 $Ca(OH)_2$。$Ca(OH)_2$进入溶液，并使溶液中的 $Ca(OH)_2$浓度达到过饱和状态。同时，水泥中的一部分铝酸三钙进入溶液，与同时进入溶液的石膏反应生成水化硫铝酸钙。几分钟后，水泥的水化反应速度显著减低，进入所谓的休止期。休止期一般延续数小时。然后，水化反应速度重新加速，达到反应速度的最大值后，逐渐减慢。经很长时间后(有些甚至要数年时间)，水化反应才完全停止。在休止期后的水化反应过程中，硅酸三钙(C_3S)继续与水反应生成水化硅酸钙凝胶(CSH)及 $Ca(OH)_2$。铝酸三钙(C_3A)与石膏反应生成水化硫铝酸钙(三硫型水化硫铝酸钙，俗称钙矾石——AFt)，直至水泥中的石膏全部参加反应而消耗完后，水泥中仍然存在的 C_3A 与钙矾石反应形成单硫型水化硫铝酸钙(AFm)。C_2S 的水化反应过程与 C_3S 相似，只是水化反应速度较慢。C_4AF 的水化反应过程与 C_3A 相似，水化反应速度也较 C_3A 慢。

对硅酸盐水泥水化过程中出现休止期，目前还没有被大家共同接受的解释，但有三种解释被认为是具有权威性的。

Lea 等人认为，在初期开始进行的水化反应中，反应产物在水泥颗粒表面形成了一层保护膜，妨碍了膜内水泥与水的接触。而只有当水缓慢渗透这一保护膜与里边的水泥发生反应，通过水化产物的膨胀压力使得保护膜破裂后，水化反应才能重新加速进行。

Jennings 等人认为，休止期后水化反应重新加速是因为水化初期所构成的水化膜几乎不透水而逐渐变为透水所致。

而 Tadros 和 Odler 认为，出现休止期与浆体在初期水化过程中进入溶液的离子(如 Ca^{2-}、SO_4^{2-})饱和度有关。当溶液的离子浓度达到过饱和状态，并开始形成晶核，结晶过程开始后，水化反应重新加速进行。

在水化反应休止期后，由于较大量的 C_3S 发生水化，生成水化硅酸钙凝胶(CSH)，水化硅酸钙凝胶逐渐增长，并把水泥颗粒联结在一起，从而使得浆体的流动性降低，直至塑性消失，浆体变成固体，称为凝结硬化。硅酸盐水泥浆体一般数小时后凝结硬化。随着时间的推移，水化反应的生成物越来越多，颗粒间的联结也越来越强，浆体的强度也随着水化程度的不断增加而增强。

3. 水化速度

(1)水化热

水泥的水化过程伴随着放热，特别是初期水化过程中放热则更为明显。图 1-17 是硅酸盐水泥水化初期的水化热速率曲线。

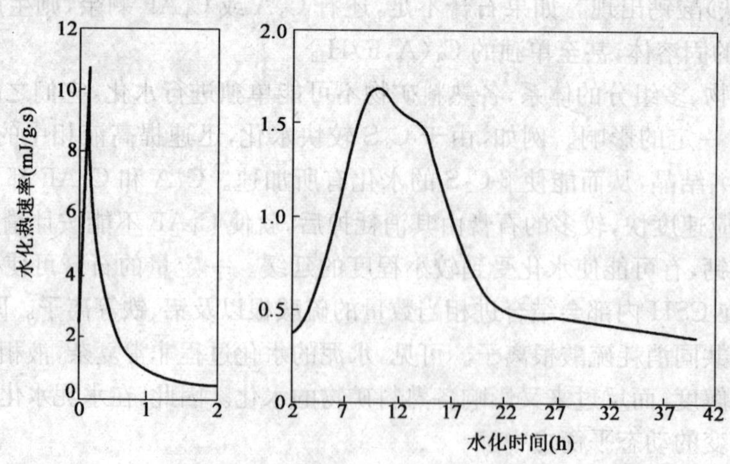

图 1-17 硅酸盐水泥水化热速率曲线

硅酸盐水泥矿物不同龄期时的水化热如表 1-9 所示。表 1-9 的数据表明，不同熟料矿物的放热量和放热速度顺序如下：$C_3A > C_3S > C_4AF > C_2S$。

(2)水化速率

水泥熟料水化过程中总伴随着结合水，结合水量的多少就可反映水化的程度。表 1-10 是不同矿物在不同时期的结合水量。

硅酸盐水泥熟料矿物的水化热

表 1-9

水化时间	放热量(4.187J/0.01g)			
	C_3S	C_2S	C_3A	C_4AF
3d 7d 28d	0.98 1.10 1.14	0.19 0.18 0.44	1.7 1.88 2.02	0.29 0.43 0.48
3 个月 6 个月 1 年	1.22 1.21 1.36	0.55 0.53 0.62	1.88 2.18	0.47 0.73

不同熟料矿物在不同龄期的结合水含量(单位：%)

表 1-10

矿物	水化时间					完全水化
	3d	7d	28d	3 个月	6 个月	
C_3S	4.88	6.15	9.20	12.49	12.89	13.40
C_2S	0.12	1.05	1.12	2.87	2.91	9.85
C_3A	20.15	19.90	20.57	22.30	22.79	24.39
C_4AF	14.40	14.71	15.24	18.45	18.94	20.72

从结合水量可以按下式计算不同龄期时的水化程度：

$$\alpha = \frac{x_1}{x_2} \times 100\% \tag{1-27}$$

式中：α——水化程度；

x_1——各龄期的水化结合水含量；

x_2——完全水化后的结合水含量。

对水泥的水化速度也可用 X 射线衍射等方法分析研究。水泥熟料矿物在不同水化时间的水化程度如图 1-18 所示。

各种水泥熟料矿物在水泥中的水化速率如下：

①C_3S 最初反应较慢，但以后反应很快；

②C_3A 则与 C_3S 相反，开始反应很快，但以后反应速度较慢；

③C_4AF 开始的反应速度比 C_3S 快，但以后变慢；

④C_2S 的水化速度最慢，但在后期稳步增长。

已经证实，在水泥熟料中的 4 种矿物的水化速度与 4 种矿物单独水化时的水化速度相比没有明显差别。

(3)影响水泥水化速度的原因

①温度。提高温度会加速水化反应的进行。温度对不同熟料矿物水化程度的影响如表 1-11 所示。

提高温度对 C_3S 的水化反应速度影响最大，而对 C_3A、C_4AF 的影响最小。对 C_2S 来说，温度的影响主要表现在水化的早期阶段，对水化后期影响不大。温度对硅酸盐水泥水化速度的影响也与 C_3S 的情况相似。

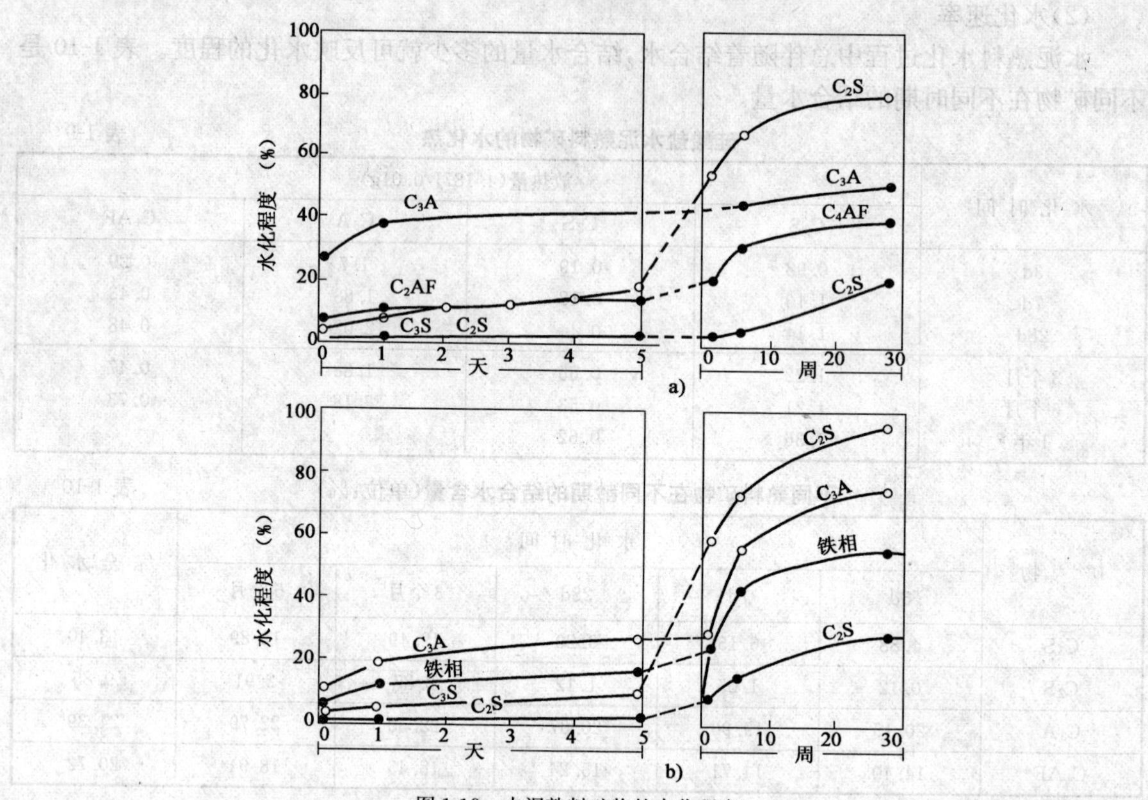

图 1-18　水泥熟料矿物的水化程度

a)单独水化；b)在水泥中水化

温度对水泥熟料矿物水化程度(%)的影响 表 1-11

矿　物	温 度(℃)	水化时间					
		1d	3d	7d	28d	3 个月	6 个月
C_3S	20		36	46	69	93	94
	50	47	53	61	80	89	
	90	90					
C_2S	20		7	10	55	29	30
	50	20	25	31	87	86	92
	90	22	41	57			
C_3A	20		83	82	84		93
	50	75	83	86	89	91	
	90	84	90	92			

②水泥细度。水泥越细，比表面积越大，反应速度越快。水化放热越早，水泥细度对水化速度的影响越大。

③水灰比。水泥的水化速率随水灰比的提高而加快。

表 1-12 是比表面积为 9 000cm²/g 的水泥在不同的水灰比时，硬化水泥浆体中水化结合水含量随时间变化的结果。

水泥水化结合水与水灰比的关系　　表 1-12

水灰比	结合水含量(%)				
	1d	3d	7d	28d	90d
0.28	4.5	7.6	10.2	11.0	12.6
0.50	8.7	12.6	13.3	14.3	15.6
0.70		12.5	15.5	15.6	17.6

4. 凝结硬化

硅酸盐水泥与水接触后，就立即发生水化反应。随着水化反应程度的增加，水化反应产物[CSH、$Ca(OH)_2$、$C_4(A,F)H_{13}$、单硫型水化硫铝酸钙、钙矾石]随水化程度的增加而增加。由于水泥水化产物的体积约为水泥体积的 2.2 倍，因此水泥浆的孔隙率减少。当反应产物达到一定程度后，反应产物填充了水泥颗粒之间的空间，增加了接触点，水泥浆体失去流动性，这时称为水泥浆体的凝结。当水泥浆体的塑性丧失而变硬，则称为水泥的凝结。硅酸盐水泥浆体的凝结时间一般为 2～10h。

水泥浆体凝结后，其中的水泥与水继续水化，水化产物进一步增加，孔隙进一步减少，水泥浆体的强度则不断增加。全部水化过程在合适的条件下(适当的温度和湿度)要经历很长时间，甚至达几十年。

硅酸盐水泥水化反应过程中水泥水化产物的发展变化如图 1-19 所示。

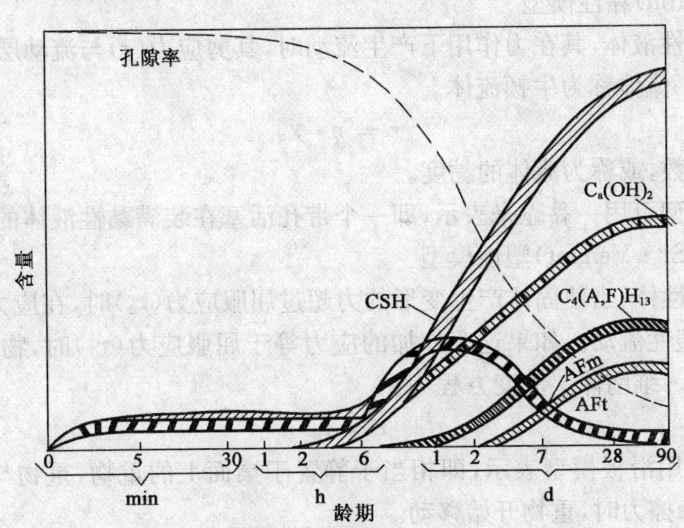

图 1-19　水泥凝结硬化过程中水化产物发展示意图

在水化过程中，水泥浆体结构的发展变化如图 1-20 所示。

硅酸盐水泥可通过掺加外掺剂的方法缩短或增加凝结时间(称为促凝或缓凝)。但在大多数情况下，促凝剂虽然会增加初期强度，但最终强度却会降低。缓凝剂虽然延长了凝结时间，初期强度低，但后期强度却增加。

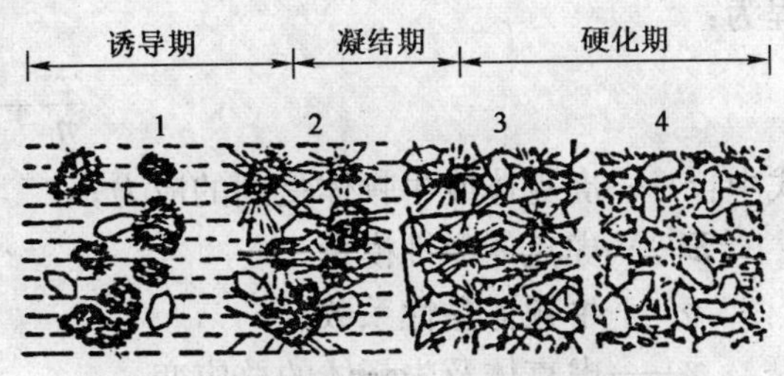

图 1-20　水泥水化过程中浆体结构发展变化示意图

五、硅酸盐水泥浆体的流变性质

我们通常称水泥浆体和水泥混凝土的流动

特性为工作性或和易性。它是评定水泥浆体和水泥混凝土混合物的一个综合性指标。和易性包括浆体的流动性、可塑性、稳定性、易密性等。

目前最准确的方法就是用流变学来描述水泥浆体的流动特性(也称流变特性)。

1. 流变学简介

流变学是研究物体中的质点因相对运动而产生流动和变形的科学。它是以时间为基因综合地研究物体弹性应变、塑性变形和黏性流动。

为了直观明显地描述物体的流变性质,流变学习惯于用流变模型及对应的流变曲线或流变方程来描述。流变学的基本模型有三种,即虎克(Hooke)弹性模型、牛顿(Newton)黏性模型及圣・维南(St・Venant)塑性模型。通过三种基本模型之间的串、并联,又有几种描述物体流变特性的常用模型。下面对几种基本模型和常用模型作一简介。

(1)虎克(Hooke)弹性模型

假定理想弹性体,当其在外力作用下,变形的大小与作用力成正比,外力取消后,物体能恢复原来的形状,即剪应力σ与剪应变ε之间呈线性关系,则流变方程为:

$$\sigma = E \cdot \varepsilon \tag{1-28}$$

式中:E——弹性模量。

可用完全弹性体的弹簧作理想弹性体的模型。这种模型可称为虎克模型,理想弹性体称为虎克体。

(2)牛顿(Newton)黏性模型

假定理想的黏性液体,其在力作用下产生流动时,其剪应力(τ)与流动层间速度梯度(γ)之比为一常数,则这一流体称为牛顿流体。

$$\tau = \eta \cdot \gamma \tag{1-29}$$

式中:η——黏性系数,或称为流体的黏度。

牛顿流体的模型可用一黏壶来表示,即一个带孔活塞在装满黏性液体的油壶内运动。

(3)圣・维南(St・Venant)塑性模型

假定一理想塑性体,当使固体产生变形的力超过屈服应力(τ_0)时,在应力保持不变的情况下,物体就会产生塑性流动。如果这个外加的应力等于屈服应力(τ_0)时,物体以匀速流动,则这一塑性体称为圣・维南体。流变方程为:

$$\tau = \tau_0 \tag{1-30}$$

圣・维南体可用滑板模型表示,即相当于静置于桌面上的重物,重物与桌面间存在摩擦力,当作用力超过摩擦力时,重物开始移动。

(4)马克斯威尔(Maxwell)模型

把 Hooke 模型与 Newton 模型串联起来,即得到马克斯威尔(Maxwell)模型,其流变方程为:

$$\frac{\tau}{\eta} + \frac{\tau}{E} = \gamma \tag{1-31}$$

式中:τ——虎克体或牛顿体受到的应力;

E——虎克体弹性模量;

η——牛顿体黏性系数;

γ——虎克体及牛顿体的总应变。

(5)开尔文(Kelvin)模型

开尔文(Kelvin)模型是 Hooke 模型与 Newton 模型的并联,其流变方程为:

$$\tau = E \cdot \gamma + \eta \cdot \gamma \tag{1-32}$$

式中:τ——虎克体及牛顿体的应力;

E——虎克体弹性模量;

η——牛顿体黏性系数;

γ——虎克体及牛顿体的总应变。

(6)宾汉姆(Bingham)模型

把 Newton 模型与 St · Venant 模型并联后与 Hooke 模型串联,即得宾汉姆(Bingham)模型,其流变方程为:

$$\tau = \tau_0 + E \cdot \gamma + \eta \cdot \gamma \tag{1-33}$$

式中:τ——牛顿体及虎克体的总应力;

τ_0——圣 · 维南体的屈服应力;

E——虎克体弹性模量;

γ——虎克体或牛顿体的应变。

Newton 模型与 St · Venant 模型简单的并联称为线性 Bingham 模型,其流变方程为:

$$\tau = \tau_0 + \eta \cdot \gamma \tag{1-34}$$

各流变模型如图 1-21 所示。

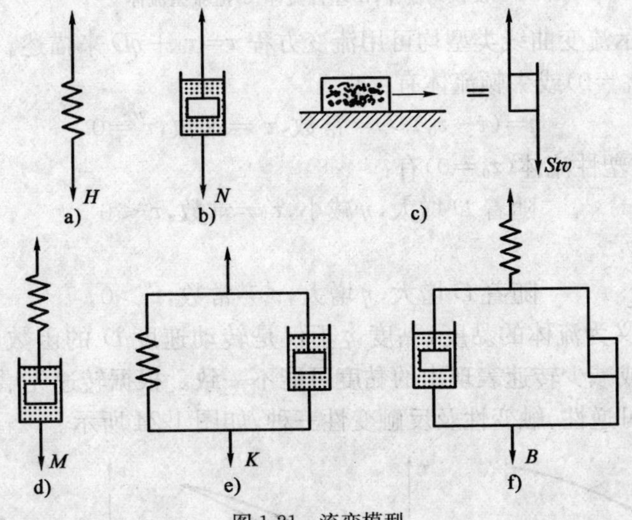

图 1-21 流变模型

a)Hooke;b)Newton;c)St · Venant;d)Maxwell;e)Kelvin;f)Bingham 模型

也可以用流变曲线[$\tau = f(\gamma)$]来描述物体的流变特性。常见流体的基本流变曲线类型如图 1-22 所示。

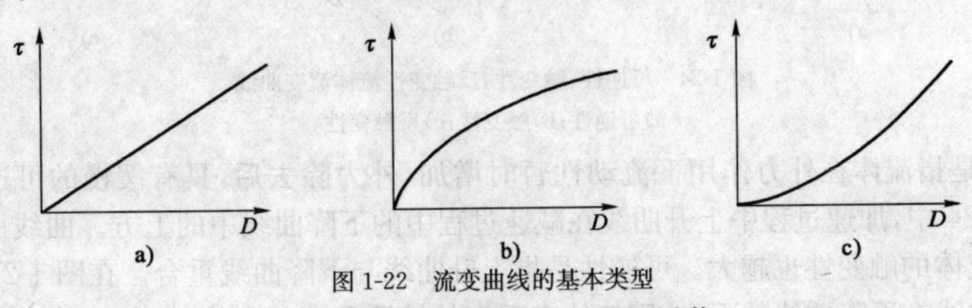

图 1-22 流变曲线的基本类型

a)牛顿流体;b)假塑性流体;c)流胀型流体

假塑性流体的流动性随着剪应变速率的增加而增加(黏度减小),而流胀型流体的流动性随着剪应变速率的增加而减少(黏度增加)。

大部分流体的流变特性常用旋转黏度计测定。旋转黏度计由同轴内筒及外筒构成,流体置于两筒的间隙之间。两筒做相对转动时,由于在筒间隙中流体的黏滞性质使得两筒之间承受扭矩。因此,可得流体旋转层之间的剪应力(τ)与两筒相对旋转速度(D)之间的相关曲线[$\tau=f(D)$],此曲线即为流体的流变曲线。在大部分情况下,流变曲线以 τ 为纵坐标,以 D 为横坐标。

某些流体只有当剪应力大于某一值(τ_0)后,才开始流动。τ_0 称为该流体的流动极限。水泥浆体等悬浮流体,一般都具有流动极限。具有流限的流体的流变曲线如图 1-23 所示。

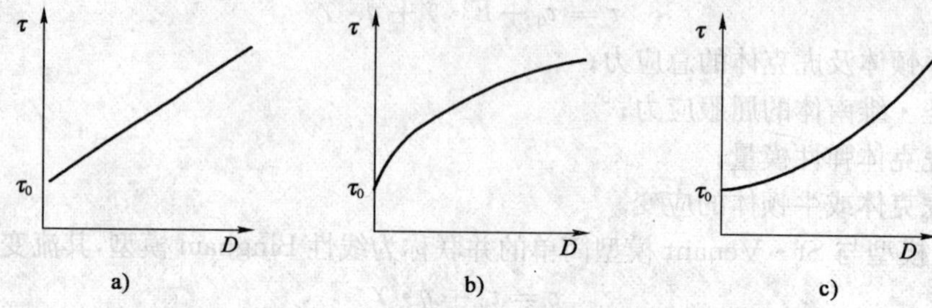

图 1-23　具有流限 τ_0 的流变曲线类型

a)宾汉姆流体;b)塑性流体;c)流胀型流体

图 1-23b)、c)所示流变曲线类型均可用流变方程 $\tau=\tau_0+\eta D$ 来描述。

对宾汉姆流体($\tau_0=0$)或牛顿流体有:

$$\eta=(\tau-\tau_0)/D=\text{常数},\tau'=\text{常数},\tau''=0$$

对塑性流体或假塑性流体($\tau_0=0$)有:

$$\text{随着}\ D\ \text{增大},\eta\ \text{减小},\tau'\neq\text{常数},\tau''<0$$

对流胀型流体有:

$$\text{随着}\ D\ \text{增大},\eta\ \text{增大},\tau'\neq\text{常数},\tau''>0$$

把 $\eta=\mathrm{d}\tau/\mathrm{d}D$ 定义为流体的黏度,黏度 η 不仅是转动速度 D 的函数,也可能是时间的函数。因此,随着增加或减少转速表现出的黏度可能不一致。根据转速先增加、后减少所得的流变曲线,把流体分为可逆性、触变性及反触变性三种,如图 1-24 所示。

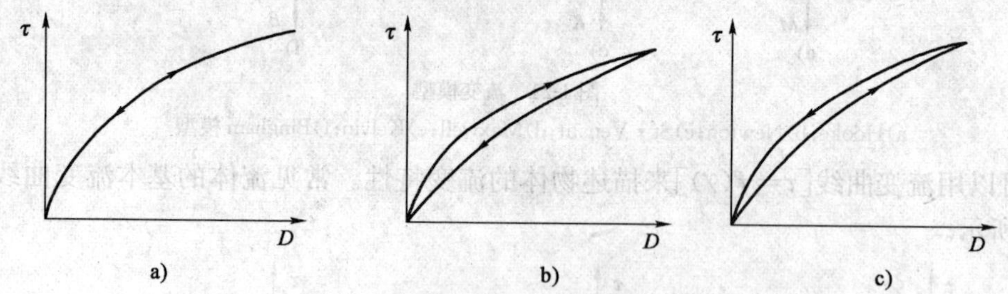

图 1-24　可逆性、触变性、反触变性流体流变曲线

a)可逆性;b)触变性;c)反触变性

触变性是指流体在外力作用下流动性暂时增加,外力除去后,具有缓慢的可逆复原的性能。在图 1-24 中,加速过程中上升曲线在减速过程中的下降曲线中的上方。曲线所包围的面积越大,则流体的触变性也越大。可逆性是指上升曲线与下降曲线重合。在图 1-24 中的坐标系中,上升曲线在下降曲线的下方,则流体表现出的性质称为反触变性,指流体在外力作用下

流动性减小。而当外力除去后，也具有缓慢的可逆复原的性能。

2. 水泥浆体的流变性质

水泥浆体属非牛顿流体，其流变性质接近于宾汉姆(Binggham)流体。流变方程可近似为：

$$\tau = \tau_0 + \eta \cdot \gamma \tag{1-35}$$

式中：τ——剪应力；

τ_0——流动极限剪应力；

η——塑性黏度(或表现为表观黏度)；

γ——剪应变速率。

流变曲线的形状类似于塑性流体曲线。水泥浆体的流变性质在水泥水化反应的休止期内变化不大。尽管在此期间内水泥的水化过程缓慢，但水化没有停止。因而，随着水泥水化时间的延长(在休止期内)，水化产物增多，流动性降低。

影响水泥浆体流动性能的因素除了水化时间外，还主要与水泥的成分、细度、水灰比及温度等因素有关。

Odler 等对不同组成及细度的硅酸盐水泥浆体的流变性能进行了系统研究，其所用水泥的化学组成、烧失量及比表面积见表 1-13。

水泥化学组成及比表面积 表 1-13

水泥编号	1	2	3	4	5	6
ASTMC15 标准	III	III	III	III	III	I
DIN1164 标准	PZ550	PZ550	PZ550	PZ550	PZ550	PZ350
CaO(%)	65.70	63.04	63.69	64.30	65.40	64.50
SiO_2(%)	20.56	20.46	20.64	20.97	20.29	20.95
Al_2O_3(%)	4.90	5.28	5.10	5.28	5.39	5.86
Fe_2O_3(%)	1.09	2.18	2.83	2.14	2.08	2.32
MgO(%)	0.32	1.19	0.99	0.50	0.99	0.64
K_2O(%)	0.88	1.40	1.15	1.02	0.32	0.98
Na_2O(%)	0.0	0.1	0.0	0.4	0.3	0.39
TiO_2(%)	0.20	0.25	0.18	0.23	0.25	0.25
SO_3(%)	3.76	3.35	3.69	3.55	3.36	2.91
烧失量(%)	2.08	2.11	1.25	1.57	1.50	1.15
比表面积(cm^2/g)	4 700	6 000	6 000	4 750	4 600	3 000

6 种水泥浆体的流变曲线(水泥与水拌和后 10min 用旋转黏度计开始测定，在 1min 内，仪器内筒的转速由 0 匀加速到 350r/min，然后立即在 1min 内由 350r/min 匀减速到 0)如图 1-25 所示。水泥浆体的流动性随着水灰比的增加而增大，随水泥细度的增加而略有增加，但不明显，并且有时有反常现象出现。化学组成对水泥浆体流动性能影响不明显，但水泥中的 C_3A 含量增加时，水泥浆体的流动性将明显降低。

在水灰比较小时，水泥浆体在停止扰动一段时间后，即表现出触变性，但在连续扰动过程中，经常表现出反触变性。

根据流变曲线可获得转动速度最大时的剪应力 τ，并可计算出表观黏度 η($\eta=\tau/D$，$D=$350r/min)。图 1-26 是不同水泥浆体在不同水化时间的最大剪应力 τ 及表观黏度 η。其中，曲线 A 是水泥浆体在不停顿的连续测定过程获得的结果(每 1min 匀加速到 350r/min，然后

1min 内匀减速到停止，2min 一个循环，循环之间没有间歇）；而曲线 B 是水泥浆体在有间歇的测定过程中获得的结果（水泥浆体经 2min 的一个加、减速循环测定后，无扰动静置 18min，然后再进行 2min 的加、减速循环测定，又无扰动静置 18min……）。

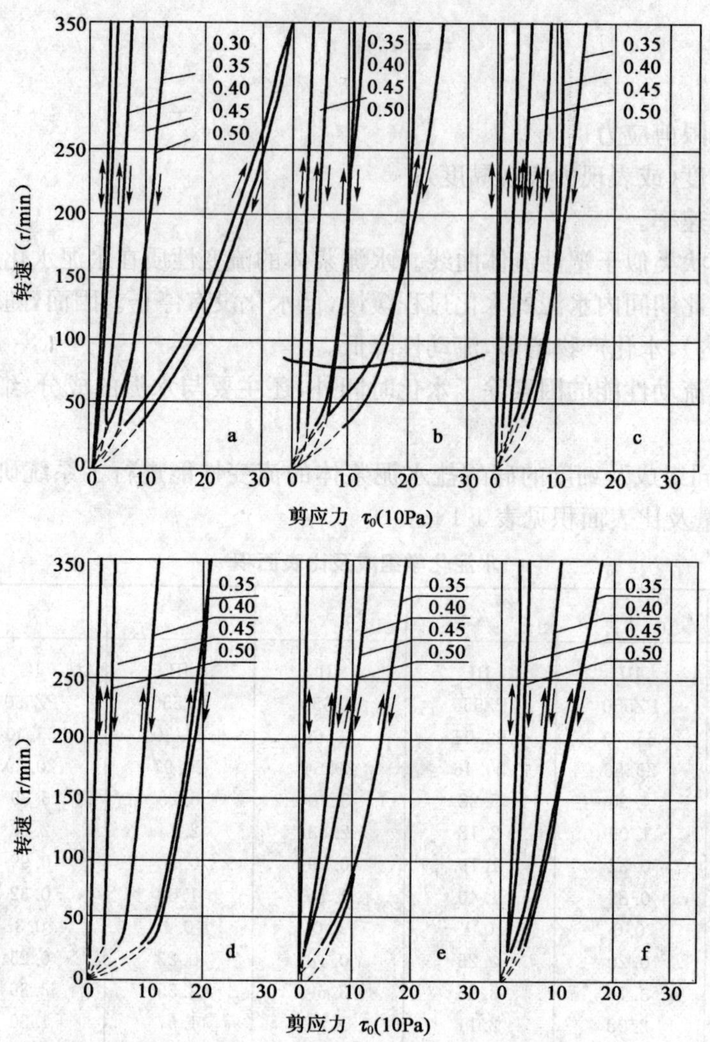

图 1-25　不同水泥浆体在不同水灰比时的流变曲线

a、b、c、d、e、f 分别对应于表 1-13 中 1、2、3、4、5、6 号水泥

停止扰动水泥浆体将使其表观黏度增大。这是因为停止扰动时，水泥浆体的水化产物可形成框架结构，使流动性降低，而连续扰动则破坏了框架结构的形成。

随水化时间的延长，其表观黏度也在增加，即水泥的流动性降低。

温度对水泥浆体的流动性也有影响。随温度增加，流动性降低。一般温度影响在水泥水化约 45min 后更为明显。

六、硬化硅酸盐水泥浆体性质

水泥浆体经凝结硬化后，成为具有一定力学强度和稳定性的结构，称为硬化水泥浆体，也称水泥石。它通常由未水化的水泥熟料颗粒、水化水泥、水和少量的空气以及由水和空气占有的孔隙所组成，因此它是一个固—液—气三相多孔体。硬化水泥浆体的性能主要取决于这些组成的物质、它们的相对含量以及它们之间的相互作用。

水化水泥的数量取决于水泥的水化程度。水化物的组成和结构又主要取决于水泥熟料矿物的性质以及水化硬化的环境。在常温下，硅酸盐水泥的水化产物按其结晶程度可分为两大类。一类结晶比较差，晶粒的大小在胶体尺寸范围内，称为水化硅酸钙凝胶(简称 CSH 凝胶)。它既是微晶质，又可以彼此交叉连生，又因为其大小在胶体尺寸范围内而具有凝胶体的特性。在常温下，硬化的水泥石中除了水化硅酸钙凝胶体外，还有结晶比较完全、晶粒比较大的一类水化物，如氢氧化钙、水化铝酸钙以及水化硫铝酸钙等。上述两类水化物凝胶体与结晶体及其相对含量对水泥石的一系列性能有重要的影响。

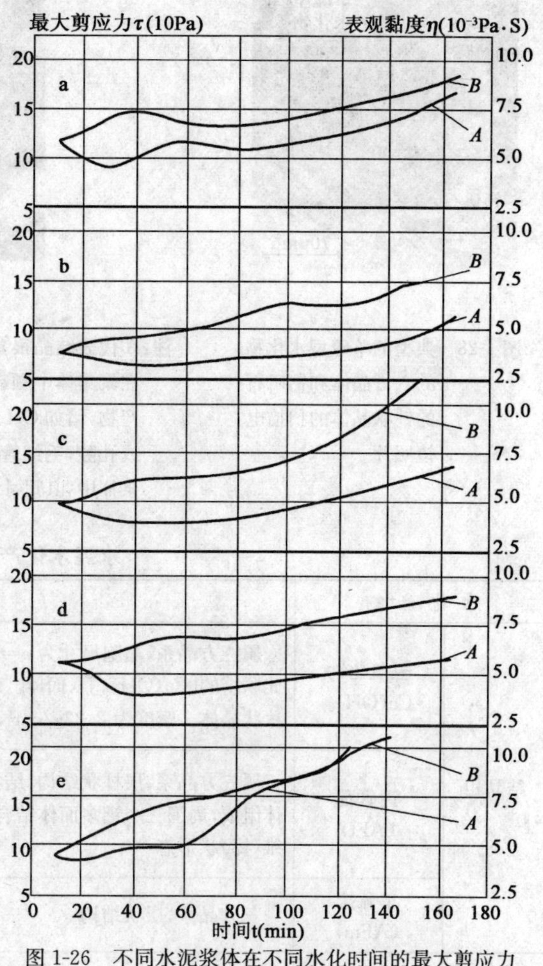

图 1-26　不同水泥浆体在不同水化时间的最大剪应力 τ 及表观黏度 η

a、b、c、d、e 相对应于表 1-13 中 1、2、3、4、5 号水泥

水泥石的孔隙率主要与水泥浆体的水灰比和水泥的水化程度有关。而孔隙结构的大小及其分布情况，除了与上述因素有关外，还与其他因素(如养护的方法与制度、水泥的矿物组成、外加剂等)有关。水泥石的孔隙结构对水泥石的物理力学性能有非常大的影响。

1. 水泥水化物的组成与结构

(1)水泥水化物的结晶相及其结构

硅酸盐水泥水化物的结晶相主要有：氢氧化钙[$Ca(OH)_2$]，钙矾石($C_3A \cdot 3CaSO_4 \cdot 32H_2O$，也称 AFt)，单硫型水化硫铝酸钙($C_3A \cdot CaSO_4 \cdot 12H_2O$，也称 AFm)。氢氧化钙[$Ca(OH)_2$]结晶的结构如图 1-27 所示。水化硫酸钙的典型形貌的扫描电镜显微照片如图 1-28 所示。在水化良好的硅酸盐水泥浆体中，微观结构主要相的模型如图 1-29 所示。

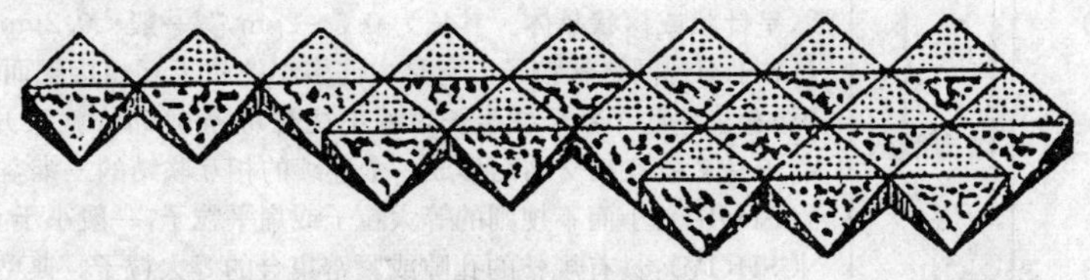
图 1-27　氢氧化钙[$Ca(OH)_2$]结晶的结构

(2)水泥水化物的凝胶相及其组成

硅酸盐水泥的水化产物主要是水化硅酸钙凝胶(CSH)，其组成和结构非常复杂。水泥水化产物的结构特性汇总如表 1-14 所示。

图 1-28 典型的单硫型水化物的六方晶体和钙矾石的针状晶体的扫描电镜照片

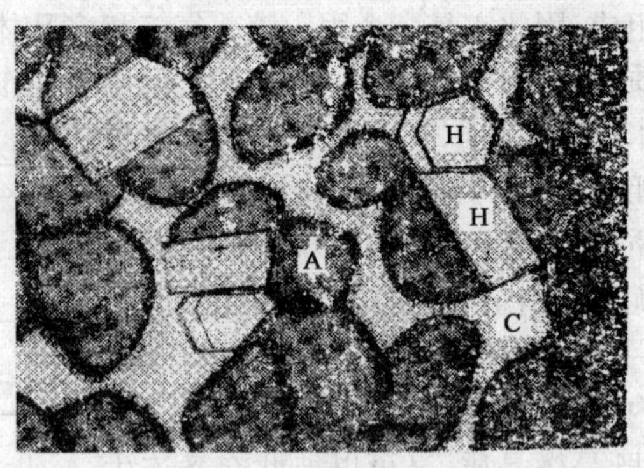

图 1-29 水化良好的硅酸盐水泥浆体模型

注:A 代表结晶很差的 CSH 颗粒的聚集体,至少为一个胶粒尺寸(1~100nm),在聚集体中颗粒间的空间为 0.5~3.0nm(平均为 1.5nm)。H 代表六方晶体产物,诸如 CH、C_4AH_{19}形成较大的晶体,一般有 1μm 宽。C 代表毛细管空穴或孔隙,毛细管空隙的尺寸变动于 10nm~1μm,但在水化良好的低水灰比水泥浆体中,其尺寸小于 100nm。

水泥水化产物的结构特性　　表 1-14

水化产物			结构特性
结晶相	氢氧化钙 $Ca(OH)_2$		属三方晶系,晶胞尺寸为 $a=0.3535$nm,$c=0.4909$nm。晶体构造属层状,其层状构造为彼此联结的[$Ca(OH)_6$]八面体。结构层内为离子键,结构层之间为分子键。显微镜下呈六角形片状晶体。密度为 2.23g/cm^3,折射率 $N_g=1.547$,$N_p=1.547$
	钙矾石(AFt)		属三方晶系,层柱状结构,结构单元为{Ca_3[$Al(OH)_6$]·$12H_2O$},是由[$Al(OH)_6$]$^{3-}$八面体组成,周围三个钙多面体结合。柱状结构单元的可重复的距离为 1.07nm。显微镜下呈纤维(棒)状形态
	单硫盐(AFm)		三方晶系,层状结构
凝胶相	水化硅酸钙凝胶(CSH)	化学组成	CSH 凝胶的化学组成不固定,其分子结构中 CaO 与 SiO_2 比值、H_2O 与 SiO_2 比值也在变化。CSH 凝胶比表面积大,结构中有大量孔隙。基本参数为 比表面积:200~400m^2/g;密度:2.2g/cm^3; $C/S(CaO/SiO_2)$:1~1.5;$H/S(H_2O/SiO_2)$1~2.0; 水灰比对 CSH 凝胶组成有显著的影响(图 1-30)
		结构形态	用扫描电子显微镜观察,发现有不同形态存在。 CSH(I):纤维状粒子。它是水泥水化早期从水泥粒子表面向外辐射的细长物质,呈针状或棒状晶体。其长为 0.5~2μm,宽一般<0.2μm。 CSH(II):网络状粒子。它是由许多小的粒子互相接触而形成的互相连锁的网状构造。这些小粒子在生长过程中往往每隔 0.5μm 就叉开,而叉开的角度非常大,于是叉枝互相交结而形成一个连续的相互联结的三维空间网。 CSH(III):小而不规则的等大粒子或扁平粒子,一般小于 0.3μm。 CSH(IV):具有规整的孔隙或紧密集合的等大粒子。典型的颗粒尺寸或孔间隙不过 0.1μm 左右,在水泥石中不易观察到。它存在于水泥粒子原来边界的内部,与其他产物的外缘保持紧密接触

图 1-30 中横坐标表示水灰比(W/C)的变化,纵坐标表示 C/S 比值与 H/S 比值的变化。曲线 1 表示 CaO/SiO_2(C/S)随 W/C 的变化规律,曲线 2 表示 H_2O/SiO_2(H/S)随水灰比变化

的规律。从图 1-30 中的曲线可知，当水灰比降低时，CSH 凝胶的 C/S 比值提高，H/S 值也有相似的规律，而且 H/S 值大约比 C/S 值小 0.5 摩尔。这就表明 CSH 凝胶组成的变化与$Ca(OH)_2$的进入或脱离有关。因此，在水化良好的情况下，CSH 凝胶的组成可以粗略地用 $C_XSH_{X-0.5}$ 表示。其中，X 表示 C/S 的比值。

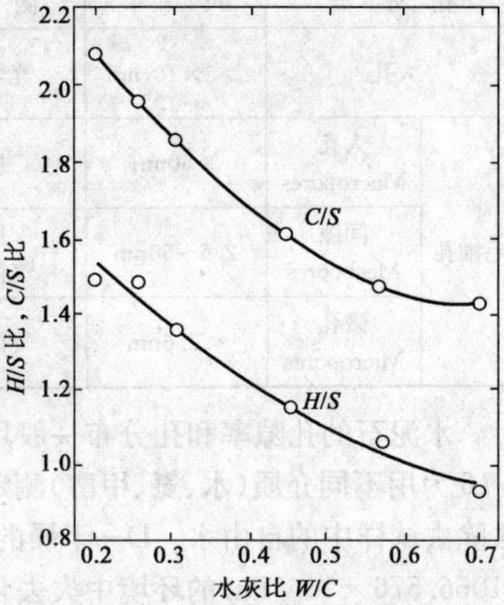

图 1-30 水灰比对 CSH 凝胶组成的影响

硅酸盐水泥水化过程中，由于液相中有铝、铁等离子的存在，因此 CSH 凝胶体中有少量 Al^{3+} 离子进入结构代替 Si^{3+} 离子，即 Al_2O_3 可取代 SiO_2。$A1_2O_3$ 代替 SiO_2可改善 CSH 凝胶的收缩性能。

水泥水化产物是在水化过程中逐渐形成的，随着水化产物的不断增加，水泥石的结构也在发生变化。在不同时期各水化产物生成发展的情况如图 1-31 所示。

2. 硬化水泥浆体（水泥石）的孔结构

水泥石是一个多相多孔体系。水泥石中的孔隙率以及不同孔径的分布状况，是水泥石的一个重要结构特征。它决定了水泥石的一系列性能。在水泥石中固相与孔隙的尺寸如图 1-32 所示。

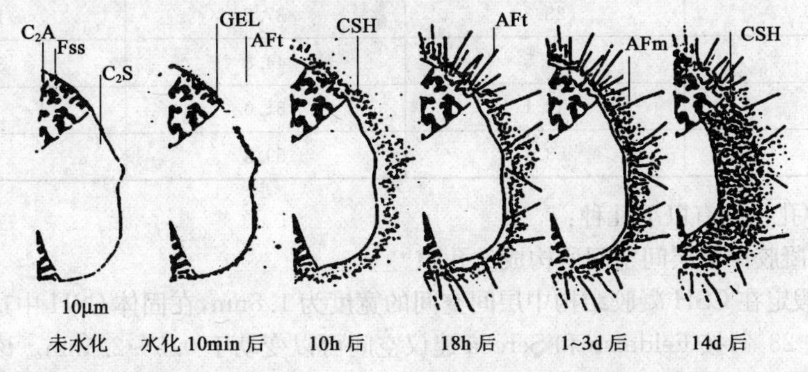

图 1-31 硅酸盐水泥水化过程中水泥石结构发展示意图

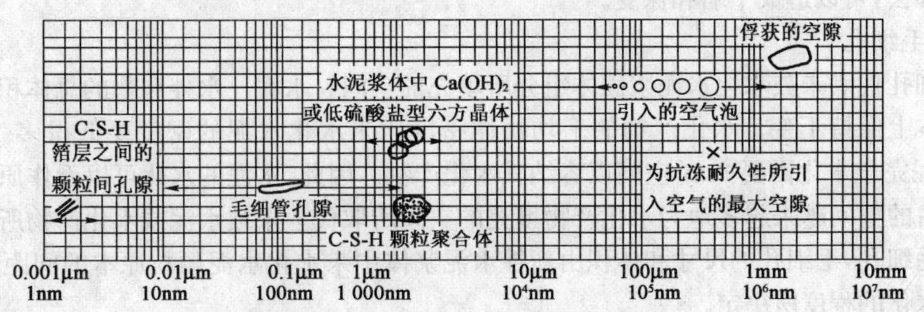

图 1-32 水泥石中固相和孔隙的尺寸范围

所谓水泥石的孔结构，一般包括总孔隙、孔径大小的分布以及孔的形态等。水泥石中孔的尺寸分布范围很广。不同尺寸的孔来源不同，对水泥石的性质有不同的影响。不同尺寸范围内的孔要用不同的方法来测定。Jawed 等人给出了水泥石中不同类型的孔尺寸及来源、相应的测试方法以及对水泥石性质的主要影响，见表 1-15。

水泥石中的孔 表 1-15

孔分类		尺寸	测定方法	来源	作用
大孔		$>5\times10^3$nm	光学显微镜	气泡，未充分凝结硬化，不正确的养护，水灰比过大	影响结构强度
毛细孔	大孔 Macropores	$>$50nm	压汞法	水泥浆体中水填充的空隙	控制渗透性及耐久性
	间隙 Mesopores	2.6～50nm	压汞法 气体吸附法	浆体中水填充的空隙，较小的孔与 CSH 凝胶有关	干燥时产生很大的毛细压力
	微孔 Micropores	$<$2.6nm	气体吸附法	与 CSH 凝胶有关	在干燥循环过程中可能分解

水泥石的孔隙率和孔分布一般用压汞法和吸附法测得，也可用测定密度的方法求得。表 1-16 为用不同介质（水、氦、甲醇）测定其绝对密度时所得到的孔隙率值。试样用 D—干燥的方法除去试样中的自由水。D—干燥的方法是指试样在干冰温度（−78℃）所创造的水蒸气压为（1066.576×10^{-4}Pa）的环境中失去自由水而达到干燥的方法。

用不同介质测得 D—干燥的水化水泥浆体的孔隙率（单位：%） 表 1-16

水灰比	介质条件		
	氦	水	甲醇
0.4	23.3	37.8	19.8
0.5	34.5	44.8	36.6
0.6	42.1	51.0	
0.8	53.4	59.8	

水泥石中孔主要有以下几种：

(1)CSH 凝胶中的层间空间所构成的孔隙

Powers 假定在 CSH 凝胶结构中层间空间的宽度为 1.8nm，在固体 CSH 中这类空间所构成的孔隙率占 28%，按 Feldman 和 Sereda 建议空间可以变动于 0.5～2.5nm。该尺寸大小不会对水化水泥浆体的强度和渗透性起不良作用。水在这些小孔隙中为氢键所固定，在某些条件下会移去，可以造成干缩和徐变。

(2)毛细孔

毛细孔代表未被水化水泥浆固体组分所填充的空间。水泥—水拌和物的总体积在水化过程中基本上保持不变。水化产物的平均块体密度比未水化水泥的密度要低得多。据估计，$1cm^3$ 水泥完全水化需要 $2cm^3$ 空间以容纳其水化产物。因此，水泥的水化可以看作原来为水泥和水所占的空间越来越多地为水化产物填充的空间所取代。未被水泥或水化产物所占的空间构成了毛细孔，毛细孔的尺寸和体积由新拌水泥浆体中未水化水泥颗粒原本的间距（W/C）以及水泥水化的程度所决定。

水化良好的低水灰比水泥浆体中，毛细孔在 10～50nm 范围内；在高水灰比浆体中，水化早期毛细孔可大至 3～5mm。几种水化水泥浆体用水银压汞法测得的典型孔径分布绘于图 1-33。现在普遍认为孔径分布是评价水化水泥浆体特性的较好标准，而并非总毛细孔隙率。大于 50nm 的毛细孔已被假定是危害强度和抗渗性的，而小于 50nm 的孔则对干缩和徐变有更大的影响。

(3)气孔

气孔一般呈圆形,而毛细孔则呈不规则形状。气孔可以在新拌水泥浆体拌和操作过程中形成。在水化水泥浆体中,形成的气孔可大至3mm;通过加入引气剂而引入的气孔大致范围在50~200μm。因此,在水化水泥浆体中形成和引入的气孔比毛细孔要大得多,并对其强度和抗渗性起不良影响。

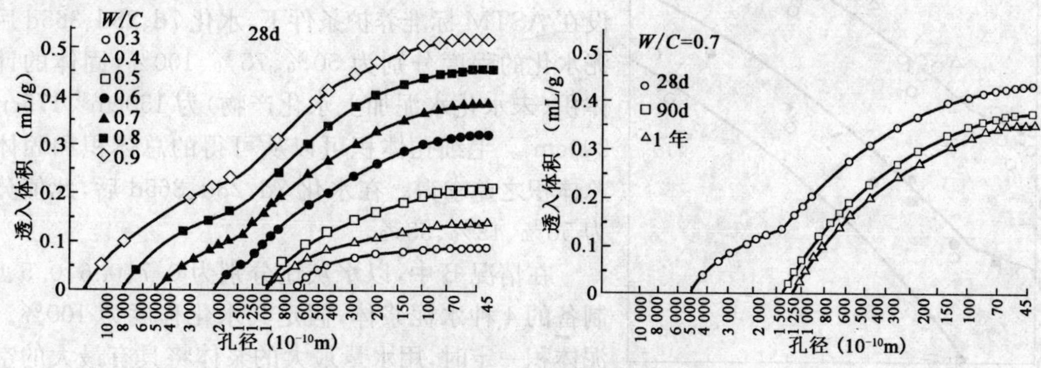

图1-33 水泥石中孔隙体积随孔径尺寸的分布

影响水泥石孔分布的因素很多,主要有水化龄期、水灰比、水泥的矿物组成、养护制度及外加剂等。

(1)水化龄期对孔分布的影响

随着水化龄期的增长,总孔隙率减少,凝胶孔(孔径小于100nm)增多,孔径大于100nm的孔隙减少。水化龄期对水泥石孔分布的影响见表1-17。

水化龄期对水泥石孔分布的影响 表1-17

龄期(d)	总孔隙(cm^3/g)	孔分布(%)			
		$>10^3$nm	$10^2\sim10^3$nm	$10\sim10^2$nm	4~10nm
1	0.1102	7.4	19.5	53.5	19.2
7	0.0555	16.2	15.7	26.7	41.4
28	0.0401	23.7	9.7	21.4	45.2
90	0.0322	8.4	7.4	30.9	53.2
180	0.0237	8.0	4.2	32.9	54.9
360	0.0226	10.3	7.1	42.0	40.6

(2)水灰比对水泥石孔分布的影响

水灰比对水泥石的总孔隙率及孔分布的影响很大,随着水灰比的增大,总孔隙率增加。水灰比对总孔隙率的影响如图1-34所示。试样养护18个月。

水灰比对孔分布的影响如图1-35所示。当水灰比提高时,水泥石中出现几率最大的孔径(称最可几孔径)向尺寸增大的方向移动。如在水灰比为0.35的水泥石中,最可几孔径分别为4.5nm和55nm;而对水灰比为0.65的水泥石中则分别为10.5nm和210nm;当水灰比提高到0.8时,则最可几孔径移到11nm和350nm。

水泥石中毛细孔的体积取决于水泥拌和水的数量以及水泥水化的程度。凝结硬化前水泥浆体的体积大致等于水泥体积加上水的体积。假定$1cm^3$水泥产生$2cm^3$水化体积,Powers做了简单计算,说明毛细孔隙率随水灰比及水化程度的不同而改变。在Powers的说明图中(图

1-36)，在水化程度增加(情况 A)或水灰比降低(情况 B)的条件下，毛细孔隙率都是一个逐渐

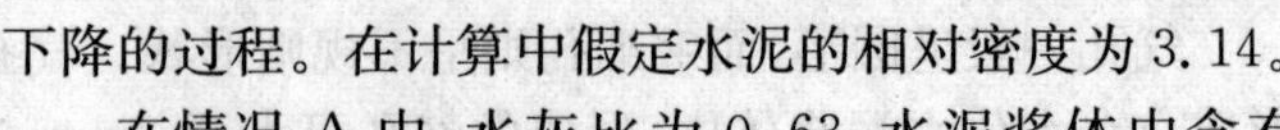

下降的过程。在计算中假定水泥的相对密度为 3.14。

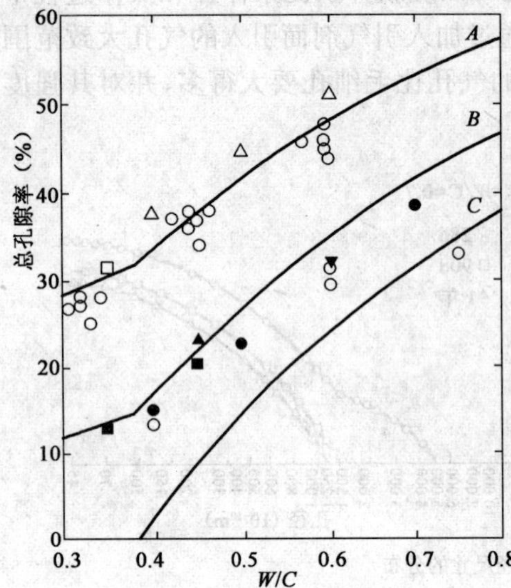

图 1-34　水泥石总孔隙率与水灰比(*W/C*)的关系曲线 *A*-总孔隙；曲线 *B*-自由水所占的孔隙；曲线 *C*-毛细孔隙

在情况 A 中，水灰比为 0.63，水泥浆体中含有 $100cm^3$ 水泥、$200cm^3$ 水，总体积为 $300cm^3$。水泥的水化程度取决于养护条件(水化龄期、温度和湿度)，假设在 ASTM 标准养护条件下，水化 7d、28d、365d 后水泥水化的程度分别为 50%、75%、100%，固体的计算体积(未水化水泥加上水化产物)为 $150cm^3$、$175cm^3$、$200cm^3$。毛细孔体积可以从可得的总体积和固体的总体积之差求得。在水化 7d、28d、365d 后，此值分别为 50%、42%、33%。

在情况 B 中，以水灰比分别为 0.7、0.6、0.5、0.4 制备的 4 种水泥浆体，假定其水化程度为 100%。水泥体积一定时，用水量最大的浆体将具有最大的空间总体积。在完全水化以后，所有浆体将会有同样数量的固体水化产物。因此，具有最大空间总体积的浆体最终将具有较大毛细孔隙体积。因而，$100cm^3$ 水泥全部水化可产生 $200cm^3$ 固体水化产物。但是，在水灰比为 0.7、0.6、0.5 和 0.4 的浆体中空间总体积是 320、288、257、$223cm^3$，计算的毛细孔隙率分别为 37%、30%、22% 和 11%，在 Powers 所设定的条件下，水灰比 0.32 的浆体当水泥已全部水化时将无毛细孔隙。

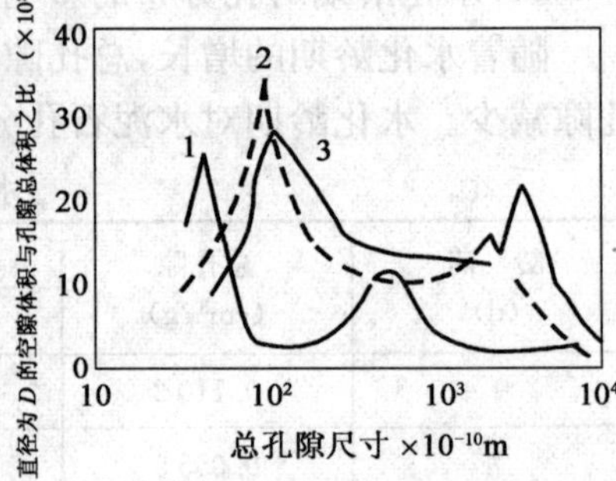

图 1-35　水泥石中不同孔径的分布曲线
1-*W*/*C*=0.35；2-*W*/*C*=0.65；3-*W*/*C*=0.8

(3)水泥的矿物组成对水泥石孔分布的影响

水泥单矿物硬化体(标准条件下硬化 28d)的孔分布试验结果如表 1-18 所示。由表 1-18 可看出，总孔隙率随 $C_3S \rightarrow C_4AF \rightarrow C_2S \rightarrow C_3A$ 的变化顺序而增加。

水泥熟料单矿物水化硬化后的孔分布　　表 1-18

矿　物	总孔隙 (cm^3/g)	孔 分 布 (%)			
		>10^3nm	10^2～10^3nm	10～10^2nm	4～10nm
C_3S	0.078	9.1	4.6	44.4	41.9
C_2S	0.144	3.6	21.9	56.4	18.1
C_3A	0.220	12.9	57.8	19.2	10.1
C_4AF	0.104	6.0	32.5	50.0	11.5

3. 硬化水泥浆体中的水

在电子显微镜下测定，水化水泥浆体中的孔洞似乎是空的。这是因为试样制备工艺要求试样在高真空下干燥之故。实际上，未处理的硬化水泥浆体根据环境湿度和浆体的孔隙率能够保持大量的水。水可以以多种形式存在于水化水泥浆体中。根据水从水化水泥浆体中失去的难易程度，可以将水划分成几种类型。当相对湿度降低时，由于水从饱和的水泥浆体中连续

失水，故在不同状态的水中间画线区分并非是硬性的。如此分类可用以了解硬化水泥浆体的性质。在水化水泥浆体中水以下列状态存在。

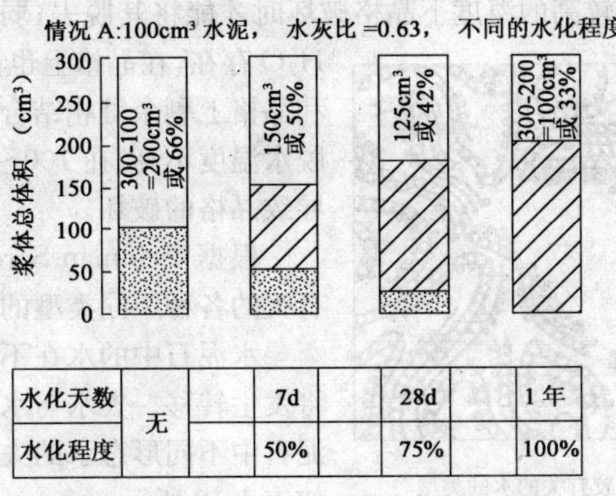

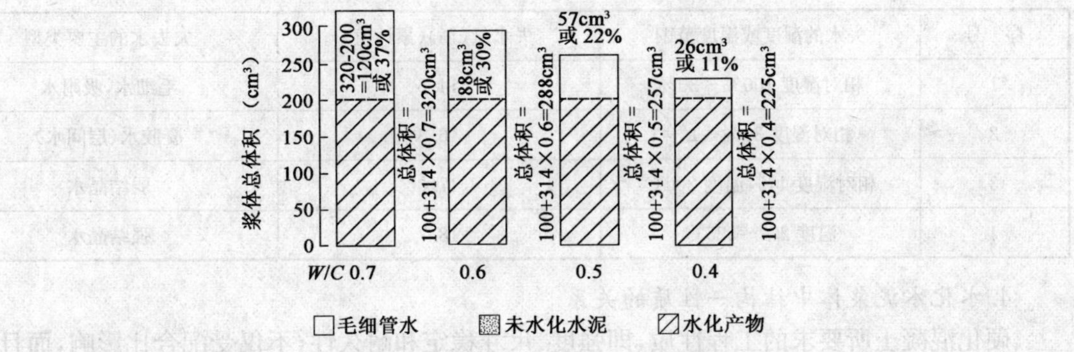

图 1-36 毛细孔隙率随水灰比、水化程度的变化(Powers)

(1)毛细管水

毛细管水存在于 5nm 左右的孔隙中。可以设想它是不受固体表面引力影响的重力水。实际上，从水化水泥浆体中毛细管水行为的观点而言，要求把毛细管水分为两类：在大于 50nm(0.5μm)数量级的大孔中的水(可视为自由水)，失去这种水不会造成任何体积改变；在细毛细管(5～50nm)中毛细张力所固定的水，失去这种水可以导致系统的收缩。

(2)吸附水

吸附水位于固体表面，即在引力影响下，水分子物理性地吸附于水化水泥浆体固体的表面。水化水泥浆体固体的表面可以借氢键吸附六层水分子(1.5nm)。因为单个水分子的键能随着离固体表面距离而下降，当水化水泥浆体干燥至 30%相对湿度时，吸附水大部分会失去。失去吸附水，即水化水泥浆体干燥时会引起水化水泥浆体的收缩。

(3)层间水

层间水与 CSH 凝胶的结构有关，也称凝胶水。已认为，在 CSH 凝胶层间单分子水为氢键所牢牢固定。层间水仅在强烈干燥时(在 11%相对湿度以下时)，才会失去。当失去层间水时，CSH 结构明显收缩。

(4)化学结合水

化学结合水是各种水化产物结构的整体部分，在干燥时一般不会失去。当水化产物受热分解时，化学结合水会放出。化学结合水又称结晶水。结晶水分为强结晶水和弱结晶水，强结晶水又称晶体配位水，以OH^-离子状态存在，并占有晶格上的固定位置，和其他元素有确定的含量比，结合力强，只有在较高的温度下晶格破坏时才能将其脱去；弱结晶水是以中性水分子H_2O存在，在晶格上也占据固定的位置，由氢键和晶格上剩余键相结合，但不如强结晶水牢固，脱水温度不高，在100～200℃即可脱去，也不会导致晶格的破坏。

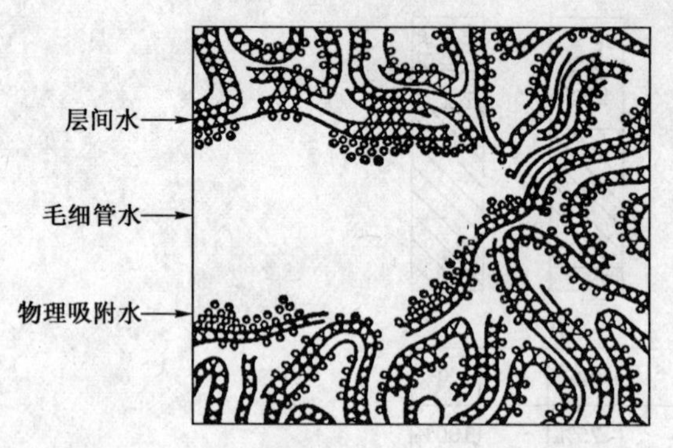

图 1-37　与水化硅酸钙凝胶有关的水的类型

根据 Feldman-Sereda 模型，与 CSH 凝胶有关的各种不同类型的水如图 1-37 所示。

水泥石中的水在不同湿度和温度的作用下将发生转移。失水与水泥石收缩特性有关。水泥石中不同形态水的失去与温度和湿度的关系如表 1-19 所示。

水泥石中水的失去与温度和湿度的关系　　表 1-19

序　号	失水的湿度或温度范围	失水量(%)(累计值)	失去水的主要类型
1	相对湿度 100%～30%	14.5	毛细水，吸附水
2	相对湿度 30%～1%	16.3	凝胶水(层间水)
3	相对湿度 1%，温度 200℃	17.3	弱结晶水
4	温度 200～525℃	18.7	强结晶水

4. 水化水泥浆体中结构—性质的关系

硬化混凝土所要求的工程性质，即强度、尺寸稳定和耐久性，不仅受配合比影响，而且也为水化水泥浆体的性质所影响。这种性质也决定于微观特性(固体的类型、数量和分布以及孔隙)。

(1)强度

水化水泥浆体内固体产物中强度的主要来源是范德华引力。两固体表面间黏附力可以归之于这些物理力，黏附作用的程度决定于所涉及表面的范围和本性。小的 CSH 晶体、水化硫铝酸钙及六方水化铝酸钙拥有巨大的表面积和黏附能力。这些硅酸盐水泥的水化产物不仅趋于彼此牢固黏结，而且与低表面积的固体牢固黏结，如氢氧化钙、未水化熟料颗粒以及粗、细集料颗粒。

在固体中强度与孔隙率之间成反比关系。强度决定于材料的固体部分，因此，孔隙过多对强度有害。在水化水泥浆体中，CSH 结构内的层间空间以及在范德华引力作用范围内的小孔隙，可以认为对强度无害，因为在荷载作用下应力集中及随后的破坏开始于材料中肯定存在的大毛细孔及微裂缝。

对于正常水化的硅酸盐水泥砂浆，Powers 表明在抗压强度 S 和固空比 x 间存在指数关系。

$$S=kx^3 \tag{1-36}$$

式中：k——常数，为 34 000psi(1psi＝6.895kPa)。

假定水化程度一定，如 25%、50%、75%和 100%，可用 Powers 的公式计算水灰比增加对孔隙率、强度的影响，如图 1-38 所示。

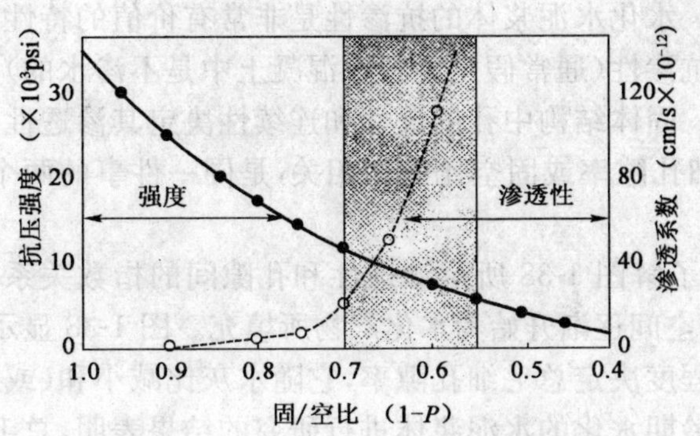

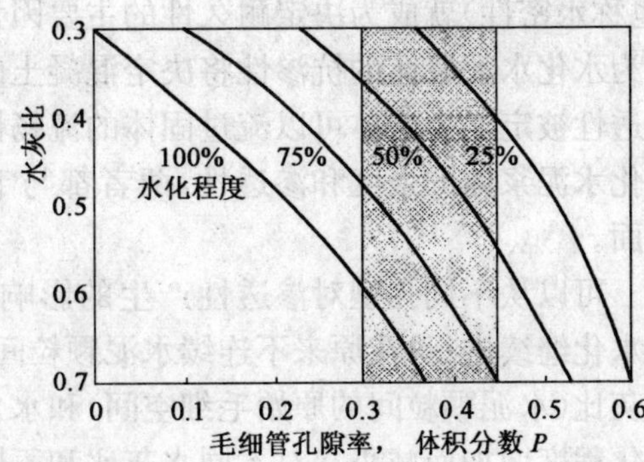

图 1-38 水灰比和水化程度对强度和渗透性的影响

(2)尺寸稳定性

水饱和的水化水泥浆体尺寸并不稳定。只要保持在 100％相对湿度条件下，实际上不会发生尺寸变化。但是，当暴露于湿度低于 100％的周围环境时，材料将开始失水并收缩。L′Hermite 说明，一方面饱和水化水泥浆体失水与相对湿度有关，另一方面与干燥收缩有关(图 1-39)。相对湿度低于 100％，在大孔腔(如大于 50nm)内所持的水开始逸入周围环境。因为自由水并不以任何物理—化学键附属于水化产物的结构，故失去自由水并不伴有收缩，如图 1-39 中 $A-B$ 所示。因此，水饱和的水化水泥浆体置于稍低于 100％相对湿度下，在发生收缩前可以失去大量自由水。

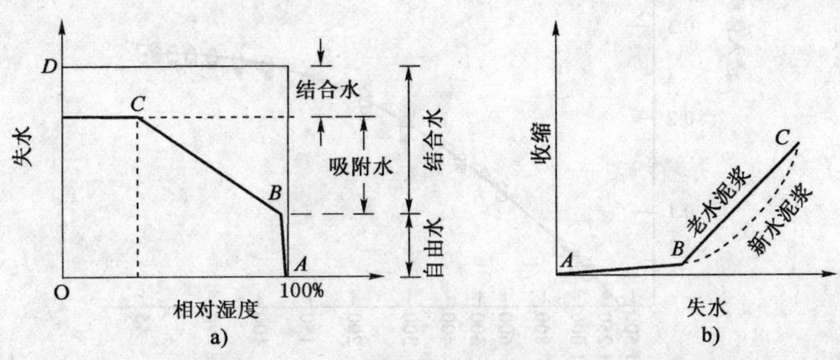

图 1-39 失水与相对湿度及干燥收缩关系图

a)失水是相对湿度的函数；b)水泥浆体的收缩是失水的函数

当已失去大部分自由水后，在继续干燥下可以发现进一步失水开始导致明显收缩。这种现象如图 1-39$B-C$ 所示，主要归结于失去细小毛细管中的吸附水(图 1-37)。在两固体平面间狭窄的空间，吸附水会产生拆开压力，失去吸附水，减少拆开压力，引起系统的收缩。在 CSH 层状结构中以单分子水膜存在的层间水，同样可以在严重干燥条件下失去。这是因为在固体表面与层间水紧密附着以及通过毛细网络曲曲折折输送途径造成一较强的驱动力。因为细毛细管(5～50nm)中的水产生静水张力，失去此水容易引起在毛细管孔壁上产生压应力，从而引起系统的收缩。

在此应该指出，引起干燥收缩的机理，也会引起水化水泥浆体徐变。在徐变情况下，持续的外部应力变为物理吸附水和细毛细管中的水的驱动力。因此，徐变应变即使是在 100％相对湿度下也可以发生。

(3)耐久性

水化水泥浆体是碱性的，因此若暴露于酸性水中就对材料有害。在这些条件下，抗渗性

(也称水密性)就成为决定耐久性的主要因素。水化水泥浆体的抗渗性是非常有价值的特性,因为水化水泥浆体的抗渗性将决定混凝土的抗渗性(通常假定集料在混凝土中是不渗水的)。渗透性被定义为液体可以流过固体的流畅性。固体结构中孔的尺寸和连续性决定其渗透性。水化水泥浆体的强度和渗透性,两者都与毛细孔隙率或固空比密切相关,是同一件事的两个方面。

可以从不同孔型对渗透性产生的影响中了解图 1-38 所示渗透性和孔隙间的指数关系。当水化继续进行,在原来不连续水泥颗粒间的空间逐渐开始为水化产物所填充。图 1-38 显示水灰比(水泥颗粒间的原始毛细空间)和水化程度决定总毛细孔隙率,它随水灰比减小和(或)水化程度增加而减小。对不同水灰比和不同龄期水化的水泥浆体进行研究的结果表明,总毛细孔隙率的减少与水化水泥浆体中大孔的减少有关(图 1-40)。根据图 1-38 的资料可以很明显地看到,当毛细孔体积分数从 0.4 降为 0.3 时,渗透系数呈指数下降。因此,这一毛细孔隙率的范围相当于当水化水泥浆体中毛细孔的体积和孔径减少,以致彼此间连接变得困难。试验结果表明,完全水化的水泥浆体的渗透率为早期浆体的 10^6 数量级。Powers 研究表明,水灰比为 0.6 的水泥浆体经完全水化可以像致密岩石(如玄武岩或大理石)那样不渗水。

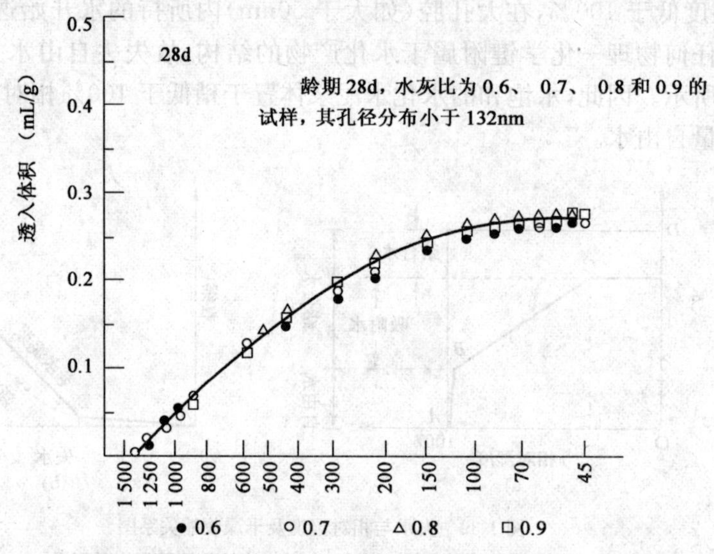

图 1-40 不同水灰比的水泥浆体中毛细孔的分布

注:在硬化水泥浆体中,由于水灰比的增加导致总孔隙率的增加,其作用仅仅增加大孔。这点从水灰比对强度和渗透性的影响观点来看意义很大,渗透性为大孔所控制

以 CSH 凝胶层间孔和细毛细孔为代表的孔隙率对水化水泥浆体并不起渗透作用。相反,随着水化程度的增加,虽然由于 CSH 层间孔而大量增加孔体积,但渗透性大大降低。在水化水泥浆体中,渗透性与孔径大于 100nm 左右的孔体积之间有直接关系。这可能是因为主要由细孔组成的孔体积会不连续。

5. 水泥石的工程性质

1)水泥石的强度

水泥石的强度是指它抵抗破坏与断裂的能力。水泥石为什么能硬化并具有强度,一直是人们关注和研究的课题。在目前各种水泥石的强度理论中,有代表性的理论如表 1-20 所示。此外,还有胶空比理论等。应该指出,这些理论都是从不同角度建立的,并且它们中有的带有假想的性质,有的带有经验的性质,因而都具有局限性。

水泥石强度理论 表 1-20

理论	内容	表达式
脆性材料断裂理论	断裂强度主要取决于水泥石的弹性模量、表面能以及裂缝的大小。水化凝胶具有很大的比表面积，因而也具有大的表面能(其值可达 115.9J/g)，由于较高表面能(或界面能)的互相作用，使水泥石具有强度	葛里菲斯(Griffith)公式： $\sigma=\sqrt{(2EV)/(\pi C)}$ 式中：σ——断裂应力； E——弹性模量； V——表面能； C——裂缝长度
结晶连生体理论	水泥硬化过程中，水化硅酸钙微晶体彼此交叉、接触，形成牢固的结晶结构网。其强度主要取决于接触点的强度与数量	A. Ф. 巴拉克(A. Ф. Полак)方程： $f=\bar{f}\cdot F$ 式中：f——水泥石强度； $\bar{f}$——结晶接触点强度； F——断裂面上结晶接触点面积
孔隙率理论	水泥石强度受水泥石微观结构的影响较大，特别是孔隙率或水化生成物充满原始充水空间的程度	T. C. 鲍威尔斯公式： $f=AX_A{}^n$ 式中：f——水泥石强度； n、A——与矿物组成有关的常数； X_A——水化生成物在水泥石的充填程度，其值介于 0～1

水泥石的抗拉(或抗折)强度要远远低于其抗压强度，一般抗拉强度是抗压强度的 1/10～1/7，大大限制了以水泥为结合料形成的混凝土的使用性能。水泥石的抗拉强度远低于抗压强度是因为水泥石在硬化过程中由于收缩会产生大量的结构缺陷，即有大量细微裂缝存在，从而极大地影响了其抗拉(或抗折)强度。

影响水泥石强度的主要因素有：

①水泥的性质，包括水泥熟料矿物组成、微观结构、石膏含量、水泥颗粒细度及分布；

②水泥浆体的水灰比(W/C)，水泥浆体中的气泡含量及外掺剂；

③拌和及成型条件；

④养护条件，主要指温度和相对湿度；

⑤龄期；

⑥试验方法及测试试样中的含水率。

影响水泥石强度的上述因素中，①～⑤实际上主要影响了水泥的水化程度及微观结构。因此，水泥石的微观结构对于水泥石的强度有举足轻重的影响。在微观结构中，尤以水泥石中的孔隙对强度的影响最大，而孔隙则与水灰比 W/C 有着极为密切的关系。

目前，已提出了多种水泥石强度与孔隙率之间的关系式，如：

$$\sigma=\sigma_0(1-P)^B \quad \text{(Balshin)} \tag{1-37}$$

$$\sigma=\sigma_0\exp(-CP) \quad \text{(Ryskewitch)} \tag{1-38}$$

$$\sigma=D\cdot\ln(P_0/P) \quad \text{(Schiller)} \tag{1-39}$$

$$\sigma=\sigma_0(1-E\cdot P) \tag{1-40}$$

式中：σ——水泥石抗压强度；

σ_0——水泥石假想能达到的最大抗压强度(孔隙率为 0 时水泥石的强度)；

P——孔隙率；

P_0——最大空隙率，空隙率为 P_0 时，强度值为 0；

B、C、D、E——常数。

如果能得到孔隙率非常小的水泥石，则它的强度可达到很高的值，如 Roy 采用热压成型的方法得到抗压强度高达 665MPa 的水泥石。其采用的硅酸盐水泥的比表面为 5 340cm²/g，水灰比为 0.093，热压成型的温度为 250℃，压力为 350 大气压，所得水泥石的孔隙率为 1.78%。因此，水泥石强度的潜力很大，通过减小孔隙率或减少水泥石结构缺陷可获得高强水泥石。

水泥石的强度不仅与水泥石的总孔隙率有关，而且与孔隙的分布有关。一般情况下，在总孔隙率保持不变时，有较多的大尺寸孔隙时强度较低，而有较多的小尺寸孔隙时强度较高。Odler 认为，水泥石中半径小于 10nm 的孔隙的数量对强度几乎没有影响，而只有半径大于 10nm 的孔隙的数量才对强度有明显影响。

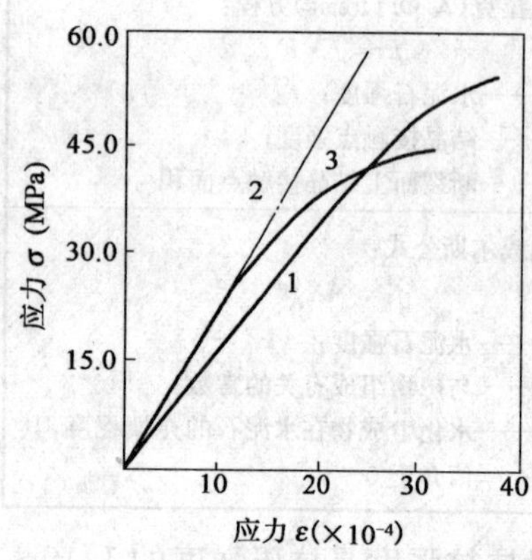

图 1-41　水泥石应力—应变曲线

1-水泥浆体；2-细粒砂岩；3-水泥砂浆

2)水泥石的弹性模量

水泥石的应力—应变曲线近似于一条直线，如图 1-41 所示。

对于弹性体的应力—应变关系，根据虎克定律，则：

$$\sigma = \varepsilon \cdot E \tag{1-41}$$

式中：σ——应力；

ε——应变；

E——弹性模量。

水泥石的应力—应变曲线在应变较小时，基本呈线性关系；而当应变较大时，不再呈线性关系。

一般也用弹性模量来描述水泥石的刚性。Helmuth 和 Turk 用共振法测定的良好水化的水泥石的动态弹性模量在 20 000～30 000MPa。

水泥的弹性模量与水泥石的孔隙有很大关系，Helmuth 和 Turk 发现，水泥石的弹性模量 E 与水泥石的毛细孔(孔径大于 100nm)空隙率 P_c 有以下关系：

$$E = E_0(1-P_c)^3 \tag{1-42}$$

式中：E_0——当空隙率 P 为 0 时水泥石的弹性模量值，$E_0 \approx 30\ 000$MPa。

弹性模量可用多种方法进行测定，如静力加载方法，即通过获得应力—应变关系来求得弹性模量，称静态模量。还可以用超声波法或共振法来求得弹性模量，称为动态弹性模量。

动态弹性模量的测定原理如下：

振动波在各向同性的均质弹性体中传播时服从虎克定律，即：

$$\sigma = E_d \varepsilon \tag{1-43}$$

式中：σ——应力，即振动波施加在材料垂直于波速断面单位面积上的力；

ε——应变，即在应力作用下沿波方向单位长度上的变形；

E_d——动弹性模量。

当对弹性体试样施加机械波(纵向波)时，将会引起试样长度的改变。在波作用的瞬间，如果影响的范围为 ΔL(图 1-42)，则由于机械波引起的应变为 ε，$\varepsilon = dl/\Delta L$。

根据虎克定律，则：

$$\varepsilon = \frac{\sigma}{E_d} \tag{1-44}$$

即：

$$\frac{\mathrm{d}l}{\Delta L}=\frac{P}{F}\cdot\frac{1}{E_{\mathrm{d}}} \tag{1-45}$$

纵波在试样中的传播速度为：

$$v=\frac{\Delta L}{\mathrm{d}t} \tag{1-46}$$

则：

$$\frac{\mathrm{d}t}{V\mathrm{d}t}=\frac{P}{F}\cdot\frac{1}{E_{\mathrm{d}}} \tag{1-47}$$

根据冲量定理 $P\mathrm{d}t=v\rho F\mathrm{d}t$，则有：

$$\frac{\mathrm{d}l}{\mathrm{d}t}=\frac{P}{v\rho F} \tag{1-48}$$

由式(1-47)和式(1-48)可得：

$$E_{\mathrm{d}}=v^2\rho \tag{1-49}$$

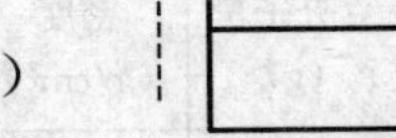

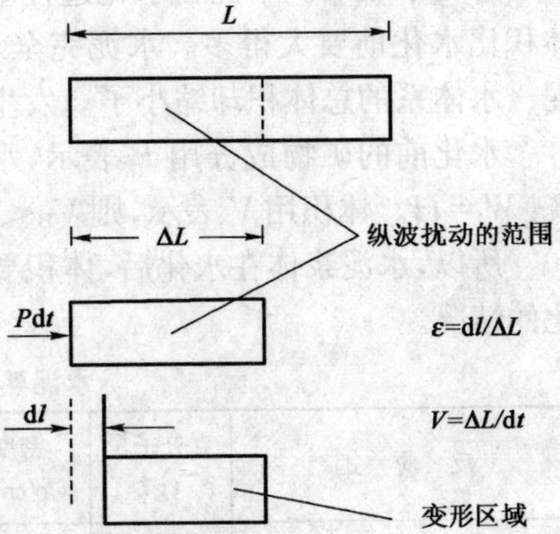

图 1-42　杆状弹性体在纵波作用下变形示意图

式中：ρ——弹性体重度；

v——机械波传播速度；

F——弹性体垂直于机械波传播方向的断面面积；

P——机械波施加在试样断面(面积为 F)上的力。

当考虑横向收缩影响时，则公式为：

$$E_{\mathrm{d}}=k\rho v^2 \tag{1-50}$$

式中：k——横向修正系数。

用超声波法测定弹性杆状试件的弹性模量时，弹性模量 E_{d} 的计算公式为：

$$E_{\mathrm{d}}=k\cdot\rho\cdot v^2=\frac{(1+\mu)(1-2\mu)}{(1-\mu)}\rho v^2 \tag{1-51}$$

式中：μ——弹性体的泊松比(横向收缩系数，$\mu=0\sim0.5$)。

用共振法测定材料的弹性模量，即通过测定弹性体的共振频率，从而计算其弹性模量。在杆状的弹性体内，当杆长为沿杆长方向传播的波长的整数倍时，在杆中出现共振，即：

$$l=\frac{n\lambda}{2} \tag{1-52}$$

式中：l——杆的长度；

n——正整数；

λ——波长。

在均匀介质中：

$$v=\lambda f \tag{1-53}$$

式中：v——波速；

f——频率。

式(1-53)、式(1-52)代入式(1-50)中得：

$$E_{\mathrm{d}}=\frac{4l^2 pf_{\mathrm{R}}^2}{n^2}\cdot k \tag{1-54}$$

当杆状试件的长宽比较大时，k 近似等于 1。故式(1-54)成为

$$E_{\mathrm{d}}=\frac{4l^2 pf_{\mathrm{R}}^2}{n^2} \tag{1-55}$$

因此，只要求得杆状弹性体的共振频率，就可用式(1-55)计算其弹性模量。

3)水泥石变形

(1)收缩变形

①化学收缩。水泥在水化过程中,由于无水的熟料矿物转变为水化物,所以水化后的固相体积比水化前要大得多。水泥完全水化后,水化凝胶约是水化前总水泥体积的 2.2 倍,但水泥—水体系的总体积却缩小了。发生缩小的原因是水化前后反应物和生成物的密度不同。

水化前的矿物成分用 B 表示,水用 W 表示,水化生成物用 H 表示,则水化反应可写成:$B+W=H$。体积用 V 表示,则 $V_B<V_H$,但 $V_B+V_W>V_H$。

所以,水泥浆体在水化后,体积要缩小。表 1-21 是几种水泥熟料矿物在水化前后体积变化的情况。

水泥熟料矿物—水体系中体积的变化 表 1-21

反应式	克分子量(g)	密度(g/cm^3)	体系绝对体积(cm^3)		固相绝对体积(cm^3)		绝对体积的变化(%)	
			反应前	反应后	反应前	反应后	体系	固相
$2C_3S+6H_2O$ $=C_3S_2H_3+3Ca(OH)_2$	456.6 108.1 342.5 222.3	3.15 1.00 2.71 2.23	253.1	226.1	145.0	226.1	−10.67	+55.39
$2C_2S+4H_2O$ $=C_3S_2H_3+Ca(OH)_2$	344.6 72.1 342.5 74.1	3.26 1.00 2.71 2.23	177.8	159.6	105.7	159.6	−10.2	+50.99
$C_3A+3CaSO_4\cdot 2H_2O$ $+26H_2O$ $=C_3A\cdot 3CaSO_4\cdot 32H_2O$	270.18 516.51 450.40 1 237.09	3.04 2.32 1.00 1.79	761.91	691.11	311.51	691.11	−9.29	+121.86
$C_3A+6H_2O=C_3AH_6$	270.18 108.10 378.28	3.04 1.00 2.52	196.98	150.11	88.88	150.11	−23.79	+68.89

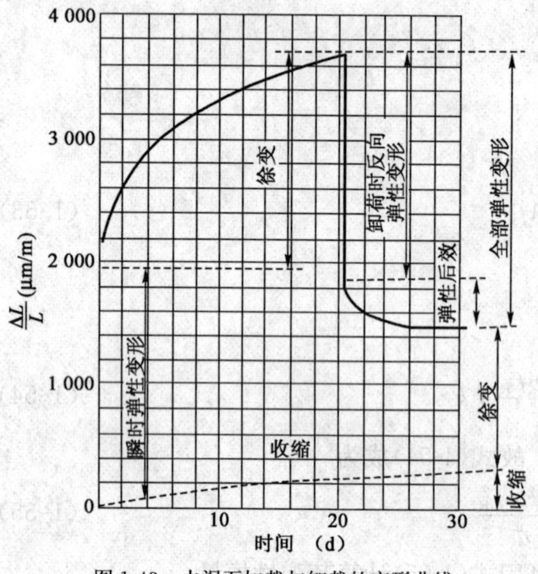

图 1-43 水泥石加载与卸载的变形曲线

②失水收缩。水泥石在湿润时要发生轻微的膨胀,在干燥失去水分时要产生收缩。对于水化程度较好的水泥石,在干燥失去水分时收缩量可达 2%以上。水泥石在第一次干燥时的收缩量大部分是不可恢复的。进一步的干湿循环会使不可恢复的收缩量有所增加,但经几次干湿循环后,每次干燥产生的收缩将变为可恢复的。

产生可恢复收缩变形主要与毛细管压力、水泥石内表面自由能、接触点压力、失去结构层间水等因素有关。

(2)水泥石的徐变(蠕变)

在持续的荷载作用下,水泥石的变形随时间而变化的规律如图 1-43 所示。试件是采用硅酸盐水泥在标准条件下养护 28d 的水泥石，32MPa 的恒定荷载持续作用 21d 后卸掉荷载。

从图 1-43 中可以看出，加荷载后立即产生一个瞬时弹性变形，之后随着时间的增长，变形逐渐增大。这种在恒定荷载作用下依赖时间而增长的变形，称为徐变或蠕变。当卸掉荷载以后，水泥石立即产生一个反向的瞬时弹性变形，随后，反向变形继续增大达到某一程度后趋于稳定。这种随时间而增长并趋于稳定的反向形变过程，称为弹性后效。影响水泥石徐变的因素见表 1-22。

水泥石徐变的影响因素 表 1-22

影响因素	原因
水泥石凝聚—结晶结构网接触点的性质	接触点以分子力互相作用，在应力作用下容易产生位移和偏转，因而表现出较大的徐变值。一般来说，发达的结晶结构有较小的徐变值
硬化水泥浆体中的晶体与凝胶的比值	凝胶在应力作用下，容易产生缓慢的流变，所以晶胶比越大，徐变值越小
水泥石在应力作下水分的转移	水泥石中的水，在应力作用下，由高应力区向低应力区转移。这种转移也会引起水泥石的变形

Powers 认为，徐变主要与凝胶水的转移有关。如果水泥石处于饱和状态，当应力消除后，水分可以复原。这时，由于水分转移引起的变形也可以恢复。但是，如果水泥石处于干燥状态，水分蒸发，则变形就不能恢复。这时，徐变与干燥收缩互相联系在一起，互相促进，加大了水泥石的变形。而 Fehldmann 等人认为，徐变主要与水化硅酸钙的层间水的转移有关。

4)水泥石的抗渗性与抗冻性

(1)水泥石的抗渗性

水泥石的抗渗性主要与孔结构有关。水泥石是一个多孔体，在水压作用下，多孔体的渗水量可用达西(Darcy)公式表示：

$$\frac{\mathrm{d}q}{\mathrm{d}t}=kA\,\frac{\Delta h}{L} \tag{1-56}$$

式中：$\frac{\mathrm{d}q}{\mathrm{d}t}$——渗水速度，$cm^3/s$；

A——多孔体的横截面(渗流水断面)面积，cm^2；

Δh——作用在试件表面上的水压差，cm 水柱；

L——多孔体的厚度，cm；

k——渗透系数，cm/s。

水泥石的渗透系数 k 与水化龄期及孔隙率有关，如表 1-23 所示。

水泥石的渗透性 表 1-23

龄期(d)	孔隙率(%)	渗透系数(cm/s)	龄期(d)	孔隙率(%)	渗透系数(cm/s)
新拌	67	1.15×10^{-3}	5	53	5.9×10^{-9}
1	63	3.63×10^{-5}	7	52	1.38×10^{-9}
2	60	3.05×10^{-6}	12	51	1.95×10^{-10}
3	57	1.91×10^{-7}	24	48	4.6×10^{-11}
4	55	2.3×10^{-8}			

表1-23中孔隙率包括毛细孔及凝胶孔。水泥石的抗渗性主要取决于毛细孔的数量。降低毛细孔的数量是提高水泥石抗渗性的最有效措施。

(2)水泥石的抗冻性

硬化水泥石的抗冻性主要与水泥石中水分(可以是水泥石中的固有水分)、由水泥石外通过渗透而进入水泥石的水分的结冰及由此而产生的体积变化有关。由于渗入水泥石的水在结冰后为原来体积的1.1倍,因而造成膨胀压力,可能破坏水泥石的结构。

水泥石经受冻融过程时体积变化如图1-44所示。图中曲线表示,随着冰冻要发生体积膨胀,而在融解时曲线是不可逆的,留下了永久变形。这种情况表明,水泥石中的水分在冰冻过程中造成了巨大的膨胀应力,可能使水泥石结构遭到破坏。

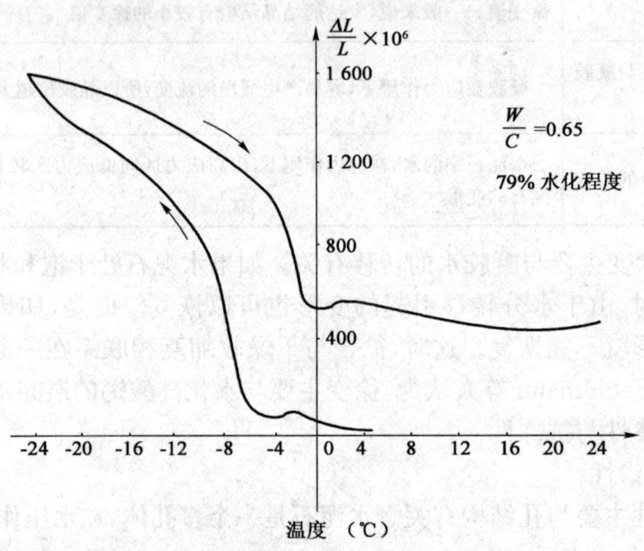

图1-44 冻融过程水泥石体积变化

水泥石的抗冻性与水泥石的毛细孔有关,毛细孔越细,抗冻性越好。另外,通过给水泥浆体中掺入加气剂,也可大大改善水泥石的抗冻性。

5)水泥石的抗侵蚀性

(1)侵蚀分类

由于水介质与水泥石的互相作用,会发生一系列的化学、物理及物理化学的变化。这种作用有时会使水泥石遭到破坏。水介质对水泥石的侵蚀作用可以分为三类,见表1-24。

水介质对水泥石的侵蚀作用分类　　表1-24

类　别	侵蚀类型	侵蚀特征
第一类侵蚀	溶出侵蚀(淡水侵蚀)	由于水的浸析作用,将已硬化了的水泥石中的固相组分逐渐溶解带走,因而使水泥石结构遭到破坏
第二类侵蚀	离子交换侵蚀(包括有机酸、无机酸侵蚀及碳酸盐、镁盐等侵蚀)	水泥石的组分与水介质发生离子交换反应。反应生成物或者是容易溶解的物质被水带走,或者是生成一些没有胶结能力的无定型物质,破坏了原有水泥石结构
第三类侵蚀	硫酸盐侵蚀	侵蚀性介质与水泥石互相作用,并在混凝土的内部气孔和毛细管内形成难溶的盐类。如果这些盐类结晶逐渐积聚长大,体积增加,使混凝土内部产生有害应力

(2)侵蚀机理

在自然条件下很少是单受一种侵蚀的。一般是以一种侵蚀为主,同时存在其他次要的侵蚀作用。

①第一类侵蚀——溶出性侵蚀(淡水侵蚀)。在硅酸盐水泥的水化产物中,氢氧化钙的溶解度最大。在流水的作用下,水泥石中的氢氧化钙会逐渐被溶出,液相中石灰浓度降低,开始由固体 $Ca(OH)_2$ 的溶解加以补偿。随后,在一定浓度的氢氧化钙溶液中才能稳定的其他水化物亦分解。因此,氢氧化钙被称为水泥—水体系中的平衡调整物。

当水流将氢氧化钙不断地从水泥石中浸析出来时,会引起水化硅酸盐及铝酸盐分解,最后导致水泥石的破坏。因此,为了保证各水化产物的稳定性,液相中氧化钙、氧化铝的含量应不低于某极限值。各种水化产物的极限浓度列于表 1-25。

各水化产物的极限浓度 表 1-25

化合物组成	极限浓度(g/L)			
	CaO		Al_2O_3	
	从	到	从	到
$CaO \cdot SiO_2 \cdot aq$	0.031	0.052	—	—
$2CaO \cdot SiO_2 \cdot aq$	接近 $Ca(OH)_2$ 饱和浓度		—	—
$2CaO \cdot Al_2O_3 \cdot 7H_2O$	0.16	0.36	0.05	0.109
$3CaO \cdot Al_2O_3 \cdot 6H_2O$	0.415	0.56	0.08	0.26
$4CaO \cdot Al_2O_3 \cdot 12H_2O$	1.06	1.08	0	0.003
$2CaO \cdot Fe_2O_3 \cdot aq$	0.64	1.06	—	—
$4CaO \cdot Fe_2O_3 \cdot aq$	1.06	—	—	—
$3CaO \cdot Al_2O_3 \cdot 3CaSO_4 . aq$	0.045	—	—	—

可见,随着 CaO 的溶出,首先是 $Ca(OH)_2$ 的固相溶解,其次是高碱性的水化硅酸盐及水化铝酸盐分解而成为低碱性水化物,最后变成无胶结能力的 $SiO_2 \cdot nH_2O$ 及 $A1(OH)_3$ 等,因而氢氧化钙的溶出会导致水泥砂浆或混凝土的强度下降。

②第二类侵蚀——离子交换侵蚀。溶解于水中的盐类及酸类可以与水泥石互相作用,产生离子交换反应,生成易被水溶解的盐或无胶结能力的物质,使水泥石结构发生破坏。最常见的是碳酸、有机酸及无机酸的侵蚀,碱金属及碱土金属如镁盐的侵蚀也属于这一类型。

雨水、泉水及地下水中常含有一些游离的碳酸(CO_2),当含量超过一定量时,将使水泥石结构破坏。其反应历程为:

$$Ca(OH)_2 + CO_2 + H_2O = CaCO_3 + 2H_2O$$

$$CaCO_3 + CO_2 + H_2O = Ca(HCO_3)_2$$

反应生成物(碳酸氢钙)易溶于水。若水中碳酸较多,并超过平衡浓度,反应向右进行,使氢氧化钙转变为碳酸氢钙而溶失。

侵蚀性碳酸所起的作用是溶解混凝土表面的碳化部分,继而使石灰转变为碳酸盐,此碳酸盐仅为中间产物,最后又转变为溶解的 $Ca(HCO_3)_2$。这样不断使石灰浓度降低,从而引起水化硅酸盐及水化铝酸盐的分解。另外,由于侵蚀性碳酸与混凝土表面的碳化层的作用也加强了物理性的石灰浸析,所以碳酸的腐蚀实际上包含着双重腐蚀,化学性溶解与浸析。因此,为量不多的侵蚀性 CO_2,也能使混凝土发生显著的破坏。

侵蚀性碳酸含量越大，侵蚀越强烈。根据研究的数据，碳酸水与碳酸盐作用的反应速度与侵蚀性 CO_2 含量的平方成正比。

其他离子的存在，也会影响碳酸盐的平衡条件，使侵蚀性碳酸含量由于平衡的改变而增加，从而促进碳酸氢盐的生成及碳酸盐的溶解。

一般酸类包括有机酸、无机酸，它们在溶液中均能完全或部分解离成为 H^+ 离子及酸根，$HR \rightleftharpoons H^+ + R^-$，离解出的 H^+ 离子与混凝土中 $Ca(OH)_2$ 溶解的 OH^- 离子结合成解离度极小的水。因此，使混凝土液相中石灰浓度降低，以致引起其他水化产物的分解。可见，不论任何酸类，其实质均是 H^+ 离子对混凝土的破坏作用。

碱金属与碱土金属（除 Ca^{2+} 外）之阳离子与强酸的阴离子 Cl^-、NO_3^-、Br^- 等结合而成的盐类对水泥石的破坏作用也属于第二类侵蚀。这些盐类的金属阳离子，如 Mg^{2+}、Al^3 及 Zn^{2+} 等，也能与 $Ca(OH)_2$ 的 OH^- 离子形成解离度极小的不溶性氢氧化物。如海水及地下水中的氯化镁等镁盐，均可与水泥石中的氢氧化钙反应，生成易溶、无胶结力的物质，破坏水泥石的结构。

$$MgCl_2 + Ca(OH)_2 = CaCl_2\text{（易溶）} + Mg(OH)_2\text{（无胶结力）}$$

③第三类侵蚀——硫酸盐侵蚀。某种盐类的结晶体逐渐在水泥石毛细管中积累和长大是此类侵蚀过程的主要特征。这些结晶的来源有两方面。有些是由于侵蚀介质中的离子和水泥石组成发生化学反应而生成，而有些则是侵蚀介质中的盐类为水带进混凝土中，当水分蒸发或湿度变化等影响而形成过饱和溶液，从而在溶液中析晶。这些晶体在水泥石孔隙中逐渐增长，开始还常使混凝土变得暂时紧密，但是后来由于显著的内应力而遭到严重破坏。这类侵蚀最主要的代表是硫酸盐侵蚀。

当水泥石与含硫酸或硫酸盐的水接触时，将产生有害膨胀应力。其反应为：

$$H_2SO_4 + Ca(OH)_2 = CaSO_4 \cdot 2H_2O$$

二水石膏不但可在水泥石中结晶产生膨胀，还可以与水泥石中的水化铝酸钙反应生成水化硫铝酸钙（膨胀性更大）。

$$3(CaSO_4 \cdot 2H_2O) + 3CaO \cdot Al_2O_3 \cdot 6H_2O + 19H_2O = 3CaO \cdot Al_2O_3 \cdot 3CaSO_4 \cdot 31H_2O$$

由于生成物水化硫铝酸钙（钙矾石）含有大量结晶水，体积膨胀 1.5 倍左右，对水泥石具有严重的破坏作用。

几种常见盐类转化成晶体时产生的膨胀率见表 1-26。

盐类转化成晶体时产生的膨胀率　　表 1-26

盐类晶体转化	转化温度（℃）	膨胀率（%）
$NaCl \longrightarrow NaCl \cdot 2H_2O$	0.15	130
$Na_2CO_3 \longrightarrow Na_2CO_3 \cdot 10H_2O$	33.0	148
$Na_2SO_4 \longrightarrow Na_2SO_4 \cdot 10H_2O$	32.3	311
$MgSO_4 \longrightarrow MgSO_4 \cdot 6H_2O$	73.0	145
$MgSO_4 \cdot 6H_2O \longrightarrow MgSO_4 \cdot 10H_2O$	47.0	11

表 1-27 为国际化标准组织（ISO）、欧洲标准（CEB）、德国标准（DIN）及欧洲水泥协会（Cemb）在 1981 年推荐的侵蚀物质的允许极限值。

液体和固体介质中侵蚀物质允许极限值 表 1-27

侵蚀程度			弱	中等	强
液体介质	pH 值	ISO	6.5～5.0	5.0～4.0	<4.0
		CEB(DIN)	6.5～5.5	5.5～4.5	<4.5
		Cemb	6.5～5.5	5.5～4.0	<4.0
	腐蚀性 CO_2 (mg/L)	ISO	15～30	30～100	>100
		CEB(DIN)	15～30	30～60	>60
		Cemb	15～30	30～100	>100
	NH_4^- (mg/L)	ISO	50～100	100～500	>500
		CEB(DIN)	15～30	30～60	>60
		Cemb	15～30	30～100	>100
	Mg^{2+} (mg/L)	ISO	1 000～1 500	1 500～3 000	>3 000
		CEB(DIN)	100～300	300～1 500	>1 500
		Cemb	100～300	300～3 000	>3 000
	SO_4^{2-} (mg/L)	ISO	250～500	500～1 000	>1 000
		CEB(DIN)	200～600	600～3 000	>3 000
		Cemb	200～600	600～6 000	>6 000
固体介质	SO_4^{2-} (mg/kg 固体)	ISO	<600	600～1 000	>1 000
		CEB(DIN)	2 000～500	>5 000	—
		Cemb	2 000～6 000	>6 000	—

(3)防止侵蚀的方法

①改变熟料矿物组成。例如，减少熟料中硅酸三钙的含量，可以提高耐浸析腐蚀的能力；减少铝酸三钙，可提高硅酸盐水泥在硫酸盐溶液中的稳定性。

②在硅酸盐水泥中加入某些外加剂。当硅酸盐水泥中加入含活性二氧化硅的火山灰质混合材后，其中的活性二氧化硅与氢氧化钙结合为水化硅酸一钙($CaO \cdot SiO_2 \cdot aq$)，其平衡所需的石灰极限浓度为 0.05～0.09g/L，比硅酸盐水泥水化产物水化硅酸二钙($2CaO \cdot SiO_2 \cdot aq$)稳定时所需的石灰浓度低得多，所以在淡水中的浸析速度显著降低。另外，使高碱性水化铝酸盐转为低碱性水化铝酸盐。同时，由于掺混合材的混凝土较紧密，也能提高水泥石的耐腐蚀性。但必须指出，火山灰质水泥的抗冻性及在大气中稳定性不高。硫酸盐侵蚀时，在有反复冻融和干湿交替的情况下，则耐久性降低。对于受第二类侵蚀，加入水硬性混合材也没有好处，因为酸及镁离子也能直接与硅酸钙、铝酸钙起作用。

③提高混凝土的紧密度。必须正确设计混凝土配合比，降低水灰比，仔细选择集料级配，并在工艺上采取措施，使混凝土密实。

另外，可以对混凝土进行表面处理，使生成难溶于水的盐，以提高混凝土对淡水浸析的抵抗能力。例如，用 CO_2 使混凝土表面成为碳酸钙壳，溶解度就变得很小，或者用氟硅酸处理表面，在水泥石表面气孔和毛细管中生成极难溶的氟化钙及硅胶薄膜。

④在混凝土外部加覆盖层。可以使用各种不透水的沥青层、沥青毡、不透水的水泥砂浆、沥青砂浆薄层或沥青混凝土薄层等覆盖在混凝土表面，以隔离侵蚀介质与混凝土的接触。

⑤对具有特殊要求的抗侵蚀混凝土，可以采用浸渍混凝土，也就是将树脂单体浸渍到混凝土的空隙中，再使之聚合以填满混凝土的空隙。这种混凝土具有高的抗侵蚀性。

第二节　粉煤灰水泥、火山灰水泥、矿渣水泥

一、粉煤灰硅酸盐水泥

凡由硅酸盐水泥熟料和粉煤灰，加入适量石膏磨细制成的水硬性胶凝材料，称为粉煤灰硅酸盐水泥，简称粉煤灰水泥。粉煤灰的掺量按质量百分计为20％～40％，并允许掺加不超过混合材料总掺量1/3的粒化高炉矿渣，此时混合材料总掺量可达50％，但粉煤灰掺加量仍不得超过40％。

粉煤灰水泥实质上也是一种火山灰水泥，但由于粉煤灰的化学组成和物理结构特征与其他火山灰质混合材料有一定差异，使粉煤灰水泥具有一系列的性能特点，因此我国将其另列为一个品种。

1.粉煤灰组成及结构

火力发电厂用煤粉为燃料时，炉内温度高达1 100～1 400℃，燃烧比较彻底，残留的煤极少，这样所得的渣子一部分在高温时溶化黏结成比较大的颗粒，其余的颗粒都很细小，故称粉煤灰。

(1)粉煤灰的化学成分

粉煤灰也属于$CaO-Al_2O_3-SiO_2$系统。由于煤的种类、细度以及燃烧条件的不同，粉煤灰的化学成分也有较大波动。表1-28是我国100多个以烟煤、无烟煤为燃料的电厂出产的粉煤灰的化学成分范围及平均值。世界上其他一些国家的粉煤灰化学组成见表1-29。

我国电厂粉煤灰的化学组成范围(单位:％)　表1-28

项　目	烧失量	SiO_2	Al_2O_3	Fe_2O_3	CaO	MgO	SO_3	Na_2O	K_2O
范围	1.1～26.5	31.1～60.8	11.9～35.6	14.7～37.5	0.7～9.6	0.1～1.9	0～1.8	0.1～1.1	0.3～2.9
平均值	7.1	51.1	27.6	7.8	2.9		0.4	0.4	1.2

世界不同国家粉煤灰的化学组成范围(单位:％)　表1-29

项　目	化 学 组 成 (％)								
	SiO_2	Al_2O_3	Fe_2O_3	CaO	MgO	SO_3	K_2O	Na_2O	烧失量
澳大利亚	9～63	4～33	1～30	0.2～33	0.1～24	0.1～14.5	0.1～0.2	0.1～5.6	0.1～15.2
比利时	47～54	25～29	6～10	1.4～3.9	1.2～2.0	0.3～0.6	2.2～3.3	0.7～1.1	1.3～9.3
巴西	52～76	9～33	2～14	0.5～2.4	0.4～1.4	0.1～2.0	0.2～2.8	0.2～1.4	0.1～3.4
保加利亚	40～60	12～32	5～16	4～12	1～5	0.9～9.6			0.5～19.7
德国	2～77	2～30	1～16	1～41	1.5～23	0.2～27	0.1～4.7	0.2～10	0～20.1
法国	14～59	6～33	4～17	1～59	1～5	0.1～15.1	0.7～6.0	0.1～0.9	0.3～15.2
英国	43～55	22～34	6～13	1.2～7.6	1.2～2.3	0.1～1.6	1.0～3.8	0.1～4.0	1.2～12.7
印度	37～67	18～29	3～22	1.3～11	0.8～5.2	0.1～2.9			0.3～16.6
日本	53～63	25～28	2～6	1～7	1～2	0.1～0.8	1.8～3.2	0.8～2.4	0.1～2.2
前苏联	36～63	11～40	4～17	1～32	0～5	0.1～2.5	1.1～3.6	0.5～1.2	0.5～22.5
美国	23～58	13～25	4～17	1.2～29	1.0～7.5	0.3～8.3	0.4～3.2	0.4～7.3	0.4～4.9

(2)粉煤灰结构

粉煤灰的矿物组成主要是铝硅玻璃体、少量的莫来石($3Al_2O_3 \cdot 2SiO_2$)和石英等结晶矿物以及未燃尽的炭粒。硅铝玻璃体的含量一般在70%以上,是粉煤灰具有活性的主要组成部分。在其他条件相同时,玻璃体含量越多,活性越高。

粉煤灰中玻璃体的形态和大小及表面情况对粉煤灰的性能有密切关系。扫描电镜观测表明,在玻璃体中,有光滑的球形玻璃体粒子(图1-45),有形状不规则的小颗粒(孔隙少),也有疏松多孔的未燃炭粒。球形颗粒在水泥浆体中可起润滑作用,所以粉煤灰中如果圆滑的球形颗粒占多数,其需水性小,活性高。一般认为,粒径范围在5~30μm的颗粒,其活性较好。

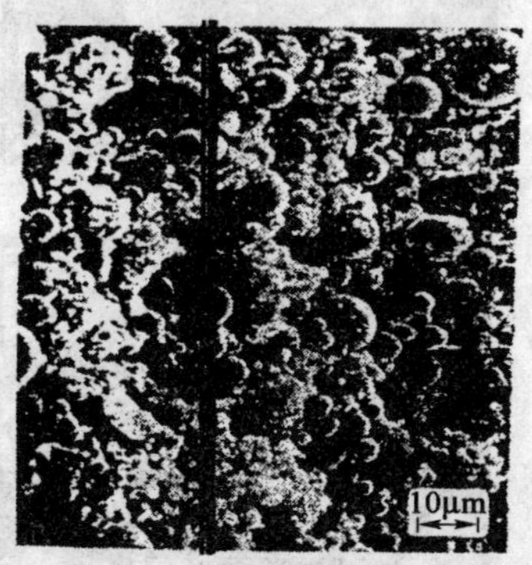

图1-45 粉煤灰的扫描电镜照片

粉煤灰中未燃尽煤的含量,通常可用烧失量表示。烧失量过大,说明燃烧不充分,且碳粒粗大、多孔,掺入水泥后往往增加需水量,降低硬化水泥浆体强度。此外,未燃尽的煤遇水后在表面形成一层憎水薄膜,阻碍水分向内部浸透,影响$Ca(OH)_2$与活性氧化物作用,降低活性。又因其在空气中不断氧化挥发,并吸收水分,使体积膨胀,影响稳定性。

(3)粉煤灰的质量要求

用于配制粉煤灰水泥的粉煤灰,其质量必须符合《用于水泥和混凝土中的粉煤灰》(GB/T 1596—2005)的要求。

2.水化硬化过程

粉煤灰水泥的凝结硬化过程与其他火山灰水泥的硬化过程极为相似,主要是熟料的水化,以及粉煤灰与$Ca(OH)_2$的反应,但也存在一定的特点。

粉煤灰水泥的水化过程是:粉煤灰水泥加水拌和后,首先是水泥熟料矿物水化,析出的$Ca(OH)_2$通过液相扩散到粉煤灰球形玻璃体的表面。在表面上发生化学吸附和侵蚀,并生成水化硅酸钙和水化铝酸钙。有石膏存在时,随即产生水化硫铝酸钙结晶,大部分水化产物开始以凝胶状出现。随着龄期的增长,逐步转化成纤维状晶体,数量不断增加,相互交叉,形成连锁结构,使后期强度得到较快的增长。

粉煤灰中的玻璃体是与$Ca(OH)_2$反应产生胶凝性的主要相,但粉煤灰的球形玻璃体比较稳定,表面又相当致密,不易水化。电子显微镜等的观察表明,在水泥水化7d后的粉煤灰颗粒表面上,几乎没有变化,直到28d,刚能看到表面开始初步水化,略有凝胶状的水化产物出现[图1-46a)]。在水化90d后,粉煤灰颗粒表面上才产生大量的水化硅酸钙纤维状晶体,它们相互交叉连接[图1-46b)],而形成很高的黏结强度,以致在劈裂时,即使粉煤灰颗粒被劈开,但黏结区还能保持完好[图1-46d)],因而能达到相当高的力学强度。所以,按水化产物,可分为三个区域,即未水化的玻璃体核心、内部水化凝胶层以及外部水化产物层。当充分水化后,外部水化产物则与水泥石整体紧密联结，并无明显界限。粉煤灰的强度发展如图 1-47 所示。由图可见，在早期阶段，粉煤灰水泥的强度低于普通硅酸盐水泥的强度，随龄期增加而逐步接近到 5～6 个月后，已明显地超过普通硅酸盐水泥的强度。

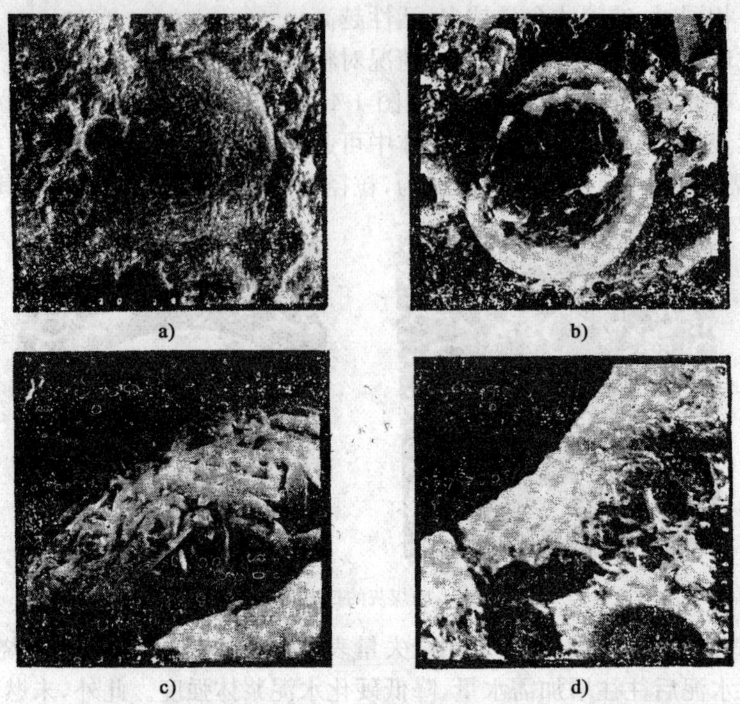

图 1-46 粉煤灰水泥水化后的扫描电镜照片(磨细粉煤灰，掺量 20%)

a)水化 28d(放大 4 000 倍)；b)水化 90d(放大 2 000 倍)；c)水化 90d(放大 10 000 倍)；d)水化 90d(放大 10 000 倍)

根据结合水和 $Ca(OH)_2$ 含量的测定结果(图 1-48)可知，掺 30%粉煤灰的水泥，早期结合水减少，在后期则有显著增加。而 $Ca(OH)_2$ 的含量在后期则随着龄期的增加而逐渐降低，也说明粉煤灰的活性组成在水化后期较快吸收 $Ca(OH)_2$，从而使水泥石的后期强度有较大的增长。值得注意的是，掺加 30%粉煤灰的粉煤灰硅酸盐水泥，其结合水的增长率比硅酸盐水泥要快。这可能是由于均匀分布在熟料颗粒中间的粉煤灰能够使各个熟料颗粒不致互相黏聚，有利于水化作用的进行。试验证明，其他矿物微粉也有类似作用，通常称为“微粉效应”。因此，可以认为，粉煤灰对水泥水化过程的作用在早期仅限于一般的微粉效应，而粉煤灰活性的发挥主要反映在后期。

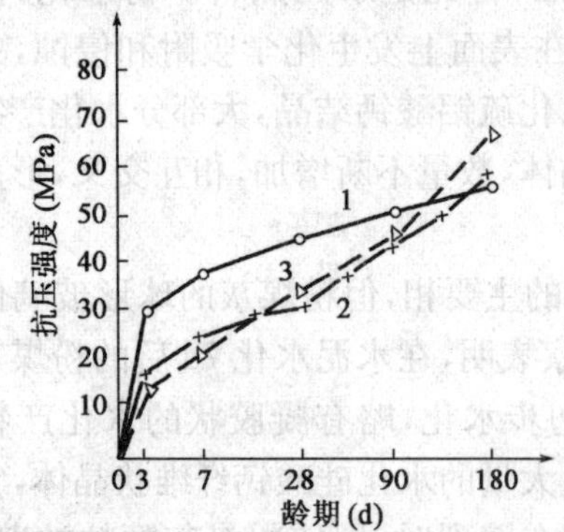

图 1-47 粉煤灰水泥强度随龄期的发展

1-硅酸盐水泥；2-掺 30%石景山粉煤灰的水泥；

3-掺 30%邵武粉煤灰的水泥

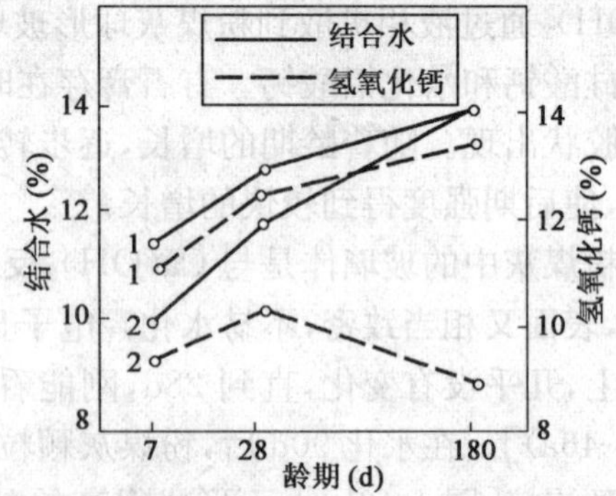

图 1-48 水泥石的结合水和 $Ca(OH)_2$ 含量随水化龄期的变化

1-硅酸盐水泥；2-掺 30%粉煤灰的水泥

粉煤灰与其他天然的火山灰质混合材相比，不仅结构比较致密，内比表面积小，而且对水的吸附能力也小得多，同时水泥的需水量又小，所以粉煤灰水泥的干缩性就小，抗裂性比火山灰水泥好。此外，与一般掺活性混合材的水泥相似，水化热低以及抗蚀性较好等特性均很明显。

粉煤灰水泥虽然具有一般火山灰水泥的共性，但与掺加表面粗糙、多孔的火山灰质混合材的水泥相比，在性质上则有更为显著的特点。粉煤灰水泥除同样能用于工业与民用建筑外，还非常适用于大体积水工混凝土以及水中结构、海港工程等。但需注意粉煤灰水泥混凝土泌水较快，易引起失水裂缝。因此，在混凝土凝结期间宜适当增加抹面次数；在硬化早期还宜加强养护，以保证混凝土强度的正常发展。

3. 技术性质及技术标准

按《通用硅酸盐水泥》(GB 175—2007)矿渣水泥、火山灰水泥、粉煤灰水泥分为 32.5、32.5R、42.5、42.5R、52.5、52.5R 六个强度等级。其技术性质的要求列于表 1-30，各强度等级不同龄期的抗压、抗折强度指标列于表 1-31。

矿渣水泥、火山灰水泥及粉煤灰水泥的技术指标(GB 175—2007) 表 1-30

技术性质	细度(80μm 方孔筛)筛余量(%)	凝结时间		安定性沸煮法	强度(MPa)	水泥中 MgO(%)	水泥中 SO_3(%)		氯离子(质量分数)
		初凝(min)	终凝(h)				矿渣水泥	火山灰、粉煤灰水泥	
指标	≤10	≥45	≤10	必须合格	见表 1-31	≤6.0[①]	≤4.0	≤3.5	0.06[②]
试验方法	GB/T 1345—2005	GB/T 1346—2001		GB/T 750—1992	GB/T 175—2007	GB/T 176—2008			

注：1. 如果水泥中氧化镁的含量(质量分数)大于 6.0%时，需进行水泥经蒸压安定性试验并合格。

2. 若使用活性集料需要限制水泥中碱含量时，由供需双方商定。

矿渣水泥、火山灰水泥及粉煤灰水泥的强度指标(GB 175—2007) 表 1-31

强度等级	抗压强度(MPa)，不低于		抗折强度(MPa)，不低于	
	3d	28d	3d	28d
32.5	10.0	32.5	2.5	5.5
32.5R	15.0	32.5	3.5	5.5
42.5	15.0	42.5	3.5	6.5
42.5R	19.0	42.5	4.0	6.5
52.5	21.0	52.5	4.0	7.0
52.5R	23.0	52.5	4.5	7.0

二、火山灰质硅酸盐水泥

凡由硅酸盐水泥熟料和火山灰质混合材料、适量石膏磨细制成的水硬性胶凝材料，称为火山灰质硅酸盐水泥，简称火山灰水泥。水泥中火山灰质混合料掺加量按质量百分比计为 20%～50%。

1. 材料组成及结构

凡以天然的或人工的以氧化硅、氧化铝为主要成分的矿物质材料，本身磨细加水拌和并不硬化，但与气硬性石灰混合后再加水拌和，不但能在空气中硬化，而且能在水中继续硬化者，称为火山灰质混合材料。火山灰质混合材主要有天然的及人工的两种，见表 1-32。

常用的天然的及人工的火山灰质混合材 表 1-32

天然的火山灰质混合材	人工的火山灰质混合材
火山灰、浮石、沸石岩、凝灰岩	烧黏土、烧页岩、碎黏土砖瓦
硅藻土、硅藻石、蛋白石	煤渣、粉煤灰、煤矸石渣

2.水化硬化过程

火山灰水泥拌水后，首先是水泥熟料矿物水化，然后是熟料矿物水化过程中释放出来的$Ca(OH)_2$与混合材中的活性组分发生反应，生成水化硅酸钙和水化铝酸钙，因而减少了熟料水化的生成物——氢氧化钙的含量，加速了水泥熟料的水化。二次水化产物的组成和结构又与熟料矿物水化所析出的$Ca(OH)_2$数量有关，所以火山灰水泥前后两种反应是互相制约和互为条件的。

一般情况下，火山灰质混合材料与水泥熟料矿物水化物的水化反应，可用下列方程式表示：

$$x\mathrm{Ca(OH)_2}+\mathrm{SiO_2}+(n-1)\mathrm{H_2O}\longrightarrow x\mathrm{CaO}\cdot\mathrm{SiO_2}\cdot n\mathrm{H_2O}$$

$$(1.5\sim2.0)\mathrm{CaO}\cdot\mathrm{SiO_2}\cdot\mathrm{aq}+\mathrm{SiO_2}\longrightarrow(0.8\sim1.5)\mathrm{CaO}\cdot\mathrm{SiO_2}\cdot\mathrm{aq}$$

$$3\mathrm{CaO}\cdot\mathrm{Al_2O_3}\cdot6\mathrm{H_2O}+\mathrm{SiO_2}+m\mathrm{H_2O}\longrightarrow x\mathrm{CaO}\cdot\mathrm{SiO_2}\cdot m\mathrm{H_2O}+y\mathrm{CaO}\cdot\mathrm{A1_2O_3}\cdot n\mathrm{H_2O}$$

式中：$x\leqslant2$，$y\leqslant3$。

$$x\mathrm{Ca(OH)_2}+\mathrm{Al_2O_3}+m\mathrm{H_2O}=x\mathrm{CaO}\cdot\mathrm{Al_2O_3}\cdot n\mathrm{H_2O}$$

式中：$x\leqslant3$。

$$3\mathrm{Ca(OH)_2}+\mathrm{Al_2O_3}+2\mathrm{SiO_2}+m\mathrm{H_2O}=3\mathrm{CaO}\cdot\mathrm{A1_2O_3}\cdot2\mathrm{SiO_2}\cdot n\mathrm{H_2O}$$

因此，火山灰水泥水化后，最终产物主要是以 CSH(Ⅰ)为主的水化硅酸钙凝胶，其次是水化铝酸钙及其与水化铁酸钙形成的固溶体以及水化硫铝酸钙。提高水化温度时，还可能有水化石榴子石 $3\mathrm{CaO}\cdot\mathrm{Al_2O_3}\cdot x\mathrm{SiO_2}\cdot(6-2x)\mathrm{H_2O}$。在硬化的火山灰水泥浆体中，游离氧化钙的数量比硬化的硅酸盐水泥浆体中要少得多，且随着养护时间的增长而逐渐减少。

3.技术性质及技术标准

火山灰水泥密度一般为 2.7～2.9 g/cm^3。需水量取决于混合材料的种类和掺入量，火山灰水泥强度发展慢，早期强度低。温湿度对硬化过程影响较大，干燥环境易出现裂缝，低温时，凝结硬化显著变慢。干缩率随所掺混合材比表面的增加而提高，由于火山灰水泥水化生成的水化硅酸钙凝胶较多，所以水泥石较致密，从而提高了火山灰水泥的抗渗性、耐水性以及抗硫酸盐性。按 GB 175—2007 火山灰水泥的强度等级、技术性质以及各强度等级不同龄期的抗压、抗折强度指标与矿渣水泥相同，如表 1-30、表 1-31 所示。

火山灰水泥的特性及应用范围如表 1-33 所示。

火山灰水泥的特性及应用范围 表 1-33

水泥品种	特性		应用范围	
	优点	缺点	适用于	不适用于
火山灰水泥 粉煤灰水泥	1.对硫酸盐类侵蚀的抵抗能力强； 2.抗水性好； 3.水化热较低； 4.在湿润环境中后期强度的增进率较大； 5.在蒸汽养护中强度发展较快	1.早期强度低，凝结较慢，在低温环境中尤甚； 2.耐冻性差； 3.吸水性大； 4.干缩性较大	1.地下、水中工程及经常受较高水压的工程； 2.受海水及含硫酸盐类溶液侵蚀的工程； 3.大体积混凝土工程； 4.蒸汽养护的工程； 5.远距离运输的砂浆和混凝土	1.气候干热地区或难于维持 20～30d 内经常湿润的工程； 2.早期强度要求高的工程； 3.受冻工程

三、矿渣硅酸盐水泥

凡由硅酸盐水泥熟料和粒化高炉矿渣、适量石膏磨细制成的水硬性胶凝材料称为矿渣硅酸盐水泥，简称矿渣水泥。

水泥中粒化高炉矿渣掺加量按质量百分比计为20%～70%。允许用石灰、窑灰、粉煤灰和火山质混合材料中的一种材料代替矿渣，代替数量不得超过水泥质量的8%，替代后水泥中粒化高炉矿渣不得少于20%。

1. 材料组成及结构

粒化高炉矿渣是冶炼生铁的副产品，高炉矿渣经淬水，急冷成粒，称为粒化高炉矿渣。

(1)矿渣的化学成分

矿渣的化学成分见表1-34。

矿渣的化学成分　　表1-34

名　称	含量(%)	特　性
氧化钙(CaO)	30～50	含量高，则活性大。但过高，则活性反而变小。因为CaO含量过高，熔融矿渣黏度下降，矿渣结晶能力增大，易出现晶相，影响活性
氧化铝(Al_2O_3)	7～20	含量高，则活性大。但有研究表明，Al_2O_3含量增高到13%以上时，只能提高所配水泥早期强度
氧化硅(SiO_2)	30～40	对促进玻璃体结构的形成有帮助。但SiO_2的含量过多，得不到足够的CaO、MgO来与其化合，故导致矿渣活性降低
氧化镁(MgO)	1～18	在矿渣中大多数都呈稳定的化合状态存在，不会使水泥安定性不良
氧化亚锰(MnO)	1～3	是有害的组成，会使矿渣活性降低，因为MnO与硫化物所生成的MnS，与水作用时会引起体积膨胀，在水泥石中产生内应力，影响强度。同时，MnO还能使熔融矿渣的黏度下降，增加结晶程度
FeO、TiO_2、BaO、K_2O、Na_2O、Cr_2O、V_2O_5等	少量	这些氧化物对矿渣活性的作用与存在形式及其含量有关

根据矿渣的主要化学组成，按下式计算碱性系数M_0，从而判断矿渣的酸碱性。

$$M_0=\frac{\%CaO+\%MgO}{\%SiO_2+\%Al_2O_3} \tag{1-57}$$

①$M_0>1$，碱性矿渣；

②$M_0=1$，中性矿渣；

③$M_0<1$，酸性矿渣。

(2)矿渣结构

熔融的矿渣缓慢冷却时，会析出许多结晶态矿物。而经过水淬处理急冷的矿渣，其结构以玻璃体为主。因为急冷过程中，液相黏度很快加大，晶核来不及形成，并且晶体成长受到阻碍，质点排列规律性不严格。

矿渣在熔融阶段，温度很高，质点热运动剧烈，硅氧键有很多断裂点，只能形成较短的键。

而急速冷却时，要使断裂处来不及重新闭合，须将熔融体的温度迅速冷至800℃以下。所以，矿渣急冷成粒的温度和速度，在很大程度上决定着矿渣中玻璃体的含量以及结构，从而影响矿渣的质量和活性。实践证明，在矿渣化学组成相同的条件下，出渣温度和开始成粒温度越高，冷却速度越快，则玻璃体越多，活性也越高。

磨细的粒化矿渣单独与水拌和时，反应极慢，得不到足够的胶凝性能。但在$Ca(OH)_2$溶液中，水化作用显著，在饱和的$Ca(OH)_2$溶液中反应更快。图1-49为采用不同激发剂时粒化矿渣以结合水量表示的水化程度，概括地说明了各种激发剂的作用特性。

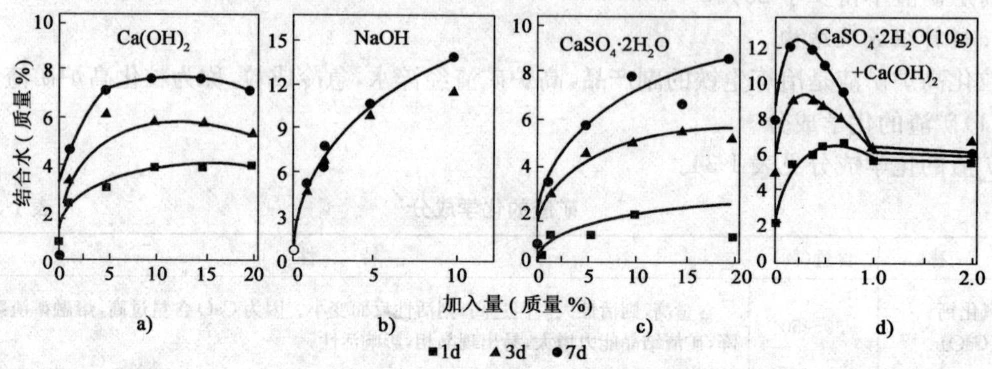

图1-49 粒化矿渣在采用不同激发剂时的结合水量

2. 水化硬化过程

矿渣水泥调水后，首先是熟料矿物水化，生成水化硅酸钙、水化铝酸钙、水化铁酸钙、氢氧化钙、水化硫铝酸钙或水化硫铁酸钙等水化产物，这与硅酸盐水泥的水化基本相同。这时所生成的氢氧化钙和掺入的石膏就分别作为矿渣的碱性激发剂和硫酸盐激发剂，并与矿渣中的活性组分相互作用，生成水化硅酸钙、水化硫铝酸钙或水化硫铁酸钙。

在矿渣水泥石结构中，纤维状的水化硅酸钙和钙矾石是主要组成，而且水化硅酸钙凝胶远较硅酸盐水泥水化后生成的水化硅酸钙凝胶致密。研究表明，矿渣颗粒在硬化早期大部分像核心一样参与结构形成过程，钙矾石即在矿渣四周围绕表面长成。所以，如果熟料和矿渣比表面积比例恰当，将使熟料矿物所产生的水化物恰恰能配到矿渣颗粒的表面，获得较好的水泥石结构。

3. 技术性质及技术标准

矿渣水泥的密度一般为2.8~3.1 g/cm^3，堆积密度为1 000~1 200kg/m^3。较硅酸盐水泥略小，且颜色较淡。

矿渣水泥干缩性大；保水性差，泌水性大；抗硫酸盐类侵蚀以及溶出性侵蚀能力较强；由于矿渣水泥中C_3S、C_3A含量小，所以早期强度低，水化热比普通水泥小得多；由于矿渣加入，使矿渣水泥耐热性较强。

矿渣水泥技术性质的要求见表1-30。各强度等级不同龄期的抗压，抗折强度指标见表1-31。

第三节 铝酸盐水泥

铝酸盐水泥主要以铝酸盐矿物为基本组成，是一种快硬早强的水硬性材料，适用于紧急抢修工程、严寒的冬季施工及要求早强的特殊工程。铝酸盐水泥对于硫酸盐侵蚀和冻融作用有较强的抵抗能力，又是配制膨胀水泥和自应力水泥的主要组分。铝酸盐水泥的耐高温性能较好，常用于配制耐热混凝土。

一、铝酸盐水泥的化学成分和矿物组成

铝酸盐水泥的化学组成范围如表 1-35 所示。

铝酸盐水泥化学组成范围(单位：%)　　表 1-35

Al_2O_3	CaO	SiO_2	Fe_2O_3	FeO	TiO_2	MgO	K_2O+Na_2O
30～60	32～44	3～11	4～12	0～11	1～3	<2	<1

铝酸盐水泥的主要矿物组成有：铝酸一钙($CaO \cdot Al_2O_3$，简写 CA)，二铝酸一钙($CaO \cdot 2Al_2O_3$简写 CA_2)，七铝酸十二钙($12CaO \cdot 7Al_2O_3$，简写 $C_{12}A_7$)，铝方柱石($2CaO \cdot Al_2O_3 \cdot SiO_2$，简写 C_2AS)。根据原材料组成情况，可能还有硅酸二钙(C_2S)。

CA 是铝酸盐水泥的主要矿物，在铝酸盐水泥中占有绝大部分，具有很高的水化活性，其特点是凝结不快，而硬化迅速，为铝酸盐水泥强度的主要来源。但 CA 含量过高的水泥，强度发展主要集中在早期，后期强度增进率就不显著。CA 的结晶形状与煅烧方法、冷却条件等因素有关。用烧结法慢冷所得的 CA，多为矩形或不规则的板状，粒径一般为 5～10μm。CA 可常与铁酸一钙、氧化铁等氧化物形成固溶体。

在 CaO 含量少的铝酸盐水泥中，CA_2的含量较多。CA_2水化硬化较慢，后期强度较高，但早期强度却较低，若含量过多，将影响铝酸盐水泥的快硬性能。CA_2的结晶生长能力较强，通常呈粒状晶体，尺寸多为 10～20μm。

$C_{12}A_7$在铝酸盐水泥中含量一般较少，由于结构中铝和钙的配位极不规则，晶格具有大量结构孔洞，使其具有水化很快的特性，凝结迅速，但强度不高。因此，$C_{12}A_7$含量高时，水泥后期强度较低，当含量超过 10%时，常会引起快凝。

当原材料中有较多 SiO_2时，可能构成 C_2AS。C_2AS 水化能力很低。

二、铝酸盐水泥的水化硬化过程

铝酸盐水泥的主要矿物组成为 CA。CA 的水化速度快，并且随温度的不同而有不同的水化产物。

(1)当温度<20～22℃时

$$CaO \cdot Al_2O_3 + 10H_2O = CaO \cdot Al_2O_3 \cdot 10H_2O$$
$$(CA + 10H = CAH_{10})$$

(2)当温度>20～22℃时

$$2[CaO \cdot Al_2O_3] + 11H_2O = 2CaO \cdot Al_2O_3 \cdot 8H_2O + Al_2O_3 \cdot 3H_2O$$
$$(2CA + 11H = C_2AH_8 + AH_3)$$

(3)当温度>30℃时

$$3[CaO \cdot Al_2O_3] + 12H_2O = 3CaO \cdot Al_2O_3 \cdot 6H_2O + 2(Al_2O_3 \cdot 3H_2O)$$
$$(3CA + 12H = C_3AH_6 + 2AH_3)$$

CAH_{10}或 C_2AH_8都属六方晶系，其晶体呈层状或针状，互相交错攀附，重叠结合，可形成坚强的结晶合生体，使水泥石获得很高的强度。生成的氢氧化铝凝胶[$Al_2O_3 \cdot 3H_2O$ =

$2Al(OH)_3$]可填充于晶体骨架的空隙，故能形成比较致密的结构。但CAH_{10}及C_2AH_8都是亚稳相，要逐渐转化成比较稳定的C_3AH_6。这是一个自发过程，且由于温度提高而加速。

	$3CAH_{10}$	═══ C_3AH_6	+ $2AH_3$	+ $18H$
分子量	1 014	378	312	324
密度(g/cm³)	1.72～1.78	2.52～2.53	2.40	1.00
克分子体积比	1	0.261	0.228	0.568

由此可见，体积为1的CAH_{10}经转化后，仅形成0.261的C_3AH_6及0.228的AH_3，总的固相体积不过0.489，而析出水的体积却有0.568之多。因此，结晶转化的结果使水泥石内游离水分，也就是孔隙体积大大增加。而且C_3AH_6属立方晶系，本身强度较低，晶体之间的结合也较差，因此使得强度降低。

C_2A的水化过程与CA相似，但水化速度极慢。$C_{12}A_7$的水化作用很快，产物也是C_2AH_8，但最终产物仍为C_3AH_6。

铝酸盐水泥砂浆（配比1∶5.6，$W/C=0.65$，成型6h后进入不同温度的湿热条件），在各种温度下的强度下降情况如图1-50所示。

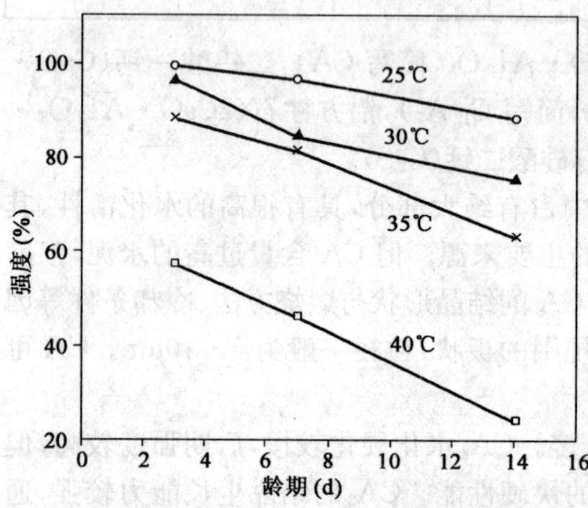

图1-50　不同温度对铝酸盐水泥砂浆强度比值的影响

三、铝酸盐水泥性质

铝酸盐水泥的密度为3.0～3.2g/cm³，松散密度1.0～1.3 g/cm³，紧密状态时则为1.6～1.8 g/cm³。铝酸盐水泥的最大特点是早期强度增长速率较快，24h可达到极限强度的80%左右。但温度较高时，强度损失严重。由于初期水化热速率大，所以铝酸盐水泥不适于用作大体积混凝土构件，但在寒冷地区使用较有意义。

合理控制水灰比是保证铝酸盐水泥强度的一个重要措施。按照理论计算，铝酸盐水泥水化后的结合水，可达水泥质量的50%，几乎为硅酸盐水泥的两倍。如果实用水灰比小于0.5，则在水化过程中必然遗留部分水泥无法水化。但晶型发生转化，大量游离水析出时，这部分未水化的水泥颗粒可能重新水化。这样所形成的水化产物，就有可能将新产生的孔隙填充密实，有效地弥补由晶型转化所引起的游离水和孔隙增加的不良后果。因此，在条件允许时，应尽量采用较低的水灰比。例如，一般铝酸盐水泥的水灰比就不应超过0.4。

除特殊情况外，铝酸盐水泥一般不得与硅酸盐水泥、石灰等能析出$Ca(OH)_2$的胶凝材料混合使用，否则会引起强度降低，并缩短凝结时间，甚至还会出现瞬凝现象。因为普通硅酸盐水泥中的石膏和C_3S所析出的$Ca(OH)_2$均能加速铝酸盐水泥的凝结，使两种水泥均无法正常水化。

四、铝酸盐水泥的技术标准

铝酸盐水泥的技术标准如表1-36所示。

铝酸盐水泥的技术标准(GB 201—2000) 表 1-36

项目		品质指标							
细度		比表面积不小于300m^2/kg或0.045μm筛余不大于20%							
凝结时间	水泥类型	初凝不得早于(min)				终凝不得早于(h)			
	CA-50、CA-70、CA-80	30				6			
	CA-60	60				18			
强度	强度等级	强度类别及龄期							
		抗压强度(MPa)				抗折强度(MPa)			
		6h	1d	3d	28d	6h	1d	3d	28d
	CA-50	20	40	50	—	3.0	5.5	6.5	—
	CA-60	—	20	45	85	—	2.5	5.0	10.0
	CA-70	—	30	40	—	—	5.0	6.0	—
	CA-80	—	25	30	—	—	4.0	5.0	—
化学成分(质量%)	强度等级	Al_2O_3		SiO_2	Fe_2O_3	R_2O(Na_2O+0.65K_2O)		Sa(全硫)	Cl^-
	CA-50	≥50,<60		≤8.0	≤2.5	≤0.40		≤0.1	≤0.1
	CA-60	≥60,<68		≤5.0	≤2.0				
	CA-70	≥68,<77		≤1.0	≤0.7				
	CA-80	≥77		≤0.5	≤0.5				

五、铝酸盐水泥使用注意事项

铝酸盐水泥混凝土或砂浆的施工注意事项如表 1-37 所示。

铝酸盐水泥混凝土或砂浆的施工注意事项 表 1-37

项目	施工注意事项	
	快硬混凝土(或砂浆)	耐火混凝土
集料要求	含碱性集料(砂、石)不得使用	集料应用耐火集料,如耐火砖、耐火黏土熟料、煅烧矾土、金刚砂、刚玉等
水泥用量	铝酸盐水泥砂浆或混凝土表面容易起砂,在养护不当时尤甚。因此,施工时铝酸盐水泥的用量应比使用普通水泥者稍多	在保证混凝土应有的和易性及强度下,水泥用量宜少,以使提高混凝土的耐火性能。水泥及集料的质量配合比一般为1:4~1:7
水灰比	水不能含有碱性。水灰比一般可采用0.5~0.6。如搅拌完毕隔一段时间后发现表面似乎硬结时,不用再另加水,只需用工具稍加搅动,灰浆或混凝土即会重新变稀	因耐火混凝土是一种干硬性混凝土,故在保证混凝土和易性和密实性的条件下,应尽量降低用水量,以提高混凝土的常温及高温强度。水灰比一般为: 机械搅拌:0.38~0.40 手工搅拌:0.40~0.45
搅拌	人工、机械搅拌均可。搅拌设备必须洁净,不得沾有其他品种水泥或石灰	宜用强制式搅拌机搅拌。其他注意事项同左

续上表

项 目	施工注意事项	
	快硬混凝土(或砂浆)	耐火混凝土
浇注、成型	因铝酸盐水泥混凝结硬化较快,一般自加水搅拌起,至浇注完毕,不宜超过45min。夏季更应缩短。浇注前须将模板用水湿透	同左
养护	混凝土硬化过程中,环境温度不应超过30℃。夏季施工应有降温措施。 当环境温度在冰点以上,不致使混凝土受冻时,均可浇灌铝酸盐水泥混凝土。 混凝土浇灌后须立即以潮湿物体进行遮盖,8~12h后即应洒水养护。养护期应为3~7d。 铝酸盐水泥混凝土不得在高温高湿气候下养护,一般不应采用蒸汽养护	铝酸盐水泥耐热混凝土使用前须用木柴或其他燃料预先进行低温烘干。砌块及预制构件可在专用的烘干炉中烘干。烘干的目的是排除游离水分,使结构在高温下不致产生裂缝,烘干温度及脱水情况如下: 温度(℃):110、150、300、600、800 脱水(%):61、62.5、90、95、98.7 升温在110℃、150℃、300℃、500℃各阶段,均须有足够的保温时间。 混凝土厚度(mm):<200、200~400、>400 保温时间(h): 24、 36、 40 其他同左

第四节 特种水泥

硅酸盐类通用水泥由于其历史悠久,性能可靠和价格低廉,因而获得广泛应用,已成为当今最重要的建筑材料之一。但这类通用水泥不能满足或不能完全满足特种工程的要求,如抢修工程、抗裂防渗工程、大坝工程、油气井固井工程、耐高温工程、抗腐蚀工程和装饰工程等的需要。为此,世界各国多年来一直在致力于研究开发具有各种特性和特殊功能的水泥,即所谓特种水泥,并已在实际工程中大量使用。

一、快硬高强水泥

与传统硅酸盐水泥相比,快硬高强水泥的特点是凝结硬化快、强度高,使用时养护龄期短,施工周期短,可广泛用于道路、抢险、军事、备战工程和其他一些特殊工程领域。

1.快硬高强铝酸盐水泥

快硬高强铝酸盐水泥是以铝酸盐水泥熟料和硬石膏为原料。为确保早强和高强性能,熟料中CA和CA_2的比例应适宜。水泥比表面积一般控制在400~500$m^2 \cdot kg^{-1}$。水泥的凝结时间和强度发展均比铝酸盐水泥快。初凝一般为30~60min,终凝小于2h。6h抗压强度大于25MPa,28d可达90MPa以上,而且长期强度持续增长,适宜配制高强混凝土。用其配制的混凝土具有近似岩石的抗压弹性模量,工程中常用作岩石钻孔回填材料。水泥硬化体结构致密,强度很高,具有优良的耐久性,抗硫酸盐性能甚至优于抗硫酸盐硅酸盐水泥。

2.特快硬调凝铝酸盐水泥

这种水泥的主要特点是快凝快硬。水泥强度等级按2h抗压强度确定,仅22.5一个强度等级。水泥初凝不早于2min,终凝不迟于10min。水泥早期水化迅猛,在1~2h内释放的水化热达70%~80%,因而具有良好的低温和负温性能。水泥由主要成分为铝酸一钙的熟料、适量石膏及促硬剂粉磨而成，主要应用于抢修堵漏和低温工程。

3. 快硬硫铝酸盐水泥

快硬硫铝酸盐水泥是以品位较低的矾土、石灰石和石膏为原料，配制成适当成分的生料，烧成以无水硫铝酸钙和β型硅酸二钙为主要矿物的熟料，加入约10%的石膏磨细而得。一般用于法回转窑生产，熟料煅烧要求在氧化气氛下，温度在1 350～1 400℃。要求熟料不应含游离氧化钙，其主要矿物组成为无水硫铝酸钙和硅酸二钙。熟料粉磨时需加入适量二水石膏，水泥比表面积控制在400～500$m^2 \cdot kg^{-1}$。

快硬硫铝酸盐水泥水化过程主要是无水硫铝酸钙和石膏形成钙矾石和$Al(OH)_3$凝胶的过程，故早期强度增长较快。β—C_2S是在较低的温度下形成，所以活性高、水化快，较早地就能生成CSH凝胶。凝胶填充在硫铝酸钙水化物中间，密实了水泥石结构。通过改变水泥中的石膏加入量，还可制得不收缩、微膨胀、膨胀和自应力水泥。

快硬硫铝酸盐水泥的凝结时间较快，初凝与终凝的间隔较短。初凝不应早于25 min，终凝不迟于3h，12h强度不低于30MPa。水泥强度等级以3d抗压强度表示，分为42.5、52.5、62.5、72.5几个强度等级。初凝时间不早于25min，终凝时间不迟于18min，可根据用户要求变动。各强度等级水泥的各龄期强度应不低于表1-38数值。由于水泥不含C_3A矿物，并且水泥石致密度高，所以抗硫酸盐性能良好，抗冻性和抗渗性也较好。但水泥的热稳定性较差，因为在140～160℃其主要水化产物之一的钙矾石大量脱水分解，所以在100℃以下水泥石才是稳定的，当温度达150℃以上时，强度急剧下降。

各强度等级水泥的各龄期强度最低要求 表1-38

强度等级	抗压强度(MPa)			抗折强度(MPa)		
	1d	3d	28d	1d	3d	28d
42.5	33.0	42.0	45.0	6.0	6.5	7.0
52.5	42.0	52.5	55.0	6.5	7.0	7.5
62.5	50.0	62.5	65.0	7.0	7.5	8.0
72.5	56.0	72.5	75.0	7.5	8.0	8.5

4. 快硬铁铝酸盐水泥

以适当成分的生料，经煅烧所得以无水硫铝酸钙、铁相和硅酸二钙为主要矿物成分的水泥熟料和石灰石、适量石膏共同磨细制成的，具有早期强度高的水硬性胶凝材料，代号R·FAC。该水泥具有快硬、高强等特点，其低温性能与快硬硫铝酸盐水泥相似，但有较好的耐硫酸盐腐蚀性能。

二、膨胀水泥和自应力水泥

膨胀水泥特点是经预养护后产生的体积膨胀量，大于或等于其日后暴露在空气中的体积收缩。因而可以克服通用水泥在空气中养护时，由于体积收缩对混凝土产生的不良影响，从而可以改善其强度、抗渗、抗冻等性能。当水泥的膨胀值较小时，水泥硬化过程中体积的膨胀在实用上具有补偿收缩性能，可配制收缩补偿砂浆和混凝土，适用于浇筑装配式的接头或建筑物之间的连接处，以及堵塞孔洞、修补缝隙、配制地下建筑物的防水层等，即通常所说的无收缩水泥和收缩补偿水泥。膨胀值较大的水泥，称为自应力水泥。自应力水泥表示水泥水化硬化后，因结构体积膨胀而使砂浆或混凝土在受约束条件下，产生可应用的化学预应力。如在钢筋混凝土中，自应力水泥膨胀过程中，由于混凝土对钢筋有一定的握裹力，钢筋必然随混凝土膨胀而被拉长，混凝土则受到钢筋的限制而产生压应力。当混凝土因受外界负荷而产生拉应力时，可为预先具有的压应力部分抵消，有效地改善了混凝土抗拉强度差的缺陷。由于这种预先具有的压应力是依靠水泥本身硬化时的膨胀而产生的，所以称为“自应力”。

膨胀水泥的膨胀机理一般是由于水泥在硬化过程中发生了使水泥浆体体积膨胀的化学反应。按化学反应生成物可分为氢氧化钙、氢氧化镁和三硫型水化硫铝酸钙（钙矾石）。前两种是在水泥中掺入经一定温度煅烧的氧化钙或氧化镁，当遇水消解时形成氢氧化物而产生膨胀。但氧化钙和氧化镁的煅烧温度、水化环境温度、颗粒大小等对由其配制的膨胀水泥的膨胀量和膨胀速度均有较大的影响，因而膨胀性能不够稳定，较难控制，在实际生产中较少应用。而广泛应用的是利用钙矾石生成反应作为各种膨胀水泥的膨胀源。

膨胀水泥及自应力水泥的分类及主要组成如表 1-39 所示。

膨胀水泥及自应力水泥的分类及主要组成 表 1-39

分类		水泥名称	半成品或原料组成
基材	膨胀类型		
以硅酸盐水泥熟料为基础的膨胀和自应力水泥	饱和氧化钙浓度条件下形成钙矾石型	硅酸盐膨胀水泥和硅酸盐自应力水泥（M 型水泥和自应力水泥）	硅酸盐水泥熟料（或水泥）＋铝酸盐水泥＋二水石膏
		K 型膨胀水泥（美国型水泥）	硅酸盐水泥熟料（或水泥）＋以 $3CaO \cdot 3Al_2O_3 \cdot CaSO_4$、CaO 和 $CaSO_4$ 为主的膨胀剂
		S 型膨胀水泥	高 $3CaO \cdot 3Al_2O_3$ 的硅酸盐水泥熟料＋二水石膏
	钙矾石型	明矾石膨胀水泥和自应力水泥	硅酸盐水泥熟料＋煅烧或未煅烧明矾石＋石膏
	氧化物型	浇注水泥	硅酸盐水泥熟料＋一定温度下煅烧的 CaO
	金属氧化型		硅酸盐水泥＋铝粉 硅酸盐水泥＋铁粉＋氧化剂
以铝酸盐水泥熟料为基础的膨胀和自应力水泥	钙矾石型	膨胀与不透水水泥	铝酸盐水泥＋水化铝酸钙＋石膏
		无收缩性不透水水泥	铝酸盐水泥＋半水石膏＋钙质消化石灰
	不饱和氧化钙浓度条件下形成钙矾石型	石膏矾土膨胀水泥	铝酸盐水泥＋石膏
		快凝膨胀水泥	铝酸盐水泥＋石膏
		铝酸盐自应力水泥	铝酸盐水泥＋石膏
		高自应力铝酸盐水泥	铝酸盐水泥＋石膏
以硫铝酸盐水泥熟料为基础的膨胀和自应力水泥		硫酸盐早强水泥	硫铝酸盐水泥熟料＋石膏
		硫铝酸盐自应力水泥	硫铝酸盐水泥熟料＋石膏
以高炉矿渣为基础的膨胀水泥	钙矾石型	石膏矿渣水泥 低热微膨胀水泥	高炉矿渣硅酸盐水泥熟料＋石膏

三、装饰水泥

装饰水泥包括白色水泥和彩色水泥，是主要用于建筑装饰的特种水泥。与天然装饰材料相比，装饰水泥具有使用方便、色彩易于调节和价格低廉等优点。

1. 白色硅酸盐水泥

白色硅酸盐水泥的矿物组成和生产工艺与硅酸盐水泥相似，所不同的是制造白水泥所选用的原料应尽量少含铁、锰、钛、铬等着色元素氧化物。其中最主要的是限制氧化铁的含量。通常要求白色硅酸盐水泥熟料中 Fe_2O_3 含量小于 0.5%，相当于 C_4AF 含量小于 1.5%。为此，必须控制钙质原料中 Fe_2O_3 含量小于 0.1%，硅铝质原料中 Fe_2O_3 含量小于 1.0%。钙质原料通常采用 CaO 含量大于 55% 的石灰石，硅铝质原料采用白泥和瓷石。燃料应尽量采用不产生灰分的重油或天然气。

配制生料时，不仅应减少给水泥带来颜色的 Fe_2O_3、Cr_2O_3 和 Mn_2O_3 等的含量，而且应充分考虑 SiO_2 与 CaO 之间的比例。在 C_3A 和 C_4AF 保持不变的情况下，水泥熟料的白度随 C_3S 含量的增加而提高。这是因为 C_3S 本身白度比 C_2S 高，同时也因为 C_2S 中易于固溶着色金属氧化物使其白度下降。因此，适当提高石灰饱和系数，增加 C_3S 含量，可提高水泥白度。生料的制备工艺与硅酸盐水泥相似。国外大都用多仓管磨粉磨生料，国内多采用雷蒙磨分别粉磨各种原料到规定的细度配料，并用混合机混合。

由于白水泥采用低溶剂矿物含量、高饱和系数和高硅率的配料方案，烧成温度较一般硅酸盐水泥高，通常可达 1 500～1 550℃。为降低烧成温度，必须掺加适量矿化剂，用得较多的是 CaF_2。它的掺入不仅能降低烧成温度，而且还能适当提高熟料白度。熟料在还原气氛下煅烧，有利于白度的提高。这是由于还原气氛改变了有色矿物铁铝酸钙固溶体的相组成和结构，使着色力强的三价铁 Fe^{3+} 被还原成着色力弱的 Fe^{2+}。急速冷却熟料可使 Fe_2O_3 及着色元素固溶在玻璃体中，提高水泥熟料白度。白水泥熟料的冷却与硅酸盐水泥有所不同，由于白水泥熟料初始温度越高，冷却越快，则其白度越高，一般采用将高温熟料直接投入水中或大量喷水的冷却方法。

经过水急冷的熟料，干燥后与石膏一起粉磨，干燥温度不宜超过 300℃，否则会引熟料白度的降低。在白水泥粉磨时，为避免铁的污染，大都采用镶花岗岩衬板的球磨机，并以天然卵石作为研磨体。白水泥的细度，一般控制比表面积 400～500$m^2 \cdot kg^{-1}$，细度越高，水泥白度越高。

白色硅酸盐水泥的技术标准如表 1-40 所示。

白色硅酸盐水泥的技术标准(GB/T 2015—2005)　　表 1-40

项　目	品质指标				
白度	应不低于 87				
细度	0.08mm 方孔筛筛余不得超过 10%				
凝结时间	初凝不得早于 45min，终凝不得迟于 10h				
安定性	用沸煮法检验必须合格				
氧化镁	熟料中氧化镁的含量不宜超过 5.0%，如经压蒸安定性合格，可容许放宽到 6.0%				
三氧化硫	水泥中三氧化硫的含量不得超过 3.5%				
强度	强度等级	强度类别及龄期			
		抗压强度(MPa)		抗折强度(MPa)	
		3d	28d	3d	28d
	32.5	12.0	32.5	3.0	6.0
	42.5	17.0	42.5	3.5	6.5
	52.5	22.0	52.5	4.0	7.0

2. 彩色水泥

彩色水泥的生产方法有间接法和直接法两种。所谓间接法，是将彩色颜料掺入白硅酸盐水泥或普通硅酸盐水泥中（粉磨或在使用现场），混匀、制成彩色水泥。直接法是在水泥生料中加入着色物质，煅烧彩色水泥熟料，磨制成彩色水泥。

间接法生产所用颜料有有机和无机两类。有机颜料着色性强，色彩鲜艳；无机颜料则耐久性好，但用量较大。用于彩色水泥的颜料需符合以下要求：不溶于水，易于分散；着色性强；耐碱和耐大气稳定性好；不显著降低水泥强度。

直接法生产时，在白水泥中加入 Cr_2O_3，熟料呈黄绿色、绿宝石色及青绿色；加入 MnO 后，熟料呈蓝色、绿色、黑色；加入 Co_2O_3后，熟料呈深黄色至红褐色；加入 Ni_2O_3后，熟料呈淡黄色和紫褐色。国内较为成熟和生产量较大的仅为绿色水泥。

本章参考文献

[1] Peter Hewlett. Lea's chemistry of cement and concrete, fourth edition [M]. Butterworth-Heinemann, 2004.

[2] 王燕谋，苏慕珍，张量. 硫铝酸盐水泥[M]. 北京：北京工业大学出版社，1999.

[3] 陈益民，许仲梓. 高性能水泥基础研究：973 项目研究进展[M]. 北京：中国纺织出版社，2004.

[4] 隋同波，文寨年. 水泥品种与性能[M]. 北京：化学工业出版社，2006.

[5] 周沛. 水泥煅烧工艺与设备（上册）：水泥立窑[M]. 武汉：武汉理工大学出版社，1993.

[6] 刁江京，辛志军，张秋英. 硫铝酸盐水泥的生产与应用[M]. 北京：中国建材工业出版社，2006.

[7] 苏达根. 水泥与混凝土工艺[M]. 北京：化学工业出版社，2005.

[8] 周国治，彭宝利. 水泥生产工艺概论[M]. 武汉：武汉理工大学出版社，2005.

[9] J. 本斯迪德，P. 巴恩斯. 水泥的结构和性能[M]. 廖欣，译. 北京：化学工业出版社，2009.

[10] 张绍周，辛志军，倪竹君. 水泥化学分析[M]. 北京：化学工业出版社，2007.

[11] 王刚. 水泥标准手册[M]. 北京：中国标准出版社，2006.

[12] 公路工程水泥混凝土相关标准规范汇编[M]. 北京：人民交通出版社，中国标准出版社，2008.

第二章　普通水泥混凝土

水泥混凝土是道路与桥梁工程建设中应用最广泛、用量最大的建筑材料之一。随着现代高等级公路的发展，水泥混凝土与沥青混合料一样，成为高等级路面的主要建筑材料。在现代公路桥梁中，钢筋混凝土桥是最主要的一种桥型，广泛应用于高等级公路和立交工程。

水泥混凝土(Cement Concrete)是以水泥和水组成的水泥浆体为黏结介质，将分散其间的不同粒径的粗、细集料胶结起来，在一定的条件下，硬化成为具有一定力学性能的一种人工石材。

水泥混凝土可按其组成、特性和功能等从不同角度进行分类。

按表观密度划分，水泥混凝土可分为：

(1)普通混凝土。由天然砂、卵石或碎石为集料的混凝土，一般干表观密度约为 2 400kg/m^3(通常介于 2 350～2 500kg/m^3)，是道路路面和桥梁结构中最常用的混凝土。

(2)轻混凝土。现代大跨度钢筋混凝土桥梁为减轻结构自重，往往采用各种轻集料配制成轻集料结构混凝土，达到轻质高强，以增大桥梁的跨度。这种混凝土通常干表观密度可达1 900kg/m^3。

(3)重混凝土。为了屏蔽各种射线的辐射，采用各种高密度集料配制的混凝土，这种混凝土的干表观密度可达 3 200kg/m^3。

按强度分级，水泥混凝土按抗压强度可分为三大类：

(1)低强度混凝土。抗压强度小于 20MPa；

(2)中强度混凝土。抗压强度为 20～50MPa；

(3)高强度混凝土。抗压强度大于 50MPa。

第一节　材料组成及技术要求

普通水泥混凝土由水泥、粗细集料、水，也可能有外加剂，按需要的比例混合组成。

一、水泥

水泥是混凝土的胶结材料，混凝土的性能很大程度上取决于水泥的质量。水泥的选择主要从品种及强度等级两个方面根据工程要求选定。

1. 水泥品种的选择

配制混凝土用水泥，通常采用表 2-1 中所列的 5 大品种水泥。在特殊情况下，可采用特种水泥。

常用 5 大品种水泥可根据混凝土工程的特点、所处环境、施工气候和条件等因素，参照表 2-1 进行选用。

常用水泥品种的参考表 表 2-1

工程性质		水泥品种				
		硅酸盐水泥(P)	普通水泥(P. O)	矿渣水泥(P. S)	火山灰水泥(P. P)	粉煤灰水泥(P. F)
工程特点	1. 厚大体积混凝土	×	△	☆	☆	☆
	2. 快硬混凝土	☆	△	×	×	×
	3. 高强(大于 C40 级)混凝土	☆	△	△	×	×
	4. 有抗渗要求的混凝土	☆	☆	×	☆	☆
	5. 耐磨混凝土(水泥强度等级≥32.5)	☆	☆	△	×	×
环境条件	1. 普通气候环境中混凝土	△	☆	△	△	△
	2. 干燥环境中混凝土	△	☆	△	×	×
	3. 高湿度环境中或永远处在水下的混凝土	△	△	☆	△	△
	4. 严寒地区的露天混凝土,严寒地区处在水位升降范围的混凝土(水泥强度等级≥32.5)	☆	☆	△	×	×
	5. 严寒地区处在水位升降范围内的混凝土(水泥强度等级≥32.5)	☆	☆	×	×	×

注:1. 符号说明:☆表示优先选用;△表示可以使用;×表示不得使用。

2. 对蒸汽养护的混凝土,水泥品种宜根据具体条件通过试验选用。对受侵蚀性水或侵蚀性气体作用的混凝土,水泥品种根据侵蚀性介质的种类和浓度具体条件按专门规定(或设计)选用。

3. 寒冷地区是根据最寒冷月份里的平均温度处在−5 ~ −15℃者,严寒地区是指最寒冷月份里的平均温度低于−15℃者。

2. 水泥强度等级的选择

选用水泥的强度应与要求配制的混凝土强度等级相适应。若水泥强度选用过高,则混凝土中水泥用量过低,将影响混凝土的和易性和耐久性。反之,若水泥强度选用过低,则混凝土中水泥用量太多,非但不经济,而且会降低混凝土的某些技术品质(如收缩率增大等)。通常,配制一般混凝土时,水泥强度为混凝土抗压强度的 1.5~2.0 倍;配制高强度混凝土,不受此比例的约束。

水泥混凝土路面用水泥的强度等级与品种的选择,应根据路面的交通等级所要求的设计抗折强度来确定。我国现行《公路水泥混凝土路面施工技术规范》(JTG F30—2003)规定,特重、重交通路面宜采用旋转窑道路硅酸盐水泥,也可采用旋窑硅酸盐水泥或普通硅酸盐水泥;中、轻交通的路面可采用矿渣硅酸盐水泥;低温天气施工或有快通要求的路段可采用 R 型水泥,此外宜采用普通型水泥。各交通等级路面水泥的强度应符合表 2-2 的规定。

各交通等级路面水泥强度要求(JTG F30—2003) 表 2-2

交通等级	特重交通		重交通		中、轻交通	
龄期(d)	3	28	3	28	3	28
抗压强度(MPa),≥	25.5	57.5	22.0	52.5	16.0	42.5
抗折强度(MPa),≥	4.5	7.5	4.0	7.0	3.5	6.5

二、集料

集料是混凝土的主要组成材料，占混凝土总体积的 3/4 以上。集料在混凝土中既有技术上的作用，又有经济上的意义。在技术上，集料的存在使混凝土比单纯的水泥浆具有更高的体积稳定性和更好的耐久性；在经济上，它比水泥便宜得多，作为廉价的水泥浆体的填充材料，使这种建筑材料成本低廉。

混凝土的集料通常包含有从零点几毫米至几十毫米，甚至更大的粒径。一般把 0.15～5mm 粒径的集料称为细集料，如砂等。把大于 5mm 粒径的集料称为粗集料，如碎石等。根据集料的重度，可分为普通集料，用以配制普通混凝土，如砂、碎石、卵石等；轻集料，用以配制轻集料混凝土，如浮石、陶粒等；重集料，用以配制特殊用途的防护混凝土，如重晶石等。集料若是由天然岩石经人工破碎而成或经自然条件风化、磨蚀而成的，称为天然集料。人工破碎者又称为碎石，自然风化者又称为卵石。这类集料除颗粒形状、大小、表面状态是由加工条件或自然条件决定外，其他性能，如化学成分、矿物组成、岩石特征、相对密度、硬度、强度、孔结构等，均取决于母岩。由工业化生产的集料称为人工集料，这类集料一般总是比普通集料更轻或者更重，用以配制轻集料混凝土或特重混凝土。

(一)细集料(Fine Aggregate)

作为混凝土用细集料的主要技术要求如下。

1. 级配和细度模数

(1)级配

优质的混凝土用砂(细集料)应具有较高的密度和较小的比表面积，以保证新拌混凝土有适宜的工作性，硬化后混凝土有一定的强度、耐久性，同时又达到了节约水泥的目的。

混凝土用细集料的级配要求应与一定的粗集料级配所组成的矿质混合料一并考虑。但是，若细集料的级配不良，则很难配制成良好的矿质混合料。混凝土用砂的级配根据《建筑用砂》(GB/T 14684—2001)的规定，是以细度模数 $\mu_f = 1.6 \sim 3.7$ 的砂，按 0.60mm 筛孔的累计筛余划分为 3 个级配区，级配范围见表 2-3 和图 2-1。

砂的颗粒级配区(GB/T 14684—2001)　　表 2-3

级配区	方孔筛筛孔尺寸 (mm)						
	9.50	4.75	2.36	1.18	0.60	0.30	0.16
	累计筛余 (%)						
I 区	0	10～0	35～5	65～35	85～71	95～80	100～90
II 区	0	10～0	25～0	50～10	70～41	92～70	100～90
III 区	0	10～0	15～0	25～0	40～16	85～55	100～90

注：实际颗粒级配与表列累计百分数相比，除 5.00mm 和 0.630mm 筛号外，允许稍有超出分界线，但其总量百分率不应大于 5%。

I 区砂属于粗砂范畴，用 I 区砂配制混凝土时，应较 II 区砂采用较大的砂率。否则，新拌混凝土的内摩擦阻力较大，保水差，不易捣实成型。II 区砂由中砂和一部分偏粗的细砂组成。III 区砂由细砂和一部分偏细的中砂组成。当应用 III 区砂配制混凝土时，应较 II 区砂采用较小的砂率。因为应用 III 区砂所配制成的新拌混凝土黏性略大，比较细软，易插捣成型，而且由于 III 区砂的级配细、比面大，所以对新拌混凝土的工作性影响比较敏感。

对要求耐磨的混凝土，小于 0.075mm 的颗粒不应超过 3%；其他混凝土，则不应超过 5%。当其颗粒成分为石粉时，此限值可增至 7%。

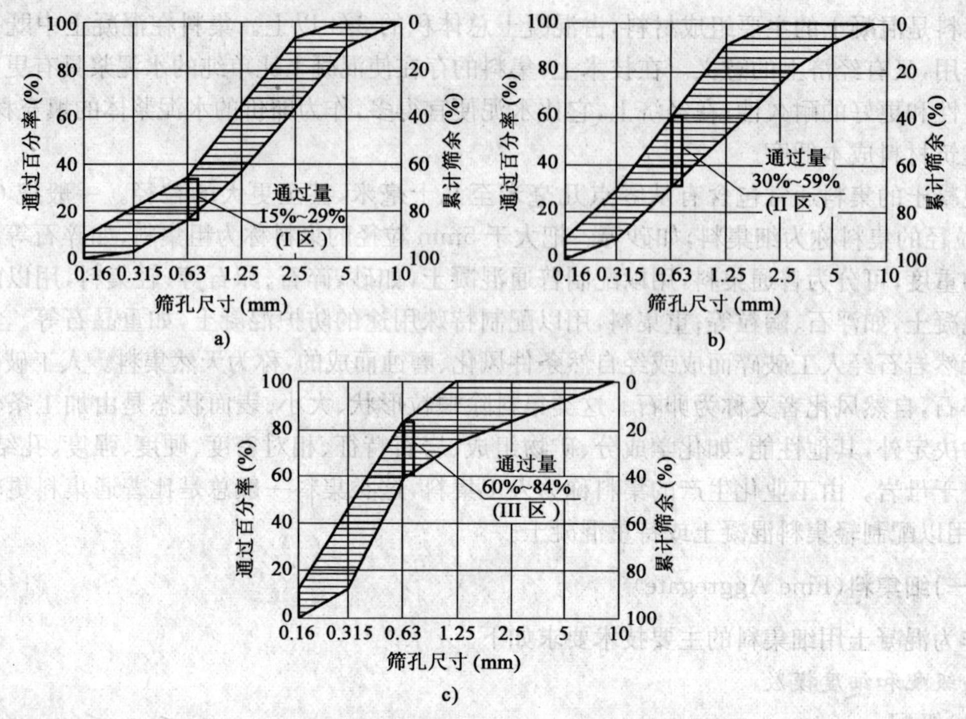

图 2-1 水泥混凝土用砂级配范围曲线

a) I 区砂；b) II 区砂；c) III 区砂

(2)细度模数

砂的粗细程度用细度模数来表示。砂按细度模数分为：粗砂 $\mu_f=3.7\sim3.1$，中砂 $\mu_f=3.0\sim2.3$，细砂 $\mu_f=2.2\sim1.6$，特细砂 $\mu_f=1.5\sim0.7$。

在这里特别应该指出，细度模数只反映全部颗粒的平均粗细程度，而不能反映颗粒的级配情况，因为细度模数相同而级配不同的砂，可配制出性质不同的混凝土。因此，考虑砂的颗粒分布情况时，只有同时应用细度模数和级配两项指标，才能真正反映其全部性质。

细度模数越大，表示细集料越粗。细度模数也称细度模量，是各号筛的累计筛余百分率之和除以 100 之商。细度模数按下式计算：

$$\mu_f=\frac{\sum_{0.15}^{2.36}A_i}{100} \tag{2-1}$$

$$=\frac{1}{100}(A_{2.36}+A_{1.18}+A_{0.60}+A_{0.30}+A_{0.15})$$

$$=\frac{1}{100}(5a_{2.36}+4a_{1.18}+3a_{0.60}+2a_{0.30}+a_{0.15})$$

当砂中含有大于 4.75mm 颗粒时，则按下式计算：

$$\mu_f=\frac{(A_{2.36}+A_{1.18}+A_{0.60}+A_{0.30}+A_{0.15})-5A_{4.75}}{100-A_{4.75}} \tag{2-2}$$

式中：μ_f——细度模数；

$\sum A_i$——各号筛的累计筛余之和，%；

$A_{4.75}$、$A_{2.36}$、…、$A_{0.15}$——4.75、2.36、…、0.15 各筛的累计筛余，%；

$a_{2.36}$、…、$a_{0.15}$——2.36、…、0.15 各筛的分计筛余，%。

2. 有害杂质含量

集料中含有妨碍水泥水化或能降低集料与水泥石黏附性以及能与水泥水化产物产生不良化学反应的各种物质，称为有害杂质。

砂中常含有的有害杂质，主要有含泥量和泥块含量、云母、轻物质、硫酸盐和硫化物以及有机质等。

混凝土中用砂的含泥量和泥块含量极限值见表 2-4。混凝土用砂的有害杂质含量规定见表 2-5。

混凝土用砂的含量和泥块含量限值(GB/T 14684—2001)　　表 2-4

混凝土强度等级	含泥量(质量,%)	泥块含量(%)
>C60	<1.0	0
<C60,≥C30	<3.0	<1.0
<C30	<5.0	<2.0

混凝土用砂的有害杂质限值(GB/T 14684—2001)　　表 2-5

项　目	质量指标		
	用于 I 类混凝土	用于 II 类混凝土	用于 III 类混凝土
云母含量(质量,%),<	1.0	2.0	2.0
轻物质含量(质量,%),<	1.0	1.0	1.0
有机物(比色法)	合格	合格	合格
硫化物及硫酸盐含量(按 SO_2 质量,%),<	0.5	0.5	0.5
氯化物(氯离子质量,%),<	0.01	0.02	0.06

注：I 类混凝土为强度大于 C60 的混凝土；II 类混凝土为强度等级为 C30～C60 的混凝土；III 类混凝土为强度小于 C30 的混凝土。

3. 细集料的湿胀

在工程应用中，砂是露天堆放的，砂的含水率随着天气而变化，砂的体积也发生变化。当施工采用体积计量时，由于体积是随含水率而变化的，故在计算砂的用量时，必须了解砂的含水率与体积的关系。

砂从全干至饱和面干状态，其体积都不变化，及至湿润状态后由于砂颗粒表面水膜的存在，使颗粒相互接触处积存一些水。由于液体表面张力作用，这些水力图缩小自己的面积而向夹缝里缩，其结果是把两颗粒子张开，从而使湿砂的体积膨胀起来。砂中水含率增加至完全充满所有的粒间空隙，此时膨胀即结束，砂的体积又恢复到原来状态。砂中含水率与体积膨胀系数关系如图 2-2 所示。

在施工现场按体积计量砂的用量时，因含水率的变化砂的体积也随即变化，通常配合比计算时是按饱和面干时的体积为标准的。为此，必须将现场含水率时砂的体积进行折算。为折算砂的体积，体积膨胀系数 K_e 可按下式求得：

$$K_e = \frac{V_m}{V_s} \tag{2-3}$$

式中：V_m、V_s——湿砂与干砂体积。

砂中含水率的标准测定方法是烘箱烘干法，在现场也可采用乙醇燃烧法或炒干法。砂的饱和面干含水率以圆锥试模法测定。

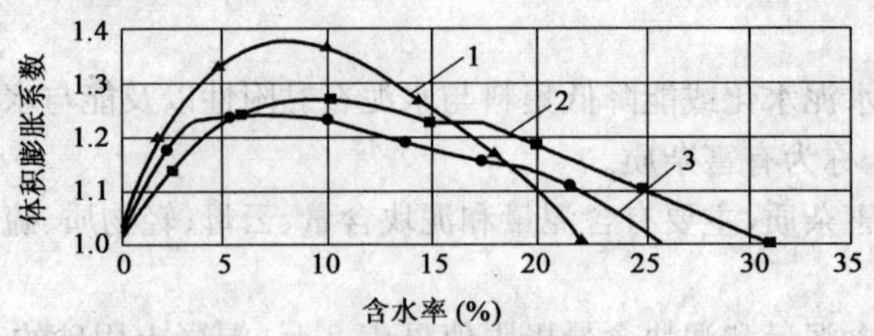

图 2-2 细集料含水率与体积膨胀系数的关系

1-粗砂；2-细砂；3-中砂

(二)粗集料(Coarse Aggregate)

1. 强度

集料的强度一般都要高于混凝土的设计抗压强度。这是因为在承载时，混凝土中集料中的应力可能大大超过混凝土的抗压强度。一般 5cm×5cm×5cm 立方体的集料岩石的抗压强度(饱水状态)与混凝土的设计强度之比值，对大于 C28 的混凝土推荐为 2，对于小于 C28 的混凝土推荐为 1.5。混凝土破坏时，若许多集料被压碎，说明这种集料的强度低于混凝土的名义抗压强度。显然，这种集料只能适用于配制较低强度等级的混凝土。

一般而言，强度高的集料可以制得质量好的混凝土。但是过强、过硬的集料不但没有必要，反而还可能在混凝土因温度或湿度的原因发生体积变化时，使水泥石受到较大的应力而开裂。因此，从耐久性意义上说，强度中等或强度适当低的集料反而有利。

岩石的抗压强度和弹性模量取决于其组成和结构，并随其风化的程度而有很大的差别。坚实致密的岩石，其抗压强度平均可达 200MPa，但大多数集料岩石的抗压强度都在 80MPa 以下变化。表 2-6 列出了各种岩石的极限抗压强度。

各种岩石的抗压强度 表 2-6

极限抗压强度(MPa)	岩 石 名 称
＜20	胶结不良的砾岩，各种不坚固的页岩、硅藻岩、石膏
20～40	中等坚固的泥灰岩、凝灰岩、浮石，中等坚固的页岩，软而有裂缝石灰岩
40～60	钙质胶结的砾岩，风化强烈的泥质砂岩，坚固的页岩，坚固的泥灰岩
60～80	硬石膏、泥灰质石灰岩，云母及砂质页岩，泥质砂岩，角砾状花岗岩
80～100	强烈风化的软弱花岗岩、片麻岩、正长岩、蛇纹岩，致密灰岩，带有沉积岩卵石的硅质胶结的砾岩，砂岩、砂质石灰质页岩、菱铁矿、菱镁矿
100～120	白云岩，坚固石灰岩，大理岩，石灰质胶结的致密砂岩，坚固的砂质页岩
120～140	粗粒花岗岩，非常坚固的白云岩、蛇纹岩，含有岩浆岩卵石的石灰质胶结的砾岩，硅质胶结的坚固砂岩、粗粒正长岩
140～160	有风化痕迹的安山岩和玄武岩、片麻岩，非常坚固的石灰岩，含有岩浆岩卵石的硅质胶结的砾岩、粗面岩
160～180	中粒花岗岩，坚固的片麻岩，辉绿岩、玢岩，坚固的粗面岩、中粒正长岩
180～200	非常坚固的粗粒花岗岩、花岗片麻岩、闪长岩，最坚固的石灰岩，坚固的玢岩
200～250	安山岩、玄武岩，最坚固的辉绿岩、闪长岩，坚固的辉长岩和石英岩
＞250	钙钠斜长石的橄榄玄武岩(拉长石橄榄玄武岩)，特别坚固的辉绿辉长岩、石英岩及玢岩

注：本表资料选取自《铁路工程地质手册》。

岩石的抗压强度与混凝土强度等级之比不应小于 1.5，且岩浆岩不宜低于 80MPa，变质岩不宜低于 60MPa，沉积岩不宜低于 30MPa。混凝土中碎石及卵石的强度可用压碎指标控制。碎石及卵石压碎指标值要求见表 2-7。

混凝土粗集料用碎石和卵石压碎指标值(GB/T 14685—2001)　　表 2-7

项　目	指　标　值		
	用于 I 类混凝土	用于 II 类混凝土	用于 III 类混凝土
碎石压碎指标，<	10	20	30
卵石压碎指标，<	12	16	16

2. 坚固性

为保证混凝土的耐久性，用作混凝土的粗集料应具有足够的坚固性，以抵抗冻融和自然因素的风化作用。混凝土用粗集料的坚固性用硫酸钠溶液去检验，试样经 5 次循环后，其质量损失按现行标准《建筑用卵石、碎石》(GB/T 14685—2001)规定，如表 2-8 所示。

水泥混凝土用粗集料的坚固性指标(GB/T 14685—2001)　　表 2-8

项　目	指　标　值		
	用于 I 类混凝土	用于 II 类混凝土	用于 III 类混凝土
质量损失(%)，<	5	8	12

3. 级配

为获得密实、高强的混凝土，并能节约水泥，要求粗细集料组成的矿质混合料要有良好的级配。矿质混合料的级配首先取决于粗集料的级配。混凝土用粗集料的级配，采用连续级配或间断级配均可。

连续级配矿质集料的要求级配范围可按级配理论计算，也可参考(GB/T 14685—2001)规定(表 2-9)。当连续粒级不能配合成满意的混合料时，可掺加单粒级集料配合。连续粒级的矿质混合料的优点是所配制的新拌混凝土可较为密实，特别是具有优良的工作性，不易产生离析等现象，故为经常采用的级配。但连续级配与单粒级配(间断级配)矿质混合料相比，配制相同强度的混凝土，所需要的水泥耗量较高。

间断级配矿质混合料的最大优点是其空隙率低，可以配制成密实高强的混凝土，而且水泥耗量较小，但是间断级配混凝土拌和物容易产生离析现象，适宜于配制稠硬性拌和物，并需采用强力振捣。

4. 最大粒径的选择

粗集料中公称粒级的上限称为该粒级的最大粒径。对 5～25mm 粒级而言，其上限粒径 25mm 即为最大粒径。新拌混凝土随着最大粒径的增大，单位用水量相应减少。在固定的用水量和水灰比的条件下，加大最大粒径，可获得较好的和易性，或减少水灰比而提高混凝土强度和耐久性。通常在结构截面允许条件下，尽量增大最大粒径以节约水泥(应当注意：增大粒径虽可增加混凝土的抗压强度，但会降低其抗拉强度)。混凝土用粗集料，其最大颗粒粒径不得大于结构截面最小尺寸的 1/4，同时不得大于钢筋间最小净距的 3/4。对于混凝土实心板，允许采用最大粒径为 1/2 板厚的颗粒级配，但最大粒径不得超过 50mm。

5. 表面特征和形状

表面粗糙且多棱角的碎石与表面光滑和圆形的卵石相比，由于碎石配制成的混凝土对水泥石的黏附性好，故具有较高的强度，但是在相同单位用水量（相同水泥浆用量）条件下，卵石配制的新拌混凝土具有较好的和易性。

碎石或卵石的颗粒级配范围(GB/T 14685—2001)　　表 2-9

级配	序号	公称粒径(mm)	筛孔尺寸(方孔筛,mm)											
			2.36	4.75	9.50	16.0	19.0	26.5	31.5	37.5	53.0	63.0	75.0	90
			累计筛余(按质量,%)											
连续粒级	1	5~10	95~100	80~100	0~15	0	—	—	—	—	—	—	—	—
	2	5~16	95~100	85~100	30~60	0~10	—	—	—	—	—	—	—	—
	3	5~20	95~100	90~100	40~80	—	0~10	0	—	—	—	—	—	—
	4	5~25	95~100	90~100	—	30~70	—	0~5	0	—	—	—	—	—
	5	5~31.5	95~100	90~100	70~90	—	15~45	—	0~5	0	—	—	—	—
	6	5~40	—	95~100	70~90	—	30~65	—	—	0~5	0	—	—	—
单粒粒级	1	10~20	—	95~100	85~100	—	0~15	0	—	—	—	—	—	—
	2	16~31.5	—	95~100	—	85~100	—	—	0~10	0	—	—	—	—
	3	20~40	—	—	95~100	—	80~100	—	—	0~10	0	—	—	—
	4	31.5~63	—	—	—	95~100	—	—	75~100	45~75	—	0~10	0	—
	5	40~80	—	—	—	—	95~100	—	—	70~100	—	30~60	0~10	0

粗集料的粒形以接近正立方体者为佳，不宜含有较多针状颗粒（颗粒长度大于该颗粒所属粒级平均粒径的 2.4 倍）和片状颗粒（颗粒厚度小于该颗粒所属粒级平均粒径的 0.4 倍）。否则，将明显降低水泥混凝土的抗折强度，同时影响新拌混凝土的和易性。混凝土用粗集料的针片状颗粒含量按现行标准（GB/T 14685—2001）规定如表 2-10 所示。对等于及小于 C10 的混凝土，其针片状颗粒含量可放宽至 40%。

混凝土用粗集料针片状颗粒含量　　表 2-10

项　目	指　标		
	用于Ⅰ类混凝土	用于Ⅱ类混凝土	用于Ⅲ类混凝土
针片状颗粒含量(按质量计,%),<	5	15	25

6. 含泥量和泥块含量

混凝土用碎石（或卵石）中的含泥量是指粒径小于 0.08mm 颗粒的含量。泥块含量是指原颗粒大于 5mm，经水洗、手捏后，可破碎成小于 2.5mm 的颗粒含量。碎石（或卵石）中的含泥量，按现行标准（GB/T 14685—2001）应符合表 2-11 的要求。对于有抗冻、抗渗要求的混凝土，其所用碎石或卵石的含泥量应不大于 1.0%，泥块含量应不大于 0.5%。若所含泥基本上是非黏土质的石粉时，含泥量可由表 2-11 的 1.0%、2.0%，分别提高到 1.5%、3.0%。对等于或小于 C10 级混凝土用碎石或卵石，其含泥量可放宽至 2.5%，泥块含量可放宽至 2.5%。

混凝土用碎石或卵石含量和泥块含量(GB/T 14685—2001)　表 2-11

项　目	指　标		
	用于Ⅰ类混凝土	用于Ⅱ类混凝土	用于Ⅲ类混凝土
含泥量(按质量计,%),＜	0.5	1.0	1.5
泥块含量(按质量计,%),＜	0	0.5	0.7

7.有害物质含量

混凝土用粗集料不应含有对混凝土强度形成有害的物质(主要有硫化物和硫酸盐含量,以及有机质含量)。其有害物质含量应符合表 2-12 的规定。

碎石(或卵石)中有害物质含量(GB/T 14685—2001)　表 2-12

项　目	指　标		
	用于Ⅰ类混凝土	用于Ⅱ类混凝土	用于Ⅲ类混凝土
有机物	合格	合格	合格
硫化物及硫酸盐(按 SO_3 质量计,%),＜	0.5	1.0	1.0

三、混凝土拌和用水

水是混凝土的主要组成材料之一,拌和用水的水质不纯,可能产生多种有害作用,最常见的有害作用有:

(1)影响混凝土的和易性和凝结;

(2)有损于混凝土强度发展;

(3)降低混凝土的耐久性,加快钢筋的腐蚀和导致预应力钢筋的脆断;

(4)使混凝土表面出现污斑等。

为保证混凝土的质量和耐久性,必须使用合格的水拌制混凝土。

1.混凝土拌和用水的类型和应用

混凝土拌和用水水源可分为饮用水、地表水、地下水、海水以及经适当处理或处置后的工业废水。

符合国家标准的生活饮用水可以用来拌制混凝土,不需再进行检验。地表水或地下水,首次使用时,必须进行适用性检验,检验合格后才能使用。海水只允许用来拌制素混凝土,不宜用于拌制有饰面要求的混凝土、耐久性要求高的混凝土、大体积混凝土和特种混凝土。混凝土工厂的应用水要依水中有害物含量确定适用于配制哪种混凝土,同时要注意其水泥和外加剂品种对拌制混凝土性能的影响。工业废水必须经过检验,经处理合格后方可使用。

2.混凝土拌和水的技术要求

按我国现行标准《混凝土拌和用水标准》(JGJ 63—2006)规定,混凝土拌和用水根据其对混凝土(或砂浆)物理力学性能的影响和有害物质含量,控制质量。具体要求如下:

(1)有害物质含量控制。混凝土拌和用水中的有害物质含量应符合表 2-13 的规定。

(2)对混凝土凝结时间的影响。用待检验水与蒸馏水(或符合国家标准生活用水)进行水泥凝结时间试验,两者的初凝时间差及终凝时间差均不得大于 30min。待检水拌制的水泥浆的凝结时间尚应符合水泥国家标准的规定。

(3)对混凝土强度的影响。用待检验水泥砂浆或混凝土,并测定其 28d 抗压强度(若有早期强度要求时，需增做7d抗压强度)，其强度值不应低于蒸馏水(或符合国家标准的生活用水)拌制的相应砂浆或混凝土抗压强度的90％。

混凝土拌和用水量要求(JGJ 63—2006)　　表2-13

项　目	素混凝土	钢筋混凝土	预应力混凝土
pH值，≥	4.5	4.5	5.0
不溶物(m/L)，≤	5 000	2 000	2 000
可溶物(m/L)，≤	10 000	5 000	2 000
Cl^-(m/L)，≤	3 500	1 000	500
SO_4^{2-}(mg/L)，≤	2 700	2 000	600
碱含量(mg/L)，≤	1 500	1 500	1 500

注：碱含量按$Na_2O+0.658K_2O$计算值来表示。采用非碱活性集料时，可不检验碱含量。

第二节　普通混凝土配合比设计

一、设计原则

根据工程要求、结构形式和施工条件来确定混凝土的组分，即粗细集料、水和水泥的配合比例。

1.配合比设计内容

(1)选料，即按道路或桥梁工程设计和施工的要求，选择适合制备所需混凝土的材料；

(2)配料，即根据道路或桥梁设计中指定的混凝土性能(工作性、强度、耐久性等)和经济的原则，选择混凝土各组分的最佳配合和用料量。

2.配合比设计基本要求

(1)满足结构物设计强度要求；

(2)满足施工工作性要求；

(3)满足耐久性要求；

(4)满足经济性要求。

3.配合比设计的基本参数

(1)水泥品种和强度等级；

(2)砂石的种类、石子最大粒径、密度等；

(3)混凝土设计强度等级；

(4)混凝土耐久性要求(如抗渗、抗冻、抗侵蚀等)；

(5)工程特征(工程所处环境、结构断面、钢筋断面、钢筋最小净距等)；

(6)施工方法等。

4.配合比设计步骤

(1)计算初步配合比；

(2)提出基准配合比；

(3)确定试验室配合比；

(4)换算施工配合比。

二、普通混凝土配合比设计方法(以抗压强度为指标的设计方法)

1. 初步配合比计算

(1)试配强度计算

为了所配制的混凝土具有必要的强度保证率,混凝土的试配强度必须大于其设计要求的混凝土强度等级,即:

$$R_h = R_d + t\sigma_0 \tag{2-4}$$

式中:R_h——混凝土试配强度;

R_d——设计要求的混凝土强度等级;

σ_0——施工单位的混凝土标准差的历史统计水平;

t——概率度,为达到一定保证率所需的标准离差倍数,见表 2-14。

保证率系数(t)与保证率(P)的关系表　　表 2-14

t	0.00	−0.524	−0.842	−1.00	−1.36	−1.28	−1.40	−1.60
$P(t)$	0.50	0.70	0.80	0.841	0.85	0.90	0.919	0.945
t	−1.645	−1.80	−2.00	−2.06	−2.23	−2.58	−2.88	−3.00
$P(t)$	0.95	0.964	0.977	0.980	0.990	0.995	0.998	0.999

若施工单位具有 30 组以上混凝土试配强度的历史统计资料时,σ_0 可按下式计算:

$$\sigma_0 = \sqrt{\frac{\sum_{i=1}^{n} R_i^2 - n\overline{R}_n^2}{n-1}} \tag{2-5}$$

式中:n——混凝土试件的组数;

R_i——第 i 组试件强度值;

$\overline{R}_n$——n 组试件强度的平均值。

当施工单位无历史统计资料时,σ_0 可查表 2-15 获得。

σ_0 取 值 表　　表 2-15

R_d	C_{10}~C_{20}	C_{25}~C_{40}	C_{50}~C_{60}
σ_0(MPa)	4.0	5.0	6.0

(2)初步确定水灰比(W/C)

混凝土强度主要取决于水灰比,它们之间的关系可用著名的鲍罗米公式来表示。

$$R_h = AR_c\left(\frac{C}{W} - B\right) \tag{2-6}$$

则:

$$\frac{W}{C} = \frac{AR_c}{R_h + ABR_c} \tag{2-7}$$

式中:R_c——水泥实际强度;

R_h——混凝土试配强度;

A、B——试验常数,碎石 $A=0.48$,$B=0.52$;卵石 $A=0.50$,$B=0.61$。

当无法取得水泥实际强度时,可用下式计算:

$$R_h = K_c R_c^b \tag{2-8}$$

式中：R_c^b——水泥强度等级；

K_c——水泥强度等级富裕系数，应按不同地区水泥具体情况定出，通常取 1.00～1.13。

按上式计算的水灰比值不应超过表 2-16 所规定的最大水灰比值。若超过时，应采用规定的最大水灰比值。

(3)确定 $1m^3$ 混凝土的用水量 W_0

混凝土的用水量主要与所选用的坍落度和集料品种、粒径有关。因此，首先根据结构种类选择坍落度，然后再根据集料品种和最大粒径按照表 2-16 选用 W_0。

混凝土用水量选用表(单位：kg/m^3)　　表 2-16

项目	指标	卵石最大粒径(mm)						碎石最大粒径(mm)				
		10	16	20	25	31.5	40	16	20	25	31.5	40
坍落度(mm)	10～30	190	180	170	160	165	150/160	200/205	165	180	175	165/170
	30～50	200	190	180	170	175	160/170	210/215	195	190	185	175/180
	50～70	210	200	190	180	185	170/180	220/225	205	200	195	185/190
	70～90	215	205	195	185	190	175/185	230/235	215	210	205	185/200
维勃稠度(s)	20～30		130		125		120	135		130		125
	15～20	175	135	160	130	155	125/150	140/160	170	135	165	130/160
	10～15	180	140	165	135	160	130/155	145/185	175	140	170	135/165
	5～10	185	145	170	140	165	135/160	150/190	180	145	175	140/170

注：1. 本表用水量是采用中砂时的平均取值，如采用细砂，每立方米混凝土用水量可增加 5～10kg，采用粗砂则可减少5～10kg。

2. 掺用各种外加剂或掺和料时，可相应增减用水量。

3. 本表不适用于水灰比小于 0.4 或大于 0.8 时的混凝土。

(4)计算 $1m^3$ 混凝土的水泥用量 C_0

根据已计算出的水灰比(W/C)和选用的单位用水量 W_0，可计算出 C_0：

$$C_0 = \frac{W_0}{W/C} \tag{2-9}$$

为了保证耐久性，计算出的水泥用量必须满足表 2-17 所规定的最小水泥用量。若计算得出的水泥用量小于规定的最小水泥用量，则应采用规定的最小水泥用量。

(5)确定砂率 S_P

细集料在集料总量中所占的比例，称为砂率。砂率对混凝土拌和物的流动性及黏聚性有较大的影响。合理的砂率值就是在用水量及水泥用量一定的情况下，能使混凝土拌和物获得最大的流动性，且能使黏聚性及保水性能良好时的砂率值。

根据粗集料品种，最大粒径和混凝土拌和物的水灰比确定砂率，一般可根据施工单位所用材料的使用经验选定。若使用经验不足，则可查表 2-17。

(6)计算粗、细集料的用量 G_0 及 S_0

粗、细集料用量可用绝对体积法或假定表观密度法求得。

①绝对体积法。假定混凝土拌和物的体积等于各组成材料绝对体积和所含空气体积之和。已知砂率的情况下，即有：

$$\frac{C_0}{\rho_C}+\frac{S_0}{\rho_{OS}}+\frac{G_0}{\rho_{OG}}+\frac{W_0}{\rho_{OW}}+10\alpha=1\,000(\mathrm{L}) \tag{2-101}$$

$$S_P=\frac{S_0}{S_0+G_0}\cdot 100$$

混凝土的砂率选用表(单位:%)　　　　表 2-17

水灰比(W/C)	卵石最大粒径(mm)						碎石最大粒径(mm)			
	10	16	20	30	31.5	40	16	20	31.5	40
0.30		23～29		22～28		21～27				
0.40	26～32		25～31		24～30	24～30	30～35	29～34	28～33	27～32
0.50	30～35		28～34		28～33	28～33	33～38	32～27	31～36	30～35
0.60	33～38		32～37		31～36	31～36	36～41	35～40	34～39	33～38
0.70	36～41		35～40		35～39	34～39	39～44	38～43	37～42	36～41

注:1. 本表数值是中砂的选用率,对于细砂或粗砂,可相应地减少或增大砂率。

2. 本表适用于坍落度为 10～60mm 的混凝土,对于坍落度大于 60mm 或小于 10mm 时的混凝土,应相应地增大或减少砂率。

3. 只用一个单粒级粗集料配制混凝土时,砂率应适当增大。

4. 掺有各种外加剂或掺和料时,其合理砂率应经试验或参照其他有关规定确定。

5. 对薄壁构件砂率取偏大值。

联解方程组,便可求得粗、细集料用量 S_0、G_0。

式中:C_0——1m³ 混凝土的水泥用量,kg;

G_0——1m³ 混凝土的粗集料用量,kg;

S_0——1m³ 混凝土的细集料用量,kg;

W_0——1m³ 混凝土的用水量,kg;

ρ_C——水泥密度,g/cm³;

ρ_{OG}——粗集料表观密度,g/cm³;

ρ_{OS}——细集料表观密度,g/cm³;

ρ_{OW}——水的密度,g/cm³;

α——混凝土含气量百分数,%,在不使用含气型外加剂时,α 可取 1。

②假定表观密度法。如果原材料情况比较稳定,所配制的混凝土拌和物的表观密度将接近一个固定值,这时可以先假定一个混凝土拌和物的表观密度 ρ_{OH}(kg/m³),因此可列出下式:

$$\left.\begin{aligned} C_0+S_0+G_0+W_0&=\rho_{OH} \\ S_P&=\frac{S_0}{S_0+G_0} \end{aligned}\right\} \tag{2-11}$$

将两式联立,可求出 S_0、G_0,ρ_{oh} 可根据试验资料确定。无资料时,可根据集料的表观密度、粒径及混凝土强度等级,在 2 400～2 500kg/m³ 的范围内选取。

通过以上 6 个步骤,可以求出水泥、砂、石、水的用量,得到初步计算配合比。

以上混凝土配合比计算公式和表格,均以干燥状态集料(含水率小于 0.5% 的细集料和含水率小于 0.2% 的粗集料)为基准。如需以饱和面干集料为基准进行计算时,应作相应修改。

2. 基准配合比的确定

以上求出的混凝土各组成材料用量是借助于一些经验公式和数据计算出来的，或是利用经验资料查得的，因而不一定完全符合具体的工程实际情况，必须通过试拌调整，直到混凝土拌和物的和易性符合要求为止，然后提出供检验混凝土强度用的基准配合比。以下介绍和易性的调整方法。

按初步计算配合比称取材料进行试拌。将混凝土拌和物搅拌均匀后，测定坍落度，并检查其黏聚性和保水性能的好坏。如果坍落度不满足要求，或黏聚性和保水性不良时，应在保持水灰比不变的条件下，相应调整用水量和砂率。当坍落度低于设计要求，可保持水灰比不变，适量增加水泥浆。若坍落度过大，可在保持砂率不变条件下增加集料。若出现含砂不足、黏聚性和保水性不良时，可适当增大砂率，反之，应减少砂率。每次调整后再试拌，直到符合要求为止。

当试拌调整工作完成后，应测出混凝土拌和物的实际表观密度（$\rho_{O实}$），并重新计算每 $1m^3$ 混凝土各项组成材料用量，得出的配合比称为基准配合比。假设试样拌和调整后各组成材料用量：水泥为 $C_{拌}$、砂为 $S_{拌}$、石子为 $G_{拌}$、水为 $W_{拌}$，则 $1m^3$ 混凝土的材料用量为：

$$C_{基}=\frac{C_{拌}}{C_{拌}+S_{拌}+G_{拌}+W_{拌}}\cdot\rho_{O实} \tag{2-12}$$

$$S_{基}=\frac{S_{拌}}{C_{拌}+S_{拌}+G_{拌}+W_{拌}}\cdot\rho_{O实} \tag{2-13}$$

$$G_{基}=\frac{G_{拌}}{C_{拌}+S_{拌}+G_{拌}+W_{拌}}\cdot\rho_{O实} \tag{2-14}$$

$$W_{基}=\frac{W_{拌}}{C_{拌}+S_{拌}+G_{拌}+W_{拌}}\cdot\rho_{O实} \tag{2-15}$$

3. 实验室配合比的确定

经过和易性调整后得到的基准配合比，其水灰比不一定恰当，即混凝土的强度不一定符合要求，所以还应检验混凝土的强度。一般采用三个配合比，其中一个为基准配合比，另外两个配合比的水灰比值，应较基准配合比分别增加及减少 0.05，以覆盖试配强度。这两个配合比的用水量与基准配合比相同，但砂率值可作适当调整。每个配合比制作一组试块，标准养护 28d 试压。在制作混凝土试块时，尚需检验混凝土拌和物的和易性及表观密度，并以此结果作为代表这一配合比的混凝土拌和物的性能。

通过试验，在三个配合比中选出一个既满足强度要求、和易性要求，并且水泥用量最少的配合比作为实验室配合比；也可以绘制出三个配合比的灰水比与强度曲线，求出试配强度 R_h 所对应的灰水比，再计算出实验室配合比。

根据计算出的混凝土各项组成材料用量求出的混凝土拌和物的表观密度 ρ_H 不一定等于实测表观密度 $\rho_{O实}$，还需要将各组成材料用量再作必要的校正，应先求出混凝土的计算表观密度 ρ_H，即：

$$\rho_H=C+S+G+W \tag{2-16}$$

再求校正系数：

$$K=\frac{\rho_{O实}}{\rho_H} \tag{2-17}$$

将以上定出的混凝土配合比中每项材料用量均乘以校正系数 K，即为最终定出的实验室配合比。

4. 施工配合比

实验室配合比是以干燥材料为基准的，而工地存放的砂、石都含有一定水分，并且经常变化，所以应按现场材料的实际含水情况对配合比进行修正，修正后的配合比称为施工配合比。现假定工地存放砂的含水率为a(%)，石子的含水率为b(%)，将实验室配合比换算成为施工配合比，其材料的称量应为：

$$\left.\begin{aligned} c' &= c \\ s' &= s(1+a\%) \\ G' &= G(1+b\%) \\ W' &= W-S\cdot a\%-G\cdot b\% \end{aligned}\right\} \tag{2-18}$$

三、路面水泥混凝土配合比设计方法(以抗弯拉强度为指标的设计方法)(JTG F30—2003)

1.设计要求

路面水泥混凝土配合比设计，应满足：

①施工工作性；

②抗弯拉强度；

③耐久性(包括耐磨性)；

④经济合理性。

2.设计步骤

1)计算初步配合比

(1)确定试配强度$f_{cf,o}$

$$f_{cf,o}=k\cdot f_{cf,k} \tag{2-19}$$

式中：$f_{cf,k}$——混凝土设计抗弯拉强度，MPa；

k——系数，施工水平较高者k=1.10，一般者k=1.15。

(2)计算水灰比(W/C)

对碎石混凝土：

$$C/W=(f_{cf,o}+1.0097+0.3485f_{cef})/1.5684 \tag{2-20}$$

对砾(卵)石混凝土：

$$C/W=(f_{cf,o}+1.5492+0.4565f_{cef})/1.2684 \tag{2-21}$$

式中：$f_{cf,o}$——混凝土配制强度，MPa；

f_{cef}——水泥实际抗弯拉强度，MPa；

C/W——灰水比，一般W/C=0.40～0.50。

(3)计算单位用水量m_{WO}

对于碎石混凝土：

$$m_{WO}=104.97+3.09H+11.27C/W+0.61\beta_s \tag{2-22}$$

对于卵石混凝土：

$$m_{WO}=86.89+3.70H+11.24C/W+1.00\beta_s \tag{2-23}$$

式中：H——混凝土拌和物坍落度，cm；

β_S——砂率，%，见表2-18。

混凝土拌和物砂率(β_S)范围(JTG F30—2003)　　表2-18

砂细度模式		2.2～2.5	2.5～2.8	2.8～3.1	3.1～3.4	3.4～3.7
砂率β_S(%)	碎石	30～34	32～36	34～38	36～40	38～42
	卵石	28～32	30～34	32～36	34～38	36～40

注：碎卵石可在碎石和卵石混凝土之间内插取值。

按式(2-23)计算得的用水量是按集料为饱和面干含水量计算的用水量。

(4)计算单位水泥用量 m_{CO}

$$m_{CO} = m_{WO}/(W/C) \tag{2-24}$$

一般附属 $m_{CO}=300\sim360\text{kg/m}^3$。

(5)计算砂石材料单位用量 m_{SO}、m_{GO}

按绝对体积法:

$$\frac{m_{CO}}{\rho_C}+\frac{m_{WO}}{\rho_W}+\frac{m_{SO}}{\rho_S'}+\frac{m_{GO}}{\rho_G'}=100 \tag{2-25}$$

$$\frac{m_{SO}}{m_{SO}+m_{GO}}=\beta_s \tag{2-26}$$

式中:m_{CO}、m_{WO}、m_{SO}、m_{GO}——分别为单位水泥、水、砂、石的用量,kg/m³;

ρ_C、ρ_W、ρ_S'、ρ_G'——分别为水泥、水的密度及砂和石的表观密度;

β_S——砂率。

2)试拌调整,提出基准配合比

①试拌。取施工现场材料,配制 0.03m³混凝土拌和物。

②测定工作性。观察黏聚性和保水性。

③调整配比。若流动性不符合要求,应在水灰比不变情况下,增减水泥浆用量;若黏聚性和保水性不符合要求,应调整砂率。

3)强度测定,确定实验室配比

①制备抗弯拉强度试件。按基准配比,增加和减少水灰比 0.03,再计算两组配合比,用 3 组配合比制备抗弯拉强度试件,标准养护 28d。

②测定抗弯拉强度。

③确定符合工作性和强度要求,且最经济合理的实验室配合比(或称理论配合比)。

4)换算施工配比

根据现场材料含水率对理论配比进行换算。

第三节 新拌水泥混凝土混合料

一、混合料的工作性

工作性是混合料一种综合性能的描述,包括以下 4 个组成部分:流动性、可塑性、稳定性、易密性。

(1)流动性:说明混合料流动的难易程度。

(2)可塑性:指在一定外力作用下,产生没有"脆断"的塑性变形的能力。

(3)稳定性:指分散系统中固体的重力所产生的剪应力不超过液相的屈服应力。稳定性描述混合料能否发生按大小分层和泌水的现象。

(4)易密性:指混合料在进行捣实或振动时,克服内部的和表面的(和模板之间的)阻力,达到规定的密实的能力。

1.混合料工作性的测定

目前还没有一种试验方法能直接测定所定义的工作性。只能以一些容易确定的物理量来表示混合料相对的工作性。

(1)坍落度试验(Slump Test)

这一方法是由美国查普曼(Chapman)首先提出的,目前已为世界各国广泛采用。我国现行试验法(JTG E30—2005)规定:坍落度试验是用标准坍落度圆锥筒测定,该筒为钢皮制成,高度 $H=300\text{mm}$,上口直径 $d=100\text{mm}$,下底直径 $D=200\text{mm}$。试验时,将圆锥置于平板上,然后将混凝土拌和物分三层装入标准圆锥筒内(使捣实后每层高度为筒高的 1/3 左右),每层用弹头棒均匀地捣插 25 次。多余试样用镘刀刮平,然后垂直提取圆锥筒,将圆锥筒与混合料并排放于平板上,测量筒高与坍落后混凝土试体最高点之间的高差(图 2-3),即为新拌混凝土拌和物的坍落度,以 mm 为单位(精确至 0.5mm)。

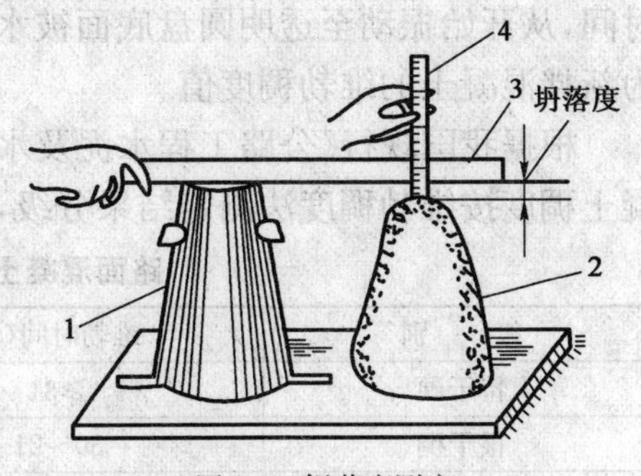

图 2-3 坍落度测定

1-坍落度筒;2-拌和物试体;3-木尺;4-钢尺

混合料的坍落度主要是由重度和屈服剪切应力决定。坍落度并不是混合料工作性的满意的指标。对于稍微干些的混合料,则坍落度为零,测不出不同工作性的混合料的变化。对缺少水泥浆的混合料,其坍落度试验可能发生沿一斜面下滑的变形,甚至崩溃。坍落度试验只对于水泥浆丰富的混合料才比较敏感。但相同的混合料,不同的试样,坍落度值差别很大。不同集料的混合料,工作性不同,却可测得相同的坍落度。不同工作性的混合料,其代表性的坍落度值列于表 2-19。屈服剪应力与坍落度的关系见图 2-4。

混合料稠度分级 表 2-19

级 别	坍落度(mm)	级 别	坍落度(mm)
特干硬	—	低塑	50~90
很干稠	—	塑性	100~150
干稠	10~40	流态	>160

(2)维勃稠度试验

这一方法是瑞典人 V. 皮纳(V. Bahrner)首先提出。坍落度小于 10mm 的新拌混凝土,可采用维勃稠度仪(图 2-5)测定其工作性。维勃稠度试验方法是将坍落度筒放在直径为 240mm、

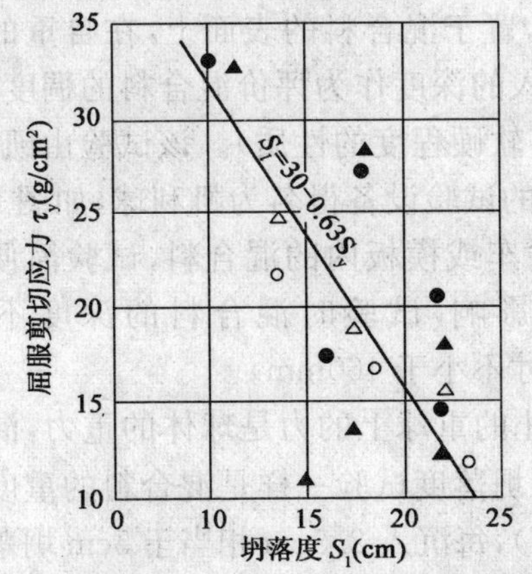

图 2-4 屈服剪切应力与坍落度的关系(水灰比为 0.5,含砂率为 0.55)

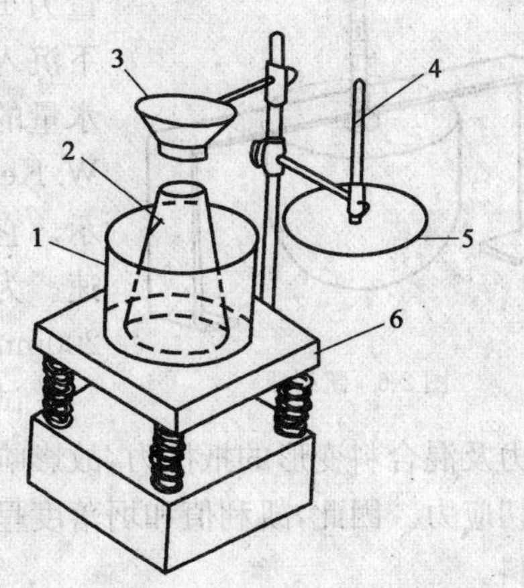

图 2-5 维勃稠度仪

1-圆柱形容器;2-坍落度筒;3-漏斗;4-测杆;5-透明圆盘;6-振动台

高度为 200mm 圆筒中，圆筒安装在专用的振动台上。按坍落度试验的方法，将新拌混凝土装入坍落度筒内后，再拔去坍落度筒，并在新拌混凝土顶上置一透明圆盘。开动振动台，并记录时间，从开始振动至透明圆盘底面被水泥浆布满瞬间止，所经历的时间，以 s 计(精确至 1s)，即为新拌混凝土的维勃稠度值。

根据我国现行《公路工程水泥及水泥混凝土试验规程》(JTG E30—2005)的规定，路面混凝土稠度按维勃稠度法测定结果分级，如表 2-20 所示。

路面混凝土稠度分级表(JTG E30—2005)　　表 2-20

级　别	维勃时间(s)	级　别	维勃时间(s)
特干硬	≥31	低塑	10～5
很干稠	30～21	塑性	≤4
干稠	20～11	流态	—

(3)流动度试验

这是一种美国所采用的试验方法，将一堆成一定形状的混合料置于跳桌上，经过跳动一定的次数后，测定混合料扩展的程度，以鉴定混合料的流动度及离析的程度。

试验用的主要仪器是一个直径为 760mm、落差为 13mm 的跳桌和一只高为 127mm、上口直径为 171mm、下口直径为 254mm 的截头圆锥筒。试验时将圆锥置于跳桌的中心，混合料分两层装入筒内，捣实的方法类似于坍落度试验，然后脱去锥筒，以每秒一次的速度跳动 15 次，结果混合料在桌面上扩展。量取混合料扩展后的直径 D，则流动度 F_l 为：

$$F_l = \frac{D-254}{254} \times 100 \tag{2-27}$$

跳动将促使产离析，如果混合料黏聚性不好，则较大的集料颗粒就要分离出来，跑向靠近跳桌的边缘。对于很稀的混合料，则水泥浆可能从中心淌开而留下集料。

同样，流动度试验并不能完全反映混合料的工作性，因为具有相同流动度的混合料，其工作性可以有显著的不同。这种试验在工地上使用还不方便。

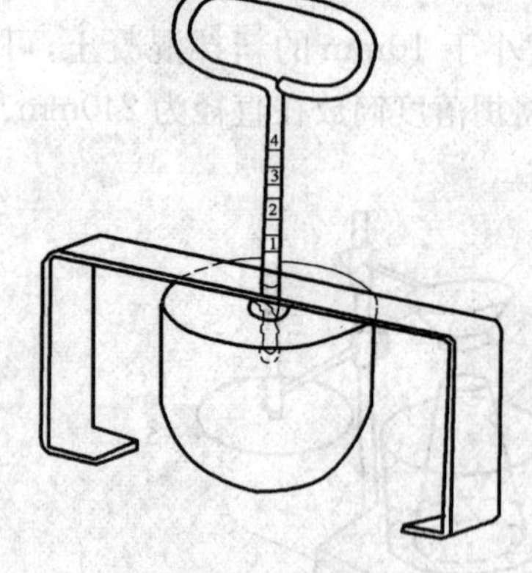

图 2-6　凯利球

(4)沉球试验

这是一种非常简便的试验方法。利用直径为 152mm、质量为 13.6kg 的半球体，置于混合料的表面上，在自重的作用下沉入混合料中，以沉入的深度作为评价混合料的稠度(根据水量的多少表示混合料软硬程度的性质)。该试验由凯利(J. W. Kelly)提出，故所用的试验设备得名为凯利球，如图 2-6 所示。它可直接用于运输车或模板内的混合料，试验简便而迅速。为了避免边界的影响，试验时混合料的深度不小于 200mm，最小的横向尺寸不小于 460mm。

试验中，作用于静止的重球上的力是球体的重力，混合料的浮力及混合料变形的抵抗力，故影响试验值的因素和坍落度试验一样是混合料的重度和屈服剪切应力。因此，凯利值和坍落度呈直线关系(图 2-7)，每沉入 2.5cm 相当于 5cm 坍落度的混合料。

(5)密实数试验

这是一种由英国道路研究实验室提出的试验方法，并列入英国标准中。此法是根据对混合料做标准数量的功后，测定混合料所达到的密实程度。

试验装置由两个截头圆锥形料斗和一个圆柱形容器所组成，如图 2-8 所示。试验时将混合料轻轻地、缓慢地装满最上面一个料斗，这一阶段对混合料的密实没有做功。然后打开料斗底门，混合料就落到底下的一个料斗中。这个料斗比上一个料斗小，因此多余的混合料就满出来，这就使得在标准状态下具有近的相同量的混合料，大大地减少了在上一料斗中人工装料时人为因素的影响。打开这一料斗的底门，混合料落到圆柱筒容器中，用镘刀将多余的混合料刮去，则已知体积的圆柱筒容器内混合料的密度就可确定。由试验得到的混合料的密度除以完全密实的混合料的密度就定义为密实数。完全密实的混合料密度可按混合料各组分的绝对体积算出，也可用混合料分层（每层厚约 5cm）浇入，每层充分捣实的方法实际测出。

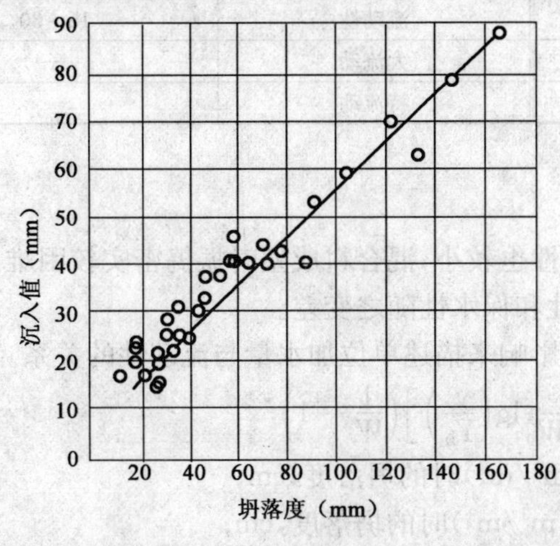

图 2-7 凯利值与坍落度的关系

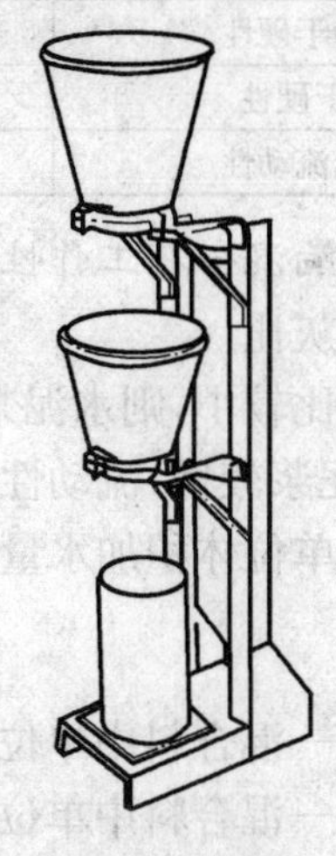
图 2-8 密实数仪

（6）重塑数试验

这是 1932 年美国鲍威尔斯（T. C. Powers）所建议的试验，以改变混合料试样的形状所做的功来评价混合料的工作性。仪器的示意图如图2-9所示。一个标准的坍落度筒放在一直径为 305mm、高为 203mm 的圆柱筒内，此圆柱筒固定在跳桌上，跳桌的落差为 6.3mm。圆柱筒内有一圆环，直径为 210mm、高为 127mm，圆环的下缘至圆柱筒底的距离可在 67～76mm 调整。

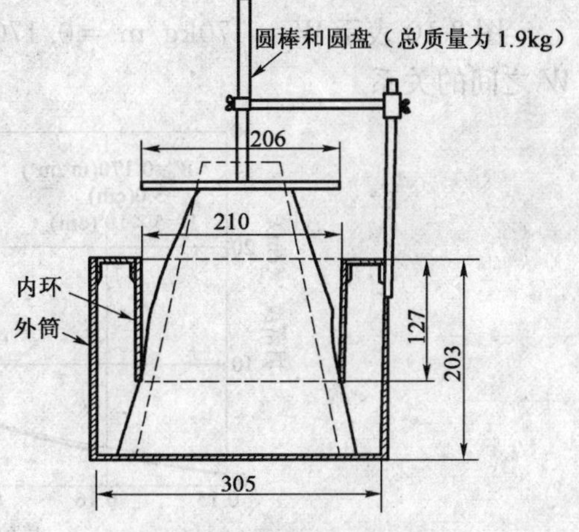

图 2-9 重塑仪（尺寸单位：mm）

按标准方法将坍落度筒填满混合料并脱去坍落度筒后，一个质量为 1.9kg 的圆盘置于混合料顶部，跳桌以每秒跳一次的速度跳动，直至圆盘到达离圆柱筒底 81mm 时为止所跳动的次数，即为重塑数。这时，混合料的形状由截头圆锥体变成圆柱体。

（7）工业黏度试验

这是由前苏联杰索夫（Десов）所提出的一种试验方法，基本上类似于重塑数试验。以振动台代替跳桌，振动台的频率为 3 000 次/min±20 次/min，荷载下的振幅为 0.35mm。内环下缘与圆柱筒底的距离随混合料的最大粒径可以调整：最大粒径为 40mm 时，间距 70mm；最大粒径为 20mm 时，间距 50mm；最大粒径为 10、5mm 时，间距相应为 30、10mm。其他试验方法与重塑数试验一样，以振平混合料所需的时间（s）

计，称为工作度或干硬度。

综上所述，以上介绍的几种试验方法都是在特定的条件下测定混合料的某一方面的性能，而不是工作性的全部。这些试验方法的原理基本上可分为两类：一类是以一定的力作用于混合料，使混合料变形，测定其流动性能，适用于流动性混合料；另一类是以测定密实混合料所做的功为基础，或者以时间或密实度表示，适用于干硬性混合料。

根据工业黏度计测定混合料的干硬度，通常把混合料分成下列几类(表 2-21)。

混凝土混合料的分类 表 2-21

类　别	干硬度(s)	类　别	干硬度(s)
特干硬性	大于 180	流动性	15～30
干硬性	30～180	大流动	—
低流动性	15～30	特流动	—

2. 影响混合料工作性的因素

1)水灰比

水灰比较小，则水泥浆较稠，混合料流动性也较小，混合料成型时振捣密实较困难；水灰比较大，水泥浆较稀，流动性虽然较大，但黏聚性和保水性随之变差。

可用单位体积加水量对混合料坍落度的影响来描述单位加水量与流动性的关系。

$$\lg\left(\frac{y}{Y_0}\right)=\left[\frac{W_0}{1-W_0}\lg\left(\frac{y_0}{Y_0}\right)\right]\left(\frac{1}{W}-1\right) \tag{2-28}$$

式中：y——混合料中单位体积加水量为 W(m^3/m^3)时的坍落度，cm；

y_0——混合料中单位体积加水量为 W_0(m^3/m^3)时的坍落度，cm；

Y_0——水的流动性，cm。

或：

$$y=y_0\left(\frac{W}{W_0}\right)^{10} \tag{2-29}$$

图 2-10 表示 $W_0=170kg/m^3=0.170m^3/m^3$，$y_0=5.0cm$ 时，流动性 y 与单位体积加水量 W 之间的关系。

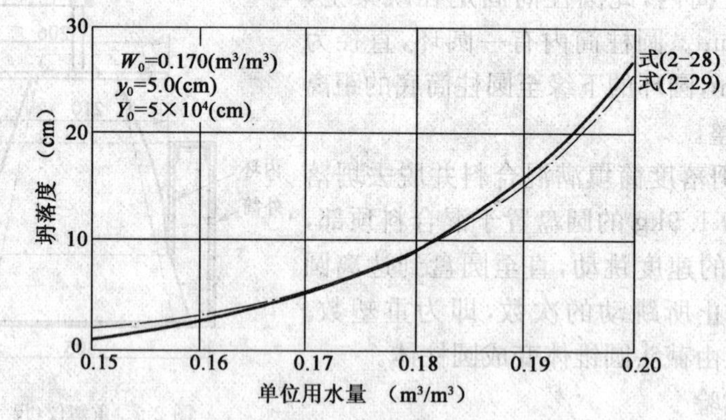

图 2-10　单位加水量与坍落度的关系

2)集灰比

固体总体积为 V_S，集料的绝对体积为 a 和水泥的绝对体积为 c，则：

$$V_S=a+c$$

则有：

$$\ln\left(\frac{y}{Y_0}\right)=-k\left(\frac{a+c}{W}\right)$$

$$=-k\left(\frac{c}{W}\right)\left(1+\frac{a}{c}\right) \tag{2-30}$$

式中：k——由固体粒子的性质而定的常数；

其余符号意义同前。

集灰比$\frac{a}{c}$对流动性y的影响可由上式表示。

当要保持流动性不变时，任何集灰比的改变都要引起水灰比的变化。这种关系也可以从瑞典阿勒森德逊(Alexanderson)所得的曲线(图 2-11)看出。

3)砂率

砂率是指混凝土中砂的质量占砂、石总质量的百分率，表征混凝土拌和物中砂与石相对用量比例的组合。由于砂率变化，可导致集料的空隙率和总表面积的变化，因而混凝土混合料的工作性也随之产生变化。

混凝土坍落度与砂率的关系示例见图 2-12。从图中可以看出，当砂率过大时，集料的空隙率及总表面积增大，在水泥浆用量一定的条件下，混凝土混合料就显得干稠，流动性小。当砂率过小时，虽然集料的总表面积减小，但由于砂浆量不足，不能在粗集料的周围形成足够的砂浆层来起润滑作用，因而使混凝土混合料的流动性降低。更严重的是影响了混凝土拌和物的黏聚性与保水性，使拌和物显得粗涩、粗集料离析、水泥浆流失，甚至出现溃散等不良现象。因此，在不同的砂率中应有一个合理的砂率值。

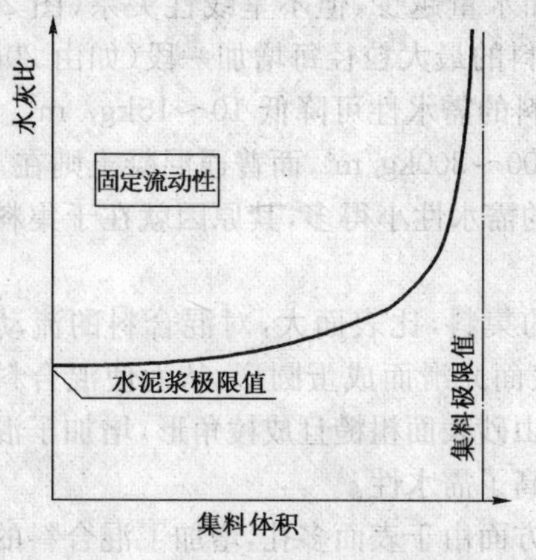

图 2-11 集灰比与水灰比的关系

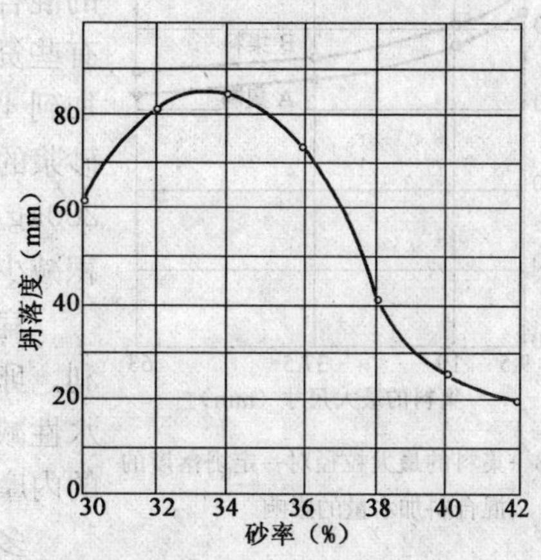

图 2-12 砂率与混凝土拌和物工作性的关系

混凝土拌和物的合理砂率是指在用水量和水泥用量一定的情况下，能使混凝土混合料获得最大的流动性，且能保持黏聚性和保水性能良好的砂率。

4)外加剂的影响

在拌制混凝土拌和物时，加入少量外加剂，可在不增加水泥用量的情况下，改善拌和物的工作性，并提高混凝土的强度和耐久性。

5)组成材料特性

(1)水泥

水泥对混合料工作性的影响反映在水泥的需水性上。不同品种的水泥、不同的水泥细度、不同的水泥矿物组成及混合掺料，其需水性不同。需水性大的水泥比需水性小的水泥配制的混合料，在相同的流动性条件下，需要较多的加水量。

水泥的需水性以标准稠度的用水量表示。各种水泥的标准稠度如表 2-22 所示。

不同水泥的需水性　　表 2-22

水 泥 品 种	标准稠度的含水量(%)
普通硅酸盐水泥	21～37
火山灰质硅酸盐水泥	30～45
矿渣硅酸盐水泥	26～30
矾土水泥	31～33
石灰—火山灰水泥	30～60
石灰—矿渣水泥	28～40

(2)集料

集料在混合料中占据的体积最大，因此，其特性对混合料工作性的影响也比较大。这些特性包括级配、颗粒形状、表面状态及最大粒径等。

级配好的集料含空隙少，在相同水泥浆量的情况下，可以获得比级配差的集料更好的工作性。但在多灰混凝土中，级配的影响将显著减少。

集料级配中，小于 10mm 且大于 0.3mm 的所谓中等颗粒的含量对混合料工作性的影响更为显著。如果中等颗粒含量过多，即粗集料偏细，细集料偏粗，那么将导致混合料粗涩、松散，工作性差；如果中等颗粒含量过少，会使混合料黏聚性变差，并发生离析。

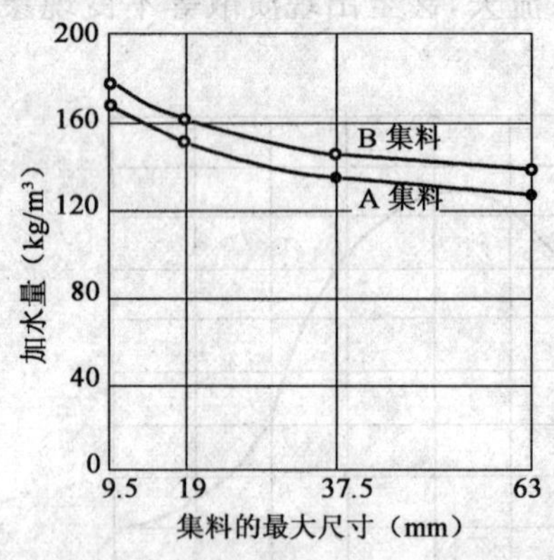

图 2-13　集料的最大粒径对一定坍落度的混合料加水量的影响

集料的最大粒径越大，其表面积越小，获得相同坍落度的混合料所需的加水量越少，但不呈线性关系(图 2-13)。有些资料说明，集料的最大粒径每增加一段(如由 20cm 增加到 40cm)，混合料的需水性可降低 10～15kg/ m^3。普通砂浆的需水性在 200～300kg/m^3，而普通混凝土则在 130～200kg/m^3。后者的需水性小得多，其原因就在于集料表面积减少。

扁平和针状的集料，比表面大，对混合料的流动性不利。卵石及河砂表面光滑而成蛋圆形，从而使混合料的需水性减少，碎石和山砂表面粗糙且成棱角形，增加了混合料的内摩擦阻力，提高了需水性。

多孔集料，一方面由于表面多孔，增加了混合料的内摩擦阻力；另一方面由于吸水性大，从而需水性增加。例如，普通混凝土的需水性为 130～200kg/m^3，炉渣混凝土则为 200～300kg/m^3，浮石混凝土则为 300～400kg/m^3。

6)时间和温度

混合料随时间的延长而变得干硬，这是由于混合料中的一些水被集料所吸收，如果混合料受太阳晒或风吹时，要蒸发损失一部分水，化学反应也使一些水迁移。混合料工作性随着时间而损失的数值，随水泥浆量、水泥品种、混合料的温度及最初的工作性而变化。图 2-14 所示为坍落度—时间变化曲线。由于混合料流动性的这种变化，因此浇灌时的工作性更具有实际意义，所以相应地将工作性测定时间推迟至搅拌完后 15min 更为适宜。

混合料的工作性也受温度的影响(图 2-15)。显然，为了保持一定的工作性，在热天必须比冷天增加混合料的加水量。

水泥混凝土路面用道路混凝土混合料工作性要求：坍落度宜为 10～25mm；坍落度小于 10mm 时，采用维勃稠度仪测验维勃时间宜为 10～30s。

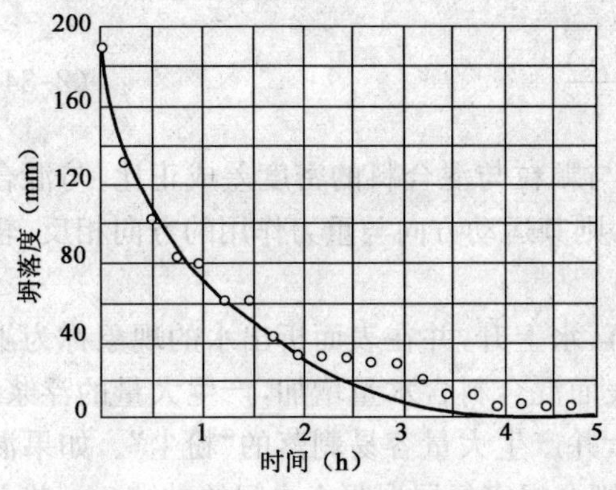

图 2-14　坍落度和拌和后时间的关系

（混合料配比为 1：2：4，$W/C=0.775$）

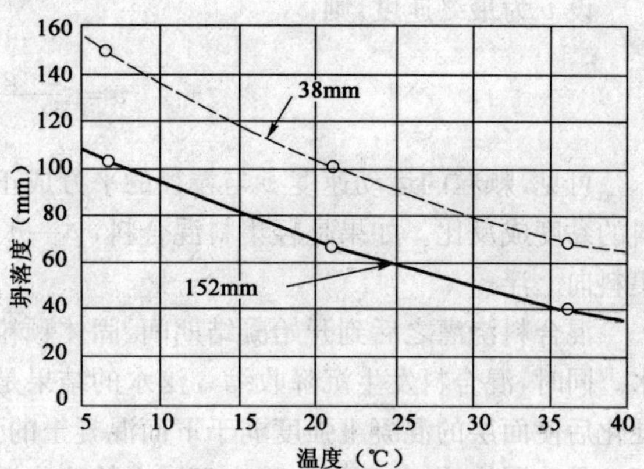

图 2-15　温度对混合料坍落度的影响

（曲线上的数字为集料组大粒径）

二、混凝土混合料的离析和泌水

混合料的离析是指混合料各组分分离，造成不均匀和失去连续性的现象。这是由于构成混合料的各种固体粒子大小、密度不同引起的。显然，混合料的离析是不可避免的，但适当的配比和合理的操作却可尽量地减少离析。

混合料的离析通常有两种形式：一种是粗集料从混合料中分离，因为它们比细集料更易于沿着斜面下滑或在模内下沉；另一种是稀水泥浆从混合料中淌出，这主要发生在流动性大的混合料中。

本来搅拌均匀的混合料发生各类颗粒分离的直接原因是它们之间发生了不同的运动而产生不同的位移。例如，混合料沿着一斜槽下落时，塑性混合料表面部分比在滑槽底面部分的流动快，颗粒重的部分比颗粒轻的部分移动速度快，从而发生离析。但对于能形成整体移动的干硬性混合料，由于屈服剪切应力大于由滑槽底与混合料之间的摩擦产生的剪切阻力，因此这种不均匀的流动就可以避免。

成型好的混合料，由于各种颗粒的下沉速度不同（有的甚至上浮），也会造成颗粒分布不均匀的现象。这时作用在颗粒上的力有颗粒的自重、混合料的黏性抵抗力和浮力，所以颗粒的运动方程可写成：

$$\frac{4}{3}\pi r^3\rho\frac{\mathrm{d}v}{\mathrm{d}t}=\frac{4}{3}\pi r^3\rho g-6\pi r\eta v-\frac{4}{3}\pi r^3\rho_c g \tag{2-31}$$

式中：ρ——颗粒密度，g/cm^3；

ρ_c——混合料密度，g/cm^3；

r——颗粒半径，cm；

η——混合料的黏性系数，$1P=10^{-1}Pa\cdot s$；

v——颗粒的运动速度，cm/s。

整理上式得：

$$\frac{\mathrm{d}v}{\mathrm{d}t}+\frac{9\eta}{2\rho r^2}v=g\left(1+\frac{\rho_c}{\rho}\right) \tag{2-32}$$

积分并用初始条件 $t=0$，$v=0$，得：

$$v=\frac{2r^2g(\rho-\rho_c)}{9\eta}(1-e^{\frac{9\eta}{2\rho r^2}i}) \tag{2-33}$$

设 v 为最终速度，则：

$$v=\frac{2r^2g(\rho-\rho_c)}{9\eta} \tag{2-34}$$

可见，颗粒的运动速度 v 与粒径的平方成正比，与颗粒与混合料的密度差成正比，与混合料的黏度成反比。如果是轻集料混合料，$\rho-\rho_c<0$，则其运动方向与重力作用的方向相反，轻集料向上浮。

混合料浇灌之后到开始凝结期间，固体颗粒下沉，水上升，并在表面析出水的现象称为泌水。同时，混合料发生沉降收缩。泌水的结果是使表面混合料含水量增加，产生大量的浮浆，硬化后使面层的混凝土强度弱于下面混凝土的强度，并产生大量容易剥落的“粉尘”。如果混凝土是分层浇注，若不设法除去面层上的这些浮浆，则会损害每层混凝土之间的黏结。一些上升的水还会聚结在粗集料或钢筋的下方，硬化后成为空隙，出现弱黏结地带。上升的水，在其后留下水的通道，降低了混凝土的抗渗性和抗冻性。在和模板的交界面上，泌水时会把水泥浆带走，仅留下砂子，出现“砂纹”现象。

如果混合料表面水的蒸发速度比析水速度快，水的蒸发面深入到混合料表面之内，则水面形成凹面。由于表面张力的影响，凹面较凸面所受压力大，同时在固体粒子间的引力作用下发生凝聚。由于表面张力产生的压力差与曲面的曲率半径成反比，所以颗粒越细，凝聚的倾向越强。在混合料表面尚未充分硬化时，由于这种引力作用，便产生收缩，称为塑性收缩。如果引力作用不均匀，便产生裂纹，称为塑性收缩裂纹。

混合料的泌水特性通常用下列特征数表示：泌水量（混合料单位面积上平均泌水量）；泌水率（泌水量对混合料含水量之比）；泌水速度（析出水的速度）；泌水容量（混合料单位厚度平均泌水深度）。

假设混合料的体积为 $V(\mathrm{cm^3})$，断面积为 $A(\mathrm{cm^2})$，高度为 $H(\mathrm{cm})$，含水量为 $W(\mathrm{cm^3})$，析出水量为 $W_\sigma(\mathrm{cm^3})$，析出水深度为 $H_\mathrm{b}(\mathrm{cm})$，单位时间的平均泌水量为 $Q(\mathrm{cm^3/s})$，则：

$$泌水量=\frac{W_\mathrm{b}}{A}(\mathrm{cm^3/cm^2}) \tag{2-35}$$

$$泌水率=\frac{W_\mathrm{b}}{W}(\%) \tag{2-36}$$

$$泌水速度=\frac{Q}{A}(\mathrm{cm/s}) \tag{2-37}$$

$$泌水容量=\frac{H_\mathrm{b}}{H}=\frac{W_\mathrm{b}}{V}(\mathrm{cm/cm}) \tag{2-38}$$

严重的泌水现象应当避免，但少量的泌水，不一定是有害的。只要在泌水过程中不受到搅乱，任其蒸发，可降低混合料的实际水灰比，防止混合料表面干燥，便于表面修整。

影响泌水的因素主要是水泥的性能。提高水泥的细度可以减少泌水。水泥中掺入火山灰等磨细掺料，可以提高水泥的保水性而减少泌水。多灰混合料比少灰混合料不易泌水。此外，采用减水剂、引气剂以减少混合料的单位加水量，也是改善混合料泌水性能的有效措施。

三、早期的体积变化

1. 定义

在柱状或墙体等具有相当高度的模板中，新拌混凝土在浇捣以后的几小时内，其顶面会有所下沉，在面积较大的板状混凝土中，如混凝土路面板，易出现水平裂缝。新拌混凝土这种体积的减缩，称为硬化前或凝结前收缩，又称塑性收缩，因为这种收缩是在混凝土仍处于塑性状态时发生的。

作为硬化前收缩的结果，在均匀下沉受到阻碍的部位，如钢筋或者大的集料颗粒附近，就会有裂缝出现。在混凝土板中，当表面失水的速率超过实际的泌水上升速率时，新拌混凝土由于迅速干燥而产生塑性收缩。如果近表面的混凝土已经相当稠硬，不能流动，但其强度又不足以抵抗因收缩受到限制所引的应力时，就要产生开裂。典型的塑性裂缝是相互平行的，间距 2.54～7.62cm(1～3in)，深度 2.54～5.08cm(1～2in)，见图 2-16。

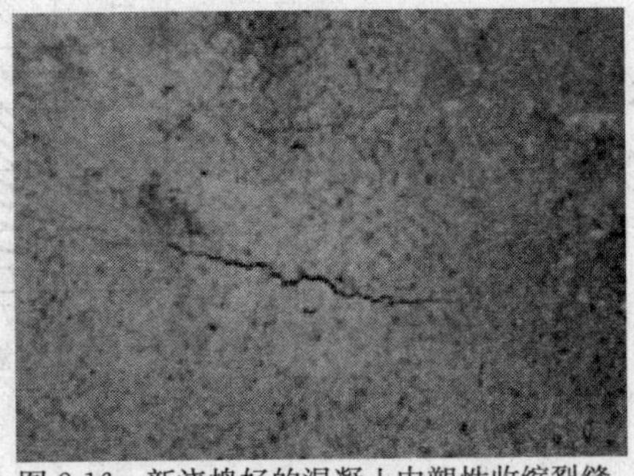

图 2-16　新浇捣好的混凝土中塑性收缩裂缝

2. 原因和控制

导致混凝土塑性收缩的原因有多种，如泌水或沉降，地基、模板或集料的吸水，蒸发失水迅速，水泥—水系统的体积减缩以及模板的鼓胀或下沉等。混凝土温度高，大气湿度低或者风速大等因素。不论是单独作用还是几种因素的综合，都会加快表面水分的蒸发，增大塑性开裂的可能性。当水分蒸发的速率每小时超过 $1kg/m^2$($0.2lb/ft^2$)时，必须采取防止塑性开裂的措施。波特兰水泥协会曾经制订过一张图表(图 2-17)，以决定是否需要采取下列的预防措施：

(1)将地基的模板用水润湿；

(2)对干燥会吸水的集料先加水润湿；

(3)树立临时挡风篱，以减小混凝土表面上的风速；

(4)设置临时遮阳，降低混凝土表面的温度；

(5)将集料与拌和用水冷却，使新拌混凝土有较低的温度；

(6)在浇灌与抹面之间如有明显耽搁，就临时在表面加盖聚乙烯薄膜等覆盖物，对混凝土加以防护；

(7)在施工时尽量减少耽搁，缩短浇灌与养护开始前的时间间隔；

(8)在抹面以后立即用湿麻布、喷雾或施用养护剂等，尽量减少混凝土蒸发。

对尚处于塑性状态的混凝土施加二次振动，可以减少面积大而厚度小的混凝土中(如混凝土路面)的沉降裂缝和塑性收缩裂缝。二次振动可以改善混凝土与钢筋之间的黏结，并且能缓解粗集料颗粒四周的塑性收缩应力，从而增进混凝土的强度。

四、混凝土的凝结硬化

水泥与水之间的反应是混凝土产生凝结的主要原因，但是由于各种因素，混凝土的凝结时间与配制该混凝土所用水泥的凝结时间并不一致。混凝土的初凝时间及终凝时间可用贯入抗力试验确定。

采用贯入抗力试验所测得的初凝时间和终凝时间，并不意味着水泥浆体物理化学特征中

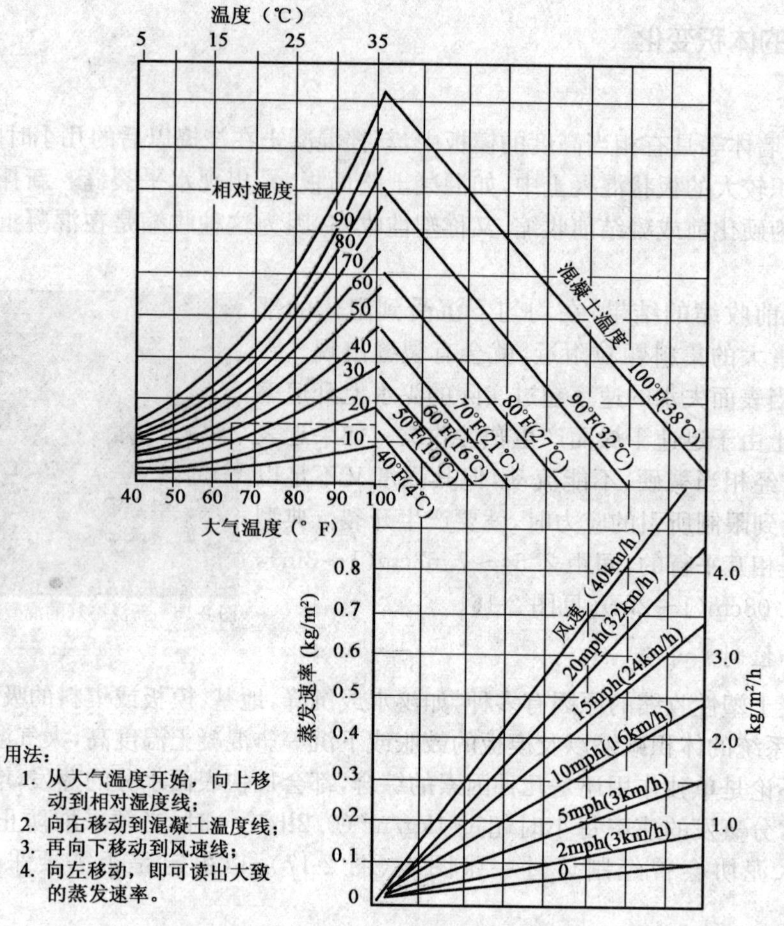

图 2-17 混凝土表面水分蒸发速率的估测图

注：本图表由波特兰水泥协会制订，可估计在各种气候条件下的表面失水情况。如果蒸发速率接近 1kg/m²（0.21b/ft²），建议采用防止塑性收缩开裂的相应措施。

某一特定的变化；它们纯粹是从实用意义考虑的两个特点，前者表示施工时间极限，后者则说明力学强度已开始发展。图 2-18 是混凝土凝结硬化发展过程示意图。初凝大致表示着新拌混凝土已不再能正常地搅拌、浇灌和捣实的时间；而终凝则概略地表明了从这个时间开始，强度将以相当的速率增长。显而易见，很好地了解初凝和终凝时间所表示的混凝土特性的变化，在制订混凝土施工进度计划中是非常重要的。另外，还可根据测得的初、终凝时间来比较各种调凝外加剂的相对效果。

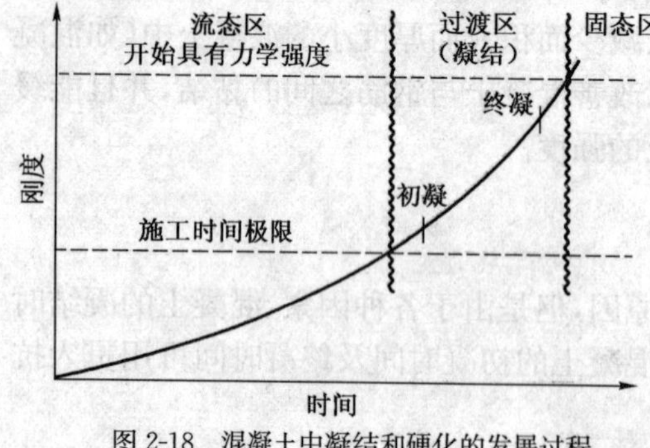

图 2-18 混凝土中凝结和硬化的发展过程

控制混凝土凝结时间的主要因素为：水泥组成、水灰比、温度和外加剂。用快凝、假凝或者瞬凝的水泥所配制的混凝土，易于产生相对应的特征。由于水化水泥浆体中的凝结和硬化过程受到水化产物向空间填充，水灰比会明显影响凝结时间，所以水泥浆体凝结时间的测定数据，与所配混凝土的凝结时间不相符，就是因为这两种情况下的水灰比通常是有所不同的缘故。一般，水灰比越大，凝结时间越长。

五、混凝土的施工温度

1. 寒冷气候中浇筑混凝土

如果混凝土冻结,并在－10℃以下保持冰冻的话,水泥很少水化,强度增长不多。所以,对于新浇的混凝土,必须防止结冰时的破坏性膨胀,直到水泥的水化过程有所进展,使混凝土具有必要的强度,且水饱和程度足够小的时候为止。

美国 ACI306 所推荐的寒冷气候浇筑混凝土的方法中,提出了普通混凝土应具有的浇筑温度,如表 2-23 所示。可以看到,对于截面粗大的构件,混凝土的温度可以低一些,这是因为水化时放出的热量散失得不如面积大而厚度小的工程那样快的缘故。同样,在气温较低时,输送、浇灌混凝土的热量损失较多。因此,对于较冷的天气,建议采用较高的混凝土温度。

寒冷气候施工时混凝土温度的建议值:引气混凝土 表 2-23

序号	条件		断面厚度在300mm(12in)以下		断面厚度0.3mm～0.9m(12～36in)		断面厚度0.9～1.8m(36～72in)		断面厚度在1.8m(72in)以上	
			℉	℃	℉	℃	℉	℃	℉	℃
1	最低温度在下列气温时搅拌的新拌混凝土	－1℃(30 ℉)以上	60	16	55	13	50	10	45	7
2		－18～－1℃(0～30 ℉)	65	18	60	16	55	13	50	10
3		－18℃(0 ℉)以下	70	21	65	18	60	16	55	13
4	最低温度已经浇捣完毕,正在养护的新拌混凝土		55	13	50	10	45	7	40	5
5	养护结束后开始 24h 内容许的最大温度降低值		50	28	40	22	30	17	20	11

注:为了保证耐久性以及安全的拆模,ACI306 建议,对于受力轻微的构件,需要保持表列的温度 1～3d,依混凝土是属于一般的还是高早强类型而定。对受力中等或已完全受力的构件,时间还应延长。同样,对于未引气的混凝土,为了耐久性起见,所需天数至少为引气混凝土的两倍。

2. 炎热气候中浇筑混凝土

炎热气候一词定义为大气温度高、相对湿度低以及风速等多种因素的不同组合,以致有损于新拌混凝土或硬化混凝土的质量,或者使其性能不够正常发展的这一类天气。除了增加新拌混凝土的坍落度损失和塑性收缩开裂并缩短凝结时间之外,炎热气候还要增加给定稠度下的拌和用水量(图 2-19),并且使引气混凝土难以保持要求的引气量。在炎热气候下,经常需要将新拌混凝土进行重新调拌,这往往会对硬化混凝土的强度、耐久性、体积稳定性以及外观质量产生不良的影响。同时,在 4～46℃(40～115 ℉)范围内,于较高温度下浇筑和养护的混凝土一般虽会有较高的早期强度,但到 28d 以及后期的强度却较低。

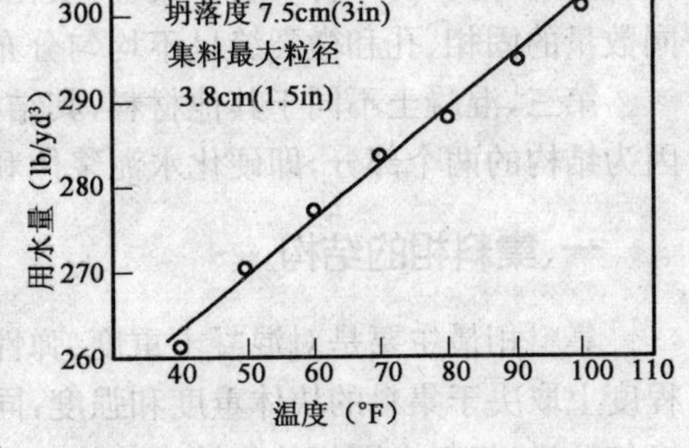

图 2-19 气温对拌和用水量的影响

注:$1yd^3 = 0.7646m^3$

混凝土拌和物的需水量随混凝土温度的提高而增加。由图 2-19 可见,如果新拌混凝土的温度从 10℃(50 ℉)提高到 38℃(100 ℉),为保持坍落度 7.62cm(3in)不变,需水量要增加 $20kg/m^3$($33lb/yd^3$),从而使混凝土的 28d 强度降低 12%～15%。

第四节 水泥混凝土结构

固体中各相的类型、数量、尺寸、形状和分布等组成其结构，材料结构的粗大基元是显而易见的，而细小的基元通常要借助显微镜才能鉴别。宏观结构一般用于肉眼能见的粗大结构。肉眼的鉴别极限大约是 1/15mm(200μm)；微观结构是借助显微镜放大的宏观结构部分，现代电子显微镜的放大能力为 10^5 倍的数量级，因此透射和扫描电子显微镜技术的应用有可能鉴别达几分之一微米的材料结构。

虽然混凝土是应用最广泛的结构材料，但其结构是不均匀的且高度复杂。混凝土的结构与性质的关系至今尚未很好阐明。

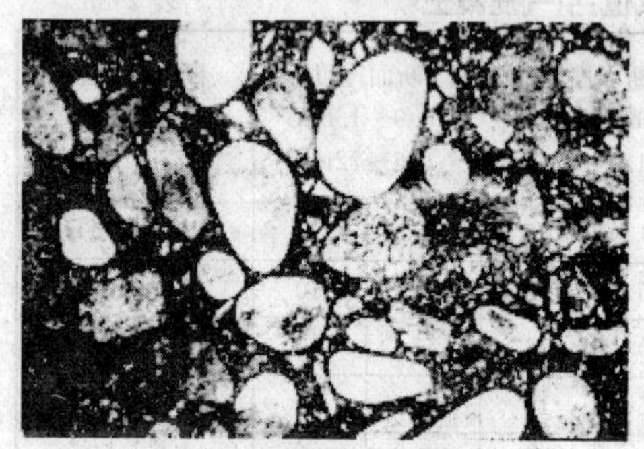

图 2-20 混凝土试样的抛光断面

观察混凝土的抛光断面(图 2-20)，可以很容易鉴别两个相是不同尺寸、形状的集料颗粒以及分布紊乱的硬化水泥浆体物质所组成的胶凝性介质。因此，以宏观水平而论，混凝土可视为由集料颗粒分散在水泥浆基体中所组成的两相材料。

以微观水平而言，则显示出混凝土结构的复杂性。显然，结构的两个相，既不是彼此均匀分布，其本身又不是均匀的。例如，在某些区域似乎是致密的，如集料；而另外一些区域则是高度多孔的。当存在集料时，在贴近大颗粒集料表面的硬化水泥浆体的结构与系统中水泥石或砂浆的结构非常不同。事实上，在应力作用下，混凝土行为的许多方面只能将水泥浆—集料界面视为混凝土结构的第三相才能作出解释。因此，混凝土结构表现出非均一特性。

混凝土结构的非均一性表现出以下特点：

第一，有第三相，即过渡区相。它代表着粗集料颗粒与硬化水泥浆体之间的界面区。过渡区是围绕大集料周围存在的一层薄壳，一般厚为 10～15μm，通常比混凝土的两个主要组成相为弱。因此，界面区对混凝土力学行为的影响较其尺寸影响要大得多。

第二，三相中任一相的本身，其本质上是多相的。举例来说，每种集料颗粒除含有微裂缝和孔隙外，还含有几种矿物。同样，硬化水泥浆的本体和过渡区两者一般都含有不同类型和不同数量的固相、孔和微裂缝呈不均匀分布。

第三，混凝土不同于其他材料，其结构并不保持稳定(其结构不是材料固有的特征)。这是因为结构的两个部分，即硬化水泥浆体和过渡区，随时间和温度的变化而变化。

一、集料相的结构

集料相最主要是对混凝土重度、弹性模量、尺寸稳定性起作用。混凝土的这些性质在很大程度上取决于集料的块体重度和强度，同时也取决于集料结构的物理特性，而不是化学特性。换句话说，集料中固相的化学或矿物组成较之物理特性，如体积、尺寸和孔分布等的重要性通常要小。

除孔隙率外，粗集料的形状和结构同样也影响混凝土的性质。一些典型的粗集料颗粒见图 2-21。通常，天然砾石呈圆形，具有光滑的表面结构。破碎的岩石表面具有粗糙结构。粗糙度取决于岩石类型及所选择的破碎设备，破碎的集料可以含有相当数量的扁平和长条颗粒。

这类颗粒对混凝土许多性质起不良影响。呈高度蜂窝状的浮石轻集料同样呈多角形和粗糙结构，但陶粒或页岩轻集料通常呈圆形和光滑结构。

通常，由于集料强度较其他两相的强度为强，除非是某些高度多孔集料，如上面所说的浮石集料，集料对混凝土强度无直接影响。但是，粗集料的尺寸和形状间接地影响了混凝土的强度。从图 2-22 可见，混凝土中集料尺寸越大，长条和扁平颗粒所占比例越大，集料表面集聚水膜的倾向越大，从而使水泥浆-集料过渡区减弱。这种现象常称为内部泌水。

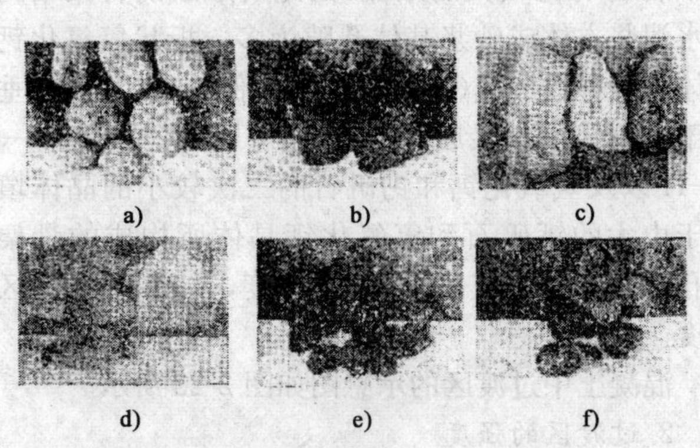

图 2-21　粗集料颗粒的形状和表面结构

a)砾石，圆而光滑；b）碎石，等大颗粒；c)碎石，长条形；d)碎石，扁平形；e)轻集料，多角和圆形；f)轻集料，圆而光滑

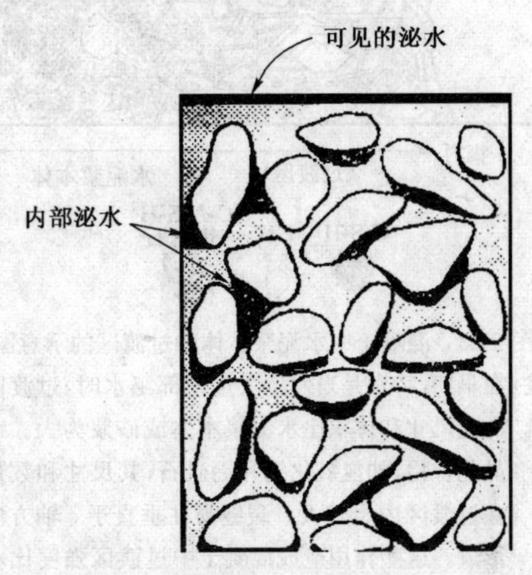

图 2-22　新拌混凝土中泌水的示意图

二、水化水泥浆体结构

水化水泥浆体结构见第一章第一节。

三、混凝土的过渡区

在混凝土中存在如下需要解释的问题：

①为什么混凝土拉伸时呈脆性，但压缩时显得比较坚韧？

②为什么混凝土各组分分别以单轴向压力试验时，直到破坏都保持弹性，而混凝土本身却表现出非弹性行为？

③为什么混凝土抗压强度较其抗拉强度高一个数量级？

④为什么水泥用量、水灰比和水化龄期一定时，水泥砂浆常常比相应的混凝土强？同样，当粗集料尺寸增大时，为什么混凝土强度就会下降？

⑤为什么即使是含非常致密集料的混凝土，其渗透性比相应的水泥浆体的渗透性低一个数量级？

⑥混凝土暴露于火中，为什么其弹性模量的下降比抗压强度要快得多？

对上述有关混凝土及其他问题的回答在于大颗粒集料与水化水泥浆体间存在有过渡区。虽然过渡区具有与水化水泥浆体相同的元素组成，但其结构和性质与水化水泥浆体不同。因此，要将过渡区作为混凝土结构的另一相来对待。

1. 过渡区的结构

由于测定非常困难，有关混凝土中过渡区的知识非常少，但是根据 Maso 所作说明，可以从混凝土浇灌时开始，了解过渡区的结构特性。

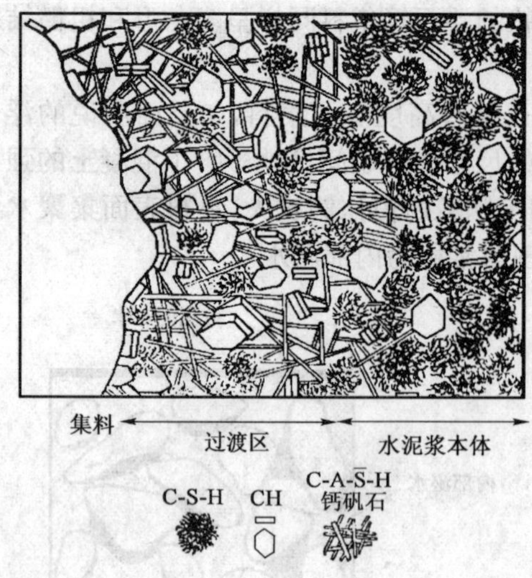

图 2-23 混凝土中水泥浆本体和过渡区的示意图

注：在早期，特别是当发生大量内部泌水时，过渡区的孔尺寸和体积比水泥浆本体或砂浆为大。结晶化合物，如氢氧化钙和钙矾石，其尺寸和数量在过渡区内也较大。裂缝易在垂直于 c 轴方向形成。这些作用造成混凝土中过渡区强度比水泥本体为低

首先，在新捣实的混凝土中沿粗集料颗粒周围形成水膜，从而在贴近较大集料处比远离集料（如在本体中）所形成的水灰比要高。其次，与水泥浆本体相同，硫酸钙和铝酸钙化合物溶解产生钙、硫酸根、氢氧根和铝酸盐离子，它们相互结合以形成钙矾石和氢氧化钙。由于高水灰比，在贴近集料的这些结晶产物含有比较大的结晶，因此所形成的骨架结构比水泥浆本体或砂浆基体孔隙为多。板状氢氧化钙晶体往往导致形成（择优）取向层，例如，以其 c 轴垂直于集料表面。最后，随着水化进展，结晶差的C—S—H以及氢氧化钙和钙矾石的二次较小的晶体填充于由大的钙矾石和氢氧化钙晶体所构成的骨架间孔隙内，从而有助于改善密度，并提高过渡区强度。

混凝土中过渡区的示意图如图 2-23 所示。

2. 过渡区的强度

在水化水泥浆体中，水化产物和集料颗粒间的黏结力由范德华引力所形成，因此，过渡区任何点的强度取决于其中孔的体积和孔径大小。即使低水灰比的混凝土，在早期其过渡区内孔的体积和孔径大小将比砂浆基体为大，因此，前者强度较低（图 2-24）。然而，随着龄期的增长，过渡区的强度可以等于甚至大于砂浆基体的强度。这种情况是由水泥浆体组分和集料间的缓慢的化学反应所致，过渡区孔隙中新产物结晶，如硅质集料形成水化硅酸钙，或石灰石集料形成水化碳铝酸盐，就可能发生上述情况。这种相互作用往往会降低过渡区中氢氧化钙的含量，有助于强度的提高。大的氢氧化钙晶体黏结能力较小，不仅因为其表面积小，相应的范德华引力也弱，而且由于其取向结构而提供择优劈裂的位置。

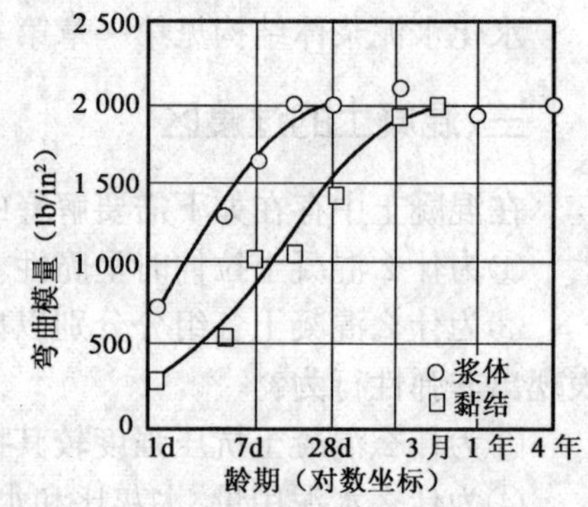

图 2-24 龄期对黏结过渡区强度和水泥浆本体强度的影响

注：$1lb/in^2 = 6.895kPa$

除毛细孔体积大和取向结构氢氧化钙晶体外，混凝土过渡区中强度差的主要原因是存在微裂缝。微裂缝的数量取决于许多参数，包括集料尺寸及其级配、水泥用量、水灰比、新拌混凝土的固化强度、养护条件、环境湿度和混凝土的发热量。例如，集料级配差的混凝土拌和物在捣实时易于离析，从而在粗集料周围形成一层厚的水膜，特别是在颗粒下部水膜尤厚。在相同条件下，集料尺寸越大，水膜会越厚。在这些条件下形成的过渡区，当受到由于集料和水化水泥浆体间不均匀移动所产生的拉应力影响将易于开裂。通常，这种不均匀移动产生于混凝土干燥或冷却过程中。换句话说，在混凝土负荷前，混凝土在过渡区中已有微裂缝。显然，短时间的冲击荷载，干燥收缩和高应力下的持续荷载具有增加微裂缝尺寸及数量的作用。

3. 过渡区对混凝土性质的影响

（1）对混凝土形变性能的影响

过渡区，通常是一根链条中最弱的一环，视为混凝土中的强度极限相。存在过渡区使混凝土在比其两个主要组成相强度低得多的应力下破坏。因为其破坏并不需非常高的能量以扩展已经存在于过渡区的裂缝，即使在极限强度的40%～70%，施加的单位应力也可能得到较高的应变增量，从而可以解释混凝土组分(集料与水化水泥浆体或砂浆)在单轴向压力试验破坏前，通常保持弹性，而混凝土本身呈现非弹性行为。可见，过渡区的存在使混凝土的变形性在受压状态下呈现出非线性的特性。

(2)对混凝土强度的影响

当混凝土受到的应力高于混凝土极限强度的70%左右时，在砂浆基体的大孔中出现应力集中，其量足以引发开裂，形成基体裂缝。随着应力增加，基体裂缝逐渐扩散，直至与过渡区的原始自发裂缝相连接，此时裂缝成为连续的系统，材料就发生破坏。在压力荷载下，基体裂缝的形成和扩展需要大量能量。在拉力荷载下，过渡区内的原始自发裂缝在非常低的应力下在砂浆基体中迅速扩展，使混凝土在受到不大的荷载力(拉力荷载)的作用下就发生破坏，说明了为何混凝土在拉力作用下呈脆性破坏，而在压力下显得比较坚韧。这同样也是混凝土抗拉强度比抗压强度低得多的原因。过渡区的存在使混凝土的强度，特别是抗拉强度降低很多。

(3)对混凝土刚性(弹性模量)的影响

过渡区的结构，特别是存在的孔体积和微裂缝，对混凝土的刚性或弹性模量有很大影响。过渡区存在于砂浆基体和粗集料颗粒间，起着搭接作用，即使当各单独组分(砂浆基体和粗集料颗粒)刚性大，混凝土复合材料由于搭接破坏(在过渡区中的孔隙和微裂缝)而不能传递应力，故混凝土的刚性一般较小。当暴露于火中，由于微裂缝开裂而使混凝土弹性模量比抗压强度下降要快得多。

(4)对混凝土耐久性的影响

过渡区的特性同样也影响混凝土的耐久性。预应力钢筋混凝土和钢筋混凝土构件常常由于埋入钢筋的腐蚀而破坏。钢筋腐蚀的速率受混凝土渗透性的影响很大。钢筋和粗集料界面过渡区中存在微裂缝使混凝土比相应的水化水泥浆体或砂浆渗透性大。应注意到透气性和透水性是混凝土中钢筋锈蚀的必要的先决条件。

水灰比对混凝土渗透性和强度的影响通常归于混凝土中水灰比和水化水泥浆体孔隙率间存在的关系式。通常，当其他各因素保持不变时，集料越大，过渡区中局部水灰比将越大，从而混凝土就较弱，并易于渗透。

第五节　水泥混凝土性能

一、强度

混凝土的强度有抗压、抗拉、弯曲(抗折)、剪切和与钢筋黏结强度等。以混凝土抗压强度作为划分混凝土强度等级的标准，并以此作为结构设计计算的主要依据。

标准试验方法规定，边长为20cm的立方体试块，在标准条件(温度20℃±3℃，相对湿度90%以上)下，养护28d后进行抗压强度试验。当集料最大粒径较小时，可以采用边长为15cm或10cm的立方体试块，但试块边长不得小于最大粒径的三倍。在计算抗压强度时，应乘以相应的换算系数，以得到相当于标准试块的试验结果。对于边长为15cm和10cm的试块，换算系数分别为0.95和0.90。目前，美、日等国采用ϕ15cm×30cm圆柱体为标准试块，所得抗压强度值约等于边长为15cm立方体试块抗压强度的0.8。

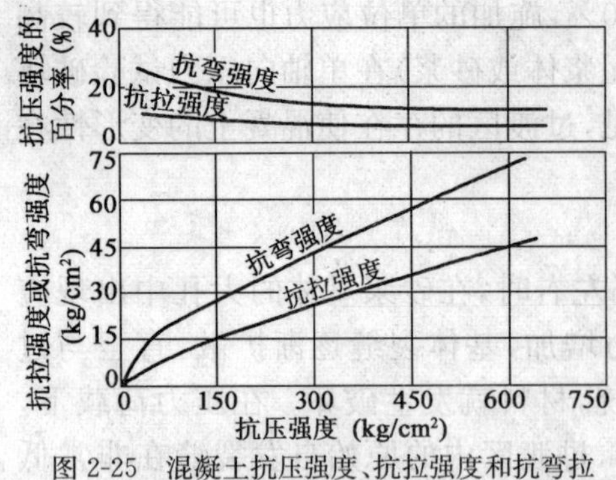

图2-25 混凝土抗压强度、抗拉强度和抗弯拉（抗折）强度之间的关系

一般规定，混凝土轴心抗压强度为标准立方体抗压强度的0.7，弯曲抗压强度为轴心抗压强度的1.25。

混凝土抗拉强度相当低，在钢筋混凝土结构中假定混凝土不承受拉应力，但它对混凝土的抗裂性却起着重要作用。图2-25表示混凝土抗压强度、抗拉强度和抗弯拉（抗折）强度之间的一般关系。混凝土的抗拉强度为抗压强度的7%～14%，平均为10%。混凝土的抗压强度越高，拉压比也越小。

由于固定试件上的困难，很少进行混凝土的直接抗拉试验，也没有标准的试验方法，目前多采用劈裂抗拉试验来测定混凝土的抗拉强度。混凝土直接抗拉强度R_L与标准立方体试块抗压强度R之间的关系，可用以下经验公式表示：

$$R_L = 0.58R^{2/3} \tag{2-39}$$

混凝土劈裂抗拉强度R_{PL}与抗压强度R之间的关系，可用经验公式表示：

$$R_{PL} = 0.35R^{3/4} \tag{2-40}$$

当R=10～50MPa时，R_L/R_{PL}=1.24～1.0，并随着R的增大而减小。

1.强度—孔隙率的关系

通常，在固体（如简单匀质材料）中，孔隙率和强度之间存在着下述的反比关系：

$$S = S_0 e^{-kp} \tag{2-41}$$

式中：S——含有一定孔隙率P时材料的强度；

S_0——孔隙率等于零时材料的本征强度；

k——常数。

对于很多材料来说，由S/S_0对孔隙率作图，落于同一曲线上。例如，图2-26a)的资料代表正常养护的水泥混凝土。实际上，强度—孔隙率关系适用于非常广泛的材料，如铁、不锈钢、石膏、烧结氧化铝以及锆等[图2-26b)]。

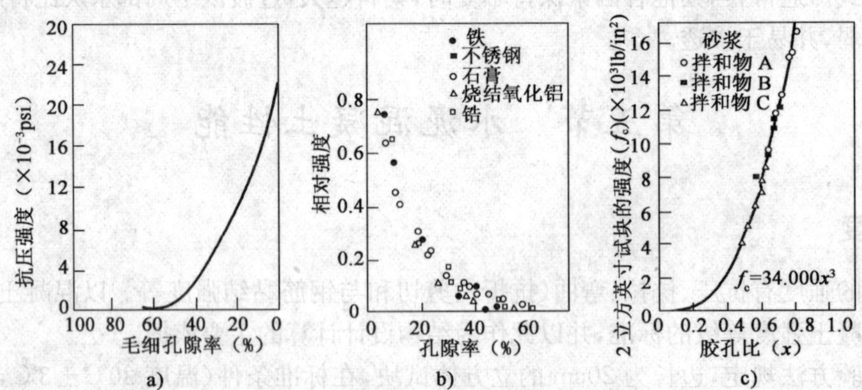

图2-26 固体中孔隙率—强度的关系

a)水泥混凝土；b)铁、不锈钢、石膏等；c)水泥砂浆

注：1psi=1lb/in²=6.895kPa。

Powers 发现三种不同配比的砂浆的 28d 抗压强度 F_0 与胶孔比或系统占固体水化产物与总孔隙之比有关：

$$F_0 = ax^3 \tag{2-42}$$

式中：a——孔隙率等于零时材料的本征强度；

x——固孔比或系统中固体分数的量，故 x 等于 $1-p$。

Powers 的资料如图 2-26c)所示，他发现 a 值为 234MPa。图 2-26 中三条曲线的相似性揭示了固体中强度—孔隙率关系的普遍特性。

在硬化水泥浆体或砂浆中，孔隙率与强度有关，在混凝土中情况就不这样简单。在粗集料与水泥浆基体间过渡区中微裂缝的存在，使混凝土比较难于用精确的强度—孔隙率关系来准确预测强度。然而，强度—孔隙率关系的普遍正确性必须予以重视，因为混凝土各组分相的孔隙率，包括过渡区，的确限制了强度。用含有通常低孔隙率或高强度集料的混凝土，材料的强度将以水泥浆体的强度和过渡区的强度来衡量。有代表性的是其强度在过渡区早期比基体弱，但在后期则正相反。

2. *混凝土强度及其影响因素*

混凝土承受外界应力的能力不仅决定于应力的种类，而且决定于各种不同因素如何组合，以影响混凝土不同结构组分的孔隙率。这些不同因素包括：组成混凝土拌和物诸材料的性质和比例、捣实程度和养护条件。从强度观点看，水灰比—孔隙率关系无疑是最重要的因素，因为它与其他因素不同，影响着水泥浆基体以及基体和粗集料间过渡区两者的孔隙率。

1)材料的特性和比例

(1)水灰比

在完全密实的情况下，普通混凝土的强度主要取决于其内部起胶结作用的水泥石的质量。而水泥石的质量又取决于所采用的水泥的特性和水灰比。水灰比越大，混凝土中的孔隙率越高，混凝土的强度越低。混凝土的强度与水灰比 W/C 之间的关系如表 2-24 所示。

混凝土强度 f_c 与水灰比 W/C 之间的关系 表 2-24

提出者	时间	关系式	说明
R. 费莱 (Feret)		$f_c = K(\frac{c}{c+e+a})^2$	c——水泥的绝对体积； e——水的绝对体积； a——孔隙的绝对体积
美国 D. 阿布拉姆斯	1919 年	$f_c = \frac{K_1}{K_2^{W/C}}$	K_1、K_2——试验常数（充分密实的混凝土）
挪威 I. 莱塞 (Lyce)	1925 年	$f_c = a\frac{C}{W}+b$	a、b——试验常数
瑞士 J. 鲍罗米 (Bolomey)	1930 年	$f_c = Af_{ce}(\frac{C}{W}-B)$	f_{ce}——水泥强度； A、B——试验常数
中国	现行计算方法	$f_{c,28} = Af_{ce}(\frac{C}{W}-B)$ 碎石：A=0.48，B=0.52 卵石：A=0.50，B=0.61	$f_{c,28}$——混凝土 28d 立方体试件抗压强度； f_{ce}——水泥强度； A、B——与集料有关的常数

水泥石在水化过程中的孔隙率取决于水灰比。因此，水灰比和混凝土的振捣密实程度都对混凝土内孔隙体积有影响，这就是在费莱公式中包含空气体积的原因。不仅混凝土的强度

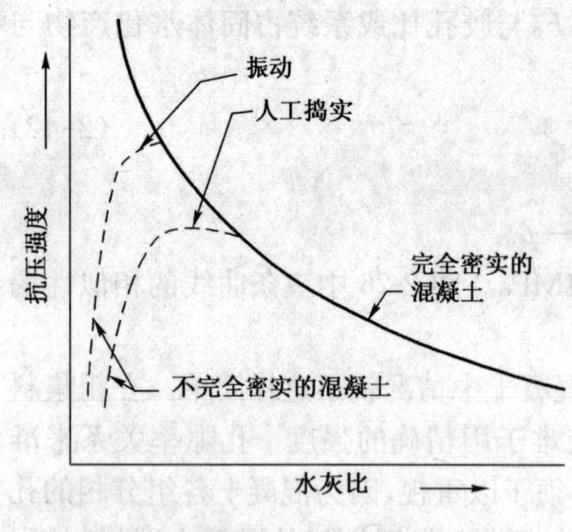

图 2-27 混凝土强度与水灰比之间的关系

与总孔隙体积的关系是这样，其他由于水分引起孔隙的脆性材料（如石膏）也是如此。

图 2-27 表示混凝土强度与水灰比的关系。当混凝土混合料能被充分捣实时，混凝土的强度依水灰比公式随水灰比的降低而提高。但实际上，目前的捣实方法的捣实能力都是有限度的。在水泥用量不变、水灰比减小的条件下，混合料工作性降低，当工作性降低到某种方法（如人工捣实）不能捣实时，水灰比的继续降低，反而导致混凝土强度降低，如图中虚线所示。当用另一种捣实能力更强的方法（如振动）时，混凝土的强度随水灰比降低又提高，但当水灰比又降低到这种方法不能再捣实的程度时，混凝土强度随水灰比的降低又再次降低。

表示混凝土强度与水灰比的理论曲线如图 2-27 中的实线所示，近似于双曲线的形状。由于双曲线可用 $y=k/x$ 的方程式表示，这样 y 与 $1/x$ 的关系就是线性的。混凝土强度 R 与灰水比（C/W）在 1.2～2.5 呈线性关系。显然，这种线性关系在实际应用上是较方便的，可用下式表示：

$$R = k_1 + k_2\left(\frac{C}{W}\right) \tag{2-43}$$

式中：k_1、k_2——经验常数。

如果考虑到水泥的活性（水泥强度），则可用下式表示：

$$R = AR_c\left(\frac{C}{W} - B\right) \tag{2-44}$$

式中：A、B——经验常数；

R_c——水泥活性（水泥强度）。

此式即为我国现行常用的水泥混凝土强度与水灰比的关系式。

此外，还可以用其他的近似方法表示，例如，根据阿布拉姆斯公式两边取对数得：

$$\lg R = \lg k_1 - \frac{W}{C}\lg k_2 \tag{2-45}$$

于是，混凝土强度的对数与水灰比呈线性关系。

(2)水泥品种

ASTM 标准中水泥品种对混凝土不同龄期相对强度的影响见表 2-25。

水泥品种对水泥混凝土大致相对强度的影响 表 2-25

硅酸盐水泥品种		抗压强度（I 型或普通水泥混凝土强度百分数）			
ASTM	说明	1d	7d	28d	90d
I	正常或一般目的	100	100	100	100
II	中等水化热和抗硫酸盐等	75	85	90	100
III	高早强	190	120	110	100
IV	低水化热	55	65	75	100
V	抗硫酸盐	65	75	85	100

(3)骨料(粗集料)

骨料颗粒强度比混凝土基体和过渡区强几倍。换句话说,用大多数天然骨料,骨料强度几乎不被利用,因为混凝土在荷载作用下发生的破坏取决于其他两相,即硬化水泥浆体及过渡区相。

骨料除强度外,还有其他特性,如粒形、粒径、表面结构、级配(颗粒分布)以及矿物成分,这些都会在不同程度上影响混凝土强度。骨料特性对混凝土强度的影响常常可上溯至水灰比的改变。同样,从理论上考虑可以期望与水灰比无关,骨料颗粒的粒形、粒径、表面结构和矿物成分影响过渡区特性,从而影响混凝土强度。

①骨料品种对混凝土强度的影响。骨料品种对混凝土强度的影响,又与水灰比有关。当水灰比小于0.4,用碎石比用卵石配制的混凝土强度增高38%。随水灰比的增大,粗集料对混凝土强度的影响减小。当水灰比为0.65时,用碎石或卵石配制的混凝土没有发现强度上的差别。骨料品种对混凝土强度的影响见图2-28。

②骨料粒径对混凝土强度的影响。矿物成分一定,级配良好的粗集料改变其最大粒径对混凝土强度有两种相反的影响。当水泥用量和稠度一样时,含较大骨料粒径的混凝土拌和物比含较小骨料粒径的所需拌和水较少。相反,较大骨料趋于形成含较多微裂缝的弱过渡区。其最终影响随混凝土水灰比和所加应力而不同。图2-29表明,在4号筛孔至7.62cm(3in)范围内,增加最大骨料粒径对混凝土28d抗压强度的影响,高强(0.4水灰比)混凝土和中强(0.55水灰比)混凝土比低强(0.7水灰比)混凝土为显著。这是因为在低水灰比时,降低过渡区孔隙率对混凝土强度一开始就起重要作用。再者,因为过渡区特性,看来影响抗拉强度比影响抗压强度为大,可以期望在一定混凝土拌和物中,水灰比一定时,抗拉强度与抗压强度之比随粗集料粒径的降低而增加。

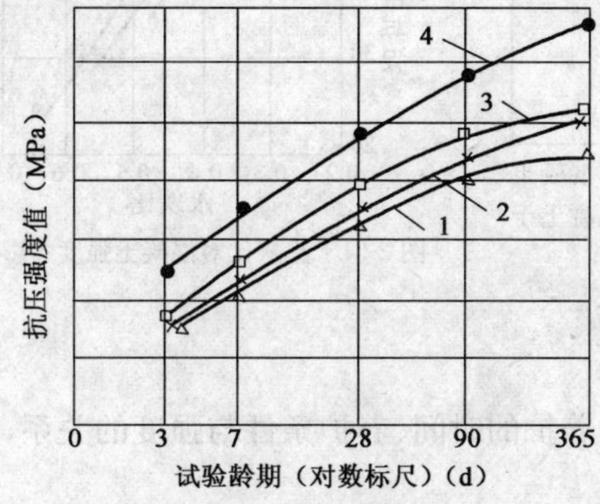

图2-28 集料品种对混凝土抗压强度的影响($W/C=0.5$)

1-圆状砂砾岩;2-圆状燧石;3-不规则燧石;4-多角状石灰岩

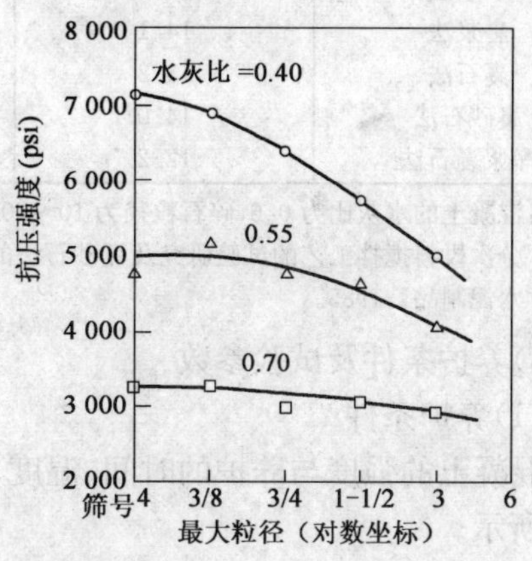

图2-29 骨料粒径及水灰比对混凝土强度的影响

注:1psi=6.895kPa

由图2-29可知,增加骨料粒径对高强(低水灰比)混凝土起反作用,低强(高水灰比)混凝土在一定水灰比时,骨料粒径似乎无很大影响。

③骨料级配对混凝土强度的影响。改变骨料级配而不改变粗集料最大粒径,同时水灰比保持恒定,当这种改变造成混凝土拌和物稠度和泌水性改变时,会影响混凝土强度。在试验室实验中,固定水灰比0.6,当混凝土拌和物的粗、细集料比和水泥用量逐渐增加以提高稠度(坍落度从2.54~5.08cm到12.7~15.24cm),7d平均抗压强度大约降低12%(23~20MPa)。

④骨料矿物成分对混凝土强度的影响。不同的骨料矿物组成同样影响混凝土强度。在同一条件下,以钙质代硅质骨料导致混凝土强度明显改善。减小粗集料最大粒径[图2-30a)],

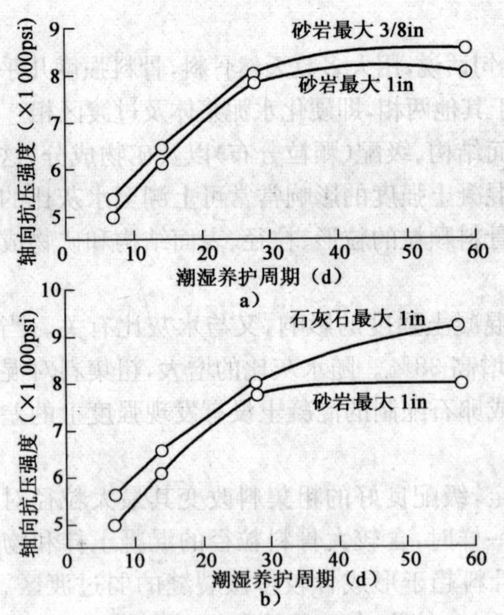

图 2-30　骨料粒径及矿物组成对混凝土抗压强度的影响

注：1psi=6.895kPa，1in=0.025 4m

石灰石代替砂岩[图 2-30b)]，明显改善混凝土最大强度（如 56d 强度）。图 2-30 所示混凝土拌和物含 ASTMI 型水泥 474kg/m³（800lb/yd³），119kg/m³（200lb/yd³）F 级粉煤灰，196kg/m³（330lb/yd³）水，10 38kg/m³（1 750lb/yd³）碎石粗集料，593kg/m³（1 000lb/yd³）天然硅质砂。

(4)集灰比

对于强度大于 35 的混凝土，集灰比的影响较明显，在相同比时，混凝土强度随集灰比的增大而有提高的趋势（图 2-31）。

2)搅拌工艺及捣实程度

搅拌工艺及捣实程度对混凝土的强度也有明显的影响。近年来，此方向的研究采用多次投料的新搅拌工艺配制混凝土，以达到增强效果，见表 2-26。一般情况下，混凝土强度随振捣时间的增加而提高。振捣时间对混凝土强度的影响见表 2-27。

分次投料工艺下混凝土强度的平均增长率　表 2-26

工　艺	R_7(%)	R_{28}(%)
常规法	0	0
净浆法	12.2	6.7
砂浆法	11.1	7.3
裹浆法	14.1	8.8
裹石法	13.2	9.5
裹砂石法	14.0	12.0
净浆裹石法	12.2	10.9

注：混凝土的水灰比为 0.6，碎石粒径为 10～20mm。资料摘自"混凝土分次投料搅拌工艺的试验研究及裹砂石法的生产应用"，《混凝土与水泥制品》，1985。

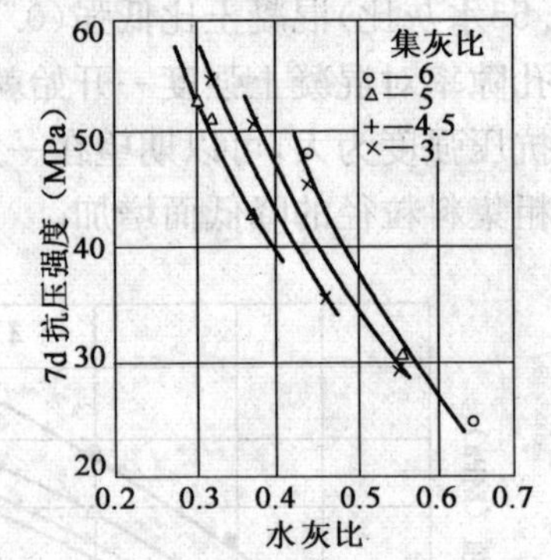

图 2-31　集灰比对混凝土强度的影响

3)养护条件及试验参数

(1)养护条件

混凝土的强度与养护的时间、湿度、温度有关。养护的时间、养护条件与强度的关系，如图 2-32 所示。

振捣时间对干硬性混凝土强度和密实度的影响　表 2-27

振捣时间(s)	混凝土重度(kg/m³)	7d 抗压强度(MPa)
10	2 380	108
15	2 390	11.7
20	2 390	11.7
25	2 390	12.4
30	2 400	13.4
40	2 400	13.3
60	2 400	18.3
120	2 400	18.3

注：混凝土的水灰比为 0.6，碎石粒径为 10～20mm。资料摘自前苏联杰索夫著《振实混凝土》。

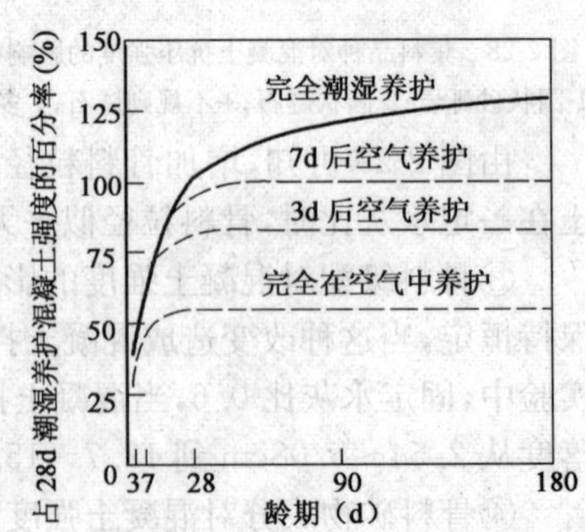

图 2-32　养护条件对强度的影响

对于潮湿条件下养护的混凝土，温度对强度的影响取决于浇灌和养护的时间—温度制度。这点可由三种情况予以说明：混凝土浇灌并养护于同样温度；混凝土浇灌于不同温度，但养护于常温；混凝土浇灌于常温，但养护于不同温度。浇灌及养护温度对混凝土强度的影响如图 2-33 所示。

在温度 4～46℃(40～115 ℉)范围内，当混凝土在规定的恒定温度浇灌和养护时，通常可观察到 28d 前温度越高，水泥水化越快，从而获得较高强度。从图2-33a)的数据可知，在 4℃(40 ℉)浇灌和养护的混凝土试件强度大约是 21～46℃(70～115 ℉)浇灌和养护下所得强度的 80%。在后期，当水泥水化程度的差别减小时，这类差别在混凝土强度中不再继续保持。此外，已观察到浇灌和养护温度越高，其最高强度将越低。

图 2-33b)的资料代表不同的浇灌和养护制度。浇灌温度(在混凝土制成后 2h 内的温度)在 4～46℃(40～115 ℉)范围内变动。此后，所有混凝土置于 21℃(70 ℉)恒温下潮湿养护。数据表明，于 4℃(40 ℉)或 12℃(55 ℉)浇灌的混凝土其(180d)最大强度比在 21℃(70 ℉)、29℃(85 ℉)、38℃(100 ℉)或 46℃(115 ℉)下浇灌者为高。许多研究者根据显微镜研究认为，以低温养护水化水泥浆体其微观结构相对更为均匀(特别是孔径分布)是获得较高强度的原因。

对于在 21℃(70 ℉)浇筑，随后养护在低于结冰温度至 21℃(70 ℉)等不同温度下的混凝土，养护温度对强度的影响见图 2-33c)。通常，养护温度越低，28d 前强度越低。在近于结冰(0℃)温度下养护，其 28d 强度大约为 21℃(70 ℉)养护混凝土强度的一半；在低于结冰温度下，养护(−9℃)强度几乎没有任何发展。因为硅酸盐水泥的水化反应缓慢，似乎必须在足够时间内维持适当的温度以提供反应所需的活化能。这样可便于水化产物逐渐填充孔隙，使强度发展过程继续进行而不受阻碍。

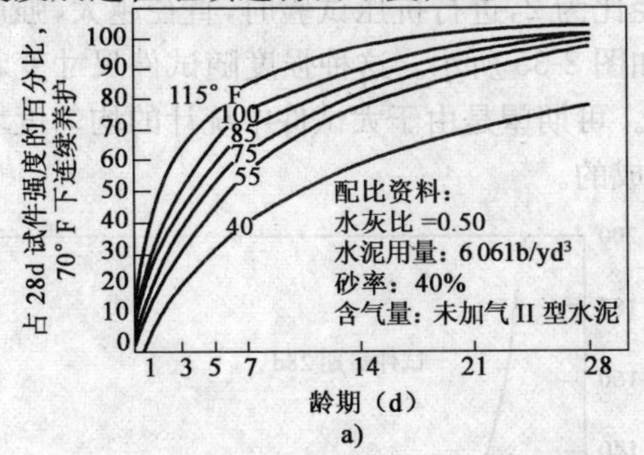

a)

注：试件系浇筑，密封并保持于表明的温度下。

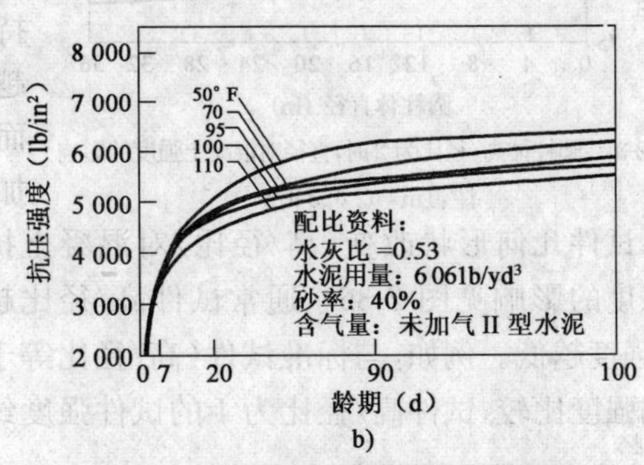

b)

注：试件系浇筑和保持于所指明的温度 2h，然后储存于 70° F 直至试验。

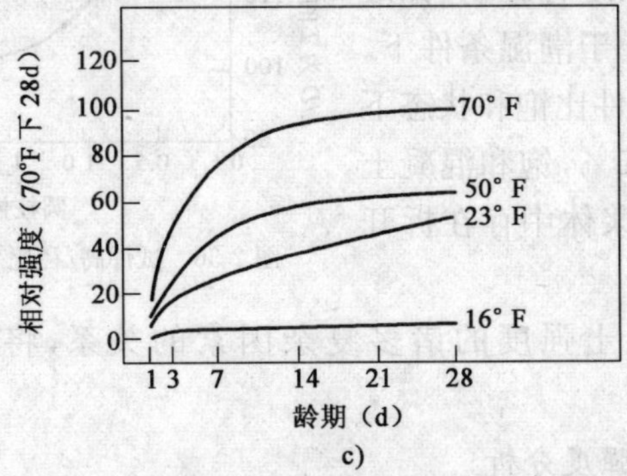

c)

注：试件浇筑于 70° F 并保持于 70° F 下 6h，然后带模储存于所指明的温度下，水灰比 =5 加仑 / 袋或 0.53。

图 2-33　浇灌及养护温度对混凝土强度的影响

龄期对混凝土强度的影响早期比较显著，后期强度增长较缓慢。在相同养护条件下，混凝土强度随龄期的增长规律如图 2-34 所示。

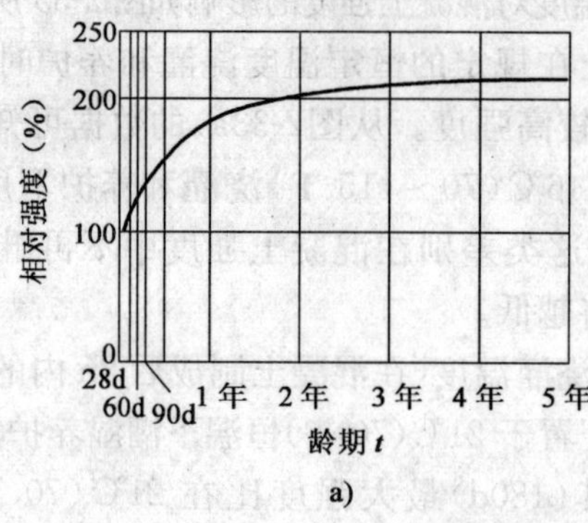

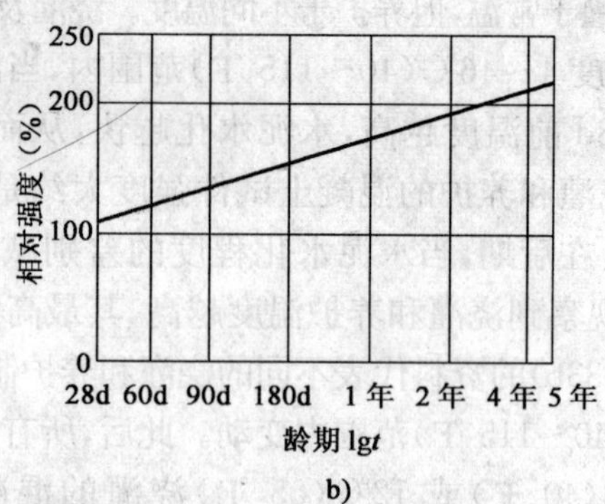

图 2-34 混凝土强度随时间的增长

a)龄期为常坐标；b)龄期为对数坐标

(2)试验参数

试验参数包括试件参数及加荷参数两个方面。试件参数包括混凝土试件尺寸、几何形状和潮湿情况等；加荷参数包括应力大小和持续时间，以及所加应力的速率。

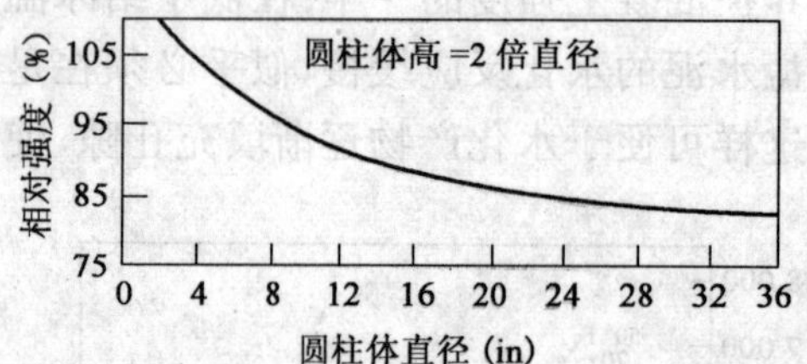

图 2-35 圆柱体高/径比为 2 时，直径对混凝土强度的影响

注：1in＝0.025 4m

当混凝土拌和物以不同直径的圆柱体试件保持高/径比为 2，进行抗压试验时，直径越大，强度越低，如图 2-35 所示。这种强度随试件尺寸变动而变动。可期望是由于大试件中统计的均匀度增加而造成的。

试件几何形状改变(高/径比)对混凝土抗压强度的影响见图 2-36。通常试件高/径比越大，强度越低。例如，与标准试件(高/径比等于 2)的强度比较，试件高/径比为 1 的试件强度约高 15%。

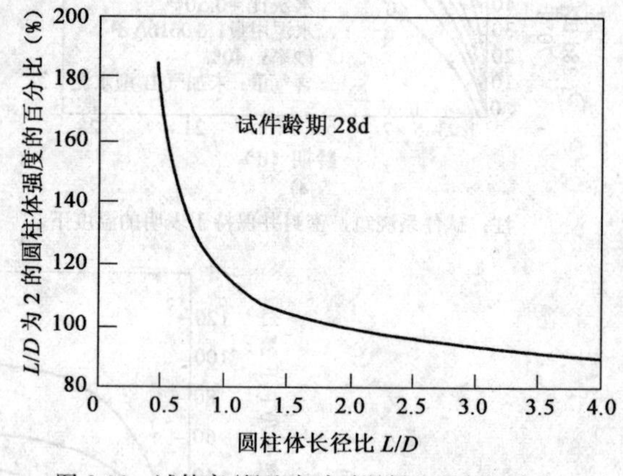

图 2-36 试件高/径比变动对混凝土强度的影响

由于潮湿情况对混凝土强度有影响，标准方法要求试件在试验时间内处于潮湿条件下。在压力试验中已观察到气干试件比饱和状态下的相应试件强度要高 20%～25%，饱和混凝土强度较低，可能是由于在水泥浆体中存在拆开压力。

为了便于了解影响混凝土强度的诸多复杂因素的关系，将各影响因素如图 2-37 所示。

3. 断裂力学应用于混凝土强度分析

加荷以前在过渡区(水泥浆体与粗集料间的区域)已存在大量微裂缝，这一特性对混凝土的强度起着决定性的作用。

(1)格雷菲斯(Griffith)理论

固体材料的理论抗拉强度可近似地用下式计算：

$$\sigma_{m}=\sqrt{\frac{E\gamma}{a_{0}}} \tag{2-46}$$

式中：σ_m——材料的理论抗拉强度；

E——弹性模量；

γ——单位面积的表面能；

a_0——原子间的平衡距离。

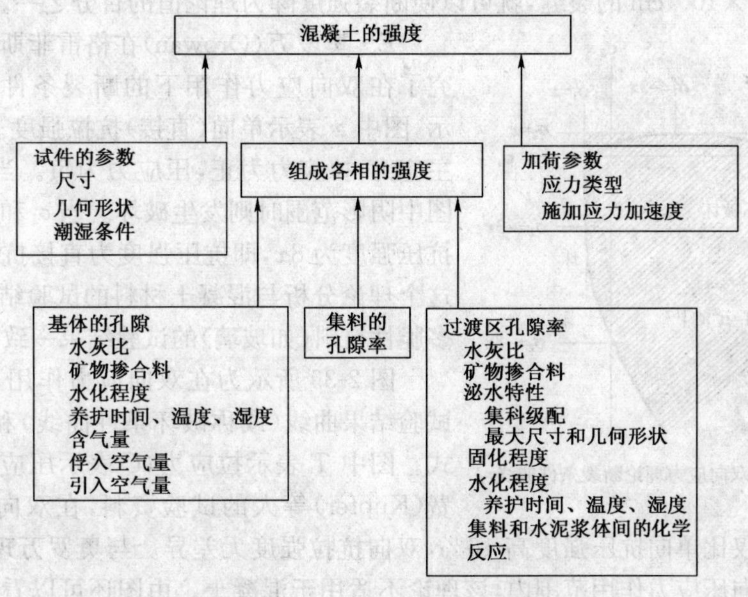

图 2-37 影响混凝土强度的各因素

σ_m 也可粗略地估计为：

$$\sigma_{m}\approx 0.1E_{0} \tag{2-47}$$

这样，普通混凝土及其组分水泥石和集料的理论抗拉强度，就可能高达 10^3 MPa 的数量级。但实际抗拉强度则远远低于这个理论值。混凝土的这种现象，如其他工程材料一样，可用A·A·格雷菲斯(Griffith)脆性断裂理论来解释。这就是说，在一定应力状态下，混凝土中裂缝到达临界宽度后，处于不稳定状态，会自发的扩展，以致断裂。而断裂拉应力和裂缝临界宽度的关系基本服从下式：

$$\sigma_{c}=\sqrt{\frac{2E\gamma}{\pi(1-\mu^{2})C}} \tag{2-48}$$

式中：σ_c——材料的断裂拉应力；

C——裂缝临界宽度的一半；

μ——泊松比。

上式可近似地写为：

$$\sigma_m \approx \sqrt{\frac{E\gamma}{C}} \tag{2-49}$$

与理论抗拉强度计算式对比，可求得：

$$\frac{\sigma_m}{\sigma_c} = \left(\frac{C}{a_0}\right)^{\frac{1}{2}} \tag{2-50}$$

这个结果也可以这样来解释：裂缝在其两端引起了应力集中，将外加应力放大了$(C/a_0)^{0.5}$倍，使局部地区达到了理论强度，从而导致断裂。例如，$a_0 \approx 2\times10^{-8}$ cm，则在材料中存在着一个C为2×10^{-4}cm的裂缝，就可以使断裂强度降为理论值的百分之一。

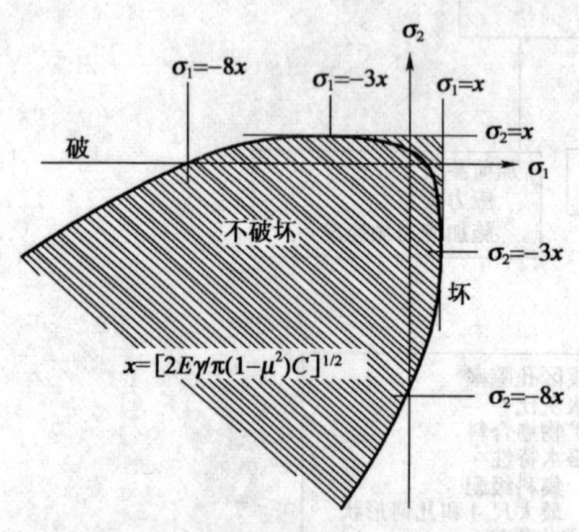

图 2-38　奥罗万双向应力理论断裂条件曲线

E·奥罗万(Orowan)在格雷菲斯理论基础上，研究了在双向应力作用下的断裂条件。如图 2-38 所示，图中x表示单向(直接)抗拉强度。σ_1和σ_2为两个主应力，拉应力为正，压应力为负。当作用应力超出图中阴影范围时则发生破坏。当σ_1和σ_2为零时，单向抗压强度为$8x$，即抗压强度为直接抗拉强度的 8 倍。这个理论分析与混凝土材料的试验结果相符，也与许多脆性材料(如玻璃)的试验结果一致。

图 2-39 所示为在双向应力作用下，混凝土强度试验结果曲线(或称破坏条件曲线)和典型的破坏形式。图中T表示拉应力，C表示压应力。根据 H 库费(Kupfer)等人的试验资料，在双向等压应力作用下，混凝土强度仅比单向抗压强度高 16%，双向抗拉强度无差异。与奥罗万理论断裂条件曲线相比较，在双向压应力作用范围内，该理论不适用于混凝土。由图还可以看出，在单向压应力作用下试件呈柱状破坏，在双向压应力作用下试件呈板状破坏。这种破坏形式可能是由于侧向拉应变所引起的。

(2)混凝土中的裂缝扩展

在受力状态下混凝土裂缝的扩展，可通过下列的一些方法来检验：应力—应变曲线斜率的减小，泊松比的增大，对涂于试块表面的脆性硝基漆或光弹表面涂层的直接显微观察以及通过试块的声波的声速降低等。在受力后截下试块，其截面上裂缝的几何性质，可能通过 X 射线法、电子扫描法或将裂缝染色后用显微镜观察的方法来研究。

混凝土在任何应力状态下，加荷至极限荷载的 40%～60%前，不会发现明显的危险的象征。高于这个应力水平时，可以听到内部破坏的声音。加荷至 70%～90%的极限荷载时，表面上会出现裂缝。荷载再增加，裂缝逐步蔓延并相互连通。加荷到极限荷载时，试块便裂成碎块。

混凝土在压力作用下裂缝的扩展可分为以下几个阶段：

①收缩裂缝。这种裂缝在混凝土加荷之前即已存在，是由于水泥石在刚性集料之间的干缩引起的。加荷初期，一些收缩裂缝会由于荷载作用而部分闭合，使混凝土密实起来，因而可以观察到在压力应力—应变曲线上原点附近的一小段向上弯曲，如图 2-40b 所示，其结果提高了混凝土弹性模量。

②裂缝的受力引发。在加荷初期，在拉应变高度集中的各点上会出现另外的微裂缝。这种微裂缝在一定荷载时的新增数目，随着荷载的增加有如图 2-40a）中稳定裂缝引发阶段所示的变化规律。

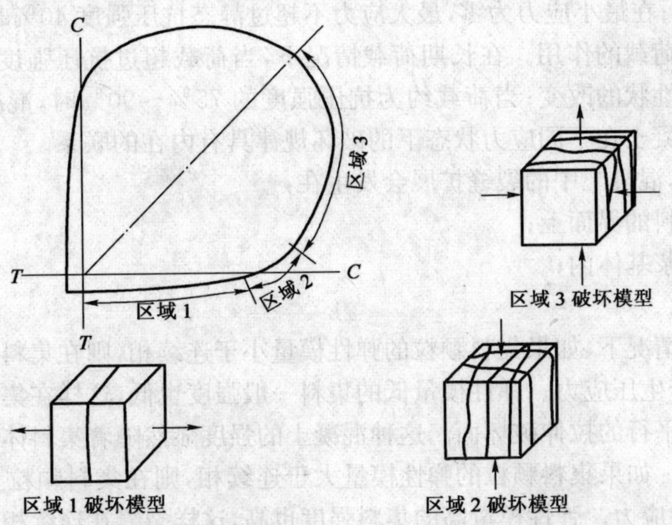

图 2-39　在双向应力作用下混凝土强度试验结果曲线和典型破坏形式

③稳定的裂缝扩展随着荷载的增加，发生裂缝的扩展，但是这时如果保持应力水平不变，则裂缝的扩展也就停止。

④不稳定的裂缝扩展。在荷载不变的情况下，裂缝的扩展也会自发进行。这时不管荷载增加与否，均会导致混凝土的破坏。此阶段的荷载应力为极限应力的 70%～90%，并伴随着结构的膨胀。这可从体积变化曲线的反转看出，在图 2-40 中 A 点以下，混凝土表现为准弹性性状；在 B 点以上时，裂缝自发扩展；而破坏则发生于 C 点。

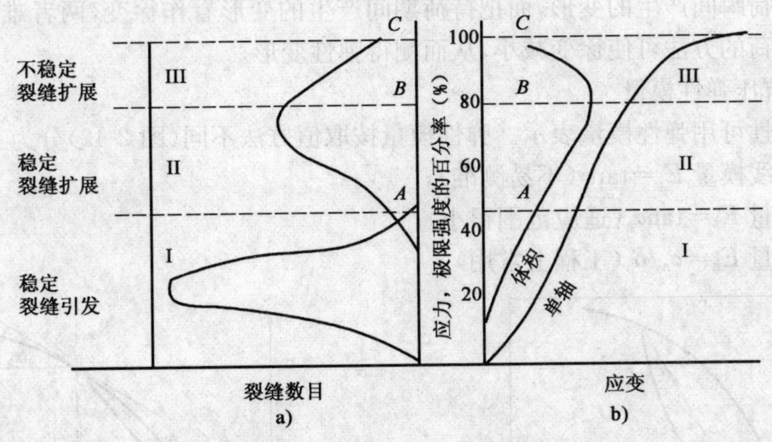

图 2-40　混凝土裂缝扩展阶段

a）裂缝的引发和扩展；b）应力—应变曲线

用“非连续点”这个名词来表示应力水平。此时裂缝开始扩展，并在单向应力—应变曲线上开始出现明显的非线性。在承受拉应力时，非连续点比较典型地可在高至极限强度的 70% 的应力水平出现。混凝土受拉时，开裂一经引发，立即导致完全破坏；但在受压时，开裂只能改变裂缝的形状，使局部应力重分配，并得到较为稳定的裂缝式样，从而使破坏延迟。

混凝土的非连续点与金属材料的屈服点具有类似的意义。但是,在非连续点以后,混凝土结构的连续性受破坏,那些建立在连续性基础上的力学定律,对于混凝土就不再严格地适用了。

混凝土在压缩疲劳情况下,交变荷载为 10^6 次的疲劳强度(在最小应力为零时)一般为静态抗压强度的55%;在最小应力为零,最大应力不超过静态抗压强度40%时,混凝土一般可以经受无限次的交变荷载的作用。在长期荷载情况下,当荷载超过抗压强度的40%~60%时,混凝土会发生徐变性状的改变;当荷载约为抗压强度的75%~90%时,混凝土会发生徐变破坏。这些都说明混凝土在不同应力状态下的破坏规律具有内在的联系。

在荷载作用下,混凝土中的裂缝扩展会发生在:

①水泥石—集料的界面上;

②水泥石或砂浆基体内;

③集料颗粒内。

在单向压缩的情况下,如果集料颗粒的弹性模量小于连续相,则在集料颗粒上下部位产生拉应力,而在侧边产生压应力。弹性模量低的集料一般强度也低,这样在集料颗粒内就会发生与荷载作用方向相平行的拉伸破坏面。这种混凝土的强度显然随着集料体积率的增加而降低(如轻集料混凝土)。如果集料颗粒的弹性模量大于连续相,则在集料颗粒上下部位产生压应力,而在侧边产生拉应力。弹性模量高的集料强度也高,这样裂缝在连续相中或在较大颗粒的侧边界面上发生,而不是通过颗粒。当两相的模量约相等时,在集料颗粒内外裂纹都会发生。

二、变形性

1. 弹性模量

1)定义及取值

混凝土是一种多相复合材料,其在加荷和卸荷时的典型应力—应变曲线如图2-41所示。卸荷后,变形并不回到原点,而留下不可逆的残余应变 γ,可逆的弹性应变 ε,总应变为 δ。弹性变形是指在加荷瞬间产生的变形,而把持荷期间产生的变形看作徐变,两者难以严格分开,采用反复加荷卸荷的方法可使徐变减小,从而测得弹性变形。

(1)静力抗压弹性模量

材料的弹性可用弹性模量表示。弹性模量按取值方法不同(图2-42)分为三类:

①初始切线模量 $E_i=\tan\alpha$(不易测准);

②切线模量 $E_t=\tan\alpha_a$(适应范围很小);

③割线模量 $E_h=\sigma_a/\delta_a$(工程上常用)。

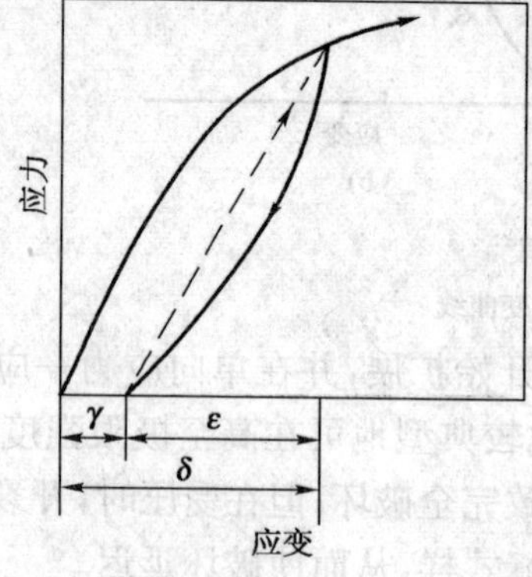

图2-41 加荷和卸荷时应力—应变曲线

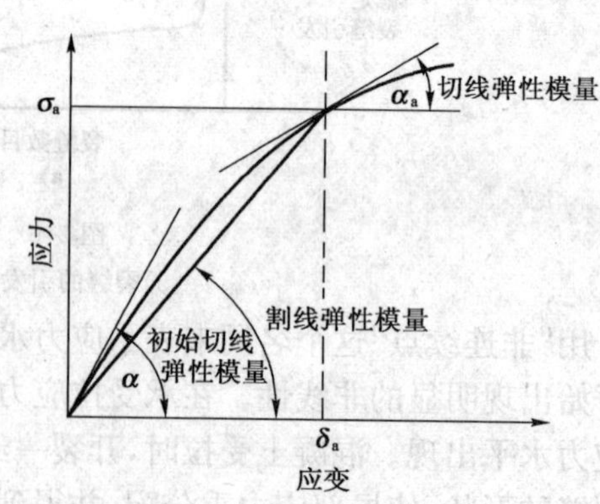

图2-42 混凝土弹性模量的分类

按照《公路工程水泥及水泥混凝土试验规程》(JTG E30—2005)，混凝土抗压弹性模量按以下公式计算：

$$E_c = \frac{F_a - F_0}{A} \cdot \frac{L}{\Delta n} \tag{2-51}$$

式中：E_c——混凝土抗压弹性模量，MPa；

F_a——终荷载，N，$\frac{1}{3}f_{cp}$时对应的荷载值，f_{cp}为混凝土棱柱体轴心抗压强度，MPa；

F_0——初荷载，N，0.5 MPa时对应的荷载值；

L——测量标距，mm；

A——试件承压面积，mm^2；

Δn——最后一次加荷时，试件两侧在F_a及F_0作用下变形差平均值，mm。

$$\Delta n = (\varepsilon_a^{左} + \varepsilon_a^{右})/2 - (\varepsilon_0^{左} + \varepsilon_0^{右})/2 \tag{2-52}$$

式中：ε_a——F_a时标距间试件变形，mm；

ε_0——F_0时标距间试件变形，mm。

我国《混凝土结构设计规范》(GB 50010—2010)按混凝土强度等级选用弹性模量见表2-28。

混凝土受压或受拉的弹性模量 E_c（$\times 10^4 N/mm^2$） 表2-28

混凝土强度等级	C15	C20	C25	C30	C35	C40	C45	C50	C55	C60	C65	C70	C75	C80
E_c	2.20	2.55	2.80	3.00	3.15	3.25	3.35	3.45	3.55	3.60	3.65	3.70	3.75	3.80

混凝土弹性模量的经验公式可有不同形式，美国、德国和日本采用以下公式：

$$E_h = K\sqrt{\rho^3 R} \quad \text{（包括轻集料混凝土）} \tag{2-53}$$

式中：E_h——混凝土弹性模量，kg/cm^2；

K——试验常数，美国(ACI)K=4 270，德国K=4 000，日本(建筑学会)K=4 500；

ρ——混凝土密度，t/cm^3；

R——混凝土抗压强度，kg/cm^2。

我国和前苏联采用以下公式：

$$E_h = \frac{10^6}{A + B/R} \tag{2-54}$$

式中：E_h——混凝土弹性模量，kg/cm^2；

A、B——试验常数，见表2-29；

R——混凝土抗压强度，kg/cm^2。

注：上述公式中的弹性模量及抗压强度单位应换算为MPa。

试验系数 A、B 值 表2-29

提 出 单 位	A	B
混凝土基本力学性能研究组	2.2	330
铁道建筑研究所	2.3	275
水电部刘家峡工程局	2.0～1.8	279～317
前苏联	1.7	360

对路面工程用混凝土，应测定其抗折时的弹性模量。按《公路水泥混凝土路面设计规范》(JTG D40—2002)，旧混凝土面层弯拉强度的标准值可采用钻孔芯样的劈裂试验测定结果按式下式计算确定：

$$f_r = 0.621 f_{sp} + 2.64 \tag{2-55}$$

$$f_{sp} = \overline{f}_{sp} - 1.04 s_{sp} \tag{2-56}$$

式中：f_r——旧混凝土弯拉强度标准值，MPa；

f_{sp}——旧混凝土劈裂强度标准值，MPa；

$\overline{f}_{sp}$——旧混凝土劈裂强度测定值的均值，MPa；

s_{sp}——旧混凝土劈裂强度测定值的标准差，MPa。

旧混凝土的弯拉弹性模量标准值按下式计算确定：

$$E_c = \frac{10^4}{0.0915 + \dfrac{0.9634}{f_r}} \tag{2-57}$$

式中：E_c——旧混凝土的弯拉弹性模量标准值，MPa；

f_r——旧混凝土的弯拉强度标准值，MPa。

水泥混凝土弯拉弹性模量，可根据其抗折强度按表 2-30 建议的数据范围选用。

水泥混凝土弯拉弹性模量经验参考值 表 2-30

弯拉强度(MPa)	1.0	1.5	2.0	2.5	3.0
抗压强度(MPa)	5.0	7.7	11.0	14.9	19.3
弯拉弹性模量(GPa)	10	15	18	21	23
弯拉强度(MPa)	3.5	4.0	4.5	5.0	5.5
抗压强度(MPa)	24.2	29.7	35.8	41.8	48.4
弯拉弹性模量(GPa)	25	27	29	31	33

(2)动弹性模量

用动力学方法(共振法、超声波法)在很小的应力状态与周期性动荷载下测定的弹性模量，称为动弹性模量。通常对于高强、中强和低强混凝土，动弹性模量分别比静性模量约高 20%、30%和 40%。为了承受地震或冲击荷载结构的应力分析，应用动弹性模量更为适宜。动弹性模量可用超声波较精确地测定。

2)影响混凝土弹性模量的因素

均匀材料中，密度与弹性模量间存在直接关系。在非均质多相材料(如混凝土)中，各主要组分的密度和过渡区的特性决定着弹性行为。因为密度与孔隙成反比关系，显然，影响集料、水泥浆基体和过渡区孔隙率的各因素是很重要的。对于混凝土，由于其强度和弹性模量均受其组成相孔隙率的影响(虽然影响程度各不相同)，从而在两者间建立直接关系。

(1)集料

在影响混凝土弹性模量的粗集料的诸多特性中，孔隙率似乎是最重要的特性。因为集料孔隙率决定其刚性，也控制着集料限制基本应变的能力，致密集料具有高的弹性模量。一般来说，混凝土拌和物中高弹性模量的粗集料用量越多，混凝土弹性模量越高。因为在低强或中强混凝土中，混凝土的强度不受集料孔隙率的影响，从而表明所有变量不是以同一方式控制着强度和弹性模量。

集料的其他性质同样也影响混凝土的弹性模量。例如，最大粒径、粒形、表面结构、级配和矿物组成可影响过渡区微裂缝的开裂，从而影响应力—应变曲线的形状。

(2)水泥浆基体

水泥浆基体的弹性模量决定于其孔隙率。控制水泥浆基体孔隙率的因素，如水灰比、含气量、矿物掺合料、水泥水化程度，如图 2-37 所示。据报道，孔隙率不同的水化硅酸盐水泥浆基体，其弹性模量在 6 895～27 580MPa(1×10^6～4×10^6psi)范围内。应注意的是，这些数值类似于轻集料的弹性模量。

(3)过渡区

通常，孔隙、微裂缝和取向的氢氧化钙晶体在过渡区内比在水泥浆基体内较为常见。因此，在决定混凝土应力—应变关系中起重要作用。控制过渡区孔隙率的因素见图 2-37。

(4)测定参数

已观察到，混凝土试件在潮湿养护条件下测定比相应试件在干燥条件下测定，其弹性模量要高 15%，而与配合比和养护龄期无关。似乎混凝土的干燥对水泥基体的作用和对过渡区的作用不同。前者由于水化产物中范德华引力的增加而获得强度，而后者则由于微裂缝开裂而丧失强度。当强度由基体决定时，混凝土抗压强度增加，而弹性模量降低，因为增加过渡区微裂缝的开裂通常影响应力—应变行为。

应力—应变曲线非线性的出现和非线性的程度，显然取决于施加荷载的速度。在瞬间荷载下，破坏前只能产生很小的应变，故其弹性模量非常高。在正常要求测定试件的时间范围(2～5min)内，应变增加 15%～20%，因此，弹性模量相应下降。对于非常低的加荷速率弹性应变和徐变应变叠加在一起，从而进一步降低了弹性模量。

图 2-43 为影响混凝土弹性模量的所有因素的方块图。

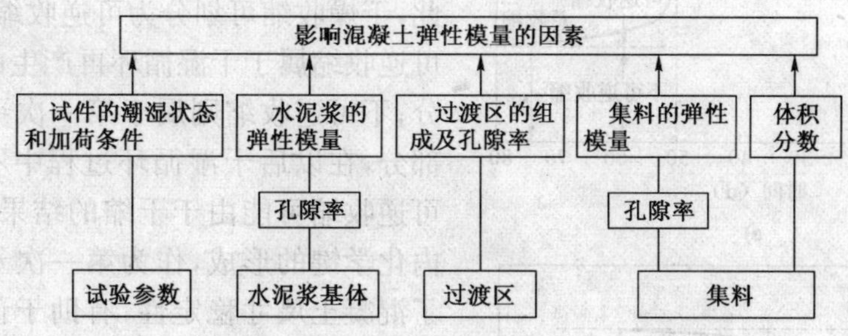

图 2-43　影响混凝土弹性模量的各种参数

2. 泊松比

受简单轴向荷载的材料在弹性范围内，其横向应变对轴向应变之比称为泊松比。混凝土的泊松比一般介于 0.15～0.2。在泊松比和混凝土特性，如水灰比、养护龄期和集料级配之间似乎没有统一的关系。但是，高强混凝土泊松比一般较低，水饱和混凝土以及动荷载混凝土泊松比则较高。

3. 干缩与徐变

通常，混凝土中由干缩和徐变应变引起的应力影响是不同的(在受限制条件下，前者引起应力，而后者使应力松弛)。但是，由于很多理由需要将两种现象一起讨论。第一，干缩和徐变二者起源相同，即均起源于水化水泥浆体；第二，其应力—应变曲线非常相似；第三，影响干缩的因素也同样影响徐变，通常以同一方式影响；第四，在混凝土中，每一种的微应变可达 $400\times10^{-6}\sim1\ 000\times10^{-6}$，在结构设计中不能忽视；第五，两者都是部分可逆的。

1)原因

当饱和水泥浆体露置于低于饱和湿度的环境中，其尺寸不能保持稳定，主要是因为水化硅酸钙凝胶 CSH 失去物理吸附水而导致收缩应变。与此类似，当水化水泥浆体受到持续应力时，根据施加应力的大小及持续时间，CSH 将失去大量物理吸附水，浆体将出现徐变应变。这并不表示混凝土中无其他原因引起徐变，但是在持续应力下失去吸附水似乎是最重要的原因。简言之，混凝土中干燥收缩和徐变应变二者都假定主要与水化水泥浆体中吸附水的消失有关。其差别在于，一种以混凝土与周围环境的湿度差为驱动力，而另一种则以持续施加的应力为驱动力。作为干燥或者施加应力的结果，系统收缩的次要原因是水化水泥浆体中失去细毛细管(<50nm)中静水张力所保持的水。

混凝土中徐变的原因比较复杂。通常认为，除水分移动外还有其他因素对徐变现象起作用。混凝土中应力—应变关系的非线性，特别是当应力大于最大荷载的30%~40%时，可清楚地看出过渡区微裂缝对徐变的作用。当混凝土徐变，并露置于干燥条件下时，由于干燥收缩引起过渡区附加的微裂缝开裂而引起徐变应变的增加。

集料发生延迟的弹性也是混凝土徐变的另一原因。因为水泥浆体和集料黏合在一起，当荷载转移至集料时，作用于水泥浆体上的应力逐渐减小，而随着集料上荷载的增加，变形逐渐转变成弹性变形。因此，集料延缓性变形对总徐变起着作用。

2)可逆性

混凝土干燥、再受潮或加荷卸荷的典型行为见图 2-44。图 2-44a)表明在第一次干燥后，再受潮时，混凝土不再恢复到原来的尺寸。因此，干燥收缩可划分为可逆收缩和不可逆收缩。可逆收缩属于干湿循环再产生的总收缩的一部分；不可逆收缩则属于第一次干燥总收缩的一部分，在以后干湿循环过程中不能再产生。不可逆收缩可能由于干缩的结果导致 CSH 结构内化学键的形成，作为第一次干燥的结果改善了混凝土尺寸稳定性，有助于预制混凝土制品的制造。

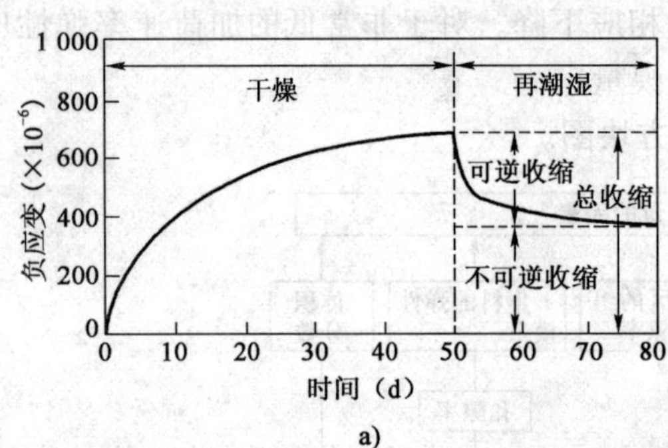

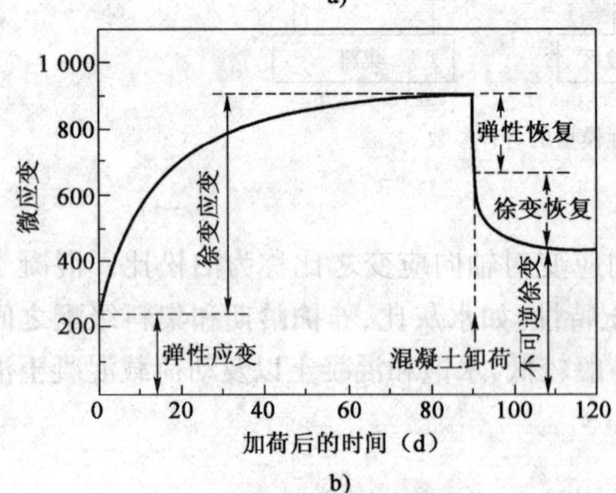

图 2-44　干缩与徐变的可逆性

a)干缩的可逆性；b)徐变的可逆性

注：混凝土在 a)干湿和 b)加卸载下变形存在明显的相似性。

素混凝土受持续单轴向压力 90d 卸荷后其徐变曲线见图 2-44b)。当试件卸荷后，瞬时或弹性恢复几乎与首次加荷时的弹性应变具有同一数量级。弹性恢复后，应变逐渐减小，称为徐变恢复。虽然徐变恢复的发生较徐变为快，但不是全部徐变应变都是可逆的。这一现象与干缩相似[图 2-44a)]，由相应术语定义为可逆与不可逆徐变。不可逆徐变中一部分可归于集料的延迟弹性应变，这部分可完全恢复。

3)影响干缩与徐变的因素

实际上,混凝土中水化水泥浆体的水分迁移,基本上控制着干缩和徐变应变,水分迁移受许多同时作用的因素相互影响。这些因素间的相互作用十分复杂,不易了解。

(1)材料与配合比

混凝土中与潮湿有关的变形的主要来源是水化水泥浆体。很多研究尝试获得混凝土中干缩或徐变应变与水化水泥浆体体积分数的关系式,后者取决于水泥用量和水化程度。虽然干缩应变与徐变应变皆为水化水泥浆体含量的函数,但两者并不存在直接的比例关系,因为限制变形对变形大小起着主要的影响作用。

预估混凝土干缩和徐变的大多数理论表达式是假定混凝土集料的弹性模量决定着混凝土的弹性模量。当集料的弹性模量成为数学表达式的一部分时,可建立混凝土中干缩或徐变与集料分数间的关系式,而不是建立与水泥浆体分数的关系式。由于两者之和为常数,故容易建立关系式。

Powers 研究了水灰比为 0.35 或 0.5,含两种不同集料的混凝土。图 2-43a)的资料表明,混凝土收缩(S_c)和水泥浆体收缩(S_p)之比可以与混凝土中集料的体积分数(g)建立指数关系:

$$\frac{S_c}{S_p}=(1-g)^n \tag{2-58}$$

L′Hermite 发现,根据集料弹性模量的不同,n 值介于 1.2~1.7。从混凝土中产生干缩和限制干缩的组成来看,Powers 认为存在的任何未水化水泥可以看作集料的一部分[图 2-45a)]。

图 2-45b)表示混凝土徐变与其集料的体积含量间存在着相似的关系。Neville 认为混凝土徐变(C_0)和水泥浆体(C_p)可以与集料(g)和未水化水泥含量(μ)之间建立关系式:

$$\lg\frac{C_p}{C_0}=\alpha\lg\frac{1}{1-g-\mu} \tag{2-59}$$

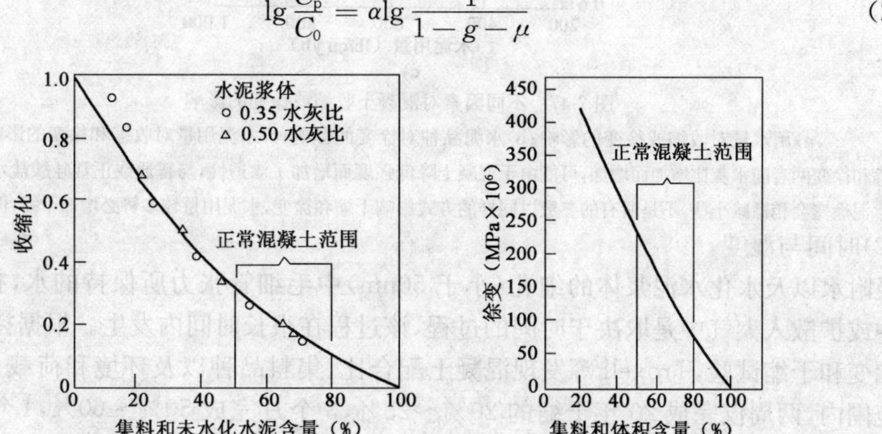

图 2-45 集料含量对干缩和徐变的影响

a)集料含量对干缩的影响;b)集料含量对徐变的影响

在养护良好的混凝土中,略去一小部分未水化水泥(μ)则关系式可改写为:

$$\frac{C_0}{C_p}=(1-g)^{\alpha} \tag{2-60}$$

因此,徐变和干缩的关系式两者相似。

集料的品种对干缩和徐变的影响如图 2-46 所示。水灰比、水泥品种、水泥用量对干缩和徐变的影响见图 2-47。

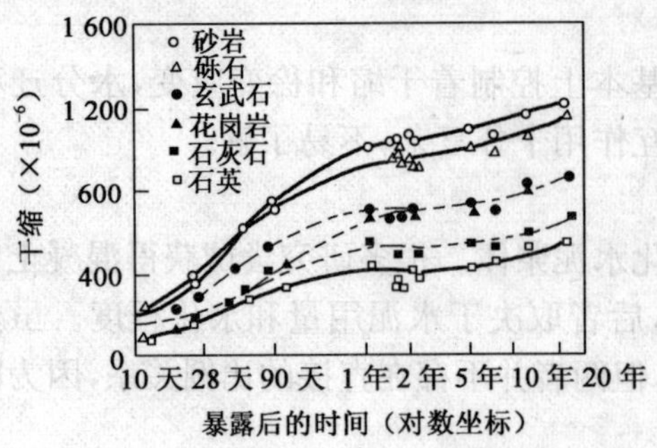

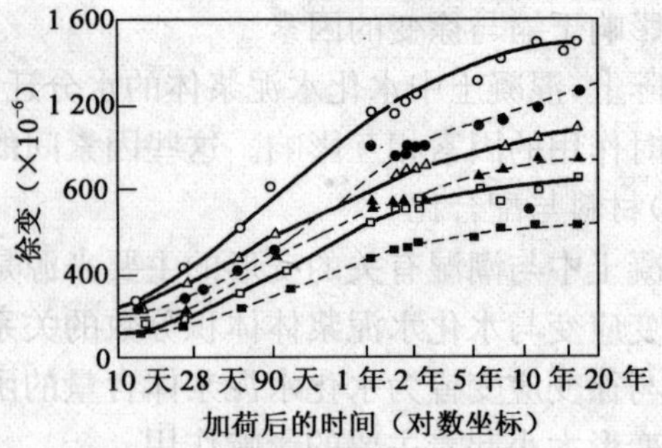

图 2-46　集料品种对干缩和徐变的影响

注：集料弹性模量可以影响干缩和徐变的最大值达 2.5 倍。通常，致密石灰石和石英比砂岩和砾石具有较高的弹性模量。

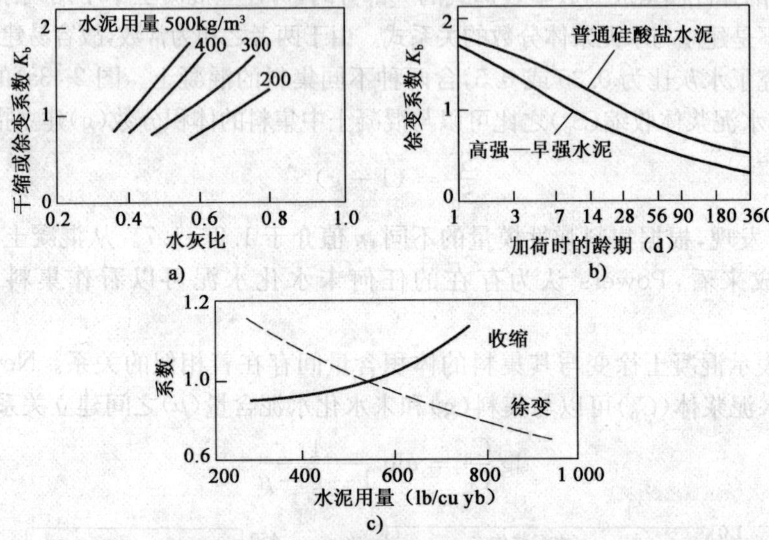

图 2-47　不同因素对混凝土收缩或徐变的影响

a)用水量对收缩或徐变的影响；b)水泥品种对徐变的影响；c)水泥用量对收缩和徐变的影响

注：干缩和徐变两者随水灰比增加而增加，可能由于混凝土降低强度而增加了渗透性，与普通或正常硅酸盐水泥相比较，用高强水泥徐变会稍微减小些，不是所有的参数以同样的方式影响干缩和徐变，水泥用量较多势必增加干缩，但会减少徐变。

(2)时间与湿度

吸附水以及水化水泥浆体的细孔（小于 50nm）中毛细管张力所保持的水，扩散入系统的大孔中或扩散入大气中是取决于时间的过程，该过程在很长时间内发生。根据持续 20 多年的长期徐变和干缩试验，Troxell 等发现混凝土配合比、集料品种以及环境和荷载条件等在很大变动范围内，两周仅完成 20 年干缩的 20%～25%，3 个月完成 50%～60%，1 年完成其 75%～80%[图 2-48a)]。令人惊异的是，图 2-48b)所示徐变应变也发现有类似结果。

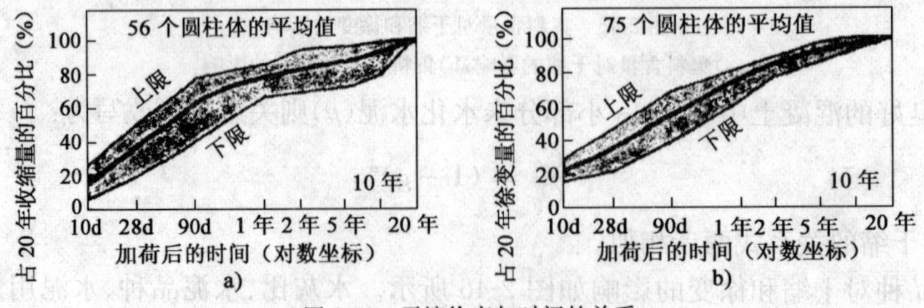

图 2-48　干缩徐变与时间的关系

a)干缩与时间的关系；b)徐变与时间的关系

增加大气湿度，预料可延缓水分从内部流向混凝土外表面的相对速率。露置周期一定，空气湿度对干缩应变[图 2-49a)]和徐变系数[图 2-49b)]的影响如图 2-49 所示。在 100%相对湿度时，干缩假定为零，80%相对湿度时提高为 200$\mu\varepsilon$($10^{-6}\varepsilon$)左右，45%相对湿度时达 400$\mu\varepsilon$。相类似地，假定徐变系数 K_c(产生总徐变的五个部分系数之一)在 100%相对湿度时为 1，在 80%相对湿度时提高为 2 左右，在 45%相对湿度时达 3。

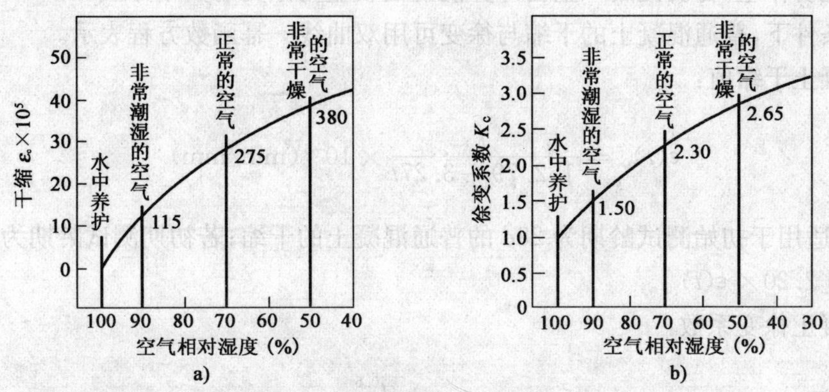

图 2-49 相对湿度对干缩和徐变的影响

a)相对湿度对干缩的影响；b)相对湿度对徐变的影响

(3)混凝土构件的几何图形

干缩或徐变排出的水，由于水分从混凝土内部移入大气要受到阻力，显然其失水速率为水分路径的长度所控制。在相对湿度一定时，混凝土构件的尺寸和形状决定于干缩和徐变的量。通常尺寸和形状参数是以有效或理论厚度表示的简单量，此量等于断面面积除以与大气接触的半周长。图 2-50a)、b)说明理论厚度与干缩和徐变系数间的关系。在相对湿度恒定时，对于一给定周期时间，从图 2-50a)证实混凝土构件理论厚度从 100mm 增加至 500mm 会减少收缩 50%，徐变相应降低约 30%。

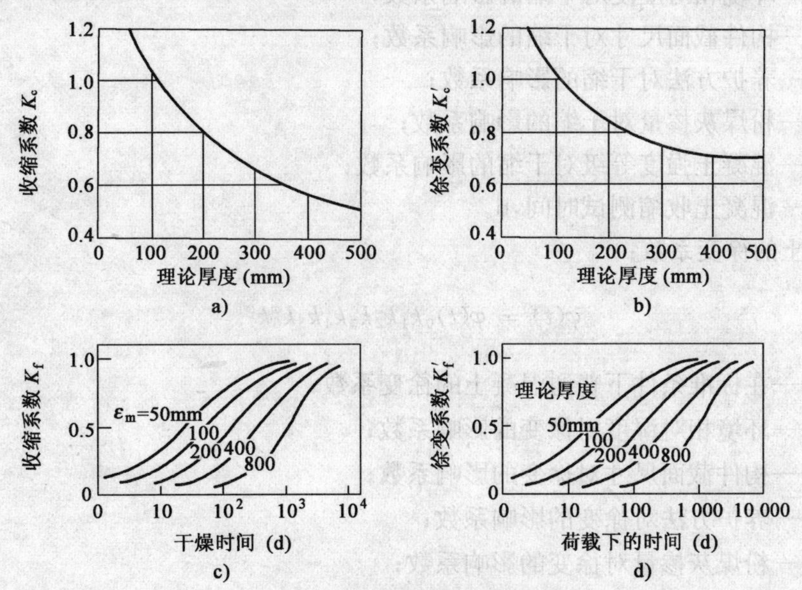

图 2-50 干缩或徐变的影响因素

a)试件尺寸对干缩的影响；b)试件尺寸对徐变的影响；c)露置时间和试件尺寸对干缩的影响；d)露置时间和试件尺寸对徐变的影响

注：混凝土构件理论厚度从 500mm 减小至 100mm，其干缩要加倍，而徐变增加约 50%，理论厚度对收缩和徐变影响势必引起干燥时间或荷载时间的缩短。

4)干缩与徐变的计算

混凝土的收缩与徐变是钢筋混凝土结构设计计算中的重要参数。它对结构的承载能力、应力状态、变形性能、裂缝控制和结构耐久性等都有很大的影响。欧美混凝土协会、ACI以及CEB均提出了估算及预测徐变的方法。中国建筑科学研究院混凝土研究所负责的“混凝土收缩与徐变专题协作组”首次提出一整套计算混凝土收缩与徐变的实用方法。

在标准条件下,普通混凝土的干缩与徐变可用双曲线—幂函数方程表示。

普通混凝土干缩值:

$$\varepsilon(t)_0 = \frac{t}{152.79 + 3.27t} \times 10^{-3}\,(\text{mm/mm}) \tag{2-61}$$

注:本式适用于初始测试龄期为28d的普通混凝土的干缩;若初期测试龄期为3d时,则应乘以2.20,即$2.20 \times \varepsilon(t)_0$。

普通混凝土徐变系数:

$$\varphi(t)_0 = \frac{t^{0.6}}{4.168 + 0.312t^{0.6}} \tag{2-62}$$

在非标准条件下,可用多系数方程求得。

普通混凝土的收缩:

$$\varepsilon(t) = \varepsilon(t)_0 \beta_1 \beta_2 \beta_3 \beta_4 \beta_5 \tag{2-63}$$

式中:$\varepsilon(t)_0$——在标准条件下普通混凝土的收缩值,mm/mm;

β_1——环境相对湿度对干缩的影响系数;

β_2——构件截面尺寸对干缩的影响系数;

β_3——养护方法对干缩的影响系数;

β_4——粉煤灰掺量对干缩的影响系数;

β_5——混凝土强度等级对干缩的影响系数;

t——混凝土收缩测试时间,d。

普通混凝土的徐变系数:

$$\varphi(t) = \varphi(t)_0 k_1 k_2 k_3 k_4 k_5 k_6^{\varphi} k_7^{\varphi} \tag{2-64}$$

式中:$\varphi(t)_0$——在标准条件下普通混凝土的徐变系数;

k_1——环境相对湿度对徐变的影响系数;

k_2——构件截面尺寸对徐变的影响系数;

k_3——养护方法对徐变的影响系数;

k_4——粉煤灰掺量对徐变的影响系数;

k_5——混凝土强度等级对徐变的影响系数;

k_6^{φ}——加荷龄期对徐变的影响系数;

k_7^{φ}——应力水平对徐变的影响系数;

t——混凝土徐变测试时间,d。

上述各系数建议按表 2-31 取值。

普通混凝土干缩与徐变的影响系数 表 2-31

序号	系数名称	变化条件		干缩		徐变	
				符号	取值	符号	取值
1	相对湿度影响系数	相对湿度 (%)	≤40 ≈60 ≥80	β_1	1.30 1 0.75	k_1	1.30 1 0.75
2	截面尺寸影响系数	V/S① (cm)	2.00 2.50 3.75 5.00 10.00 15.00 ≥25.00	β_2	1.20 1 0.95 0.90 0.80 0.65 0.40	k_2	1.15 1 0.92 0.85 0.70 0.60 0.55
3	养护方法影响系数	养护方法	标准 蒸养	β_3	1 0.80	k_3	1 0.85
4	粉煤灰取代量影响系数	取代率②(%)	0	β_4	1	k_4	1
			10～20 卵石混凝土		0.90		1
			10～20 碎石混凝土		0.90		0.85
5	混凝土强度等级影响系数	强度等级	400 300 200	β_5	1	k_5	0.80 1 1.15
6	加荷龄期影响系数	加荷龄期 (d)	7 14 28 90			k_6^{φ}	1.20 1.10 1 0.80
7	应力水平影响系数	σ/R	≤0.4 0.5 0.6			k_7^{φ}	1 1.40 1.85

注：①V/S 是指构件体积与表面积之比。
②取代率是指粉煤灰取代水泥百分率。

三、疲劳特性

混凝土受到反复应力作用时，即使是在较小应力(低于静力强度)下也会发生破坏，这种现象称为疲劳破坏。疲劳破坏意味着在重复应力下，混凝土中产生了某些逐渐累积的内部残余结构变化。这种变化可作为疲劳损伤，虽然也可能会发生某种黏性流动(或徐变)，但它们似乎主要应归咎于微裂缝的生长。在压力、拉力及弯曲加载下都会发生疲劳。一般把可以承受无限反复次数的应力最大值称为疲劳极限。混凝土在反复 1 000 万次的范围内也无法确定疲劳极限，故通常以 $10^6 \sim 10^7$ 次反复压缩下的破坏应力作为疲劳强度，一般是静力抗压强度的 50%～60%，轻混凝土为 40%～50%。

1. 混凝土的疲劳特性

由于混凝土内部本身存在着瑕疵和裂缝，受到荷载作用后，使裂缝端部的应力可以很大，超过了水泥（或水泥—集料黏结）强度。在重复荷载作用下，这些裂缝将长大。

弹性模量随反复荷载次数的增加而减小。受到 200 万次应力比为 50%的反复荷载，为施加反复荷载之前的 0.82～0.88。

2. 疲劳强度

若将混凝土受反复压缩荷载 200 万次的疲劳强度用应力比表示，则其值为 57%～58%，与质量几乎无关。但对于更少反复次数的疲劳强度，将较大地受到试验时试件干燥状态等的影响，试件潮湿可能会降低其疲劳寿命。

3. 影响疲劳强度的因素

混凝土的疲劳强度对循环应力范围（最高应力与最低应力间的差别）较为敏感。当应力范围缩小时，对已规定的疲劳寿命，所能承担的最大应力会增大，如图 2-51 所示。

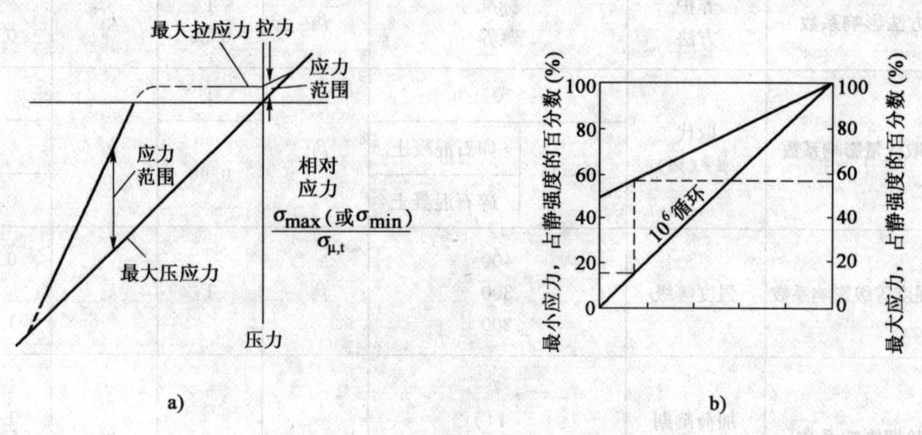

图 2-51 应力范围与疲劳寿命之间的关系图

a)混凝土的修正 Goodman 示意图；b)混凝土在拉伸、压缩或弯曲时的疲劳强度

（根据美国混凝土学会 215 委员会资料，美国混凝土学会会刊第 71 卷第 3 期）

应力范围与疲劳寿命之间的相互关系可用修正的 Goodman（古德曼）经验定律表示：

$$\sigma_{an} = \sigma_n\left(1 - \frac{\sigma_m}{\sigma_u}\right) \tag{2-65}$$

式中：σ_{an} ——规定疲劳寿命的应力幅度；

σ_n ——单纯交变应力的平均疲劳强度；

σ_m ——平均应力；

σ_u ——极限强度。

四、耐久性

混凝土耐久性，是混凝土在实际使用条件下抵抗各种破坏因素作用长期保持强度和外观完整性的能力。水是混凝土中大多数耐久性问题的中心。在多孔材料中，水造成多种形式物理性分解过程。作为侵蚀性离子的运载工具，水是化学性分解过程的一种来源。此外，多孔固体中与水移动有关的一些物理化学现象，主要由固体的渗透性所控制。

1. 渗透性

渗透性定义为衡量多孔固体中液体流动速度的一种性质。对于稳定态流动，渗透系数 K 由达西公式决定：

$$\frac{dq}{dt} = K\frac{\Delta HA}{L\mu} \tag{2-66}$$

式中：dq/dt——液体流动的速率；

μ——液体的黏度；

ΔH——压力梯度；

A——表面积；

L——固体厚度。

(1)水泥浆体的渗透性

新拌水泥浆体渗透系数的数量级为 10^{-4}～10^{-5}cm/s。随着水化过程的进展，毛细管孔隙减小，渗透系数也降低(表 2-32)，但两者间无直接关系。例如，毛细管孔隙率从 40%降至 30%(图 1-29)，渗透系数下降量要大得多(从 110×10^{-12}cm/s 降至 20×10^{-12}cm/s)。但是孔隙率从 30%再进一步下降至 20%，渗透性下降很少。

通常，当水灰比大、水化程度低时，水泥浆体的毛细孔隙率高，该浆体将含有比较多的大孔和连通性良好的孔，因此其渗透率就高。随着水化进展，大部分大孔降为小孔(如 10nm 或更小)，同时孔的连通性被隔断，从而减低渗透率。当大部分毛细管空间小而不相连通时，水泥浆体的渗透系数为 10^{-12}cm/s 数量级。可观察到在正常水泥浆体中当毛细管孔隙率达 30%时，毛细管网络已呈不连续性。水灰比为 0.4、0.5、0.6 和 0.7 时，这种情况通常分别在 3d、14d、180d 和 365d 潮湿养护下发生。因为大部分混凝土拌和物的水灰比很少超过 0.7，故在养护良好的混凝土中水泥浆体对渗透性不起主要作用。

水泥浆体(水灰比为 0.7)在不同龄期的渗透性 表 2-32

龄期(d)	渗透性(cm/s×10^{-11})	龄期(d)	渗透性(cm/s×10^{-11})
新拌	20 000 000	13	50
5	4 000	24	10
6	1 000	最终	6
8	400		

(2)集料的渗透性

与硬化混凝土中一般水泥浆体孔隙率 30%～40%相比较，大部分天然集料的孔隙率一般低于 3%，极少超过 10%，但其渗透性并不比硬化水泥浆体低很多。根据某些天然岩石和水泥浆体的渗透资料(表 2-33)，集料的渗透系数的变动范围就如同水灰比在 0.38～0.71 范围内的水化水泥浆体一样。

岩石与水泥浆体间渗透系数的比较 表 2-33

岩石种类	渗透性(cm/s)	渗透性相同的成熟水泥浆所需水灰比
致密暗色岩	2.47×10^{-12}	0.38
石英闪长石	8.24×10^{-12}	0.42
大理石	2.39×10^{-11}	0.48
大理石	5.77×10^{-10}	0.66
花岗岩	5.35×10^{-9}	0.70
砂岩	1.23×10^{-8}	0.71
花岗岩	1.56×10^{-8}	0.71

大部分大理石、暗色岩石、闪长岩、玄武岩以及致密花岗岩的渗透系数具有 $1\times10^{-12}\sim10\times10^{-12}$cm/s 数量级。一些花岗岩、石灰石、砂石和燧石的渗透系数要大两个数量级。其理由是孔隙率低达 10%的一些岩石,其渗透性可比硬化水泥浆体高得多,因为集料中毛细孔尺寸平均大于 10μm。就一些燧石和石灰石而言,其孔径分布中含有大量细孔,因此渗透性低,但集料在受到缓慢的水分移动而导致的静水压力下会发生膨胀和开裂。

(3)混凝土的渗透性

从理论上讲,低渗透性的集料掺入水泥浆体中期望会降低系统的渗透性(特别是用高水灰比水泥浆,在早期毛细孔隙率高时),因为集料颗粒会切断水泥浆基体中水流的通道。因此,与纯水泥浆体比较,相同水灰比和成熟度的砂浆与混凝土应具有较低的渗透系数。实际上试验资料表明,情况并非如此。图 2-52 中两套数据清楚地表明,集料加入水泥浆或砂浆中,渗透性明显增加;同时,集料尺寸越大,渗透系数越大。

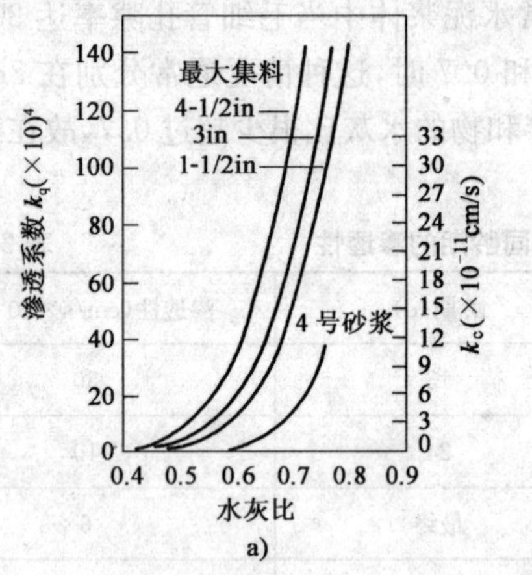

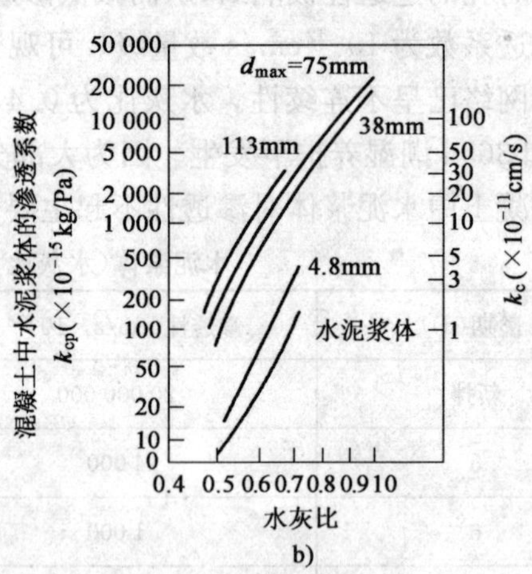

图 2-52 水灰比和最大集料尺寸对混凝土渗透性的影响

原因是水泥浆体与集料间过渡区内存在微裂缝。在早期的水化过程中,过渡区较弱,通常由于干缩、温度收缩及外部施加的力而导致水泥浆体和集料间应变差异而易遭开裂。过渡区内的裂缝太细,以致用肉眼无法看见,其宽度较水泥浆基体中存在的大多数毛细空腔为宽,因而有助于相互连接,增加系统的渗透性。

强度和渗透性由于毛细管孔隙率而彼此有关,影响混凝土强度的诸因素也影响渗透性。

减小水泥浆基体中大的毛细管孔隙(>100nm),可降低渗透性。采用低水灰比、适当的水泥用量以及正确的捣实和养护条件可降低渗透性。同样,正确注意集料尺寸和级配、温度和干燥收缩应变,以及避免过早或过量荷载是降低过渡区意外细微开裂的必要措施。

2.抗冻性

冻融循环作用是造成混凝土破坏的最严重因素之一。因此,可认为抗冻性是评定混凝土耐久性的主要指标。

1)抗冻性评价指标

(1)抗冻标号

以同时满足强度损失率不超过25%,质量损失率不超过5%时的最大循环次数来表示。

(2)混凝土耐久性指标

混凝土经受快速冻融循环,以同时满足相对动弹性模量值不小于60%和质量损失率不超过5%时的最大循环次数来表示。

(3)耐久性系数

以下式计算(适用于快速冻融试验):

$$K_n = PN/300 \tag{2-67}$$

式中:K_n——混凝土耐久性系数;

N——达到要求(冻融循环300次,或相对动弹性模量下降到60%以下。或质量损失率达到5%时,在上述三种情况下的任何一种时停止试验)的冻融循环次数;

P——经N次冻融循环后试件的相对动弹性模量。

一般认为:

①$K_n<40$,混凝土抗冻性不好;

②$K_n=40\sim60$,抗冻性有疑问;

③$K_n>60$,抗冻性好。

2)冻融破坏机理

一般认为,冻融破坏主要是因为在某一冻结温度下存在结冰的水和过冷的水,结冰的水产生体积膨胀及过冷的水发生迁移,引起各种压力的结果。

混凝土内部存在着连通或不连通的孔隙(渗水的途径),当混凝土处于饱水状态,并遇到负温时,内部水分冻结,体积约膨胀9%,各种孔隙的周壁上产生相当大的内压力,引起孔壁的胀大,并产生拉应力;当遇正温时,冰虽融化,但孔壁已产生塑性变形,不能恢复到原来的大小。如此反复冻融,孔隙逐次加大,冻结逐次加深。当作用孔隙的拉应力超过混凝土抗拉强度时,就开始出现微细裂缝。随着冻融次数增多,微细裂缝逐渐扩散和连接起来,致使混凝土破坏。

3)影响混凝土抗冻性的因素

(1)混凝土的饱水程度

由冻融破坏机理可知,混凝土的饱水程度对抗冻性有很大影响。当饱水程度低于某一临界值,混凝土并不发生冻融破坏。盛水的密封容器发生冻结破坏的临界含水率为91.7%,但混凝土的情况比较复杂,其饱水临界值取决于水泥石的渗透性、冻结速度、气孔的存在与分布,其饱水临界值要高于91.7%。

(2)集料

用坚固、密实的集料配制的混凝土抗冻性较好。粒径太大的或扁平颗粒比例大的粗集料,对混凝土抗冻性很不利。

在混凝土搅拌之前，集料的干湿状态对混凝土抗冻性有一定影响。

(3)水灰比和水泥用量

水灰比越大，孔隙率越大，可能填充的水分越多，对抗冻性越不利。水泥用量对混凝土的性能影响极大，因此在工程中对混凝土的最大水灰比及最小水泥用量必须加以控制，见表2-34。

混凝土的最大水灰比和最小水泥用量 表2-34

项次	混凝土所处的环境条件	最大水灰比	最小水泥用量(kg/m^3)			
			普通混凝土		轻集料混凝土	
			配筋	无筋	配筋	无筋
1	不受雨雪影响的混凝土	不作规定	225	200	250	225
2	(1)受雨雪影响的露天混凝土； (2)位于水中及水位升降范围内的混凝土； (3)在潮湿环境中的混凝土	0.7	250	225	275	250
3	(1)寒冷地区水位升降范围内的混凝土； (2)受水压作用的混凝土	0.65	275	250	300	275
4	严寒地区水位升降范围内的混凝土	0.6	300	275	325	300

(4)外加剂

掺入某些外加剂(如减水剂、引气剂)等，可在一定程度上改善混凝土的抗冻性。其中，掺引气剂效果最为显著。

(5)龄期

随着混凝土龄期增加，水泥不断水化，可冻结水量减少；同时，水中溶解盐的浓度增加，因此，冰点也随龄期而降低，抗冻性能得到提高。

3.耐磨性

耐磨性是路面和桥梁用混凝土的重要性能之一。作为高级路面的水泥混凝土，必须具有抵抗车辆轮胎磨耗和磨光的性能。作为大型桥梁的墩台用水泥混凝土，也需要具有抵抗湍流空蚀的能力。

(1)混凝土耐磨性评价方法

抗磨损性可用抗磨损强度R_A($h \cdot m^2/kg$)表示，R_A为单位面积上(m^2)磨损单位质量(kg)所需的时间。

《公路工程水泥混凝土试验规程》(JTG E30—2005)规定，用单位面积上的磨损量G进行评价，即以边长为15cm的立方体试件，养生至27d，在60℃烘干恒重，然后在带有花轮磨头的混凝土磨耗试验机上，在200N负荷下磨30转，记下相应质量m_1，然后在200N负荷下磨60转，再记下剩余质量m_2，按下式计算磨损量G_c。

$$G_c = \frac{m_1 - m_2}{0.0125} \tag{2-68}$$

式中：m_1——试件的初始质量；

m_2 ——试件磨损后的质量；

0.012 5——试件磨损面积。

(2)影响耐磨性因素

混凝土抗压强度直接影响耐磨性，卵石混凝土抗磨损强度 R_A 与抗压强度 R 的经验关系见表 2-35。

混凝土抗压强度与抗磨损强度的经验关系 表 2-35

抗压强度 R (MPa)	10	15	20	25	30	35	40	45	50
抗磨损强度 R_A ($h \cdot m^2/kg$)	0.47	0.64	0.82	0.99	1.14	1.27	1.43	1.56	1.72

此外，表面处理(各种涂层)对提高混凝土耐磨性有显著效果。使用优质集料加强施工质量，提高混凝土密实度，均可使耐磨性得到改善。

4. 碱集料反应

碱集料反应是混凝土组成中水泥、外加剂、掺和料与拌和水中的可溶性碱(钾、纳)溶于混凝土孔隙液中，与集料中能与碱反应的活性成分在混凝土硬化后逐渐发生的一种化学反应，反应生成物吸水膨胀，使混凝土产生内应力，导致混凝土工程开裂或上拱等损坏，称为碱集料反应损坏。

(1)碱集料反应分类

国际上已发现的碱集料反应有 3 种类型，见表 2-36。

碱集料反应分类 表 2-36

序 号	类 型	特 点
1	碱硅酸反应	水泥混凝土微孔隙中的碱性溶液(主要以 KOH、NaOH 等形式存在)，与集料中能与碱反应的活性二氧化硅矿物发生反应，生成的碱硅凝胶吸水肿胀，产生的膨胀压力导致混凝土开裂损坏或胀大移位，称之为碱硅酸反应，简称 ASR
2	碱碳酸反应	水泥混凝土微孔隙中的碱性溶液与集料中某些微晶或隐晶的碳酸盐岩石发生反应，生成物产生体积膨胀导致混凝土破坏
3	碱硅酸盐反应 (慢膨胀型碱硅酸反应)	导致混凝土膨胀的是硬砂岩、千枚岩和黏土板岩等，其特点是反应的膨胀速度非常缓慢，但却不停顿地进行，在裂缝及附近孔隙中通常有硅酸钠(钾)凝胶，但能渗出的凝胶很少

(2)碱集料反应机理

①碱硅酸反应。在使用高碱水泥的混凝土中，碱溶液与活性集料中的硅酸发生反应，生成硅酸碱类，其代表性的化学反应式为：

$$ROH + nSiO_2 \rightarrow R_2O \cdot nSiO_2 \cdot aq \tag{2-69}$$

式中：R——碱(K 或 Na)。

硅酸碱类呈胶体状，并从周围介质中吸水膨胀(因为碱硅酸反应产物中的蒸汽压力小于同温度水泥混凝土孔隙液中水的蒸汽压)，体积可增大 3 倍。当其膨胀受到水泥石限制而发生较大的膨胀压力和渗透压力时，将使混凝土产生裂缝和崩坏。

②碱碳酸盐反应。活性碳酸盐岩石与混凝土孔隙中碱液反应，发生去白云石化反应，生成水镁石，伴随膨胀造成混凝土破坏。其化学反应方程为：

$$CaMg(CO_3)_2 + 2ROH \rightarrow Mg(OH)_2 + CaCO_3 + R_2CO_3 \tag{2-70}$$

式中：$Mg(OH)_2$——水镁石；

R——碱(K 或 Na)。

而碳酸碱又与水泥水化产物 $Ca(OH)_2$ 反应生成 ROH，使去白云石化反应继续进行，如下式：

$$R_2CO_3 + Ca(OH)_2 \rightarrow 2ROH + CaCO_3 \tag{2-71}$$

这样去白云石化反应一直进行到 $Ca(OH)_2$ 或碱活性白云石被消耗完为止。经计算，白云石变成了水镁石，其体积增加 239%，足以造成混凝土破坏。

③碱硅酸盐反应。这类反应所产生的膨胀，是某些层状晶体硅酸盐的晶格膨胀和页状剥落的结果。所谓页状剥落，是指一些长而薄的晶体板状物在相邻层之间产生裂缝状的间隙。

(3)碱集料反应的必要条件(表 2-37)

碱集料反应的必要条件 表 2-37

序号	必要条件
1	混凝土中必须有相当数量的碱(钾、钠)。只有当总碱量 R_2O 大于 0.6%时，才能发生碱集料反应。水泥中的总碱量以当量 Na_2O 计，即 $R_2O = Na_2O\% + 0.658 \times K_2O\%$
2	混凝土中存在着活性集料，并超过一定数量
3	混凝土工程的使用环境必须有足够的湿度，空气中相对湿度必须大于 80%，或直接与水接触

(4)碱集料反应外观特征(表 2-38)

碱集料反应外观特征 表 2-38

损害类型		特征
裂缝类	网裂	多出现在混凝土不受约束的情况下，典型的裂缝网接近六边形，裂缝从网结点三分岔开，夹角约 120°，在较大的六边形之间还可再发展出小裂缝
	顺筋裂缝	多出现在受钢筋或外力约束时，钢筋混凝土工程碱集料反应膨胀裂缝深度大多不超过保护层厚度，宽度多在 0.3～0.5mm；而大体积混凝土膨胀裂缝可达数十厘米，宽可达 1cm 左右
	与收缩裂缝区别	收缩网裂出现较早(施工后若干日)，且环境越干燥，裂缝越大，裂缝垂直于约束力方向。而碱集料反应裂缝多在施工后数年甚至一二十年后出现，且随湿度增大而发展增大，裂缝平行于约束力方向
	裂缝渗出物	碱硅凝胶顺裂缝渗流出来，多为半透明或黄褐色凝胶，流动过程中吸附钙、铝硫等可变为茶褐色甚至黑色，有较湿润光泽，长时间干燥后变为无定形粉状物
膨胀变形	变形位移翘曲	由于膨胀而使混凝土结构工程发生整体变形、移位、弯曲翘曲等病象

第六节　普通水泥混凝土质量的测试、检验及控制

一、混凝土强度测试

1. 快速强度试验

(1)温水法

为三个方法中最简单的一种，是将标准圆柱体连模养护于温度保持35℃的水浴中24h。这个方法的局限性是，与标准温度下湿养24h的相比，强度增长不多。在20世纪70年代，美国陆军工兵部队曾对温水法的价值进行过大量的研究。研究所得结论为：用该法快速测定强度对常规的混凝土质量控制是可以信赖的。

(2)沸水法

这个方法为：将圆柱试体正常养护24h，然后放入100℃沸水的水浴中3(1/2)h，再待1h后测试。这是三种方法中用得最为普遍的一种，因为与24h温水法相比，在28(1/2)h所达到的强度要大得多，因此能够将圆柱试体运至中心实验室进行强度测试，可以省掉一个工地试验室。早在20世纪70年代，这个方法就在加拿大Labrador的Churchill Falls工程上成功地用于在实验室中研究混凝土的配合比，并在大量的堤堰、溢水口以及大型地下电站中检验所用的混凝土质量。

(3)自然养护法

该法是将圆柱试体在成型后立即置于隔热的容器内经48h再测试强度。不供给外界热源，仅仅是依靠水泥的水化热来加速强度的增长。同样，在养护期结束时所达到的强度也不高。另外，其精确度是三种方法中最差的一个。这个方法曾经在加拿大多伦多电视塔施工时被用作质量控制规程中的一个组成部分。该工程于1974年竣工，总共浇灌了30 580m^{3}用滑模法施工的混凝土，达475m的高度。在这个世界上最高的桅塔式高耸结构的混凝土质量控制以及总体结构的安全度方面，这个快速强度试验方法被认为是发挥了重要作用的。

2. 现场试验和非破损试验

现场试验可以分为两类：第一类是试图测出混凝土的某些性能，再估算出强度、耐久性和弹性性质；第二类是要探测钢筋的位置、尺寸和四周情况，捣固不足的面积、空洞和裂缝以及现浇混凝土中所含的水分。关于估测强度的试验方法，Malhotra认为一定要在实验室用现场实用的材料和配合比，在要估测的强度指标与现场试验或非破损试验(NDT)测试结果之间建立起明确的相互关系，否则这些方法不能用于预测强度。不过，作为大型工程上混凝土保证质量的部分测试项目，已经证明这些方法毫无疑问是有价值的。

(1)表面硬度试验法

表面硬度试验法主要是在标准条件下用规定的冲击能撞击混凝土的表面，测量所得印痕的尺寸或回弹的高度。其中，最为常见的是应用Schmidt回弹仪的方法。这种仪器的构造是有一个用弹簧加力的冲锤，它可以沿冲杆上下活动。将冲杆对准混凝土表面压入套筒时，可使弹簧拉长。当冲锤完全缩进套筒，弹簧自动弹回，就将冲锤对混凝土表面进行冲击。而后，这个由弹簧加力的冲锤又回弹到一定距离，再从刻度尺按照指针读出回弹数。在ASTMC805中对这个方法的标准操作规程有详细的规定。

Schmidt 回弹法简单易行，为现场检验硬化混凝土的匀质性提供了一个快速而经济的方法。但测试结果受到表面的光滑度、碳化程度和含水率、试样的尺寸和龄期以及混凝土中粗集料类别的影响。据 Malhotra 的资料，使用率定适当的回弹仪，以预计混凝土实验室试样的强度，其精确度为±15%～±20%，在混凝土结构上则为±25%。

(2)贯入抗力试验技术

用以测定混凝土贯入抗力的仪器主要为一台用炸药的击发装置。当前，通常使用的系统称作 Windsor 探针(Windsor Probe)。在这个系统中，用一个炸药击发装置将一硬质合金探针打入混凝土，露出在外面的探针长度，即可作为混凝土贯入抗力的量度。同样，由于测试面积小的缘故，探针试验结果的跳动就较对比试样标准抗压强度试验结果的要大。但是，这个方法对于测定混凝土早期强度的相对增长速率是非常适合的，特别是对决定拆模时间更加适宜。ASTMC803 规定有该方法的标准试验规程。

(3)拔出试验

拔出试验是将一根特殊形状、粗端埋入新拌混凝土中的钢质预埋件从混凝土中拔出的一种试验，利用测力计测量拔出所需的力。由于预埋件形状的缘故，埋入的预埋件是与一块圆锥形的混凝土一起被拉出去的，所以在测试后必然将混凝土表面进行修补。但如果是用以决定安全拆模时间的，则不需要使拔出的装置将混凝土拉掉，而是在测力计上达到预定的拔出力后，即可结束试验。此时拆模应该是安全的。

在试验过程中，混凝土受到剪切、拉力或者两者兼而有之，逐渐会在与拔出方向成 45°左右的角度产生圆锥形裂纹。拔出强度在 20%抗压强度这个数量级，或许也是直接剪切强度的一个量度。与贯入抗力试验相似，拔出试验也是用以测定混凝土早期强度发展和安全拆模时间极为良好的一种办法。这个方法同样是简单易行，而且也是快速的。拔出试验的主要优点是可在现场直接测出混凝土的强度。其不足之处主要是与其他的现场试验不一样，拔出试验必须要在预先作出计划安排。不过，已在研究新的拔出试验方法来解决这个问题。ASTMC900 对这个方法规定有适当的试验规程。

(4)超声脉冲速度试验

超声波脉冲速度试验是测量一个超声波通过混凝土的传播时间，用电子仪器测出从脉冲开始发生至接收到的时间，再将探头的间距除以所测得的传播时间，即可得出声波的传播速度。脉冲速度与强度之间的相互关系受到如混凝土的龄期、含水率、骨灰比、集料类别以及钢筋位置等不少变数的影响。试图在脉冲速度测试数据与混凝土强度之间建立起明确的相关性，一般都不太成功。在 ASTMC597 中规定有适用的仪器及标准操作规程。

(5)成熟度仪

在成熟度概念中作为依据的基本原理是混凝土的强度为随时间、温度而变化的函数。由此而产生的成熟度仪，就是通过随时记录混凝土随时间的温度变化来估测混凝土强度的。

(6)除强度以外的性能检测方法

保护层测定仪和测厚仪都是一种磁性装置，所依据的原理是钢的存在会对电磁场产生影响，它们可用以确定混凝土保护层的厚度以及钢筋的位置。现在已越来越多地采用电学的方法来检测已建工程上的混凝土(如决定钢筋的锈蚀程度或者混凝土的含水率)。可以采用射线照相技术来测出钢筋的位置和四周情况、空洞、离析以及开裂。正在发展的脉冲—回波技术可用以测出混凝土中的孔洞以及内部断开的不连续部位。

(7)钻芯试件试验

用现场试验或非破损试验方法，可以在费用较少的条件下，有效地获得相当数量初步的试验数据。当通过这些试验表明混凝土内部有开裂或者薄弱的部位时，就需要用回转式金刚石钻机钻取试样直接进行强度测试(ASTMC42)。一般，钻芯试件强度均低于标准养护的混凝土圆柱试件的强度，特别是高强度混凝土更为明显。在水泥用量大、水化热相应较高的场合，浇筑就位的大截面混凝土就易于在粗集料与水化水泥浆体之间的过渡区内产生微裂纹。因此，钻芯试件强度与圆柱试件强度之比要随混凝土强度的提高而有所降低。钻芯试件的强度还会随其在结构上所处的位置而定。通常，从靠近结构构件顶面取得的钻芯试件比底部的强度要差一些。

二、普通水泥混凝土的质量检验与控制

评价混凝土质量的一个重要指标是混凝土强度(主要指抗压强度)，因为它能较综合地反映混凝土的各项质量指标。

混凝土强度受多种因素影响。每种组成材料的性能及其配比的变异、搅拌、运输、成型和养护等工艺条件的变异，都会引起混凝土强度的波动，且其波动具有一定规律可循，即它的取值分布在一定的区间内，并以不同的概率出现。

一般可认为混凝土强度的分布服从正态分布。评定混凝土质量好坏的数量标志是混凝土强度的平均值和标准差或变异系数。

在道路与桥梁工程中，判断混凝土质量的强度，通常是在标准条件下，养护28d龄期的立方体试件的抗压强度(或梁式试件的抗弯拉强度)来表示。

1.混凝土强度统计方法

1)特征值

(1)平均值

$$\overline{x}=\frac{x_1+x_2+\cdots+x_n}{n}=\frac{\sum_{i=1}^{n}x_i}{n} \tag{2-72}$$

式中：$\overline{x}$——强度平均值；

x_1、x_2、…、x_n——第1、2、…、n组试件强度测定值；

n——试验组数。

(2)标准差

衡量混凝土强度波动性(离散性)大小的指标，称为标准差。

$$\sigma_{n-1}=\sqrt{\frac{\sum_{i=1}^{n}(x_i-\overline{x})}{n-1}}=\sqrt{\frac{1}{n-1}\left(\sum_{i=1}^{n}x_i^2-n\cdot\overline{x}^2\right)} \tag{2-73}$$

式中：σ_{n-1}——标准差(又称标准离差，均方差等)；

$\overline{x}$——强度平均值。

(3)变异系数

表示离散性大小的相对指标称变异系数(C_v)。

$$C_v=\frac{\sigma_{n-1}}{\overline{x}}\times 100\% \tag{2-74}$$

2)正态分布

混凝土强度的波动规律,基本上可视为正态分布(图 2-53)。正态分布曲线有正态概率密度函数:

$$\varphi(x)=\frac{1}{\sqrt{2\pi}\sigma}\mathrm{e}^{-\frac{(x-u)^2}{2\sigma^2}} \tag{2-75}$$

式中:x——从总体分布中抽出的随机样本值;

e——2.718,为自然对数底;

u——曲线最高点对应的横坐标值,称为正态分布的均值;

σ——正态分布的标准差,其大小表示曲线的胖瘦程度,见图 2-54。

对于正态分布,其样本值 x 落入任意区间(a,b)的概率 $P(a<x<b)$是明确的。它等于当 $x_1=a$、$x_2=b$ 时,横坐标和曲线 $\varphi(x)$ 所夹的面积,如图 2-53 中阴影部分所示,可用以下分布函数表示

$$P(a<x<b)=\frac{1}{\sqrt{2\pi}\sigma}\int_a^b \mathrm{e}^{\frac{-(x-u)^2}{2\sigma^2}}\mathrm{d}x \tag{2-76}$$

根据式(2-76)可以求出:

①落在$(\mu-\sigma,\mu+\sigma)$的概率是 68.3%;

②落在$(\mu-2\sigma,\mu+2\sigma)$的概率是 95.4%;

③落在$(\mu-3\sigma,\mu+3\sigma)$的概率是 99.7%;

④曲线 $\varphi(x)$ 与 x 轴之间的全部面积等于 1,即落在$(-\infty,+\infty)$的概率是 100%。

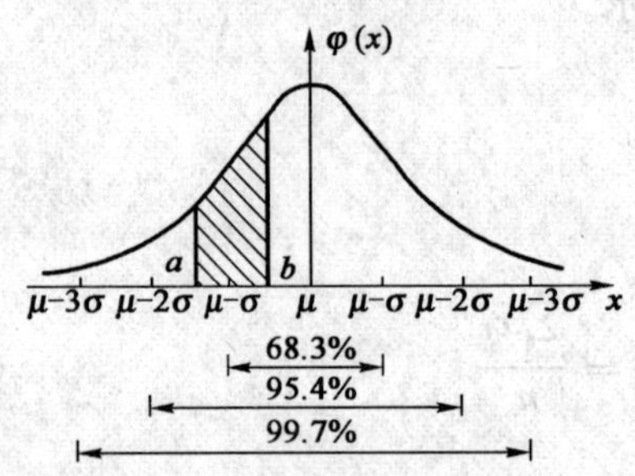

图 2-53 不同 x 值范围内正态分布的面积

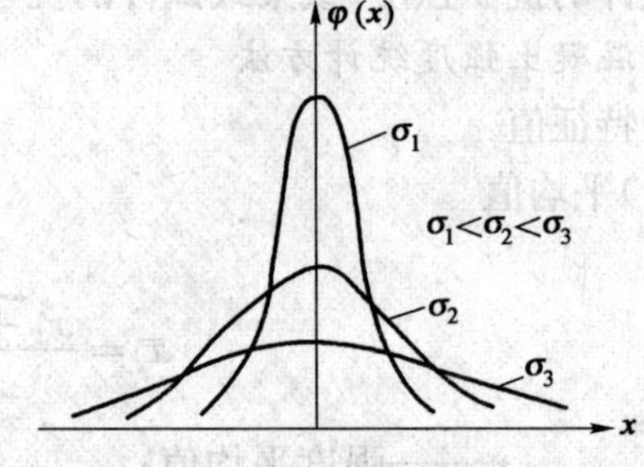

图 2-54 不同 σ 值的正态分布

3)保证率

强度保证率是指混凝土强度总体中大于设计强度 R_{d}的概率,以正态分布曲线部分的阴影部分来表示,见图 2-55。

混凝土强度保证率 P(%)的计算方法如下:先根据混凝土设计强度等级 R_{d}、强度平均值 $\overline{R}$ 、变异系数 C_{v}或标准差 σ,计算出概率度 t(t 又称为保证率系数)。

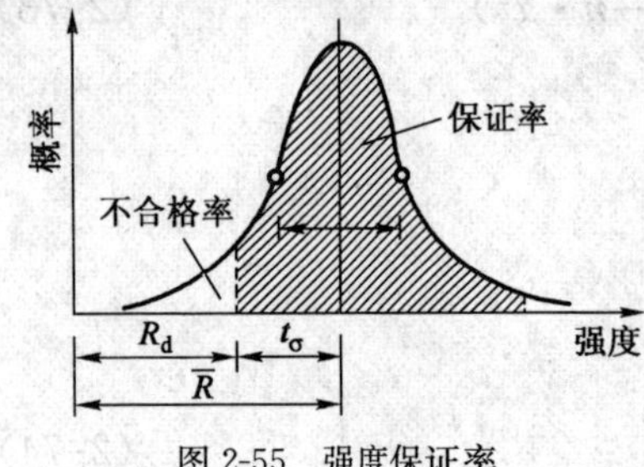

图 2-55 强度保证率

$$t=\frac{R_{\mathrm{d}}-\overline{R}}{\sigma}=\frac{R_{\mathrm{d}}-\overline{R}}{C_{\mathrm{v}}\overline{R}} \tag{2-77}$$

则强度保证率:

$$P=\frac{1}{\sqrt{2\pi}}\int_t^{+\infty}\mathrm{e}^{\frac{-t^2}{2}}\mathrm{d}t \tag{2-78}$$

也可以利用表 2-14 查出强度保证率 P(%)。

2. 混凝土质量控制的主要内容

(1)原材料质量控制

对于制作混凝土的原材料,必须按有关标准的规定进行合格检验。由于混凝土的原材料大多数是非均质材料,材料质量差异很大,在使用过程中,要按有关规定定期抽样检查,并随时掌握其变化规律,并拟订相应的对策措施。例如,砂、石的含泥量超出标准要求时,应坚持筛选或采取其他有效措施。

(2)混凝土拌和物的质量控制

在混凝土生产过程中,各种材料计量的误差和集料含水率变化,加之搅拌均匀程度,都会使混凝土强度产生波动。这种波动可用混凝土拌和物的和易性和水灰比来反映。为了及时、直观地获得混凝土拌和物的质量信息,在生产过程中,可绘制混凝土和易性控制图和水灰比控制图。

(3)混凝土强度控制

影响混凝土强度的因素很多,如配制强度的合理程度、原材料质量变异、配料计量误差、生产工艺过程、养护条件和试验误差等对混凝土质量的影响都综合地反映到混凝土强度上来。因此,应对混凝土强度进行有效控制,使其达到规范、标准要求的质量。这是进行混凝土质量控制的重要环节之一。

3. 混凝土强度的早期推定

采用28d立方体抗压强度,不能满足及时控制和判定混凝土质量的要求。一般采用快速推定混凝土强度的试验方法。可采用"1h促凝压蒸法"及"4h压蒸养护法"进行混凝土强度(抗压或抗折)快速试验,并按事先通过专门试验建立的混凝土1h强度(或4h强度)与混凝土28d强度之间的关系式,推定计算其28d的混凝土抗压(或抗折)强度。

4. 混凝土强度的评价方法

(1)统计方法评定(已知标准差)

当混凝土生产条件在较长时间内能保持一致且同一品种混凝土的强度变异性能保持稳定时,应由连续的三组试件代表一个验收批。其强度应同时满足式(2-79)～式(2-82)或式(2-83)的要求。

$$m_{fcu} \geqslant f_{cu,k} + 0.7\sigma_0 \tag{2-79}$$

$$f_{cu,min} \geqslant f_{cu,k} - 0.7\sigma_0 \tag{2-80}$$

当混凝土强度等级不高于C20时,其强度最小值尚应满足下式的要求:

$$f_{cu,min} \geqslant 0.85 f_{cu,k} \tag{2-81}$$

当混凝土强度等级高于C20时,其强度最小值尚应满足下式的要求:

$$f_{cu,min} \geqslant 0.90 f_{cu,k} \tag{2-82}$$

式中:m_{fcu} ——同一验收批混凝土立方体抗压强度的平均值,MPa;

$f_{cu,k}$ ——混凝土立方体抗压强度标准值,MPa;

$f_{cu,min}$ ——同一验收批混凝土立方体抗压强度的最小值,MPa;

σ_0 ——验收批混凝土强度的标准差,应根据前一个检验期(不超过3个月)内同一品种混凝土试件强度数据,按式(2-83)计算:

$$\sigma_0 = \frac{0.59}{m}\sum_{i=1}^{m}\delta_{f_{cu,i}} \tag{2-83}$$

式中：$\delta_{f_{cu,i}}$ ——前一检验期内第 i 批混凝土试件中强度最大值与最小值之差，MPa；

m——前一检验期内验收批的总批数，$m\geqslant 15$。

(2)统计方法

当混凝土的生产条件在较长时间内不能保持一致且混凝土强度变异性不能保持稳定时，或在前一个检验期内的同一品种混凝土没有足够的数据用以确定验收批混凝土立方体抗压强度的标准差时，应由不少于10组的试件组成一个验收批，其强度应同时满足下列公式的要求：

$$m_{fcu}-\lambda_1 S_{fcu}\geqslant 0.9 f_{cu,k} \tag{2-84}$$

$$f_{cu,min}\geqslant \lambda_2 f_{cu,k} \tag{2-85}$$

式中：λ_1、λ_2 ——合格判定系数，按表2-39选用；

S_{fcu} ——验收批混凝土强度的标准差，MPa，按下式计算，当 S_{fcu} 的计算值小于 $0.06 f_{cu,k}$ 时，取 $S_{fcu}=0.06 f_{cu,k}$ 。

混凝土强度的合格判定系数 表2-39

试件组数	10～14	15～24	≥25
λ_1	1.70	1.65	1.60
λ_2	0.90	0.85	

$$S_{cu,k}=\sqrt{\frac{\sum_{i=1}^{n} f_{cu,i}^2-mm_{fcu}^2}{n-1}} \tag{2-86}$$

式中：$f_{cu,i}$ ——验收批第 i 组混凝土试件的强度值，MPa；

n——验收批混凝土试件的总组数。

本章参考文献

[1] 李继业，刘福臣，林世乐. 道路工程常用混凝土实用技术手册[M]. 北京：中国建材工业出版社，2008.

[2] 汪澜. 水泥混凝土：组成、性能、应用[M]. 北京：中国建材工业出版社，2005.

[3] 姚祖康. 水泥混凝土路面设计理论和方法[M]. 北京：人民交通出版社，2003.

[4] 孙廷选. 水泥混凝土路面设计与施工技术[M]. 郑州：黄河水利出版社，2005.

[5] 李继业，葛兆生，姜金名. 特殊性能新型混凝土技术[M]. 北京：化学工业出版社，2007.

[6] 姚燕，王玲，田培. 高性能混凝土[M]. 北京：化学工业出版社，2006.

[7] 科斯马特，柯克霍夫，帕纳雷斯. 混凝土设计与控制[M]. 钱觉时，译. 重庆：重庆大学出版社，2005.

[8] 苏达根. 水泥与混凝土工艺[M]. 北京：化学工业出版社，2005.

[9] 库马・梅塔，保罗 J. M. 蒙特罗. 混凝土：微观结构性能和材料[M]. 覃维祖，王栋民，丁建彤，译. 北京：中国电力出版社，2008.

[10] 公路工程水泥混凝土相关标准规范汇编[M]. 北京：人民交通出版社，中国标准出版社，2008.

第三章　聚合物改性水泥混凝土

聚合物应用于水泥混凝土主要有三种方式：一是聚合物浸渍水泥混凝土，二是聚合物混凝土，三是聚合物改性水泥混凝土。

聚合物浸渍水泥混凝土是把成型的水泥混凝土构件通过干燥及抽真空排除混凝土结构空隙中的水分及空气，然后把混凝土构件浸入聚合物单体溶液中，使聚合物单体溶液进入结构孔隙中，通过加热或施加射线使单体在混凝土结构孔隙中聚合形成聚合物结构。这样聚合物就填充了混凝土中的结构孔隙，并改善了混凝土的微观结构，从而使其使用性能得到改善。

聚合物浸渍混凝土与普通混凝土相比，其性能有如下改善：

(1)抗压强度可提高 3 倍；

(2)抗拉强度可提高近 3 倍；

(3)弹性模量可提高 1 倍；

(4)抗破裂模量增加近 3 倍；

(5)抗折弹性模量增加近 50%；

(6)弹性变形减少 90%；

(7)硬度增加超过 70%；

(8)渗水性几乎变为 0；

(9)吸水性大大降低。

某些试验研究报告称，聚合物浸渍水泥混凝土的应力—应变性能接近线性，混凝土的耐久性，抗冻融能力，抗硫酸盐、酸、碱侵蚀能力都得到了明显的改善。

聚合物浸渍水泥混凝土由于其良好的力学性能、耐久性及抗侵蚀能力，主要用于受力的混凝土及钢筋混凝土结构构件以及对耐久性及抗侵蚀有较高要求的地方，如混凝土船体，近海钻井混凝土平台等。虽然聚合物浸渍水泥混凝土有良好的力学性能，但由于聚合物浸渍工艺复杂，成本较高，混凝土构件需预制，并且构件尺寸受到限制，因而其应用并不太广泛，主要在特殊情况下使用。

聚合物混凝土是以聚合物为结合料与砂石等集料形成的混凝土。大部分情况下是把聚合物单体与粗集料拌和，通过单体聚合把粗集料结合在一起，形成整体。这种聚合物混凝土如同普通混凝土一样，也可用预制或现浇的方法施工。由于聚合物混凝土有良好的力学性能、耐久性及普通混凝土无法比拟的某些特殊性质(如速凝等)，所以大部分情况下用于抢修等特殊用途，也可用于喷射混凝土。据报道，10～15min 聚甲基丙烯酸甲酯(PMMA)喷射混凝土的强度可达 700MPa。

聚合物混凝土所用的聚合物有环氧树脂、脲醛树脂、糠醛树脂、聚合链上接有苯乙烯的聚酯等。由于混凝土的结合完全靠聚合物，所以聚合物的用量较大，一般多达整个混凝土质量的 8%左右。因此，聚合物混凝土的价格昂贵，目前还不能用于普通建筑工程，多用于特殊工程。

聚合物改性水泥混凝土是在水泥混凝土成型过程中掺加一定量的聚合物，从而改善混凝土的性能，提高混凝土的使用品质或使混凝土满足工程的特殊需要。与其他水泥混凝土改性措施（如加纤维水泥混凝土等）相比，聚合物改性水泥混凝土有下述明显的优点：

(1)水泥混凝土的力学性能得到了改善，尤其是抗折强度提高，而抗压强度降低，抗压强度/抗折强度的比值减小；

(2)混凝土的刚性（或者说脆性）降低，变形能力增大，对许多工程很有利；

(3)混凝土的耐久性与抗侵蚀能力也有一定程度的提高；

(4)由于聚合物改性水泥混凝土良好的黏结性，特别适合于破损水泥混凝土的修补工程；

(5)完全适应现有的水泥混凝土制造工艺过程；

(6)成本相对较低。

聚合物改性水泥混凝土的改性效果，尤其是对混凝土力学性能的改善一般不如聚合物浸渍混凝土的改性效果明显。同时，采用的聚合物不同，改性效果也不同。但由于其工艺简单，使用方便，采用预掺聚合物的方法来改性水泥混凝土得到了越来越广泛的应用，将来很有可能在水泥混凝土这一建筑材料领域起非常重要的作用。

第一节　聚合物基础

一、聚合物分类

聚合物是指由许多大分子所组成的物质。组成该大分子的重复单元数很多，增减几个单元，并不会明显影响其物理性质。当重复单元数很多时，称此聚合物为高聚物；而当重复单元数较少且增减几个单元会对其物理性质有较明显影响时，称此聚合物为低聚物。

构成聚合物分子链的价键（单元体之间的连接）一般是共价键或者主要是共价键或配位键。但聚合物分子链之间的连接也可以是范德华键（由范德华力构成）、氢键、离子键或金属键。

按照构成聚合物单元体的原子种类，聚合物可分为有机聚合物和无机聚合物。大多数有机聚合物的分子键仅由碳原子(C)、氢原子(H)构成，有时还有氧原子(O)和氮原子(N)。能形成无机聚合物的元素有硼(B)、硅(Si)、硫(S)、磷(P)、锗(Ge)、砷(As)、硒(Se)、锡(Sn)、碲(Te)、锝(Tc)、铋(Bi)、钋(Po)等。当聚合物链是由上述元素所构成时，称其为无机聚合物。

按照聚合物的来源，可区分为天然聚合物（如纤维素、天然橡胶等）和合成聚合物（如聚乙烯、聚氯乙烯等），有时还划分出人造聚合物。这是用化学改性方法由天然聚合物制得的一类聚合物，如用氯甲基化方法由纤维素制得的甲基纤维素。

在高分子化学工业中，按聚合物的性能和用途，将聚合物分成橡胶、纤维和塑料三大类。

橡胶的特性是室温下弹性高，在很小的外力作用下能产生很大的变形（可达 1 000%）；外力除去后，能迅速恢复原状；形变模量小，通常为 100～1 000kPa。常用的橡胶有天然橡胶（聚异戊二烯）、丁苯橡胶、顺丁橡胶（聚丁二烯）等。

纤维的形变模量较大，为 103～104MPa，受力时变形较小，一般只有百分之几到二十。

塑料的形变模量介于橡胶和纤维之间，为 10～100MPa。温度稍高时，受力变形可达百分之几十到几百。部分变形是可逆的，部分则是永久变形。黏度、延展性和形变模量都与温度有直接关系，反映出塑性行为。根据受热时行为的不同，又可将塑料分为热塑料和热固性塑料两类。

合成塑料中未成型加工前的原始聚合物，在工程技术上可称为合成树脂。

按聚合物链的化学结构，聚合物可分为碳链聚合物、杂链聚合物和元素有机高分子三类。

(1)碳链聚合物。大分子主链完全由碳原子组成。绝大部分烯类和二烯类聚合物都属于这类，见表3-1。

碳 链 聚 合 物 表3-1

聚合物	符号	重复单元	单体
聚乙烯	PE	$-CH_2-CH_2-$	$CH_2=CH_2$
聚丙烯	PP	$-CH_2-CH(CH_3)-$	$CH_2=CH(CH_3)$
聚异丁烯	PIB	$-CH_2-C(CH_3)_2-$	$CH_2=C(CH_3)_2$
聚苯乙烯	PS	$CH_2-CH(C_6H_5)-$	$CH_2=CH(C_6H_5)$
聚氯乙烯	PVC	$-CH_2-CH(Cl)-$	$CH_2=CH(Cl)$
聚偏氯乙烯	PVDC	$-CH_2-CCl_2-$	$CH_2=CCl_2$
聚氟乙烯	PVF	$-CH_2-CH(F)-$	$CH_2=CH(F)$
聚四氟乙烯	PTFE	$-CF_2-CF_2-$	$CF_2=CF_2$
聚丙烯酸	PAA	$-CH_2-CH(COOH)-$	$-CH_2=CH(COOH)$
聚丙烯酰胺	PAM	$-CH_2-CH(CONH_2)-$	$CH_2=CH(CONH_2)$
聚丙烯酸甲酯	PMA	$-CH_2-CH(COOCH_3)-$	$CH_2=CH(COOCH_3)$
聚甲基丙烯酸甲酯	PMMA	$-CH_2-C(CH_3)(COOCH_3)-$	$CH_2=C(CH_3)(COOCH_3)$
聚合丙烯腈	PAN	$-CH_2-CH(CN)-$	$CH_2=CH(CN)$
聚乙烯乙酸酯	PVAC	$-CH_2-CH(COOCH_3)-$	$CH_2=CH(COOCH_3)$

续上表

聚合物	符号	重复单元	单体
聚乙烯醇	PVA	$-CH_2-CH(OH)-$	$CH_2=CH(OH)$
聚丁二烯	PB	$-CH_2-CH=CH-CH_2-$	$CH_2=CH-CH=CH_2$
聚异戊二烯	PIB	$-CH_2-C(CH_3)=CH-CH_3$	$CH_2=C(CH_3)-CH=CH_2$
聚氯丁二烯	PCB	$-CH_2-C(Cl)=CH-CH_2-$	$CH_2=C(Cl)-CH=CH_2$

(2)杂链聚合物。大分子链中除碳原子外，还有氧、氮、硫等杂原子，如聚醚、聚酯等（表3-2）。酚醛树脂主链中除碳原子外，还有环，也归入杂链聚合物。

杂链聚合物和元素有机聚合物 表3-2

聚合物	重复单元	单体
聚氨酯	$O(CH_2)_2O-C(=O)NH(CH_2)_6NHC(=O)-$	$HO(CH_2)_2OH+OCN(CH_2)_6NCO$
聚脲	$-NH(CH_2)_6NH-C(=O)NH(CH_2)_6NHC(=O)-$	$NH_2(CH_2)_6NH_2+OCN(CH_2)_6NCO$
脲醛树脂	$-NHC(=O)NH-CH_2-$	$NH_2C(=O)NH_2+HCHO$
酚醛树脂	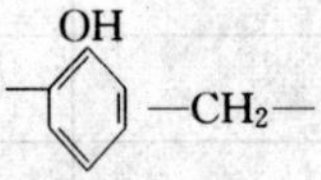 $-C_6H_3(OH)-CH_2-$	 $C_6H_5OH+HCHO$
聚硫橡胶	$-CH_2CH_2-S(=S)-S(=S)-$	$ClCH_2CH_2Cl+Na_2S_4$
硅橡胶	$-O-Si(CH_3)_2-$	$Cl-Si(CH_3)_2-Cl$
聚甲醛	$-O-CH_2-$	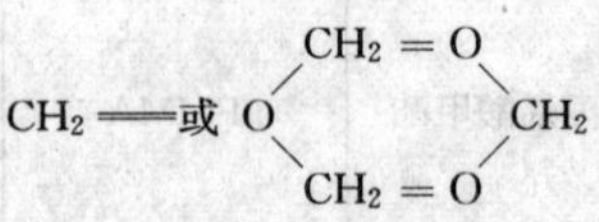 $CH_2=O$ 或 三聚甲醛（环状 $(CH_2O)_3$）
聚环氧乙烷	$-O-CH_2-CH_2-$	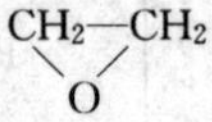 环氧乙烷 CH_2-CH_2（经O成环）
聚环氧丙烷	$-O-CH_2-CH(CH_3)-$	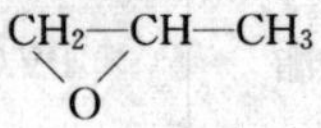 环氧丙烷 $CH_2-CH-CH_3$（经O成环）

续上表

聚 合 物	重 复 单 元	单 体
聚双(氯甲基)丁氧环	$-O-CH_2-C(CH_2Cl)(CH_2Cl)-CH_2-$	$Cl-CH_2-C(CH_2Cl)-CH_2$（CH_2-O 成环）
聚二甲基苯撑氧	$-O-C_6H_2(CH_3)_2-$	$HO-C_6H_3(CH_3)_2$
涤纶	$-OCH_2CH_2O-\overset{O}{\overset{\Vert}{C}}-C_6H_4-\overset{O}{\overset{\Vert}{C}}-$	$HOCH_2CH_2OH+HOOC-C_6H_4-COOH$
环氧树脂	$-O-C_6H_4-C(CH_3)_2-C_6H_4-O-CH_2\underset{OH}{CH}CH_2-$	$HO-C_6H_4-C(CH_3)_2-C_6H_4-OH+CH_2CHCH_2Cl$（$CH_2CH$ 间以 O 成环）
聚碳酸酯	$-O-C_6H_4-C(CH_3)_2-C_6H_4-O-\underset{O}{\underset{\Vert}{C}}-$	$HO-C_6H_4-C(CH_3)_2-C_6H_4-OH+COCl_2$
聚砜	$-O-C_6H_4-C(CH_3)_2-C_6H_4-O-C_6H_4-SO_2-C_6H_4-$	$HO-C_6H_4-C(CH_3)_2-C_6H_4-OH+$ $Cl-C_6H_4-SO_2-C_6H_4-Cl$
纤维素	$-O-C_6H_{10}O_4-O-C_6H_{10}O_4-$（两个葡萄糖环，含 CH_2OH、OH、H）	葡萄糖（环状，含 CH_2OH、OH、H）
尼龙-66	$-NH(CH_2)_6NH-CO(CH_2)_4CO-$	$NH_2(CH_2)_6NH_2+HOOC(OH_2)_4COOH$
尼龙-6	$-NH(CH_2)_5CO-$	$NH(CH_2)_5CO$（环状）

(3)元素有机聚合物。大分子链中没有碳原子，主要由硅、硼、铝、氧、氮、硫、磷等原子组成，但侧基却由有机基团组成，如甲基、乙基、乙烯基、芳基等。有机硅橡胶就是典型的例子(表 3-2)。

若主链和侧基均无碳原子，则称为无机高分子。

二、结构特性

聚合物按其分子结构的形式有线形、支链和交联大分子结构。线形、支链和交联大分子结构形态示意图如图 3-1 所示。

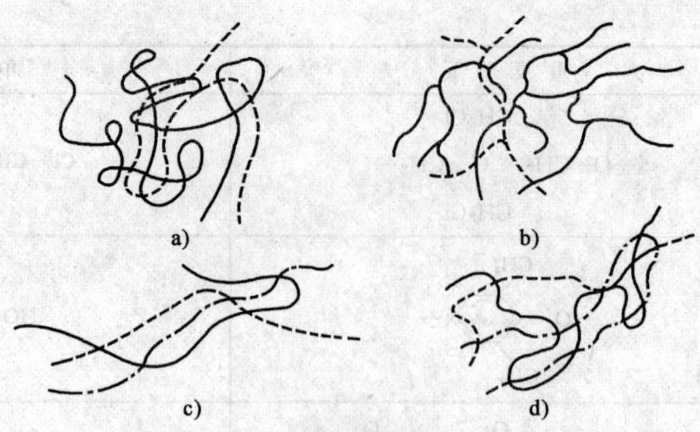

图 3-1　聚合物大分子结构形态示意图

a)线形；b)支链；c)交联少的网状结构；d)交联多的网状结构

三、改性用聚合物

用于水泥混凝土改性的聚合物的形态，可以是聚合物单体、聚合物乳液及聚合物粉末，但最常用(或者说使用最方便)，改性效果最好的是聚合物乳液。

聚合物可以不同形态用于水泥砂浆或水泥混凝土的改性，改性效果虽然与聚合物的形态有一定的关系，但主要取决于聚合物(聚合物颗粒的团聚或聚合物单体的聚合)与硬化水泥浆体形成的整体结构状态。

在水泥砂浆或水泥混凝土改性中使用最为广泛的是聚合物胶乳，或称为聚合物乳液。用聚合物胶乳进行改性是在水泥砂浆或水泥混凝土拌和成型时拌入(大多数情况下是胶乳与水先拌和，然后再与集料拌和)，聚合物胶乳在水泥混凝土凝结硬化过程中脱水在混凝土中形成结构，并可能影响水泥的水化过程及水泥混凝土的结构，从而对水泥砂浆或水泥混凝土的性质起到改善作用。聚合物可以是单聚体、双聚体或多聚体。聚合物胶乳中包括有聚合物颗粒(尺寸为 0.1～1μm)、乳化剂、稳定剂、分散剂等及水溶液，其中含有少量的气泡。其总固体成分含量一般为 40％～50％。常用的聚合物胶乳见表 3-3。

用于改性的聚合物胶乳　　表 3-3

<table>
<tr><td rowspan="15">聚合物胶乳</td><td rowspan="4">弹性胶乳</td><td colspan="2">天然橡胶胶乳(NR)</td></tr>
<tr><td rowspan="3">合成橡胶胶乳</td><td>合成丁苯橡胶(SBR)</td></tr>
<tr><td>氯丁橡胶(CR)</td></tr>
<tr><td>丙烯腈丁二烯橡胶(NBR)</td></tr>
<tr><td rowspan="6">热塑性胶乳</td><td colspan="2">聚丙烯酸酯(PAE)</td></tr>
<tr><td colspan="2">聚乙烯—乙烯乙酸酯(EVA)</td></tr>
<tr><td colspan="2">聚偏氯乙烯(PVDC)</td></tr>
<tr><td colspan="2">聚乙烯乙酸酯(PVAC)</td></tr>
<tr><td colspan="2">聚乙烯丙酸酯(PVP)</td></tr>
<tr><td colspan="2">聚丙烯</td></tr>
<tr><td>热固性胶乳</td><td colspan="2">环氧树脂(EP)</td></tr>
<tr><td rowspan="3">沥青胶乳</td><td colspan="2">沥青</td></tr>
<tr><td colspan="2">橡胶浸渍沥青</td></tr>
<tr><td colspan="2">石蜡</td></tr>
<tr><td>混合胶乳</td><td colspan="2"></td></tr>
</table>

通过乳化剂的作用使得聚合物颗粒均匀地分散在水溶液中，形成乳液。同时，由于分散剂及稳定剂的作用使得乳液能在较长时间不产生离析及絮凝，保持乳液的均匀性。

乳化剂分子一端为亲水基，另一端为憎水基。憎水基一端一般为非极性的脂肪类或芳香类碳氢链，亲水基一端为极性基团。根据极性基团的性质，可将乳化剂分为阴离子型、阳离子型、两性和非离子型 4 类。

乳化剂的乳化作用在于，乳化剂分子链定向排列在聚合物颗粒的表面，其非极性基团指向聚合物颗粒，而极性基团指向分散剂(水)，降低了聚合物颗粒表面与水界面之间的界面张力，在颗粒表面形成一保护层，防止了聚合物颗粒之间的凝聚，使乳液保持稳定。由于乳液中总有一部分剩余的乳化剂分子，所以乳液被搅动时，可在乳液中形成由乳化剂包裹的气泡。乳化剂分子包裹聚合物颗粒或气泡形成乳液，如图 3-2 所示。

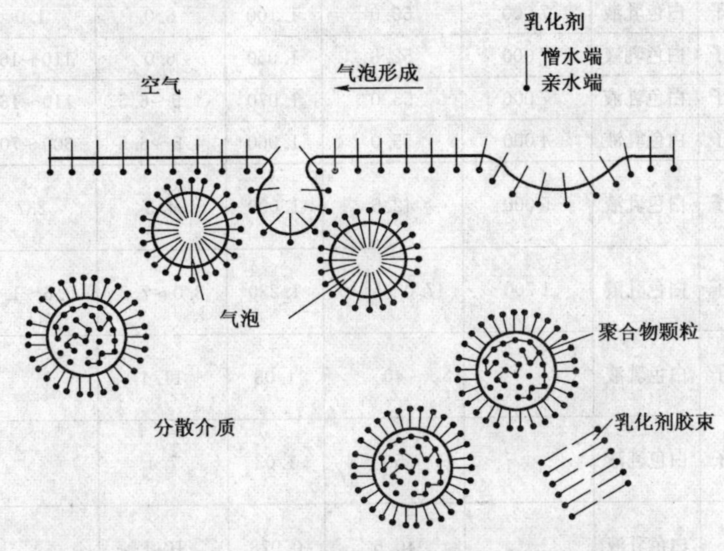

图 3-2　乳液结构及气泡形成示意图

在乳液中除了乳化剂外，还外加一定掺量的稳定剂，一般属电解质，能防止乳液颗粒絮凝，保持乳液稳定。同时，在乳液中一般还加入除气泡剂，以减少乳液在制造、运输及使用过程中由于乳化剂胶束所形成的气泡(形成原理如图 3-2 所示)，以保证乳液的质量。

聚合物乳液的溶液一般为水，含量为 30%～60%，水量过少，会因为聚合物颗粒在溶液中的过分拥挤而引起聚合物颗粒的凝结；水量过多，则由于聚合物颗粒的量太少，从而降低了聚合物乳液的使用品质。某种丁苯胶乳(SBS)乳液的组成比例如表 3-4 所示。常用聚合物乳液的物理性质如表 3-5 所示。

丁苯橡胶乳液配方示例　　表 3-4

组　成		百分比(%)	组　成		百分比(%)	组　成		百分比(%)
主要成分	丁二烯	23.2	乳化剂	歧化松香酸钾盐	1.5	还原剂	对烷过氧化氢	0.04
	苯乙烯	9.5		萘硫酸钠盐	0.03		$FeSO_4 \cdot 7H_2O$	0.01
	十三烷基硫醇	0.07		$Na_3PO_4 \cdot 12H_2O$	0.16		乙二胺四醋酸盐双钠酸	0.02
	水	65.4					脱水次硫酸钠盐	0.03

常用聚合物乳液的物理性质　表 3-5

聚合物名称	符号	稳定剂类型	外观形态	颗粒尺寸(0.1nm)	固体成分含量(%)	密度(20℃)(g/cm^3)	pH值	黏度(20℃)(Pa·s)	表面张力(20℃)(N/cm^2)
丁苯橡胶	SBR	非离子	白色乳液	2 000	16.5～49.5	1.010	10.0～11.0	1.0～1.2	32×10^{-5}
		阳离子	白色乳液	2 190	44.0～46.0	1.016	7.06	5.3	31×10^{-5}
聚丙烯酸酯	PAE	非离子	白色乳液	5 000	44.5～45.5	1.054	8.6～10.2	2.9	45×10^{-5}
		非离子	白色乳液	5 000	44.0～46.0	1.054	9.4～10.0	132.8	45×10^{-5}
		非离子	白色乳液	1 000～3 000	50.3	1.030	8.5	75～100	$(25\sim30)\times10^{-5}$
氯丁橡胶	CR	阳离子	白色乳液	1 200	50.0	1.100	9.0	1.6	35×10^{-5}
		非离子	白色乳液	7 000	50.0	1.100	6.0	1.0	30×10^{-5}
聚乙烯乙酸乙烯酯	EVA	非离子	白色乳液	7 000	52.8	1.050	6.0	110～160	75×10^{-5}
		非离子	白色乳液	7 000	55.0	1.070	1.5～6.5	110～160	75×10^{-5}
		非离子	白色乳液	4 000	55.0	1.060	4.5～6.5	300～700	$(40\sim45)\times10^{-5}$
聚乙烯乙酸酯	PVAC	非离子	白色乳液	5 000	42.5	1.090	4.3	237	44.5×10^{-5}
聚偏氯乙烯	PVDC	非离子	白色乳液	1 700	47.0～51.0	1.230	3.0～7.0	0.6～1.0	$(38\sim42)\times10^{-5}$
聚苯乙烯	PS	非离子	白色乳液		40	1.03	11.4		
聚苯乙烯丙烯酸酯	PSA	非离子	白色乳液		50	1.03	7.4		
天然橡胶	NR		白色乳液		40.6	0.978	10.1		

聚合物乳液的形成过程一般是通过乳液聚合方式而形成，即聚合物单体在水介质中由乳化剂分散成乳液状态，然后聚合物单体在乳液颗粒中发生并完成聚合。乳液颗粒由开始时的聚合物单体变成聚合物颗粒。需要指出的是，聚合后乳液的单个颗粒中可能由很多个聚合物大分子组成。

当聚合物乳液中的水被除去时，聚合物粒子(或称颗粒)则相互靠近，粒子间通过分子力的作用，相互连接在一起，形成连续的整体。这一过程可称为聚合物乳液的固体化或成过程。图3-3为其过程示意图。

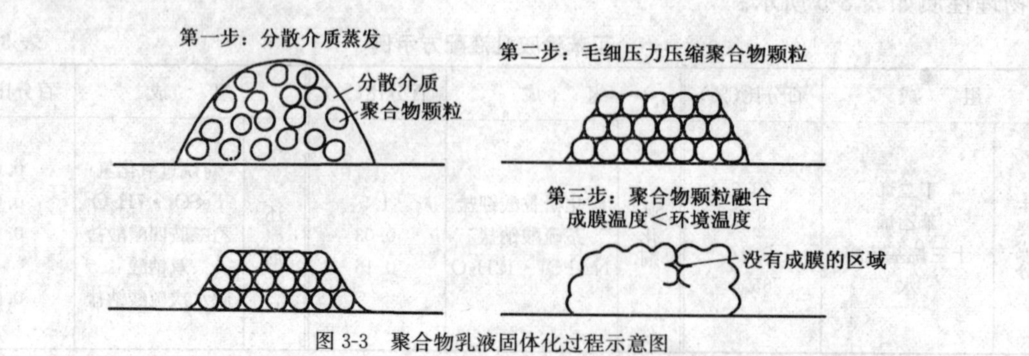

图 3-3　聚合物乳液固体化过程示意图

随着乳液中水分的减少，胶粒之间的距离也减小。当水分不断失去时，胶粒进一步相互靠近，胶粒间的相互斥力减小，直至为0，胶粒相互接触。胶粒孔隙间的毛细压力则随着水分的进一步减少而增大，胶粒被这些毛细压力推压在一起。如果此时环境温度高于聚合物的成膜温度，则这些胶粒互相熔融在一起，形成均匀的聚合物膜（或称为聚合物整体结构），在物理性质上由流体变为固体。如果此时环境温度低于聚合物成膜温度，则形成聚合物胶粒的堆集结构（图3-4）。形成的聚合物在其成膜温度以下，一般具有弹黏性，并具有较大的变形能力。但当温度降低到一定程度时，则聚合物的力学性能发生明显的变化，即变硬发脆，这一温度称为聚合物膜的玻璃化温度。几种聚合物膜的成膜温度及玻璃化温度如表3-6所示。

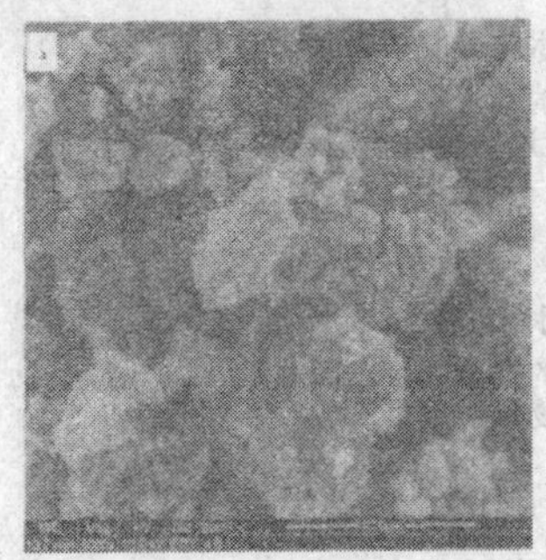

图3-4 聚合物乳液失水后形成的聚合物胶粒堆集结构

聚合物的成膜温度及玻璃化温度 表3-6

聚合物	聚丙烯酸酯	聚苯乙烯丙烯酸酯	聚苯乙烯	丁苯橡胶
密度(g/cm^3)	1.06	1.06	1.07	1.04
成膜温度(℃)	0	30	100	20
玻璃化温度(℃)	−17	11	92	

第二节 聚合物改性水泥及水泥混凝土的机理

聚合物对水泥及水泥混凝土的改性机理到目前为止还没有统一的解释。主要从以下几方面分析其改性的机理：

(1)由于聚合物的掺入引起了水泥石结构形态的改变，从而对水泥及水泥混凝土的性能起到改善作用；

(2)聚合物与水泥或水泥水化的产物发生了相互作用，从而对水泥混凝土的性能起到改善作用；

(3)聚合物的掺入会对水泥的水化及凝结硬化过程有影响，从而改变水泥混凝土的性能；

(4)由于聚合物的掺入可改善水泥砂浆或水泥混凝土的工作性，起到减水的作用，可降低水灰比，从而改善水泥混凝土的物理力学性能。

当然，随着聚合物的种类、掺量的不同，其改性效果不同，相应的改性机理也有所不同。聚合物对水泥混凝土的改性作用可能是上述几种原因之一，也可能是兼而有之。

一、水泥混凝土中的聚合物结构形成过程

以乳液形式掺加到水泥混凝土中的聚合物，在水泥混凝土搅拌均匀后，聚合物乳液颗粒会相当均匀地分散在水泥混凝土体系中。随着水泥的水化，体系中的水不断地被水化水泥所结

合，乳液中的聚合物颗粒会相互融合连接在一起（图 3-3）。随着水分的不断减少，聚合物在水泥混凝土中形成结构。

Ohama 给出了这种结构形成过程的模型，如图 3-5 所示。Ohama 把这一结构形成过程分为三个阶段。

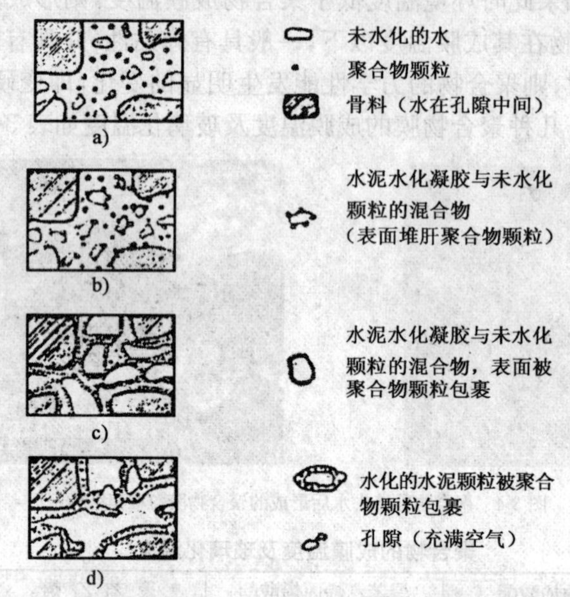

图 3-5 聚合物水泥混凝土结构形成 Ohama 模型

a)与水拌和后；b)第一步；c)第二步；d)第三步（硬化后的结构）

第一阶段：当聚合物乳液在水泥混凝土搅拌过程中掺入混凝土后，乳液中的聚合物颗粒均匀分布在水泥浆体中，形成聚合物水泥浆体。在这一体系中，随着水泥的水化，水泥凝胶逐渐形成，并且液相中的 $Ca(OH)_2$ 达到饱和状态。同时，聚合物颗粒沉积在水泥凝胶（凝胶内可包含未水化水泥）颗粒的表面。

这一过程类似于水相中的 $Ca(OH)_2$ 与矿料表面的硅酸盐反应形成一层硅酸钙凝胶的过程。

第二阶段：随着水量的减少，水泥凝胶结构在发展，聚合物逐渐被限制在毛细孔隙中。随着水化的进一步进行，毛细孔隙中的水量在减少，聚合物颗粒絮凝在一起。水泥水化凝胶（包括未水化水泥颗粒）的表面形成聚合物密封层，聚合物密封层也黏结了集料颗粒的表面及水泥水化凝胶与水泥颗粒混合物的表面。因此，混合物中的较大孔隙被有黏结性的聚合物所填充。由于水泥浆体中孔隙的尺寸在几 Å 到几千 Å 之间，而聚合物颗粒尺寸一般为 $5\times10^{-8}\sim5\times10^{-7}$m，所以这种认为聚合物颗粒主要填充在水泥浆体孔隙中的理论是可以接受的。当聚合物是聚偏氯乙烯（PVDC）乳液，聚乙烯乙酸酯—甲基丙烯酸酯乳液及氯丁橡胶（CR）乳液等具有反应活性的乳液时，在这一阶段过程中聚合物颗粒与矿物的硅酸盐表面还可能发生化学反应。

第三阶段：由于水化过程的不断进行，凝聚在一起的聚合物颗粒之间的水分逐渐被全部吸收到水化过程的化学结合水中去，最终聚合物颗粒完全融化在一起形成连续的聚合物网结构。聚合物网结构把水泥水化物连接在一起，即水泥水化物与聚合物交织缠绕在一起，从而改善了水泥石的结构形态。

并非所有的聚合物都能在水泥混凝土体系中形成如上所述的结构。Konietzko 发现有些聚合物在某些情况下不能在水泥混凝土体系中形成连续结构，以聚合物球状颗粒的形式堆积在一起。此时，聚合物仅起填充孔隙的作用。他在 Ohama 结构模型的基础上，把聚合物在水泥混凝土中的结构形成过程分为 4 个阶段，如图 3-6 所示。

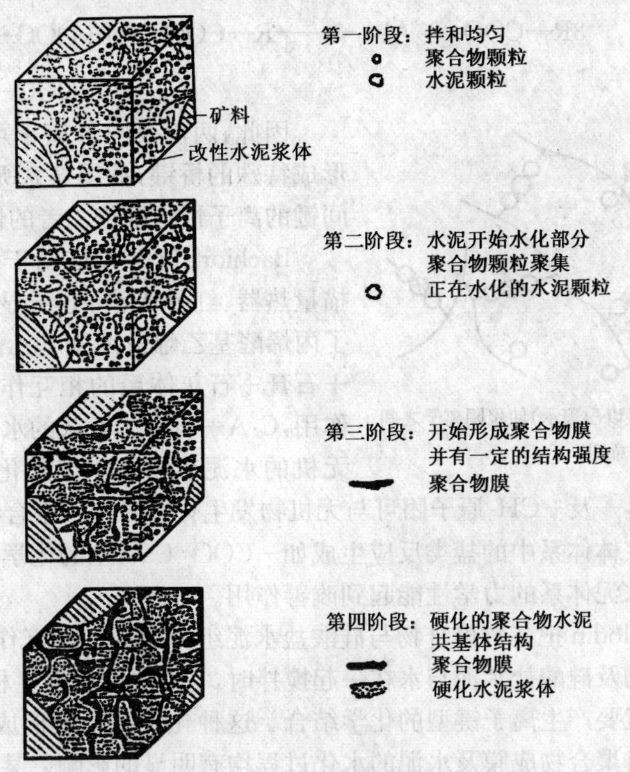

图 3-6 聚合物水泥混凝土结构形成 Konietzko 模型

在 Konietzko 模型中，开始聚合物均匀分散在水泥混凝土体系中。随着水泥颗粒的水化，由于体系中的一部分水被水化所结合，因此悬浮液中的水分被转移，聚合物颗粒开始堆积，随水泥水化的进一步进行，堆积的聚合物颗粒也越来越多，逐渐融化在一起形成聚合物膜。最终聚合物在水泥混凝土中形成空间连续的网状结构，并且硬化水泥浆体也在聚合物网孔中形成连续结构。两种网结构互相交织缠绕在一起，把水泥混凝土中的集料颗粒包裹在其中。

Ohama 结构模型与 Konietzko 结构模型的区别在于：前者认为聚合物是空间网结构，而水泥硬化浆体包裹在聚合物网中间，互不连接；而后者则认为两者都形成空间连续网结构。

二、聚合物与水泥的作用

聚合物与水泥（更确切地说是水泥水化生成物）的化学作用问题是水泥化学工艺中最主要、同时又是最诱人的问题之一，但是这一问题至今还没有得到完全解决。

聚合物与无机胶结材之间的化学作用是以可能形成离子键或共价键（或者主要是离子键或共价键）为前提。根据无机材料聚合物科学的分析可以确定，在水泥水化硬化条件下，有机聚合物与无机结合料之间，不可能形成共价化学键。当聚合物中有聚电解质的情况下，可按如下的图式（长线代表离子键），通过离子键而实现化学的相互作用。

对单价离子：

$$R—COO^- + Na^+ \longrightarrow R—COO—Na \tag{3-1}$$

对两价离子：

$$2R—COO^- + Ca^{2+} \longrightarrow R—COO—Ca—OOC—R \quad (3\text{-}2)$$

对三价离子：

$$3R—COO^- + Al^{3+} \longrightarrow R—COO—Al(—OOC—R)—OOC—R \quad (3\text{-}3)$$

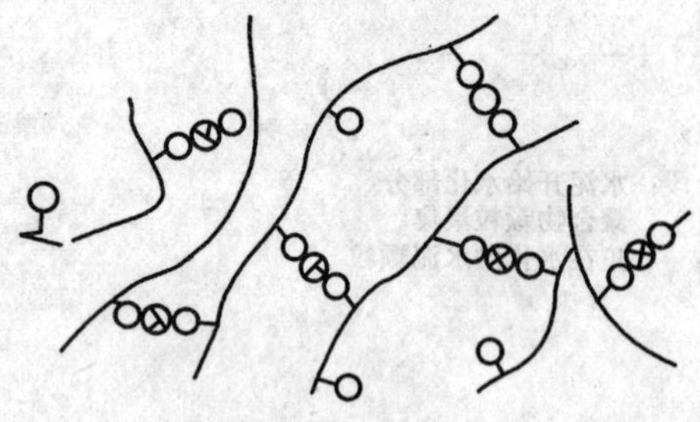

图 3-7　多价阳离子(以∋表示)使聚阴离子之间形成桥键示意图

因此，两价及三价离子可在有机聚合物链之间形成特殊的桥键，如图 3-7 所示，阳离子与阴离子之间键的离子性程度依二者的性质而变化。

Bachiorrini 等人借助于绝热微热量计、微分扫描量热器、红外光谱、电子显微镜等分析手段，分析了丙烯醛基乙烯及丙酮基乙烯类聚合物乳液与 C_3A ＋石膏＋石灰体系的相互作用，以及与 C_3S 的相互作用，C_3A＋石膏＋石灰的水化速度。同时聚合物与无机的水泥矿物及水泥水化产物可形成多种连接。聚合物中的$—CH_2—$及$—CH_3$原子团可与无机物发生化学吸附。聚合物链上的聚酯基团的水解产物可与水泥浆体体系中的盐类反应生成如$—COO^-Ca^{2+}$型的化学结合物。发生的这些化学结合必定会对水泥体系的力学性能起到改善作用。

Chandra 和 Flodin 把各种聚合物与硅酸盐水泥组分之间的相互作用分析归纳如下：当聚合物或有机化合物及硅酸盐水泥与水在一起搅拌时，它们之间就发生相互作用，在聚合物颗粒与水化产物之间就要产生离子键型的化学结合。这种化学结合键形成了连接强度，而且发生的这种化学作用对聚合物成膜及水泥的水化过程均有明显的影响。某些低分子有机物与水泥水化产物之间发生的化学结合对水泥的水化也有明显的影响。但对发生的这一类型的化学作用的机理进行详尽的描述，还需要进行深入的研究。

除了聚合物与无机的水泥水化产物发生化学作用形成离子键外，聚合物或有机化合物与无机化合物之间也可通过氢键、范德华键而相互作用，从而对水泥石及水泥混凝土的结构强度起到一定的有利作用。

聚合物与水泥水化产物的化学作用过程实际上是聚合物颗粒在无机物颗粒表面形成化合物(发生化学吸附)。聚合物分子链(阴离子型或阳离子型)在某种无机结合料颗粒表面排列的情况如图 3-8 所示。

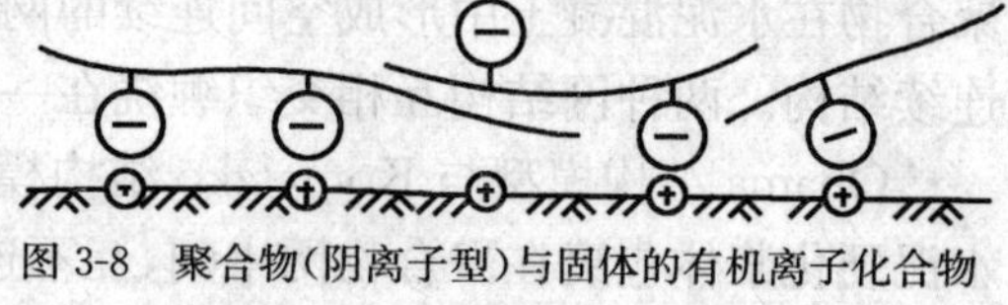

图 3-8　聚合物(阴离子型)与固体的有机离子化合物之间形成表面化合物的示意图

聚合物水泥体系中，除了聚合物与水泥之间可能发生化学作用而引起整个体系性能改变外，聚合物对水泥的水化硬化作用及过程将有影响，这在下一节进行分析讨论。同时，无机结合料水泥也对聚合物的性能有一定的影响。

在含有水泥的体系中，有机聚合物的变化主要取决于介质的碱度。杂链聚合物(主链或侧链有酯基)可能水解，已知杂链聚酯类聚合物对水解的稳定性根据构成聚酯的酸和醇的结构强烈地变化。

据研究认为，在强碱性介质中(pH 值为 12～13，模拟水泥浆体)，聚乙酸乙酯的稳定性比聚丙酸乙烯及聚甲基丙烯酸甲酯差。上述三种聚合物工业产品在强碱介质中的水解速度常数 K 值见表 3-7。

在强碱介质中几种聚合物的水解速度常数 K 表 3-7

聚　合　物	颗粒尺寸(mm)	$K[L \cdot (mol \cdot s)^{-1} \cdot 10^5]$
聚乙酸乙酯	0.23～8.2	1.40～2.85
聚甲基丙烯酸甲酯	0.3～1.4	0.88～0.92
聚丙酸乙烯	0.67～8.2	0.16～0.49

聚合物除在碱性介质中发生水解作用外，也可能发生其他形式的变化。在硅酸盐水泥＋水体系的碱性介质中，糠醇和盐酸苯胺的复合有机外加剂发生缩聚作用。但是，在碱性介质中，能进行深度缩和的单价和低聚物是很有限的。当硬化过程中的 pH 值较大时，在水泥中掺加的间苯二酚和甲苯聚混合物具有三维聚合物结构。

有机聚合物对聚合物—石膏体系有特殊的增强作用。例如，对采用分散的聚乙酸乙烯、聚丙酸乙烯的已硬化聚合物水泥的热分析表明，在 450～600℃的吸热效应有规律地移向较高的温区。与参比样品相比，吸热峰向高温区移动 10℃。这证明了聚合物对石膏石结构的某种增强作用。这是由于在聚合物相，在分布于聚合物链之间的无定形的水化新生成物不仅依靠其离子化基团，而且依靠静电力与聚合物链相结合。

三、聚合物的减水作用

硬化水泥石及水泥混凝土的强度与其本身的微观结构，特别是孔隙率及孔隙结构有非常密切的关系。孔隙率受水灰比的影响最大，降低水灰比可减小水泥石中的孔隙率。但水灰比减小会降低水泥浆体的流动性，从而使其工作性降低，在工程实践中会增加施工难度或降低工程质量。因而，给水泥混凝土掺加增塑剂及碱水剂等改善水泥流动性能的外掺剂，可提高流动性，从而改善其工作性，也可达到改善水泥混凝土性能的目的。绝大部分聚合物对水泥浆体的流动性具有改善作用，从而掺加的聚合物同时可起增塑剂及碱水剂的作用，改善水泥混凝土的流动性，因此对混凝土的性能会有改善作用。

聚合物对水泥浆体或水泥混凝土工作性的改善是因为聚合物颗粒在混凝土体系中的轴承效应，使混凝土的流动性得到改善。同时，聚合物乳液中的表面活性物质对改善混凝土的流动性也起一定的作用。

当水泥浆体或水泥混凝土的流动性保持一致时，根据有无聚合物外掺剂，水泥浆体或水泥混凝土可取用不同的水灰比。当没有聚合物外掺剂时，则要取用较大的水灰比；而当有聚合物外掺剂时，即可取用较小的水灰比，这就会使水泥混凝土中的孔隙率大为减少，从而会使得强度得到提高。

Atzeni 等人研究了聚丙烯酸乳液及聚乙烯乳液对水泥浆体流动性的影响。不同掺量的聚丙烯酸乳液（用聚丙烯酸/水泥×100 来表示）对具有不同水灰比的水泥浆体在不同搅动时间时流动性的影响如图 3-9 所示。

聚丙烯酸乳液在较小的掺量范围内（聚丙烯酸/水泥为 0.05～0.1），可明显地改善水泥体的流动性。然而，进一步提高掺量，则作用变得不甚明显。聚乙烯乳液与聚丙烯酸乳液有相似的作用，但其塑化作用要小。

掺有聚丙烯乳液的水泥浆体，用旋转式黏度计测得的流变曲线如图 3-10 所示。流变曲线可近似用下面的抛物线方程表示：

$$D = a + b\tau + c\tau^2 \qquad (3\text{-}4)$$

式中：D——旋转转子的转速；

τ——转子上所受到的剪应力；

a、b、c——参数。

随着聚丙烯酸乳液掺量的增加，流变曲线接近于牛顿流体的流变曲线。

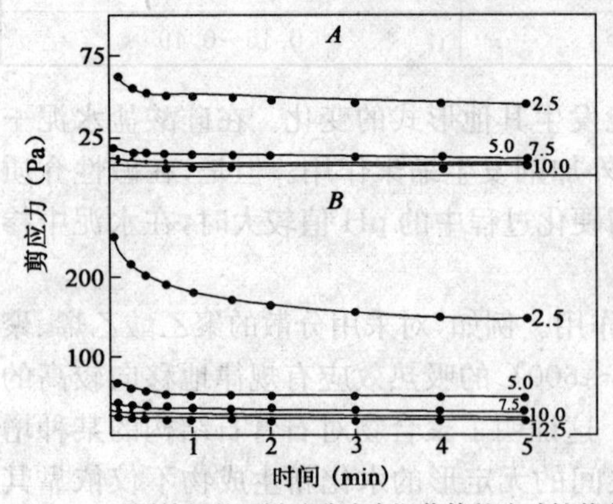

图 3-9 不同掺量的丙烯酸乳液水泥浆体的流动性能曲线

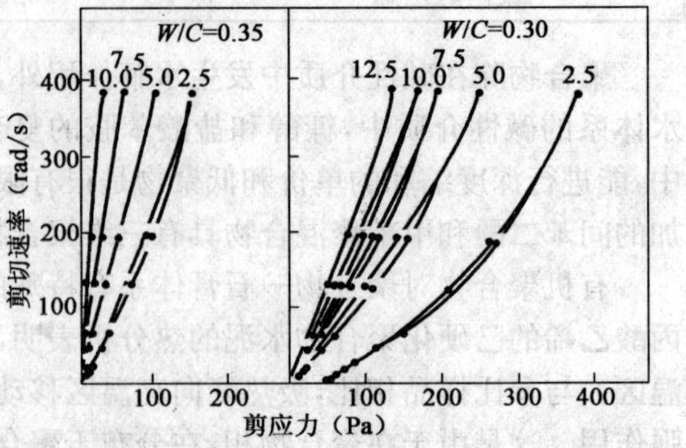

图 3-10 不同掺量的聚丙酸乳液水泥浆体的流变曲线

第三节 聚合物对水泥水化过程及水泥石结构的影响

一、水化热及水化过程

水泥与水一接触就立即发生剧烈的水化反应，同时伴随有大量的水化热放出。水泥的水化过程实际上是一个水化放热过程，用微热量计对水泥水化过程中的水化热进行跟踪，可以从水化放热的情况推断水泥的水化过程。

丁苯橡胶乳液(Styrene-Butadiene Latex，简称 SBD)对硅酸盐水泥浆体初期水化放热速率的影响如图 3-11 所示。

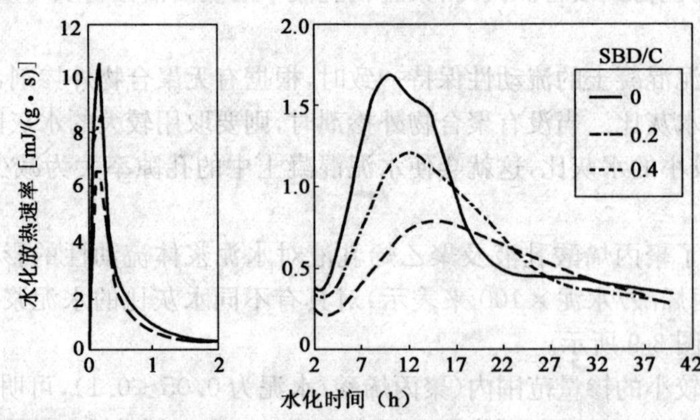

图 3-11 掺有 SBD 的硅酸盐水泥浆体的水化放热曲线

掺加丁苯橡胶乳液后，水泥的初期水化放热曲线形式没有改变。水泥与水接触后，立即出现一放热高峰。这一放热高峰是由于一小部分硅酸三钙(C_3S)水化，并生成氢氧化钙[$Ca(OH)_2$]，及一小部分铝酸三钙(C_3A)进入溶液与同时进入溶液的石膏反应形成钙矾石所引起。这一放热过程时间不长，几分钟内就达到放热高峰，然后放热速率减小，约半小时后，放热速率降低至最低，并趋于不变。随着丁苯橡胶乳液掺量的增加，在这一放热过程中，水化放热速率减小。把水化放热速率几乎不变的这一过程，称为水泥水化的休止期。对硅酸盐水泥，这一过程需 2h 以上。在休止期以后，紧接着又出现一次水化放热的高峰过程，即水泥的水化重新加速进行。

第二个水化放热高峰过程主要是由于 C_3S 水化形成 CSH 凝胶所致。掺加丁苯橡胶乳液后，对水泥的第二个水化放热高峰有较大的影响。随着丁苯橡胶乳液掺量的增加，第二放热高峰较晚出现，说明休止期随丁苯橡胶乳液的掺入而延长。同时，放热曲线的最大峰值变小，整个放热过程被延长。如图 3-11 所示，纯水泥浆体水化放热曲线的第二高峰约在水泥与水拌和后 10h 出现，而掺入水泥质量的 40％的丁苯橡胶乳液后（SBD/C＝0.4），相应的峰值则在 15h 左右时出现。从图中可明显看出，掺入丁苯橡胶乳液后，水化放热曲线峰值变矮、变宽。因此，掺入丁苯橡胶乳液后，水泥的初期水化过程变得缓慢一些，即丁苯橡胶乳液滞缓了水泥初期的水化过程。其滞缓作用主要是因为丁苯橡胶颗粒在水泥颗粒表面堆积，部分颗粒成膜，妨碍延缓了水与水泥颗粒的接触。

另外，在纯水泥浆体水化放热曲线的第二高峰以后，还出现了一较小的第三放热高峰。这一放热高峰主要与水泥水化中生成的三硫型水化硫铝酸钙（钙矾石）向单硫型水化硫铝酸钙转变有关。而掺加丁苯橡胶乳液后，这一第三放热高峰没有出现，说明丁苯橡胶乳液的掺入对这一晶型转变有妨碍作用。

水泥水化的过程就是不断结合化学水的过程，水泥中的 C_3S、C_2S 与水发生反应，结合了化学结合水，生成 CSH 凝胶。C_3A 及 C_4AF 的水化过程也是结合化学水的过程。实际上，水泥浆体中的自由水分子在水泥水化过程中，进入水化产物的晶格结构。这些水以水分子的形式或以 OH^- 的形式以化学键结合在水化产物的分子中。这些化学结合的水已属于水泥水化产物的一部分，常温条件下一般不能失去。水化产物的多少与所结合的化学结合水的量有密切的关系。因此，可以用化学结合水的多少来描述水泥水化的程度。

丁苯橡胶乳液（SBD）对水泥各水化龄期的化学结合水含量的影响如表 3-8 所示。

SBD 掺入量不同的水泥浆体的化学结合水量（相对于灼烧水泥）（单位：％）　　表 3-8

水化龄期		SBD/C					
d	h	0	0.1	0.2	0.3	0.4	0.5
	0.167	5.32	4.70	3.77	2.82	0.88	0.88
	0.5	5.93	5.48	4.14	2.55	1.06	0.89
	1	5.99	5.19	4.07	2.64	1.53	1.06
	2	6.52	5.62	4.56	2.39	1.99	0.89
	4	7.14	7.07	4.66	3.98	2.47	0.90
	8	10.11	8.84	7.59	5.79	4.39	3.21
	16	18.61	16.36	14.62	10.89	8.50	5.44
1		19.48	18.76	17.74	16.00	14.50	12.40
2		24.96	22.32	22.15	20.54	19.57	17.39
3		24.66	23.83	23.58	22.20	22.13	20.54
7		26.06	25.42	25.17	24.36	24.09	22.77
28		27.39	26.39	26.00	25.81	25.55	24.97
90		28.83	27.98	27.83	27.38	26.89	25.28
180		29.94	28.39	28.16	27.83	27.43	25.30
365		30.90	29.02	28.94		28.21	26.29

结果表明，对于水泥浆体，水泥与水接触后就立即发生剧烈的水化反应，在很短时间内(10min)就结合了相当数量的化学结合水。化学结合水量在水化初期随着 SBD 掺量的增加而减小。如 SBD/C＝0.5 时，水泥浆体在水化 16h 后的化学结合水量与纯水泥浆体水化 10min 的化学结合水量相当，证实了丁苯橡胶乳液的掺入滞缓了硅酸盐水泥初期的水化过程。但当水化龄期较长时，如水化 28d，掺加 SBD 对水泥化学结合水的数量没有明显影响。这表明丁苯橡胶乳液仅对硅酸盐水泥的水化过程，特别是初期水化过程，有较明显的滞缓作用，而对较长龄期时的水化程度则影响不明显。

二、水泥凝结硬化

聚合物对水泥的水化过程一般有滞缓作用。因此，聚合物对水泥的凝结过程也有影响。丁苯橡胶乳液(SBD)对普通硅酸盐水泥浆体凝结时间的影响如表 3-9 所示。

SBD 改性硅酸盐水泥浆体凝结时间(单位：min)　　表 3-9

W/C	SBD/C					
	0	0.1	0.2	0.3	0.4	0.5
0.30	135					
0.35	147	244	259	356	484	587
0.40	154					

随着水灰比的增加，凝结时间有所延长；随着 SBD 掺量的增加，水泥浆体的凝结时间明显延长。

聚合物对硅酸盐水泥砂浆凝结性能的影响如图 3-12 所示。由图可知，随着聚合物的掺入，硅酸盐水泥砂浆的凝结时间延长，聚合物不同，对凝结时间延长的程度也不同。

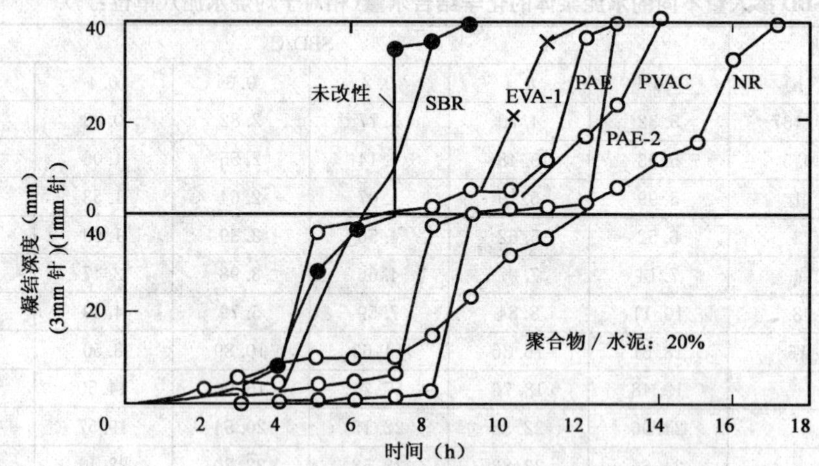

图 3-12　聚合物乳液对硅酸盐水泥砂浆凝结性能的影响(聚合物乳液/水泥＝0.2)

SBR-聚苯乙烯—丁二烯乳液；EVA-聚乙烯乙酸乙烯酯；PAE-聚丙烯酸酯；PVAC-聚乙烯乙酸酯；NR-天然橡胶乳液

聚苯乙烯—丁二烯乳液(SBR)掺加剂量对硅酸盐水泥混凝土凝结时间的影响如图 3-13 所示。随着 SBR 掺量的增加，水泥混凝土的凝结时间延长，这与对水泥浆体凝结时间的影响效果相一致。

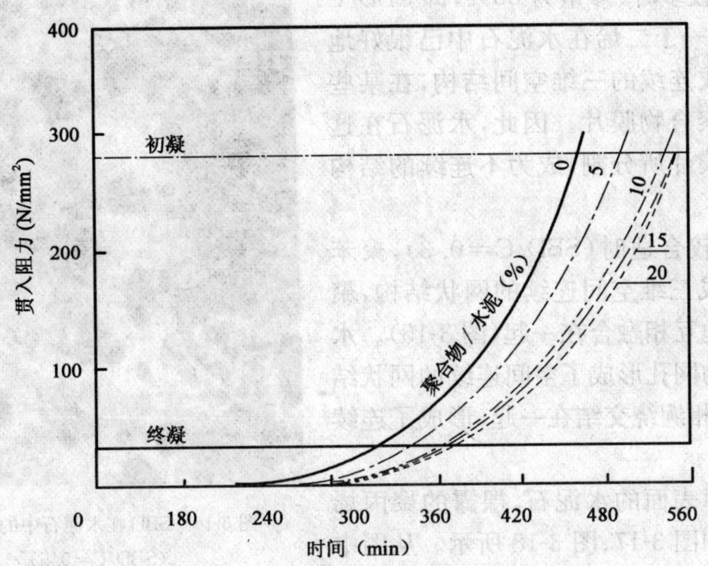

图 3-13　SBR 对硅酸盐水泥混凝土凝结时间的影响

三、聚合物在水泥石中的微观结构

所用的聚合物的种类、掺量以及水泥的品种不同，聚合物可在水泥石中有不同的微观结构形态。

当聚苯乙烯—丁二烯乳液（SBD）在水泥浆体中掺量不同时，SBD 在水泥石中的微观结构形态也略有不同。图 3-14～图 3-16 分别是 SBD/C 为 0.1、0.3、0.5 时的扫描电镜照片（放大 1 000倍）。试样断裂表面用稀硝酸（HNO_3）腐蚀除去水泥石，使聚苯乙烯－丁二烯结构裸露出来。

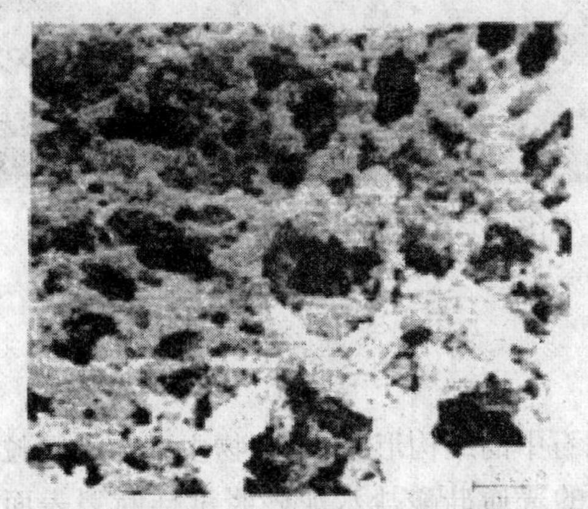
图 3-14　SBD 在水泥石中的微观结构形态（SBD/C=0.1）

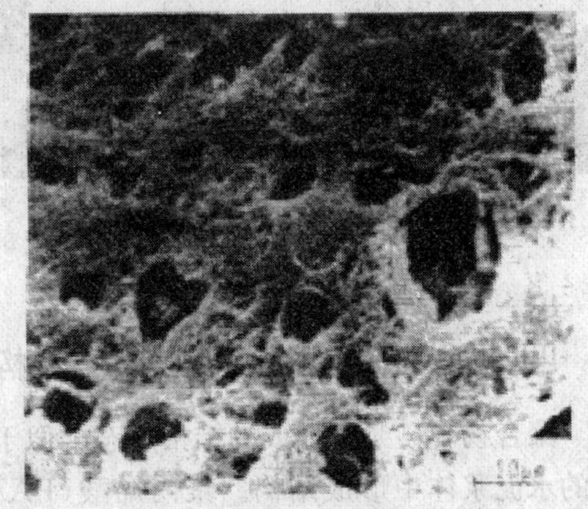
图 3-15　SBD 在水泥石中的微观结构形态（SBD/C=0.3）

当 SBD 的掺量较少时（掺量为 10%，即 SBD/C=0.1），SBD 在水泥石中没有很好地成膜，虽然聚苯乙烯—丁二烯在水泥石中形成了空间网状结构，但由于 SBD 的掺量较少，聚苯乙烯—丁二烯颗粒在失去水的过程中，没有很好地互相融合在一起。可以看出颗粒（粒径约为 0.5μm）互相堆积在一起，颗粒之间仅通过分子间力作用，形成的网状结构不是完全连续的空间结构（图 3-14）。

当 SBD 掺量较多时(掺量为 50%,即 SBD/C =0.5),聚苯乙烯—丁二烯在水泥石中已很好地成膜。聚合物形成连续的三维空间结构,在某些区域甚至形成了聚合物膜片。因此,水泥石在这些区域被聚合物膜片所分割,成为不连续的结构(图 3-16)。

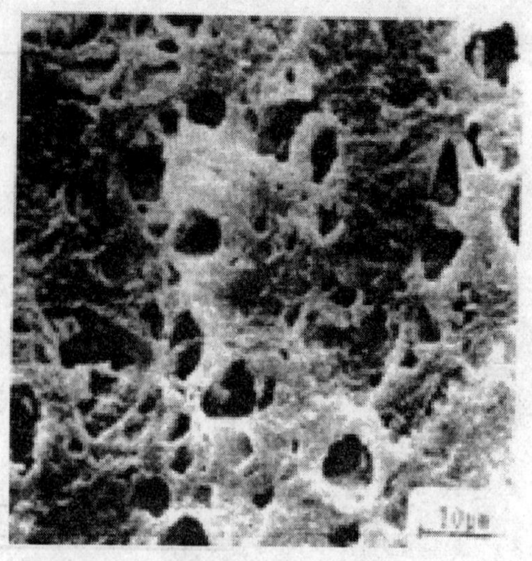

图 3-16 SBD 在水泥石中的微观结构形态(SBD/C=0.5)

当 SBD 掺量较合适时(SBD/C=0.3),聚苯乙烯-丁二烯形成三维空间连续的网状结构,聚合物颗粒也较好地互相融合在一起(图 3-15)。水泥石也穿过聚合物网孔形成了空间连续的网状结构,两种网结构互相缠绕交结在一起,形成了连续致密的基体结构。

用硝酸腐蚀掉表面的水泥石,裸露的聚丙烯酸微观结构形态如图 3-17、图 3-18 所示。从图中可见,聚丙烯酸也如同聚苯乙烯—丁二烯一样,在水泥中形成了良好的三维连续的空间网状结构。此外,水泥石穿越网孔,形成连续结构,两种网结构交结缠绕在一起。

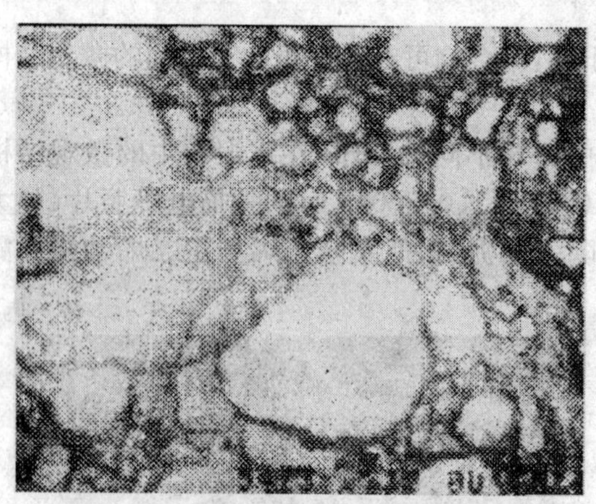

图 3-17 聚丙烯酸在水泥石中的微观结构(PAA/C=0.05)

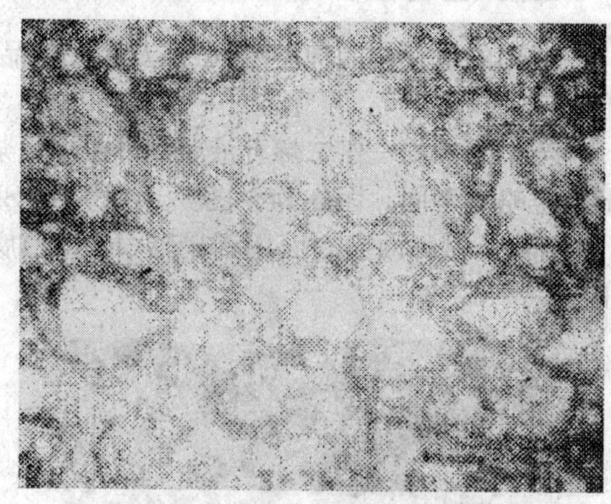

图 3-18 聚丙烯酸在水泥石中的微观结构(PAA/C=0.15)

四、聚合物在水泥砂浆中的微观结构

聚合物在砂浆中形成的结构形态类似于在水泥石中的结构形态,聚合物主要在砂颗粒之间的水泥浆体中形成结构。聚丙烯酸(PAA)改性的普通硅酸盐水泥砂浆试样断裂表面经 HNO_3 腐蚀后的扫描电镜照片如图 3-19 所示。

在水泥浆体对集料颗粒起黏结作用的同时,聚合物也对集料颗粒之间起黏结作用,形成砂颗粒之间的连接桥,如图 3-20 所示。

五、孔隙结构

水泥混凝土中的孔隙结构及孔径分布对其性能有非常重要的影响。水泥混凝土中的孔隙

(主要是水泥石中的孔隙)根据 Powers 及 Brownyard 划分方法分为以下三种类型:

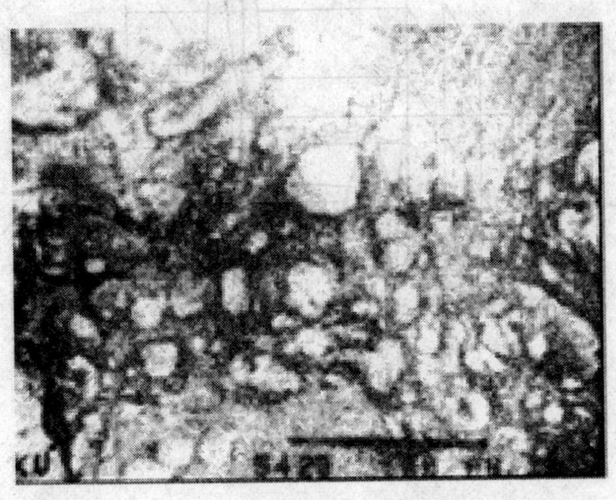

图 3-19 聚丙烯酸在水泥砂浆中的微观结构形态（PAA/C=0.10）

图 3-20 砂浆中砂颗粒之间的聚丙烯酸连接桥（PAA/C=0.15）

(1)凝胶孔:孔径在纳米级范围内。

(2)毛细孔:孔径在 0.10～10μm(10^{-6}m)。

(3)气孔:孔径在 0.1～2mm。

水泥石中的孔隙形状有各种形式,包括开口、闭口及细颈瓶形孔隙。其结构示意图如图 3-21所示。

孔隙孔径大小不同,需用不同的测试方法进行测定。一般对孔径较大的孔隙,适用于用压汞法测定,而孔径较小的孔隙,适用于用吸附法(吸附 N_2 或 H_2O)来测定。由于水泥石中的大孔较少,适合用吸附法来测定。而水泥混凝土中,由于水泥与矿料的界面之间常容易形成较大的孔隙,称为界面区孔隙。这类孔隙适合用压汞法来进行测定。水泥混凝土中典型孔隙分布及相应适用的测试方法范围如图 3-22 所示。掺入聚合物后,对水泥石、水泥砂浆、水泥混凝土的孔隙结构均有影响。

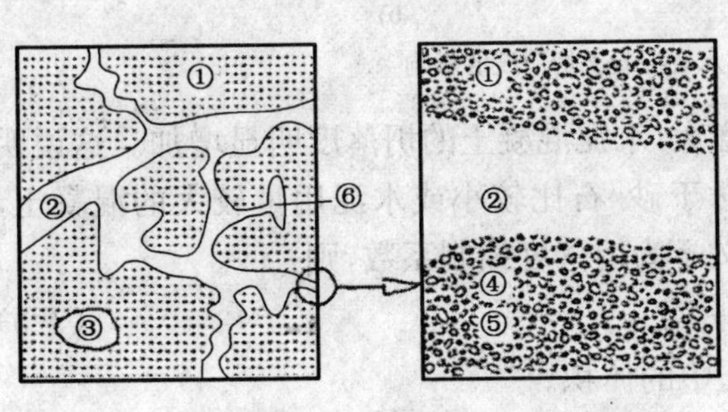

图 3-21 水泥石中孔隙结构示意图

①-水泥凝胶;②-开口孔隙;③-闭口孔隙;④-凝胶颗粒;⑤-凝胶孔;⑥-细颈瓶形孔隙

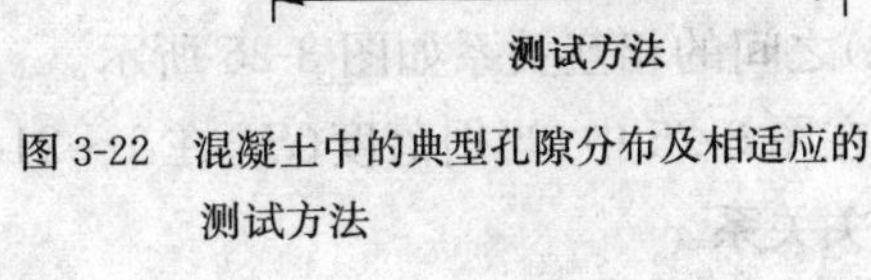

图 3-22 混凝土中的典型孔隙分布及相适应的测试方法

图 3-23 是有不同掺量的聚丙烯酸(PAA/C=0、0.05、0.1、0.15)水泥石孔结构分布图。

由图 3-23 可以看出，随着聚丙烯酸掺量的增加，孔径大于 20nm 的凝胶孔减少，而孔径较大的毛细孔数量增加，而且毛细孔的孔径也增加。凝胶孔(尤其是孔径在 5nm 左右的凝胶孔)数量的减少表示聚丙烯酸对水泥的水化过程有滞缓作用。这种滞缓作用使水化生成的凝胶由较细小的颗粒转变为较粗的颗粒。

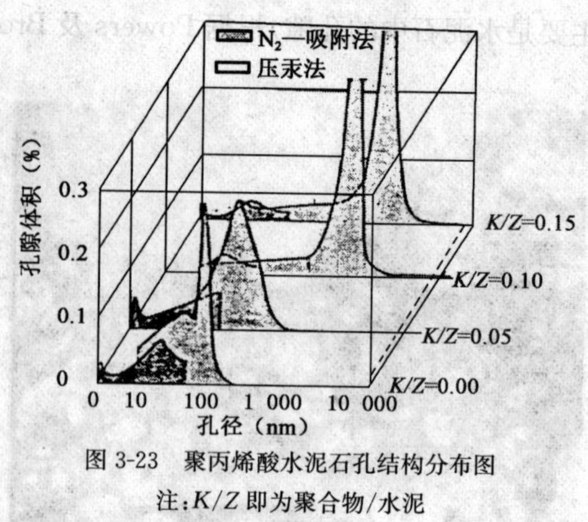

图 3-23 聚丙烯酸水泥石孔结构分布图

注：K/Z 即为聚合物/水泥

第四节 聚合物改性水泥混凝土的性质

一、聚合物改性水泥混凝土工作性

水泥混凝土的工作性一般用坍落度来表示。水灰比及聚合物(聚苯乙烯—丁二烯 SBR)掺量对不同配比的水泥混凝土坍落度的影响如图 3-24 所示。

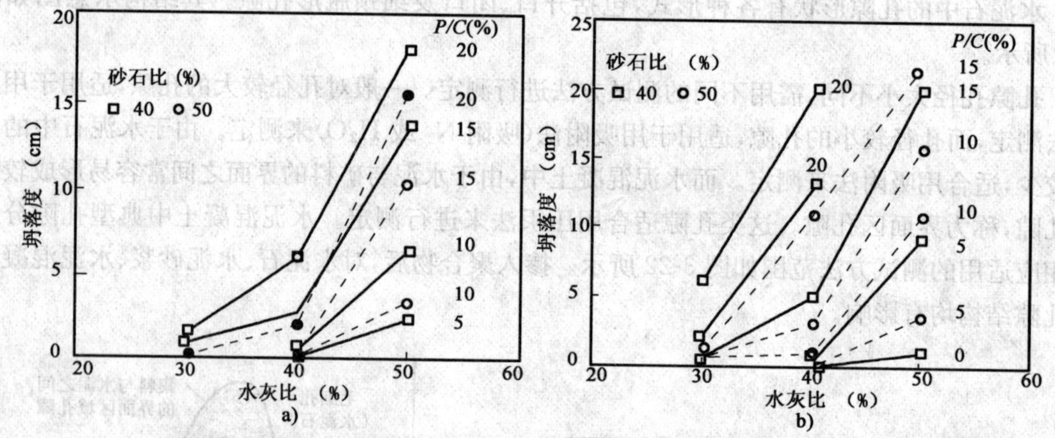

图 3-24 水灰比及 SBR 掺量对水泥混凝土坍落度的影响

由图 3-24 可看出，随着水灰比及 SBR/C 的增大，水泥混凝土的坍落度明显增加。这说明 SBR 的掺入能明显改善水泥混凝土的流动性。对于砂/石比较小或水泥用量较大的混凝土，SBR 对流动性的改善效果尤为显著。Ohama 定义 φ 为坍落度控制系数，则：

$$\varphi = V_p + V_\omega \tag{3-5}$$

式中：V_p、V_ω——分别为聚合物及水在水泥混凝土中的体积。

对于不同砂石比(S/a)及不同水泥用量的水泥混凝土，其坍落度控制系数(φ)与砂石比(S/a)之间的相互关系如图 3-25 所示。

在图 3-25 中，当坍落度(S_l)在 1～21cm 范围时，坍落度 S_l 与坍落度控制系数之间有良好的相关关系。

经回归分析，坍落度(S_l)与坍落度控制系数(φ)及砂石比(S/a)有如下线性关系：

$$S_l = k\varphi - m/(1-S/a) \tag{3-6}$$

式中：k、m——常数，对 SBR 改性的水泥凝土，$k=0.26$，$m=18.6$。

则有线性关系式：

$$S_l = 0.26\varphi - 18.5/(1-S/a) \tag{3-7}$$

当控制水泥混凝土坍落度 S_l 不变时，则随着聚合物掺量（以聚合物与水泥的比值 P/C 表示）的增加，水泥混凝土的水灰比减小。对于给定的坍落度，水灰比（W/C）与聚合物水泥比之间的关系如图 3-26 所示。

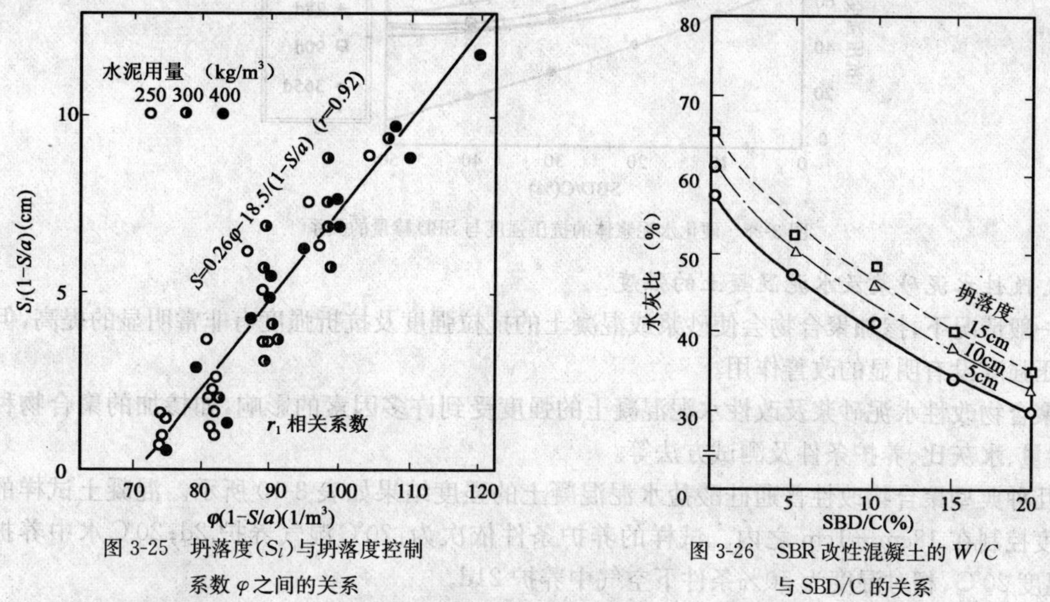

图 3-25 坍落度（S_l）与坍落度控制系数 φ 之间的关系

图 3-26 SBR 改性混凝土的 W/C 与 SBD/C 的关系

在保证混凝土流动性不变的前提条件下，掺入聚合物可减少水灰比，有利于提高水泥混凝土的强度及降低混凝土的干缩性，从而改善混凝土的物理力学性能。

二、强度

1. 改性水泥浆体的强度

(1)抗折强度

水泥浆体的抗折强度随聚合物的掺入有明显的增加。聚苯乙烯—丁二烯乳液(SBD)改性普通硅酸盐水泥浆体的抗折强度在不同水化龄期时随 SBD 掺加剂量的变化如图 3-27 所示。

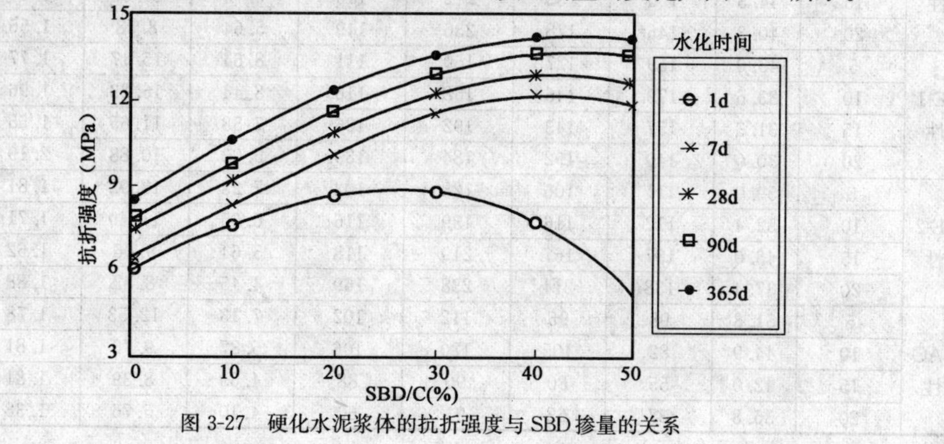

图 3-27 硬化水泥浆体的抗折强度与 SBD 掺量的关系

(2)抗压强度

与普通水泥浆体相比，聚合物改性水泥浆体的抗压强度有所降低。普通硅酸盐水泥浆体掺加 SBD 后，抗压强度有所降低。抗压强度与 SBD 掺量的关系如图 3-28 所示。

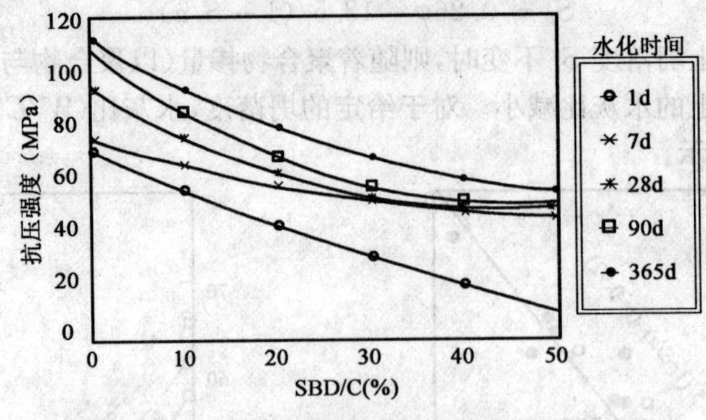

图 3-28　硬化水泥浆体的抗压强度与 SBD 掺量的关系

2. 改性水泥砂浆及水泥混凝土的强度

一般情况下，掺加聚合物会使砂浆或混凝土的抗拉强度及抗折强度有非常明显的提高，但对抗压强度没有明显的改善作用。

聚合物改性水泥砂浆及改性水泥混凝土的强度受到许多因素的影响，如掺加的聚合物种类、掺量、水灰比、养护条件及测试方法等。

几种典型聚合物改性普通硅酸盐水泥混凝土的强度结果如表 3-10 所示。混凝土试样的坍落度控制在 18cm±1cm 之内。试样的养护条件依次为：20℃湿气养护 2d；20℃水中养护 5d；温度 20℃、相对湿度为 50%条件下空气中养护 21d。

由表 3-10 的结果可以看出，大部分聚合物对水泥混凝土的强度，尤其是抗折及抗拉强度有非常明显的改善效果。在保持混凝土工作性不变的情况下（混凝土坍落度不变），可明显地降低水灰比。某些聚合物，如聚乙烯乙酸酯(PVAC)，对提高混凝土的强度没有作用。

聚合物改性水泥混凝土的相对强度　　表 3-10

混凝土类型	聚合物/水泥(%)	水/灰(%)	相对强度				强度比			
			抗压 σ_0	抗折 σ_f	抗拉 σ_l	抗剪 σ_s	σ_0/σ_f	σ_0/σ_l	σ_f/σ_l	σ_s/σ_0
普通	0	60.0	100	100	100	100	6.88	12.80	1.86	0.174
SBR 改性	5	53.3	123	118	126	131	7.13	18.84	1.94	0.185
	10	48.3	134	129	154	144	7.13	12.40	1.75	0.184
	15	44.3	150	153	212	146	6.75	10.05	1.49	0.168
	20	40.3	146	178	236	149	5.64	8.78	1.56	0.178
PAE-1 改性	5	43.0	159	127	150	111	8.64	15.17	1.77	0.120
	10	33.6	179	146	158	116	8.44	16.23	1.96	0.111
	15	31.3	157	143	192	126	7.58	11.65	1.55	0.139
	20	30.0	140	192	184	139	5.03	10.88	2.19	0.170
PAE-2 改性	5	59.0	111	106	128	103	7.23	12.92	1.81	0.161
	10	52.4	112	116	139	116	6.65	11.40	1.71	0.178
	15	43.0	137	167	219	118	5.64	9.06	1.62	0.148
	20	37.4	138	214	238	169	4.45	8.32	1.88	0.21
PVAC 改性	5	51.8	98	95	112	102	7.13	12.53	1.78	0.178
	10	44.9	82	105	120	106	5.37	9.76	1.81	0.220
	15	42.0	55	80	90	88	4.69	8.39	1.81	0.277
	20	36.8	37	62	91	60	4.10	5.76	1.38	0.2

Wagner 发展了 Powers 和 Brownyard 的关于普通水泥浆体强度的理论，提出了通过水灰比及空气体积率来预测聚合物改性水泥砂浆抗压强度的计算公式：

$$F_c = C_1 + C_2/W_0 + C_3 A \tag{3-8}$$

式中：F_c——聚合物改性水泥砂浆的抗压强度；

W_0——水灰比；

A——砂浆中的空气体积百分数；

C_1、C_2、C_3——经验常数。

Ohama 对这一经验公式进行了扩充，提出了预测聚合物改性水泥砂浆及改性水泥混凝土抗压强度的经验公式。

对聚合物改性水泥砂浆：

$$\lg\sigma_c = (A/B^{\beta}) + C \tag{3-9}$$或

$$\sigma_c = \rho^{(A/B^{\beta})} + C \tag{3-10}$$

对聚合物改性水泥混凝土：

$$\sigma_c = a\alpha + b \tag{3-11}$$

式中：σ_c——改性砂浆或混凝土的抗压强度；

α——胶空比；

β——空胶比，$\beta = 1/\alpha = (V_a + V_W)/(W_c + V_p)$；

V_c、V_p、V_a、V_w——分别为砂浆（或混凝土）中水泥、聚合物、空气及水的体积；

A、B、C、a、b——经验常数。

抗压强度 σ_c 与空胶比 β 之间的关系如图 3-29 所示。σ_c 与胶空比 α 之间的关系如图 3-30 所示。

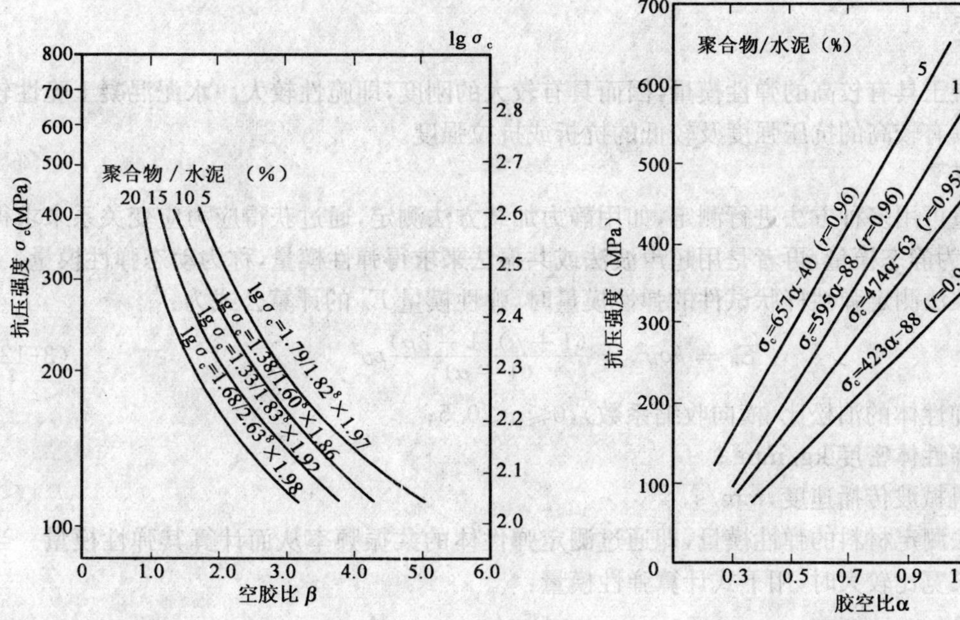

图 3-29 聚合物改性水泥砂浆压强度与空胶比的关系

图 3-30 聚合物改性水泥混凝土的抗压强度与胶空比的关系（γ 为相关系数）

聚合物改性水泥混凝土的强度与养护龄期、试样的尺寸、试样的面积体积比有关。其相关性如图 3-31 所示。

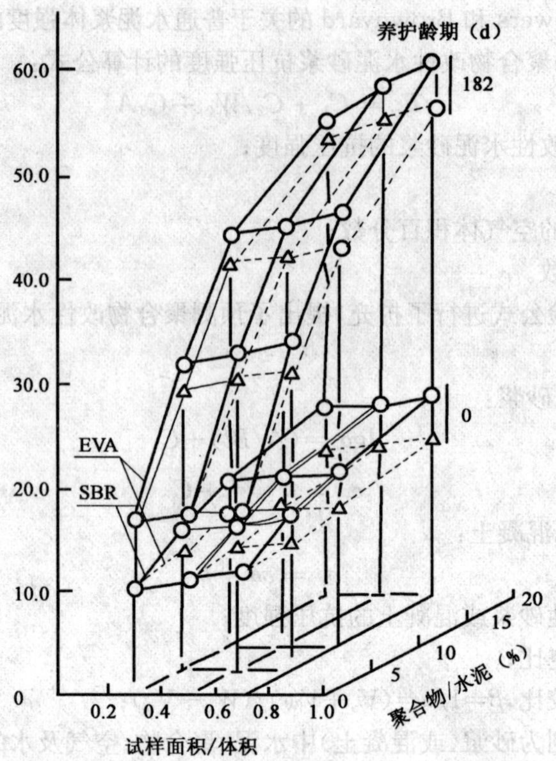

图 3-31 改性水泥混凝土的强度与聚合物/水泥及试样面积体积比的关系

三、刚度

水泥混凝土具有较高的弹性模量，因而具有较大的刚度，即脆性较大。水泥混凝土脆性较大也表现为具有较高的抗压强度及较低的抗折或抗拉强度。

1. 弹性模量

弹性模量可用多种方法进行测定，如用静力加载方法测定，通过获得应力应变关系来求得弹性模量，称为静态模量，再者是用超声波法或共振法来求得弹性模量，称为动态弹性模量。

用超声波法测定弹性杆状试件的弹性模量时，弹性模量 E_d 的计算公式为：

$$E_\mathrm{d} = k\rho v^2 = \frac{(1+\mu)(1-2\mu)}{(1-\mu)}\rho v^2 \tag{3-12}$$

式中：μ——弹性体的泊松比（横向收缩系数），$0 \leqslant u \leqslant 0.5$；

ρ——弹性体密度 kg/mm^3；

v——机械波传播速度，mm/s。

用共振法测定材料的弹性模量，即通过测定弹性体的共振频率从而计算其弹性模量。当杆状试件的长宽比较大时，用下式计算弹性模量：

$$E_\mathrm{d} = \frac{4l^2\rho f_\mathrm{R}^2}{n^2} \tag{3-13}$$

式中：l——杆的长度；

n——正整数，计算时一般取 1；

ρ——混凝土的密度；

f_R——共振频率。

用聚苯乙烯—丁二烯乳液(SBD)改性的普通硅酸盐水泥浆体在不同龄期时的动态弹性模量如表 3-11 所示(试样尺寸为 10mm×10mm×60mm)。取 $\mu=0.25$,$n=1$。

由表中结果可知,随着水化龄期的增长,弹性模量增加;随着 SBD 掺量的增加,弹性模量明显降低。SBD 的掺入,可显明降低普通硅酸盐水泥硬化浆体的刚性。

聚合物丁苯 5050 乳液(SB)及羟基丁苯乳液(SD)对混凝土弹性模量的影响如表 3-12 所示。由结果可看出,各种模量均随聚合物的加入而减少。但各模量之间存在差异,大体趋势为:弯挠模量>动弹性模量≌回弹模量。

SBD 改性普通硅酸盐水泥浆体的动态弹性模量(单位:10^4 MPa)　　表 3-11

参　数	水化龄期(d)	SBD/C					
		0	0.1	0.2	0.3	0.4	0.5
E_R	1	2.039	1.682	1.132	1.184	0.880	0.613
	3	2.392	1.947	1.719	1.551	1.377	1.150
	7	2.528	2.015	1.793	1.641	1.449	1.279
	28	2.792	2.236	1.947	1.688	1.485	1.303
	90	2.823	2.291	1.986	1.756	1.539	1.382
	180	3.006	2.485	2.115	1.889	1.635	1.437
	365	3.051	2.524	2.196	1.950	1.669	1.450
E_U	1	1.810	1.490	1.249	1.047	0.833	0.605
	3	1.992	1.683	1.470	1.235	1.066	0.946
	7	2.102	1.757	1.548	1.350	1.176	1.019
	28	2.294	1.952	1.740	1.545	1.365	1.174
	90	2.414	2.036	1.822	1.585	1.429	1.273
	180	2.583	2.144	1.890	1.720	1.518	1.312
	365	2.671	2.223	1.949	1.733	1.530	1.347

注:E_R 为用共振法测定的弹性模量,E_U 为用超声波测定的弹性模量。

乳液改性混凝土的弹性模量　　表 3-12

聚合物类型	编号	P/C (%)	弯挠模量(×10^3MPa)			动弹性模量(×10^3MPa)			弹性模量(×10^3 MPa)
			7d	28d	90d	7d	28d	90d	28d
不掺	HLA1	0	30.988	35.778	39.085	27.064	29.416	32.372	29.935
SB	HLA2	5	22.718	31.165	34.233	26.125	29.820	31.805	26.686
	HLA3	10	24.098	29.901	31.368	25.467	28.760	32.817	27.412
	HLA4	15	27.080	30.575	31.580	27.322	28.756	30.813	28.917
SD	HSA2	5	30.318	32.419	37.766	25.208	23.104	27.972	25.453
	HSA3	10	22.430	29.843	32.419	25.450	28.396	29.419	26.529
	HSA4	15	29.600	34.500	36.817	26.653	28.403	31.376	28.708

注:动弹性模量用超声波法测定。

2. 抗压强度/抗折强度

材料的抗压强度与抗折强度的比值反映了其脆性,抗压强度与抗折强度的比值越大,越表现出脆性。这一比值越小，材料的柔性越好。

聚苯乙烯—丁二烯乳液(SBD)改性普通硅酸盐水泥砂浆的抗压强度与抗折强度的比值如表3-13所示。随着水化龄期的增长，净浆及砂浆的脆性增加；而随着SBD掺量的增加，脆性明显减小，柔性明显增加。

SBD改性水泥砂浆的抗压强度/抗折强度(σ_c/σ_f)　　表3-13

养护龄期 (9d)	SBD/C					
	0	0.1	0.2	0.3	0.4	0.5
1	4.58	3.85	3.00	2.91	3.03	3.77
7	7.72	6.06	3.98	3.99	3.97	3.70
28	8.30	5.75	4.58	3.92	3.60	3.32
90	8.28	5.45	3.90	3.44	3.12	3.17
365	7.80	5.05	4.12	3.55	3.25	3.18

注：试样养护条件为20℃水上湿气养护。

四、变形性能

变形性能描述了材料在力的作用下所表现出的变形与所受力之间的关系。一般用应力—应变曲线来描述材料的变形性能。在以应力为纵轴，应变为横轴的坐标系中，若应力应变曲线接近于直线，则变形性质接近于弹性变形性质。若直线的斜率越大，则材料的弹性模量越大，刚性越大。一般水泥混凝土的应力—应变曲线接近于直线。水泥混凝土属多相复合材料，其变形性能取决于粗集料及水泥浆体的变形性质。掺有聚合物后，对水泥混凝土的变形性能有较大的影响。一般情况下，聚合物的掺入使得水泥混凝的刚性有所降低，即应力—应变曲线变缓，斜率减小。同时，破坏时的应变明显增加，即混凝土的变形能力提高。所谓变形能力提高是指混凝土达到破坏时有较大的变形。

1.应力—应变特性

聚苯乙烯—丁二烯乳液(SBD)改性普通硅酸盐水泥浆体的荷载—挠度曲线如图3-32所示。试样尺寸为10mm×10mm×60mm。试验采用梁中点加载法进行，小梁试样的支承距离为50mm。经20℃水上湿气养护28d后，对小梁试样中点加载进行荷载—挠度曲线测定。

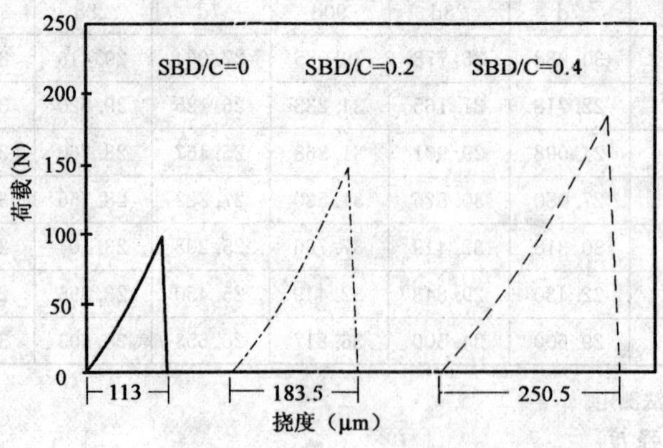

图3-32　SBD改性普通硅酸盐水泥浆体荷载—挠度曲线

小梁试样的荷载—挠度曲线代表小梁试样抗折试验时的应力—应变曲线。由图 3-32 可知，随着聚合物掺量的增加，曲线斜率减小（刚度降低），达到破坏时最大挠度明显增加，即变形能力明显增加。

丁苯 5050 乳液（SB）改性水泥混凝土小梁试件（尺寸为 15cm×15cm×55cm）7d 龄期（干燥养护）的弯挠特性如图 3-33 所示（三分点加载，支距 45cm，加荷速率约 0.2kN/s）。

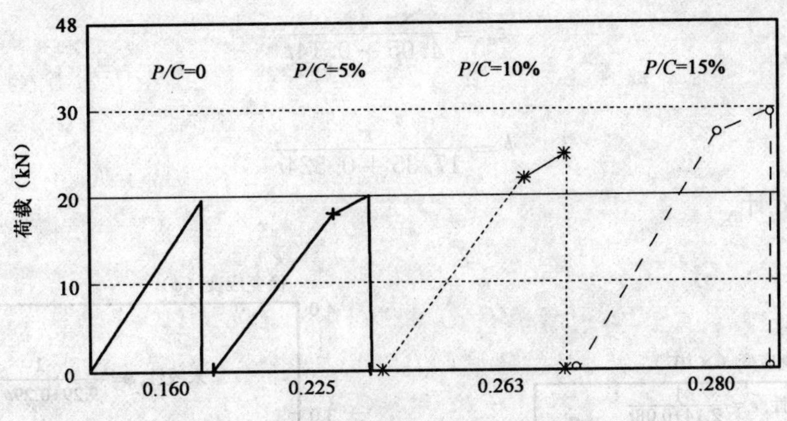

图 3-33　SB 改性水泥混凝土荷载—挠度曲线

由弯挠曲线可知，聚合物改性混凝土和普通混凝土一样，在较小应力范围内，弯挠曲线表现出较好的弹性性质。加载时，弯挠曲线接近于直线。随着聚灰比的增加，曲线斜率变小，表示弹性模量降低，曲线所能达到的高度增加，相应于抗折强度提高。但在较大应力范围内，普通混凝土的弯挠曲线上凸部分较短（自极限抗折强度的 95%起），表明普通混凝土的破坏呈脆性破坏；而聚合物水泥混凝土的弯挠曲线上凸部分较长（自极限抗折强度的 80%～90%起），表明聚合物水泥混凝土在应力较大时的变形为塑性流动变形，其破坏呈塑性破坏。

2. 徐变性质

徐变是指长期荷载作用下随时间增长而增加的变形。徐变性对减小混凝土的温度及收缩应力有利，但对预应力混凝土结构中的预应力保持不利。

普通水泥混凝土的徐变一般用徐变应变（ε_c）或徐变系数（ϕ）来表示：

$$\varepsilon_c \quad 或 \quad \phi = t/(A+Bt) \tag{3-14}$$

式中：A、B——常数；

t——加荷时间。

聚合物改性水泥混凝土的徐变仍满足上式，但聚合物的掺入会降低混凝土的徐变。聚苯乙烯—丁二烯（SBR）及聚丙烯酸酯（PAE）改性水泥混凝土的徐变应变或徐变系数与加荷时间的关系如图 3-34、图 3-35 所示。

对于普通水泥混凝土：

$$\varepsilon_c = \frac{t}{2.14+0.08t} \tag{3-15}$$

或：

$$\phi = \frac{t}{9.29+0.29t} \tag{3-16}$$

对于 SBR 改性的水泥混凝土：

$$\varepsilon_c = \frac{t}{4.68 + 0.19t} \tag{3-17}$$

$$或\ \phi = \frac{t}{20.56 + 0.64t} \tag{3-18}$$

对于 PAE 改性的水泥混凝土：

$$\varepsilon_c = \frac{t}{4.05 + 0.14t} \tag{3-19}$$

或：

$$\phi = \frac{t}{17.35 + 0.524t} \tag{3-20}$$

式中：t——以 d 计。

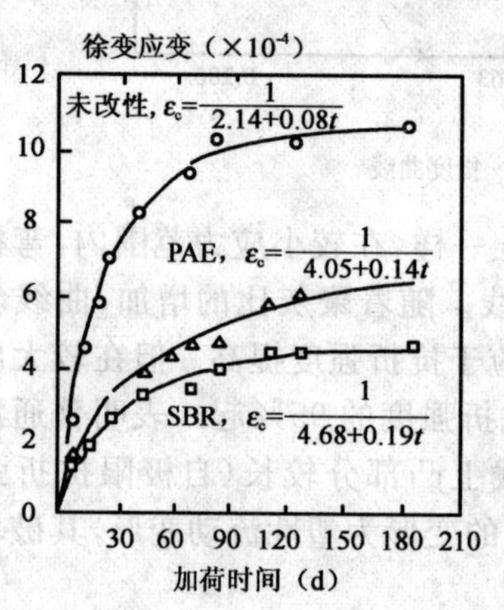

图 3-34 徐变应变与加荷时间的关系

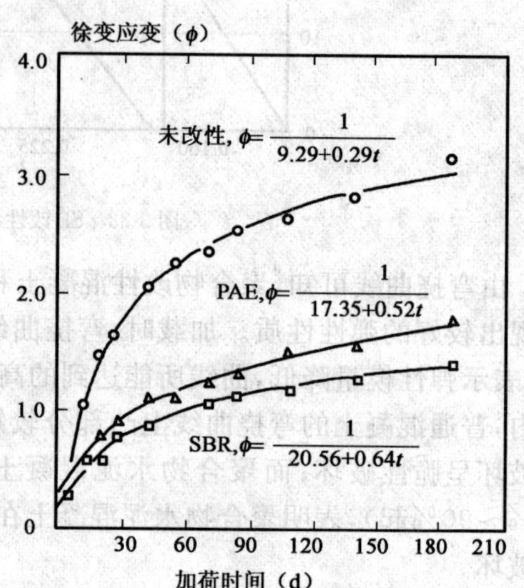

图 3-35 徐变系数与加荷时间的关系

聚合物对混凝土徐变的减小作用主要与聚合物水泥混凝土具有较好的保水能力有关。这是因为徐变的产生主要是由于在荷载作用下结构中的毛细水移动所引起。

聚合物改性水泥砂浆的徐变性能与聚合物改性水泥混凝土相似。

因为聚合物的玻璃化温度点不同，因此不同的聚合物改性水泥混凝土具有不同的徐变性质，在不同的温度下徐变性质也不同。温度高，聚合物掺入会引起较大的徐变，特别是对玻璃化温度较低的聚合物更是如此。如聚乙烯双丁基乙酸盐改性的水泥砂浆具有较大的徐变性。在 20℃时，比普通混凝土的徐变要大，而在 50℃时，即在玻璃化温度以上，聚合物改性水泥混凝土在荷载作用下将产生相当大的流动变形。

五、破裂能

聚合物改性水泥混凝土不仅提高了水泥混凝土的抗折强度，而且降低了弹性模量。在进行抗折试验时，荷载与挠度的关系曲线在高度上增加（抗折强度增加），斜率上减小（刚度降低），见图 3-32、图 3-33。荷载—挠度曲线下包围的面积即为使试样在抗折试验中试样破坏所需施加的功，称其为使试样破坏的破裂能。聚苯乙烯—丁二烯乳液（SBD）改性普通硅酸盐水泥浆体在抗折试验中的破裂能如表3-14所示，破裂能与SBD掺量的关系如图3-36所示。对于各种水泥浆体，掺加SBD可使抗折试验时的破裂能明显增加。在较长龄期时，SBD改性普通硅酸盐水泥浆体的破裂能比纯水泥浆体破裂能大6倍以上。SBD改性铝酸盐水泥浆体的破裂能比纯铝酸盐水泥浆体的破裂能大3倍以上。随着SBD掺量的增加，龄期的增长，破裂能的提高愈显著。

SBD改性普通硅酸盐水泥硬化浆体的破裂能(单位：N/m)　表3-14

养护龄期 (d)	SBD/C					
	0	0.1	0.2	0.3	0.4	0.5
1	30.8	45.3	65.8	69.5	64.0	38.7
7	34.8	50.5	78.7	118.8	155.4	170.8
28	38.8	52.9	99.4	148.9	193.4	210.7
90	40.5	62.5	123.4	171.8	215.4	243.8
180	42.7	72.3	135.7	191.2	235.2	271.2
365	44.1	81.7	138.8	193.0	234.7	280.6

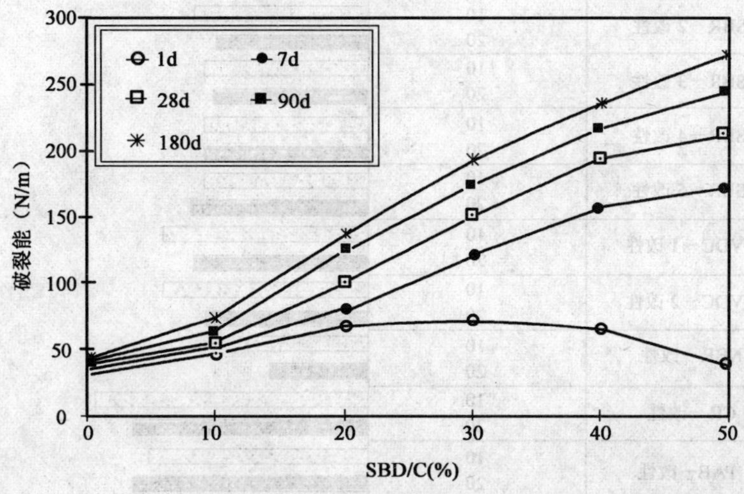

图3-36　硬化普通硅酸盐水泥浆体破裂能与SBD掺量的关系

丁苯5050乳液(SB)及羧基丁乳液(SD)改性水泥混凝土在抗折试验中的破裂能如表3-15所示。与SBD改性水泥浆体表现出了同样的趋势。

丁苯乳液改性水泥混凝土的抗折破裂能　表3-15

聚合物类型	编　号	P/C (%)	7d(N/m)	28d (N/m)	90d (N/m)
不掺	HLA1	0	207	239	337
SB	HLA2	2	300	342	413
	HLA3	10	436	475	532
	HLA4	15	554	570	625
SD	HSA2	5	382	390	513
	HSA3	10	597	677	719
	HSA4	15	681	810	836

六、胀缩性

混凝土产生收缩由两种原因引起。一种是混凝土失去水分而引起的收缩，一般把此类收缩称为干缩；另一种是由于温度降低而引起的混凝土收缩，在温度升高时，混凝土又会膨胀。

1. 干缩

聚合物改性水泥砂浆或水泥混凝土的干缩性有可能大于或小于普通水泥混凝土的干缩性，取决于所用的聚合物类型及聚合物掺量。聚合物改性水泥砂浆的干缩性如图 3-37 所示。

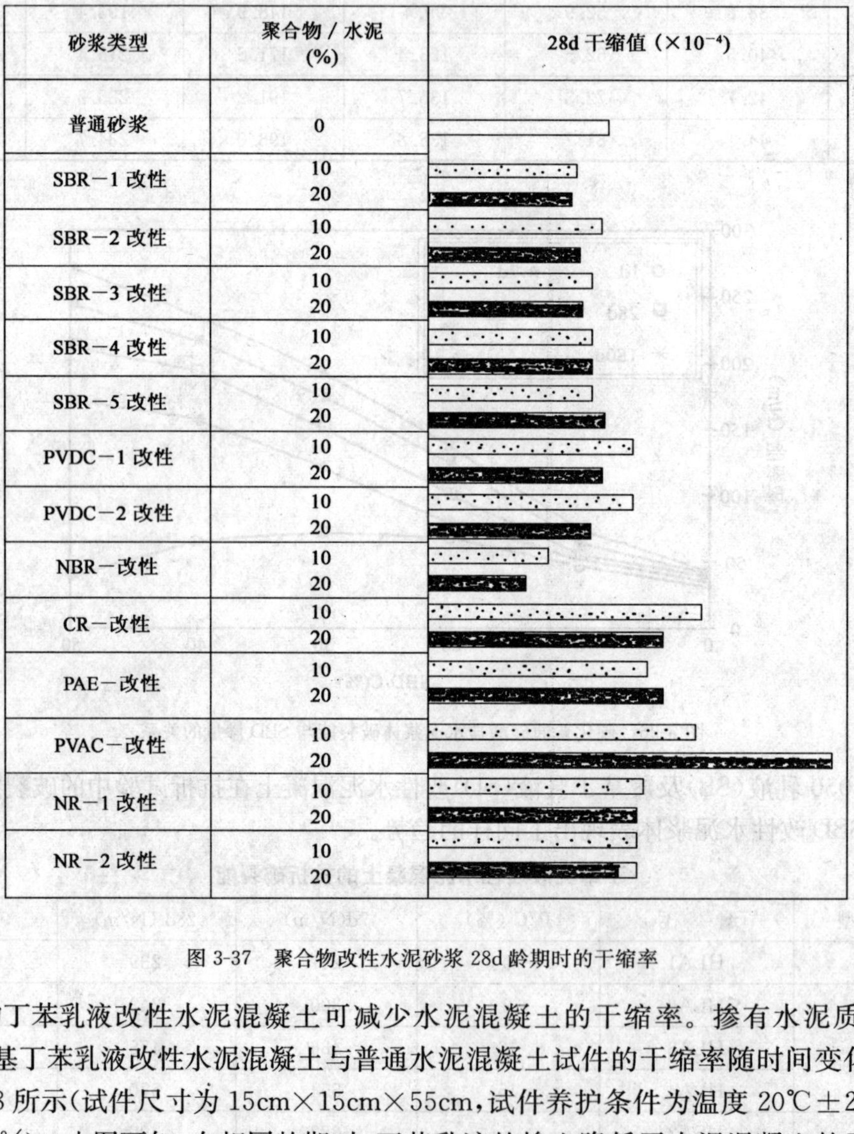

砂浆类型	聚合物 / 水泥 (%)	28d 干缩值 ($\times10^{-4}$)
普通砂浆	0	
SBR－1 改性	10	
	20	
SBR－2 改性	10	
	20	
SBR－3 改性	10	
	20	
SBR－4 改性	10	
	20	
SBR－5 改性	10	
	20	
PVDC－1 改性	10	
	20	
PVDC－2 改性	10	
	20	
NBR－改性	10	
	20	
CR－改性	10	
	20	
PAE－改性	10	
	20	
PVAC－改性	10	
	20	
NR－1 改性	10	
	20	
NR－2 改性	10	
	20	

图 3-37　聚合物改性水泥砂浆 28d 龄期时的干缩率

聚合物丁苯乳液改性水泥混凝土可减少水泥混凝土的干缩率。掺有水泥质量 15％的 SD622S 羧基丁苯乳液改性水泥混凝土与普通水泥混凝土试件的干缩率随时间变化的试验结果如图 3-38 所示（试件尺寸为 15cm×15cm×55cm，试件养护条件为温度 20℃±2℃，相对湿度 60％±5％）。由图可知，在相同龄期时，丁苯乳液的掺入降低了水泥混凝土的干缩率。因此，可以预期丁苯乳液能够改善水泥混凝土的干缩性，从而减少干缩裂缝，这对提高水泥混凝土的耐久性有利。

2. 温度胀缩

在一般情况下，聚合物改性水泥砂浆及水泥混凝土在温度变化下产生的胀缩比未改性水泥砂浆或水泥混凝土的胀缩率要略大一些。聚合物改性水泥砂浆的温度线胀缩系数(α)如表3-16所示。

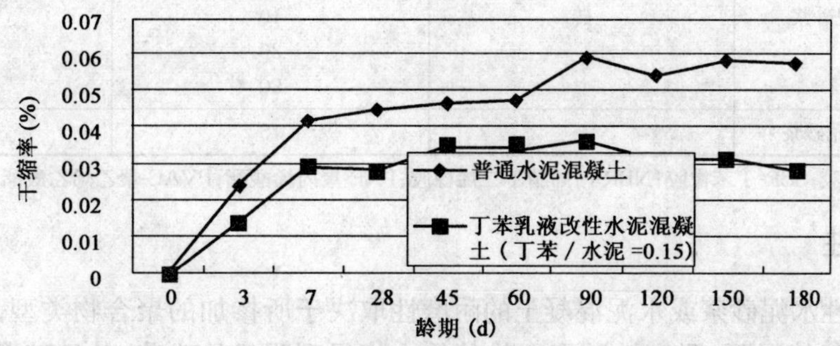

图 3-38　聚合物改性水泥混凝土干缩率随龄期的变化

聚合物改性水泥砂浆的温度线胀缩系数　　表 3-16

砂浆类型	聚合物/水泥(%)	α(×10⁻⁵) −18～38℃	
普通砂浆	0	7.9	8.5
聚苯乙烯—丁二烯改性水泥砂浆	10	7.9	9.2
	15	8.6	9.6
	20	7.7	10.1
聚偏氯乙烯改性水泥砂浆	10	7.4	7.9
	15	9.0	10.3
	20	8.8	9.9

七、黏结性

水泥浆体中掺入聚合物可显著提高与其他材料的黏附强度。黏附强度的增强主要与聚合物有较强的黏附性有关。聚合物水泥浆体与其他材料的黏附强度(称为黏结性)，与聚合物种类、聚合物掺量、被黏附材料的表面性质等因素有关。

表 3-17 是聚合物改性水泥砂浆与不同材料的黏附强度。大部分聚合物改性的水泥砂浆与钢材、木头、砖和石有良好的黏附强度。

聚合物改性水泥砂浆与各种材料的黏附强度　　表 3-17

砂浆类型	被黏结材料	聚合物/水泥(%)	黏附强度(MPa)
NR 改性水泥砂浆	钢材	20	0.80
	木材	20	0.85
CR 改性水泥砂浆	钢材	25	3.48
	木材	25	0.28
SBR 改性水泥砂浆	砖	0	0.38
		10	2.04
		20	4.15

续上表

砂浆类型	被黏结材料	聚合物/水泥(%)	黏附强度(MPa)
PAE改性水泥砂浆	砖	0	0.59
		5	0.74
		10	1.41
		20	2.21
		20	1.76
PVAC改性水泥砂浆	石	15	2.30

注:NR-天然橡胶;SBR-丁苯橡胶;NBR-丙烯腈丁二烯橡胶;PAE-聚丙烯酸酯;PVAC-聚乙烯乙酸酯。

八、耐磨性

聚合物改性水泥砂浆或水泥混凝土的耐磨性取决于所掺加的聚合物类型、聚合物掺量及磨耗条件。一般情况下,耐磨性随聚合物的掺入将得到明显的改善,并且随聚合物掺量的增加,其改善效果也愈加明显。砂浆及混凝土的耐磨性用在规定条件下试样的磨耗深度来表示。磨耗深度越大,耐磨性越差;反之,耐磨性越好。图 3-39 表示了不同聚合物改性水泥砂浆耐磨性的试验结果。

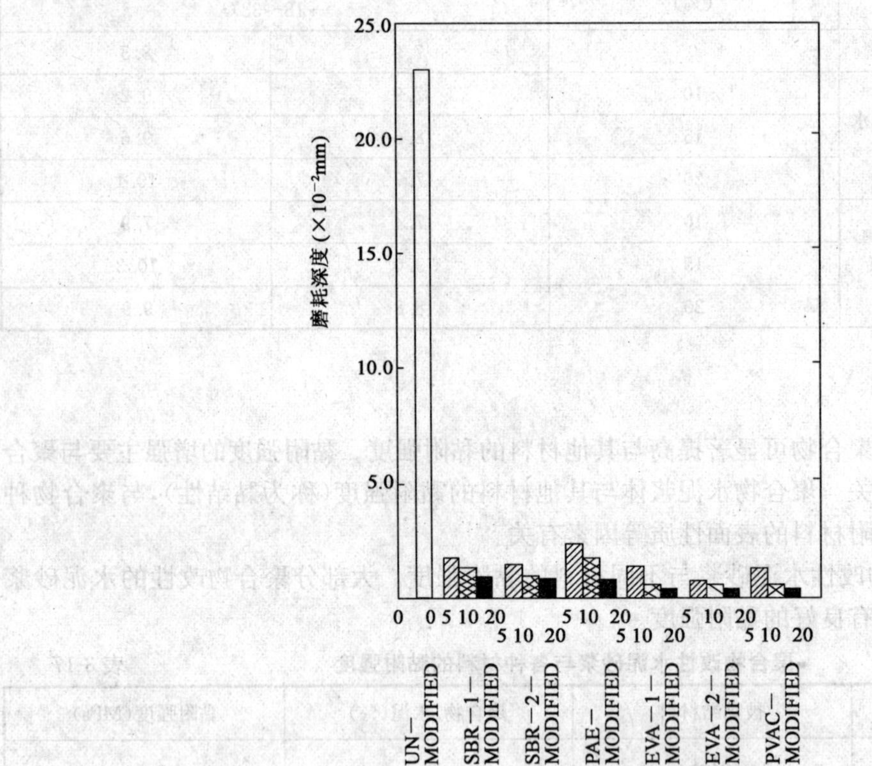

图 3-39 聚合物改性水泥砂浆的耐磨性

UN-普通水泥砂浆;SBR-1:1 型丁橡胶改性水泥砂浆;SBR-2:2 型丁苯橡改性水泥砂浆;PAE-聚丙烯酸酯改性水泥砂浆;EVA-1:1 型聚乙烯为乙烯乙酸酯改性水泥砂浆;EVA-2:2 型聚乙烯乙烯酸酯改性水泥砂浆;PVAC-聚乙烯乙烯酸酯改性水泥砂浆

当聚合物掺加量为水泥质量的 20%时,聚合物改性水泥砂浆的耐磨性与普通水泥砂浆相比可提高 30~50 倍。聚丙烯酸酯掺量为 20%(占水泥质量)时,其改性水泥砂浆的耐磨性与普通水泥砂浆相比可提高 200 倍。Gierloff 把用大掺加量聚丙烯酸酯改性的水泥混凝土用于实验路面上，结果路面的耐磨性非常好。

九、抗冻性与耐久性

聚合物改性水泥砂浆及水泥混凝土有较好的抗冻性，主要是因为聚合物对孔隙的填充与阻塞作用，使得在低温下进入孔隙而结冰膨胀的水分减少，提高了冰冻稳定性。图 3-40 是不同聚合物改性水泥砂浆动态弹性模量与冻融循环次数（－18～4℃）之间的关系。

十、对环境的影响

聚合物改性水泥混凝土是否会因为聚合物的挥发而对环境造成危害，也是一个重要的问题。

前苏联顿河罗斯托夫医学院公共卫生教研室研究了聚苯乙烯—丁二烯乳液（丁苯橡胶）改性水泥混凝土对环境的影响。掺入丁苯橡胶乳液制成混凝土地表面层（厚 20mm 及 10mm），在正常压力及不低于 5℃的温度条件下硬化 3 个月。然后在暗室内测定空气中的苯乙烯及丁二烯浓度。试验时温度分别在 22℃±4℃ 及 60℃±2℃，聚合物混凝土地面的面积与试室体积之比（称为饱和度）分别为 $0.1m^2/m^3$ 及 $0.4m^2/m^3$。

据 120 次测定，其苯乙烯、丁二烯在试验室空气中的浓度如表 3-18 所示。

苯乙烯、丁二烯在试验室内空气中的浓度　　表 3-18

聚合物混凝土厚度（mm）	饱和度（m^2/m^3）	浓度（mg/m^3）	
		22℃	60℃
10	0.1	0.022	0.083
	0.4	0.035	0.192
20	0.1	0.032	0.131
	0.4	0.055	0.370

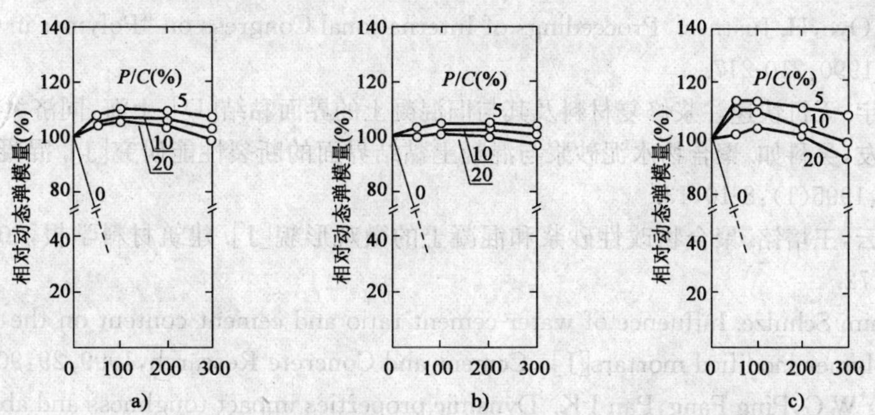

图 3-40　相对动态弹性模量与冻融循环次数之间的关系

a）SBR 改性水泥砂浆；b）PAE 改性水泥泥砂浆；c）EVA 改性水泥砂浆

在空气中的苯乙烯是有毒性的，但其浓度是否已达到危害生命的程度呢？该研究机构针对试验动物对这种聚合物的挥发性物质进行了较长期的试验。试验项目包括：试验动物的体系及性格；血液中红血球含量，血液中血红蛋白含量，白血球含量及形式；血液酶的活性，过氧化氢酶，过氧化酶，胆碱酯酶，血液中单糖含量以及尿中马尿酸及维生素 C 含量；血液中的蛋白及其对电泳的分数等。最后还检查动物内脏器官的全部指标，加 α-分解乳糖后血液中单糖的含量及进行试验动物及对照动物器官和组织的病理形态学研究。

通过对 40 只白雄鼠(20 只试验，20 只对照)进行 3 个月全昼夜的毒性试验，结果表明，在试验室中，释出到空气中的苯乙烯量(0.089mg/m³)对试验动物有机组织无明显影响，除试验进行到第三周及第九周时血液中单糖含量及尿中维生素的含量有少许变化外，被试验的动物与参比动物都无差异。

对动物类似的卫生化学试验及长期毒性试验表明，以聚苯乙烯—丁二烯为改性剂的水泥混凝土地面及石膏聚合物地面，当饱和度为 $0.5m^2/m^3$ 时，可无限制地使用；当饱和度为 $2m^2/m^3$ 时，在热带气候条件下的使用应加以限制。

本章参考文献

[1] 钟世云，袁华. 聚合物在混凝土中的应用[M]. 北京：化学工业出版社，2003.

[2] (美)D. R. 保罗，(英)C. B. 巴克纳尔. 聚合物共混物：组成与性能[M]. 北京：科学出版社，2004.

[3] 王国全. 聚合物共混改性原理与应用[M]. 北京：中国轻工业出版社，2007.

[4] (德)G. W. 埃伦斯坦. 聚合物材料：结构 性能 应用[M]. 北京：化学工业出版社，2007.

[5] (美)H. R · 阿尔库克，(美)F. W. 兰普，(美)J. E. 马克. 当代聚合物化学[M]. 北京：化学工业出版社，2006.

[6] 涂云霞. 水泥基聚合物混凝土抗裂性能的试验研究[D]. 扬州：扬州大学，2007.

[7] 张岩. WSP 聚合物混凝土力学性能试验研究[D]. 西安：西安理工大学，2008.

[8] G. Barluenga, F. Hernandez-Olivares. SBR latex modified mortar rheology and mechanical behavior[J]. Cement and Concrete Research ,2004,34:527-535.

[9] 龙军，俞珂，李国鼎. 聚合物与水泥水化物间的相互作用[J]. 混凝土，1995，(03)35-37，41.

[10] B. A. Oye, H. Justnes. Proceedings of International Congress on "Polymer in Concrete" [J], 1990:210-217.

[11] 卢晓宇. 无机快速注浆修复材料及其与旧混凝土的界面黏结[D]. 上海：同济大学，1993.

[12] 王新友，吴科如. 聚合物水泥砂浆与混凝土黏结界面的断裂性能研究[J]. 混凝土与水泥制品，1995(1)：8-10，13.

[13] 钟世云，王培铭. 聚合物改性砂浆和混凝土的微观形貌[J]. 建筑材料学报，2004，7(2)：168-172.

[14] Joachim Schulze. Influence of water-cement ratio and cement content on the properties of polymer-modified mortars[J]. Cement and Concrete Research, 1999, 29:909-915.

[15] Wong W G, Ping Fang, Pan J K. Dynamic properties impact toughness and abrasiveness of Polymer-modified pastes by using nondestructive tests[J]. Cement and Concrete Research ,2003,33:1371-1374.

第四章　混凝土外加剂

第一节　概　述

一、混凝土外加剂的定义

混凝土外加剂是在拌制混凝土过程中掺入、用以改善混凝土性能的物质，其掺量不大于水泥质量的5%(特殊情况除外)。

混凝土外加剂在拌制混凝土过程中，可以与拌和水一起掺入拌和物，也可以比拌和水滞后掺入。研究认为，滞后掺入可以取得更好的改性效果。外加剂也可以根据需要在混凝土搅拌到混凝土浇注的过程中分几次掺入，以解决混凝土拌和物流动性的经时损失问题。

混凝土外加剂的掺量从万分之几至百分之几。除混凝土膨胀剂、防冻剂等少数外加剂以外，大部分掺量都在2%～3%。

外加剂的掺量一般情况下以水泥质量的百分计，但在高性能混凝土中，应以胶凝材料总量的百分比掺量。

每种外加剂掺量按其具有一种或多种功能给出定义，并根据其主要功能命名。主要混凝土外加剂的名称及定义如下：

(1)减水剂。在混凝土坍落度基本相同的条件下，能减少拌和用水量的外加剂。减水率≥5%的减水剂，为普通减水剂；减水率≥10%的减水剂，为高效减水剂。

(2)早强剂。可加速混凝土早期强度发展的外加剂。

(3)缓凝剂。可延长混凝土凝结时间的外加剂。

(4)引气剂。在搅拌混凝土过程中能引入大量均匀分布、稳定而封闭的微小气泡的外加剂。

(5)早强减水剂。兼有早强和减水功能的外加剂。

(6)缓凝减水剂。兼有缓凝和减水功能的外加剂。

(7)引气减水剂。兼有引气和减水功能的外加剂。

(8)防水剂。能够降低混凝土在静水压力下的渗透性的外加剂。

(9)阻锈剂。能抑制或减轻混凝土中钢筋或其他预埋金属锈蚀的外加剂。

(10)加气剂。混凝土制备过程中因发生化学反应而产生气体，使混凝土中形成大量气孔的外加剂。

(11)膨胀剂。能使混凝土产生一定体积膨胀的外加剂。

(12)防冻剂。能使混凝土在负温下硬化，并在规定时间内达到足够防冻强度的外加剂。

(13)泵送剂。能改善混凝土拌和物泵送性能的外加剂。

(14)速凝剂。能使混凝土迅速凝结硬化的外加剂。

二、混凝土外加剂的分类

1. 按主要功能分类

混凝土外加剂按其主要功能分为以下四类：

(1)改善混凝土拌和物流变性能的外加剂，包括各种减水剂、引气剂和泵送剂等；

(2)调节混凝土凝结时间、硬化性能的外加剂，包括缓凝剂、早强剂和速凝剂等；

(3)改善混凝土耐久性的外加剂，包括引气剂、防水剂和阻锈剂；

(4)改善混凝土其他性能的外加剂，包括加气剂、膨胀剂、防冻剂、着色剂、防水剂和泵送剂等。

2. 按化学成分分类

(1)无机物外加剂。包括各种无机盐类、一些金属单质和少量氢氧化物，如早强剂中的 $CaCl_2$ 和 Na_2SO_4、加气剂中的铝粉、防水剂中的氢氧化铝等。

(2)有机外加剂。这类外加剂占混凝土外加剂的绝大部分，种类繁多。其中，大部分属于表面活性剂的范畴，有阴离子型、阳离子型、非离子型表面活性剂等，如减水剂中的木质素磺酸盐、萘磺酸盐甲醛缩合物等。有一些外加剂本身不具备表面活性作用，但却可作为优质外加剂使用。

(3)复合外加剂。适当的无机物与有机物复合制成的外加剂，往往具有多种功能或使某项性能得到显著改善。这是"协同效应"在外加剂技术中的体现，也是外加剂发展的方向之一。

三、外加剂的作用

1. 改善新拌混凝土、砂浆、水泥浆性能

(1)不增加用水量而提高和易性，或和易性相同时减少用水量；

(2)缩短或延长初凝时间；

(3)减少或避免沉陷或产生微小膨胀；

(4)改变泌水率或泌水量或两者同时改变；

(5)减小离析；

(6)改善渗透性与可泵性；

(7)减小坍落度损失率。

2. 改善硬化混凝土、砂浆、水泥浆的性能

(1)延缓或减少水化热；

(2)加速早期强度增长率；

(3)提高强度(压、拉或弯曲)；

(4)提高耐久性或抵抗严酷的暴露条件，包括防冻盐的应用；

(5)减小毛细管水的流动；

(6)降低液相渗透力；

(7)控制碱与某些集料成分反应产生的膨胀；

(8)配制多孔混凝土；

(9)提高混凝土与钢筋的黏结力；

(10)增加新老混凝土黏结力；

(11)改善抗冲击与抗磨损的能力；

(12)阻止埋在混凝土中金属的锈蚀；

(13)配制彩色混凝土或砂浆。

各种混凝土外加剂的主要作用和成分如表 4-1 所示。

各种外加剂的主要成分和主要作用 表 4-1

外加剂品种	主要作用	主要成分
早强剂	1. 提早拆模； 2. 缩短养护期使混凝土不受冰冻或其他因素的破坏； 3. 提前完成建筑物的建设与修补； 4. 部分或完全抵消低温对强度发展的影响； 5. 提前开始表面抹平； 6. 减少模板侧压力； 7. 水压下堵漏	1. 可溶性无机盐：氯化物、溴化物、氟化物、碳酸盐、硝酸盐、硫代硫酸盐、硅酸盐、铝酸盐和碱性氢氧化物； 2. 可溶性有机物：三乙醇胺、甲酸钙、乙酸钙、丙酸钙和丁酸钙、尿素、草酸、胺与甲醛缩合物
速凝剂	喷射混凝土、堵漏或其他特殊用途	铁盐、氟化物、氯化铝、铝酸钠和碳酸钾
引气剂	引气，提高混凝土工作性和黏聚性，减少离析与泌水，提高抗冻融性和耐久性	木质树脂盐、合成洗涤剂、木质素磺酸盐、蛋白质盐、脂肪酸和树脂酸及其盐
高效减水剂（超塑化剂）	高效减水、提高流动性或二者结合	1. 萘磺酸盐甲醛缩合物； 2. 多环芳烃磺酸盐甲醛缩合物； 3. 三聚氰胺磺酸盐甲醛缩聚物； 4. 其他
减水剂和调凝剂	减水、缓凝、早强、缓凝减水、早强减水、高效减水、高效缓凝减水	1. 木质素磺酸盐； 2. 木质素磺酸盐的改性或衍生物； 3. 羟基羧酸及其盐类； 4. 羟基羧酸及其盐的改性或衍生物； 5. 其他物质： (1)无机盐：锌盐、硼酸盐、磷酸盐、氯化物； (2)铵盐及其衍生物； (3)碳水化合物、多聚糖酸和糖酸； (4)水溶性聚合物，如纤维素醚、密胺衍生物、萘衍生物、聚硅氧烷和磺化碳氢化合物
加气剂（起泡剂）	在新拌混凝土浇注时或浇注后水泥浆凝结前产生气泡，减少混凝土沉陷和泌水，使混凝土更接近浇注时的体积	过氧化氢、金属铝粉、吸附空气的某些活性炭
灌浆外加剂	黏结油井、在油井中远距离泵送	缓凝剂、凝胶、土、凝胶淀粉和甲基纤维素；膨润土；增稠剂；早强剂、加气剂
膨胀剂	减小混凝土干燥收缩	细铁粉或粒状铁粉与氧化促进剂；石灰系；硫铝酸盐系
黏结剂	增加混凝土黏结性	合成胶乳、天然橡胶胶乳
泵送剂	提高可泵性，防止泌水、离析、堵塞	1. 合成或天然水溶性聚合物； 2. 有机絮凝剂； 3. 高比表面无机材料：膨润土、二氧化硅、石棉粉、石棉短纤维等； 4. 水泥外掺料：粉煤灰、水硬石灰、石粉等

续上表

外加剂品种	主 要 作 用	主 要 成 分
着色剂	各种颜色的混凝土和砂浆	1. 灰色到黑色：氧化铁黑、矿物黑、炭黑； 2. 蓝色：群青、酞菁蓝； 3. 浅红色到深红色：氧化铁红； 4. 棕色：氧化铁棕、富锰棕土、烧褐土； 5. 乳白色、奶白色、米色：氧化铁黄； 6. 绿色：氧化铬绿、酞青绿； 7. 白色：二氧化钛
絮凝剂	增加泌水速度，减少泌水能力，减小流动性，增加黏度，早强	聚合物电解质
灭菌剂和杀虫剂	阻止和控制细菌和霉菌在混凝土墙板和墙面上生长	多卤化物、狄氏剂乳液和铜化物
防潮剂	减小水渗入混凝土的速度或减小水在不饱和混凝土内从湿到干的传导速度	皂类、丁基硬脂酸、某些石油产品
减渗剂	减小混凝土的渗透性	减水剂、氯化钙
减少碱—集料反应的外加剂	减小碱—集料反应的膨胀	锂盐、钡盐，某些引气剂、减水剂、缓凝剂、火山灰
阻锈剂	防止钢筋锈蚀	亚硝酸钠、苯甲酸钠、木质素磺酸钙、磷酸盐、氟硅酸、氟铝酸盐

第二节　混凝土外加剂的作用理论

一、外加剂性质

混凝土外加剂中，多数是表面活性剂。表面活性剂的基本作用是降低分散体系中两相间的界面自由能，提高分散体系的稳定性。对于混凝土外加剂的表面活性剂，在考虑它们表面活性作用的同时，还要注意它们对水泥水化反应的影响。

表面活性物质又称表面活性剂，是指能够吸附在相界面上而降低界面能(表面张力)的物质。如图 4-1 所示，表面活性剂由疏水端(亲油基团)和亲水端(亲水基团)两部分组成。疏水端通常由长链的碳氢基构成，而亲水端有种类繁多的各种结构，是决定表面活性剂性能的主要因素。

表面活性剂溶于水时，若亲水端释放出离子，称为离子型表面活性剂；无离子离解，则称为非离子型表面活性剂。根据极性基团的各类表面活性物可分为两大类：离子型和非离子型。而离子型又分为阳离子型、阴离子型和两性型。表面活性剂的分类如图 4-2 所示。

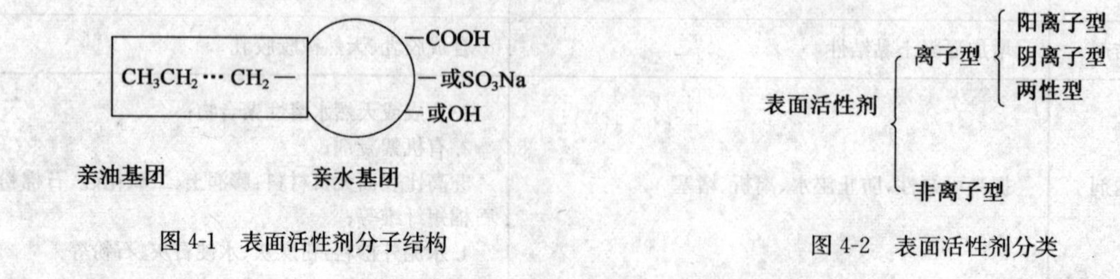

图 4-1　表面活性剂分子结构

图 4-2　表面活性剂分类

1. **表面活性剂的基本性质**

(1)表面吸附和表面张力

表面活性剂的重要作用是降低表面自由能。两相接触时,由于接触界面两侧不同相中分子间作用力不同,界面层分子与体相分子所处的情况不同,处于不平衡态,具有表面能。依据热力学第一定律,任何体系都有向自由能最小发展的自发趋势。因此,对于气—液界面,由于界面分子受到液体内部分子的引力总是大于气体分子对它的引力,使液体表面有自发缩小的趋势,以降低表面能。为避免液体表面的减小,必须施加一反向的拉力,称为表面张力。

而对于固—液界面,由于固体表面不能改变其固有形状,因此,表面能的降低常常表现为对液体中表面活性物质的吸附,吸附的结果使表面能降低。

吸附是指两相界面上溶质浓度和溶液内部浓度不同的现象。对于固—液界面,溶液中的溶质被固体表面吸附后,若界面层中溶质的浓度大于溶液内部溶质的浓度,则使表面张力降低,这种吸附称为正吸附;反之,则为负吸附,表面张力增大。因此,表面张力与吸附现象密切相关,界面对溶质的吸附作用可用吉布斯吸附公式表示如下:

$$\gamma = -\frac{C}{RT} \cdot \frac{d\sigma}{dc} \tag{4-1}$$

式中:γ——界面层吸附的溶质量,即单位表面上溶质过剩的摩尔数,mol/cm^2;

C——溶质在溶液中的摩尔浓度,mol/L;

σ——表面张力或表面能,10^{-5} N/cm;

T——绝对温度,K;

R——气体常数,取 8.31;

$\frac{d\sigma}{dc}$——表面张力改变率,表示溶质表面活性的大小。

上式说明,吸附量的大小与吸附溶质的浓度及溶液的表面张力随浓度变化的速率有关。若 $\frac{d\sigma}{dc}<0$,则溶质的加入使溶液的表面张力降低,γ 大于零,为正吸附;若 $\frac{d\sigma}{dc}>0$,则为负吸附;若 $\frac{d\sigma}{dc}=0$,则无吸附作用。

溶液中加入表面活性剂能有效降低溶液的表面张力,因此为正吸附。对于同种表面活性剂,降低溶液表面张力的作用与其在溶液中的浓度有关。通常,水溶液表面张力随表面活性剂浓度的变化如图 4-3 所示。开始时,表面张力随表面活性剂浓度的增加而急剧下降,以后则大体保持不变。

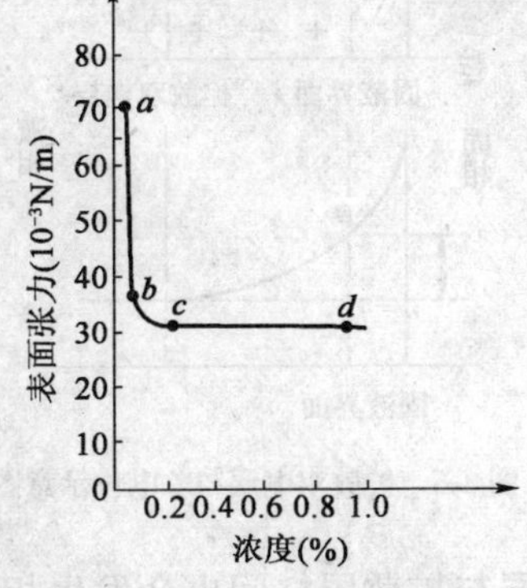

图 4-3 表面张力和浓度的关系

整个变化过程表面活性剂在水中的分布如图 4-4 所示。

图 4-4a)为极稀溶液,表面活性剂浓度极低,空气和水的界面聚集活性剂很少,水溶液的表面张力下降不明显,近似于纯水的表面张力 7.2×10^{-4} N/cm(20℃条件下),相当于图 4-3 中 a 点处。

图 4-4b)为稀溶液,表面活性剂浓度稍有增加,空气和水的界面聚集活性剂增多,空气和水的接触面显著减少,水溶液的表面张力急剧下降到图 4-3 中 b 点。

图 4-4c)为达到临界胶束浓度的水溶液,表面活性剂浓度继续增加,直至空气和水的界面充分吸附活性剂,形成单分子膜,空气和水接近隔绝状态。水溶液的表面张力下降到图 4-3 中 c 点。此时,再增加表面活性剂浓度,水中的活性剂分子或离子将形成疏水基向内、亲水基向

外的球状胶束(或胶团)。形成球状胶束时,表面活性剂浓度称为临界胶束浓度。

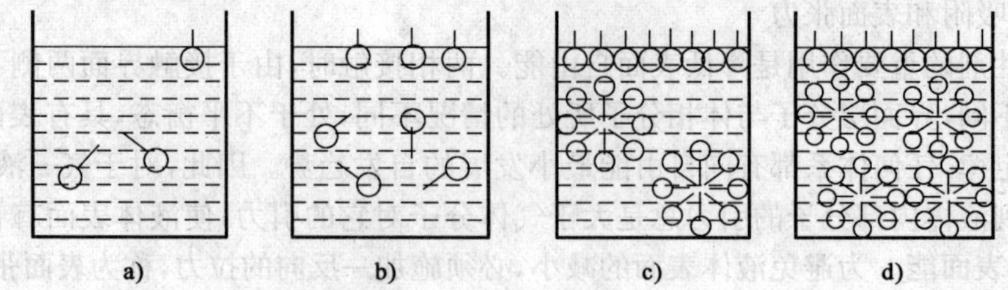

图 4-4　表面活性剂浓度变化和表面活性剂活动情况的关系

a)极稀溶液;b)稀溶液;c)临界束胶浓度溶液;d)超过临界束胶浓度溶液

图 4-4d)为超过临界胶束浓度的水溶液。此时,气液界面已形成完整的单分子膜,表面活性剂浓度继续增加,只能增加胶束数量,溶液的表面张力不再降低,相当于图 4-3 中的 d 点处。

上述现象说明,作为混凝土减水剂使用的表面活性剂,不但要能有效减小水溶液的表面张力,而且要有适宜的浓度,在等于或稍高于临界胶束浓度时,能充分发挥减水作用,过量掺加并无益处。

(2)分散作用

在固—液体系中加入表面活性剂,能在界面产生正吸附,使固相表面自由能降低,有效抑制了固体微颗粒的凝聚倾向,产生了良好的分散作用。同时,表面活性剂分子在界面被吸附时,具有一定的方向性,在固体表面形成齐整的定向排列吸附层,即当固体表面为亲水性时,疏水端朝向固体表面,亲水端朝向溶液;当固体表面为憎水性时,则表面活性剂亲水端朝向固体表面,疏水端朝向溶液。表面吸附层具有一定的机械强度,阻碍了固体颗粒的凝聚,减少了粒子之间的摩擦阻力,对颗粒分散有很好的辅助作用。

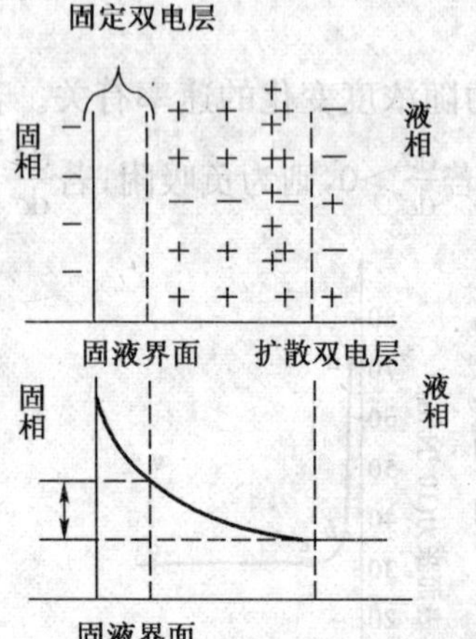

图 4-5　扩散双电层与ζ电位示意图

当表面活性剂是电解质溶液时,吸附的结果将在固相表面形成双电层结构,如图 4-5 所示。

固—液体系中,有三种原因会造成固体表面可能带电或具有极性:第一,固体粒子表面离解,在溶液中产生一定电性的负离子;第二,吸附作用具有选择性,固体粒子表面比较牢固结合了溶液中离子对的一个组分;第三,固体颗粒中离子对的偶极子本身在表面以一定方式取向。

固体颗粒表面电性或极性的存在,力图在颗粒周围集聚溶液中相反电荷的离子,使电性分布两极化。而分子热运动又力图使离子在溶液中扩散,均匀分布。最终导致与颗粒所带电性相反的离子浓度,随离子逐渐远离固体表面而减少,形成固定双电层和扩散双电层的结构。在液固两相发生相对运动时,固定层与扩散层之间也会发生相对运动,两者之间的电位差称为ξ电位,反映了颗粒间相对运动时的电性斥力大小。

表面活性剂在固—液界面的吸附使ξ电位明显增加,固体颗粒之间斥力增大,固定层的形成使颗粒表面溶剂化膜增厚,颗粒之间距离加大、接触减少,促进了固体颗粒的分散,整个固液体系趋于稳定。

(3)润湿、润滑作用

一般把借助于表面活性剂来达到润湿物体的作用称为润湿作用。润湿作用的程度与两相性质相关。固液两相接触时,可能会产生如图4-6所示的4种润湿现象。图中,气液和固液界面之间的夹角(θ)称为润湿角。4种现象实际上是固—气、固—液、液—气三种界面张力($\sigma_{s,g}$、$\sigma_{s,l}$、$\sigma_{l,g}$)共同作用的结果。

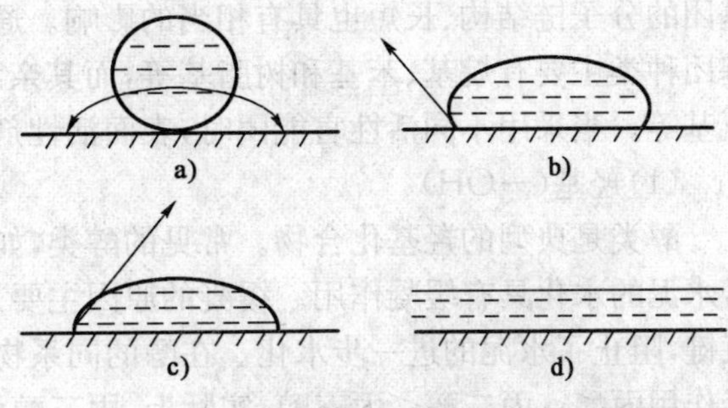

图 4-6　固液界面的润湿情况

a)完全不润湿;b)不润湿;c)润湿;d)完全润湿

显然,三种界面张力作用达到平衡时,必须满足下式:

$$\sigma_{l,s}+\sigma_{l,g}\cos\theta=\sigma_{s,g} \quad (4\text{-}2)$$

①当 $\sigma_{s,g}-\sigma_{l,s}=-\sigma_{l,g}$时,如图4-6a)所示,表示完全不润湿;

②当 $\sigma_{s,g}-\sigma_{l,s}<0$ 时,如图4-6b)所示,表示不润湿;

③当 $\sigma_{s,g}-\sigma_{l,s}<\sigma_{l,g}$时,如图4-6c)所示,表示润湿;

④当 $\sigma_{s,g}-\sigma_{l,s}=\sigma_{l,g}$时,如图4-6d)所示,表示完全润湿。

溶液中加入表面活性剂时,由于有效降低了固液界面的表面能,可使润湿角θ减小,润湿作用增强,从而增大了固液两相的接触面积。同时,表面活性剂吸附于固液界面后,其亲水端通常会吸附一层水分子,形成溶剂化膜包裹在颗粒表面,使相邻固体表面更易于被水润湿,减少了固体颗粒之间的摩擦,起到了润滑作用。

(4)发泡和消泡作用

由于表面活性剂能降低液体的表面张力,因此,在液体中容易形成新的气液界面,导致气泡产生,具有发泡作用。当加入离子型表面活性剂时,其憎水端朝向空气,亲水端指向溶液,使气泡称为带静电荷的小球,在气泡间产生静电排斥作用,阻止小气泡聚集成大气泡,因而在水泥浆中可获得稳定的微细气泡。不同类型的引气剂所产生的气泡电性是不同的:阴离子表面活性剂生成具有负电荷的气泡;阳离子表面活性剂生成具有正电荷的气泡。但是,气泡的引入量及其稳定性,与活性剂的种类(主要体现在液体的黏度、液膜表面电荷、液膜的机械强度)、浓度、水泥浆的水灰比、成型方法、温度等因素有关,尤其是搅拌时间和搅拌速度对其的影响更为显著。

消泡作用就其现象来说有破泡和抑泡作用。破泡作用是在泡膜上滴数滴破泡剂破坏泡沫,发生消泡。抑泡作用是预先在容易中掺入抑制起泡作用的表面活性剂,使其在较长时间保持破泡条件。消泡作用的产生因消泡剂的不同而异,通常的消泡剂是采用分子引力不均的表面活性剂或复合剂,当被吸附在泡膜上时,由于其分子力的不均匀,使泡沫破灭。

(5)减少水和水泥的用量

在制备混凝土时,除了用机械的捣实方法外,还有更有效的减少拌和用水量的方法,即使用表面活性剂。不论混凝土采用何种捣实方法,表面活性剂都能有效地用于任何混凝土中。使用表面活性剂可减小混凝土水灰比约10%,减小砂浆水灰比12%~14%。因为混凝土和砂浆的强度取决于水灰比,所以为了取得给定的强度,可在减少用水量的同时,减少水泥用量,一般为8%~10%,有时更多一点。换言之,使用表面活性剂能节省水泥。

2.表面活性剂分子结构对水泥水化性能的影响

不同表面活性剂对水泥水化产生的影响作用是不同的,产生这种现象的根源在于分子结构上的差异。表面活性剂分子在结构上含有疏水基团和亲水基团。一般认为,极性亲水基团的组成和结构对表面活性剂的基本性质起着决定性的作用,又称为活性官能团;而非极性憎水基团的分子链结构、长短也具有相当的影响。通常用作混凝土外加剂的表面活性物质，其疏水基团种类主要有烷基、苯基和树脂基等，而其亲水基团种类主要有羟基、羧基、磺酸基、醚基和氨基等。当采用不同活性官能团时，表面活性剂对水泥的水化性能可能产生如下影响。

(1)羟基(—OH)

醇类是典型的羟基化合物。常见的醇类，如甲醇、乙醇、丙醇、丙二醇、丙三醇等，都对硅酸盐水泥的水化具有缓凝作用。缓凝的原因主要是由于羟基吸附于水泥或水化产物表面形成了氢键，阻止了水泥的进一步水化。在醇的同系物中，随着羟基数目的增加缓凝作用增强，如缓凝作用丙醇＜丙二醇＜丙三醇，实际上，丙三醇将完全终止水泥的水化。

不同的水泥熟料矿物对羟基化合物的吸附作用不同，C_3A 吸附作用最强，其次为 C_4AF、C_3S 和 C_2S。

糖类作为多元醇也具有较强的缓凝作用，其原因被认为是糖具有弱酸性，能与水泥水化生成的 $Ca(OH)_2$ 反应形成络合物，使水泥早期水化时的 pH 值降低而抑制了水化速度。但随着憎水基团的增大，表面活性增强，会对水泥产生塑化和减水作用。

(2)羧酸(盐)基(—COOM)

低级的羧酸或羧酸盐，如甲酸钙、乙酸、草酸、丙酸、苯甲酸及其盐等，都对水泥水化具有早强作用，而随着有机酸或盐分子量的增大，则逐步表现出缓凝作用。有机酸类化合物具有代表性的特征是随着生成不溶性金属盐(Ca 盐)，使水泥的水化速度减慢。因此，高级羧酸或盐类如葡萄糖酸、酒石酸的缓凝作用被认为与生成溶解度低的钙盐有关。

有机酸的离解常数 pH 对水泥水化影响的研究证明，pH 值＜5 的有机酸及其盐类对水泥有促进水化的早强作用，而 pH 值＞5 的有机酸或盐类则随着烷基的增加而缓凝作用逐步增强。同时，随着分子量的增加，表面活性剂的憎水性也增加，如硬脂酸及其盐类可作为混凝土的脱模剂和防水剂使用。

(3)羟基羧酸盐和氨基羧酸盐

如上所述，低级的羧酸及盐类缓凝作用小，并具有早强作用。但当羧基的 α-位或 β-位的氢被羟基或胺基取代就产生明显的缓凝作用，如乳酸、酒石酸、柠檬酸、苹果酸、葡萄糖酸以及它们的钙盐等。

羟基羧酸和氨基羧酸对硅酸盐水泥的缓凝作用在于其分子中含有络合物形成基(—COOH、—OH、—NH_2)，在水泥浆的碱性介质中，能与 Ca^{2+} 生成不稳定的络合物。随着水泥水化的进行，这些络合物自行分解，对水泥的后期水化不产生影响，有利于新拌混凝土的塑化和后期强度的增长，调节快硬水泥的凝结效果显著。

(4)磺酸盐

磺酸盐型表面活性剂是典型的阴离子表面活性剂，在水泥分散剂中占有很重要的地位。由于水泥颗粒水化初期表面带正电荷，有利于阴离子表面活性剂的吸附，从而产生延缓水泥水化的作用，可以看作水泥的分散性提高了，特别是芳烃磺酸盐对固体粉末的分散效果特别有效。

磺酸盐性表面活性剂对水泥水化的缓凝作用与其疏水端的碳链长度有关，如十二烷基磺酸钠具有明显的缓凝作用，而芳香族磺酸盐的憎水基链长较短时，并不延缓水泥的水化反应，只有当链长达到一定程度，才能延缓水泥的水化反应。缓凝的机理是在一定掺量下，活性剂分子在粒子表面被慢慢吸附，而超过一定掺量时，分子便在粒子表面垂直地紧密吸附，水泥颗粒几乎完全被“疏水化”了，水化反应急剧受到抑制。若继续增大掺量，则由单分子吸附变成双分子或多分子吸附。

(5)胺类化合物

简单的胺类化合物，如一级胺、二级胺、三级胺和氨基酸，对水泥的水化开始都具有缓凝作用，缓凝作用大小顺序为：$RNH_2 > R_2NH > R_3N$。而羟胺在某种情况下则加速凝结过程。四级胺盐的胺正离子与普通金属阳离子一样，具有强烈的促凝作用。

胺类化合物中，作为混凝土外加剂最有实际意义的是羟胺，特别是三乙醇胺，可作为水泥的助磨剂和混凝土的早强剂。

由于采用不同的基团组合可以形成复杂的表面活性剂化学结构，而基团的种类、数量、位置和形成聚合物的分子量都会对水泥水化产生影响，因此，目前对表面活性剂化学结构和性能之间的关系还不能完整、系统地予以解释。

近年来，通过研究用于高性能混凝土外加剂的表面活性剂的结构和功能之间的关系，国内有关学者提出了主导官能团理论。该理论认为，用作混凝土外加剂的表面活性剂分子由极性的亲水官能团和非极性的疏水基两部分组成。在表面活性剂分子结构中，有不同的极性亲水官能团，就会表现出不同的性能或有不同的作用。含有 SO_3H 官能团的外加剂具有明显的高减水率；含 SO_3H 及 COOH 官能团的外加剂，则具有显著的坍落度保持值以及适宜的引气性和减水率；含 COOH 官能团的外加剂，则具有缓凝保坍性能。在所有的高性能外加剂中，不是含 SO_3H，就是含有 COOH，或者同时有之。SO_3H、COOH 官能团主宰着外加剂的关键性能，并反映出该外加剂所起的主要作用，因此，定义为混凝土外加剂的主导官能团，将它所起的主要作用称为主导作用。以主导官能团作为高性能外加剂的分类标准，可将高性能外加剂分成 COOH、SO_3H 及 $SO_3H-COOH$ 三大系列。

化学外加剂能调节水泥水化过程，影响水泥的凝结和硬化时间。掺不同的外加剂可以使硅酸盐水泥混凝土的凝结时间控制在几分钟到几十小时，其中包括速凝剂、促凝剂、早强剂、缓凝剂和超缓凝剂等。因此，通过掺这些外加剂能调节水泥的凝结和硬化过程，以满足不同的工程应用要求。

二、水泥凝结的物理本质

水泥水化之后，由于溶剂化固相粒子靠近时发生相互作用立即生成水泥凝胶体的凝聚结构。初始复杂结构的稳定性主要取决于与粒子间距有关的粒子相互作用力。在这种情况下，相互作用力可看成固相粒子表面上分子之间的范德华引力和由粒子周围的双电层中的离子之间的静电斥力的代数和。

水泥凝胶体凝聚过程的发展取决于水泥的矿物组成和分散度，同时还取决于水泥中电解质外加剂的存在。电解质能在水泥粒子表面形成同电荷的双电层，并阻止粒子的相互结合。如果同电荷双电层不存在，这时接近开始凝聚，而水泥凝胶体很快(经几分钟)硬化将会转变成假凝体。通常，在波特兰水泥中不存在石膏时即可观察到这种情况，这导致水泥凝胶体瞬凝。

分散的石膏作为调凝剂掺入水泥，不直接进入熟料粒子的矿物组成中。在固相溶剂化时，石膏生成双电层，并有屏蔽引力的作用，即会产生阻碍凝聚的能垒。在双电层的扩散层的液相被水泥矿物离子饱和过程中，首先是铝酸三钙的三价离子离解。它与石膏的离子相遇、化合，并生成不溶性的二元复盐硫酸钙从溶液中沉淀下来。

水泥凝胶体的初始凝聚结构状态的稳定性取决于组成水泥凝胶体粒子的相互作用。如果粒子之间存在相当强的斥力，体系将是稳定的；如果不是这样或具有引力，体系不稳定，凝聚过程很快完成,即水泥凝胶体发生凝结。

在电解质过量的情况下,双电层被压缩、动电电位(ζ-电位)降低。当粒子间距达到引力大于斥力时,体系的凝聚接近开始。根据DLVO理论电解质产生凝聚作用的临界浓度(C_K)可用下式表示:

$$C_K=\frac{\text{Const}}{Z^6} \tag{4-3}$$

式中:Z——凝聚作用的反离子价数;

Const——常数。

由此可见,临界浓度与反离子的价数的6次方成反比。具有不同价数(I—II—III价)的反离子得到下列顺序的C_K:

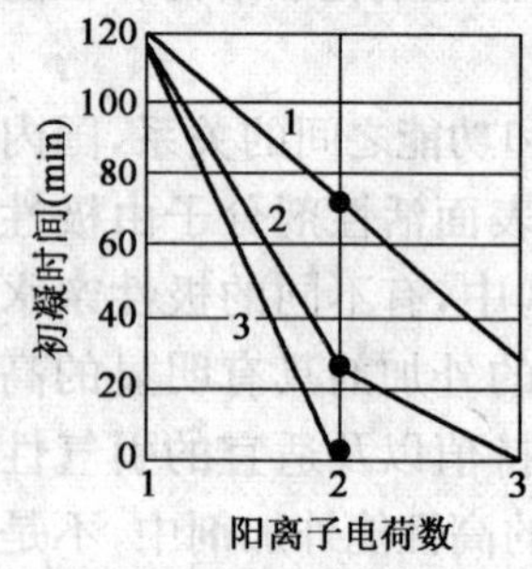

图4-7 水泥凝结时间与溶液中电解阳离子电荷数和浓度的关系

1-0.1N;2-0.5N;3-1N

$$C_K^{I}:C_K^{II}:C_K^{III}=1:\left(\frac{1}{2}\right)^6:\left(\frac{1}{3}\right)^6$$

由此式得到的顺序非常接近舒尔采—哈迪的价数规则:

$$C_K^{I}:C_K^{II}:C_K^{III}=500:8:1$$

溶液中电解质阳离子电荷数和浓度对水泥凝结时间的影响规律也符合这一价数规则,如图4-7所示。

根据舒尔采—哈迪规则用电解质使胶体凝聚时,凝聚作用的离子应具有与胶粒相反的电荷:带负电的胶体,在阳离子的作用下产生凝聚;带正电的胶体,在阴离子作用下产生凝聚。在此情况下,离子的价数越高,则凝聚作用越强。同价的阳离子和阴离子的凝聚性能也不同。凝聚性能的顺序,即所谓感胶离子序如下:

阳离子顺序:

$$Al^{3+}>Ba^{2+}>Ca^{2+}>Mg^{2+}>K^{+}>Al^{3+}>Na^{+}>Li^{+}$$

阴离子顺序:

$$SO_4^{2-}>F^{-}>IO_3^{-}>BrO_3^{-}>Cl_3^{-}>ClO_3^{-}>Br^{-}>NO_3^{-}>ClO_4^{-}>I^{-}>CNS^{-}$$

不同离子的这种不同的作用与它们的水合能和水合程度有关。水合能和水合程度取决于离子半径的大小和离子浓度极化度,即取决于原子外电子层的变形性。

不同离子的吸附能力不同,离子电荷越多,其水合半径越小,则自由溶液和扩散层移向吸附层的几率越大,也就越能排挤同电荷的离子,从而使扩散层压缩,ξ-电位下降。当ξ-电位下降到临界值(通常为±30mV)时,分散就会转为凝聚。

多价阳离子(Al^{3+}、Fe^{3+}、Th^{4+}等)不仅具有降低ξ-电位和产生凝聚作用的能力,而且使ξ-电位的符号变反。这是因为多价阳离子具有更大的吸附势,能产生超当量吸附,所以过量的多价阳离子静电吸引扩散分布的反离子,使动电电位的符号变反。

研究可溶性的无机盐对C_3S水化影响表明,在C_3S的水化加速期,可溶性的阴、阳两种离子的性质决定水化速率的作用。离子的电荷和原子的大小,这两个因素是很重要的。柯达(Kondo)等认为,其作用大小与离子的迁移速率和扩散特征有关。离子的扩散使水化加速,加入电解质,提供了扩散的反离子。无论阳离子和阴离子,对双电层的影响都密切相关。凡能强烈加速水化的离子,均有利于压缩双电层和降低ξ-电位,因此可以促进胶态的C-S-H形成(或凝聚)。较薄的双电层可以允许固体颗粒靠得更近,从而获得孔隙率小、更致密的水化产物,使C-S-H凝胶有较小的扩散系数。

三、水合离子对水泥分散体塑性和凝结时间的影响

电解质在水溶液中离解，其离子是以水合离子存在的。卡普钦斯基(Капустинский)和萨莫依洛夫(Самойлов)发现了水泥矿物在电解水溶液中水化硬化时离子的正和负水合现象，存在这种现象时水合离子必然影响水泥浆的塑性和凝结硬化。

根据萨莫依洛夫的建议，离子正负水合之间的界限是阳离子的结晶化学半径为 1.11×10^{-10}m。半径超过这个值的阳离子为负水合，即减小水的黏度；而小于这个值的为正水合，增加水的黏度。

按照离子的水合特性所有电解质溶液分为 4 类：

(1)阳离子和阴离子均为正水合，如 $Al_2(SO_4)_3$、$Cr_2(SO_4)_3$、$Fe_2(SO_4)_3$、、$FeSO_4$、$ZnSO_4$、Na_2SO_4；

(2)阳离子是强的正水合(半径≪1.11×10^{-10}m)，而阴离子是负水合，如 $AlCl_3$、$CrCl_3$、$FeCl_3$、$MnCl_2$、$ZnCl_2$、$Al(NO_3)_3$、$Cr(NO_3)_3$、$Fe(NO_3)_3$、$Mn(NO_3)_2$；

(3)阳离子是弱的正水合(半径略小于 1.11×10^{-10}m)，而阴离子是负水合，如 NaCl、NaBr、NaI、$NaNO_2$、$NaNO_3$、$CaCl_2$、$CaBr_2$、CaI_2、$Ca(NO_2)_2$、$Ca(NO_3)_2$；

(4)阳离子和阴离子均为负水合，如 KCl、KBr、KI、KNO_2、KNO_3、NH_4Cl、NH_4Br、NH_4I、NH_4NO_3、NH_4NO_2、RbCl、CsCl。

表 4-2 列举了浓度 0.5mol/L 的各种电解质溶液对液/固＝0.27 的水泥浆的物理力学性质的影响。从此表中的数据可以看出，与标准相比第 1、2 类电解质溶液使水泥浆的塑性(扩散度)降低，凝结时间缩短。在此情况下，在相同阴离子的盐溶液中水泥浆的塑性按阳离子的结晶化学半径的减小而降低，如：

①$MnCl_2 > ZnCl_2 > FeCl_3 > CrCr_3 > AlCl_3$；

②$Mn(NO_3)_2 > Fe(NO_3)_3 > Cr(NO_3)_3 > AI(NO_3)_3$；

③$Na_2SO_4 > ZnSO_4 > FeSO_4 > Fe_2(SO_4)_3$、$> Cr_2(SO_4)_3 > Al_2(SO_4)_3$。

同样，具有相同阳离子的电解质溶液的水泥浆的塑性按阴离子半径减小而降低，虽然这种降低的程度不大，如：

①$Al(NO_3)_3 > AlCl_3 > Al_2(SO_4)_3$；

②$Cr(NO_3)_3 > CrCl_3 > Cr_2(SO_4)_3$；

③$Fe(NO_3)_3 > FeCl_3 > Fe_2(SO_4)_3$。

由此证明，阳离子明显表现出对水的结构的改变。因此，水分子在阳离子和阴离子上取向不同(图 4-8)。水分子用其差不多位于分子中心的氧与阳离子相吸引，而用其一个分布在外围的氢与阴离子相吸引。后者类似于水分子之间的氢键，可能靠拢得更紧密。因此，不同阴离子的水合半径变化小一些，对水泥浆塑性的影响程度小一些。

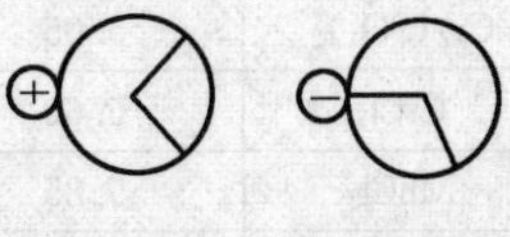

图 4-8 水分子取向示意图

第 3 类电解质溶液是这种现象好的例证。NaCl 和 $CaCl_2$ 中阳离子半径比正水合和负水合的界线($r = 1.11 \times 10^{-10}$m)低不了多少($r_{Na^+} = 0.98 \times 10^{-10}$m，$r_{Ca^{2+}} = 1.04 \times 10^{-10}$m)，而阴离子半径大大超过 1.11×10^{-10}m。但是具有钠盐的水泥与标准相比塑性提高非常小，而有 NaCl 的水泥浆一般不增加塑化。钙盐溶液比相应的钠盐有稍大的塑化效果，如 $CaCl_2 >$ NaCl、$CaBr_2 >$ NaBr 等。阴离子对水泥浆塑性影响严格符合阴离子水合半径的顺序，即水合半径小水泥浆塑性大，如：

电解质溶液对水泥浆的物理力学性质的影响 表 4-2

电解质溶液	溶液的 pH 值	扩散度 (mm)	凝结时间(min)		抗压强度(MPa)龄期	
			初凝	终凝	1d	28d
标准	7.00	126	225	360	22.0	73.0
Na_2SO_4	7.00	117	180	330	29.3	70.5
NaCl	7.30	125	120	275	31.6	73.8
NaBr	7.85	134	160	315	30.6	70.1
NaI	8.45	142	165	325	18.0	72.4
$NaNO_2$	7.50	137	170	315	27.5	61.0
$NaNO_3$	7.15	130	150	280	24.5	58.5
KCl	7.35	142	170	305	34.0	74.0
KBr	7.90	150	205	340	33.0	68.9
KI	8.60	159	225	330	20.7	63.5
KNO_2	7.50	154	210	335	28.1	66.3
KNO_3	7.25	145	180	320	23.2	60.1
NH_4Cl	6.40	146	140	270	33.6	82.8
NH_4Br	6.65	154	155	300	29.0	77.1
NH_4I	7.35	165	180	325	20.3	70.2
NH_4NO_2	6.90	159	160	295	22.2	68.7
NH_4NO_3	6.25	151	170	300	14.8	56.2
RbCl	7.65	150	150	310	28.4	71.2
CsCl	7.90	157	175	335	28.9	73.0
$CaCl_2$	7.05	130	110	220	37.2	90.3
$CaBr_2$	7.10	140	135	235	33.1	81.4
CaI_2	7.95	148	150	250	18.9	70.5
$Ca(NO_2)_2$	6.65	144	160	250	20.0	76.0
$Ca(NO_3)_2$	6.80	135	120	230	18.2	71.8
$Al_2(SO_4)_3$	6.25	84	10	50	16.3	56.2
$AlCl_3$	6.90	88	15	60	35.5	84.5
$Al(NO_3)_3$	6.50	90	15	60	21.0	66.7
$Cr_2(SO_4)_2$	5.05	87	20	70	18.1	71.5
$CrCl_3$	5.60	92	15	55	35.0	86.2
$MnCl_2$	5.85	113	35	75	3.7	78.3
$Mn(NO_3)_2$	5.45	117	30	60	2.1	53.4
$Fe_2(SO_4)_3$	5.10	89	10	45	12.7	62.7
$FeSO_4$	5.75	91	10	50	8.5	54.2
$FeCl_3$	5.50	96	15	45	35.2	82.9
$Fe(NO_3)_3$	5.35	99	10	45	18.3	64.0
$ZnSO_4$	6.40	95	15	50	2.7	12.4
$ZnCl_2$	6.90	102	20	60	3.5	65.7

①$NaI > NaNO_2 > NaNO_2 > NaNO_3 > NaCl$；

②$CaI_2 > Ca(NO_2)_2 > CaBr_2 > Ca(NO_3)_2 > CaCl_2$。

第4类电解溶液与标准相比表现为本质上提高水泥浆的塑性。在此情况下，具有相同阴离子的水泥浆的流动性在所有场合其变化都符合阳离子的结晶化学半径的规律，如 $CaCl_2 > RbCl > NH_4Cl > KCl$、$NH_4Br > KBr$、$NH_4NO_3 > KNO_3$ 等。

在阳离子相同时水泥浆的塑性随阴离子半径减小而减小，如：

①$KI > KNO_2 > KBr > KNO_3 > KCl$；

②$NH_4I > NH_4NO_2 > NH_4Br > NH_4NO_3 > NH_4Cl$。

上述结果指出，在水泥分散体系中显然存在离子的正负水合现象。因此，可利用电解质水溶液的这种性质配制具有一定性质的水泥—水组成物。例如，将具有负水合离子的电解质用于胶凝组成物中影响它的塑化效果，改善混凝土和砂浆混合物的和易性。相反，利用具有正水合离子的电解质（如氟化物，具有小的结晶化学半径的金属硫酸盐），可期望减小水泥胶凝材料的流动性和缩短凝结时间，可用于喷射混凝土、修补混凝土等。

第三节　早　强　剂

在混凝土工程应用中，有时要求混凝土较快地凝结和硬化或者具有较高的早期强度。在低温气候条件下，要求加速水泥水化和混凝土硬化、提高强度。这些场合均需要使用早强剂。

早强剂是加速混凝土早期强度发展的外加剂。早强剂能促进水泥的水化与硬化，缩短混凝土养护周期，加快施工进度，提高模板和场地的周转率。早强剂可用于蒸养混凝土及常温、低温和负温（最低气温不低于－5℃）条件下施工的有早强或防冻要求的混凝土工程。

配置混凝土早强剂的要求是：早期强度显著提高，凝结不应太快；不得含有降低后期强度及破坏混凝土内部结构的有害物质；对钢筋无锈蚀危害；资源丰富，价格便宜；便于施工操作等。

按化学成分混凝土用早强剂的主要种类有：

(1)强电解质无机盐类早强剂：硫酸盐、硫酸复盐、硝酸盐、亚硝酸盐、氯盐等；

(2)水溶性有机化合物：三乙醇胺、甲酸盐、乙酸盐、丙酸盐等；

(3)其他：有机化合物、无机盐复合物。

常用早强剂掺量限值按混凝土结构的使用环境和类型应符合表4-3的规定，最佳掺量应根据试验确定。

常用早强剂掺量限值　　表4-3

混凝土种类	使用环境	早强剂名称	掺量极限（水泥质量%），≤
预应力混凝土	干燥环境	三乙醇胺	0.05
		硫酸钠	1.0
钢筋混凝土	干燥环境	氯离子[Cl^-]	0.6
		硫酸钠	2.0
钢筋混凝土	干燥环境	与缓凝减水剂符合的硫酸钠	3.0
		三乙醇胺	0.05
	潮湿环境	硫酸钠	1.5
		三乙醇胺	0.05
有饰面要求的混凝土		硫酸钠	0.8
素混凝土		氯离子[Cl^-]	1.8

一、氯盐类早强剂

1. 常用氯盐类早强剂

常用氯盐类早强剂主要有：氯化钙、氯化钠、氯化钾、氯化铝及三氯化铁等。

2. 氯盐类早强剂的早强作用机理

氯盐的掺入能增加水泥矿物的溶解度，加速水泥矿物的水化速度。氯化钙对混凝土产生早强作用的主要原因是：它能与水泥中的 C_3A 作用，生成不溶性水化氯铝酸钙（$C_3A \cdot CaCl_2 \cdot 10H_2O$），并与 C_3S 水化析出的氢氧化钙作用，生成不溶于氯化钙溶液的氧氯化钙[$CaCl_2 \cdot 3Ca(OH)_2 \cdot 12H_2O$]，使水泥浆中 $Ca(OH)_2$ 浓度降低，有利于 C_3S 的水化反应的进行。这些复盐的形成，增加了水泥浆体中固相的比例，可形成坚强的骨架，有助于水泥石结构的形成。同时，由于氯化钙与氢氧化钙的迅速反应，降低了液相中的碱度，使 C_3S 的水化反应加速，从而也有利于提高水泥石的早期强度。

3. 氯盐类早强剂的应用

氯盐类早强剂有良好的早强作用。其中，氯化钙早强效果好而成本低，应用最广。氯化钙是混凝土最早使用的早强剂，为白色粉状物，其掺量与水泥中 C_3A 的含量有关。因为 $CaCl_2$ 与 C_3A 反应生成不溶性氯铝酸盐，掺量大时，生成高氯型氯铝酸钙，它具有膨胀性，使混凝土强度降低。

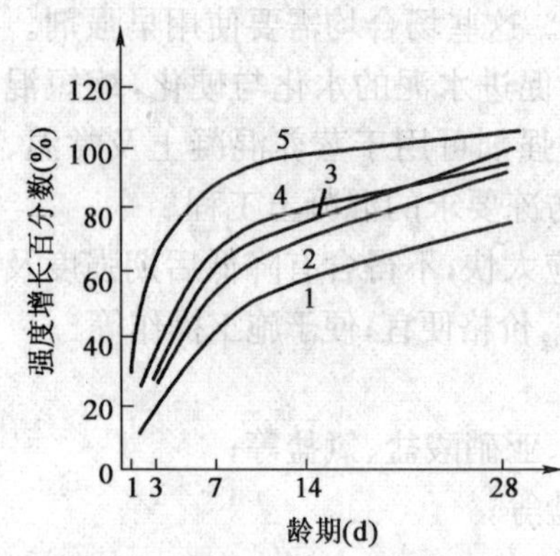

图 4-9 不同温度 $CaCl_2$ 对混凝土强度增长率的影响

1-5℃，无 $CaCl_2$；2-5℃，1.0%$CaCl_2$；3-5℃，2.0% $CaCl_2$；4-21℃，无 $CaCl_2$；5-21℃，2.0%$CaCl_2$

氯化钙对混凝土的促凝和早强作用随着掺量、温度和硬化时间的不同而发生变化（图 4-9）。在自然养护条件下，氯化钙外加剂增加混凝土的强度，龄期 1d 为 1.6～2.5 倍，3d 为 1.3～1.8 倍，7d 为 1.2～1.3 倍，28d 强度提高 10%～20%。此外，$CaCl_2$ 对矿渣水泥和火山灰水泥混凝土的增强效果比硅酸盐水泥混凝土好。

氯盐类早强剂的掺入使混凝土中氯离子浓度增加，使钢筋与氯离子之间产生较大的电极电位，这就易使混凝土中钢筋锈蚀。考虑到氯盐对钢筋的锈蚀作用，各国的有关标准和规范中对氯盐的掺量限制趋于严格。美国混凝土协会 ACI 201 委员会的文件规定，在潮湿非侵蚀性介质中使用的钢筋混凝土，其水溶性氯盐含量应小于或等于0.15%；在侵蚀性介质中，应小于 0.1%；预应力钢筋混凝土中，应小于 0.06%。美国 ASTM C 114 标准中规定，在预应力钢筋混凝土中水溶性氯盐含量应小于 0.08%。如果在氧气扩散条件的条件下（如混凝土不密实、有裂缝时），无论氯盐含量多少都会加速钢筋锈蚀。对低水灰比、密实性好的混凝土，氯化钙的允许量可达 2%。在美国许多预应力钢筋混凝土结构掺氯化钙使用 25～30 年也不破坏，其原因是水灰比不超过 0.40，并且仔细振实。因此，氯盐存在所产生的锈蚀的危险性不大。

不同类型的早强剂，其应用范围有一定的限制。

对于氯盐类早强剂及其与氯盐复配的早强型减水剂和早强型高效减水剂，严禁用于下列公路工程水泥混凝土结构：

①预应力钢筋混凝土结构和构件，防止应力腐蚀。

②相对湿度大于80%环境中使用的露天、水淋、水冲刷、水位变动区的钢筋混凝土结构和构件,暴露在海水浪溅区和水位变动区、处于海风环境范围内的钢筋混凝土结构和构件。

③大体积水泥混凝土和钢筋混凝土结构。

④直接接触酸、碱或其他腐蚀性介质的水泥混凝土和钢筋混凝土结构。

⑤经常处在使用温度达60℃以上的水泥混凝土和钢筋混凝土结构,以及需经蒸养的钢筋混凝土预制构件,防止钢筋加速锈蚀。

⑥表面有装饰(含金属装饰)要求或要求色彩一致的水泥混凝土、钢筋混凝土结构和构件。

⑦薄壁钢筋混凝土结构,桥梁上部主梁钢筋混凝土结构,承受中、重、特重交通量的桥梁下部钢筋混凝土结构。

⑧使用冷拉钢筋或冷拔低碳钢丝的钢筋混凝土结构。

⑨集料具有碱活性的水泥混凝土结构。对于含有活性集料的混凝土结构,为了防止氯盐对钢筋的锈蚀,一般氯盐与阻锈剂(如亚硝酸钠、铬酸盐、磷酸盐、锰酸盐等氧化剂)复合使用,氯化钙早强剂若与阻锈剂亚硝酸钠同时使用,则由于阻锈剂能在钢筋表面形成一层保护性氧化膜,从而可抑制钢筋的锈蚀。其中,亚硝酸钠的阻锈效果最佳。

对于含有强电解质无机盐类的早强剂、早强型减水剂和早强型高效减水剂,严禁用于下列公路工程水泥混凝土结构中:

①有照明和排风设施的隧道钢筋混凝土衬砌,使用阴极防护措施的桥梁钢筋混凝土结构,埋置照明线路、使用直流电以及距离直流电源100m以内的钢筋混凝土结构。

②有镀锌钢材或与铝铁相接触部位的结构,以及有外露钢筋预埋铁件而无防护措施的结构。

③海水、卤水及地下含有酸、碱腐蚀介质中的墩、桥墩、桩、桥桩、系梁等钢筋混凝土结构。

因为公路工程中水泥混凝土结构是处在车轮冲击、振动和疲劳动载或超载作用下的结构物,疲劳应力和瞬间冲击振动应力值很高,对钢筋、钢丝的应力腐蚀和锈蚀造成的水泥混凝土微裂缝、裂缝及截面损失极其敏感,会加速结构的破坏。

对于含钾、钠离子的早强剂及其复合早强剂,当用于与水接触或潮湿环境中的公路工程水泥混凝土结构时,当集料具有碱活性,由外加剂带入的碱含量($Na_2O+0.658K_2O$)不宜超过$1.0kg/m^3$,由外加剂、掺合料及水泥带入水泥混凝土中的总含碱量不应超过$3.0kg/m^3$。含钾、钠离子的是强碱性早强剂,为了防止碱集料反应,在潮湿环境中的水泥混凝土结构必须限制碱含量,同时不得使用碱活性集料。

对于含三乙醇胺类的早强剂、早强型减水剂和早强高效减水剂不宜用于蒸汽养生或干热养生的水泥混凝土预制构件,原因是干热和蒸养条件下,三乙醇胺类强剂将很快分解或挥发损失掉,丧失其早强作用。若静停时间过短,蒸养温度过高或温升过快时,水泥混凝土会产生爆皮现象,影响水泥混凝土构件的质量,因此要加以限制。

二、硫酸盐早强剂

1.常用硫酸盐类早强剂

硫酸盐类早强剂主要有:硫酸钠(元明粉,俗称芒硝)、硫代硫酸钠(海波)、硫酸钙(石膏)、硫酸铝及硫酸钾铝(明矾)等。

碱金属硫酸盐能促进水泥水化,具有早强作用。其中,以硫酸钠使用最普遍。在水泥硬化时,硫酸钠较快地与氢氧化钙作用生成石膏和碱。掺硫酸钠可提高自然养护和蒸汽养护的混凝土强度是因为新生成的细粒二水石膏比在水泥粉磨时加入的石膏对水泥的反应快得多，水化反应生成硫铝酸盐：

$$NaSO_4+Ca(OH)_2+2H_2O \longrightarrow CaSO_4 \cdot 2H_2O+2NaOH \quad (4\text{-}4)$$

$$CaSO_4 \cdot 2H_2O+C_3A+12H_2O \longrightarrow 3CaO \cdot Al_2O_3 \cdot CaSO_4 \cdot 12H_2O \quad (4\text{-}5)$$

2.硫酸盐类早强剂的早强作用机理

以硫酸钠为例，硫酸钠掺入混凝土中后，能立即与水泥水化产物氢氧化钙作用，反应方程式为：

$$Na_2SO_4+Ca(OH)_2+2H_2O \longrightarrow CaSO_4 \cdot 2H_2O+2NaOH \quad (4\text{-}6)$$

反应中所生成的硫酸钙具有高度分散性，且分布均匀，这种硫酸钙极易与 C_3A 反应，它与 C_3A 的反应速度较之生产水泥时外掺的石膏与 C_3A 的反应速度要快得多，故能迅速生成水化硫铝酸钙针状晶体，形成早期骨架，大大加快了水泥的硬化。同时，由于上述反应的进行，使得溶液中氢氧化钙浓度降低，从而促进 C_3S 水化加速，这就大大加快了混凝土的硬化速度，有利于混凝土早期强度提高。

硫酸盐对钢筋无锈蚀作用。硫酸钠早强剂经常与其他外加剂复合使用。硫酸钠的早强效果虽好，但在使用中，应注意硫酸钠不能超量掺加，以免导致混凝土产生后期膨胀开裂破坏，以防止混凝土表面产生“白霜”，影响其外观和表面贴装饰层。通常硫酸钠的掺量为水泥质量的1%～2%，用于蒸养混凝土时掺量不超过1%。此外，硫酸钠的掺入会提高混凝土中碱含量，当混凝土中有活性集料时，就会加速碱集料反应，因此硫酸钠不得用于含有活性集料的混凝土。

掺硫酸钠外加剂可提高混凝土的抗硫酸盐性。这是由于硫酸钠提高了液相中硫酸根离子的浓度，比较完全地结合了水化硫酸铝钙中的铝酸根离子，并减少了在硫酸盐侵蚀性介质中不稳定的铝酸四钙的成分。

硫酸钠对矿渣水泥和火山灰水泥混凝土的早强作用和增强作用比较明显。

三、碳酸盐早强剂

碳酸钾和碳酸钠是弱酸强碱盐，它们对水泥混凝土的作用与掺量有关。当浓度不大时，能起促凝作用；当浓度较高时，却又起缓凝作用。这是由于从铝酸盐所析出的氢氧化铝溶解，并又重新形成铝酸盐所造成的。当它们与水泥水化生成的 $Ca(OH)_2$ 作用时，生成难溶性的碳酸钙和碳酸氢钙，大大缩短水泥的凝结时间：

$$2Na_2CO_3+2Ca(OH)_2 \longrightarrow CaCO_3+Ca(HCO_3)_2+4NaOH \quad (4\text{-}7)$$

$$CaCO_3+C_3A+11H_2O \longrightarrow C_3A \cdot CaCO_3 \cdot 11H_2O \quad (4\text{-}8)$$

这个反应一直进行到组分（碳酸钠或氢氧化钙）消耗完为止。当水泥的氢氧化钙全部参加反应后，多余的碳酸钠（或碳酸钾）继续与水化硅酸钙的氢氧化钙作用，而明显降低混凝土强度。

四、硝酸盐和亚硝酸盐早强剂

碱金属和碱土金属的硝酸盐和亚硝酸盐在研究不含氯的促凝剂、早强剂和防冻剂方面具有重要的意义。它们往往组成复合外加剂用于加速自然养护、蒸汽养护或负温下混凝土的水化过程。

氯化钙—硝酸铵复合外加剂对加速混凝土硬化、提高混凝土的密实性和抗渗性都有作用，它是高效的促进剂。它们在合理掺量时(氯化钙 1%～1.2%和硝酸铵 0.6%～1%),能明显加速混凝土早期硬化,5～8h 强度增加 7～8 倍,28d 强度增加 20%～30%。在不降低强度的情况下,可使水泥用量减少 6kg/m³。掺这种外加剂时,能增加混凝土液相的离子强度。因此,导致水泥矿物水化过程的强化,并且增加凝胶态物质的体积,使气孔和毛细孔封闭。此外,液相中电解质的存在使吸附水层变厚而导致流动性降低。掺这种外加剂使自然养护混凝土收缩增加 6%,弹性模量不变,长期混凝土强度(3 年)提高 5%～8%。

五、其他促凝剂和早强剂

有机物的扩散系数很小,很难有促进水化作用,但是个别的有机化合物,如甲酸、草酸丙酸等小分子有机酸盐,三乙醇胺,8—羟基喹啉等具有早强作用。

三乙醇胺作为混凝土早强剂,其掺量为 0.08%～0.05%。但是目前尚不清楚三乙醇胺对水泥水化作用影响的确切作用机理,也不知道它到底是促凝还是缓凝。

大多数碱性促凝剂是 NaOH、KOH 以及碱金属的铝酸盐和硅酸盐,但是它们使混凝土后期强度降低。市售不含氯的促凝剂选用甲酸钙和它与亚硝酸盐、苯甲酸盐、铬酸盐的混合物。甲酸钙能加速 C_3S 和 C_3A 的水化反应。

许多硬化促凝剂都使水化放热增加、加速水化,使混凝土早期和后期强度提高,但掺硬化促凝剂会增加混凝土的收缩。

现将常用的无机盐对水泥凝结、强度和收缩的影响见表 4-4。

无机盐对水泥性能的影响 表 4-4

盐的品种	凝结	强度	收缩
NaCl	稍有促凝	后期强度降低	大
$CaCl_2$	促凝	早期强度提高	大
NH_4Cl	促凝	早期强度提高	大
Na_2CO_3	显著促凝、假凝	后期强度降低	大
K_2CO_3	促凝不大	强度提高不大	小
$CaSO_4$	促凝	后期强度降低	大
$Pb(NO_3)_2$	显著缓凝	早期强度降低	—
$Zn(NO_3)_2$	显著缓凝、假凝	早期强度显著降低	—
硼砂	有异常凝结倾向	全部降低	大
胡敏酸钠	显著缓凝	全部降低	稍大

注:溶液浓度约为 1%。

各种不同类型的水泥硬化促凝剂在作用机理和效果方面有很多共性。良洛夫(У. С. Лянов)在总结资料的基础上,将水泥促凝剂的主要作用机理归纳为 10 类,见表 4-5。

由表中可知,第 1～3 和第 6～8 的作用机理对水泥硬化过程有着非常重要的影响。不难看出,第 1～3 的作用机理是使溶液中等凝结阳离子的浓度大大降低;而第 6～8 的作用机理则相反,是提高这些凝结阳离子的浓度。由此可知,外加剂能加速水泥凝结和硬化的主要原因是提高了溶液中 Al^{3+}、Ca^{2+} 和其他凝结阳离子的浓度。

单独使用无机盐类的促凝剂和早强剂存在一些缺点,如混凝土的收缩增大、影响后期强度等。为了克服这些不足,往往采用无机盐与有机表面活性剂或聚合物电解质组成复合外加剂,从而较为全面地改善混凝土的物理力学性质。

促凝剂主要作用机理及其效应特性　　表 4-5

编　号	作用机理	效应特性			
		水灰比	水灰比	水灰比	水灰比
1	中和水泥所含的碱	—	—	—	+
2	提供晶胚，降低溶液的石膏过饱和度	—	—	—	+
3	形成铝酸钙的复盐	—	—	—	+
4	加速水化铝酸盐的形成	—	—	—	+
5	改变六方 C_3AH_8 结晶过程	—	—	—	+
6	提高 pH 值(>12)	+	+	+	—
7	形成石膏的过饱和溶液	+	+	+	—
8	在石膏颗粒表面形成不溶性化合物	+	+	+	—
9	改变六方 C_3AH_6 的结晶过程	+	+	+	—
10	加速 CSH(β)和 $CaCO_3$ 的形成反应				

第四节　速　凝　剂

速凝剂能显著缩短凝结时间。它被用于只重视瞬时凝结性、而不大重视后期强度的喷射混凝土工程中，以及灌浆止水或对有裂缝和损伤的部分进行修补的工程中。

一、速凝剂分类

可用作速凝剂的化合物按照化学成分，可分为无机和有机两大类。国内目前主要的速凝剂多为无机盐类。大部分速凝剂的主要成分为铝酸钠（铝氧熟料），其他具有速凝作用的无机盐包括碳酸钠、铝酸钙、氟铝酸钙、氟硅酸镁、硅酸钠、氟硅酸钠、氯化亚铁、硫酸铝和三氯化铝等。可作为速凝剂使用的有机物则有三乙醇胺和聚丙烯酸、聚甲基丙烯酸、羟基丙烯酸、丙烯酸钙等可溶性树脂。

作为混凝土速凝剂，一般很少采用上述单一的化合物，常用的速凝剂多为多种具有速凝作用的化合物复合而成。这些速凝剂按其主要成分可分为 4 类。

1. 以铝氧熟料为主体的速凝剂

这类速凝剂以铝氧熟料为主要成分，是目前应用最广泛的速凝剂。按照速凝机理的不同，可分为铝氧熟料、碳酸盐系和复合硫铝酸盐系两种系列。

2. 水玻璃类

主要成分为水玻璃（硅酸钠），加入了少量重铬酸钾或亚硝酸钠、三乙醇胺以降低黏度。这种速凝剂凝结硬化快、早期强度高、抗渗性好，可低温施工，但增大混凝土收缩。

3. 新型无机低碱速凝剂

为克服传统速凝剂碱含量高、对混凝土强度有不良影响的缺点，国内相继研发了多种低碱无机速凝剂。这些速凝剂具有低碱或无碱、对混凝土的强度无影响、原料易得、生产工艺简单的特点，如偏铝酸钠、铝氧熟料、硬石膏、生石灰、硫酸铝、氧化铝、氧化钙、二氧化硅等。

4. 新型复合液态速凝剂

包括以无机速凝剂与有机稀释剂复合型、以无机速凝剂和有机速凝剂复合型和一些以水溶性树脂为主要成分的低碱性有机速凝剂，如以 $Al_2(SO_4)_2$、K_2CO_3、Na_2CO_3、铝酸盐、氟硅酸盐、锂盐等无机速凝剂与萘磺酸甲醛缩合物稀释剂的复合，以丙烯酸钙或丙烯酸镁为主体的有机液态速凝剂等。

二、速凝剂的作用机理

由于常用的速凝剂多为复合制剂，与水泥的水化反应交织在一起，因此，不同种类的速凝剂往往具有不同的速凝机理。但从混凝土的凝结硬化机理分析，各种不同速凝剂的作用本质都在于加快水泥的水化、加速具有胶凝性产物或加速混凝土中絮凝结构的生成等方面。速凝剂的作用机理主要有以下几个方面。

1. 生成水化铝酸钙而速凝

典型的铝氧熟料、碳酸盐系速凝剂组成在水泥浆体中发生一系列化学反应，消耗了部分石膏，使石膏不足以与 C_3A 反应生成钙矾石而起到缓凝作用。C_3A 迅速水化，水化铝酸钙迅速生成，加快了水泥浆体凝结；而低溶解度产物的生成和水化热的大量释放，促进了凝结过程。

2. 大量生成钙矾石导致速凝

在水泥—速凝剂—水体系中，由于 $Al_2(SO_4)_3$ 等电解质的电离和水泥粉磨时加入石膏的溶解，液相中 SO_4^{2-} 浓度骤增，并与溶液中的 Al_2O_3、$Ca(OH)_2$ 等组分迅速反应，生成大量微细针柱状钙矾石和中间产物次生石膏。这些晶体生长、发展在水泥颗粒之间交叉形成网络状结构，导致速凝。同时，反应热的释放加快了凝结过程。

3. 形成水化铝酸钙骨架，并促进 C_3S 水化而导致速凝

铝氧熟料反应生成的 NaOH 能促进 C_3S 的水化，加快硅离子的溶出速度。同时，水泥水化生成的 Ca^{2+} 与速凝剂中 AlO^{2-} 迅速反应生成大量水化铝酸钙，并消耗大量水，降低水泥浆体黏度，很快形成网络结构导致速凝。此外，水化放热对速凝起到推动作用。

4. 其他作用机理

絮凝作用是速凝剂的重要作用机理。对于无机速凝剂，由于速凝剂离子带电与水化物带电电性相反，产生电性中和作用，电位降低，导致水化物粒子聚集絮凝产生沉降而加速凝结。对于掺有水溶性树脂等高分子有机物的速凝剂，由于水泥颗粒和水化物硅氧键中的氧离子会与高分子有机物中的氢原子之间形成氧氢键，从而产生"架桥"吸附作用。大量分散的微细颗粒被吸附于高分子长链周围，起到增稠作用，并形成大颗粒的聚集体，具有大的沉降速度，加速了水泥浆体的凝结。

三、速凝剂作用效果的影响因素

1. 掺量

在确定掺量时，要综合考虑各方面的综合影响，既要考虑喷射混凝土的位置、岩石状态及喷射方法对凝结时间的要求，也要考虑早期强度及 28d 强度的要求。同时，要参考当地气温及物料温度变化等因素，据此来决定水泥净浆（或喷射混凝土）的最佳凝结时间和所期望的龄期强度，并通过试配确定最佳掺量。一般速凝剂掺量为水泥质量的 3%～5%；个别品种掺量较大，为水泥质量的 8%～10%。

2. 温度

温度对速凝剂的促凝效果影响很大。一般随着温度升高，掺量要适当减少；反之，温度降

低，掺量要相应增加。在相同温度下，掺量越高，后期强度损失越大。也就是说，在一定温度下，有其适宜的掺量。

3. 搅拌时间及预水化

掺速凝剂的水泥浆体凝结很快，故在初凝以后还要继续搅拌，就会影响水泥浆体的性能。在喷射混凝土时，速凝剂与水泥、砂、石混拌，由于砂、石均含有一定水分，速凝剂遇水在喷出前与水泥发生预水化作用，再喷射到岩石表面，必然影响喷射混凝土的凝结时间、强度及其与岩石的黏结力。因此，混合料的停放时间应严格控制在 20min 以内，最好是加入速凝剂后立即喷出。

4. 储存条件

速凝剂在潮湿环境中存放时速凝效果显著降低。因此，速凝剂应密封保存，防止受潮。

5. 水泥品种与质量

同一种速凝剂在掺量相同的情况下，对纯硅酸盐水泥速凝效果优于普通硅酸盐水泥，对普通硅酸盐水泥的速凝效果优于矿渣硅酸盐水泥。水泥质量对速凝剂的速凝效果影响也很大，如对新鲜水泥的速凝效果好，对风化水泥的速凝效果较差，严重风化的水泥会使速凝剂失效。掺速凝剂的水泥石早期强度显著提高，后期强度的损失因水泥不同而有显著的差异。因此，使用速凝剂时应对其与水泥的适应性进行试验，才能取得良好的效果。

6. 拌和物水灰比

水泥品种和速凝掺量一定时，水灰比大小对初凝、终凝时间有明显的影响，且对终凝时间的影响远大于初凝时间。一般水灰比越大，其速凝效果越差。

四、速凝剂对混凝土性能的影响

1. 强度

速凝剂不仅加速了水泥中硅酸盐矿物的水化，也加速了 C_4AF 的水化，析出的水化铁酸钙(CFH)胶体，会包裹在 C_3S 表面上，这就阻碍了 C_3S 的后期水化；铝氧烧结块中含有的铁酸钠($Na_2O \cdot Fe_2O_3$)水化生成的胶体也会阻碍 C_3S 的进一步水化。因而，掺用速凝剂的混凝土，其后期强度都比不掺者低。

通过复合使用减水剂可以弥补速凝剂造成的混凝土后期强度损失，因为在保持相同流动性的情况下，减水作用可以降低水灰比，从而提高后期强度。

2. 收缩值

掺有速凝剂后，一般其干缩率有增加的趋势。混凝土产生干缩的主要原因在于，其内部孔隙水蒸发时引起凝胶体失水而产生收缩，以及游离水分蒸发而使混凝土内部产生体积收缩。因此，凝胶体的数量及其特性对干缩起主要作用。掺速凝剂的喷射混凝土，其水泥用量较普通混凝土多，有时还掺入粉煤灰等掺合料，砂率大；而对提高稳定性有良好作用的粗集料比普通混凝土少，粗集料最大粒径小，对回弹模量影响最大的又是粒径较大的粗集料，因此喷射混凝土的收缩值比普通混凝土大。有关实测表明，360d 的收缩值为 0.8～1.4mm/m，此后还略有增加。

3. 抗渗性

混凝土的抗渗性与其内部孔隙大小及孔结构有关。喷射混凝土由于收缩值较大而易开裂，加之喷射施工前物料与水混合的时间很短，降低了水泥浆体与细集料的胶结强度，使孔隙率增大。所以，掺有速凝剂的混凝土抗渗性较低。另外，喷射混凝土的抗渗性能随速凝剂掺量的增大而降低，其中以碳酸钠速凝剂的影响最大。

对于有特殊抗渗要求的喷射混凝土，除选择级配良好的坚硬集料外，还可以采取掺防水剂、配置钢筋网片和掺纤维等措施提高抗渗性。

4. 抗冻性

掺速凝剂混凝土有良好的抗冻性能。速凝剂本身虽无引气作用，但喷射施工中会将一部分空气带入混凝土中。这些空气在压喷作用下，可在混凝土内部形成较多的均匀的相互隔绝的小气泡，从而提高了抗冻性。

5. 碱集料反应

由于速凝剂大多是强碱性的，故对活性集料十分不利，容易加剧碱集料反应。

第五节 缓 凝 剂

缓凝剂是用来延长凝结时间，使新拌混凝土较长时间保持塑性，以便灌注，从而提高施工效率。在夏季混凝土施工和大体积混凝土施工中，掺用缓凝剂可延缓混凝土的凝结，延长可捣实时间，延缓水泥水化放热，减少因放热产生的温度应力而使混凝土产生裂缝。除了在大跨度高架桥等预应力混凝土和大坝混凝土中使用缓凝剂之外，还在填石灌浆施工法或管道施工法的水下混凝土施工、滑模施工的混凝土中使用。在流化混凝土中，缓凝剂与超塑化剂复合使用可以减少坍落度损失。

一、缓凝剂的分类

按照化学成分，缓凝剂分为有机缓凝剂和无机缓凝剂两类。常用的有机缓凝剂包括：木质素磺酸盐及其衍生物、羟基羧酸及其盐（如酒石酸、酒石酸钠钾、柠檬酸等）、多元醇及其衍生物和糖类等碳水化合物。其中，多数有机缓凝剂通常具有亲水性活性基团，因此兼具减水作用，又称为缓凝减水剂。无机缓凝剂包括：硼砂，氯化锌，碳酸锌，铁、铜和锌的硫酸盐，磷酸盐，磷酸盐和偏磷酸盐等。由于缓凝作用不稳定，因此不常使用，其作用机理在于在水泥粒子表面形成难溶性膜，以阻碍水泥水化过程。

二、缓凝剂的作用机理

目前，对缓凝剂作用机理的认识主要存在 4 种理论：吸附理论、络合物生成理论、沉淀理论和 $Ca(OH)_2$ 结晶成核抑制理论。

(1)吸附理论

该理论认为由于大多数有机缓凝剂具有表面活性，能在水泥颗粒的固液界面吸附，改变了水泥颗粒表面的亲水性，形成一层可抑制水泥水化的缓凝剂膜层，从而导致了混凝土凝结时间的延长。

(2)络合物生成理论

该理论认为缓凝剂分子可与水泥水化生成的 Ca^{2+} 形成络盐，在水泥水化初期控制了液相中的 Ca^{2+} 离子浓度，阻止水泥水化相的形成，从而产生缓凝作用。

(3)沉淀理论

该理论认为有机或无机缓凝剂通过在水泥颗粒表面形成一层不溶性的薄层，阻止了水泥颗粒与水的接触，因而延缓了水泥的水化，起到了缓凝作用。

(4)$Ca(OH)_2$结晶成核抑制理论

该理论认为缓凝剂是通过吸附在$Ca(OH)_2$晶核上，抑制$Ca(OH)_2$晶体继续生长而产生缓凝作用的。

不同类型和种类缓凝剂的作用并不能用同一理论进行解释。通常，多数有机类缓凝剂(含有羟基、羧酸基、羰基等活性官能团)的缓凝作用归结为吸附理论。也有的观点认为，羟基羧酸及其盐类是典型的络合物生成剂，采用络合物生成理论解释更为合理；多数无机类缓凝剂的作用则主要归结为水泥颗粒表面不溶物的生成，宜用沉淀理论解释，如磷酸盐类缓凝剂作用机理在于磷酸盐与$Ca(OH)_2$反应在水泥颗粒表面形成不溶性的磷酸钙，但硼砂($Na_2B_4O_7 \cdot H_2O$)的缓凝作用在于硼酸盐与溶液中的Ca^{2+}形成络合物$C_3A \cdot 3Ca(BO_2)_2 \cdot H_2O$，包裹在水泥颗粒表面，阻止了水泥的水化。

缓凝剂的作用程度与水泥熟料矿物组成有关。水泥矿物组成对凝结和水化放热的影响次序为：$C_3A > C_4AF > C_3S > C_2S$。因此，同等掺量下，缓凝剂对$C_3A$含量高的水泥缓凝效果较差。

三、缓凝剂对混凝土性能的影响

1. 对新拌混凝土性能的影响

(1)延长凝结时间

缓凝剂对混凝土凝结时间的影响与缓凝剂的种类、掺量、掺加方法以及水泥品种、混凝土配合比、使用季节和施工方法等条件有关。理想的缓凝剂应当在掺量少的情况下具有显著的缓凝作用，而在一定掺量范围(0.01%～0.2%)内，凝结时间可调整性强，并且不产生异常凝结。另外，最理想的是使初凝时间延缓较长，而初凝与终凝之间时间间隔要短。表4-6中列举了各种缓凝剂对水泥浆凝结时间的影响。结果表明，不同缓凝剂的作用差别较大。在较低掺量下其作用特点可表现为两种：一种为显著延长初凝时间，但初凝和终凝间隔时间缩短，这说明它们具有抑制水泥初期水化和促进早期水化的特性；另一种是初凝影响较小，显著延长终凝时间，但不影响后期正常水化。前者适用于控制流动性，后者适用于控制水化热。因此，只有正确掌握外加剂的性质和变化规律，才能合理使用外加剂，达到最佳效果。

(2)改善混凝土的和易性、减少坍落度损失、减少用水量

木钙、糖钙等缓凝减水剂掺入混凝土或砂浆中，在适宜掺量范围内，混凝土或砂浆拌和物的和易性均可获得一定的改善，其流动性能随缓凝减水剂的掺量增大而增大，泌水和离析现象得以减少，从而提高了拌和物的稳定性和均匀性，对防止混凝土和砂浆早期收缩和龟裂较为有利。但当掺量达到某一值以后，随着掺量的增加，和易性无明显改善或有所降低。在混凝土和易性得到改善的同时，由于水泥水化速度的降低，混凝土可保持较长时间的塑性，对提高混凝土时施工质量、减少混凝土早期收缩裂缝以及保证泵送施工都是有利的。由于缓凝减水剂具有一定的减水效果，在保持混凝土坍落度不变和适宜的掺量情况下，木钙、糖钙掺量越大，混凝土拌和用水量越少，水灰比越小，有助于混凝土强度的提高。

但是，如果缓凝剂掺量过大，会使缓凝时间过长，引气量过大，从而导致混凝土早期强度偏低，甚至会出现混凝土长时间不凝固、验收强度达不到要求等工程事故。缓凝剂掺量对水泥浆凝结时间的影响如表4-6所示。

各种缓凝剂对水泥浆凝结时间的影响　　表 4-6

外加剂种类	掺量(%)	W/C=0.29		W/C=0.245 掺 VNF-5.1%	
		初凝(min)	终凝(min)	初凝(min)	终凝(min)
空白	0	125	190	160	210
水杨酸	0.05	170	218	—	—
柠檬酸	0.05 0.10	170 295	265 475	240 415	397 590
蔗糖	0.05 0.10	255 465	288 520	357 —	395 —
三乙醇胺	0.05	205	260	340	375
聚乙烯醇	0.10	225	356	240	475
甲基纤维素	0.05 0.10	145 170	240 350	200 —	355 —
羧甲基纤维素钠盐	0.05 0.10	125 175	240 265	188 282	345 405
磷酸	0.05 0.10	262 350	298 430	340 410	410 470

(3)降低水化热、延长水化放热时间

工程中使用缓凝剂的另外一个重要原因在于缓凝剂的使用可以延长水泥水化时间,从而有效地降低水泥水化热的峰值。

由于混凝土的导热系数较低,所以对于大体积混凝土来说,位于中心部分的水泥水化热易于聚积、难以释放,而暴露于空气中的构件表面情况则正相反。其结果是在构件的内部与表面之间形成了一定的温度梯度,从而产生了温度应力。当该应力大于混凝土极限抗拉强度时,极易造成混凝土开裂,严重时可造成构件的贯通开裂,危及建筑安全。掺加适量的缓凝剂或缓凝减水剂后可以减缓水泥水化速度,延长混凝土初凝、终凝时间,使水泥水化热在较长时间内得以平缓释放,避免了大量水化热短时间内释放。这样既有利于保持混凝土良好的施工性能,又有利于降低大体积混凝土结构温度裂缝的控制难度。表 4-7 所示为缓凝剂对水泥水化热的影响。表 4-8 所示为缓凝减水剂对混凝土升温的影响。

缓凝减水剂对水泥水化热的影响　　表 4-7

缓凝减水剂	掺量 C (%)	水　化　热		
		1d	3d	7d
柠檬酸	0.10	−4.51	−1.84	−2.62
糖蜜	0.15	—	−98.65	−19.23
木钙	0.30	−56.85	−28.00	+10.5

缓凝减水剂对混凝土升温的影响　　表 4-8

缓凝减水剂	掺量 C(%)	节约水泥(%)	降低温峰(℃)	推迟温峰时间(h)
木钙	0.30	4.5	3.4	1.0
糖钙	0.10	11.5	2.8	6.7
糖蜜	0.20	6.7	5.5	—

2. 对硬化混凝土性能的影响

(1)强度

一般来讲，缓凝剂和缓凝减水剂对混凝土的作用主要是物理作用，即它们不参与水泥的水化反应，也不产生新的水化产物，只是在不同程度上减缓(甚至停止)反应的进程。因此，它们对混凝土强度的影响主要来自硬化后结构的改变。从强度的发展来看，适量掺加缓凝剂后的混凝土早期强度(7d 左右)比未掺的要低，但一般 7d 以后就可以赶上或超过未掺者，28d 强度比未掺者有明显的提高。资料表明，90d 强度仍然可以保持高于后者的趋势。对混凝土抗折强度的影响规律类似于抗压强度，但没有抗压强度明显。究其原因在于，掺入一定量的缓凝剂后，减缓了水泥的水化速度，使得水泥颗粒周围溶液中的水化硅酸钙等水化产物的分布更加均匀，有利于水泥颗粒充分水化，可提高混凝土的中后期强度。

随着缓凝剂掺量的加大，混凝土早期强度降低，强度增长变慢，达到设计强度时间更长。如果缓凝剂品种选择不当或者超掺量使用，不但会严重降低混凝土早期强度，而且会降低中后期强度，主要原因是过度缓凝，混凝土长时间不硬化，会造成其内部水分过量蒸发和散失，使水泥反应过缓甚至停止，水化程度低，水化产物少，对混凝土强度造成不可恢复的损失。因此，在选择缓凝剂的种类时，应充分考虑混凝土原材料之间的匹配适应状况、施工季节、成本等因素，确定所需缓凝剂种类以及所需缓凝时间；使用时，应严格控制缓凝剂的掺量，严禁超掺量使用。缓凝剂超掺量使用对混凝土强度的影响如表 4-9 所示。

缓凝剂超掺量使用对混凝土强度的影响 表 4-9

编号	缓凝剂	掺量 C(%)	水灰比	坍落度(cm)	抗压强度(MPa)		
					7d	7d	7d
1	基准	0	0.58	7	14.60	28.03	40.38
	糖蜜	0.25	0.55	10	18.72	32.14	46.16
		0.50	0.54	8	20.97	36.46	54.00
		1.00	0.53	13	17.64	34.50	48.80
		2.00	0.52	9	1.67	4.31	38.71
		4.00	0.52	11	1.37	2.65	16.71
2	基准	0	0.59	9	16.37	31.55	37.73
	木钙	0.15	0.55	10	13.72	35.67	42.83
		0.25	0.51	8	14.89	36.75	41.06
		0.40	0.50	14	11.86	32.44	36.46
		0.70	0.48	11	10.29	37.34	29.98
		1.00	0.47	9	9.51	14.80	18.72

(2)干缩

造成混凝土干缩的因素比较复杂。水泥品种、用量、用水量、集料用量以及养护条件都会对混凝土的干缩有不同的影响。掺加缓凝剂会使混凝土凝结硬化以及硬化后的孔结构不同于普通混凝土，所以也会影响混凝土的干缩性能，但影响不大。表 4-10 列出了糖蜜对混凝土干缩影响的实验结果。

糖蜜对混凝土干缩影响 表 4-10

掺量(%)	配合比(水泥：砂：石子)	水灰比	不同龄期混凝土的收缩率(%)			
			7d	14d	28d	60d
0	1：1.34：3.36	0.55	0.004 365	0.006 372	0.030 89	0.049 06
0.20		0.50	0.004 821	0.005 865	0.029 92	0.052 83

(3)耐久性

混凝土中掺入适量缓凝剂或缓凝减水剂会对耐久性有不同程度的改善。因为缓凝剂减慢了混凝土早期强度的增长,从而使水泥水化更充分,水化产物分布更趋于均匀,凝胶体网架结构更密实,结构缺陷数量下降,从而提高了混凝土的抗渗性和抗冻性能,其耐久性随之得到改善。另外,缓凝减水剂因兼备减水功能,可以明显降低混凝土单位用水量,减小水灰比,使混凝土内部结构更加密实,强度进一步提高,这对提高混凝土的耐久性也十分有利。复合使用缓凝减水剂与引气剂,能向混凝土中引入适量微小气泡,还可以阻塞连通毛细管的孔道,明显减少混凝土内部开口孔隙数量,提高混凝土的抗渗性,进而提高混凝土抵抗有害介质侵蚀的能力以及延缓混凝土的碳化进程。表 4-11 所示为掺磷酸后对混凝土抗渗性的影响。

掺磷酸对混凝土抗渗性的影响 表 4-11

掺量(%)	水泥用量(kg/m^3)	水灰比	28d 抗压强度(MPa)	抗渗等级
0	350	0.65	19.1	P2
0.65		0.61	23.1	P4
1.0		0.61	23.2	P6
0	400	0.46	36.0	P4
0.1		0.43	41.1	P8

四、缓凝剂的应用

有机缓凝剂中,特别是各种羟基羧酸及其盐,如酒石酸、柠檬酸、苹果酸、水杨酸、葡萄糖酸及它们的盐,是常用的缓凝剂。它们往往与促凝剂或速凝剂一起复合用于快凝快硬水泥的调凝,其中以葡萄糖酸盐的效果最佳。

三种类型的缓凝剂或缓凝剂减水剂,即木质素磺酸钙、葡萄糖和葡萄糖酸盐,对不同的水泥矿物体系水化过程的影响如表 4-12 所示。由此看出,三种缓凝剂对不同矿物体系水化反应过程的影响各不相同,其影响的程度也有差异。

缓凝剂和缓凝减水剂的应用技术要点如下:

(1)根据使用目的选择缓凝剂与缓凝减水剂

使用缓凝剂和缓凝减水剂的目的主要有三点:其一,使用缓凝剂控制混凝土坍落度经时损失,是混凝土在较长时间内保持塑性;其二,使用缓凝剂延长水泥凝结时间,推迟混凝土温峰出现时间,降低温度峰值;其三,使用缓凝减水剂改善混凝土和易性,减小水灰比,提高混凝土强度和耐久性。在实践中,应根据工程具体情况使用缓凝剂或缓凝减水剂的目的,选择合适的品种及掺量。

缓凝剂对不同水泥矿物体系的水化过程的影响　　表 4-12

体　系	木质素磺酸钙(I)	葡萄糖(II)	葡萄糖酸盐(III)
C_3S	使 C_3S 水化减慢	碳水化合物使 C_3S 水化减慢发生在新生的水化最终产物的结晶阶段。蔗糖、葡萄糖分子吸附在晶胚上,阻碍晶胚继续增长	对 C_3S 水化延缓在水化的前几分钟的 C_3S 溶解和水解阶段,在带正电粒子上形成吸附层,阻碍 C_3S 继续溶解和水解。浓度低时,在新生物结晶阶段减缓 C_3S 水化
C_3A	不影响 C_3A 水化速度及六角形水化铝酸盐相重结晶成立方形	对 C_3A 水化速度影响小,但晶体转化过程稍有减慢	明显影响 C_3A 水化速度和转化过程
$C_3S—C_4AF—CSH_2$	延缓 C_3S 水化,但比 II、III 差	加速钙矾石形成,延缓 C_3S 水化	加速钙矾石形成,明显延缓 C_3S 水化
$C_3A—CSH_2—CH—H$	不影响钙矾石生成和转化速度	减慢钙矾石生成和转化速度	不影响钙矾石生成和转化速度
$C_4AF—CSH—H$	使钙矾石形成和转化成单硫铝酸,减慢延缓效果:III>I>II		
对硅酸盐水泥的缓凝作用	II>III>I		

(2)根据使用温度选择缓凝剂

由于羟基羧酸及其盐在高温时对硅酸三钙水化反应的抑制程度明显减弱,因而高温时缓凝效果降低,必须加大掺量。而醇、酮、脂类缓凝剂对硅酸三钙水化反应的抑制程度受温度变化影响小,掺量不可随意变动。

(3)根据对缓凝时间的要求选择缓凝剂

缓凝减水剂和缓凝剂随气温降低,其缓凝时间都将明显延长,所以冬季施工条件下不宜单独使用缓凝剂或缓凝减水剂,必须使用时掺量应慎重选取,并需经试验确定。另外,缓凝剂或缓凝减水剂不宜用于蒸养混凝土。

(4)通过实验确定合适掺量

使用缓凝剂或缓凝减水剂时,掺量应事先经混凝土试验确定,计量必须准确,超量加 1～2 倍使用将会使混凝土长时间不凝固。若引气量很大时,甚至会严重降低混凝土强度,造成工程事故。

常用的缓凝剂和缓凝减水剂的掺量(按水泥质量的百分数计)为:糖蜜类掺量为 0.1%～0.3%;木质素磺酸盐类为 0.2%～0.3%;羟基羧酸及其盐类为 0.01%～0.10%;无机缓凝剂 0.1%～0.2%。

(5)缓凝剂使用前应进行水泥适应性试验

在混凝土中掺加缓凝减水剂和多元醇类减水剂,有时会引起混凝土假凝现象,因此在缓凝剂或缓凝减水剂使用时,必须进行水泥适应性试验,合格后方能使用,尤其是在使用复合缓凝剂或缓凝减水剂时,特别应引起注意。

(6)缓凝剂不宜单独使用

由于大多数缓凝剂或缓凝减水剂的缓凝效果会随气温的变化而产生波动,为防止出现混凝土长时间不凝或低于设计强度等工程事故,缓凝剂或缓凝减水剂在使用时,宜辅以其他功能外加剂配合使用,以稳定其缓凝效果。

第六节　减　水　剂

混凝土减水剂是最常用的外加剂之一。早在20世纪30年代初，美国就使用亚硫酸盐纸浆废液作混凝土外掺剂，以改善混凝土的和易性、强度和耐久性。1937年，E. W. 斯克里彻获得专利，开始了现代减水剂的研究。20世纪40年代和50年代，木质素系的减水剂和具有同等效果的各种减水剂的开发和研究工作逐渐发展起来。20世纪60年代初，日本和前西德发明了三种高效减水剂或超塑化剂，这标志着混凝土外加剂进入现代科学时代。高效减水剂的研究和应用推动了混凝土向高强化、流态化和高性能方向发展。

一、减水剂的作用和分类

1. 减水剂的主要作用

减水剂可分为普通减水剂和高效减水剂两大类，其主要作用是：

①在不减少单位用水量的情况下，改善新拌混凝土的工作度，提高流动性；

②在保持一定工作度下，减少用水量，提高混凝土的强度；

③在保持一定强度情况下，减少单位水泥用量，节约水泥；

④改善混凝土拌和物的可泵性以及混凝土的其他物理力学性能。

2. 减水剂的分类

减水剂按其化学成分可分为以下几类：

①磺酸盐及其衍生物；

②高级多元醇；

③羟基羧酸及其盐；

④萘磺酸盐甲醛缩合物；

⑤聚氧乙烯醚及其衍生物；

⑥多元醇复合体；

⑦多环芳烃磺酸盐甲醛缩合物；

⑧三聚氰胺磺酸盐甲醛缩聚物；

⑨聚丙烯酸盐及其共聚物；

⑩其他。

不同种类的减水剂对混凝土各种性能的影响决定了其使用范围。表4-13所示为各种减水剂的主要功能和适用范围，可依据实际使用目的进行选取。

二、减水剂对混凝土性能的影响

1. 减水剂对新拌混凝土性能的影响

(1)减水剂对混凝土和易性的影响

新拌混凝土加入减水剂后，由于减水剂的吸附分散、润湿润滑、静电斥力、表面能降低等作用，水泥浆体絮凝结构中的游离水得以释放，水泥颗粒分散度提高，和易性变好，在相同用水量下混凝土的坍落度增大，施工、振捣容易进行，均匀性更好。

减水剂的主要功能和适用范围

减水剂类型	主要功能	适用范围
普通减水剂	1.在混凝土和易性及强度不变的条件下,可节约水泥 5%~10%; 2.在保证混凝土工作性及水泥用量不变的条件下,可减少用水量 10%左右,提高混凝土强度 10%左右; 3.在保持混凝土用水量和水泥用量不变的条件下,可增大混凝土的流动性	1.用于最低气温+5℃以上的混凝土施工; 2.各种预制及现浇混凝土、钢筋混凝土和预应力混凝土; 3.大模板施工、滑模施工、大体积混凝土、泵送混凝土及商品混凝土
高效减水剂	1.保证混凝土工作性及水泥用量不变时,减水 15%左右,混凝土强度提高 20%左右; 2.保持混凝土用水量和水泥用量不变时,可大幅度提高混凝土流动性; 3.可节约水泥 10%~20%	1.用于最低气温 0℃以上的混凝土施工; 2.高强混凝土、大流动性混凝土、早强混凝土、蒸养混凝土、高性能混凝土
引气减水剂	1.提高混凝土耐久性和抗渗性; 2.提高混凝土和易性,减少离析和泌水; 3.具有减水剂的基本功能	1.抗冻混凝土、防水混凝土; 2.抗盐类破坏和耐碱混凝土; 3.泵送混凝土、流态混凝土和普通混凝土
早强减水剂	1.提高混凝土的早期强度; 2.缩短混凝土的蒸养时间; 3.具有减水剂的基本功能	1.用于气温−5℃以上及有抗冻和早强要求的混凝土; 2.用于常温和低温下有早强要求的混凝土
缓凝减水剂	1.延缓混凝土的凝结时间; 2.降低水泥初期水化热; 3.具有减水剂的基本功能	1.大体积混凝土; 2.夏季和炎热地区的混凝土施工; 3.有缓凝要求的混凝土,如商品混凝土、泵送混凝土和滑模施工; 4.用于最低气温+5℃以上的混凝土

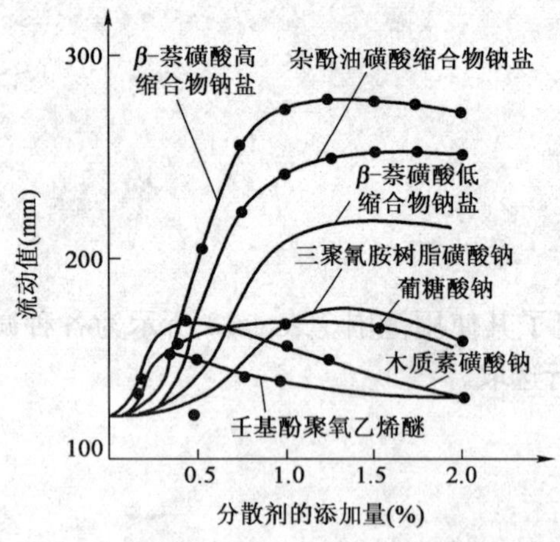

图 4-10 不同减水剂掺量和水泥浆流动值的关系

减水剂增大坍落度的效果和减水剂的掺量与种类有关。如图 4-10 所示,低掺量下,掺入普通减水剂和高效减水剂的水泥浆体流动值并无显著的差别,水泥浆体的流动值都随减水剂的掺量增大而增大,但掺量达到或超过临界值时,坍落度的增幅将显著降低。木质素系减水剂掺量临界值在 0.3%左右,而高效减水剂的掺量临界值则在 1.0%附近,大大高于普通减水剂。因此,伴随减水剂掺量的增大,掺加高效减水剂的水泥浆体流动值增加幅度明显高于普通减水剂,这也是其减水率大的原因。

混凝土加入减水剂后,在改善混凝土初期和易性的同时,通常会产生比基准混凝土更大的坍落度损失。坍落度损失大的原因与水泥熟料对减水剂吸附能力的差别、混凝土中气泡外溢和水分蒸发以及加入减水剂后由于分散度提高、水泥初期水化速度加快导致整个体系黏度增加等因素有关。

通常,采用高效减水剂比普通减水剂坍落度损失更大,而具有缓凝作用的减水剂则能有效控制坍落度的损失。针对坍落度损失问题，目前正在开发新型的高效减水剂和复合减水剂。

掺减水剂的混凝土其坍落度损失较大的原因，可大致归纳如下：

其一，水泥中某些矿物吸附减水剂的能力有强弱。水泥中主要矿物吸附减水剂能力的顺序为：$C_3A > C_4AF > C_3S > C_2S$。一加水搅拌，就促使较多的分散剂涌聚到水泥颗粒表面，使整个液相中减水剂的浓度明显下降。当浇筑成型时，对水泥起分散作用的减水剂量渐显不足，因而坍落度值将随时间而逐渐减小。

其二，气泡外溢及水分蒸发。减水剂掺入混凝土中，即使是非引气型减水剂也总有一定的气泡混入，由于气泡在运输、堆放过程中可能不断外溢，并伴随着水分蒸发，因而混凝土坍落度值明显下降。由于掺入高效减水剂的混凝土用水量更少，但水分蒸发量相近，因此其坍落度损失更为明显。

其三，掺加减水剂（尤其是高效减水剂）后，水泥的初期水化速度有所加快，整个体系的黏度增加，凝聚趋势明显，致使坍落度值下降较快，在高温条件下更甚。

（2）减水剂对混凝土凝结时间的影响

常用的普通减水剂由于分子结构中含有羟基或羧基，都具有延缓混凝土凝结时间的性质。

目前各国都采用美国 ASTM（美国材料试验协会）规定的贯入阻力试验来确定混凝土的凝结速度或时间，当贯入阻力分别达到 3.5MPa和 28MPa 时，分别表示混凝土达到了初凝和终凝。试验采用的混凝土配合比为：各种减水剂按水泥质量 1.0%（含固量）掺入，水泥与砂的质量比为 1：2，砂浆流动值在 200mm±5mm。图 4-11 所示为同掺量下不同减水剂对凝结时间的影响。可以看到，木质素磺酸盐系和羧酸盐系（葡萄糖酸钠）减水剂显示了大幅度的缓凝作用，达到相同的贯入阻力 27.6MPa（4000psi）的时间比不掺的延长 7～8h。多元醇系，烷基聚氧乙烯醚系减水剂有缓凝作用，但与不掺的相比，其缓凝时间不超过 2h。但三种高效减水剂没有缓凝作用。

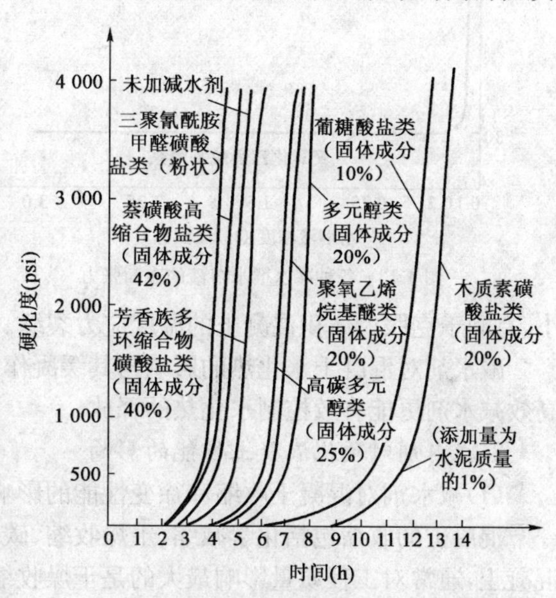

图 4-11 不同减水剂对混凝土凝结时间的影响

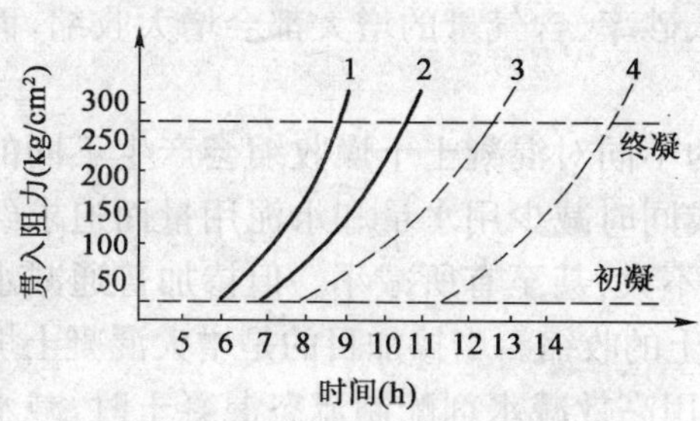

图 4-12 木质素减水剂对凝结时间的影响

1-普通硅酸盐水泥混凝土；2-掺木钙的硅酸盐水泥混凝土；3-矿渣硅酸盐水泥混凝土；4-掺木钙的矿渣硅酸盐水泥混凝土

减水剂的缓凝作用与掺量、水泥的品种、矿物组成、水灰比、环境条件等有关。如图 4-12 所示，在相同木质素磺酸钙掺量下（0.25%），普通硅酸盐水泥初、终凝时间分别延缓了 1～2h 和 2h，而矿渣硅酸盐水泥初、终凝时间则分别延缓了 2～4h 和 2～3h。温度提高时，由于水泥水化速度加快，减水剂的缓凝作用减弱。而减水剂掺量的增大，会加剧缓凝作用；高效减水剂超掺量使用时，也会产生缓凝作用。

（3）减水剂对混凝土含气量的影响

由于表面活性作用，绝大部分减水剂掺入混凝土都使混凝土含气量增加。细微气泡的引入有利于

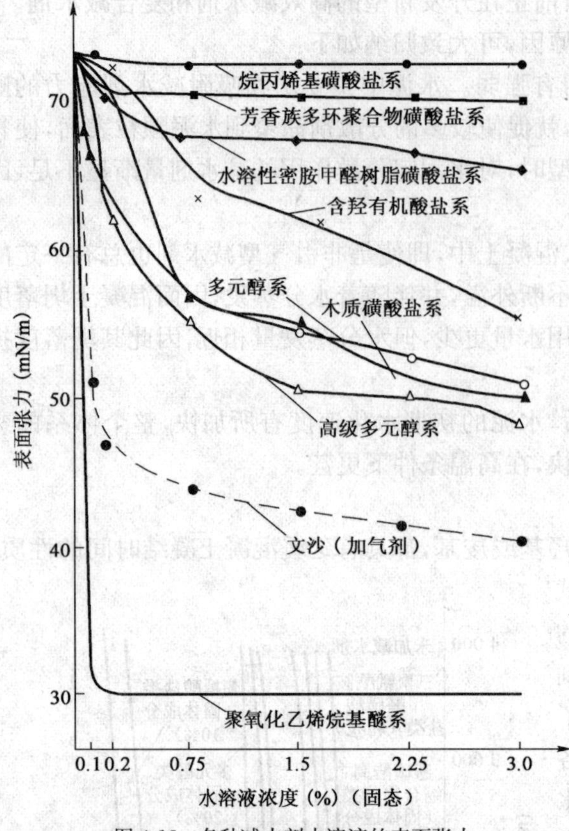

图 4-13 各种减水剂水溶液的表面张力

提高混凝土的和易性、抗冻抗渗性，同时有可能降低强度。

减水剂对混凝土的引气作用的影响，可以通过减水剂水溶液的表面张力和起泡能力来研究。起泡力小的水溶液对混凝土的引气作用小。烷基聚氧乙烯醚系减水剂的起泡率非常大，比典型的引气剂“文沙”大得多。木质素系和高级多元醇系稍有起泡现象。羟基羧酸盐系、多元醇系和三种高效减水剂，则几乎没有起泡，因此推想其混凝土的引气作用也比较小。图 4-13 所示为采用吊环法表面张力计测定减水剂水溶液表面张力的结果。减水剂溶液的表面张力与起泡力之间有相互关系，起泡力小的减水剂几乎不降低水的表面张力。

(4)减水剂对混凝土水化热的影响

混凝土中掺入减水剂，其 28d 的总发热量与不掺者大致相同。但在大多数情况下，由于减水剂分子吸附在水泥颗粒表面，对水泥的水化具有抑制作用，因此能推迟水化热峰值出现的时间和降低峰值的大小，有利于克服大体积混凝土的温度应力裂缝。

减水剂对混凝土水化热的影响与其缓凝作用有关，普通减水剂由于具有强的缓凝作用，比高效减水剂更能有效控制水化热的释放。

2. 减水剂对硬化混凝土性能的影响

(1)减水剂对混凝土收缩和徐变性能的影响

混凝土的收缩包括化学减缩、干燥收缩、碳化收缩、塑性收缩和自干燥收缩等。对于普通混凝土，通常对工程质量影响最大的是干燥收缩。

混凝土干燥收缩的主要影响因素是：水泥用量、单位用水量、集灰比、砂率、集料级配、混合材掺量、水泥品种和含气量等。水泥用量、单位用水量、砂率、含气量的增大都会增大收缩，而集料体积比增加则降低混凝土收缩。

混凝土中掺加减水剂时，减水剂种类和掺加目的的不同对混凝土干燥收缩会产生不同的影响。当掺加减水剂的目的是减少用水量、提高强度或同时减少用水量和水泥用量而追求经济性时，采用高效减水剂一般对混凝土的收缩值影响不大，甚至有所减小。但掺加普通减水剂，特别是引气型或缓凝型减水剂，有可能会增大混凝土的收缩。当掺加目的是增大混凝土坍落度时，普通减水剂可使混凝土的收缩略微增大；而采用高效减水剂配制流态混凝土时，减水剂种类对混凝土收缩的影响没有明显的规律性。据试验研究，高效减水剂可能会增大混凝土的收缩，较为合理的估算是增大幅度通常在 10%～15%。

混凝土的徐变与收缩是相关的。通常，掺加减水剂用以增大坍落度时，混凝土的徐变基本不变或略有增大；减水、减少水泥时，徐变略有减小或基本不变；降低水灰比提高强度时，徐变减小，而高效减水剂配制高强混凝土，混凝土的徐变将明显减小，对抗收缩开裂不利。

(2)对混凝土耐久性的影响

目前，混凝土耐久性正受到前所未有的重视，高耐久性是高性能混凝土的基本要求。混凝土的耐久性研究内容包括抗冻性、抗渗性、耐腐蚀性、抗碳化和抗钢筋锈蚀等。

大量的研究表明，混凝土的耐久性除与内部形成的水化产物有关外，混凝土的密实度和孔隙特征具有关键性影响。由于和易性的要求，拌和混凝土时，实际采用的水灰比远高于水泥水化的理论需水量，多余水分蒸发将在混凝土中形成大量由毛细孔连通的孔隙，混凝土密实度降低，使水分、空气和各种侵蚀性介质易于渗入。因此，混凝土的抗冻性、抗渗性、抗化学侵蚀性、抗碳化和抗钢筋锈蚀能力均会降低，耐久性差。而在相同孔隙率下，若在混凝土中引入封闭的气泡，则有效阻断了混凝土中孔隙的连通，使各种介质难以进入混凝土内部，有利于提高混凝土的耐久性。

由于减水剂能在保持混凝土施工性能不变的条件下，减少拌和水用量可有效降低水灰比，因此，混凝土中加入减水剂，特别是高效减水剂，可显著提高混凝土的密实度，减低孔隙率，大大提高混凝土的耐久性。而当减水剂可适量引入封闭气泡时，混凝土的耐久性可获得进一步提高。

但采用减水剂提高混凝土的耐久性时，需注意减水剂引入的氯离子对钢筋的锈蚀作用。此时，适当复合少量阻锈剂如亚硝酸钠可显著提高抗钢筋锈蚀性能。

(3)减水剂对混凝土强度的影响

混凝土的强度与孔隙率有关，而孔隙率的大小又与水灰比有关。水灰比越小，则孔隙率越小。因此，混凝土中加入减水剂后，若有效减少拌和水量，使混凝土水灰比明显降低，则混凝土中孔隙率大幅减小，混凝土强度可显著提高。此外，混凝土强度提高的另一原因是减水剂的分散作用使混凝土中水泥的利用率增大。减水剂的增强效果与减水剂的种类和掺量、水泥的矿物组成和细度、混凝土的配比和龄期等因素有关。

减水剂的增强效果与减水剂的种类和掺量、水泥的矿物组成和细度、混凝土的配比和龄期等因素有关。普通减水剂减水率低，故其增强效果较高效减水剂差。标准养护下，掺木质素系减水剂的混凝土，28d 强度可提高 10％～20％，而高效减水剂则可使混凝土强度提高 15％～40％。此外，由于具有引气性，木质素系减水剂掺量过大时，反而会导致混凝土强度显著降低。高效减水剂具有强的分散减水作用，并且无缓凝作用，因此，在标准稠度下能促进水泥水化。高效减水剂的减水效果随掺量的增大而增大，当混凝土强度增加到最大值后，继续增大掺量可能会导致混凝土强度的下降。因此，不同减水剂都存在增强效果的最佳掺量。

表 4-14 为我国生产的高效减水剂主要品种在相同条件和相同掺量(0.75％)下的混凝土性能的对比试验结果。其中，UNF-2 和 FDN 是萘系高效减水剂，SM 是三聚氰胺系，AF 是多环芳烃系，CRS 是磺化古马隆树脂，建-1 是甲基萘磺酸盐甲醛缩合物。

表 4-14 中的数据表明这些高效减水剂具有以下特性：

①早强作用。与基准混凝土相比，掺 0.75％的高效减水剂混凝土 3d 抗压强度提高 25％～86％，其早强作用的顺序为：FDN>CRS>SM>AF>UNF-2>建-1。

②增强作用。除两种具有引气性的高效减水剂 AF 和建-1 之外，掺高效减水剂使混凝土 28d 抗压强度提高 15％～42％，其增强作用的顺序为：FDN>CRS>SM>UNF-2。

③减水作用。在相同条件和相同掺量(0.75％)情况下，4 种非引气高效减水剂的减水率：FDN(18％)>SM(16.8％)>UNF-2(14.8％)>CRS(13.2)。而 AF 和建-1 由于具有引气性，

减水率更高一些(分别为19.8%和27.2%),但是它们的混凝土28d强度也因此而降低,特别是掺建-1减水剂使混凝土28d强度降低13%。

④引气性。AF和建-1具有引气性,这是因为它们是由脱晶蒽油或萘残油为原料制备的。AF基本符合引气型高效减水剂的要求(引气量小于5%),而建-1引气量太大,使用时必须掺消泡剂。

各种高效减水剂对混凝土性能的影响 表4-14

减水剂品种	水灰比	减水率(%)	坍落度(cm)	含气量(%)	凝结时间(时:分)		泌水率之比(%)	抗压强度(MPa)			
					初凝	终凝		1d	3d	7d	28d
0	0.630	0	6.3	0.9	5:45	9:10	100	4.7/100	10.8/100	18.0/100	30.6/100
UNF-2	0.537	14.8	5.3	1.7	6:15	9:00	87	6.2/132	14.7/136	21.5/119	35.1/115
FDN	0.517	18.0	6.1	2.1	5:30	7:30	54	8.2/177	20.1/186	30.2/168	43.6/142
CRS	0.547	13.2	5.9	2.1	5:30	7:45	62	7.9/168	17.7/164	25.9/144	41.8/137
SM	0.525	16.8	5.7	1.4	5:30	7:30	69	7.9/168	16.5/153	26.0/144	36.7/120
AF	0.505	19.8	5.2	4.2	5:30	7:45	41	7.7/164	15.9/147	24.3/135	32.5/106
建-1	0.458	27.2	5.7	8.7	5:00	7:30	20	6.4/136	13.5/125	19.0/106	26.5/87

注:混凝土配比1:2.24:3.82,水泥用量310kg/m^3,标准养护。

为了进一步说明各种高效减水剂性能的差别,现将公认的两种最好的高效减水剂,即萘磺盐甲醛缩合物(Mighty-150)和三聚氰胺磺酸盐甲醛缩聚物(Melment)的性能对比见表4-15中。

萘系和三聚氰胺系高效减水剂主要性能对比 表4-15

性能	"Mighty-150"	"Melment"
外观	棕褐色粉末	白色粉末
聚合度	5~13	10~100
表面张力(1%水溶液)(mN/m)	71	69
引气性	很小	很小
掺量(%)	0.5~2.0	0.5~2.0
减水率(%)	18~30	18~25
泌水性	小	更小
坍落度损失速率	快	更快
凝结	不缓凝、有时异常	不缓凝、无异常
水泥适应性	对铝酸盐水泥不适应	适应
拌和物黏度	一般	增大
早强作用	好	更好
增强作用	好	好
耐火性	不能用于耐火混凝土	可用于耐火混凝土

注:"Mighty-150"和"Melment"高效减水剂在第二届混凝土超塑化剂国际会获金奖。

三、减水剂的作用机理

减水剂是最重要和最常用的混凝土外加剂。减水剂的主要成分是表面活性剂，因此，减水主要是通过表面活性作用而实现的。

（1）吸附—分散作用

水泥加水拌和后，会产生如图 4-14 所示的一些絮凝状结构。这种絮凝状结构产生的原因可能是由于水泥矿物（C_3A、C_4AF、C_3S、C_2S）在水化过程中所带电荷不同，产生异性电荷的相互吸引；或者由于水泥颗粒在溶液中的热运动，在某些边棱角处相互碰撞，相互吸引形成；还可能是粒子间的范德华力作用或初期水解水化反应导致。在絮凝结构中包裹了很多拌和水，这些拌和水对混凝土的流动性无贡献。

如图 4-15 所示，加入减水剂后，表面活性剂的疏水基团定向吸附在水泥颗粒表面，亲水基团指向水溶液，形成单分子或多分子吸附膜。由于减水剂多为离子型的表面活性剂，因此，表面活性剂的定向吸附使水泥颗粒表面带有同号电荷，增大了水泥粒子表面的 ξ 电位，增大了水泥粒子之间的静电斥力，不但能使水泥—水体系处于相对稳定的悬浮状态，而且破坏了水泥颗粒的絮凝结构，释放出絮凝体内的游离水，达到了减水的目的。

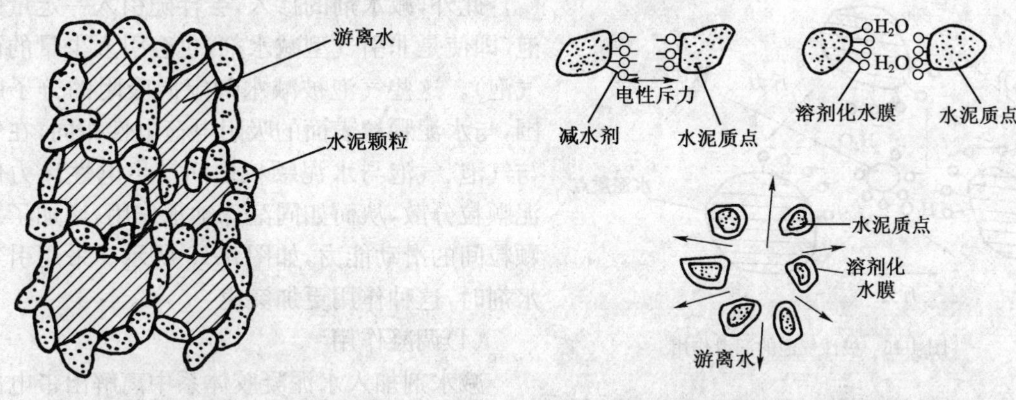

图 4-14　水泥浆体的絮凝结构　　　图 4-15　减水剂的作用机理简图

（2）润湿作用

在水泥—水组成的分散体系中，水泥颗粒的分散度对和易性有很大影响。而水泥颗粒的表面润湿状况与分散度密切相关。水泥加水拌和后，颗粒表面为水润湿，当润湿自然进行时，表面自由能的变化可由 Gibbs 方程表示。

$$dG = \sigma_{c,w} dS \tag{4-9}$$

式中：dG——表面自由能的变化量；

$\sigma_{c,w}$——水泥—水界面上的界面张力；

dS——扩散润湿的面积变化量。

将上式积分可得 $G=\sigma_{c,w}S+c$（c 为常数）。假设某时刻整个体系自由能为定值，当体系中加入减水剂时，由于表面活性剂可有效降低界面的表面张力，即 $\sigma_{c,w}$ 减小，因此，水泥颗粒的总表面润湿面积增大，分散度增大；同时，润湿面积的增加加大了水泥颗粒的水化面积，对水泥的水化速度产生影响。

此外，与润湿有关的是水分子向水泥颗粒内毛细管的渗透作用，渗透越强，水泥与水的接触面积越大，水化速度可能加快。按照拉普拉斯方程，渗透作用取决于毛细管压力，如下式所示。

$$\Delta P = \frac{2\sigma\cos\theta}{R} \quad (4\text{-}10)$$

式中：ΔP——毛细管内外压力差；

σ——表面张力；

θ——润湿角；

R——毛细管(孔隙)半径。

可以看到，当 $\theta<90°$ 时，ΔP 为正值，且随着 θ 角减小而增大，水向水泥颗粒毛细管内部的渗透能力增强。因此，加入减水剂后，由于润湿作用导致 θ 角减小，从而增加了水向水泥颗粒毛细孔的渗透作用。实际上，渗透作用还与水泥颗粒的比表面积、溶液的浓度和黏度等因素有关。

(3)润滑作用

根据前述，表面活性物质含有疏水端和亲水端，水泥浆体中加入减水剂后，离解出的极性亲水基团将在水泥颗粒表面形成定向吸附，亲水端含有的活性官能团极易与水分子以氢键方式产生缔合作用。这种氢键缔合作用力远大于水泥颗粒与水分子之间的范德华力，使水泥颗粒表面形成一层稳定的溶剂化膜，阻止了水泥颗粒的直接接触，可起到润滑作用。

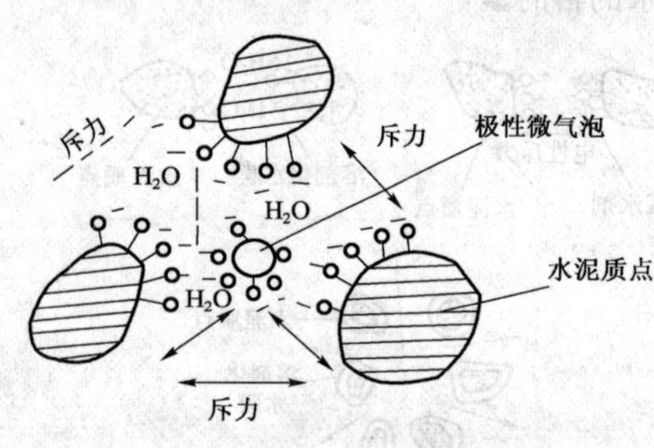

图 4-16 极性气泡的润滑作用

此外，减水剂的掺入，会伴随引入一定量的气泡(即使是非引气型减水剂，也会引入少量的微细气泡)。这些气泡被减水剂定向吸附的分子膜包围，与水泥颗粒表面的吸附电荷电性相同，在气泡与气泡、气泡与水泥颗粒之间产生电性斥力使水泥颗粒分散，从而如同滚珠轴承作用，增加了水泥颗粒间的滑动能力，如图 4-16 所示。采用引气减水剂时，这种作用更加突出。

(4)调凝作用

减水剂加入水泥凝胶体系中离解出带电的离子，并吸附在水泥颗粒表面使其 ξ 电位增加，导致体系的稳定时间较长。同时，这层阴离子吸附膜和由于氢键缔合作用所产生的水膜，以及活性官能团捕捉钙离子并降低钙离子浓度的作用，都将对水泥的初期水化产生抑制作用，提高体系中游离水的含量，从而提高水泥浆的流动性。

如采用某些含有羟基的减水剂则可能由于对 C_3A 水化的抑制作用强，产生明显的缓凝作用。

综上所述，由于表面活性剂具有的吸附分散、润湿、润滑和调凝作用，在减水剂存在下，只要使用较少量的水就可将混凝土拌和均匀，并使新拌混凝土的和易性得到显著改善，这已成为广泛认同的减水剂作用的基本机理。其中，加入减水剂导致 ξ 电位增大的静电斥力学说被认为是混凝土高效减水剂的主要作用机理。而近年来，在新型混凝土高效减水剂的研究中，人们又提出了空间位阻理论的新机理。

(5)空间位阻理论

空间位阻理论是通过研究高效减水剂的分散作用和 ξ 电位值之间的关系后提出的，对于目前最常用的萘系和三聚氰胺系高效减水剂的研究表明，常用高效减水剂的分散效果和 ξ 电位值密切相关，加入高效减水剂后，ξ 电位值越大，分散减水效果就越显著，ξ 电位通常增大至

—20～—40mv。但最新研发的接枝共聚物高效减水剂(如马来酸系和丙烯酸系接枝共聚物)掺入水泥浆体后,水泥浆体的ξ电位较低,仅为—10～—15mv,但水泥浆体却同样具有优异的分散性,且坍落度损失小。研究者认为,其作用机理不仅仅在于ξ电位的改变,还与减水剂的分子结构和在水泥颗粒表面形成的吸附层排列有关。

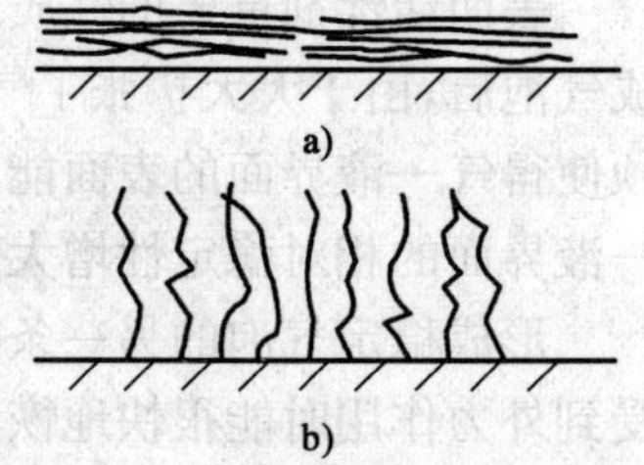

图 4-17 不同减水剂在水泥颗粒表面的吸附

a)萘系减水剂的吸附;b)接枝减水剂的吸附

由于接枝聚合物结构中支链多且长,不同于如图4-17a)所示的萘系、三聚氰胺系等高效减水剂在水泥颗粒表面的吸附,接枝共聚物高效减水剂在水泥颗粒表面吸附时将形成如图4-17b)所示庞大的立体吸附结构,因而饱和吸附量减少,ξ电位值低。但聚合物特有的分子结构使其在水泥颗粒表面形成较大的吸附区,吸附力强,不易随水化进行而脱落,并能有效阻碍水泥颗粒的积聚,增加分散度。

第七节 引气剂和消泡剂

所谓引气就是指在混凝土中引入许多均匀分布、稳定而封闭的微小气泡,具有这种引气功能的外加剂称为引气剂。通常,引气剂的掺量在0.002%～0.01%,使混合物中引气量达到3%～5%。据估计,在此情况下,每立方米混凝土中将引入5 000亿～8 000亿个小气泡。实践证明,在混凝土中掺入引气剂能够提高混凝土的质量,提高抗冻融的能力,增加抵抗除冰盐对混凝土的剥蚀能力,提高抗渗性和水密性,减少离析和泌水以及改善混凝土的可塑性和工作性。引气剂由于具有上述优越性,因而被广泛应用于道路、大坝、港口、桥梁等混凝土工程中。

在混凝土技术中,引气技术已经有大半个世纪的历史。在20世纪30年代,美国、日本、英国等就开始使用引气剂。1942年,美国首先制定了引气混凝土的施工规范,美国材料试验学会(ASTM)也制定了相应标准。在美国,引气混凝土的应用得到很大的发展。这是由于美国公路交通的发展,混凝土公路路面破坏严重,尤其是冬天用食盐或氯化钙溶化公路路面冰雪时,对混凝土路面破坏更为严重。在调查中发现,普通混凝土抗冻融性较差,而用油脂类物质(如牛脂、鱼脂、松树脂)作助磨剂的水泥,其混凝土路面抗冻融性很好。由于含有这些表面活性物质,降低了水的表面张力,在混凝土搅拌过程中产生均匀、稳定的小气泡,从而提高了混凝土的抗冻融性和耐久性。一直到20世纪80年代初,混凝土引气剂大多仅限于树脂盐类或是文沙(Vinsol)树脂,大多数高速公路结构和路面的混凝土工程都是采用文沙树脂进行引气的。现在,引气剂的种类增加了许多。美国对引气剂作了全面详细的说明。按照这些规定,被用作引气剂的外加剂必须能明显改善混凝土的耐久性,并且不能严重损害混凝土其他一些基本性能。

我国引气剂的开发是从20世纪50年代开始的,首先研制了松香热聚物类引气剂,随后松香皂、OP乳化剂等引气剂相继出现,之后又成功研制了复合多功能的引气剂产品。目前,在市场上销售的有松香热聚物类、烷基苯磺酸盐和羧酸及其盐类等引气剂和引气减水剂。近年来,日本在引气剂方面的研究占有领先地位,并把引气剂称为AE(Air Entrainment)剂,在应用上几乎所有的外加剂中均含有AE剂的成分。

与引气功能相反的是消泡剂。混凝土中加入消泡剂,可以在一定程度上消除体系内的气泡,可能降低新拌混凝土的工作性,但能提高硬化混凝土的强度。

一、气泡的形成与稳定

表面活性剂重要的性质就是能降低表面自由能，这是气泡稳定存在的必要条件。溶液形成气泡后，由于大大扩张了气—液两相界面，使得表面能也随之增加，而要产生稳定的气泡必须使得气—液界面的表面能尽可能低；当引气剂加入溶液中后，使得溶液的表面张力降低，气—液界面的相对稳定性增大，从而为气泡的存在创造了有利的条件。

形成稳定气泡的另一条件是气泡周围形成的液膜应当有一定的机械强度，使得气泡膜在受到外力作用时能很快地恢复原样而不被压破。这就要求引气剂具有较长的分子链结构，分子链较长的结构使得分子的范德华力大，液膜的机械强度也大；另外，液膜还应有一定的黏度，黏度表示气泡膜的流动性。黏度小时，气泡的形成较为容易，并且要求溶液内部黏度小而气泡膜表面黏度大些，这样既使得气泡易于形成，又不易破坏。引气型表面活性剂的加入，使得溶液具有上述条件。

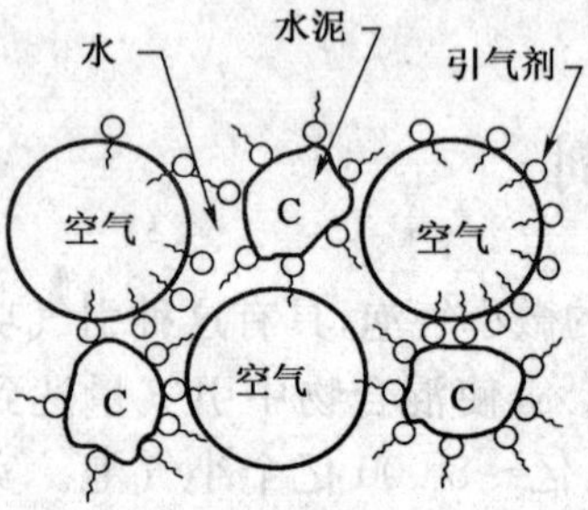

图 4-18 为混凝土体系中空气、水泥以及其他组分的分布图。从中可以看出，引气剂分子定向吸附在气泡液膜的表面，使气泡稳定存在于体系当中。

空气—水—水泥

图 4-18 混凝土体系中水泥、水以及空气分布

消泡剂是与起泡剂（引气剂、加气剂以及泡沫剂）作用相反的一种混凝土外加剂。消泡剂能抑制泡沫的形成并能破坏已存在的泡沫。消泡剂的作用机理在于它进入液膜后降低液体的黏度，形成新的低黏度表面界面，使液膜失去弹性，加速液体的渗出过程，最终导致液膜变薄而破裂。

消泡剂与引气剂配合使用，能较好地控制混凝土体系内气泡的含量，满足工程要求。

二、混凝土含气量及气泡分布

不掺引气剂的混凝土，由于搅拌过程中带入了空气，使混凝土有 1%～2%的含气量。在此情况下，带入的气泡很不均匀，形状也不规则，对提高混凝土的抗冻性会产生不利的影响。如果掺适量的引气剂或引气减水剂，使混凝土中的含气量达到 3%～5%（体积百分数），并且在硬化混凝土中形成均匀稳定小气泡（20～1 000μm，其中大多是 200μm 以下的溶胶性气泡），那么对于提高混凝土的抗冻性，抗渗性及耐久性是十分有利的。问题的关键是如何控制引气量以及硬化混凝土中的气泡结构。

混凝土中掺入引气剂，在搅拌过程中由于引气剂的表面活性作用能显著降低气液表面张力，导致拌和物中产生大量均匀稳定的小气泡，构成固—液—气多相分散体系。根据拉普拉斯公式：$\Delta P=2\sigma/r$，气泡越小（r 越小），内外压差（ΔP）越大。在拌和物运输、放置、浇注等过程中，气泡受搅动而产生气体迁移，小泡变成大气泡，最后气泡破灭。这个过程是在不断进行着的，而影响迁移速度的因素十分复杂，这给控制含气量带来困难。在水泥水化过程中，气泡膜和周围液相中的分子（或离子）产生交换，表面活性剂的溶解度也在不断地变化。许多文献指出，一些阴离子表面活性剂在含钙离子高的水泥浆溶液中形成不溶性钙盐，并吸附在细小的水泥粒子周围和气泡膜上，从而提高了气泡稳定性，防止气泡破灭。

混凝土中的气泡处在多相体系中，情况更为复杂。目前，认为测定外加剂的密度、pH 值、表面张力、起泡能力等物性指标能判定其质量。其实，这些指标与掺外加剂混凝土的性能并没

有直接的关系，由此鉴定外加剂的品质是困难的。因此，必须根据掺外加剂混凝土的特性来间接判定外加剂品质的优劣。

新拌混凝土中气泡的性质，包括含气量、气泡的大小及其分布，在拌和后的运输、操作、浇注、捣实和抹平各阶段的变化过程和变化机理还没有被人们认识清楚。因此，有必要发展快速准确测定这个变化的方法及与此有关的物理化学方面的研究。

掺引气剂（或引气减水剂）以后，混凝土在搅拌时会引进大量微气泡。但是引气量的大小对任何一种引气剂来说，绝不是一个定值，而是受诸多因素的影响，变化很大。

影响引气量的因素有：引气剂或引气减水剂的种类与数量、混凝土的组成材料及配合比、拌和条件、浇灌条件等。

硬化混凝土中气泡的分布对其强度、抗冻性和耐久性有直接影响。因气泡结构，即气泡直径及其分布状态的不同，影响程度不同。一般使用优质的引气剂或引气减水剂后，混凝土中的气泡呈球形，泡径多在20～200μm，而1m^3 混凝土中有5 000亿～8 000亿个这种微气泡。为了定量表示引气剂所引进的气泡形态，采用泡径大小及分布、气泡比表面积a以及气泡间隔系数L来描述。这些数据是通过取硬化混凝土试样的一定部位的试样，经磨抛处理后，用读数显微镜在一定线长（通常为2mm）内观测气泡大小、个数、气泡间距经统计计算得到的。A是气泡的表面与体积之比值。L表示气泡间距大小，用平均值表示。一般来说，气泡小，a值大，而L值就小。关于引气剂引进气泡的规律，米伦兹(Mielenz)论述如下：

(1)掺引气剂的混凝土硬化后的含气量比新拌混凝土大，这与测定方法不同有关；

(2)引气剂有缓凝作用时，易形成大气泡，a值减小；

(3)由于振动引起气泡系统的变化，非离子与阳离子型表面活性剂在振动时，a值增大，但停止振动后立即减小；

(4)L值在振捣前后完全不变；

(5)引气剂对水泥砂浆和混凝土的效果不同，外加剂比较试验时要注意；

(6)气泡吸附在水泥和集料颗粒上，吸附程度因引气剂离子化趋势不同而不同。

米伦兹和鲍尔斯(Powers)等人认为，要使混凝土抗冻融性良好，气泡间隔系数最好控制在200μm以下。混凝土因冻融作用产生膨胀，在L值大于250μm时变化较显著，小于200μm具有好的抗冻融性。在含气几近相同时，随着水灰比减小气泡间隔系数变小，a值变大。因此，对于抗冻融循有效的微气泡增加，耐久性提高。

三、引气混凝土的性能

1. 新拌混凝土的和易性

图4-19给出了引气剂掺量、混凝土含气量以及和易性的关系。该图表明，掺引气剂和引气减水剂，使混凝土引进大量微小且独立的气泡。这些球状气泡在体系中起到滚珠轴承作用和浮托作用，从而改变了体系中集料、水泥浆体等组分间的相互作用，使混凝土和易性和稳定性得到大大改善和提高。

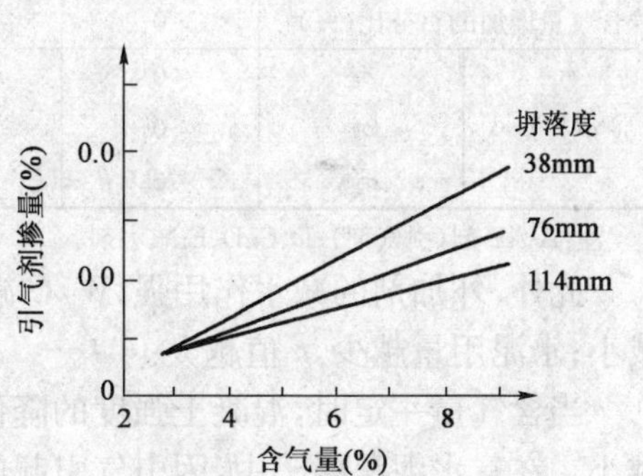

图4-19　引气剂掺量、混凝土含气量以及和易性的关系

2. 泌水沉降收缩

由于引气剂或引气减水剂的引气减水作用，使拌和物的泌水和沉降显著减小。

泌水和沉降与水泥浆的黏度有密切关系，而水泥浆的黏度又与其微粒对表面活性剂的吸附及气泡在粒子表面的附着有关。由于气泡的存在，整个体系的表面积增大，比不引气时的黏度大得多，尤其是当有将粒子憎水化的阴离子表面活性剂（如松香皂类）存在时，由于粒子间引力增大，使水泥浆的黏度进一步增大，这样泌水和沉降就减小。另外，引气减水剂对水泥颗粒表面的润湿分散作用也具有类似的效果。

3. 减水作用

在稠度和单位水泥用量固定时，由于掺引气剂或引气减水剂，可减少单位用水量。一般来说，引气剂的减水率为7%～9%，由于引气减水剂具有双重作用，减水率在12%～15%。以引气剂与不引气的减水剂复合时，往往可收到二者减水率迭加的效果。

4. 引气混凝土的强度

在单掺引气剂时，与不掺的基准混凝土相比，水泥用量不变时，每增加1%含气量，28d抗压强度下降2%～3%；水灰比不变时，下降4%～6%。掺引气减水剂时，由于减水率增大，强度可以不降低或有所提高。

关于掺外加剂混凝土的强度与减水率、含气量之间的关系，可以用冈田和西林提出的经验公式表示：

$$\sigma=\sigma_0\left(1-0.05\Delta A+\alpha\Delta\frac{W}{C}\right) \tag{4-11}$$

式中：σ——掺外加剂混凝土强度；

σ_0——基准混凝土强度；

ΔA——增加的含气量（掺与不掺外加剂的混凝土含气量差值）；

$\Delta\frac{W}{C}$——水灰比降低值（不掺与掺外加剂的混凝土水灰比差值）；

α——减水能力系数（水灰比减少1%，强度的增长系数）。

把单位水泥用量固定为300kg/m^{3}做混凝土试验，掺各种外加剂所得各龄期的α平均值如表4-16所示。由表中数据可以看出，靠减水和引气这两个原因来减小水灰比，混凝土强度增加较多。当由于减水的增强作用大于引气而降低强度时，引气混凝土的强度不但不降低，反而会有所提高。当前发展高效引气剂的原理就在于此。

水灰比减少1%时强度增长系数α　　表4-16

外加剂		不掺	A	B	C	D	E
水灰比减少的百分比(%)		0	4.4	7.5	7.3	5.5	5.4
含气量增加的百分比(%)		0	3.3	2.6	3.1	3.2	3.0
α(%)	σ_3	0	3.1	7.7	6.4	3.9	3.5
	σ_7	0	2.4	5.6	4.6	3.2	3.2
	σ_{28}	0	2.1	4.2	4.2	2.8	2.6

注：A-AE剂（引气剂）；D、C、D、E-减水剂。

此外，外加剂的减水作用强，W/C减少越多，能力系数α越大，则强度越大；龄期增长，α值减小；水泥用量越少，α值越大。

当含气量一定时，混凝土强度的降低受集料最大粒径的影响：最大粒径越大，强度降低率越小。在贫水泥混凝土中，因引气引起的强度降低可以忽略不计。

5. 干缩

引气作用会加大干缩，而减水作用又可减小干缩。含气量、用水量与干缩的关系如图4-20

所示。一般来说，掺引气剂后，在同样的和易性和强度时，引气剂混凝土与普通混凝土的徐变基本相同，与是否存在引气无关。而引气减水剂由于减水率较大，基本不影响干缩或使其稍有增减。因此，认为掺引气性的外加剂一定增大干缩是不对的，日本 JIS 中规定它们的干缩率都小于 120%（加引气剂后的干缩率与不加引气剂的干缩率比值）。

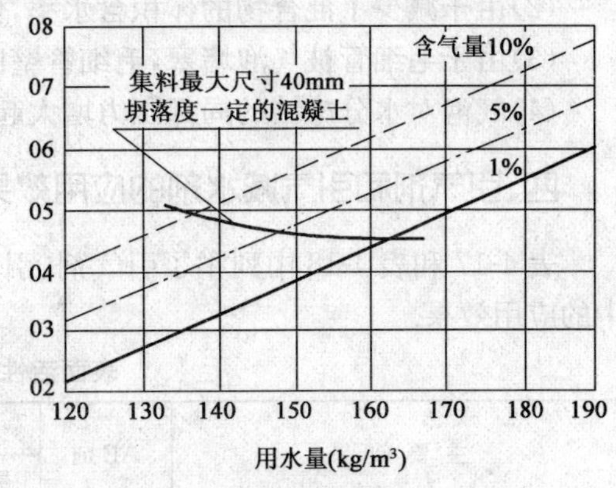

图 4-20　含气量、用水量与干缩的关系

6. 抗渗性

由于掺引气剂或引气减水剂使混凝土用水量减少，泌水沉降率降低，从而使混凝土中的大毛细孔减少（在水泥石与集料的界面区产生的毛细孔比水泥石内的毛细孔至少增大 10 倍），造成混凝土中水分迁移的主要通路减少，即混凝土中最薄弱和易受破坏的部分减少。同时，引入大量微气泡占据了混凝土中的自由空间，破坏了毛细管的连续性，使得混凝土的抗渗性得到改善。尤其是引气减水剂还使水泥颗粒分散，改善了混凝土的匀质性，提高密实性，使抗渗性提高更为显著。而与抗渗性有关的混凝土的抗化学侵蚀作用和抗中性化作用也同时得以改善。

7. 抗冻融性

掺引气剂或引气减水剂能使混凝土的抗冻融性得到显著改善，其改善程度不是百分之几十，而通常是几倍、甚至十几倍地提高，从而大大延长了混凝土在受冻融情况下的使用寿命。

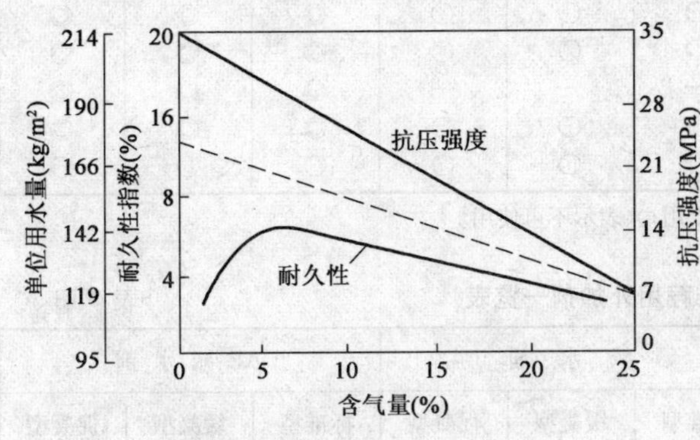

图 4-21　含气量与耐久性的关系

图 4-21 所示为引气混凝土的含气量与耐久性指数的关系，当含气量为 3%～6% 时，有好的耐久性；当含气量超过 6%时，耐久性下降。由于引气减水剂减水作用强，故混凝土的单位用水量少，对抗冻融性，特别是对初期的抗冻融性提高更为有利。

当混凝土表面处于冰点以下时，靠近表面的孔隙中的非结晶水和渗进的水冻结，产生约 9% 的体积膨胀，产生膨胀压使没有冻结的自由水不得不迁移，当迁移受约束时就形成静水压力。混凝土的薄弱部分由此造成裂缝，如此反复循环，裂缝发展最后造成破坏。当混凝土中掺引气剂或引气减水剂后，引入大量微细气泡，这些气泡均匀分布在混凝土体内，可以容纳自由水的迁移，大大缓和了静水压力，从而显著提高了混凝土承受反复冻融循环的能力。

前苏联的斯多尼科夫的这个理论较好地解释了引进空气改善抗冻性的作用，但与后来他自己及其他学者所得的若干试验结果相违。随后他又提出渗透压说，认为由于混凝土较大孔隙内部水先结冰后，余留部分碱浓度提高，造成微细孔隙中冻结水向较大孔隙内形成的冰晶迁移，形成的渗透压可以导致混凝土破坏。

斯多尼科夫则用下列因素的共同影响来解释：

(1)由于降低水灰比，提高了水泥石的密实度；

(2)由于减少了混合物的体积含水率，使因沉降形成的毛细管体积减小；

(3)由于毛细管被气泡堵塞，毛细管壁的表面憎水层及开孔变封闭孔，使毛细管吸力降低；

(4)气泡对水分冻结的局部压力增大起缓冲作用。

四、引气剂和引气减水剂的应用效果

表 4-17 和表 4-18 中列举了引气剂、引气减水剂和减水剂的各项性能及其在各种混凝土中的应用效果。

表面活性剂主要效果一览表

表 4-17

主要效果		AE剂	减水剂			AE减水剂		
			标准型	缓凝型	促凝型	标准型	缓凝型	促凝型
未凝结的混凝土	单位用水量减少	○	△	△	△	◎	◎	◎
	单位水泥量减少	—	◎	◎	◎	◎	◎	◎
	引气性	◎	—	—	—	◎	◎	◎
	和易性改善	◎	○	○	○	◎	◎	◎
	泌水性减少	◎	△	△	△	◎	◎	◎
	凝结的延缓	—	—	◎	×	—	◎	×
	凝结的促进	—	—	×	○	—	×	○
	可泵性改善	○	◎	◎	◎	○	○	○
	可抹面性改善	○	○	○	○	○	○	○
	坍落度下降的防止	—	○	◎	—	○	◎	—
已硬化的混凝土	初期强度的增大	—	○	—	◎	○	—	◎
	水化热的降低	—	○	◎	×	○	◎	×
	抗渗性的增大	○	○	○	○	◎	◎	◎
	抗中性化的增大	○	○	○	○	◎	◎	◎
	抗冻融性增大	◎	—	—	—	◎	◎	◎
	抗化学侵蚀增大	○	○	○	○	◎	◎	◎
	耐磨损作用增大	—	○	○	○	○	○	○

注：1. ◎表示最希望采用；○表示希望采用；△表示可以用；×表示不可使用。

2. AE 为引气。

各种混凝土推荐用外加剂一览表

表 4-18

条件	混凝土种类	AE剂	减水剂			AE减水剂		
			标准型	缓凝型	促凝型	标准型	缓凝型	促凝型
材料	砂浆	◎		○			◎	
	碎石、碎砂、高炉碎石混凝土	◎		○			◎	
	轻质混凝土	◎		○			◎	
结构	大体积混凝土	○	○	◎	×	○	◎	×
	高强度混凝土	△	○	○	○	◎	◎	◎
施工	冬季混凝土	◎	×	×	×	◎	×	◎
	夏季混凝土	○	○	◎	×	○	◎	×
特殊条件	抗海水作用混凝土	○	○	○	○	◎	◎	◎
	抗渗混凝土	○	○	○	○	◎	◎	◎
	抗冻融混凝土	◎	×	×	×	◎	◎	◎
	防护混凝土	○	△	△	×	◎	◎	×

续上表

条件	混凝土种类	AE剂	减水剂			AE减水剂		
			标准型	缓凝型	促凝型	标准型	缓凝型	促凝型
工法	预应力混凝土	○	○	○	×	◎	◎	×
	滑模施工用混凝土	◎	△	△	△	◎	◎	◎
	预填混凝土	△	○	◎	×	○	◎	×

注：◎最希望采用；○希望采用；△可以用；×不可使用。

第八节　膨　胀　剂

一、膨胀剂的定义及分类

膨胀混凝土的膨胀能来源于膨胀水泥或掺了膨胀剂的水泥水化作用。我国在1985年以前基本上是以膨胀水泥为主来配置膨胀混凝土。1985年以后，特别是1990年以来，随着商品混凝土的快速发展以及膨胀剂制备技术和应用技术的发展与成熟，膨胀混凝土的研究和应用得到了高速发展。表4-19所示为膨胀水泥的几种主要类型。现阶段主要是以膨胀剂为主制备膨胀混凝土的阶段。

膨胀的水泥类型与矿物组成　　表4-19

国别	膨胀水泥类型	主要组成
美国	K型膨胀水泥	波特兰水泥、无水硫酸钙($C_4A_3\bar{S}$)、石膏($CaSO_4$)、煅烧石灰(CaO)
	M型膨胀水泥	波特兰水泥、高铝水泥、石膏($CaSO_4$)
	S型膨胀水泥	波特兰水泥、大量铝酸三钙(C_3A)和石膏($CaSO_4$)
中国	硅酸盐自应力水泥	波特兰水泥、矾土水泥、二水石膏
	明矾石膨胀水泥	不煅烧明矾石、波特兰水泥、无水石膏、矿渣或粉煤灰
	硫铝酸盐膨胀水泥	($C_4A_3\bar{S}+C_2S$)熟料、二水石膏或无水石膏
	低热微膨胀水泥	波特兰水泥、矿渣、无水石膏
	铝酸盐自应力水泥	矾土水泥、二水石膏
	铁铝酸盐膨胀水泥	($C_4A_3\bar{S}+C_2S$)熟料、石膏

目前，膨胀剂按膨胀源的化学成分或膨胀产物分类如下：

(1)硫铝酸钙类膨胀剂，以硫铝酸盐熟料、明矾石和石膏作原料粉磨而成。产品英文名缩写有UEA、CSA等。

(2)铝酸钙类膨胀剂，以铝酸钙熟料、明矾石和石膏作原料粉磨而成。英文缩写为AEA。

(3)氧化钙类膨胀剂，是以氢氧化钙为膨胀源，由石灰石、黏土和石膏作原料，在一定的高温下煅烧、粉磨、混拌而成。

(4)氧化镁类膨胀剂，氧化镁水化生成氢氧化镁结晶(水镁石)，体积可增加94%～124%，引起混凝土的膨胀。

(5)复合膨胀剂，基本成分为硫铝酸钙、氧化钙、氧化镁和氧化铁。若膨胀剂的组成中包括两种或两种以上的组分则称为复合膨胀剂。我国常用的有EA复合膨胀剂、CEA复合膨胀剂，掺量为8%～15%，限制膨胀率为2×10^{-4}～3×10^{-4}。

各类膨胀剂的水化特性及主要用途见表 4-20。

各类膨胀剂的水化特性及主要用途　　表 4-20

膨胀剂		主要水化特征	主要用途
硫铝酸盐类(CSA)		$6CaO+Al_2O_3+3SO_3+32H_2O \rightarrow 3CaO \cdot Al_2O_3 \cdot 3CaSO_4 \cdot 32H_2O$	屋面防水和地下防水工程预构件,混凝土接缝、补强、修补和机器底脚螺丝、灌浆等
氧化钙(CaO)		$CaO+H_2O \rightarrow Ca(OH)_2$ 水化速度较快(比 CSA 膨胀剂膨胀速度快)	防水混凝土工程、灌浆、抢修工程、低温施工工程
复合型(CaO-CSA)		$CaO+H_2O \rightarrow Ca(OH)_2$ $CaO+Al_2O_3+SO_3+H_2O \rightarrow CaO \cdot Al_2O_3 \cdot CaSO_4 \cdot H_2O$ 遇水后 5h 即出现 $Ca(OH)_2$,7d 时 CaO 已消耗尽,而钙矾石通过液相形成,并吸收 $Ca(OH)_2$,促进硅酸钙水化	地下防水工程,游泳池,坝体防渗层,灌缝和预应力工程
氧化镁(MgO)		$MgO+H_2O \rightarrow Mg(OH)_2$ 氧化镁烧成温度不同,反应速度有显著不同,轻烧(1 000℃以下)可在正常温度下水化,重烧(1 500℃)在高温下水化	一般应用(轻烧),高压釜蒸养(重烧)
金属类	铁粉系(Fe)	$Fe+H_2O \rightarrow Fe(OH)_3+H_2$ 由于铁粉氧化反应很慢,持续时长,需掺加氧化剂(过铬酸盐、高锰酸盐等)	适用于高温环境,如填灌热车间的底脚螺栓,填补地坪和填缝等
	铝粉类(Al)	$Al_2O_3+H_2O \rightarrow Al(OH)_3+H_2$ 由于产生 H_2,形成微小起跑,反应快	灌浆用或加气混凝土用

在我国,混凝土膨胀剂使用量最大的是 UEA 系列混凝土膨胀剂。该系列膨胀剂均以钙矾石为膨胀源。其中,UEA-I 型是以回转窑煅烧成硫铝酸盐膨胀熟料。该熟料与明矾石和无水石膏共同粉磨而成。其优点是膨胀能高,膨胀性能稳定;缺点是烧成条件高,用于商品混凝土时,坍落度损失较大。UEA-II 型是以硫酸铝盐熟料与明矾石、无水石膏共同粉磨而成。由于其生产工艺简单、生产条件低,所以得到了快速发展。但是由于 UEA-II 以生、熟明矾石为主要原料,其碱含量较高,在对混凝土耐久性要求越来越高、对碱性含量控制越来越严的情况下,其使用受到很大的限制。为此,发展了 UEA-III 型和 UEA-IV 型。其中,UEA-III 型由硅酸盐熟料与明矾石、无水石膏共同粉磨而成,碱含量有所降低;UEA-IV 是由硫铝酸盐熟料硅铝酸盐熟料和无水石膏共同粉磨而成,碱含量大大降低。这两类膨胀剂均具有较好的强度性能、膨胀性能以及与水泥和其他化学外加剂良好的适应性。

复合型膨胀剂(CEA)是与 U 型膨胀剂(UEA)同时研制成功并得到推广应用的另类重要膨胀剂。它是由煅烧石灰系熟料、明矾石、无水石膏共同粉磨而成的一种高性能膨胀剂。其中,煅烧石灰系熟料由水泥回转窑煅烧而成,它以硅酸盐矿物(如硅酸三钙等)将特定稳定煅烧石灰包裹,以保证其适当的水化和膨胀速度。复合型膨胀剂(CEA)类似日本小野田的石灰系膨胀剂,但有所发展。小野田膨胀剂是以 CaO 为膨胀源,而复合膨胀剂(CEA)则以 CaO 和钙矾石为共同膨胀源,故称为复合膨胀剂。复合膨胀剂(CEA)质量稳定,性能好,且具有两大突出的优点:一是与化学外加剂适应性好,因而混凝土坍落度损失小;二是对混凝土自收缩补偿效果好。但该类膨胀剂的生产要求控制较严格。

铝酸盐膨胀剂(AEA)是以高铝水泥熟料(或称铝酸钙熟料)与明矾石、无水石膏共同粉磨而成的一类膨胀剂。该膨胀剂的膨胀性能高,膨胀稳定,以钙矾石为膨胀源。

无水硫铝酸钙膨胀剂(CSA)是以水泥回转窑煅烧特制成分的硫铝酸盐熟料与无水石膏共同粉磨而成。硫铝酸盐熟料中矿物组成以 $C_4A_3\bar{S}$ 为主,兼含部分 β-C_2S 和 CaO 等成分。该膨胀剂掺量低,膨胀能高,碱含量低,膨胀稳定期短,是一种优质高效能膨胀剂。

二、硫铝酸盐系膨胀剂的膨胀机理与特性

1. 硫铝酸钙单组分膨胀剂

硫铝酸钙单组分膨胀剂的主要成分是:CaO、SO_3、Al_2O_3 所组成的化合物的混合物。与水泥的水化产物按下列化学反应方程发生化学反应,形成三硫型水化硫铝酸钙结晶体——钙矾石($3CaO \cdot Al_2O_3 \cdot 3CaSO_4 \cdot 32H_2O$):

$$3CaO \cdot Al_2O_3 + Ca(OH)_2 + 12H_2O = 4CaO \cdot Al_2O_3 \cdot 13H_2O \quad (4\text{-}12)$$

$$4CaO \cdot Al_2O_3 \cdot 13H_2O + 3(CaSO_4 \cdot 2H_2O) + 14H_2O = 3CaO \cdot Al_2O_3 \cdot 3CaSO_4 \cdot 32H_2O + Ca(OH)_2 \quad (4\text{-}13)$$

$$2KAl_2O_3(SO_4)_2(OH)_6 + 13Ca(OH)_2 + 5CaSO_4 + 78H_2O = 3(3CaO \cdot Al_2O_3 \cdot 3CaSO_4 \cdot 32H_2O) + 2K(OH) \quad (4\text{-}14)$$

由于钙矾石与水泥的其他水化产物 C-S-H、氢氧化钙等相比,密度较小,为 1.75g/cm^3,与水化前的水泥、膨胀剂等无水矿物体积相比增加很多,在混凝土中能产生适度的体积膨胀,抵消混凝土的干缩、化学减缩产生的拉应力,补偿体积收缩。同时,钙矾石结晶体不断生长,填充混凝土胶体结合处的毛细孔隙,改善混凝土内部孔结构,提高混凝土的密实度,使外界的介质不易侵蚀到内部,可提高混凝土的抗渗性能。它们的膨胀源都是钙钒石,其晶体结构如图 4-22所示。

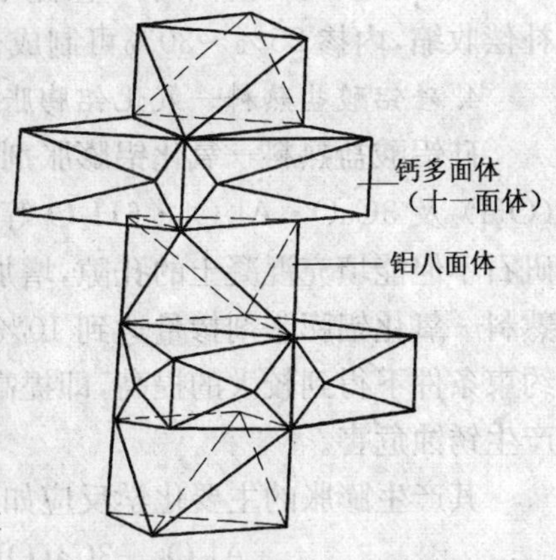

图 4-22 钙矾石柱多面体轮廓构造

在钙矾石晶胞中,水分子的容积达 55.53%,OH^- 水容积为 25.63%,两者共为 81.16%。由此可见,钙矾石是一个高结晶水的水化物。如果仔细地研究钙矾石柱结构水的分布,便发现其表面是一层水的单分子层。因此,由于钙矾石表面电性能特殊而吸水肿胀是引起水泥石膨胀的原因。钙矾石的膨胀本质是结构水,即固相∶水=44.47∶55.53=1∶1.25(表 4-21),也即体积增大 125%。此种膨胀剂占的比例最大,使用最广泛。

钙矾石单位晶胞中各组成元素占有空间(单位:$10^{-3}m^3$) 表 4-21

元素	Ca^{2+}	Al^{3-}	S^{4+}	O^{2-}	OH^-	H_2O	空隙	合计
体积(10^{-3} m^3)	29.93	1.55	0.19	115.6	300.05	550.10	73.35	1 170.77
%	2.56	0.13	0.02	9.87	25.63	55.53	6.27	100

2. 硫铝酸钙熟料—石灰石膨胀剂

该膨胀剂产生钙矾石的化学反应为:

$$C_4A_3S + 6Ca(OH)_2 + 8CaSO_4 + 96H_2O = 3(C_3A \cdot 3CaSO_4 \cdot 32H_2O) \quad (4\text{-}15)$$

在混凝土中掺入一定量硫铝酸钙熟料—石灰石膨胀剂后,混凝土在水化硬化过程中可产

生一定数量钙钒石而产生微膨胀。这一方面可以弥补普通水泥水化时产生的体积减缩,另一方面水泥水化产生一定强度后在混凝土内部结构中可以产生一定的膨胀力。这种膨胀力使钢筋混凝土结构中的钢筋受拉,混凝土受压,利用混凝土的这部分压应力可以抵消或大部分抵消因混凝土干缩、冷缩时产生的拉应力,利用此原理可使补偿收缩混凝土结构在浇捣时的分块长度可以增加一倍左右,同时,钢筋混凝土结构的温度伸缩缝间距也可以大大增加。

在硅酸盐水泥中掺 8%～12%可拌制成补偿收缩混凝土,内掺 17%～25%可拌制成自应力混凝土。

3. 硅铝酸盐熟料—明矾石膨胀剂

硅铝酸盐熟料—明矾石膨胀剂产生膨胀的主要化学反应为:

$$C_4A_3S+6Ca(OH)_2+8CaSO_4+90H_2O=\!=\!=3(C_3A\cdot 3CaSO_4\cdot 32H_2O) \quad (4\text{-}16)$$

$$2KAl_3(SO_4)_2(OH)_6+13Ca(OH)_2+5CaSO_4+78H_2O$$
$$=\!=\!=3(C_3A\cdot 3CaSO_4\cdot 32H_2O)+2KOH \quad (4\text{-}17)$$

C_4A_3S 活性较高,在水化初期就生成钙矾石,产生膨胀。硅铝酸盐熟料—明矾石膨胀剂与硫铝酸钙熟料—石灰石膨胀剂的不同在于加入了明矾石。这就使水泥在水化中期形成钙矾石,从而使水泥强度的发展和膨胀作用协调起来,使膨胀期在较长一段时间具有补偿收缩能力。

该膨胀剂是目前国内产量最大和应用面最广的膨胀剂。在普通水泥内掺 10%～12%可补偿收缩,内掺 25%～30%可制成自应力混凝土。

4. 硅铝酸盐熟料—氧化铝膨胀剂

硅铝酸盐熟料—氧化铝膨胀剂是属于硫铝酸盐类混凝土膨胀剂,它与水泥的水化产物 $Ca(OH)_2$ 及 $3CaO\cdot Al_2O_3\cdot 6H_2O$ 等作用形成钙矾石($3CaO\cdot Al_2O_3\cdot 3CaSO_4\cdot 32H_2O$)。钙矾石不但能填充混凝土的孔隙,增加混凝土的密实度,提高抗渗抗裂作用,还可以在硅铝酸盐熟料—氧化铝膨胀剂掺量达到 10%～12%时,使混凝土产生微膨胀,使混凝土的密实度在有约束条件下得到较大的提高,即提高了混凝土强度。硅铝酸盐熟料—氧化铝膨胀剂对钢筋不产生锈蚀危害。

其产生膨胀的主要化学反应如下:

$$Al_2O_3+3Ca(OH)_2+3H_2O=\!=\!=3CaO\cdot Al_2O_3\cdot 6H_2O \quad (4\text{-}18)$$

$$3CaO\cdot Al_2O_3\cdot 6H_2O+3CaSO_4+26H_2O=\!=\!=3CaO\cdot Al_2O_3\cdot 3CaSO_4\cdot 32H_2O \quad (4\text{-}19)$$

以上反应产物对水泥石的作用为水化硅酸钙提供强度。由于硅酸三钙水化快,它所形成的产物主要提供早期强度,硅酸二钙的水化速度较慢,它为水泥混凝土提供后期强度。水化铝酸三钙晶体提供早期强度,在有石膏存在的条件下,它将与石膏作用形成含大量结晶水的呈针状结晶的水化硫铝酸三钙膨胀成分。这是要求混凝土养护时需有足够水分的原因。

在硅酸盐水泥完全水化的水泥石中,水化硅酸钙含 50%左右,氢氧化钙约占 25%。$Ca(OH)_2$ 为水泥石提供碱性,对钢筋保护有好处,但它对水泥石强度的贡献较小。加入硅铝酸盐熟料—氧化铝膨胀剂后,膨胀剂中的活性 Al_2O_3 将与水泥水化产物 $Ca(OH)_2$ 作用,形成水化铝酸三钙;然后与石膏作用,生成有早强与致密作用的膨胀组分水化硫铝酸三钙(钙矾石)。这种产物还对水泥石有增强作用,因为它取代了较多量的 $Ca(OH)_2$。硅铝酸盐熟料—氧化铝膨胀剂可等量取代水泥,对混凝土强度不影响,减少的水泥用量可以减少混凝土中的水泥水化热值及降低水化热峰。硅铝酸盐熟料—氧化铝膨胀剂的碱含量极低(约 0.4%),所以对预拌混凝土的坍落度损失影响极小,有利于预拌混凝土的施工工艺。

5. 铝酸钙膨胀剂

铝酸钙膨胀剂的膨胀水化反应如下：

$$3CA+3Ca(OH)_2 \cdot H_2O+32H_2O = C_3A \cdot CaSO_4 \cdot 32H_2O+2(Al_2O_3 \cdot H_2O) \quad (4\text{-}20)$$

$$2KAl_3(SO_4)_2(OH)_6+13Ca(OH)_2+5CaSO_4+78H_2O = 3(C_3A \cdot 3CaSO_4 \cdot 32H_2O)+2KOH \quad (4\text{-}21)$$

6. 明矾石膨胀剂

主要的膨胀反应机理如下：

$$C_3A+CaSO_4+32H_2O = 3CaO \cdot Al_2O_3 \cdot 3CaSO_4 \cdot 32H_2O \quad (4\text{-}22)$$

$$2KAl_3(SO_4)_2(OH)_6+13Ca(OH)_2+5CaSO_4+78H_2O = 3(C_3A \cdot 3CaSO_4 \cdot 32H_2O)+2KOH \quad (4\text{-}23)$$

钙矾石主要是由膨胀剂和水泥的硫酸根离子、铝离子以及钙离子和碱介质等生成的。硫酸根离子由膨胀剂中的 $CaSO_4$ 或 $CaSO_4 \cdot 2H_2O$ 提供，铝离子由水泥中的 $3CaO \cdot Al_2O_3$ 与 $4CaO \cdot Al_2O_3 \cdot Fe_2O_3$ 和膨胀剂中的明矾石提供，钙离子和碱介质由水泥熟料水化提供。因此，水泥中掺入膨胀剂后形成了钙矾石，从而产生膨胀。

7. 石灰—明矾石复合膨胀剂

该复合型膨胀剂吸收了石灰型膨胀剂和明矾石膨胀剂的优点，其膨胀来源于过烧石灰和钙矾石的双重作用，因而得名复合型。其主要产生膨胀性化学反应如下：

$$CaO+H_2O = Ca(OH)_2$$

$$2KAl_3(SO_4)_2(OH)_6+13Ca(OH)_2+5CaSO_4+78H_2O = 3(C_3A \cdot 3CaSO_4 \cdot 32H_2O)+2KOH \quad (4\text{-}24)$$

三、膨胀剂对混凝土性能的影响

1. 对新拌混凝土性能的影响

通常，采用内掺法(膨胀剂等量取代水泥)配制膨胀混凝土。在总胶凝材料用量不变的情况下，由于生成大量钙矾石的缘故，使新拌混凝土性能在以下几个方面发生变化。

(1)需水量

当坍落度相同时，单独掺入膨胀剂的混凝土需水量一般高于未掺膨胀剂的混凝土。这是由于水泥水化过程中，早期所产生的水化产物中的钙矾石量大于纯水泥水化反应产生的钙矾石，钙矾石中含有 32 个结晶水，所以需水量增大。

(2)泌水率

泌水是普通混凝土成型时易发生的一种现象，常以泌水率来反映。掺膨胀剂的混凝土泌水率小于不掺膨胀剂的混凝土，这可能是由于早期膨胀而水化充分的缘故。

(3)含气量

当膨胀剂掺量较高时，混凝土中含气量比未掺膨胀剂的高。因此，应注意膨胀剂与水泥的适应性以及最佳膨胀剂掺量的选取。

(4)凝结时间

由于膨胀剂的掺入，使早期形成的钙矾石产物增多，从而导致掺膨胀剂的混凝土凝结时间早于不掺膨胀剂混凝土凝结时间。膨胀剂对混凝土凝结时间的影响与使用温度有关，在夏季非常明显。

(5)坍落度损失

随着时间的延长，掺膨胀剂混凝土的坍落度损失同未掺的相比，损失幅度较大。这是因为迅速形成的水化硫铝酸钙产物需要吸收较多的水量，致使拌和物中自由水减少。在施工中应采取减少坍落度损失的措施。

2.对硬化混凝土性能的影响

(1)无约束条件下膨胀剂对硬化混凝土性能的影响

当膨胀剂掺量由0%增加到规定限量时，混凝土的自由膨胀率随之增加，但抗压、抗折、抗拉等强度也随之下降，尤其是当掺量超过一定限度后，各种强度下降的速度骤增。同时，抗渗性也随自由膨胀率增加而下降，与抗渗性相关的抗冻性、耐硫酸盐腐蚀性等耐久性也均因自由膨胀率的增加而下降。

综上所述，在没有适当的限制下，膨胀剂对混凝土的性能有不利的影响，各种强度均低于普通混凝土，这一点是应用膨胀剂时应注意的问题。只有在采用适当的限制条件下，膨胀剂才能产生各种所需的功能和某些特性，起到有利的作用。

(2)约束条件下膨胀剂对硬化混凝土性能的影响

①强度。膨胀剂掺量、限制程度、养护条件均会引起混凝土强度有较大的变化。混凝土强度的增长并不是与膨胀剂掺量成正比，在不同的限制配筋条件下，强度波动中呈现出严格膨胀剂最佳掺量的规律。

当限制程度及混凝土配合比相同时，膨胀剂品种、掺量、水灰比对强度的影响也不同。不论水灰比大小，不论使用何种膨胀剂，随着掺量的增加，强度都呈下降趋势。这是因为当膨胀能与限制程度不相适应时，钙矾石生成的同时，限制程度不足以抵抗较大的膨胀压力，而对结构产生了破坏作用。

②变形。掺膨胀剂的目的是减少混凝土体积收缩，防止结构开裂。但当掺量相同时，不同品种的膨胀剂能否起到补偿收缩或产生自应力，在很大程度上取决于养护制度及约束条件。在湿养护初期均产生最大膨胀，而在相对湿度较低空气中养护，膨胀量随龄期的增长呈下降趋势。如过早停止湿养护，混凝土可能出现收缩。

③龄期。不同养护条件下，限制膨胀率随龄期的延长也有一定的发展规律。长期在水中养护的混凝土可获得最大的膨胀值。反之，在干燥空气中养护的混凝土，后期限制膨胀率会迅速减小，6d后降至水养护限制膨胀率的50%。因此，为了更好地发挥膨胀剂补偿收缩的作用，浇注混凝土后洒水保湿养护7～14d非常重要。

④抗渗性。在适当限制条件下，掺入膨胀剂可提高混凝土的密实性，在有效减少混凝土孔隙率的同时，还能显著改善孔结构特征。掺膨胀剂混凝土的孔隙随龄期变化的情况如表4-22所示。

掺膨胀剂混凝土的孔隙变化情况 表4-22

参数	1d	7d	14d	28d	1年
550～2.5nm孔隙率(mL/g)	0.0881	0.0603	0.0595	0.0472	0.0295
孔隙间距(nm)	18.2	15.9	11.4	6.5	4.1

众所周知，孔级配的改变是提高抗渗性的有效途径。从上表看出，膨胀剂掺入混凝土后，钙矾石的形成一方面弥补了收缩的缺陷，另一方面由于大量钙矾石还会填充在孔隙中，阻止了孔缝形成透水、透气的通道，使混凝土的抗渗性能大为改善。在高限制条件下，混凝土的密实性增加尤为显著，与抗渗性密切相关的各种耐久性(如抗冻性)也同样得到了提高。

四、膨胀剂在使用中出现的主要问题

1. 水胶比变化带来的问题

高强和高性能混凝土的推广，使得混凝土的水胶比降到 0.4 或 0.3，甚至于更低，而混凝土中的自由水随水胶比的降低而减少。当掺有膨胀剂时，膨胀剂中 $CaSO_4$ 的溶出量随自由水的减少而减少。因此，当水胶比很低时，膨胀剂参与水化而产生膨胀的组分数量会受到影响。早期未参与水化的膨胀剂组分，在混凝土使用期间在合适的条件下，可能生成二次钙矾石（或称延迟生成钙矾石，Delayed Ettringite Formation，简称 DEF），而破坏混凝土结构。另外，由于 DEF 有较长的潜伏期，对结构的破坏作用是逐渐产生的，而大体积混凝土又往往是隐蔽工程，造成的破坏是难以检查和修复的。同时，强度高、特别是早期强度过高的混凝土会抑制混凝土膨胀的发展；而较低的强度、特别是早期强度会导致更多的膨胀变为无效膨胀消耗在塑性状态的混凝土中，使得有效膨胀率减少。

2. 掺合料掺量对膨胀剂的抑制问题，外加剂与膨胀剂相容性问题

现在很多商品混凝土都同时掺加膨胀剂和减水剂、泵送剂等外加剂，而目前对于膨胀剂与其他外加剂是否相容、同时使用是否会对其性能造成影响等方面的研究较少，或者是研究所采用的材料没有很好的代表性。

3. 大体积混凝土中的温升问题

混凝土强度提高，流动性增大，则水泥用量增多，较大体积的混凝土中温升增高。当膨胀剂取代等量的水泥，由于含铝相组分和石膏的水化热较大，并不会降低混凝土的温升，反而可能使混凝土温升有所提高。当在水胶比为 0.45 左右、使用硅酸盐水泥或普通硅酸盐水泥而又掺入膨胀剂时，混凝土的绝热温升可达 55℃，对于厚度超过 1m 的基础底板，在常温下（20℃），其混凝土内部的温度会超过 75℃。如果施工中控制不当，膨胀剂产生的膨胀应力不足以补偿温差应力时，就会发生开裂。膨胀剂在混凝土中的水化产物是钙矾石（AFt）。钙矾石在 70℃左右会分解成单硫型水化硫铝酸钙（AFm）；而当温度降下以后，则在适当的条件下又会形成 AFt，产生膨胀，引起混凝土的开裂。目前，对于掺加膨胀剂的混凝土在什么温度下钙矾石开始分解、生成以及是否会引起混凝土的破坏说法不一。因此，有必要进行一系列的研究来确定钙矾石的形成稳定条件。

4. 掺膨胀剂混凝土耐久性问题

长期研究表明，水泥石中形成的钙矾石抗碳化能力弱，钙矾石含量高时，混凝土的抗碳化性能也将降低，而膨胀剂掺量一般为水泥用量的 8%～12%，可以形成较多的钙矾石。在这种条件下，混凝土的抗碳化性能自然受到怀疑，而混凝土碳化不仅降低了混凝土孔隙液相的碱度，加速钢筋锈蚀，而且还将打破水泥水化产物稳定存在的平衡条件，使高碱性环境中稳定存在的水化产物转化为胶体物质，使混凝土结构承载能力大幅度下降，甚至出现结构破坏。同时，碳化将显著增加混凝土的收缩，由于混凝土的碳化层产生碳化收缩，对其核心形成压力，而表面碳化层产生拉应力，可能产生微细裂缝，使混凝土的抗拉、抗折强度降低。而微细裂缝又降低了混凝土的密实性，导致混凝土的耐久性下降。因此，有必要对掺 UEA 膨胀剂的混凝土的抗碳化能力和护筋性进行系统研究。

另外，由于膨胀剂的掺加，在水泥石中生成钙矾石，如果出现温度、湿度的变化，有可能会生成延迟钙矾石，从而引起混凝土强度下降、开裂。在外界腐蚀介质和通道的作用下，混凝土的抗侵蚀性能就会显著下降。

5. 延迟钙矾石的问题

延迟钙矾石(Delayed Ettringite Formation，简称 DEF)是指水泥原料固化成型后，在其长期养护过程中，AFt 的形成反应。所谓延迟性是指成型后经过一段时间 AFt 才会形成，以区别于水泥原料水化初期形成 AFt 的反应。按提供反应所需的硫酸盐方式不同，主要分为以下 4 类：

(1)水泥水化初期被 C-S-H 凝胶吸附的 SO_4^{2-}，在后期被释放出来，与铝酸盐反应形成 AFt；

(2)水化初期 AFt 或 AFm 分解形成的硫酸钙，在后期释放出 SO_4^{2-}，与铝酸盐反应形成 AFt；

(3)由 AFm 直接发生晶型转变而形成 AFt；

(4)其他来源，如外界环境供应的 SO_4^{2-}，与铝酸盐反应形成 AFt。

形成延迟钙矾石有两个必须但不是充分的条件：第一，水泥石内部温度高于 70℃且保持足够长的时间；其次，恢复到常温后，必须放入水里或潮湿环境中。最典型的延迟钙矾石引起的膨胀就是 S 形曲线。将 40mm×40mm×160mm 的砂浆棒在 80～100℃环境中养护，随后把它放到水里养护，几个月后就会出现明显的膨胀，直到 1～2 年后才稳定下来。如果放在潮湿环境中，则明显膨胀出现的时间会有所增长。

本章参考文献

[1] 缪昌文. 高性能混凝土外加剂[M]. 北京：化学工业出版社，2008.

[2] 施惠生，邓恺，孙振平. 混凝土外加剂实用技术大全[M]. 北京：中国建材工业出版社，2008.

[3] 科勒帕蒂，特洛里. 混凝土配合比设计[M]. 刘数华，李家正，译. 北京：中国建材工业出版社，2009.

[4] 中华人民共和国国家标准. GB 50119—2003 混凝土外加剂应用技术规范. 北京：中国建筑工业出版社，2003.

[5] 赵洪义. 全国水泥及混凝土外加剂应用技术文集[R]. 北京：中国建材工业出版社，2003.

[6] 田培，刘加平，王玲，等. 混凝土外加剂手册[M]. 北京：化学工业出版社，2005.

[7] 张雄. 建筑功能外加剂[M]. 北京：化学工业出版社，2004.

第五章　纤维混凝土

第一节　纤维水泥混凝土概论

一、纤维水泥混凝土的分类

纤维混凝土是纤维增强混凝土的简称，通常是指以水泥净浆、砂浆或者混凝土为基体，以非连续的短纤维或者连续的长纤维作为增强材料所组成的水泥基复合材料。

目前，在实际工程中已获得应用的纤维混凝土有石棉水泥、钢纤维混凝土、玻璃纤维混凝土与聚丙烯纤维混凝土以及碳纤维混凝土。另外，某些植物纤维和具有较高弹性模量的合成纤维也被用于制备纤维混凝土，这些都是根据其中所掺用纤维的品种而命名的。关于纤维混凝土的分类，可以按照不同的准则、不同的分类体系或分类依据进行。表5-1列出了常见纤维混凝土中所用纤维的分类情况。

常见纤维混凝土中所用纤维的分类　　表5-1

分类依据	类　别
按材质分类	(1)金属纤维(如碳钢纤维、不锈钢纤维、金属玻璃纤维等) (2)无机纤维 ①天然矿物纤维(如温石棉、针状硅灰石等) ②人造矿物纤维(如抗碱玻璃纤维、抗碱石棉等) ③碳纤维 (3)有机纤维 ①合成纤维(如聚丙烯纤维、尼龙纤维、聚乙烯纤维、高模量聚乙烯醇纤维、改性聚丙烯腈纤维、芳基聚酰胺纤维等) ②植物纤维(如西沙尔草、剑麻、黄麻、象草等)
按弹性模量分类	(1)高模量纤维(弹性模量高于水泥基体的纤维，如钢纤维、石棉、玻璃纤维、碳纤维、高模量聚乙烯醇纤维、芳基聚酰胺纤维等) (2)低模量纤维(弹性模量低于水泥基体的纤维，如聚丙烯纤维、尼龙纤维、聚乙烯纤维以及绝大多数植物纤维)
按纤维长度分类	(1)非连续的短纤维(如钢纤维、石棉、短切玻璃纤维无捻粗纱、聚丙烯单丝纤维、聚丙烯膜裂纤维、尼龙纤维等) (2)连续的长纤维(如连续的玻璃纤维无捻粗纱、玻璃纤维网格布、纤化聚丙烯薄膜等)

二、钢纤维混凝土的特点及应用

1)钢纤维混凝土的特点

钢纤维混凝土的性能基本上决定于混凝土基体的强度、钢纤维的长径比(指钢纤维长度与直径或等效直径的比值)、钢纤维的体积率、钢纤维与基体的黏结强度以及钢纤维在基体中的分布和取向等。与普通混凝土相比，钢纤维混凝土有主要如下优点。

(1)强度和质量的比值增大。

(2)抗拉强度和抗剪、抗弯、抗扭强度明显提高。纤维掺量在1%～2%范围内时,抗拉强可度提高25%～50%,抗弯强度可提高30%～80%,用双剪试验所测定的抗剪强度可提高50%～100%;抗压强度提高幅度较小,一般在0%～25%。

(3)变形性能明显改善。钢纤维混凝土弹性阶段的变形性能与其他条件相同的普通混凝土没有显著差别,受压弹性模量和泊松比与普通混凝土基本相同。韧性是衡量塑性变形性能的重要指标,钢纤维混凝土的韧性比普通混凝土有较大提高。在通常的纤维掺量下,抗压韧性可提高2～7倍,抗弯韧性可提高几倍到几十倍,弯曲冲击韧性可提高2～4倍,摆式试验落锤法击碎试验所测得的冲击韧性可提高几倍到几十倍。

(4)抗收缩和徐变性能有所提高。钢纤维混凝土的收缩和徐变量随着纤维掺量的增加均有所降低。掺量为1.5%(长径比为50)的钢纤维混凝土较普通混凝土的收缩值可降低7%～9%。

(5)抗裂和抗疲劳性能有较大改善。由于钢纤维对混凝土的阻裂作用,钢纤维混凝土比普通混凝土具有更好的抗裂性能和抗疲劳性能。钢纤维掺量为2%的钢纤维混凝土抗压疲劳寿命试验达到2×10^6次时,应力水平可达到0.9,而普通混凝土的应力水平仅为0.56。

(6)具有较好的耐久性。一般来说,钢纤维混凝土在各种物理因素作用下的耐久性都有不同程度的提高,其中耐久性、耐热性和抗气蚀性有显著提高,抗渗性能与素混凝土相比没有明显变化。研究表明,钢纤维混凝土在空气、污水和海水中都表现出良好的耐腐蚀性。

2)钢纤维混凝土的应用

钢纤维混凝土以其优良的增强、增韧性能,目前被广泛应用于建筑、交通、机场、码头等各个工程领域,均取得了良好的应用效果。其主要应用于以下几个领域:

(1)建筑结构及预制构件。

(2)水工结构、输水隧洞及沟壑。

(3)机场道面。广州新白云机场采用了补偿收缩纤维混凝土技术;上海虹桥机场高架车道,烟台、芜湖等机场的滑行道、停机坪修筑均使用了钢纤维混凝土道面,都取得了良好的使用效果。

(4)码头铺面和工业建筑地面。

(5)修补加固及支护工程。钢纤维喷射混凝土首次于1973年在美国爱达荷州得到应用;其后,其又成功应用于隧道衬垫、斜坡稳定、涵洞、水库等其他结构工程;在采矿坑道支撑体系、混凝土结构的补强加固等工程中,钢纤维混凝土也得到了广泛的应用。

(6)公路路面、桥面、桥梁结构及隧道。西康线秦岭隧道工程采用钢纤维喷射混凝土衬砌。预应力钢纤维混凝土轨枕已应用。多座特大桥桥面均采用钢钎维混凝土铺装层。

钢纤维混凝土应用于道路路面的主要优点有:

①减薄铺装厚度。在相同荷载条件下,可比普通混凝土路面厚度薄40%～50%。

②不设或少设纵缝。在施工条件许可时,宽7～9m的路面一般可以采用钢纤维混凝土整幅施工,无需设置纵缝;高速公路和汽车专用公路亦是在中央分隔带两侧整板浇筑,不设纵缝。

③横向缩缝少。钢纤维混凝土路面韧性好,抗裂能力和抗拉强度高,抵抗温度变化引起的变形能力强,结构性能好,故通常缩缝按20～30m间距设置,最大间距可达50m以上,比普通混凝土路面长5～6倍,甚至10倍。这样不仅可以节省缩缝处的维修费用,而且可以大大减轻车辆通过缩缝时的振动。

④延长路面使用寿命。钢纤维混凝土抗疲劳性能好，在车辆荷载作用下，钢纤维混凝土路面底面的裂缝发展非常缓慢，因此，直至裂缝发展到路面表面，其承受荷载作用的次数也比普通混凝土路面多得多；其路面表面的裂缝宽度小，不连续，开裂后延性仍很好；钢纤维混凝土路面板的板边和板角处的破损和剥落很少，且冻融性好。这些特点都有利于延长钢纤维混凝土路面的使用寿命。

第二节　钢纤维混凝土的材料组成及要求

一、钢纤维的种类及性能要求

1. 钢纤维的分类

钢纤维的品种及其性能对钢纤维混凝土的质量和施工都有很大的影响。一般可按钢纤维的生产工艺、外形、断面形状、材质、抗拉强度及施工用途进行分类。

(1)按生产工艺划分，钢纤维主要有如下几种：

①熔抽法。将熔融的钢水利用旋转圆盘甩出，快速冷却而成。这种钢纤维制造工序简单，价格较便宜。但其本身强度较低，而且脆性大，钢纤维表面的氧化层较多，增强效果比剪切钢纤维差。

②剪切法。它是由冷延薄钢带剪切而成的，截面为矩形，纵向为扭曲状，与混凝土基体的黏结较好。

③ 冷拔钢丝切断法。这是用切断机将冷拔钢丝按需要的长度切断以制造钢纤维的传统方法。由于钢丝被多次强拉，通过比它本身直径还小的硬质合金拔丝模，材料经受了强烈的塑性变形，因而强度较原来有很大的提高，抗拉强度可高达 1 960MPa。纤维横截面呈圆形，表面光滑，与基体黏结强度小，常通过压形处理以增强其表面的机械咬合力，提高黏结强度。

④ 机床铣削法。钢纤维的原材料是钢锭或低碳钢厚钢板，用专用铣刀进行铣削，钢纤维的长度为钢板的宽度。钢纤维在切削过程中受到极大的塑性变形和加工硬化，抗拉强度可达原材料的 2.5 倍。其横截面为三角形，外形为螺旋状，表面发蓝，表明具有较好的防锈能力。

(2)按其外形分为：平直形；异形。异形指变截面或非直形的钢纤维。异形钢纤维主要有压痕形、波浪形、端钩形、镦头形（或称为哑铃形）、扭曲形等。

(3)按断面形状分为圆形、矩形、月牙形及不规则形等。

(4)按材质可分为碳钢型、低合金钢型和不锈钢型。

(5)按抗拉强度可分为三级[依据《纤维混凝土结构技术规程》(CECS 38:2004)的规定]：

①380 级：380MPa≤抗拉强度＜600MPa；

②600 级：600MPa≤抗拉强度＜1 000MPa；

③1 000 级：抗拉强度≥1 000MPa。

2. 钢纤维的主要性能要求

钢纤维的主要性能有：抗拉强度、黏结强度、硬度以及耐腐蚀性。

(1)抗拉强度。用冷拔钢丝切断的钢纤维抗拉强度较高，一般为 600～1 000MPa，剪切型、熔抽型和铣削型钢纤维的抗拉强度一般为 380～800MPa。由于钢纤维混凝土主要是因钢纤维拔出而破坏，并不是因钢纤维拉断而破坏，钢纤维在破坏时承受的最大拉应力为 100～300 MPa，因此，钢纤维的抗拉强度在 380MPa 以上时，一般能满足使用要求。

(2)黏结强度。由于钢纤维混凝土的破坏主要是由于钢纤维的拔出引起的，因此，提高钢纤维与混凝土基体界面的黏结强度是问题的关键。提高黏结强度除与基体的性能有关外，就钢纤维的本身来说，应该从钢纤维的表面和形状来改善它与基体的黏结性能。一般可采用如下方法：使钢纤维表面粗糙化、截面呈不规则形，以增加与基体的接触面积和摩擦力；将钢纤维表面压痕或压成波形，增加机械黏结力；使钢纤维的两端异形化，将两端制成弯钩或大头形等，以提高其锚固力和抗拔力。有弯钩的钢纤维比平直钢纤维的增强效果可提高约1倍。波形钢纤维虽对提高钢纤维混凝土强度的作用不大，但能成倍地提高其韧性。

(3)硬度。各种钢纤维的表面硬度较高，在与混凝土搅拌时，一般不易发生弯折现象。但有时由于钢纤维的材质较脆，搅拌时也易发生折断，影响增强效果。

(4)耐腐蚀性。浇筑在钢纤维混凝土内部的钢纤维，只要捣固密实，与空气隔绝，一般不会发生锈蚀现象。露于混凝土表面或在裂缝宽度超过0.25mm时，跨度在裂缝处的钢纤维，易发生腐蚀现象。

二、钢纤维混凝土的配合比设计

1. 钢纤维的几何参数

钢纤维的几何参数有：钢纤维的长度、直径（或等效直径）及长径比、体积率。

(1)钢纤维的长度（或标称长度）。钢纤维的长度为单根钢纤维两端点间的直线距离，用l_f表示。l_f不能太短，否则将影响其增强效果；l_f也不能太长，否则纤维在搅拌过程中容易结团，难以在混凝土中均匀分散。

(2)钢纤维截面的直径或等效直径和长径比。钢纤维截面的直径或等效直径用d_f表示。等效直径指钢纤维为非圆形截面时，其截面积相当于圆形截面面积时，计算得到的直径。钢纤维的长径比指钢纤维的长度与直径或等效直径之比，用l_f/d_f表示。

(3)钢纤维的体积率。钢纤维的体积率是指钢纤维所占钢纤维增强混凝土体积的百分数，用ρ_f表示。

钢纤维的增强效果与钢纤维的长度、直径（等效直径）、长径比以及掺量等有关。钢纤维过细，易在拌和过程中被弯折；过粗，则在同样体积率时，其增强效果较差。一般来说，纤维掺量越高，增强效果越好，但当纤维掺量超过某一范围后，将导致纤维在混凝土中的分散性变差，纤维出现成团现象，其增强效果也会降低。

在选取钢纤维几何参数和掺量时，要兼顾拌和物的施工性能，以及硬化混凝土的阻裂、增强、增韧效果和经济成本。对于钢纤维混凝土拌和物的施工性能，纤维短而粗、长径比小、掺量低有利；对于钢纤维混凝土强度和韧性，纤维细而长、长径比大、掺量高有利。对于施工有特殊要求的，如泵送混凝土、湿喷法喷射混凝土以及低流态混凝土（如轨枕），钢纤维不宜太长，掺量不宜太高；对于韧性要求较高或承受地震作用、动力荷载的情形，纤维宜长些、掺量宜高些。需要特别指出的是，钢纤维的长度还应与基体混凝土所用集料的粒径相匹配，不应小于集料粒径的1.5倍。集料粒径不宜大于20mm，粒径大于20mm时应通过专门的试验确定钢纤维的品种、尺寸和掺量。一般来说，钢纤维的长度为20～60mm，直径或等效直径宜为0.3～0.9mm，长径比在30～100范围内选用。

根据国内大量的试验研究和工程应用，《纤维混凝土结构技术规程》(CECS 38:2004)建议的不同工程采用的钢纤维几何参数如表5-2所示。表5-2列出了各类钢纤维混凝土工程对钢纤维几何参数的参考范围，具体应通过设计计算和纤维混凝土试验确定。

钢纤维几何参数范围　　表 5-2

钢纤维混凝土工程类别	长度(mm)	直径(等效直径)(mm)	长径比
一般浇筑钢纤维混凝土	20～60	0.3～0.9	30～80
喷射钢纤维混凝土	20～35[①]	0.3～0.8	30～80
自密实钢纤维混凝土	30～60[②]	0.3～0.9	30～80
钢纤维混凝土铁路轨枕	30～35	0.3～0.6	50～70
层铺式钢纤维混凝土复合路面	30～120	0.3～1.2	60～100

注:①除表中建议外,同时还要求钢纤维长度不大于喷射设备最小管径的 3/4。

②除表中建议外,同时还要求钢纤维长度不大于钢筋最小净距的 3/4。

2. 钢纤维混凝土的配合比设计

(1)钢纤维的选择。

铁道部科学研究院对剪切钢纤维、熔抽钢纤维和平直圆截面钢纤维进行了增强效果试验。在每立方米混凝土中掺入 100kg 钢纤维,经 80℃蒸汽养护,其标准养护 28d 的强度试验结果见表 5-3。试验结果表明,与普通混凝土相比,剪切钢纤维的增强效果最好。标准养护 28d 可使抗弯强度提高 44%,抗剪强度提高 60%,劈裂抗拉强度提高 31%,抗压强度也有所提高。熔抽钢纤维增强效果较差。平直圆截面钢纤维因其表面光滑,纤维与基材的黏结力小,不能充分发挥纤维的增强效果。从经济的角度分析,圆直和熔抽钢纤维适宜配制中低强度等级混凝土。剪切钢纤维可配制高强度等级混凝土。

钢纤维类型对混凝土强度的影响　　表 5-3

钢纤维		28d 强度(MPa)			
种类	掺量(kg/m³)	抗压	抗弯	抗剪	劈裂抗拉
		46.6/100	5.0/100	7.6/100	4.9[①]/100
剪切矩形(0.4mm×0.5mm×20mm)	100	57.9/124	7.2/144	12.2/160	6.4/131
熔抽异性(L=25mm)	100	49.5/106	6.0/121	10.5/138	5.4/100
平面圆形(ϕ0.6,L=25mm)	100	47.4/102	6.4/127	9.9/130	4.5/92

注:①:分子为力学强度,分母为与普通混凝土的强度比。

钢纤维的长径比,也是影响钢纤维混凝土强度的重要因素。表 5-4 为不同长径比钢纤维的增强试验效果。

钢纤维不同长径比的增强效果　　表 5-4

编号	钢纤维类别(mm)	长径比	钢纤维掺量(kg/m³)	力学强度(MPa)/与普通混凝土强度之比(%)			
				抗压	劈裂抗拉	抗剪	抗弯
1	ϕ0.6×25	42	70	33/107	2.8/117	5.0/122	3.9/128
2	ϕ0.37×15	41	70	30.3/97	2.8/117	5.8/141	3.6/117
3	ϕ0.48×30	63	70	33/107	3.0/123	6.7/163	4.4/144

当钢纤维掺量相同时,力学强度随着钢纤维长径比的增大而提高。长径比相同,则力学强度很接近。长径比增大到 63 时,其力学强度明显增加。为此,钢纤维混凝土必须选择合适的

纤维长径比。

钢纤维除了受长径比控制外,还应考虑钢纤维的最小直径。从施工实践中可知,纤维直径最小不应小于 0.40mm。一般纤维直径应控制在 0.45～0.7 mm。同时,钢纤维的长度也不应过长。在正常搅拌机中拌和时,长径比应控制在 50～80。因钢纤维过细或过长,均易造成拌和时结团,从而降低钢纤维混凝土的增强效果。

(2)钢纤维体积率要求。

纤维掺量的大小,直接影响钢纤维混凝土的力学强度。随着纤维掺量的增加,拌和物的坍落度显著减小。这是由于钢纤维的比表面积大,占用了部分拌和水的缘故。同时,钢纤维与钢纤维之间存在架力作用,也造成钢纤维混凝土中拌和物内部的摩擦力增大,使拌和物的和易性变差,引起混凝土强度下降。

钢纤维常用体积率为 0.8%～1.5%。钢纤维增强混凝土中钢纤维的体积率小到一定程度后将不起增强作用。对于不同品种、不同长径比的钢纤维,其最小体积率略有不同,一般以 0.5%为最小体积率。当纤维掺量低于 0.5%时,增强效果不明显。钢纤维的最小体积率与纤维的品种特性有关,一般不应小于 0.35%(掺量 $28kg/m^3$),对于异形高强纤维,不应小于 0.25%(掺量 $20kg/m^3$)。钢纤维体积率超过 2%时,拌和物的和易性将变差,施工较困难,质量难以保证。但在特殊需要时,经试验和采取必要的措施,在保证质量和增强效果的情况下,可将钢纤维体积率适当增大。如注浆钢纤维混凝土、层铺钢纤维混凝土等。

(3)最优砂率。

由于钢纤维的存在,使混凝土和易性下降,必须增大砂率。砂率过大会使钢纤维混凝土强度下降。因此配制钢纤维混凝土时,应选择最优砂率。采用普通硅酸盐水泥(52.5),熔抽型碳素钢纤维,长度为 25mm、等效直径为 0.5mm,连续级配的卵石、碎石,最大粒径为 20mm 的碎石,当水泥用量和水灰比不变时,对掺入卵石及碎石的混凝土,钢纤维掺量与砂率的变化曲线分别如图 5-1 和图 5-2 所示。

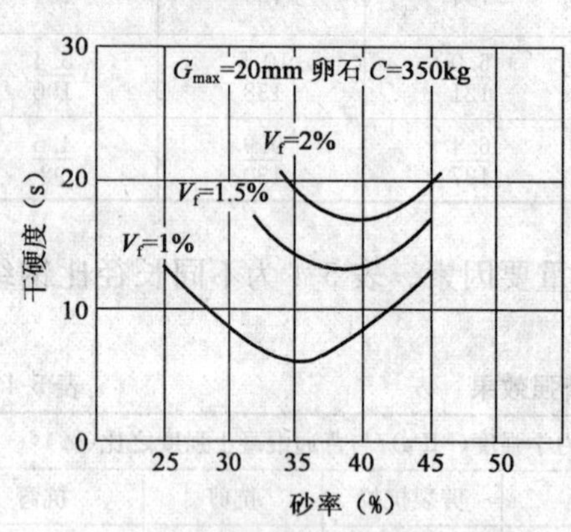

图 5-1 钢纤维掺量与砂率的关系(卵石)

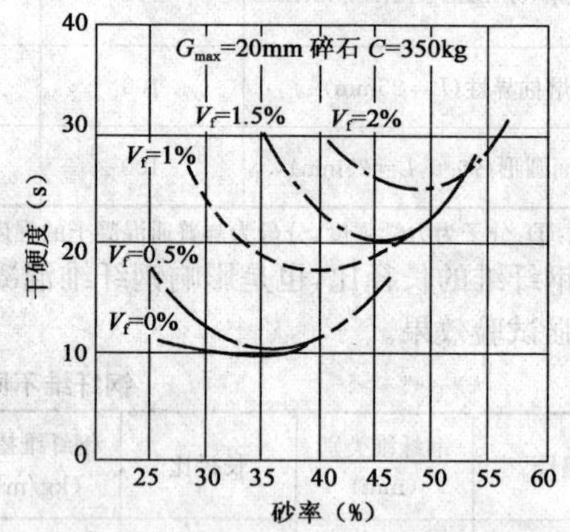

图 5-2 钢纤维掺量与砂率的关系(碎石)

当钢纤维混凝土坍落度为 3cm 时,随着钢纤维掺量的增加,混凝土的用水量和砂率也相应增加,如图 5-3 所示。

确定钢纤维混凝土的砂率时,不但要考虑坍落度,还应考虑到钢纤维混凝土的力学强度。铁道部科学研究院的试验如图 5-4 所示 ,钢纤维混凝土中纤维掺量为 1%时,采用 0.4mm × 0.5mm ×25mm 剪切钢纤维,水泥用量为 $480kg/m^3$,碎、卵石粒径为 5～25mm。图 5-4 中强度比是以砂率为 35%的钢纤维混凝土和普通混凝土的强度之比为基准。曲线表明了在水灰比相同的情况下砂率对混凝土抗压强度、抗拉强度以及抗弯强度的影响。试验表明，砂率为45%时，钢纤维混凝土的力学强度较高。

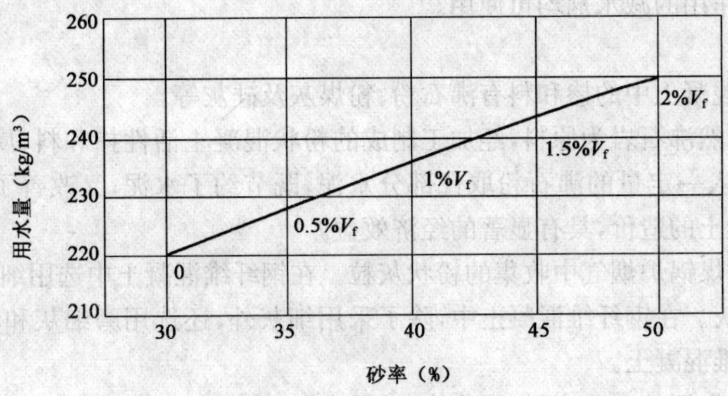

图 5-3　用水量与砂率变化曲线

(4)粗集料最大粒径。

普通混凝土中，粗集料最大粒径是由构件的最小尺寸和钢筋间距来决定的。在钢纤维混凝土中，除上述因素外，还应根据掺入钢纤维的长度来决定。因纤维分布在粗集料周围，粗集料过大将导致纤维在粗集料之间产生互相聚束或互相干扰。当粗集料过多、颗粒过大时，聚束现象严重，钢纤维混凝土的力学强度下降。

图 5-5 为铁道部科学研究院的试验结果。试验的配合比相同，采用尺寸为 0.4mm×0.5mm×25mm 的剪切钢纤维，每立方米混凝土钢纤维掺量为 78kg，粗集料最大粒径分别为 15mm、25mm、35mm，纵坐标所示为钢纤维混凝土与普通混凝土强度之百分比。从图 5-5 中可明显看出，当钢纤维长径比为 62.5，粗集料最大粒径为 15mm 时，抗压强度和抗弯拉强度最高。随着粗集料粒径的增大，钢纤维混凝土与普通混凝土的强度均呈下降趋势。尤其对抗弯拉强度，粗集料粒径小比粗集料粒径大有利。

日本小林一辅的试验结果如图 5-6 所示。从图中可以看出，粗集料粒径越大，钢纤维分散性就越差，呈现出抗弯拉强度下降的趋势；钢纤维掺量越大，影响抗折强度下降的趋势也越明显。一般粗集料最大粒径以纤维长度的一半为宜。钢纤维粗集料最大粒径以 15～20mm 为宜。

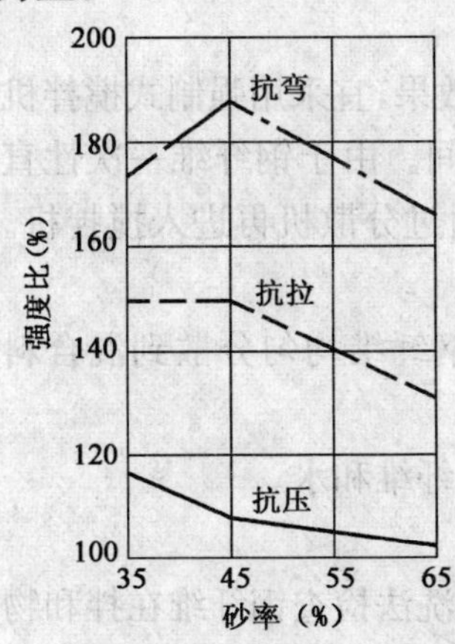

图 5-4　砂率对 SFRC 强度的影响

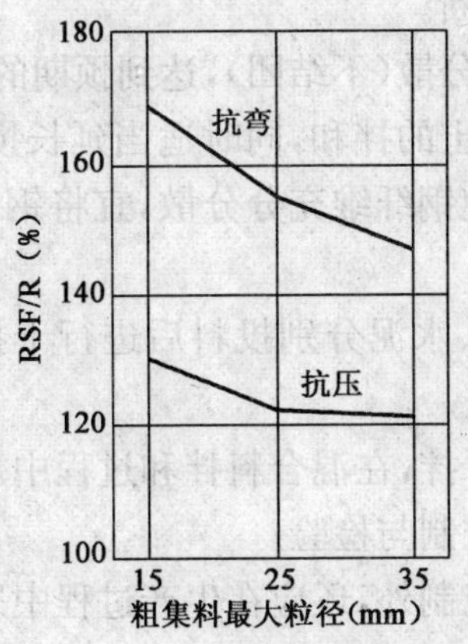

图 5-5　粗集料最大粒径对 SFRC 抗压、抗弯强度的影响

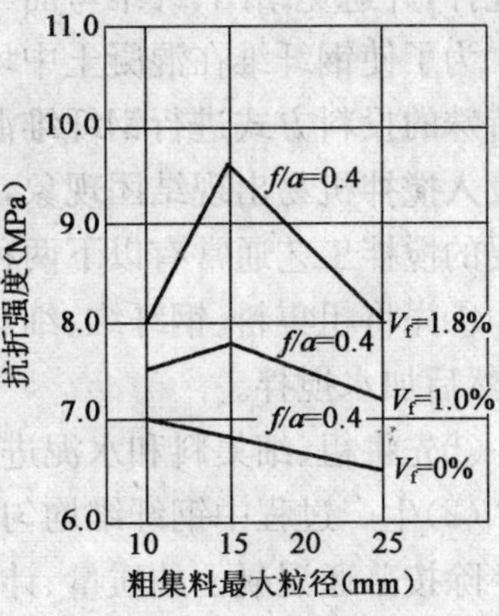

图 5-6　粗集料最大粒径对 SFRC 抗折强度的影响

(5)减水剂。

钢纤维混凝土掺入适当的减水剂，能提高基材质量，充分发挥钢纤维的阻裂作用。只要对钢纤维不产生锈蚀作用的减水剂均可使用。

(6)掺和料。

应用于钢纤维混凝土中的掺和料有沸石粉、粉煤灰及硅灰等。

沸石粉，是以天然沸石岩为原料，经加工制成的粉状混凝土活性掺和料，属于火山灰质材料。在混凝土中掺入一定量的沸石粉取代部分水泥，既节约了水泥，又改善了混凝土的和易性，从而降低了混凝土的造价，具有显著的经济效益。

粉煤灰，是从烧煤锅炉烟气中收集的粉状灰粒。在钢纤维混凝土中选用细灰，也就是除尘器收集的细粒干排灰。在钢纤维混凝土中，除了采用细灰外，还选用磨细灰和精选灰，可以配制高强度等级钢纤维混凝土。

硅灰，是硅铁合金厂的工业废料，又称为"硅雾尘"。使用高效收尘设备才能将硅灰收集起来。其中活性 SiO_2 约占 90%以上，并呈球形颗粒，平均粒径为 0.1μm。硅灰的颗粒是水泥颗粒的1/50，比表面积很大，是水泥的 60～90 倍。因此，硅灰可填充水泥颗粒之间以及水泥与集料之间的缝隙，起着微集料的作用。因硅灰的颗粒极细，比表面积又大，硅灰在较短的时间内与水泥水化放出 $Ca(OH)_2$，发生二次反应，生成凝胶。这样，明显地改善了混凝土的结构，使得基体的密实性增加，从而大幅度地提高了水泥浆与钢纤维的黏结强度。

三、钢纤维混凝土的制备及施工要点

1. 钢纤维混凝土的制备工艺

钢纤维增强混凝土的制备工艺，除满足普通混凝土的施工要求外，还要注意钢纤维增强混凝土与普通混凝土的不同点。其不同之处主要体现在以下两个方面：

(1)投料与搅拌。

钢纤维增强混凝土施工的每个环节，即投料、搅拌、运输，以及浇筑和成型，都要尽可能有利于保证钢纤维混凝土的密实性和钢纤维分布的均匀性。引起钢纤维结团的因素很多，例如，纤维在掺入混凝土之前已经结团，这些团块在搅拌中无法分散；纤维掺入的速度太快，来不及分散；纤维掺量过大，搅拌功率不足，在纤维未分散前即加水等。因此，在搅拌过程中宜采用机械搅拌，并避免结团、纤维弯曲与折断。

为了使钢纤维在混凝土中均匀分散(不结团)，达到预期的增强效果，宜采用强制式搅拌机及特殊的投料方式进行钢纤维混凝土的拌和，同时适当延长搅拌时间。由于钢纤维一次性直接投入搅拌机易出现结团现象，为使钢纤维充分分散，宜将钢纤维通过分散机再进入搅拌机。主要的搅拌工艺通常有以下两种：

①先将粗集料、钢纤维、细集料、水泥分别投料后进行干拌，使钢纤维均匀分散到混合料中，然后加水搅拌。

②先将粗、细集料和水泥进行干拌，在混合料拌和过程中加入钢纤维和水。

(2)生产过程中钢纤维均匀性控制与检验。

除按普通混凝土的质量、计量控制外，还应在生产过程中采用水洗法检查钢纤维在拌和物中的均匀性，即每隔 4h 取拌和物 10kg，用水冲洗干净，取出钢纤维烘干称其质量，计算出每立方米混凝土中的钢纤维掺量。在整个生产过程中，该值波动范围不得超过±10%。

2. 钢纤维混凝土的施工要点

钢纤维混凝土的施工，按其施工方法来分，有浇筑钢纤维混凝土、喷射钢纤维混凝土和灌浆钢纤维混凝土。从工作度来分，有流动性、半流动性和塑性混凝土。钢纤维混凝土的质量，在很大程度上取决于施工性能。因此，在钢纤维混凝土施工时，除了要满足普通混凝土的施工要求外，还应特别重视钢纤维给施工带来的技术问题。在钢纤维混凝土施工的每个环节，即投料、搅拌、运输、浇筑、振捣时，都应注意使钢纤维均匀分布在基体中。

钢纤维混凝土在路面应用中主要的施工要点为：

(1)运输。钢纤维混凝土在运输过程中，坍落度和含气量都会有损失，故拌和物的稠度会下降。又因其在运输时受到振动，使钢纤维下沉，影响了钢纤维混凝土的均匀性。因此，钢纤维混凝土的运输距离应尽量短。钢纤维混凝土的运输工具与普通混凝土一样，由于纤维的架力作用，不易出料，因此运输钢纤维混凝土的料斗出口尺寸要大一些。钢纤维混凝土也可采用泵送。泵送时，钢纤维顺着泵送方向排列，对运输管道将产生磨损。

(2)摊铺。拌好的钢纤维混凝土由搅拌运输车运到施工现场，为避免混凝土离析，先采用高速转动装载筒旋转 1min，使混凝土拌和物搅拌均匀，再出料入泵。泵至施工位置后，沿长度方向用刮板由一端向另一端退着进行摊铺，摊铺时要注意铺设层的厚度，每层控制在 15～20cm。如果超厚，将难以振出下层混凝土中的水泥浆体，给下一步施工带来困难。

(3)振捣。钢纤维混凝土的振捣十分重要，它直接影响到钢纤维混凝土的整体密度和强度。钢纤维混凝土应采用机械振捣，不宜采用人工振捣。另外，钢纤维混凝土的振捣与普通混凝土有所不同，在振动过程中，钢纤维易向振动棒处聚集，所以最好采用表面振动器，同时在振捣时间上也要加以限制，避免过振现象。一般在一个停放点连续振动时间约为 25～40s，以混凝土表面呈现浮浆、混凝土不再下沉为准。表面振动器的移动距离，应能保证振动器的平板压过已振实的混凝土边缘，一般压边为 30～50mm。

(4)拉毛或紧光。振实后的钢纤维混凝土，有抹平表面要求的应紧跟着在混凝土初凝前做拉毛或紧光处理，工序与普通混凝土相差无几。拉毛时不得带出钢纤维，若有钢纤维露出混凝土表面，可在紧光过程中压倒抹平。

(5)养护。由于钢纤维混凝土配合比采用了较大的砂率以及较大量的胶结材料，所以浇筑后的混凝土水化热峰值相对较高。因此，在钢纤维混凝土浇筑后、终凝前，应及时采取保温和保湿的养护措施，用厚塑料薄膜密封，然后用拧干的湿麻袋覆盖，终凝后派专人浇水养护 14d。

第三节　钢纤维混凝土中的纤维分布

一、钢纤维分布形态的主要影响因素

钢纤维在混凝土中的分布和取向对钢纤维混凝土的力学性能有着重要的影响，因此，钢纤维混凝土中纤维分布形态的确定方法一直为人们所重视。从微观层次上来看，任何材料都具有一定的结构和不均匀性。而短纤维增强水泥基复合材料的不均匀性主要表现为纤维在基体中分布形态的不均匀。对于钢纤维混凝土，钢纤维是增强物，而混凝土是基体。钢纤维混凝土的不均匀性主要表现在以下 4 个方面。

(1)钢纤维几何形状、尺寸及材质的不均匀性。

(2)基体混凝土材料的不均匀性。

(3)钢纤维在混凝土中位置分布的不均匀性。

(4)钢纤维在混凝土中分布方向的不均匀性。

从力学意义上讲,纤维对混凝土最为有效的增强状态是纤维较密集地分布于混凝土中应力大的部位,纤维的取向最好是构件的主拉应力方向。但是,钢纤维在混凝土中的实际分布状态不可能是这么理想的,因为钢纤维在混凝土构件中的分布受到多种因素的影响,如搅拌方式,构件的形状和尺寸,钢纤维的体积率,振捣成型的方式,搅拌振捣的时间、器具,混凝土配合比与原材料的组成等。其中,模板尺寸与振捣时间是对钢纤维在混凝土中的分布和取向最主要的两种影响因素,它们对钢纤维的分布和取向的影响主要体现在重力效应和边壁效应方面。

(1)重力效应。

钢纤维混凝土在初始拌和阶段,钢纤维在混凝土中基本呈三维均匀分布,钢纤维沿混凝土各个方向的分布概率基本相等。在振捣过程中,由于振捣力和自重的作用,纤维将不断趋于向模板的下部移动和集中,并趋于在重力场的垂直平面内取向,这一现象称为纤维的重力效应。重力效应造成纤维在混凝土中的分布上疏下密。不同的振捣方式和器具(人工插钎、插入式振捣器、平板式振动器、振动台振动等)所造成的重力效益各有差异。

(2)边壁效应。

另外一种影响纤维分布和取向的重要因素是模板的边壁效应,即当构件的某边尺寸小于纤维长度时,纤维由于受模板的限制,钢纤维趋于平行于模板的平面内取向,钢纤维的这一效应称为边壁效应。

为了充分发挥钢纤维混凝土的增强效果,一定要把钢纤维均匀分散在混凝土中。这是因为,对于钢纤维混凝土构件,其强度是由纤维分布量最少的那个截面的强度决定的。因此,钢纤维分布不均匀就意味着纤维有效体积的降低。另外,即使钢纤维在断面以及构件中的分布是均匀的,如果排列状态不一样,增强效果也是不一样的。

二、钢纤维分布和排列(取向)的描述和计算方法

1. 钢纤维分布和排列(取向)的描述

对钢纤维在混凝土中分布形态的描述一般分纤维取向和分布两个方面。纤维取向的描述多采用纤维取向系数 η_0,它等于各个方向上的纤维在某一个指定方向(通常为主拉应力方向)上的投影长度与纤维长度之比在所有可能取向范围内的平均值。一般来说,对纤维分布的描述观点各异。现有的描述指标有:纤维体积率有效系数(或称为纤维分布的不均匀系数 η_v)、分散系数(或称分散度 β)、构件单位体积内纤维总长度 l_v 及纤维有效平均间距等。分散系数 β 是描述纤维在混凝土中分散均匀程度的定量指标,可用于测定钢纤维混凝土中钢纤维的分散程度,其具体表达式为:

$$\beta = e^{-\phi(x)} \tag{5-1}$$

$$\phi(x) = \sqrt{\frac{\sum_{i=1}^{n}(x_i - \mu)^2}{n}} \Big/ \mu \tag{5-2}$$

式中:μ——实践中所含纤维数(或体积率)的平均值;

x_i——将实践分成 n 个单元后,第 i 个单元中所含纤维数(或体积率);

n——单元总数。

若各单元的纤维数(或体积率)相等,即钢纤维均匀分布时,可得 $\phi=0$,$\beta=1.0$;若一个单元中集中了全部的钢纤维,而其他单元中钢纤维数为零,则 $\phi\to\infty$,$\beta=0$。可见,β 总是在 0~1 之间取值。

当采用以上方法测定新拌钢纤维混凝土中钢纤维体积分散系数时,首先从搅拌好的拌和料中均匀地采取试样,对每个试样测定质量后用水冲除砂浆,然后用磁铁把钢纤维从集料中吸出来,并分别称出其各自的质量(粗集料为干状态),再换算成单位体积的纤维质量,可用该值定量地计算纤维分散系数 β。

当采用以上方法测定已硬化钢纤维混凝土构件截面内钢纤维分布状态时,首先把任意截面分割成面积相等的若干小块,测读出每块的纤维根数,根据所读数求出分散系数 β。当横断面为断裂面时,同样可对断面进行分割和读数,但必须把相对的两个断裂面上的纤维根数加在一起。

采用以上方法同样可以测定钢纤维在不同横截面上的分布状态。此时,公式中 n 为横截面个数,x_i 为第 i 个横截面中钢纤维的根数(或体积率),μ 为 n 个截面的钢纤维根数(或体积率)的平均值。

2. 钢纤维体积率有效系数

钢纤维体积率有效系数是构件实际断面附近区域内钢纤维体积率与施工中实际纤维体积率之比,通常用构件实际破坏断面的钢纤维体积率 V_{fs} 与施工中实际纤维体积率 V_f 的比表示,即

$$\eta_v=\frac{V_{fs}}{V_f} \tag{5-3}$$

由于构件总是沿最薄弱的断面(一般为纤维分布最少的截面)被破坏,故一般有 $\eta_v<1$。

设钢纤维混凝土构件的横截面面积为 A,其断裂面上实际有纤维根数为 N_f,每根纤维的横截面面积为 a_f,纤维的方向系数为 η_0,则构件断裂面上的纤维体积率为:

$$V_{fs}=A_{fs}/A=(N_f a_f/\eta_0)/A \tag{5-4}$$

式中:A_{fs}——断裂面上实际纤维的总面积,即

$$A_{fs}=N_f\frac{a_f}{\eta_0}$$

考虑到式(5-3),有:

$$\frac{N_f a_f}{A}=\eta_0 V_{fs}=\eta_0\eta_v V_f=\eta V_f \tag{5-5}$$

此处将 $\eta=\eta_0\eta_v=\dfrac{N_f a_f}{Av_f}$ 定义为钢纤维的有效系数。当 η 为已知时,即可求得断面面积内纤维根数 $n=\dfrac{N_f}{A}=\eta\dfrac{V_f}{a_f}$。

于是,只要测出断裂面上的钢纤维根数 N_f,即可求得钢纤维的有效系数 η。

关于钢纤维有效系数 η 的确定方法,目前可以归纳为 3 种。第一种是实测法,它是以构件破坏后断面上实际的纤维根数为依据推算出钢纤维的有效系数。这种方法有破坏性,不能用于设计,但其概念明确,数据可靠,计算简单,是用于试验分析的较好方法。第二种是理论分析方法,该方法以纤维沿各个方向均匀分布和取向为前提,应用概率理论计算。这种方法计算简单,便于设计,但受理论假设限制。第三种方法是理论与实测相结合的方法,它借助于 X 光照相技术,将钢纤维混凝土构件内部的实际纤维形态以投影图像的形式反映出来,然后应用立体

形态学及概率理论对纤维图像进行分析，同时确定钢纤维在混凝土中的分布和取向两个参数。这种方法直观，既可以不破坏构件，又能透过混凝土看到纤维的真实分层状态。其缺点是依赖于X光照相技术与设备。因此，目前还未得到普及应用。

第四节 钢纤维—水泥石界面作用理论

一、钢纤维—水泥石界面特征

钢纤维混凝土在硬化前，尤其在结构形成过程中，因固体粒子下沉、水分上浮，从而在围绕钢纤维表面的界面层中，其组成是不均匀的；界面层各点的厚度不一，其间粒子浓度及其分布与水膜层厚度有关，且在很大程度上取决于水灰比的大小、外掺物的类型和数量。界面层的主要特点是：

(1)具有比基体高的孔隙率。由于界面层中水灰比比基体高，故钙矾石和氢氧化钙晶体有充足的空间无约束地长大。氢氧化钙晶体在靠近纤维表面处定向排列，其取向指数高，取向范围大。对普通水泥基体而言，界面层中氢氧化钙晶体含量比基体的高20%～40%。因此，界面层是氢氧化钙晶体的富集区，从而增大了其孔隙率。

(2)具有比基体疏松的网络结构。因界面层中孔隙率比基体高，有碍于C-S-H凝胶与钢纤维的表面接触，同时因界面层中离子浓度低，水化生成C-S-H凝胶的数量也相对减少，从而使水泥凝胶与钢纤维表面的接触点减少，故界面层结构是疏松的网络形式。

(3)界面层厚度一般为50～100μm，其数值随界面组成结构而变化。在界面层中有一个最薄弱区，在该区内，原始裂缝会增多变大，受力后首先被破坏。

二、影响钢纤维与水泥石界面黏结性能的因素

黏结强度作为界面单位面积的黏结力，包含两个方面的内容，即两种不同材质间的相互黏着力（包括水泥凝胶体与钢纤维表面间的吸附力、表面物理嵌合作用、基体收缩将钢纤维紧密握裹等）和基体与钢纤维间的机械咬合作用。由于这两种力的共同作用使得钢纤维在与基体脱黏和拔出的过程中要消耗大量的能量。

1.水泥石基体性能的影响

界面效应是基体与纤维相互作用的结果，其基体特征直接关系到钢纤维的增强作用。改变水灰比，掺入不同剂量的聚合物乳液或矿物掺合料，使得基体和钢纤维的界面黏结强度有很大的差异，纤维中的应力也不同。

2.纤维长度的影响

由于纤维的几何尺寸和表面形状的不同，其黏结性能有很大的差别。以单根纤维的拔出试验结果为例，圆界面的直纤维在拔出过程中有3种曲线形式，如图5-7所示。

当纤维长度小于临界长度时，其荷载位移曲线分两部分。在达到最大拔动荷载以前，基本上是纤维的线弹性变形；在达到最大荷载之后则主要是纤维的拔出位移。

当纤维长度约等于临界长度时，纤维能够维持到应力几乎接近其抗拉强度时才被拔动。由于拔动前纤维已经发生屈服，因此，其荷载位移曲线分3部分。第Ⅰ部分是纤维的弹性变形阶段。随着应力达到其比例极限，在纤维与周围混凝土逐渐脱黏的过程中，纤维开始屈服（第Ⅱ部分），然后，没等其拉断，纤维已经拔动，在带有径缩的情况下纤维逐渐拔出（第Ⅲ

部分)。

当纤维长度大于临界长度时,纤维最终将拉断而不是拔出。因此,拔出过程曲线中所反映的只是纤维的弹性变形(第Ⅰ部分)、屈服变形(第Ⅱ部分)及截面的拉断(第Ⅲ部分)。表面作过机械加工的直纤维(如经过压痕处理),其拔出荷载一位移曲线也类似以上3种形式。只是由于纤维表面黏结力的提高,其临界长度比光面圆直纤维小。

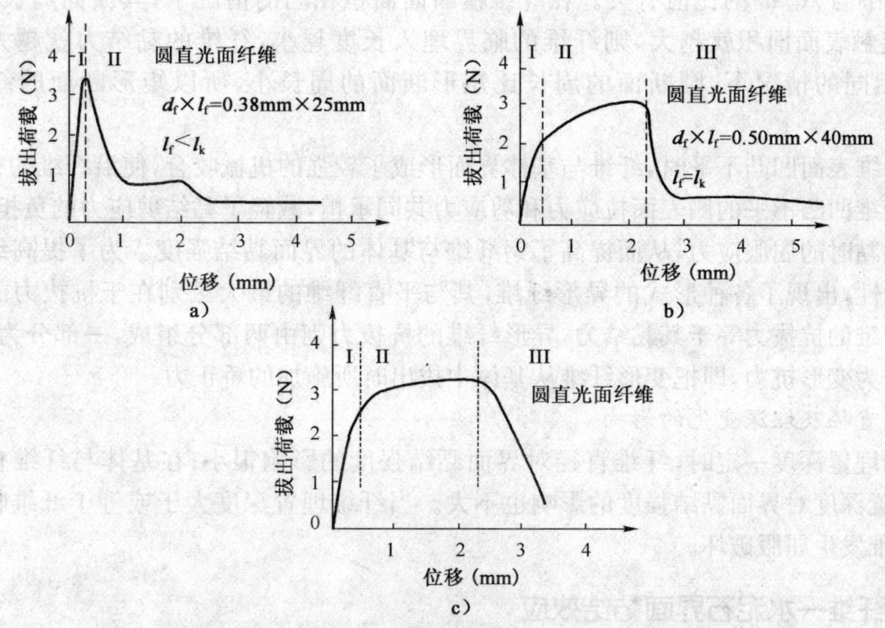

图5-7 不同纤维长度的圆直纤维拔出荷载—位移曲线

a)纤维长度小于临界长度;b)纤维长度约等于临界长度;c)纤维长度大于临界长度

3. 纤维外形改变的影响

钢纤维与基体的界面黏结强度不仅取决于钢纤维—基体之间的黏着力,而且与钢纤维、基体之间的相互机械咬合作用有较大的关系。由于这种机械咬合取决于钢纤维的外形特征,所以在某一特定的水泥砂浆下测量界面黏结强度,可以反映不同类型钢纤维与基体之间的黏结性能。

对于平直型钢纤维,纤维的增强作用是借助于纤维与基体界面的黏着力将钢纤维与基体联结成整体的,因此,平直型钢纤维从基体中的拔出破坏主要取决于黏结剪应力的大小。

对于平直钢纤维,单根纤维的抗拔力为:

$$F_z = u_f l_{fc} f_{fu} \tag{5-6}$$

式中:F_z——单根纤维拔出时的最大荷载,N。

此时钢纤维的最大拉应力为:

$$\sigma_z = F_z / A_f \tag{5-7}$$

式中:A_f——钢纤维横断面面积,mm^2。

当$\sigma_z < f_{fs}$(f_{fs}为钢纤维的抗拉强度)时,说明在F_z作用下,钢纤维被拔出;反之,钢纤维被拉断。为了充分发挥钢纤维的增强作用,必须使$\sigma_z = f_{fs}$,即:

$$u_f l_{fc} f_{fu} = A_f f_{fs} \tag{5-8}$$

则:

$$l_{fc} = \frac{A_f f_{fs}}{u_f f_{fu}} \tag{5-9}$$

式中，l_{fc}为钢纤维埋入长度的临界值，当钢纤维的埋入长度 $l_{fe} > l_{fc}$ 时，就能保证纤维不会被拔出。

l_{fc}的大小与 A_f/u_f 的比值有关。在纤维横断面面积相同的情况下，其断面周长越大，纤维与基体接触表面面积就越大，则纤维的临界埋入长度越小，纤维的黏结力就越大。在横断面面积相同的情况下，圆断面的周长比矩形断面的周长小，所以矩形断面的纤维黏结力大。

当钢纤维表面凹凸不平时，纤维与基体界面形成了较强的机械咬合，使沿纤维的径向应力由分布在纤维凹凸不平的侧表面拉应力和剪应力共同承担，减轻了黏结剪应力的负担，使其不容易达到脱黏时的屈服应力，从而提高了钢纤维与基体的界面黏结强度。为了提高纤维在基体中的锚固性，出现了各种形式的异形纤维，其与平直纤维的最大区别在于抗拔力的构成不同。平直纤维的抗拔力等于其黏结力，异形纤维的抗拔力则由两部分组成，一部分为黏结力，另外一部分为变形抗力，即把变形纤维从基体中拔出时所施加的矫正力。

4. 纤维直径及埋深变化的影响

在纤维埋置深度一定时，纤维直径对界面黏结强度的影响很小；在基体与纤维直径不变时，纤维埋置深度对界面黏结强度的影响也不大。当纤维埋置深度大于或等于纤维临界传递长度时，纤维发生屈服破坏。

三、钢纤维—水泥石界面黏结效应

钢纤维混凝土是颗粒性与纤维性材料混杂的复合材料。其性能主要取决于混凝土基体特性、钢纤维特性、两者的相对含量与界面黏结。其中，界面黏结与界面效应是发挥钢纤维对混凝土增韧、增强与阻裂能力的关键。界面黏结性状直接影响到纤维对混凝土增强、增韧与阻裂能力发挥的程度。大量试验和工程实践表明，由于加工制造或其他原因，纤维水泥基复合材料中存在着大量微裂纹，在受力条件下，这些裂纹会不断张开和扩展。材料中广泛分布的桥联纤维对这一过程将会起到阻滞作用，而阻滞作用的大小最终取决于纤维—基体界面的黏结强度。因此，对拉拔界面力学模型的研究也就成为纤维对水泥基复合材料增强、增韧机理研究的一个重要组成部分。拉拔界面力学模型主要有以下几种。

1. 轴向拉拔模型

最简单的拉拔试验是以单根纤维沿轴向从基体中拔出的力学分析模型，如图 5-8 所示，钢纤维埋置在柱形基体介质（或半无限介质）的中心，P_f为拔出荷载，R、r_f分别为基体与纤维半径，l 为埋置深度，一般为纤维长度 l_f 的 1/2。轴向拉拔模型主要分为剪滞模型（Shear-Lag Model）以及改进界面模型（Modified Model）。

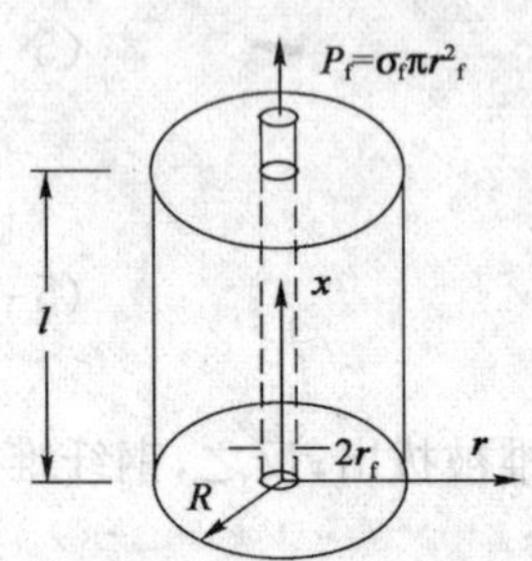

图 5-8　钢纤维拉拔力学模型

（1）剪滞模型（Shear-Lag Model）。

在与混凝土相关的工程应用中，早期的界面拉拔试验分析均采用平均强度概念，假设界面黏结强度 τ 均匀分布，则有：

$$\tau = \frac{P_{max}}{2\pi r_f l} \tag{5-10}$$

式中，P_{max} 为最大拔出荷载，该式要求 τ 值不随埋置长度变化。

由式(5-10)可以看出，最大拔出载荷 P_{max} 与埋置长度 l 呈线性关系。但在一般的纤维增强脆性复合材料中，界面作为第三相，相对于基体及纤维而言，往往是最薄弱的环节，最容易发生黏结破坏，而且当界面发生破坏时，基体及纤维大都处于弹性状态，采用单一塑性剪力假设计算将会导致界面强度预测值偏低。

在 20 世纪六七十年代，Dow，Rosen，Greszczuk，Lawrence，Piggott 等在 Cox 剪滞模型的基础上，假设界面弹性剪力与纤维－基体相对位移有关，认为剪应力沿界面呈双曲函数分布，且在拔出点存在极大值。

Lawrence 认为界面破坏是一个渐进的过程，首先在拔出点附近发生界面脱黏，然后沿界面向纵深发展。根据最大剪应力强度准则，Lawrence 假设当界面剪应力 $\tau \geqslant \tau_s$时，界面脱黏，纤维与基体之间产生相对滑动，脱黏后基体与纤维间的滑动摩擦作用为 τ_d。由此可计算初始脱黏荷载 P_i，最大拔出荷载 P_{max}（即失稳脱黏荷载）以及完全脱黏后初始最大动态拔出荷载 P_d。

根据上述分析可知，短纤维的拉拔过程分为：完全弹性约束、局部脱黏、完全脱黏（即动态拔出）3 个阶段，如图 5-9 所示。在局部脱黏与动态拔出阶段，拔出荷载近似满足下式：

$$\begin{cases} P_f = \tau_d 2\pi r_f l_d + P_e \\ P_f = \tau_d 2\pi r_f (l-\delta) \end{cases} \tag{5-11}$$

式中：l_d——脱黏段长度；

P_e——非脱黏段（弹性约束段）承载力，与界面强度 τ_s、弹性约束段长度($l-l_d$)有关。

由于 τ_d的存在，使 P_f在局部脱黏后仍然可以继续增长，甚至有可能超过纤维自身的抗拉强度而发生纤维的断裂破坏。因此，一般条件下，最大拔出荷载 P_{max} 往往发生在局部脱黏阶段（图 5-10），而破坏形式（拔出或拉断）取决于 τ_s，τ_d 值与纤维自身强度之间的相互关系。

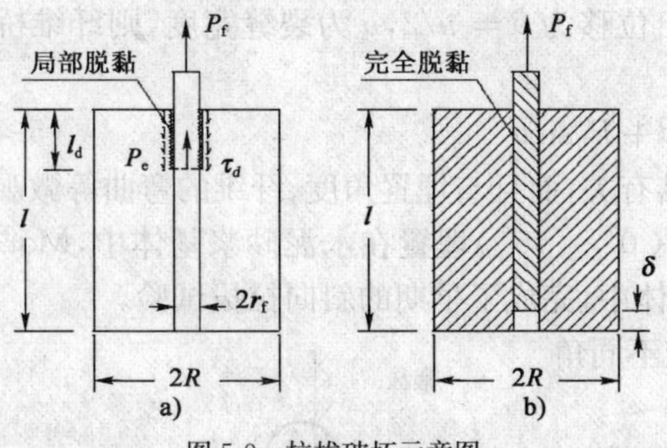

图 5-9　拉拔破坏示意图

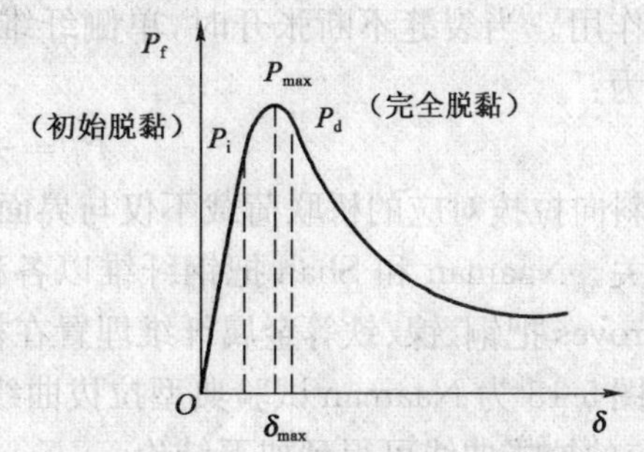

图 5-10　典型的拉拔破坏曲线

Laws，Gopalaratnam 与 Shah 计算了不同阶段纤维中轴向应力的分布，沿轴向进行变形积分得到了拔出荷载 P_f与拔出位移 δ 之间的对应关系，得到了荷载－位移全曲线。在上述计算过程中，脱黏后界面摩擦作用力 τ_d是作为不变量来处理的，考虑到 τ_d与界面上的径向作用大小有直接关系，当纤维在轴向受拉时，将会在径向产生收缩，造成界面径向作用减弱。Takaku 和 Pinchin 对此进行了计算，分析了 τ_d与 σ_f之间的关系。而 Baggott 与 Gandhi 则认为，在拔出试验中，纤维表面的粗糙不平以及埋置角度的不完全垂直将会减弱这一效应。

(2)改进界面模型(Modified Model)。

早期的界面剪滞模型中，弹性场分布的计算过程一般被简化为沿轴向的一维问题或解耦为沿轴向的一维与垂直于轴向的平面问题来处理。计算过程中采用了众多假设条件，部分应力及变形或其沿某个方向的变化往往被忽略了，这造成了在部分边界条件处(如纤维埋置端、拔出端以及基体表面)不能严格满足变形或平衡方程。进入 20 世纪 90 年代，随着试验工作的不断完善，材料与力学工作者提出了改进界面模型。

从更微观的尺度上考虑，界面并非严格的两相分界，而是具有一定厚度的过渡层，其性质也不同于纤维与基体，Hsueh，Kim 与 Lu 等分别通过改进的剪滞理论与有限元方法，对存在一定厚度界面层的拉拔模型进行了计算分析，发现界面层的存在使剪应力分布更趋于均匀，缓冲了应力集中现象。于是，Kim，Fu 等人提出了“三柱”(Three-Cylinder)模型(图 5-11)，他们认为在复合材料的拉拔过程中，纤维之间的相互影响作用是不应该被忽略的。

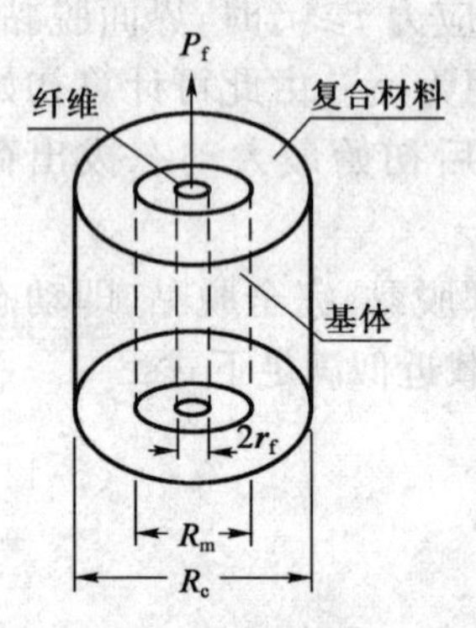

图 5-11　三柱力学模型

2. 斜向拉拔模型

由于钢纤维在混凝土中是乱向分布的，基体开裂后，钢纤维分布方向并非与开裂面垂直，而是与开裂面斜交。因此，轴向拉拔模型并不能完全反映复合材料开裂后钢纤维在开裂面上桥联作用的机理。在钢纤维的斜向拔出过程中，除了发生轴向模型中所描述的脱黏以及滑移两种破坏过程外，还会发生纤维的弯曲、屈服、拉断，以及拔出点局部的基体屈服、破裂及剥落等现象。由于破坏过程引入了更多因素，给这一问题的分析带来了更为复杂的变化。

如图 5-12 所示，钢纤维埋置在基体中，与裂纹垂直面的夹角为 θ(埋置角度)。基体开裂后，随着裂缝的张开，纤维逐渐被拔出，由于裂缝张开方向与纤维成 θ 角，故纤维在裂纹两端发生弯曲。从裂缝中心切开纤维，假设该处为反弯点，则截面上仅有两种作用 P_{db}、P_b，而无弯矩。其中，P_{db} 可以认为是纤维沿轴向拔出对应的拉拔荷载($\theta=0°$)，P_b 为由于钢纤维弯曲变形造成的剪力作用。当裂缝不断张开时，单侧纤维的拔出位移为 $\delta = u/2$，u 为裂缝宽度，则纤维桥联作用为：

$$P_f = P_{db}\cos\theta + P_b\sin\theta \tag{5-12}$$

斜向拉拔对应的桥联荷载不仅与界面的黏结有关，而且与埋置角度、纤维的弯曲等微观机制有关。Naaman 和 Shah 把钢纤维以各种角度(0° ～ 75°)埋置在水泥砂浆基体中，Morton 与 Groves 把铜、镍、铁等金属纤维埋置在树脂基体中，完成了早期的斜向拉拔试验。

图 5-13 为 Naaman 试验典型拉拔曲线，比较不同角 θ 对应的拉拔曲线可得到如下结论：

(1)在 0° ～ 45° 区间内，P_{max} 随 θ 角的增大而递增，当 $\theta > 45°$ 时，由于在拔出点附近，基体发生较严重的剥落损伤或塑性屈服现象，形成荷载释放，P_{max} 随 θ 角的继续增大而略有降低，但在整个变化范围(45°～75°)内，P_{max} 的变化幅度不大。

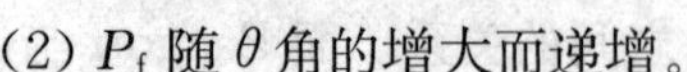

(2) P_f 随 θ 角的增大而递增。

(3)拔出功在 θ=45°时最大。

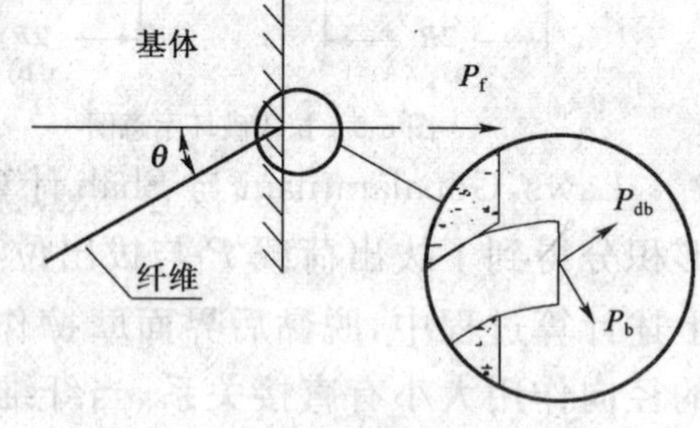

图 5-12　斜向拉拔力学模型

Morton 的试验得到了类似的结果，即 P_{max} 在 θ 为 45° 时达到最大。把桥联纤维拔出段等效为悬臂梁，Morton 从理论上分析了 P_b 与拔出位移的关系及其对桥联作用的影响。而对于玻璃纤维或碳纤维等脆性纤维，随埋置角度的增大，纤维在裂缝处将产生较大弯曲变形，从而引起过早断裂，最终导致桥联的失效。

3. 异型纤维拉拔模型

为获得良好的黏结作用，增大拉拔荷载以及滑移过程中的能耗，采用各种方法来增加界面强度以获得理想的拉拔曲线。在实际工程中，应用最为广泛且有效的方法是采用各种异型钢纤维（金属纤维），即通过改变纤维轴向体形来获得额外的机械咬合与锚固作用。

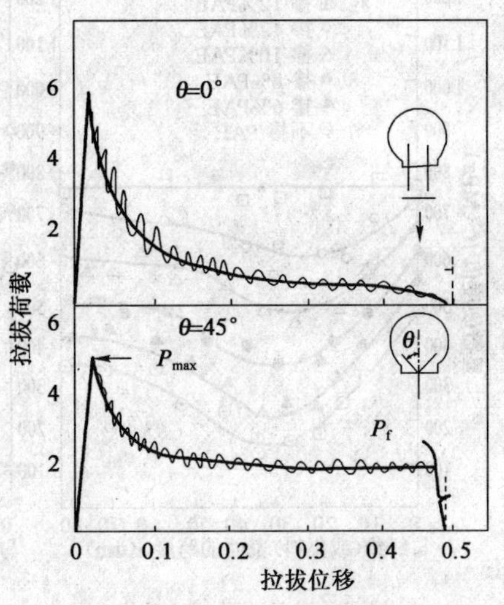

图 5-13　斜向拉拔试验全曲线

通过各种异形纤维与平直纤维的拉拔对比试验，发现异型纤维无论是最大拔出荷载，还是拉拔全曲线性能都远远超过了同样条件下的平直形纤维，这是由复杂的拔出破坏过程决定的。不同体形的纤维，其界面作用机理也有较大的差异。由于纤维体形的多样性，其拉拔计算模型也不尽相同。从理论角度对异形纤维的拉拔全过程进行微观分析的资料不多，所得模型也只适用于某种具体的纤维。但是，对于脆性基体材料，纤维异形造成的负面效应不能忽略。纤维过度地异化将会导致水泥基体在拔出的过程中大幅度剥落损伤，甚至纤维自身也会产生拉断现象，这说明为达到良好的拉拔性能，纤维体形在某一范围内存在着最优体形，这与纤维自身也强度、基体强度以及纤维体积率等参数有关。此外，Zhang. J 等还发现在疲劳受拉条件下，异形纤维所对应的桥联荷载衰减现象要比普通平直形纤维严重。

四、钢纤维－水泥石界面作用改善机理

吴少鹏研究了不同种类聚合物改性混凝土界面过渡区氢氧化钙晶体的取向性，结果表明，在该处靠近集料的表面，氢氧化钙晶体定向生长减弱，晶体平均尺寸进一步细化，显微硬度得以大幅度提高。随着聚合物掺量的增加，氢氧化钙的取向性逐步削弱，直至消失。

K. Morino 等测试了硅灰、聚合物在复掺情况下对界面过渡区的显微硬度的影响，结果表明，硅灰和聚合物的掺入提高了界面过渡区的显微硬度，且掺量越大，显微硬度也越大。

图 5-14a）为当水泥基体流动度不变时，在其中掺入占水泥质量 0～12％的聚合物 PAE；图 5-14b）为水灰比不变，掺入硅灰取代 0～20％的水泥；图 5-14c）为水灰比不变，掺入 10％的 PAE 与 0～20％硅灰（取代水泥）复合物界面显微硬度的情况。当硅灰取代水泥量达 15％～20％时，界面层中氢氧化钙晶体的取向和富集现象完全消失，此时取向指数与显微表面的距离、晶体平均尺寸与显微表面的距离以及显微硬度与显微表面的距离的关系曲线已由曲线变为水平直线，得到致密的界面结构，消除了因界面层薄弱对钢纤维混凝土性能带来的不利影响。在所用掺量范围内，硅灰混凝土的界面显微硬度明显大于聚合物混凝土的界面显微硬度。

赵国藩等测试了纤维与水泥石的黏结强度以及纤维脱黏拔出时所做的功，测试结果如表 5-5 所示。由表可知，硅灰、聚合物的掺入对纤维－水泥石界面黏结性能起到了很好的改善作用。

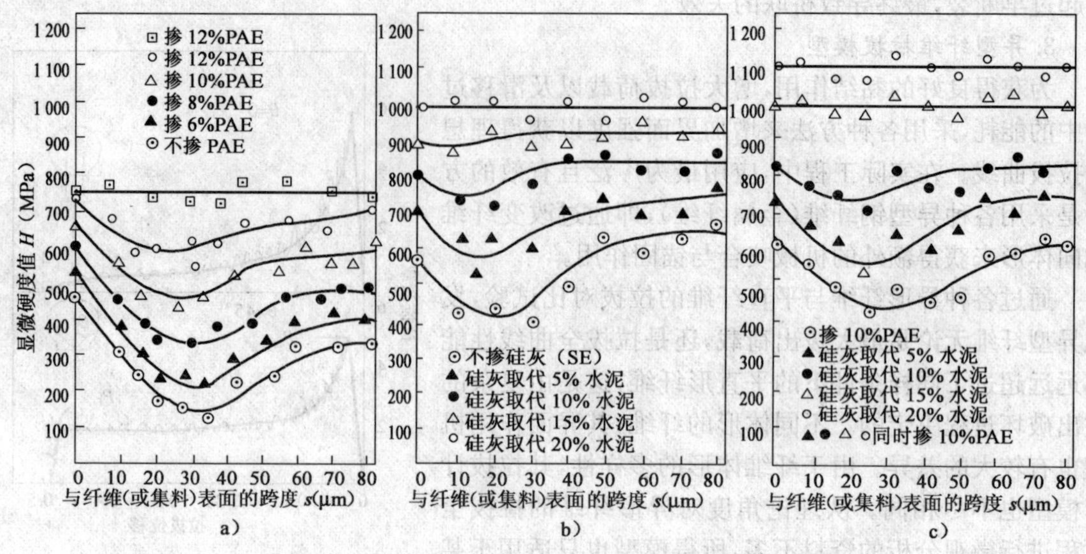

图 5-14 硅灰、聚合物对界面过渡区显微硬度的影响

硅灰、聚合物对界面力学行为的影响 表 5-5

水灰比(W/C)	灰砂比(C/S)	聚合物掺量、硅灰取代水泥量(%)	界面平均黏结强度(MPa)	纤维脱黏与拔出时做的功(N·m)
0.43	1∶1.5	SF0	2.22	0.53
0.43		SF5	2.78	0.66
0.43		SF10	3.20	0.78
0.43		SF15	3.70	0.89
0.43		SF20	4.11	1.06
0.40	1∶1.5	PAE0	2.34	0.56
0.29		PAE6	4.78	1.15
0.26		PAE8	5.23	1.27
0.23		PAE10	5.84	1.41
0.21		PAE12	7.27	1.82

硅灰、聚合物增强纤维水泥基材料对钢纤维—水泥基界面过渡区的微观形貌以及纤维、基体的破坏形态是不同的。图 5-15、图 5-16 分别为硅灰、聚合物增强钢纤维砂浆受力破坏后钢纤维附近的微观形貌。在硅灰增强钢纤维砂浆中，钢纤维附近的水泥石被压碎成了较大的孔洞；而在钢纤维聚合物砂浆中，钢纤维与水泥石黏结完好，水泥石没有出现压碎现象。

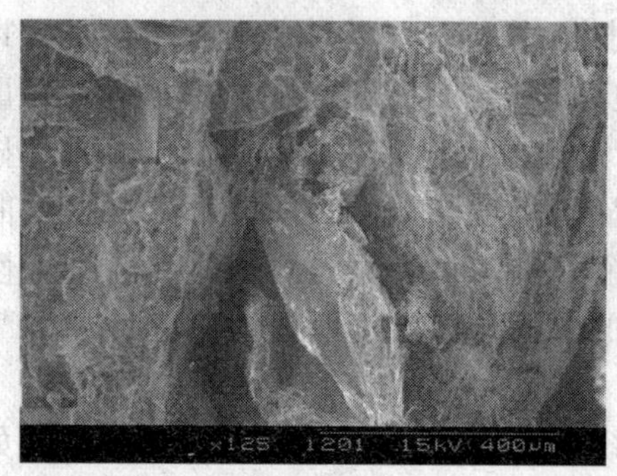

图 5-15 硅灰增强钢纤维砂浆钢纤维—水泥基界面特征

图 5-16 聚合物增强钢纤维砂浆钢纤维—水泥基界面特征

在硅灰增强钢纤维砂浆中，钢纤维一水泥基界面过渡区的显微硬度增加，表明基体更加密实坚硬，导致纤维(特别是当纤维与受力方向成一定的角度时)承受着更大的作用力，钢纤维出现了弯曲断裂以及纤维附近基体出现破碎的现象，如图 5-17 所示，这些均是导致硅灰增强钢纤维砂浆力学性能下降的主要原因之一。可以认为，硅灰对钢纤维—水泥基体界面的作用属于刚性增强，而聚合物对水泥基体界面的作用则可认为是柔性增强。

Amnon Katz 的研究表明，硅灰掺量为7%～14%的碳纤维砂浆，其早期的抗折强度和韧性最大，随着硅灰掺量的增加，早期的抗折强度和韧性会随之减小；随着时间的增加，抗折强度和韧性会增加，到 2～4 周时达最大值，之后则开始降低，最大损失达 65%，掺有硅灰，并在 60℃养生条件下损失更高。由此表明了硅灰增强纤维砂浆存在力学性能的旧化现象。

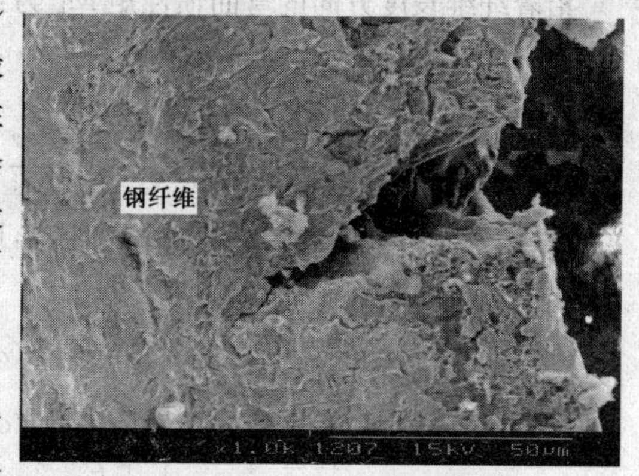

图 5-17　加载受力过程中钢纤维的损伤

传统的观点认为，纤维增强水泥基复合材料中的纤维与其轴向成某一固定角度地桥接于基体裂缝间，如图 5-18a)所示。但在受力过程中，由于裂缝张开时几何尺寸受到限制，纤维呈现局部弯曲，故纤维更接近于图 5-18b)所示的弯曲状态。

在纤维弯曲的情况下，增加纤维与基体之间的黏结将导致纤维张拉应力的增加，基体的韧性也随之增加。但到了黏结的临界值后，韧性将下降，纤维由拔出破坏转变为折断破坏。按图 5-18a)的计算模式，没有考虑桥接裂缝的纤维局部的弯曲。纤维局部的弯曲对其过早的弯曲失效破坏会造成一定的影响，这取决于纤维的特性——无论是脆性纤维还是延性纤维。对于脆性纤维，如玻璃纤维、碳纤维，其弯曲造成的局部弯曲应力是其轴向应力的 7～15 倍，这意味着，与假定纤维和裂缝张开面之间成某一固定角度的计算结果相比，纤维的有效性大大降低了。

对于与开裂面成一定角度、桥接于裂缝之间的纤维，可用图 5-19 所示的弯曲模型分析纤维所承受的弯曲应力。

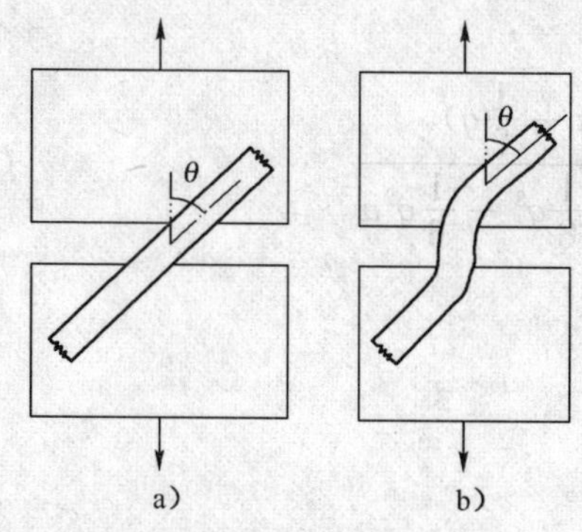

图 5-18　纤维桥接于基体裂缝间的示意图
a)直纤维；b)弯曲纤维

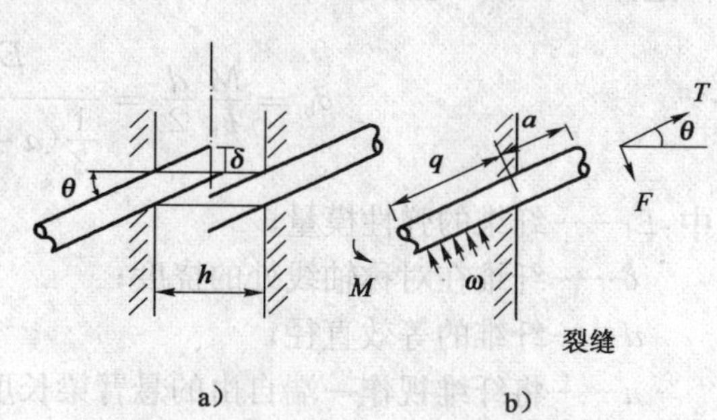

图 5-19　与开裂面成一定角度的纤维弯曲模型

在该模型中，假设桥接于基体开裂面两侧的纤维是对称的，如图 5-19a)所示，因此可取纤维的一半，并在其上施加作用力 F[如图 5-19b)所示]，纤维产生的弯曲变形为 δ。由于纤维的弯曲，在基体整个长度 q 范围内，纤维产生了反作用力 ω(q 被称为支撑长度)。在此情况下，纤维承受着大小为 M 的弯矩。如图 5-19b)所示，将纤维视作自由端长度为 a 的悬臂梁。该自由端的长度取决于以下几何尺寸：裂缝的宽度 h、纤维的直径 d，以及纤维的倾斜角度 θ。

$$a=\frac{h}{2}\cos\theta+\frac{d}{2}\tan\theta \tag{5-13}$$

沿着纤维长度方向的弯曲惯性矩 M_b 为：

$$M_b=Fx \qquad (0<x<a) \tag{5-14}$$

$$Fx=\frac{\omega(x-a)^2}{2} \qquad (a<x<a+q) \tag{5-15}$$

式中，x 为所求位置到对称中线的距离，即到纤维自由端的距离。

当 $x=a+q$ 时，惯性矩最大，为：

$$M_b=F(a+q)-\frac{1}{2}\omega q^2 \tag{5-16}$$

考虑到在 $x=a+q$ 处的边界条件 $dy/dx=0$，这样，在纤维的对称轴线处的挠度 δ 为：

$$\delta=\frac{1}{E_f I_f}\left[\frac{F}{3}(a+q)^3-\frac{1}{8}\omega q^4-\frac{1}{6}\omega q^3 a\right] \tag{5-17}$$

式中，E_f、I_f 分别为纤维的弹性模量和惯性矩。

根据力的平衡原理：

$$\omega=\frac{F}{q} \tag{5-18}$$

由以上公式可以得到作用荷载 F 的大小：

$$F=\frac{E_f I_f \delta}{\frac{1}{3}(a+q)^3-\frac{1}{8}q^3-\frac{1}{6}q^2 a} \tag{5-19}$$

式中，$\delta=0.5h\tan\theta$。

最大惯性矩 M_b 为：

$$M_b=F(a+\frac{1}{2}q) \tag{5-20}$$

这样纤维中的弯曲应力 σ_b 为：

$$\sigma_b=\frac{M}{I_f}\frac{d}{2}=\frac{E_f\frac{1}{2}d\delta(a+\frac{1}{2}q)}{\frac{1}{3}(a+q)^3-\frac{1}{8}q^3-\frac{1}{6}q^2 a} \tag{5-21}$$

式中：E_f——纤维的弹性模量；

δ——纤维在对称轴线处的挠度；

d——纤维的等效直径；

a——将纤维视作一端自由的悬臂梁长度；

q——基体对纤维的支撑长度。

该方程表明，纤维的弯曲应力是纤维参数(弹性模量和直径)、基体参数(支撑长度)以及几何尺寸(裂缝宽度、纤维倾斜角度)的函数。

由此可以看出，对某一特定的倾斜角度，支撑长度较长(基体弱)比支撑长度短(基体密实、坚硬)时纤维承受的弯曲应力要小。采用硅灰增强钢纤维砂浆的抗压强度明显高于聚合物增强钢纤维砂浆的抗压强度，硅灰对钢纤维—水泥基界面属于刚性增强，而聚合物对钢纤维—水泥基界面则属于柔性增强。以硅灰增强的钢纤维砂浆中基体对钢纤维的支撑长度要小于聚合物增强钢纤维砂浆中基体对钢纤维的支撑长度。这表明，硅灰增强钢纤维砂浆中钢纤维所承受的弯曲应力要比聚合物钢纤维砂浆中钢纤维所承受的弯曲应力大，硅灰增强钢纤维砂浆在受力过程中出现钢纤维断裂现象也印证了这一结论的正确性。钢纤维承受较大弯曲应力的另外一个结果是纤维附近的水泥石出现破碎现象，导致纤维的有效性进一步降低，从而使得硅灰增强钢纤维砂浆的抗折强度小于聚合物增强钢纤维砂浆的抗折强度。

第五节　钢纤维对混凝土的增强、增韧机理

一、钢纤维混凝土的破坏过程

受荷载作用的混凝土，当荷载逐渐增加到一定水平后，能听到混凝土内部破坏的微弱而清晰的声音，直到在混凝土表面能看到许多小裂缝；荷载继续增加，则这些裂缝会蔓延并贯通。在单轴加压的混凝土中，平行于加载方向的超声脉冲速度一直保持不变，而与加载方向垂直的超声脉冲速度则随荷载增加而不断降低，这说明混凝土材料的破坏是由遍布试件内部与所加压力平行的拉伸裂缝逐渐发展造成的。由此可见，混凝土是由于在外力作用下内部微裂缝的形成、扩展和失稳而导致最终破坏，混凝土的破坏过程与其内部微裂缝的发展过程有着密切的关系。

裂缝扩展的路径取决于材料性能和应力状态。影响裂缝扩展路径的混凝土材料性能包括浆体和骨料的相对强度、浆体和骨料的黏结强度和变形性能。应力状态主要取决于是拉应力还是压应力，或是一种应力占主导地位的复合应力。至于是穿过砂浆还是穿过骨料，或是穿过它们的结合面，则视相对强度而定。例如，当骨料强度相对较高时，通过显微观察，由于骨料的阻裂作用，砂浆中产生大量的分支裂缝，裂缝表面也很曲折，即使在水泥浆体中，主裂缝前沿也存在着大量的微裂缝。因此，无论混凝土或砂浆还是水泥浆体，其真实断裂面都大大超过表观断裂表面。

钢纤维混凝土可看成是由水泥、粗细集料、水、钢纤维等组成的多相多孔复合材料，其破坏性能主要由基相和分散相及其结合面力学性能决定。在水泥水化期间，由于基相和集料、钢纤维的热膨胀系数及弹性模量不同，其界面在受力前就产生了微裂缝，但这些微裂缝是不连续的。同时，在集料与水泥石间有一过渡层，主要由 $Ca(OH)_2$ 结晶组成，与其他部分的水泥石相比，该界面过渡层多孔、稀疏，它是混凝土中最薄弱的部位。界面过渡层的形成与集料大小、形状及表面结构有关，其强度是由集料和水泥浆体间的化学或机械黏结决定的。

在外力作用下，钢纤维混凝土内部的界面微裂缝尖端形成应力集中，使微裂缝沿混凝土中的最薄弱区——水泥石与集料界面扩展，并随着荷载增大而扩展到基体中。当荷载达到某一临界状态时，混凝土中的主裂缝发生不稳定扩展，相互贯通形成破坏面，从而导致混凝土整体失去承载能力。

试验表明，随着裂缝发展程度的变化，其破坏全过程可分为：弹性阶段、裂缝稳定扩展阶段、裂缝失稳扩展阶段、纤维拔出阶段。相应地，根据钢纤维混凝土材料组织结构的体系水平和裂缝发展程度，其破坏可分为四级。

第一级为黏结裂缝发展，对应于应力应变关系中弹性阶段的末端，此时砂浆与粗集料界面

上的微裂纹开始稳定、缓慢地发展。但由于集料中钢纤维有边壁效应，钢纤维平行集料边壁分布，与界面裂缝平行，起不到阻裂增强作用，此时对应的应力称之为“不连续点强度”。

第二级为砂浆破坏，对应于裂缝稳定扩展阶段的末端，此时裂缝扩展进入砂浆，砂和硬化水泥浆的结合面发生破坏，从而导致裂缝扩展至即将进入硬化的水泥浆。在此阶段，跨越裂缝的钢纤维开始发挥增强作用，使裂缝扩展的速度减慢，但试件内裂缝体系开始变得不稳定，释放的应变能足以使裂缝自行扩展，直到材料完全破坏。

第三级为硬化水泥浆体破坏。此时裂缝迅速失稳扩展，宏观裂缝随之增长，穿过裂缝的钢纤维有效地阻止了裂缝的扩展，使试件的韧性增加。

第四级为钢纤维拔出破坏。随宏观裂缝的增大，钢纤维被逐渐拔出，钢纤维混凝土达到宏观整体破坏。

二、钢纤维增强混凝土强度理论

现有钢纤维增强混凝土的理论，是在纤维增强塑料、纤维增强金属的基础上运用与发展起来的。由于钢纤维的组成与结构的多相、多组分和非均质性，加以钢纤维的“乱向”和“短”的特征，它比纤维增强塑料或增强金属要复杂得多。钢纤维混凝土的增强机理可以分为两种，一种是运用复合力学理论，另一种是建立在断裂力学基础上的纤维间距理论。

1. 复合材料力学模型

将复合材料视为多相系统，假定纤维与基体不产生横向变形，开裂前纤维和基体黏结良好，有相同的弹体变形应用混合原理来推求纤维混凝土的应力、弹性模量和强度等，并考虑复合材料在拉伸方向上有效纤维体积率的比例和非连续性短纤维的长度和取向的修正以及混凝土的非均匀特性。这种模型的思路是首先根据界面应力传递模型计算出纤维内部的承载力分布，对其均值进行统计，进而采用混合率等方法计算得到短纤维复合材料的整体承载效果。

对于钢纤维混凝土，在基体刚刚出现可见裂缝时，钢纤维混凝土并未立即破坏，而是随着裂缝的稳定扩展，承载力继续上升，直到裂缝宽度增大到一个临界值时，钢纤维逐渐被拔动或拔出，钢纤维混凝土才由于突然性的裂缝失稳扩展而发生破坏。从混凝土出现裂缝到钢纤维混凝土达到其抗拉极限状态，混凝土基体带裂缝工作。因此，对裂后的钢纤维混凝土复合材料，弹性变形范围内的混合法已不适用。

从混凝土基体微裂纹出现后，随应力的增加，微裂缝不断扩展、蔓延，在其裂缝尖端前缘附近形成微裂纹后，随应力的继续增加，微裂缝区的诸裂缝继续发展并相互连通和贯穿，钢纤维把裂缝两边的混凝土连接在一起，共同受力，直至达到钢纤维混凝土的抗拉强度极限状态，即裂缝出现后混凝土的截面面积与裂缝出现前混凝土的截面面积大致相当。当基体的抗拉强度达到混凝土的抗拉强度时，钢纤维开始拔出，钢纤维混凝土达到其抗拉强度。按复合材料力学理论得到的乱向短纤维混凝土抗拉强度的计算公式如下：

$$f_{\mathrm{fl}} = f_{\mathrm{t}}(1-v_{\mathrm{f}}) + \eta_0 \tau \frac{l_{\mathrm{f}}}{d} v_{\mathrm{f}} \tag{5-22}$$

2. 纤维间距理论

纤维间距理论又称纤维阻裂理论。纤维间距理论是根据线弹性断裂力学来说明纤维对于裂缝发生和发展的约束作用。这种理论认为在混凝土内部存在固有缺陷和裂纹，如欲提高强度和韧性，必须尽可能减小缺陷程度，降低混凝土体内裂缝端部的应力集中系数。钢纤维的加入能约束裂缝的产生和发展，起到了降低应力强度因子、减缓裂缝尖端应力集中的作用，即在复合材料结构形成和受力破坏的过程中，有效地提高了复合材料受力前后阻止裂缝引发与扩展的能力，达到钢纤维对混凝土增强与增韧的目的。

按照 Griffith 脆性破坏理论，在荷载作用下，混凝土内部原生裂缝和空隙等缺陷处产生较大的应力集中，从而导致裂缝开展。根据纤维间距学说，混凝土中裂缝发展受到钢纤维阻挡而偏离原方向，由于钢纤维的乱向分布，裂缝开展路途也将是曲折的，这样就提高了开裂所需能量，增大了混凝土强度。单位面积内的纤维数越多，即纤维间距越小，强度提高的效果也就越好。

Romualdi 和 Mandel 进行了在混凝土中掺入短钢纤维的试验。试验结果表明，纤维混凝土的抗裂强度同纤维间距的 $1/\sqrt{3}$成比例关系，并认为有效的纤维最大间距在 1.5cm 以下。同时，Romualdi 给出了某一断面能够有效地抵抗拉伸应力的纤维平均间距计算公式，即

$$s = 13.8 d_f \sqrt{1/P} \tag{5-23}$$

式中：s——纤维的平均间距；

d_f——纤维的直径；

P——纤维的体积百分比，$P = 100 \cdot V_f$。

R. N. Swamy，P. S. Mangat 和 C. V. S. K. Rao 等认为，有效间距系数的概念不仅仅是统计地描述纤维中心的间距，还应说明纤维—基体的相互作用和破坏方式。他们指出，当纤维的长度和长径比变化时，由 Romualdi 和 Mandel 的抗弯强度—间距系数数据可以给出不同的曲线。他们得出的有效纤维间距表达式为：

$$s = 25.0\sqrt{\frac{d}{Pl}} \tag{5-24}$$

式中：l——纤维的长度。

日本的小林一辅等在纤维间距理论的基础上进行了钢纤维混凝土抗拉强度与钢纤维平均间距之间关系的试验研究，认为当纤维与基体间的黏结强度一定时，无论纤维的体积率和形状、尺寸如何，抗拉强度主要是由纤维的平均间距决定的。根据试验，建立了钢纤维混凝土的抗拉强度公式：

$$f_{ft} = k\left(\frac{1}{\sqrt{s}} - \left(\frac{1}{\sqrt{s_0}}\right) + f_t \tag{5-25}$$

式中：k——主要由黏结强度决定的常数；

s——钢纤维的平均间距；

s_0——钢纤维能起到增强作用的间距上限值。

从式(5-25)可知，为了提高纤维的增强效果，可采取减小钢纤维间距的方法。但钢纤维对混凝土的增强效应并非是单一地由纤维间距所决定的，搅拌与振捣成型的工艺、养护的条件和制度、混合料的配合比与材料组成、集料与钢纤维本身的界面性能、钢纤维分散技术以及钢纤维在混凝土基体中的分布状况等都对钢纤维的增强效应有不同程度的影响。即使仅就纤维间距而言，若纤维间距过小，而又不能很好地解决纤维分散技术问题，不但不能提高，反而有可能降低混凝土的强度。应该说，纤维间距是反映纤维对混凝土增强规律的十分重要的说明，但是，由于钢纤维混凝土的多相、多组分和非均质等特性，其增强机理十分复杂，不应仅由纤维间距决定。

三、钢纤维增强混凝土韧化作用机理

对于混凝土材料而言，提高强度固然是重要的研究目标，但从它的本质缺陷——脆性来

看，更应强调提高其韧性。到目前为止，有关脆性材料的增韧机理主要有以下几种：相变增韧、微裂纹增韧、偏转增韧、纤维与微颗粒增韧。理论计算及材料试验表明，纤维作为增强相，可以使材料的强度和韧性都大幅度提高。

1. 混凝土材料的韧化机理

(1)微裂缝屏蔽。

微裂缝通常出现在裂缝尖端前部的集料砂浆界面。混凝土在受载前内部已存在缺陷，例如充水孔、气孔由于粗集料下表面泌水连成的界面弱收缩裂缝等。Glucklich 最先发现裂缝前的应力集中，微裂缝在缺陷附近产生，扩展形成断裂过程区。

位于裂缝尖端前部的微裂缝降低了未损伤材料的有效弹性模量，显著降低了裂缝尖端的应力强度因子 K_i，因而材料韧性大于当初未损伤的材料，这个机理称为微裂缝屏蔽。对于它的另一个解释是：微裂缝形成和扩展需要额外的能量。

微裂缝对宏观裂缝尖端场的屏蔽作用有两个原因，其一是由于微裂缝释放了部分残余应力，从而诱发不可恢复的应变，称为转变应变。一般情况下，转变应变表现为均匀的体膨胀，对于静止裂纹，这种机制的屏蔽效应不明显。其二是由于微裂缝的形成与扩展引起弹性模量降低，这种机制的屏蔽效应主要取决于损伤区的形状，随着宏观裂缝扩展，屏蔽效果变化不明显。试验和理论分析的结果表明，以上两种原因的屏蔽比大致相当，并且可以近似地简单叠加，因此微裂缝的屏蔽效应也是很显著的。

(2)裂缝偏转。

裂缝偏转如图 5-20a)所示，混凝土中的裂缝扩展经常沿最小阻力的路径，因而路径曲折，裂缝面粗，普通混凝土中集料/砂浆界面是最弱相，因而裂缝偏转现象最常见。在硬化水泥净浆中，裂缝经常绕过未水化水泥颗粒，并沿 $Ca(OH)_2$ 解离面扩展。

(3)裂缝受阻。

当基体裂缝往前扩展，遇到集料时，既不绕过集料，也不穿过集料。此时产生一陷阱地，以阻止裂缝扩展，而裂缝面上有些点张开，位移为零。这就迫使裂缝尖端在集料(陷阱地)之后产生局部弯曲的裂缝前部。这种机理称为裂缝受阻，如图 5-20b)所示。

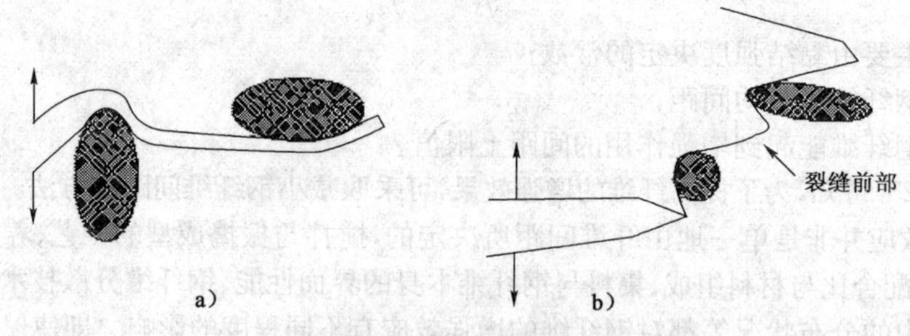

图 5-20 裂缝偏转与裂缝受阻示意图
a)裂缝偏转；b)裂缝受阻

(4)集料/韧带桥联。

S. P. Shah 认为，水泥基材料中最有效的屏蔽机理是裂缝的桥联。当扩展裂缝碰到一个相对强的韧带(例如未水化的水泥颗粒、砂、石、钢纤维等)，裂缝被阻止，荷载增加，此时，也会出现裂缝分支。它可黏结裂缝面，降低裂缝尖端断裂韧度，直到桥联颗粒脱黏(或破坏)。在桥联的分开和裂缝面的分离过程中，能量通过摩擦耗散，从而增加了阻裂能力。

Van Mier 把混凝土的受拉软化行为归结为裂缝叠加和裂缝分支的发展。在水泥基材料中,扩展裂缝前存在相当大的断裂过程区,能量通过它耗散,造成裂缝屏蔽或韧化,它的尺寸和有效度取决于微观结构和材料的内在非均质性。因此,砂浆的韧度大于水泥浆体,而小于混凝土,在过程区内,应力应变经历"软化",逐渐降至为零,而不是突然下降。

2. 钢纤维对混凝土的增韧作用机理

钢纤维对混凝土材料的增韧作用主要体现在纤维的桥联增韧以及断裂过程中由于纤维的拔出而发生的能量耗散。

1)纤维桥联的增韧作用

Griffith 认为,真实材料中都预存裂纹,在外部荷载作用下,这些裂纹将会次扩展和失稳扩展。所谓纤维桥联作用就是指横跨在这些裂纹上的纤维在其完全脱黏或拉断之前,对基体所起的耗能和增强作用,其作用通过抑制和阻滞裂纹的扩展而表现出来。由于纤维桥联的作用将使裂纹尖端应力强度因子降低,使临界应力强度因子的难度增加,即材料的抗断裂能力增强,基体开裂后,虽有部分纤维脱黏,但是纤维桥联作用依然存在,它能使材料裂而不散,增加延性。

2)能量消耗

当基体材料开裂后,纤维在裂纹进一步扩展和开裂过程中,消耗了大量的能量,从而引起复合材料断裂韧性的大幅度提高。能量消耗的机理如图 5-21 所示。

(1)纤维从基体中的拔出。

G. A. Cooper 推导了纤维从基体中拔出的功 W_p 为:

$$W_p = V_f \tau_z D^2 / 12r \quad (5\text{-}26)$$

式中:V_f——纤维的体积分数;

τ_z——纤维与基体之间的剪切结合力;

D——纤维上两个缺陷点之间的平均距离;

r——纤维的半径。

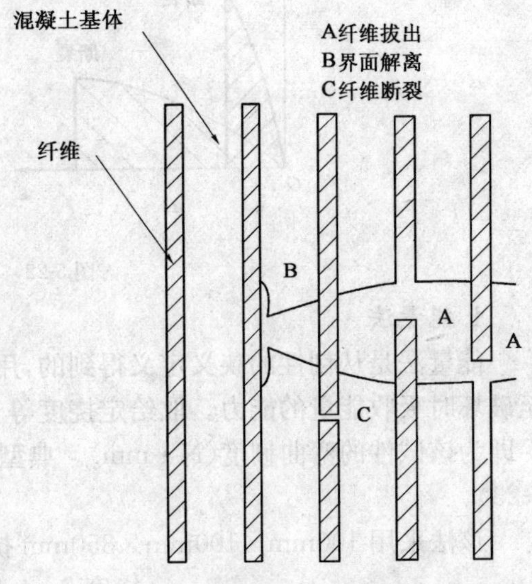

图 5-21 纤维从基体中拔出时的能量耗散机理

从式(5-26)可以看出,要提高纤维从基体中的拔出功,首先要提高纤维的含量 V_f;其次,要提高纤维与基体间的结合;最后是减小纤维的直径,即减小 r。但提高纤维与基体之间的结合不是绝对的,过大的 τ_z 会使纤维首先断裂,而使纤维的断口更为接近主裂纹,这样就使得纤维的拔出长度减小,而纤维的拔出长度减小意味着 D 减小;在同样的纤维体积分数下,纤维的直径减小则意味着增加了纤维与基体之间的接触界面。因此,在实际的要求上,一般希望纤维趋于细小而强度高;而纤维与基体之间的结合则只要求适中,以求取最大的纤维拔出效应。

(2)纤维与基体之间的界面解离。

界面解离可以起到分散裂纹尖端应力集中的作用,从而改变裂纹的走向以至终止裂纹的前进。其中最主要的因素是纤维与基体之间的结合程度,同样,它不宜大于纤维本身的强度,否则将引起纤维的首先断裂。其次是纤维的直径,较细的纤维可以增大总的界面面积。纤维体积掺量 V_f 的增大当然也是有利的。

(3)纤维的断裂。

一般应避免过多的纤维断裂，这就要求纤维必须具有一定的抗拉强度和延伸率。

四、钢纤维混凝土韧性的评价

韧性是材料延性和强度的综合。一般从宏观的角度来讲，韧性可定义为材料或结构在荷载作用下到破坏或失效为止所吸收能量的多少，通常多用应力－应变曲线或荷载－变形曲线所围面积来表示，并称之为韧度。用韧度表示韧性的方法称为能量法。韧度不仅取决于材料的强度，而且取决于材料破坏时的变形能力。因此，材料的强度高但变形能力低，或材料的变形能力高但强度低，其韧度都不高，只有强度和变形能力都较高的材料，其韧度才高。

图 5-22 表示两种不同材料的韧性。一种是材料的强度高但延性低，另一种是材料的延性高但强度低[图 5-22a)]，这两种情况的韧性都不高。因此，只有当强度和延性都高时[图 5-22b)]，材料才能具有较高的韧性。因此，对钢纤维混凝土而言，钢纤维对混凝土的作用除增强外，增韧则是一个更突出的贡献。它改变了混凝土的脆性特征，使其在受力与破坏过程中能做更多的功。钢纤维混凝土优异性能的产生是钢纤维对混凝土强化与韧化的综合结果。因此，在选择评定钢纤维混凝土性能标准时，也应综合考虑钢纤维的增韧和增强双重作用效果。

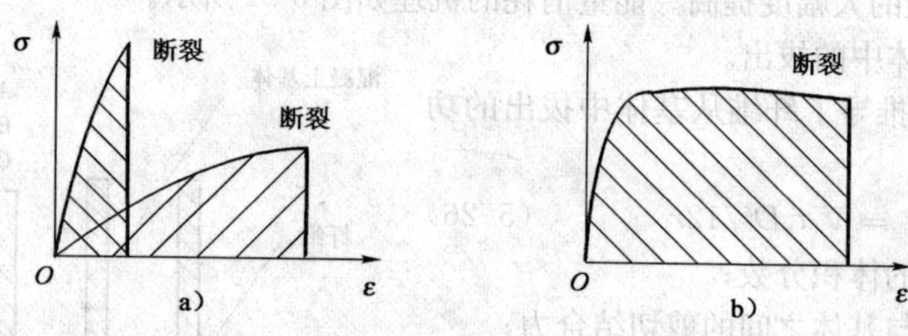

图 5-22　不同材料的韧性对比

1. 能量法

能量法是从韧性的狭义定义得到的，用荷载－变形曲线所围面积为参数来表示材料受力至破坏时吸收能量的能力。取给定挠度等于试件跨度的 1/250 时，荷载—挠度曲线所围面积 T 即为该试件的弯曲韧度(N·mm)。典型的能量法有 ACI544 委员会的弯曲韧度指数法(图 5-23)。

该法采用 100mm×100mm×350mm 抗折试件，跨度为 300mm，采用三分点加荷，当跨中挠度 $\delta=l/180$，即 $\delta=1.9$mm 时的韧度与初裂韧度的比值作为韧度指数 TI(Toughness Index)。

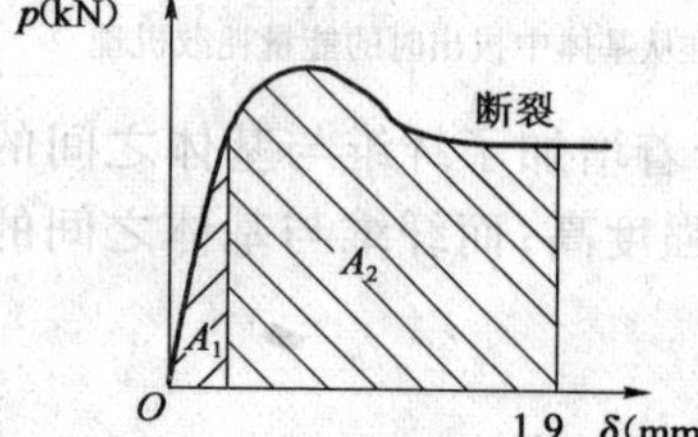

图 5-23　ACI 544 韧度指数法

$$\mathrm{TI}=\frac{A_1+A_2}{A_1} \tag{5-27}$$

式中：A_1——从零点到初裂点时荷载—位移曲线下包围的面积；

A_2——从初裂点到挠度为 1.9mm 时荷载—位移曲线下的面积。

韧度指数 TI 是材料弹塑性变形能与弹性变形能的比值。可将钢纤维混凝土的初裂强度看作是混凝土的破坏强度，这样 TI 指数的物理意义就是钢纤维混凝土跨中挠度为 $l/180$ 时的韧度和普通混凝土的韧度比。这种方法的关键在于准确确定初裂点的位置，而实际中初裂点的位置很难确定，初裂点的偏离对 TI 有较大的影响。指定挠度值为 1.6mm 或 1.9mm 的理论依据也不充分；在现实使用中，挠度可能会受到设备条件和实际应用环境特殊性的限制。

2. JCI(Japan Concrete Institute)SFRC 委员会韧度指数法(JSCE-SF4)

JCI SFRC 委员会韧度指数法是 1983 年 JCI 提出的用弯曲韧度系数表示钢纤维混凝土的韧性，如图 5-24 所示。

$\bar{\sigma}_b$的表达式为：

$$\bar{\sigma}_b = \frac{T_b}{\delta_{tb}} \cdot \frac{l}{bh^2} \tag{5-28}$$

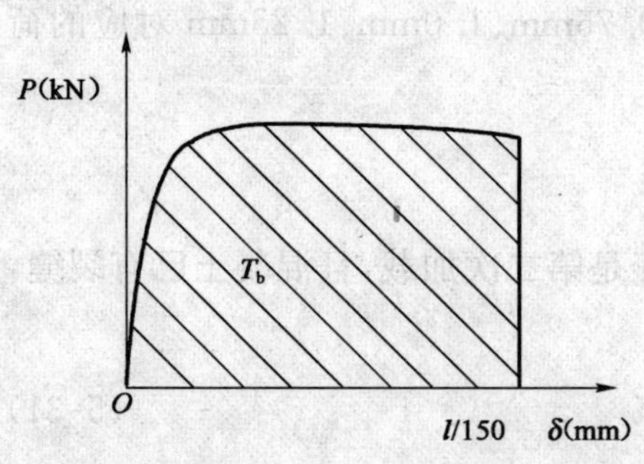

图 5-24 JCI SFRC 韧度指数法

式中：T_b——挠度为 δ_{tb} 时荷载—挠度曲线下的面积，即韧度，N·mm；

δ_{tb}——给定挠度值为 $l/150$；

l——试件跨度，mm；

b——断裂截面平均宽度，mm；

h——断裂截面平均高度，mm。

弯曲韧度系数 $\bar{\sigma}_b$，实际上是挠度为 δ_{tb}时的折算平均抗折强度（N/mm²）。该法的优点是可与抗折强度比较，无需确定初裂点的挠度，非稳定段对韧性系数的影响小(由于非稳定段下的面积相对挠度为 $l/150$ 时曲线下的总面积而言很小，即非稳定段下的面积对总能量吸收值的影响很小)。JSCE 方法比 ASTM 方法可以更好地反映纤维的种类和纤维的提交率对纤维混凝土韧性的影响。该方法中韧度指数是强度的量纲，比 ASTM 方法更适合结构设计的要求。

该法存在的主要问题是：①基准挠度 δ_{tb}取值问题。δ_{tb}取值过小，与最大荷载时挠度相近，难以充分反映钢纤维对混凝土的增韧效果；δ_{tb}取值过大，测试时间相应增大，不便于工程应用。②用平均的方法求强度，不能较好地反映试件裂前与裂后的行为。③该方法不能有效地避免尺寸效应。④该方法对钢纤维混凝土较为适合，但对于低掺量合成行为混凝土不适合。

3. 美国材料与试验协会 ASTM C1018(American Society of Testing Materials)韧度指数法

ASTM C1018 韧度指数法为特征点法，采用 100mm×100mm×350mm 的梁试件，用三分点加载试验，梁跨度为 300mm，试验机采用伺服控制刚性试验机。选用初裂点挠度 δ 的倍数(3δ、5.5δ、15.5δ)作为终点挠度，如图 5-25 所示。弯曲韧度指数用 I_5、I_{10}、I_{30} 表示，即

$$\begin{cases} I_5 = \dfrac{A_1 + A_2}{A_1} \\ I_{10} = \dfrac{A_1 + A_2 + A_3}{A_1} \\ I_{30} = \dfrac{A_1 + A_2 + A_3 + A_4}{A_1} \end{cases} \tag{5-29}$$

针对合成纤维混凝土的韧性，ASTM 提出了改进试验规范。试件尺寸与 ASTM-C1018 相同，具体试验方法改为：将 12mm 或更厚的钢板放在混凝土梁的底部，采用开环控制系统，

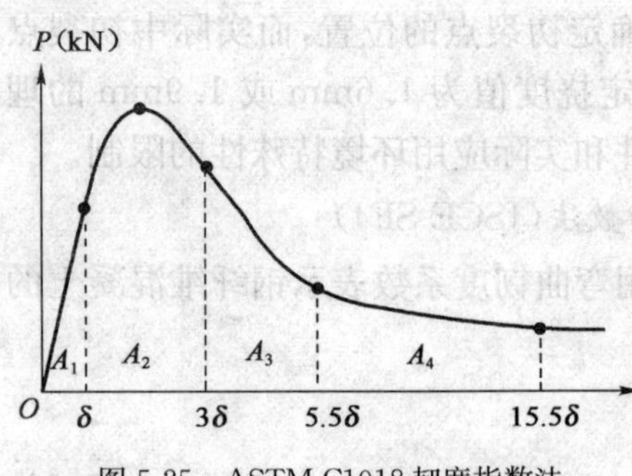

图 5-25 ASTM C1018 韧度指数法

用四点弯曲梁试验先使混凝土产生初始裂缝。当荷载作用于混凝土梁时，钢板将吸收更多的能量，在梁的挠度为 0.25～0.50mm 时卸载(此时混凝土已有裂缝产生)，当卸载完成后，取走钢板。这时对梁再次加载(用开环控制)，测得剩余荷载一挠度全曲线。对挠度为 0.5mm、0.75mm、1.0mm 及 1.25mm 处荷载求平均值，用该平均值按照弹性理论求剩余强度 RS。

$$RS = \frac{l}{bh^2}\left[\frac{P_{0.5}+P_{0.75}+P_{1.0}+P_{1.25}}{4}\right] \tag{5-30}$$

式中，$P_{0.5}$、$P_{0.75}$、$P_{1.0}$、$P_{1.25}$——分别为与挠度 0.5mm、0.75mm、1.0mm、1.25mm 对应的荷载值；

l——梁的长度；

b、h——分别为梁的宽度及高度。

RSI 为应力，单位为 MPa，但它不是真实的强度，由于是第二次加载，且混凝土已有裂缝，因此是工程中的近似值。用无量纲的方法表示为：

$$RSI = \frac{RS}{MOR} \times 100\% \tag{5-31}$$

式中，MOR——混凝土的抗折强度。

4. NCA(Norwegian Concrete Association)挪威混凝土协会残余强度法(NBP N0.7)

挪威混凝土协会于 1993 年颁布了新的针对喷射钢纤维混凝土的试验及评定标准——NBP N0.7，该方法选用了 ASTM C 1018 的试验设备，采用试件尺寸为 $h=75$mm，$d=125$mm，$l=450$mm，通过对挠度在 1(l/450 的跨度)～3mm (l/150 的跨度)间的荷载一挠度曲线进行等级分析，确定该试验钢纤维混凝土的韧度等级。

第六节 钢纤维水泥混凝土的力学性能特征

一、钢纤维混凝土轴向拉伸性能

1. 多缝开裂准则

如图 5-26 所示，纤维混凝土在轴向拉伸条件下，其应力一变形全过程曲线按其开裂后的形态可以分为应变强化、应变软化两类模型。一般来说，基体开裂后，开裂处荷载将完全由纤维承担，若纤维数量较少，则不能继续承担裂前荷载，且随裂缝的继续张开，荷载下降，变形曲线出现软化段，纤维逐渐被拔出(或断裂)，最终发生单缝破坏现象，如图 5-26a)所示；若基体开裂后纤维掺量足够大，则随裂缝的不断张开，纤维承载可继续增长，从而使基体再次在其他断面开裂，形成多缝开裂现象，如图 5-26b)所示，此时的纤维混凝土变形曲线呈现出应变强化趋势，使复合材料强度和韧性得到大幅度的提高。

根据计算，钢纤维多缝纤维体积含率在 2%～3%，对于合成纤维是在 1%左右，这种体积含率超出了工程应用中所能允许的纤维掺入含率，因为过高的纤维掺入将会导致纤维在混凝土制作过程中的搅拌结团现象，这将大大影响材料的强度及质量，因此，工程实际中多数纤维混凝土出现的都是单缝开裂现象。

2. 拉伸全曲线模型

从理论角度对轴向拉伸的全过程进行预测，按是否可以产生多缝开裂现象，可以划分为应变强化及应变软化两类。对于应变软化类曲线，变形主要包括弹性变形段及初始开裂后的软化曲线段；而对于应变强化类曲线，主要包括应变弹性变形段和多缝开裂段及软化破坏段。这里只讨论单缝开裂问题。

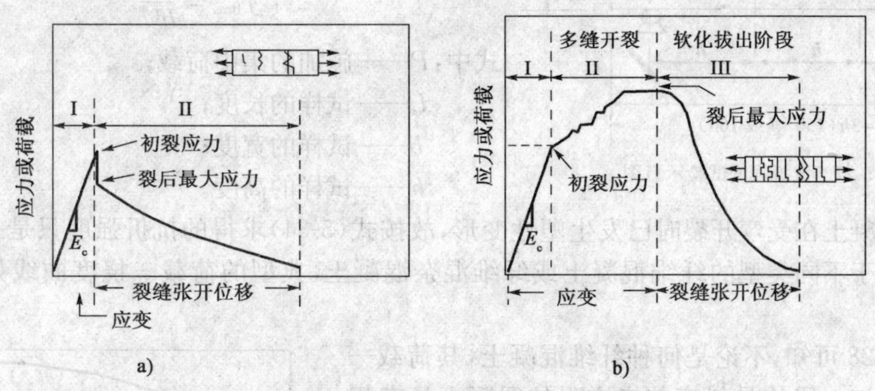

图 5-26　轴向拉伸全曲线

a)单缝开裂曲线；b)多缝开裂曲线

(1)弹性变形阶段。

从图 5-26 中可以看出，相对于裂后变形，混凝土基体材料的初始开裂应变比较小，所以在开裂前的弹性阶段，采用简单的应力—应变关系基本能满足使用要求。

(2)软化变形阶段。

基体开裂后，复合材料的拉伸变形将主要来自于裂缝的不断张开，此时采用应变作为衡量变形的参量已失去意义(因为应变和试件长度有关)，所以在一般的力学模型中软化曲线多采用裂缝张开位移与拉伸荷载之间的关系表示。

在已知拉拔界面模型 $P_f(\delta)$ 关系曲线时，软化段曲线的计算可有两种方法。一类是简化方法，即给出纤维平均埋置长度(如均匀分布时为 $l_f/4$)，方向分布系数为 β，则有：

$$\sigma(\delta) = \beta\frac{P_f(\delta) l_f v_f}{4\pi r_f^2} \tag{5-32}$$

另一种是给定纤维埋置长度与埋置角度的分布函数 $P(z)$ 与 $p(\theta)$，对整个裂纹面上的桥联作用进行积分，见式(5-33)：

$$\sigma(\delta) = \frac{4v_f}{\pi d_f^2}\iint P_f(\delta)p(\theta)P(z)\mathrm{d}z\mathrm{d}\theta \tag{5-33}$$

二、钢纤维混凝土的弯曲性能

钢纤维混凝土在路面、桥面、机场跑道等领域的应用中主要是承受弯曲应力。研究钢纤维混凝土的弯曲性能、抗折强度，对于为设计者提供数据和作为检验混凝土施工质量的指标具有实际意义。在很多国家指定了测定纤维混凝土的弯曲性能的标准，基本上与测定普通混凝土的方法相仿，不同国家的测定方法也大同小异。中国工程建设标准化协会于 1989 年 12 月颁布了钢纤维混凝土试验方法的标准 CECS 13:89，该标准对钢纤维混凝土的抗折强度、抗折弹性模量以及弯曲韧性和初裂强度的试验方法均作了规定。该标准规定采用 150mm×150mm×600m(或 550mm)的小梁为标准试件。当纤维长度不大于 40mm 时，可采用 100mm

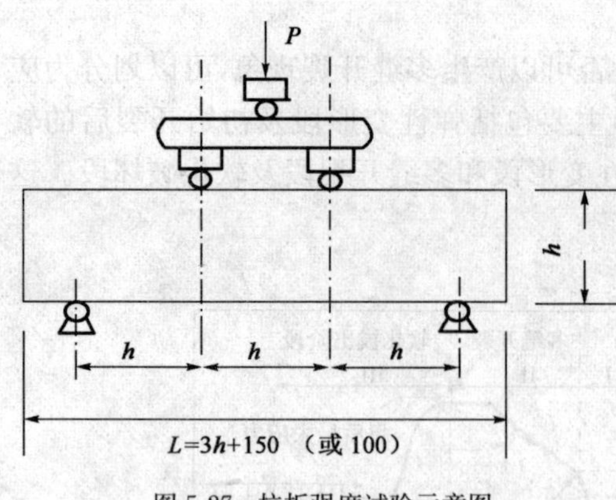

图 5-27 抗折强度试验示意图

×100mm×100mm 的试件，但所测得的抗折强度值应乘以 0.85 的尺寸换算系数，试验装置如图 5-27 所示，加载方式为三分点对称加载。

试件破坏时的折断面如位于两个集中荷载之间，则按式(5-34)计算抗折强度。

$$f_{\mathrm{ftm}}=\frac{PL}{bh^2} \tag{5-34}$$

式中：P——施加的集中荷载；

L——试样的长度；

b——试样的宽度；

h——试样的高度。

由于混凝土在受弯开裂时已发生塑性变形，故按式(5-34)求得的抗折强度只是一个代表性指标。对于不同类型的纤维混凝土或纤维混杂混凝土，典型的荷载—挠度曲线如图 5-28 所示。

由图 5-28 可知，不论是何种纤维混凝土，其荷载—挠度曲线最初一段均是斜率与未增强的混凝土具有相同的直线，只是直线终点的高低略有不同。这些直线的终点也就是复合材料的水泥基体内出现第一条裂缝的弯曲初裂强度(或称为比例极限 LOP，即 Limit of Proportionality 的缩写)。但在出现初裂后，这三种类型曲线的走向有明显的不同，其中类型 1 复合材料的承载能力随着挠度的增加而逐渐增大，在达到极限值时(相对于该复合材料的抗折强度)，其承载能力才开始随挠度的增加而逐渐下降。通常将该类复合材料的承载能力随曲线上升的阶段称为应变硬化(Strain Harding)。类型 2 复合材料的承载能力随着挠度的增加而逐渐下降，直到最终破坏。通常将此现象称为应变缓慢软化(Gradual Strain-Softening)。类型 3 复合材料的承载能力突然下降达到一定的水平，继而在承载能力不再下降而基本保持恒定的情况下，挠度逐渐增大，通常将此种现象称为应变急速软化(Sudden Strain-Softening)。后两种复合材料的抗折强度即等同于它们的弯曲初裂强度。

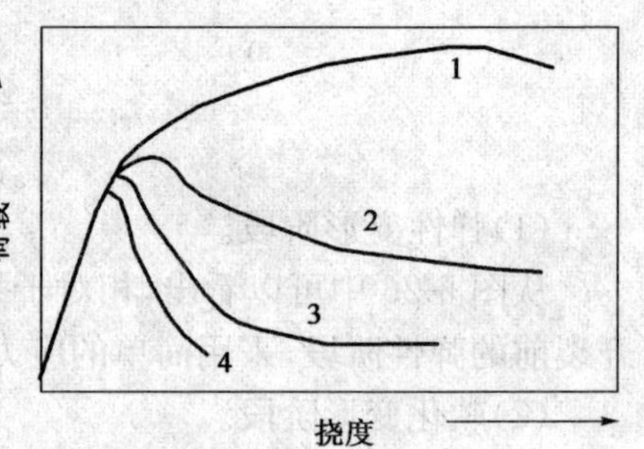

图 5-28 纤维水泥混凝土典型的三种荷载—挠度曲线图

1-应变硬化；2-应变缓慢软化；3-应变急速软化；4-普通混凝土

姚武等研究了钢纤维(纤维长度为 30 mm，长径比为 45)和碳纤维(纤维直径为 12μm，长度为 5mm)在体积掺量均为 0.5%，混杂掺和时混凝土的强度和韧性。研究表明，混杂纤维混凝土的抗压强度和抗拉强度分别比基准混凝土提高了 31.4%和 36.5%，I_{30} 韧性指数提高达 200%，断裂能提高了 21 倍多，并且在混凝土材料初裂后呈现优越的应变硬化行为。所得的曲线图相当于图 5-28 中的第一种类型。

第二类曲线初裂点的位置与曲线的下降速率主要取决于纤维体积率与长径比。东南大学孙伟院士等曾对同一种钢纤维、同一种水泥基体配制的不同纤维体积率的钢纤维混凝土的弯曲荷载—挠度曲线进行了对比，试验结果如图 5-29 所示。对比结果表明，随着纤维体积率的增加，钢纤维混凝土的初裂点升高，曲线段的下降速率也明显减缓。

第三类曲线的突然下降幅度与纤维体积率密切相关，纤维体积率增大，则初裂后曲线的下降幅度可相应地降低。这由 Banthia 用同一种聚丙烯膜裂纤维(19mm 长)与同一种水泥基体制得的不同纤维体积率的聚丙烯增强混凝土的弯曲荷载—挠度曲线(图 5-30)的对比可加以证实。由图 5-30 可知,由于聚丙烯膜裂纤维的弹性模量较小,纤维体积率又较低(较高的聚丙烯膜裂纤维掺量存在纤维成团、不容易分散问题,使得聚丙烯膜裂纤维的掺量一般较低),故复合材料的初裂点无明显差异,但随着纤维体积率的增大,荷载由初裂点突然下降的幅度降低。当各曲线的荷载下降至一定的幅度后,在荷载基本恒定的情况下,挠度会持续地增大。

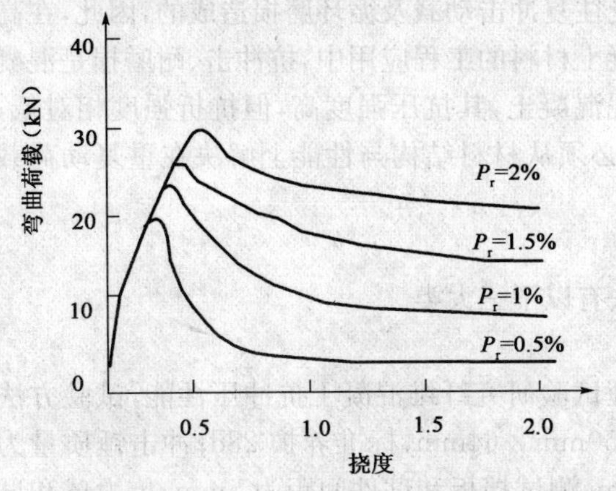

图 5-29 钢纤维体积率对纤维混凝土—挠度曲线的影响

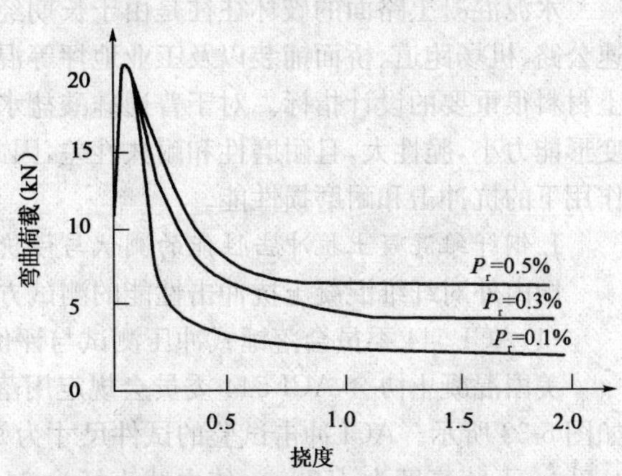

图 5-30 聚丙烯膜裂纤维体积率对纤维增强混凝土荷载—挠度曲线的影响

钢纤维混凝土在弯曲荷载作用下的荷载—挠度曲线与普通混凝土在弯曲荷载作用下的荷载—挠度曲线对比如图 5-31 所示。由图可知,钢纤维增强混凝土的荷载一挠度曲线有两个特征点 A 和 B。A、B 两个特征点把荷载—挠度曲线分成 3 段,而普通混凝土的荷载—挠度曲线没有出现明显的特征点。

(1) O—A 段,自初始点 O 至 A 点,通常称为线性段。在此阶段中,钢纤维和混凝土基体共同承受荷载,处于弹性工作状态,当荷载继续增大,混凝土梁受拉区的应变达到钢纤维混凝土的初裂应变时,混凝土基体出现裂缝,跨越裂缝的钢纤维仍通过黏结界面传递应力,使试件保持恒定,而并不是像普通混凝土那样,一旦裂缝扩展便很快导致试件的失稳而断裂。A 点为初裂点,A 点对应的荷载为初裂荷载 P_A。初裂荷载对应的材料强度称为钢纤维混凝土的初裂弯拉强度。初裂弯拉强度是表示钢纤维增强混凝土阻碍裂缝发生能力的标志,也是确定韧性的重要依据。初裂弯拉强度的确定,关键在于初裂点的测定,用肉眼观测初见裂缝(通常裂缝宽度为 0.02mm)或用荷载—挠度曲线斜率的明显变化点确定初裂点,并不是十分准确。用声发射技术或超声技术确定初裂点位置,更为可靠、准确,避免了人为误差。由于钢纤维对混凝土的阻裂效应,使其初裂荷载通常比普通混凝土的初裂荷载有较大的提高。

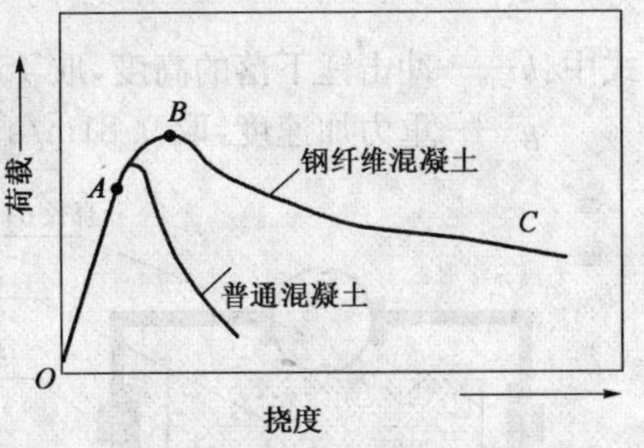

图 5-31 钢纤维增强水泥混凝土荷载一挠度曲线图

(2) A—B 段,由于钢纤维增强混凝土裂缝的出现,使变形的增长比荷载的增长要快。在此阶段,原处于弹性阶段的钢纤维通过界面黏结横贯裂缝并传递应力,钢纤维混凝土可继续承受更大的荷载;随着荷载的增大,裂缝继续扩展,变形增大,钢纤维混凝土处于弹塑性阶段,最终达到 B 点。B 点对应的荷载 P_B 为极限弯拉荷载。

(3)B—C段，至B点后，因钢纤维与基体界面的黏结强度逐步达到极限，钢纤维不断被拔出，承载能力逐渐降低。在该阶段，由于数目越来越多的钢纤维脱黏和被拔出，需吸收很大的能量，故荷载—挠度曲线缓慢下降，呈现出良好的塑性，并有裂而不断的特征。同时，荷载—挠度曲线下所包围的面积也相应增大，呈现出更大的韧性。

三、钢纤维混凝土的抗冲击及抗磨耗性能

水泥混凝土路面的破坏往往是由于长期经受往复冲击动载及循环磨损造成的，因此，在高速公路、机场跑道、桥面铺装以及工业地坪等混凝土材料的工程应用中，抗冲击、耐磨损是混凝土材料很重要的设计指标。对于普通硅酸盐水泥混凝土，其抗压强度高，但抗折强度相对低，变形能力小，脆性大，且耐磨性和耐久性差，因此必须从材料结构与性能上解决在重复动荷载作用下的抗冲击和耐磨损性能。

1. 钢纤维混凝土抗冲击性能的测试与评价

国内外对纤维混凝土抗冲击性能的测试方法有以下三大类。

(1)ACI 544 委员会落锤式冲压测试与评价。

美国混凝土协会 ACI 544 委员会规定用落锤试验研究纤维混凝土抗冲压性能，试验方法如图 5-32 所示。ACI 冲击试验的试件尺寸为 ϕ150mm×64mm，标准养护 28d；冲击锤质量为 4.5kg，下落高度为 457mm，传力球直径为 64mm，测试挡板和试件间距为 5mm，传力球和试件同心，并在冲击锤的中线上。测试时，冲击锤自由落下。

该试验方法通过以下几项指标评价或比较混凝土的抗冲击能力：①出现第一条裂缝（初裂）的冲击次数 n_1；②初裂后，试件体积膨胀，当试件和 4 块挡板中任意 3 块接触时的冲击次数 n_2，n_2 被定为试件破坏次数；③试件初裂和破坏时冲击次数的差值 (n_2-n_1)；④冲击韧性 W 和 ΔW。试件破坏过程吸收的全部冲击能量和初裂后能继续吸收的冲击能量采用式(5-35)表达。

$$W = n \cdot m \cdot g \cdot h \tag{5-35}$$

式中：h——冲击锤下落的高度，取 457mm；

g——重力加速度，取 9.81m/s^2。

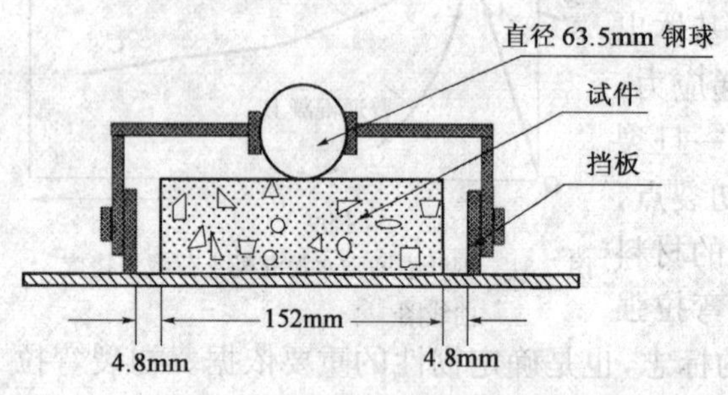

图 5-32 ACI 混凝土抗冲击试验方法示意图

在对冲击韧性的评价上，W. G. Wong 采用了另外一种表达方式。其冲击韧性的表达式为：

$$N_{im} = P(h_1 + h_2 + h_3 + \cdots + h_i)/V_S \tag{5-36}$$

式中：N_{im}——冲击韧性；

P——落锤的质量；

V_S——试样的体积；

h_i——落锤下落的高度。

G. Ramakrishna 等则采用等效开裂荷载 R_u (Ultimate Crack Resistance)、冲击开裂荷载比 C_r (Impact Crack-resistance ratio)、剩余冲击强度比 I_{rs} (Residual Impact Strength Ratio)以及终裂时纤维的破坏情况等评价不同种类的纤维差异，并认为 R_u 与冲击开裂荷载比 C_r 满足这样的关系：$C_r = R_u f_{cu}$，f_{cu} 为立方体试块的抗压强度。

Kankam CK 认为，由于重锤的冲击产生的势能以及混凝土板在冲击开裂过程中消散的应变能满足以下关系：

$$Ne = R_u l_c d_c w_c \tag{5-37}$$

式中：N——落锤冲击次数；

e——落锤每次冲击能量，J/次；

l_c——所有裂缝的总长度；

d_c——裂缝最大深度；

w_c——裂缝的最大宽度。

图 5-33　弹射式冲击试验装置

(Projectile Impact Test Set-up)

(2)弹射式冲击测试与评价。

ACI 544 方法在实际操作中存在一定的问题。当冲击锤稍偏向传力球的中心时，传力球易偏向，不能有效地将垂直冲击荷载传递到抗冲击试件上，试验存在人为操作误差。为此，一些研究学者对该方法作了一定的改进，典型的改进装置如图 5-33 所示。该方法与ACI 544的推荐方法原理相同，但操作上更为简便，也避免了冲击球体出现中心位置偏差的问题。

(3)抗弯曲冲击测试与评价。

以上研究均采用抗冲压试验，而际工程中构件多处于受弯拉状态。我国学者赵国藩、黄承逵等的研究证明，用抗弯冲击试验能够更好地反映纤维的阻裂效应。

为此，邓宗才、傅智等采用自行研制的落锤式抗弯冲击试验装置(图 5-34)系统地研究了纤维混凝土的抗弯冲击性能。该冲击试验的试件用 100mm×100mm×400mm 的模具浇筑，落锤是一个实心圆柱体钢质锤体，横截面直径为 30mm，锤头部为球面，锤的质量为1.65kg。自由落锤的冲击高度为 500mm。试验时，落锤在空心圆柱体套筒中做自由落体运动。在圆筒与混凝土的接触处垫一块薄钢板，避免落锤直接砸在混凝土试件表面上，防止试件上表面被落锤砸凹陷或产生裂缝。

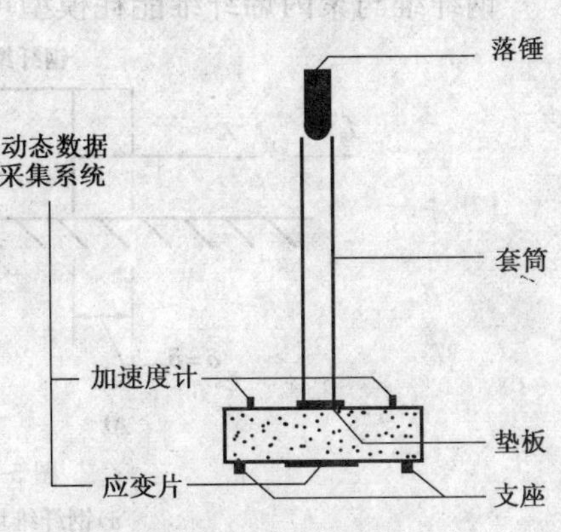

图 5-34　落锤式抗弯冲击试验装置

试验结果评定方法：把试件下表面首次产生裂纹时的冲击次数定义为初裂冲击次数。试件下表面是否初裂，由应变片测得的应变值判定，当应变片断裂、应变值突变时，则判定为初裂。当横向裂缝扩展并贯穿整个截面时，定义为试件发生了冲击破坏。把试件初裂时的冲击次数与冲击高度的乘积与试件横截面面积的比值定义为初裂冲击韧性；把试件破坏时的冲击次数与冲击高度的乘积与试件横截面面积的比值定义为破坏冲击韧性。

2. 钢纤维混凝土抗磨耗性能的测试与评价

国外许多国家都制定了水泥混凝土材料抗磨损试验方法并配有专门的磨耗试验机，以美国材料试验协会有关标准为代表，水泥混凝土材料抗磨耗试验的方法有：ASTM C944—80《用旋转磨耗法检测砂浆和混凝土面层抗磨性试验方法》、ASTM C418—81《混凝土抗含砂水流冲磨试验方法》、ASTM C779—89《水泥混凝土表面抗磨性试验方法》，其中旋转磨耗法主要用于砂浆和混凝土试件以及混凝土取芯试件的磨耗试验，并已成功用于公路工程以及桥梁等混凝土的质量检验。

Rafat Siddique 用于磨耗试样的混凝土试样尺寸为 65mm×65mm×60mm，磨耗前测量每个试样的质量和厚度(厚度取 4 个边点及中心点的平均值),在压头上预加 300N 的荷重,并采用 20g 的铝粉作为助磨剂,磨盆转速为 30r/min,每个试样磨耗 60min。磨耗结束后,量取试样的质量以计算磨耗质量损失,同时量取试样的厚度(同样是取 5 点的平均值),以试样的平均厚度损失来评价磨耗性能。

采用式(5-38)计算试样的平均厚度损失:

$$T=[(W_1-W_2)\times V_1]/(W_1\times A) \tag{5-38}$$

式中: T——试样厚度的平均损失,mm;

W_1、W_2——分别为磨耗前后试样的质量,g;

V_1——磨耗前试样的体积,mm^3;

A——试样磨耗面的表面积,mm^2。

3. 钢纤维混凝土、聚丙烯纤维混凝土抗冲击能耗模型差异

钢纤维、聚丙烯纤维对混凝土冲击性能的作用效果的差异可以采用纤维在抗冲击过程中不同的能耗模型加以解释。

延伸率大的聚丙烯纤维从混凝土基体中拔出时的耗能机理与钢纤维截然不同。钢纤维由基体中拔出所耗的能量主要取决于界面性质,而有聚丙烯纤维则不仅取决于界面性质,而更大程度上取决于纤维本身的一些性能,如弹性模量、伸长率、应变敏感性等。对于钢纤维,由于其弹性模量大,在拔出过程中,主要靠纤维与基体间的摩擦消耗能量,纤维受力后的伸长量相对拔出位移而言在裂缝扩展中所占的比重很小,可忽略不计。而有聚丙烯纤维的混凝土在裂缝扩展中伸长量非常大,纤维伸长变形后积蓄的变形能量占所消耗能量的主体。因此,钢纤维与聚丙烯纤维具有不同的耗能模型。

钢纤维与聚丙烯纤维能耗模型可用图 5-35 加以说明。

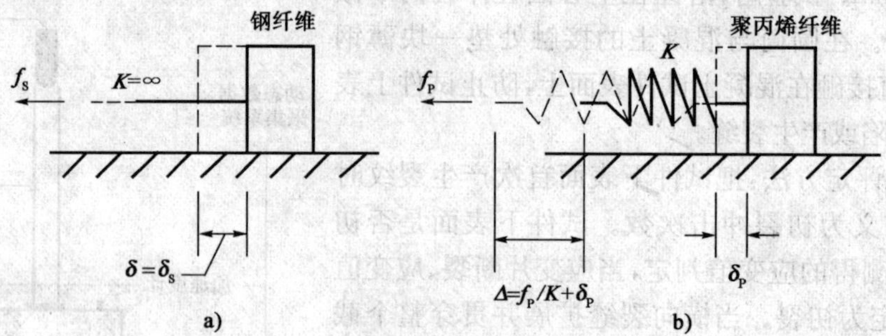

图 5-35 纤维混凝土抗冲击能耗模型

a)钢纤维增强混凝土;b)聚丙烯纤维增强混凝土

对于钢纤维增强混凝土的试件滑动摩擦块模型为:

$$\begin{cases}W_S=f_Smg\\ \Delta=\delta_S\\ F_S=\dfrac{f_Smg}{\Delta}\end{cases} \tag{5-39}$$

对聚丙烯纤维增强混凝土的试件弹簧—摩擦块复合模型为:

$$\begin{cases}W_P=\dfrac{1}{2}K\delta+f_Pmg\\ f_P=K(\Delta-\delta_P)\\ \Delta=f_P/K+\delta_P\end{cases} \tag{5-40}$$

式中：W_S、W_P——摩擦块模型、弹簧—摩擦块复合模型在裂缝扩展过程中消耗的能量；

f_S、f_P——分别为钢纤维、聚丙烯纤维摩擦块的动摩擦系数；

K——弹簧模型的刚度；

m——摩擦块抽象化的质量，无实际物理意义。

钢纤维的摩擦块模型在滑动（纤维拔出）过程中，动摩擦系数在摩擦块略有运动后即呈单调递减的趋势，这是由于纤维的埋置深度迅速递减，而且由于钢材的硬度大，拔出过程中水泥石界面被磨光滑或者与钢纤维接触处的水泥石被压碎的缘故。聚丙烯纤维试件的弹簧—摩擦块复合模型在裂缝扩展过程中，位移以弹簧伸长为主，以摩擦块移动为辅。弹簧的内力随弹簧伸长而逐渐增加；裂缝扩展初期，由于弹簧伸长小，弹簧的抗力也小，在同样的能耗下，裂缝的扩展宽度会大于钢纤维试件的裂缝扩展宽度；但随着冲击荷载作用次数的增加和裂缝的进一步扩展，钢纤维试件内纤维抗力 F_S 随着 Δ 的增加而单调下降，纤维对裂缝扩展的抑制抗力已递减得很低，甚至消失。而聚丙烯纤维试件弹簧—摩擦块复合模型中只要 δ_P 在一定范围内发展，不超出某一临界值，聚丙烯纤维起着桥接作用的抗力 F_P 随 Δ 的增加而增加，即随着裂缝扩展，纤维对裂缝扩展的抑制力呈上升趋势。

四、钢纤维混凝土的抗疲劳性能

同普通混凝土一样，钢纤维混凝土内部粗集料与砂浆基体界面上存在着许多原始微裂纹或孔穴。从能量和热力学理论角度来讲，钢纤维混凝土的疲劳过程，实际上是在反复荷载作用下，裂缝的引发、扩展、回复、再引发、再扩展、再回复的循环过程。每增加一个循环，都将不同程度地引起裂缝宽度和长度的新发展，其受荷破坏是伴随着微裂纹或孔穴扩展时能量的转化和耗散的过程。

反映钢纤维混凝土疲劳特性的一个重要指标是疲劳强度，它与混凝土基体的力学性能、钢纤维的外形、体积率及长径比、钢纤维—水泥石基体的黏结性能因素有关。由于钢纤维对裂缝引发和扩展的约束作用，钢纤维的掺入延长了混凝土的疲劳强度。按我国《钢纤维混凝土结构设计与施工规程》（CECS 38：92），钢纤维混凝土抗折疲劳强度设计值可按式（5-41）和式（5-42）计算。

$$f^f_{ftm} = f_{ftm}(0.944 - 0.077\ \lg N_e + 0.12\lambda_f) \tag{5-41}$$

$$f_{ftm} = f_{tm}(1 + \alpha_{tm}\lambda_f) \tag{5-42}$$

式中：f^f_{ftm}——钢纤维混凝土抗折疲劳强度设计值；

f_{ftm}——钢纤维抗折强度设计值；

f_{tm}——素混凝土抗折强度设计值；

α_{tm}——钢纤维对抗折强度的影响系数，宜通过试验确定，当 $f_{tm}<6.0$MPa 时，可按表 5-6 选用；

N_e——设计使用年限内，混凝土结构所经受的设计疲劳荷载循环次数。

钢纤维对抗拉强度、抗折强度的影响系数 表 5-6

钢纤维品种规格	熔抽型（l_f <35mm），圆直型	熔抽型（l_f >35mm），剪断型
α_{tm} 影响系数	0.52	0.73

本章参考文献

[1] Neville A. 国际材料与结构实验室联合会 1975 年论文集[M]//纤维增强水泥与混凝土. 杨顺喜,沈荣熹,田恒,译. 北京:中国建筑工业出版社,1980.

[2] 孙伟,严云. 钢纤维高强水泥基复合材料的界面效应及其疲劳特性的研究[J]. 硅酸盐学报,1994, 22(2):107-116.

[3] 杜明干,李庆斌. 纤维混凝土界面应力传递机制的三维弹性分析[J]. 清华大学学报:自然科学版,2005(3):310-314.

[4] Fu X., Chung, D. D. L.. Sensitivity of the bond strength to the structure of the interface between reinforcement and cement, and the variability of this structure [J]. Cement and Concrete Research, 1996,28(6):787-793.

[5] Toutanji, Houssam, Ortiz, Gerardo. The effect of surface preparation on the bond interface between FRP sheets and concrete members [J]. Composite, 2001, 53 (4): 457-462.

[6] 黄承逵,赵国藩,彭骏. 二级配钢纤维混凝土疲劳性能的研究[J]. 中国公路学报,1994.

[7] D. J 汉南特. 纤维水泥与纤维混凝土[M]. 陆建业,译. 北京:中国建筑工业出版社,1986.

[8] 田稳苓,等. 异型钢纤维黏结机理研究[C]//陈义荣,刘卫东. 第 8 届全国纤维混凝土会议论文集. 苏州:混凝土与水泥制品,2000.

[9] Zhang J, Stang H, Li V C. Experimental study on crack bridging in FRC under Uniaxial Fatigue Tension[J]. Journal of Materials in Civil Engineering, 2000,12(1): 66-73.

[10] 吴少鹏. 钢纤维增强聚合物水泥基复合材料及其工程应用[D]. 武汉:武汉工业大学,1999.

[11] 赵国藩,彭少民,黄承逵. 钢纤维混凝土结构[M]. 北京:中国建筑工业出版社. 1999.

[12] 梅迎军. 纤维聚合物乳液对水泥基复合材料性能及机理研究[D]. 上海:同济大学,2006.

[13] Amnon Katz, Arnon Bentur. Effect of Matrix Composition on the Aging of CFRC [J]. Cement and Concrete Composites,1995.

[14] 陈华辉,邓海金,李明,等. 现代复合材料[M]. 北京:中国物资出版社,1998.

[15] 陈志源,林江. 高强材料学[M]. 上海:同济大学出版社,1994.

[16] 施钟毅,林贤熊,樊钧. 钢纤维增强砂浆和混凝土抗裂性能试验研究[J]. 建筑材料学报,1998,1(3):239-244.

[17] 孙家瑛,陈建祥,吴初航. 硅灰对水泥基 PP 纤维复合材料路用性能的影响[J]. 建筑材料学报,2000,3(1):80-84.

[18] Rafat Siddique. Effect of fine aggregate replacement with Class F fly ash on the abrasion resistance of concrete[J]. Cement and Concrete Research ,2003.

[19] K. C. G. Ong, M. Basheerkhan, P. Paramasivam. Resistance of fibre concrete slabs to

low velocity projectile impact [J]. Cement and Concrete Composites, 1999.

[20] G. Ramakrishna, T. Sundararajan. Impact strength of a few natural fiber reinforced cement mortar slabs: a comparative study [j]. Cement and Concrete Composites, 2005.

[21] Zengqiang Shi, D. D. L. Chung. Improving the abrasion resistance of mortar by adding latex and carbon fibers[J]. Cement and Concrete Research, 1997, 27(8): 1149-1153.

[22] 王依民，廖宪廷，何元，等. PP纤维水泥复合材料的界面行为——耐磨性能研究[J]. 建筑材料学报，2000 (2)：324-328.

第六章 水泥混凝土路面维修材料

第一节 水泥混凝土路面常见破坏类型

水泥混凝土路面是道路常用材料，随着其使用年限的增长，会逐渐出现各式各样的破坏。其常见破坏类型介绍如下。

一、接缝类破坏

混凝土接缝内无填料、填料破损、缝内混杂砂石称为填缝料损坏。各条水泥混凝土路面上都不同程度地存在接缝类破损现象。其表现为纵横接缝相对拉开，填缝料损坏严重。在水泥混凝土路面接缝损坏类型中，纵、横接缝剥落的情况也很普遍。

这类接缝破坏的情况，看起来对行车的影响不大，但它带来的后期破坏却是相当严重的，尤其在南方雨水充足的地区，因为接缝破坏后，它将导致雨、雪水直接渗入路面结构中，损坏基层和垫层，会造成路面接缝处的变形和破损。同时，泥沙、石屑等硬物也会很容易侵入或挤入接缝中，引起板边胀裂，加速接缝的破坏，如图 6-1～图 6-6 所示。

图 6-1 接缝拉开、填缝料损坏

图 6-2 纵横接缝拉开、填缝料损坏

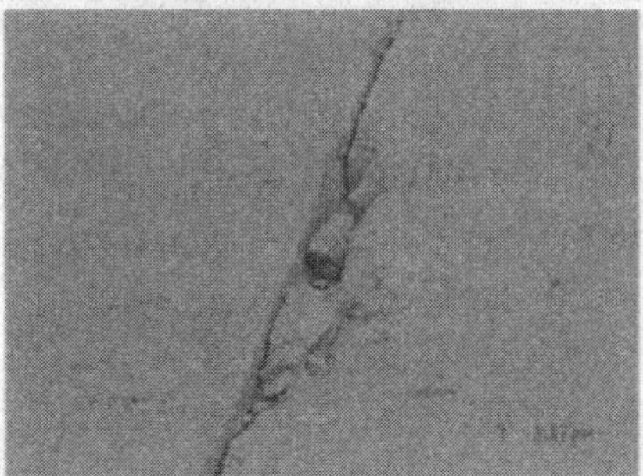

图 6-3 横向接缝剥落、碎边

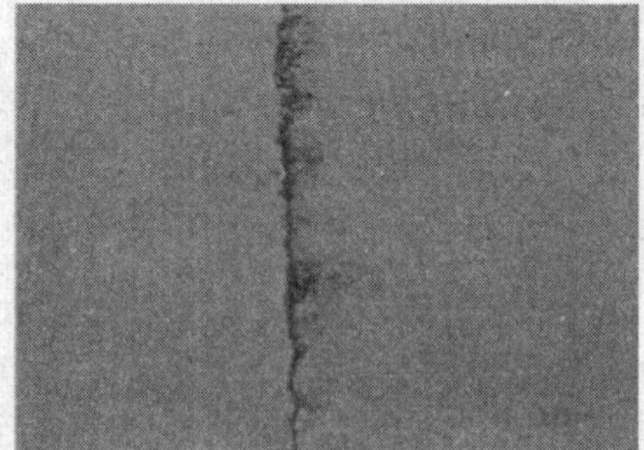

图 6-4 横向接缝剥落

二、变形类破坏

在接缝类病害没有得到合理整治或基层强度不满足设计要求的情况下，往往会出现进一步的变形类破损。这类病害表现在水泥混凝土板块在车辆荷载通过时有明显的活动感，或接缝处有唧泥污染，沉积着基层材料；或板角弯沉检测弯沉值大于 0.2mm，如图 6-7 和图 6-8 所示。

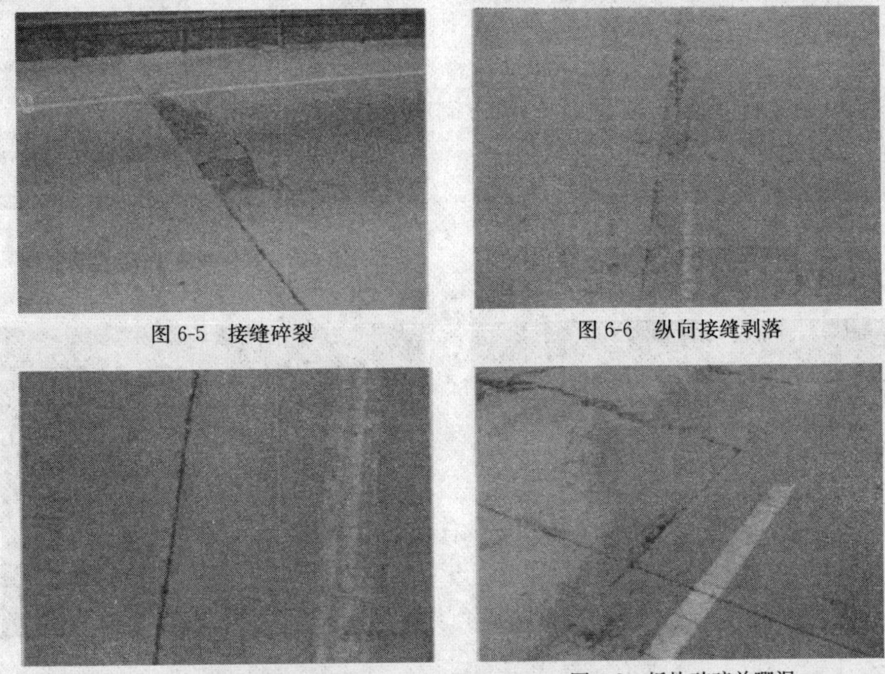

图 6-5　接缝碎裂

图 6-6　纵向接缝剥落

图 6-7　纵向接缝唧泥

图 6-8　板块破碎并唧泥

如地区内雨水比较丰富，加上有些路段接缝没有处理好，使得基层或路基排水不良，超限运输情况较为严重，造成唧泥病害，这种情况在水泥混凝土路面中是普遍存在的，其进一步发展后可使板块破碎，并伴有严重唧泥以及沉陷、错台，如图 6-9 和图 6-10 所示。

图 6-9　唧泥、沉陷、破碎板

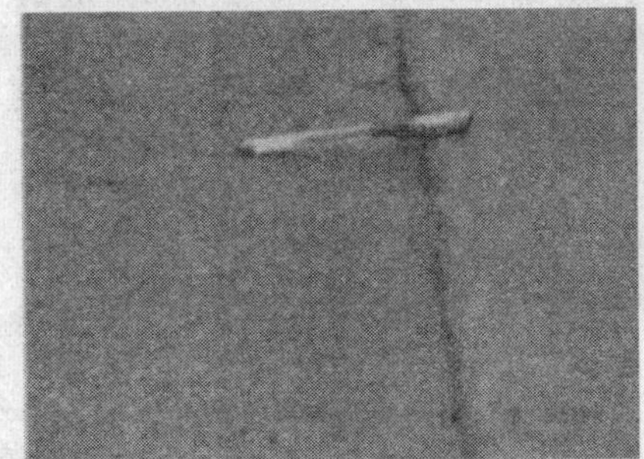

图 6-10 错台、麻面

三、断裂类破坏

常见的断裂类破坏有板角隅裂缝、板块纵向裂缝、横向裂缝、交叉裂缝，以及各种各样的板块大面积破碎和修补后出现的破碎，如图 6-11～图 6-24 所示。

四、表面类破坏

表面类破损主要表现在水泥混凝土路面板表面细集料散失和粗集料暴露，表现为露骨。这类破坏通常是由于水泥混凝土表面砂浆层强度不足所致，同时还有一些出现坑洞，如图6-25 和图 6-26 所示。

图 6-11　中度角隅破碎

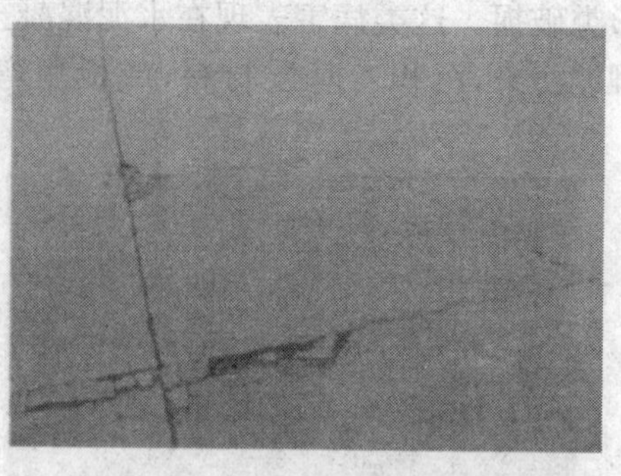
图 6-12　角隅裂缝并有接缝剥落

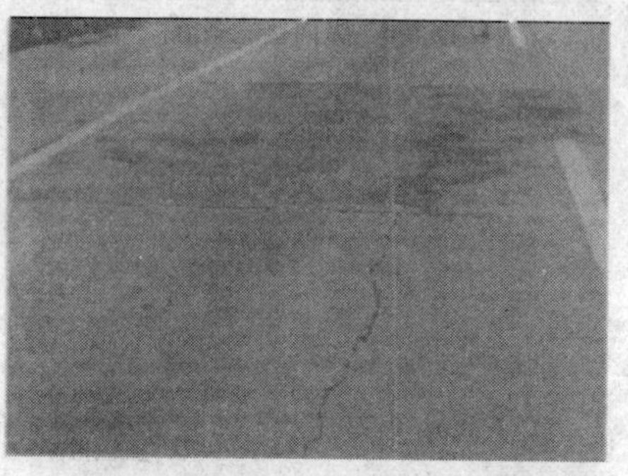
图 6-13　纵向裂缝(一)

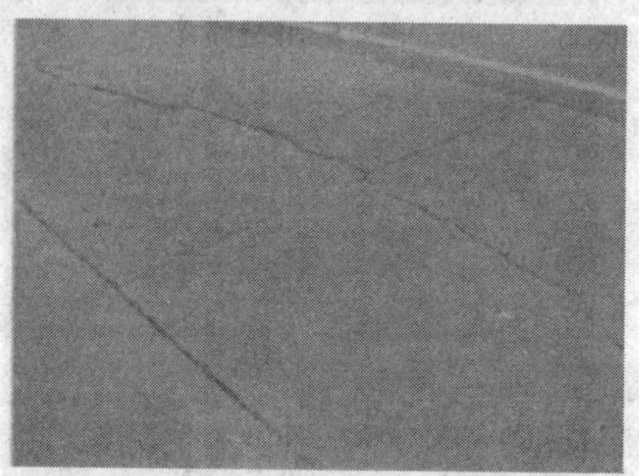
图 6-14　纵向裂缝(二)

图 6-15　横向裂缝

图 6-16　交叉裂缝

图 6-17　横向接缝处板块严重破碎

图 6-18　大面积板块破碎并有沉陷

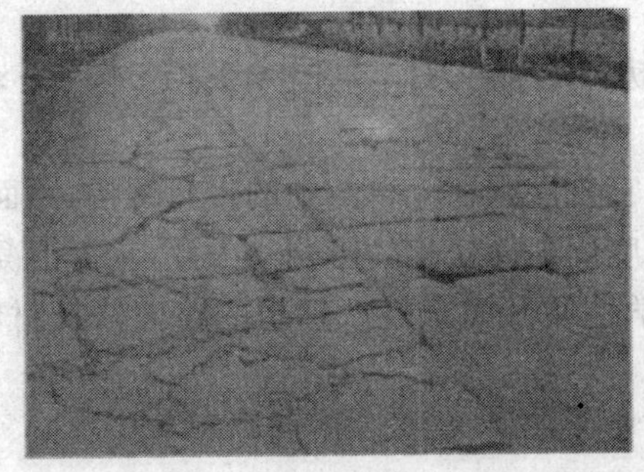

图 6-19　部分路段大面积破碎断裂

图 6-20　整块板沉陷破碎

图 6-21　大面积板块破碎及龟裂

图 6-22　板角修补后出现破碎唧泥

图 6-23　修补损坏(一)

图 6-24　修补损坏(二)

图 6-25　露骨

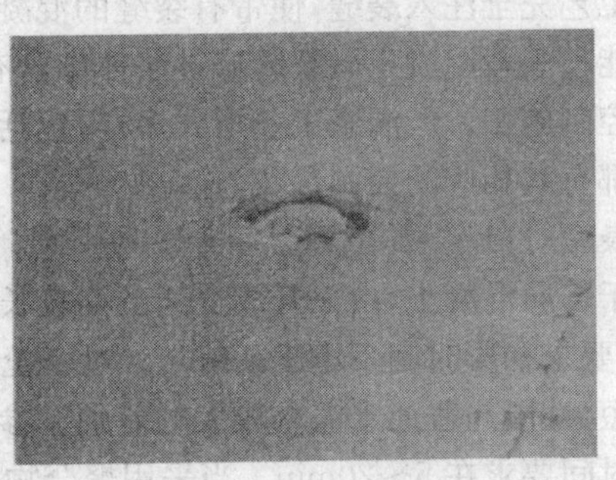

图 6-26　坑洞

第二节　水泥混凝土路面板块修复材料的技术要求

水泥混凝土路面不同于其他混凝土结构物，它是裸露在大自然中的带状结构，路面不仅要经受车轮荷载的重复作用，而且还要经受大气温度周期性变化的影响。因此，水泥混凝土路面修复材料应具备良好的物理性质、化学性质、力学性质及耐久性。理想的路面修补材料，应具备以下性能。

1. 与旧水泥混凝土有良好的相容性

通常要求水泥混凝土路面板应具有较高的弯拉强度，表面平整、抗滑、耐磨。作为修复材料，其应尽可能与基质混凝土相容，其相容性具体表现在弯拉强度、黏结强度、收缩系数、弹性模量、泊松比、耐久性、热膨胀系数及化学活性、颜色相近等方面，对修补材料和基质材料的相容性总结如表 6-1 所示。

修补材料与基质混凝土的相容性关系　　表 6-1

性质指标	修补混凝土(*R*)和基质混凝土(*C*)之间的关系	性质指标	修补混凝土(*R*)和基质混凝土(*C*)之间的关系
收缩应变	$R<C$	抗拉强度	$R>C$
蠕变系数(压应力环境)	$R<C$	疲劳性能	$R>C$
蠕变系数(拉应力环境)	$R>C$	黏结性	$R>C$
热膨胀系数	$R=C$	孔隙率电阻率	$R=C$
弹性模量	$R=C$	化学活性	$R<C$
泊松比	$R=C$		

常用的沥青类、环氧树脂、聚氨酯等有机修复材料，具有强度高、黏结力强、吸水率小、化学稳定性好，能经受一般溶剂的侵蚀、热膨胀系数与体积收缩性低等优点，但与路用混凝土的基本性能相差较大，特别是界面性质相差甚远。因此，为了保证新旧材料各种性能的相容性，最好应选用无机材料作为基质材料，并通过外掺剂进行改性，以改善和提高修补材料的路用性能。

2. 工作性

良好的工作性能包括流动性、可灌性、易密性等，这是保证混凝土路面修补成功与否的关键，尤其是对于路面裂缝的修复。裂缝修补的实质在于胶结、增强与加固，如何将修补浆液通过灌浆工艺完全注入裂缝，使带有裂缝的混凝土路面板块变成一个整体，这涉及浆液的流动与变形性能。一般混凝土微裂缝修补浆体中含有固、液、气三相，属不均匀介质。实际中，常用经验参数控制施工。但灌浆工艺形式多样，包括充填灌浆、渗透灌浆、劈裂灌浆、挤密灌浆等，每种工艺都有其相应的控制参数。

3. 凝结时间

对于普通混凝土，由于开放交通龄期较长，因此可按普通硅酸盐水泥的规定对胶凝材料进行测定，要求初凝时间不小于 45min。对于抢修材料，则不能用这个规定，因为抢修材料的养护时间短，性能与普通水泥有较大的差别。参照我国规范，抢修水泥(超早强水泥，双快水泥)的初凝时间要求在 5～20min。当采用聚合物代替水泥充当胶结料时，根据胶结料的初凝和终凝的时差比水泥要短得多，聚合物的初凝时间要求为 25～35min。

4. 修复材料本身强度

混凝土路面板基本上处于弯曲受力状态，这从水泥混凝土路面设计理论中可充分反映出来，考虑到修补时都对破损进行清理这一有利因素，所以，以抗折强度作为主要指标是合理的。

作为道路修补材料，最基本的要求是必须确保其本身强度在开放交通时间内达到规定的强度指标，而且其强度发展与后期强度有一定的最小值要求，而后者一般可满足要求，所以，最关键的是开放交通时强度指标的大小。

在标准养护条件下，要求修补材料达到一般混凝土路面设计强度的 70%，即通车时抗压强度大于 20MPa，抗折强度大于 3.5MPa。

5. 修补材料的黏结强度

新老混凝土的黏结过程是一个复杂的物理、化学过程。黏结力的产生，不仅取决于新材料和被粘物表面的结构与状态，而且和黏结过程的工艺条件密切相关。新老材料的黏结强度是判断修补材料性能优劣的一个关键指标，它比自身强度更重要。如果黏结强度低，材料的抗压、抗折强度再高，也不能充分发挥作用。用黏结强度高的材料修复孔洞、坑槽等局部破损才有效果。

新旧混凝土界面结构类似于普通水泥混凝土过渡区的结构，即使不考虑收缩对强度的影响，界面强度也低于修补材料本身的强度。在修补过程中，对旧混凝土进行开挖时，在旧混凝土开挖面上会形成一层强度受损薄弱层，也直接影响新旧混凝土界面的黏结强度。所以，修补材料的黏结强度是一项非常重要的指标。我国尚未制定修补材料的技术规范。美国加利福尼亚州规定修补材料对混凝土的黏结抗折强度不得低于 2.8MPa，标准拟进一步提高到 3.5MPa。

6. 收缩性能

修补材料的收缩性能直接影响到修补界面的黏结性能。在进行修补时，路面混凝土已完成了收缩，而新注入的修补材料的收缩刚刚开始，必将在界面上产生剪切力和拉应力，在荷载及环境因素作用下，可能使界面出现二次开裂。因此，应尽量降低修补材料的收缩，使其具有较原路面混凝土更低的收缩，甚至产生微膨胀性能，在界面上产生压应力，以获得理想的界面黏结，从而使界面的过渡层的密实性得到改善，以提高修补质量。

7. 耐久性

同水泥混凝土路面一样，修补材料灌入路面缝隙后，仍裸露在大气中，经受雨水的渗入、阳光的照射、污水的腐蚀以及车辆的反复磨损。以往使用的有机修补材料，例如沥青类材料，在温度、氧气、阳光和水的综合作用下，会发生一系列的挥发、氧化、聚合，导致材料组分发生变化，严重影响修补效果。因此，要求路面修补材料应具有抵抗这些介质侵入和损害的性能。首先，在剪切拉伸黏结界面上，应提供一定的压应力（即修补材料具有微膨胀性能），以提高界面过渡区的密实度，防止各种介质从黏结面渗入；其次，修补材料本身也应该具有良好的耐腐蚀性和耐磨损性能，至少应该与原混凝土路面材料的耐久性相近。

8. 变形能力

作为路面修补材料，同样要经受车辆动荷载的冲击振动作用，因此，要求修补材料应具有一定的变形能力，以松弛瞬时荷载，防止修补材料中或界面上重新产生并发生新的裂纹。描述材料变形能力的参数通常采用材料的弹性模量 E，一般普通混凝土路面板的弯拉弹性模量为 $(20\sim30)\times10^3$ MPa，因此，要求修补材料的弯拉弹性模量应小于基准材料的弹性模量。

9. 环保性

从环保的角度出发，提倡使用“绿色材料”，将“以人为本”的理念贯穿在材料开发、应用的过程中，而无机修补材料符合这种发展趋势。

10. 经济性

在满足力学性能、施工性能、耐久性的前提下，尽量降低材料单价，使混凝土路面修补材料性能优越、价格便宜、便于推广。

第三节　水泥混凝土路面常用修复材料及其特点

根据修补材料的性能，可将水泥混凝土路面修补材料分为有机类、无机类及有机材料和无机材料的复合材料类；按修补材料的用途，可将其分为裂缝灌浆修补材料、板块修补材料和罩面修补材料。表6-2列出了各种类型的水泥混凝土路面修补材料的类型及其用途。

水泥混凝土路面修补材料分类表　　表6-2

材料性能	修补材料类型	修补材料用途
有机类	沥青及改性沥青类	接缝损坏修补、罩面修补
	环氧树脂类	裂缝灌浆、接缝损坏修补
	聚氨酯类	
	烯类	
无机类	快硬水泥混凝土	板块修补、局部修补和罩面修补
	膨胀水泥混凝土	
	掺复合外加剂的混凝土	
	外掺纤维的混凝土	
	外掺超细粉的混凝土	
有机与无机复合材料类	有机为主，无机为辅，如聚合物细石混凝土	路面裂缝、边角及罩面修补
	无机为主，有机为辅，如聚合物浸渍混凝土；聚合物改性混凝土或砂浆，如水溶型（107胶）；溶剂型（丙乳）；乳胶型（丁苯胶乳）	板块可局部修补

裂缝灌浆修补材料有以下几类：

（1）环氧树脂类修补材料。环氧树脂类修补材料主要适用于桥梁修补，本类材料用于水泥混凝土路面的快速修补时存在很多缺点，比如延伸率低、脆性大、耐疲劳性差、耐冲击性差等，这类材料的耐疲劳性仅为280次，且单组分环氧固化时间长，所以不适合用于路面养护。

（2）聚硫改性环氧灌浆材料。这种材料是由低分子材料聚硫橡胶和高分子材料环氧树脂组成，从而达到了降低脆性、改善弹性的目的。

（3）聚氨酯类修补材料。聚氨酯类修补材料的主要优点是延伸率高、弹性好、与老混凝土结合力强、耐振动性好、耐疲劳性好等。这种材料也是由甲、乙两组分组成，甲组分为预聚体，乙组分为固化剂。甲、乙组分混合后发生聚合，并能与水泥混凝土很好结合。此类材料有：

①多异氰酸酯胶黏剂。它具有以下优点：与有机溶剂相溶性好，与混凝土胶结特别牢固，耐疲劳；与吸附在被胶结材料表面上的水分及含水氧化物等发生化学反应或在碱性的被黏结氧化物表面上自行聚合；运用聚氨酯的固化剂较多，含活泼氢的官能团均可。

②端异氰酸酯基聚氨酯。它是由含端基的预聚体和含氢的固化剂组成的，具有胶结强度

高的特点。其在25℃下7d的抗剪强度可达到10.6MPa,耐疲劳强度可达1 800次。

(4)烯类裂缝修补材料。此类材料也是由预聚体和固化剂组成的,主要有以下几种:

①氰基丙烯酸酯胶黏剂。该材料在国外广为采用,固化时间为12min,24～48h可达到最高强度(抗拉强度为25～35MPa)。

②(甲基)丙烯酸酯胶黏剂。这种材料的耐水性好,耐老化性好。

③聚酯酸乙烯乳液。其特点是与水泥的胶结强度高,具有触变性。

目前,用于水泥混凝土路面板块的修补材料有很多种,它们既有优点,也有缺点。

(1)特种水泥。对于快速修复混凝土路面,国内外研制了适用于水泥混凝土路面修补的快硬早强水泥。如日本广泛使用的"一日水泥";美国开发的"派拉蒙特"(Pyrament)混合水泥拌制的混凝土;此外,还有英国的"Swiftcrete"水泥,德国的"Draifach"水泥,意大利的"Supercement"水泥。在国内外应用较多的高铝水泥、磷酸镁水泥、碱硅水泥(SC型和AS型)等,均可达到混凝土路面修补快速恢复交通的目的。

(2)硅粉快硬混凝土或砂浆。硅粉快硬混凝土是20世纪80年代国际上出现的一种新型材料,我国应用硅粉快硬混凝土则是从近几年才开始的。硅粉快硬混凝土可用于桥面或路面的修补,修补后当天或3天可开放交通,修补厚度较普通混凝土小,抗渗性及抗磨性较高,硅粉混凝土中还可掺加一些外加剂,如丙乳胶或超塑化剂等,以增强其性能。但硅粉价格较高,供应有限。

(3)纤维混凝土。许多国家在道路罩面修补中用此类材料,可明显提高混凝土的抗疲劳强度、抗冲击能力和防止裂缝的能力。用于修补的纤维有钢纤维、碳纤维、玻璃纤维、合成纤维等。我国目前研究的主要是钢纤维混凝土,且应用尚处于初始阶段。

(4)聚合物水泥砂浆。美国、日本等国已普遍采用掺有聚合物的水泥砂浆及以合成聚合物和焦油为主的油灰胶泥进行路面较宽裂缝的修补。我国也有应用聚丙烯酸酯乳液砂浆进行薄层修补的路面工程。由于其品种单一(仅为丙乳砂浆),且成本高,不利于推广。

(5)复合型水泥混凝土及砂浆。由早强剂、膨胀剂及聚合物乳液配制的复合型水泥混凝土或砂浆,美国、日本和俄罗斯等国在这方面的研究和应用较早,其中日本在这方面的发展速度最快。采用聚合物改性的掺有复合外加剂的水泥砂浆配成路面快速修补材料,可做到当天修补当天通车,且耐久性好。

(6)复合外加剂配制的水泥混凝土。20世纪80年代末、90年代初,在国家科委引导性项目"我国水泥混凝土路面发展对策及修筑技术研究"的进行过程中,江苏省建筑科学研究院研制的JK系列混凝土快速修补剂(JK-4型,JK-10型和JK-24型)具有高早强、收缩小、新老混凝土黏结力强、凝结时间适中等优点,可在24h内开放交通,已在全国多个省市的公路、市政部门进行过应用,也取得了较好的路面修补效果。江苏省交通工程公司研制的KS系列快速修补剂,其特点是强度高、黏结性强。但由于该材料含有氟铝酸盐、硅酸盐、硫铝酸盐等特种材料,因此价格昂贵。

以上这些快硬早强混凝土都是根据外掺剂的不同而开发出来的不同性能和特点的快硬混凝土。

铁道部科学研究院研制的外掺剂——CNL系列,掺量为水泥质量的3%～8%。其中CNL-2为低温、减水、早强复合外掺剂,CNL-3和CNL-4为缓凝、减水、早强复合外掺剂。CNL系列外掺剂对温度极为敏感,因此要根据施工时的气温、原材料的温度正确选用外掺剂的型号及掺量,根据砂石的含水率决定加水量,并将外掺剂拌和均匀。上海市政工程研究院采用硫铝酸盐超早强膨胀水泥再掺配复合外加剂配制的混凝土具有速凝、快硬、早强、微膨胀、负温性能好、宽水比等性能。但其凝结时间太短，施工操作十分困难，因此必须掺配适量的缓凝外加剂。也有工程使用NX超快硬化剂配制快硬混凝土对断板进行修补，也取得了较好效果。但NX掺量较高，约占水泥量的25%，且还需外加膨胀剂、高效减水剂、缓凝剂等。SC-I型水泥强黏结剂是1980年研制成功的路面缺损补强材料，该材料的特点是能在老混凝土黏结界面上发生化学反应，形成新的胶结物，使新老混凝土形成整体。SANGYONG(双龙)细石混凝土早期强度高，施工时只需加水搅拌即可修补，施工操作较为简便，只是价格昂贵，约9 000元/t。聚合物NC黏结剂是1997年研究成功并进入市场的新产品，是以普通硅酸盐水泥和有机材料经复合、聚合而成的微膨胀混凝土黏结剂，其特点是界面渗透能力强、凝结时间快、早期强度高、耐酸和耐久性好。有的选用高强度等级的普通硅酸盐水泥、高效减水剂和以甲基纤维素、杜拉纤维、填充料三种材料组成的修补剂，其与水泥混合可形成强度较高的复合结构材料，能满足硬化后的混凝土或砂浆收缩率小、黏结性能好、强度高的要求。GS型道路混凝土快速修补剂和QTA-I型快速修补剂都选用钙矾石型复合早强矿物掺合料为主要早强成分，以达到综合早强效果，修补应用效果良好。偏高岭土混凝土在国外应用也较多。最近几年，国际上通常采用高性能减水剂的流动性混凝土用于路面施工。日本土木学会以一般工程结构物为对象颁发有流动性混凝土的施工指南，该指南推荐使用密胺磺酸系或萘磺酸系的高性能减水剂。国内生产的高效减水剂有FDN-W，FDN，TQN等。武汉理工大学材料试验室对超快硬磷酸盐胶结料作为混凝土路面修补材料的性能进行了研究。长安大学对由硫铝酸盐、铝酸盐、硅酸盐及高效表面活性剂经复合而成的HW型超早强快硬修补材料进行了详细的研究。扬州大学水利学院与扬州市市政养护维修工程队对YSM-6超快速砂浆、YSC-6超快速混凝土、GYM-48快速砂浆等进行了大量的试验研究和实地试验路试验，取得了较好的效果。四川省成都“天福牌”系列水泥混凝土路面快速修补剂，是一种高强快硬修补路面的材料，在实际工程应用中表现出了良好的工程特性和修补效果。其具有快凝快硬、早强高(4h抗压强度达25MPa以上，抗折强度达5.5MPa以上)、耐磨性强、抗干缩、抗冻融与原混凝土相容性好等特点。

此外，采用树脂混凝土、高分子聚合物混凝土等材料也可用于水泥混凝土路面快速修复。有的公路管理部门采用环氧树脂胶黏剂(三组分)修补水泥混凝土路面裂缝，有的采用SBR-BH树脂砂浆修补水泥混凝土路面麻面破损都取得了一定的效果。但因为原材料的特殊性，其价格昂贵。上海市政研究院对F型修补材料和新加坡RP快速修补材料进行了试验对比，认为F型修补材料的整体性能较好，用于混凝土路面错台、坑洞、边角缺损、胀缝挤碎及裂缝等应急抢修，一般效果良好。

对于水泥混凝土路面的罩面修补，以往常用的材料是沥青混凝土，也有采用钢纤维混凝土或薄层连续配筋混凝土加铺层的，还有采用水泥树脂砂浆进行罩面修补的。

第四节　水泥混凝土路面修复材料的技术性能

一、裂缝灌浆、接缝损坏修补材料——环氧树脂类

环氧树脂(Epoxy Resin)一般是指至少含有两个环氧基，以脂肪族、脂环族或芳香族链段为主链的高分子预聚物。环氧树脂本身属于热塑性树脂，它可与固化剂进行交联反应，生成不同性能的固化物。其主要优点如下：

(1)环氧树脂含有多种极性基团和活性很大的环氧基，因而对金属、玻璃、水泥、木材、塑料等多种极性材料，尤其是表面活性高的材料具有很强的黏结力，同时，环氧固化物的内聚强度也很大，所以其胶结强度很高。

(2)环氧树脂固化时，基本上无低分子挥发物产生。其胶层的体积收缩率小，约为1%～2%，是热固性树脂中固化收缩率最小的品种之一，加入填料后甚至可降到0.2%以下。环氧固化物的线胀系数也很小。因此，其内应力小，对胶结强度影响小。加之环氧固化物的蠕变小，所以胶层的尺寸稳定性好。

(3)环氧树脂、固化剂及改性剂的品种很多，可通过合理而巧妙的配方设计，使环氧灌浆材料具有所需要的工艺性(如快速固化、室温固化、低温固化、水中固化、低黏度、高黏度等)，并具有所要求的使用性能(如耐高温、耐低温、高强度、高柔性、耐老化、导电、导磁、导热等)。

(4)环氧树脂与多种有机物(单体、树脂、橡胶)和无机物(如填料等)具有很好的相容性和反应性，易于进行共聚、交联、共混、填充等改性，以提高胶层的性能。

(5)耐腐蚀性及介电性能好，能耐酸、碱、盐、溶剂等多种介质的腐蚀。其体积电阻率为1 013～1 016Ω·cm，介电强度为16～35kV/mm。

(6)通用型环氧树脂、固化剂及添加剂的产地多、产量大，配制简易，可接触压成型，能大规模应用。

其主要缺点为：

(1)未改性环氧树脂固化物性脆，抗剥离、抗开裂、抗冲击性能差。

(2)对极性小的材料(如聚乙烯、聚丙烯、氟塑料等)黏结力小，必须先进行胶结面活化处理。

(3)有些原材料如活性稀释剂、固化剂等有不同程度的毒性和刺激性，设计配方时，应尽量避免选用，施工操作时应加强通风和防护。

环氧树脂灌浆材料作为一种化学灌浆材料，与普通混凝土相比，具有强度高，黏结力强，耐化学腐蚀，耐寒，耐热，耐冲击和振动等优点，广泛用于混凝土裂缝补强加固及机械设备底座和平台等的浇灌。环氧树脂灌浆材料主要由环氧树脂、稀释剂、固化剂、增韧剂、填料、集料等组成。环氧树脂是灌浆材料的主体，呈热塑性的线形结构，在常温条件下，其本身不会固化，加入固化剂能进行交联固化反应，生成体为网状结构，具有许多优良性能。环氧树脂本身的黏度比较大，需用稀释剂稀释以降低其黏度，保证环氧树脂灌浆材料具有良好的可灌性，同时，稀释剂的加入还能增加填料的掺量，便于操作。单纯用固化剂固化的环氧树脂固化物脆性很大，需加入增韧剂来提高它的韧性。填料、集料的加入，可以减少环氧树脂的收缩，提高它的物理力学性能，降低成本。

环氧树脂建筑材料在进行建筑结构、桥梁工程、水利工程及军事工程等修补、加固和改造方面的应用与发展，显示了其优点和广泛的发展前景。目前，主要的环氧树脂建筑结构材料有：

(1)JN-XF 混凝土裂缝封闭胶。

JN-XF 混凝土裂缝封闭胶系 A、B 两组分改性环氧树脂类胶黏剂，由多种有机及无机改性材料复合而成，主要力学性能如表 6-3 所示，其主要特点如下：

①在－50～40℃的温度范围均可施工，固化速度较快，开放交通时间短；

②其本身强度及与混凝土的黏结强度高；

③具有适宜的弹性，韧性及耐磨性好；

④不含挥发性溶剂，硬化时基本不收缩；

⑤与混凝土颜色接近；

⑥可在潮湿环境下施工，在干燥条件下黏结力更好；

⑦抗老化性及耐介质(酸、碱及水等)性好。

JN-XF 混凝土裂缝封闭胶主要力学性能 表 6-3

序　号	试 验 项 目	试 验 条 件	试 验 结 果
1	内聚抗拉强度(MPa)	25℃，30d	6.0
2	断裂伸长率(%)	25℃，30d	50
3	钢—混凝土黏结抗剪强度	25℃，30d	C40 混凝土破坏
4	钢—混凝土黏结抗拉强度	25℃，30d	C40 混凝土破坏

(2)CH 环保型弹性环氧灌浆材料。

弹性环氧灌浆材料大致有两类：一类是在糠醛、丙酮稀释体系的环氧灌浆材料的基础上，加入废旧弹性塑料；另一种是用聚氨酯环氧，并加入大量糠醛、丙酮稀释剂。这两种方法都能形成具有一定弹性的灌浆材料，但均存在着挥发大、不利环保等缺点。

CH 环保型弹性环氧灌浆材料运用分子设计原理，通过对聚合物中硬段与软段的合理剪裁，降低交联密度，在固化产物的分子结构中引入柔性链段，使固化产物具有不同的弹性。

CH 环保型弹性环氧灌浆材料具有黏度低、可操作时间长、可灌性好、弹性好、无毒等特点，是处理混凝土变形裂缝较好的补强材料。

(3)弹性环氧补强固结化学灌浆材料。

弹性环氧补强固结化学灌浆材料属于高分子化学灌浆材料。此浆材以环氧系列灌浆材料的改性为目标，以环己酮作为体系的活性稀释剂，添加聚氧乙烯、聚酯酸乙烯酯、塑料油膏等塑性材料为改性剂，从而得到一种黏结强度高、耐弹性形变、耐冲击振动、价格便宜的新型化学灌浆材料，此浆材所需配浆器具和灌浆设备简单，操作方便。

(4)HGM 高强无收缩灌浆材料。

HGM 高强无收缩灌浆材料是一种以高强度材料为集料、以水泥为结合剂，掺入膨胀剂、减水剂、阻锈剂等物质配制而成的无机灌浆材料，具有早强、高强、无收缩、流动度大等特点，适用于钢结构与混凝土、混凝土与混凝土之间的灌浆和嵌固。其特点如下：

①流动性好、不泌水。在水灰比很低的情况下，可获得较大的流动度，可完全填充任何空间，不产生沉缩现象，可避免产生结合不良的缺点。

②无收缩、耐久性高。由于具有微膨胀性能，能确保灌注结构间牢固结合而无缝隙，HGM 为无机灌浆材料，不存在老化，对钢结构无锈蚀，耐久坚固。

③早强、高强。1d 抗压强度大于 20MPa，28d 抗压强度大于 60MPa。

④黏结强度高。由于具有稳定的膨胀力，与钢结构的握裹力大，与既有混凝土黏结牢固。

此材料性能指标如表 6-4 所示。

HGM 高强无收缩灌浆材料性能指标 表 6-4

项　目	抗压强度(MPa)	竖向膨胀率(%)	流动度(mm)	坍落度(mm)
HGM-2(加固型)	25～50	45～55	65～85	≥0.02

(5)JH-T 化学灌浆材料。

JH-T 化学灌浆材料由环氧树脂和改性固化剂加增韧剂、促进剂等聚合物组成。该浆液稳定性好；浆液黏度小；流动性、可灌性好；浆液的凝胶或固化时间可在一定范围内按需要进行调节和控制，凝胶可在短时间内完成；浆液在凝胶或固化时收缩率小或不收缩；固结体有良好的力学性能；抗压、抗拉强度高，与被灌体有良好的黏结强度；凝胶体或固结体的耐久性好，不受气温、湿度变化，以及酸、碱或某些微生物侵蚀的影响；浆液对灌浆设备、管路无腐蚀，易于清洗；浆液配制方便；灌浆工艺操作方便，而且柔韧性好，具有一定的变形能力。在灌浆处理中，它能充分渗透到缝隙深层，与界面充分接触，产生吸附、扩散，从而达到补强加固的目的。

(6)糠醛丙酮树脂改性环氧灌浆材料。

糠醛丙酮树脂与环氧共混后与胺类固化剂反应生成交联的网络大分子结构，从而增韧改性环氧树脂，同时耐热性、耐腐蚀性也有了很大的提高。糠醛丙酮树脂改性环氧树脂灌浆材料具有渗透性好、力学性能优良、受被灌介质有无水影响小等优点，因而自1967年问世以来，已在水电大坝、地下建筑、桥梁、涵管等软弱基础加固、混凝土裂缝的防渗补强中得到了广泛应用。但是，在应用此类浆材的过程中发现，糠醛丙酮改性环氧体系加入胺类固化剂后，前期固化反应快，放热大，后期固化慢，一个月后才基本完全固化，不能满足一些需要快速修补加固的工程的需要。

混凝土裂缝修补胶的基本性能指标应符合表6-5的规定。

裂缝修补胶(注射剂)基本性能指标　　表6-5

检验项目		性能或质量指标	试验方法标准
钢—钢拉伸	抗剪强度标准值(MPa)	≥10	GB/T 7124
胶体性能	抗拉强度(MPa)	≥20	GB/T 2568
	受拉弹性模量(MPa)	≥1 500	GB/T 2568
	抗压强度(MPa)	≥50	GB/T 2569
	抗弯强度(MPa)	≥30，且不得呈脆性破坏	GB/T 2570
不挥发物含量(固体含量)		≥99%	GB/T 14683
可灌注性		在产品使用说明书规定的压力下能注入宽度为0.1mm的裂缝	现场试灌注固化后取芯样检查

针对裂缝修补材料的要求，以下给出水泥混凝土路面裂缝修补材料的推荐组成。

水泥混凝土路面裂缝环氧灌浆材料由环氧树脂、增韧剂、偶联剂、固化剂、填料等组成。

(1)主剂环氧树脂。

以双A酚环氧树脂(二酚基丙烷与环氧丙烷缩合的二酚基丙烷型环氧树脂)为主剂，是由两种不同分子量的低分量环氧树脂组成的。其目的是减少收缩、防止结晶、降低黏度。E-44环氧树脂的黏结强度高于E-51(或CYD-128，环氧树脂E-51的另一个名称)，但它的黏度大于E-51，尤其在冬天施工不方便。其次，两种不同分子量的树脂混在一起，结晶的可能性减少。如果单独用E-51，则冬季施工非常容易结晶。混合树脂既有合适的黏度，也减少了收缩，提高了强度，防止了结晶，所以其效果非常理想。

(2)固化剂。

在环氧建筑结构胶中固化体系是非常重要的核心技术，可采用聚酰胺与改性脂肪胺T-31复合的固化体系。聚酰胺作环氧固化剂具有很多优点，如配比量大、放热峰值低、配方范围广、刚性好、强度韧度高等，但是它也有一些致命的缺点，如黏度大，低于15℃就不易固化，固化速度太慢，室温固化度低(不大于60%)，耐温性差(高于60℃强度急剧下降)。尤其是在冬天，单用聚酰胺几乎和环氧树脂不反应，这样就极大地限制了建筑结构胶的使用范围。改性胺固化剂 T-31 具有黏度低，放热峰值高，固化速度快，稍低的气温也能固化的优点，不过，由于这类固化剂价格昂贵，且固化物脆性大，增加了成本，强度也不甚理想。将改性胺 T-31 固化剂和聚酰胺配合后，其性能提高很多，且价格低廉。改性胺 T-31 和聚酰胺取长补短，既降低了体系的黏度，又保持了其持久的发热量，促进了聚酰胺固化，还能多添加填料，降低了成本而性能不下降，提高了耐热性，还可以在 0℃以上环境中应用，大大扩展了建筑结构胶的应用范围。

(3)增韧剂。

根据一般增韧理论，橡胶加入环氧固化体系时会产生弹力以吸收固化时的收缩应力，从而达到提高黏结强度的作用，但是橡胶在环氧树脂固化体系中存在着相容性差、黏度大、分散困难等缺点。制备这些建筑结构胶对设备的要求高，且分散均匀困难。尤其是在施工过程中，由于橡胶的黏滞性，胶层厚薄不均，施工吃力，耗胶量大，黏结强度一致性差。CTBN(液体端装基丁腈橡胶)的增韧原理是在未固化前，它与环氧树脂及固化剂以均相存在于体系中，而一旦固化开始，此增韧剂便开始分相均匀分布在固化体系中形成海岛结构状。将液体橡胶与 CTBN 复配，取长补短，达到好的增韧效果。

二、板块修补、局部修补和罩面修补材料——快速修补材料

对于板块、罩面等修补，需要使用快速修补材料，即要求材料快速硬化。根据快速修补材料的使用方法和材料组成，可将这些材料分为三种：快硬水泥、快硬混凝土、水泥混凝土快速修补剂。它们分别通过水泥品种选择、加入混凝土掺合料和添加混凝土外加剂达到混凝土快硬早强的目的。

(1)快硬水泥。

①快硬硅酸盐水泥。快硬硅酸盐水泥是在配制水泥生料时通过对生料组成的控制与调整，使水泥中早强矿物 C_3S 等的含量高，并含有一定量的 $11CaO \cdot 7Al_2O_3 \cdot CaF_2$，$3CaO \cdot 3Al_2O_3 \cdot CaSO_4$矿物。在环境温度为 5～20℃时，约需 2～3d 硬化。在环境温度为 20～30℃时约需 1～2d 硬化。但和普通水泥一样，其干缩大，新老混凝土黏结差，水化热高，要注意养护。

②快硬硫铝酸盐和氟铝酸盐水泥。硫铝酸盐水泥熟料的主要矿物成分是 $3CaO \cdot 3Al_2O_3 \cdot CaSO_4$，和 C_2S，其除具有早强快硬特征以外，还有一定的膨胀性和抗硫酸盐腐蚀的性能，其 4h 抗压强度可以达到 20～25MPa，1d 强度可以达到 30～60MPa。氟铝酸盐水泥的主要矿物组成为 $11CaO \cdot 7Al_2O_3 \cdot CaF_2$和 C_2S 或 C_3S 等，其具有快硬性能，凝结时间短，初凝时间通常只有几分钟，终凝时间不超过 0.5h，其 2～3h 的抗压强度可达到 20MPa，由于用这两种水泥修补的路面后期强度会有降低，所以使用受到一定的限制。

③高铝水泥。高铝水泥是一种快硬早强水泥。其主要熟料矿物成分是 Ca，强度主要集中在早期，后期几乎无发展，高铝水泥水化物在高温下不稳定，易发生晶型转变，后期强度往往会降低，高铝水泥 1d 的抗折强度可达到 3～5MPa，抗压强度可达到 25～45MPa。

④高铝水泥和普通硅酸盐水泥的混合使用。高铝水泥与普通硅酸盐水泥混用，凝结时间缩短，甚至有瞬凝现象，这是因为普通硅酸盐水泥中的石膏和 C_3S 析出的 $Ca(OH)_2$ 均能加速高铝水泥的凝结，普通硅酸盐水泥的石膏被消耗完后，水泥中的 C_3S 水化加快，只要比例适当，可以收到较好的效果。

⑤磷酸镁水泥。磷酸镁水泥混凝土是一种较好的快速修补材料，在国内外应用较多。磷

酸镁水泥制备的基本工艺为:在 1 000℃左右灼烧 MgO 粉,磨制成比表面积为 1 260～3 000cm²/g,将 $NH_4H_2PO_4$ 粉与之混合均匀,由 $Na_2B_4O_7 \cdot 10H_2O$ 调节凝结时间即可制成磷酸镁系水泥 BPM。磷酸镁系水泥有足够的凝结时间,较快的硬化速度和早期强度,与旧混凝土结合力强,相容性好,是一种很有发展前途的路面修补材料。

磷酸盐水泥砂浆和混凝土的配比及强度与水泥砂浆混凝土的强度对比如表 6-6 及表 6-7 所示。其养生条件为 20℃的浸水养生。

磷酸盐水泥混凝土的干缩率只有 0.05%～0.09%,体积稳定性很好。

水泥砂浆及混凝土的配比　表 6-6

水泥种类	混凝土类型	混合料配比			W/C
		水泥	砂	碎石	
MPB(磷酸盐水泥)	砂浆	1.00	1.50	0.00	0.11
	混凝土	1.00	0.62	1.48	0.12
OPC(普通硅酸盐水泥)	砂浆	1.00	2.50	0.00	0.43
	混凝土	1.00	1.45	2.7	0.48

水泥砂浆及混凝土的强度　表 6-7

水泥混凝土种类	受力类型	强度 (MPa)				
		3h	1d	3d	7d	28d
MPB(磷酸盐水泥)混凝土	抗折强度	7.3	7.2	8.4	9.0	10.2
	抗压强度	43.4	45.6	50.6	57.3	58.2
OPC(普通硅酸盐水泥)混凝土	抗折强度	—	—	3.4	4.3	7.2
	抗压强度	—	—	23.6	37.3	56.9

⑥碱硅水泥。碱硅水泥是较好的快速修补水泥,目前有一些快速修补材料就是碱硅水泥。在我国,有两种典型的碱硅水泥快速修补材料。

a. 上海市政工程研究所研制的 SC 型快凝修补材料,该材料是以硅酸钠为结合剂,以金属氧化物或氢氧化物作固化剂,以氧化硅为主体的砂、石料作骨材的一种新型黏结剂。

b. 南京水利科学研究院研制的 AS 型快速修补材料,它是一种以冶金工业废渣和化学激发剂为主要成分的水硬性胶凝材料,可以替代水泥材料,直接与砂、石、水配制成 AS 型混凝土或砂浆,用于混凝土路面板块修补或更换。

(2)快速修补水泥混凝土。

快速修补水泥混凝土是一种在普通混凝土中加入一定的矿物掺合料,使混凝土具有早强和高强的特点,这种修补材料的特点是早期强度高且后期强度发展良好。目前,国内外应用较为广泛的是硅灰混凝土和偏高岭土混凝土。另一种是在普通混凝土中加入聚合物和纤维等,使混凝土具有较高的抗折强度和韧性。

①硅灰混凝土。硅灰是一种火山灰性极强的掺合料,其早期强度高,后期强度发展良好。在水泥浆体和集料表面,$Ca(OH)_2$ 不富集,代之以水化硅酸钙,所以有较好的界面结合强度。新旧混凝土之间黏结性好,含 10%～15%(以水泥重为基准)硅灰的混凝土非常适合于混凝土路面的修补,但在我国应用成本很高。

②偏高岭土混凝土。偏高岭土的火山灰活性也极强,有研究表明,其活性甚至高于硅灰,硅灰的导入会增加混凝土的自收缩,偏高岭土混凝土有补偿收缩的微膨胀性能,偏高岭土混凝

土有较好的工作性，能改善混凝土的可塑性，增强结合性，减少泌水，加速水泥的水化，早期强度高，后期强度会不断增长，提高混凝土的综合性能。偏高岭土可以用于混凝土路面和机场跑道的修补，是一种理想的修补材料。

③纤维增强混凝土和聚合物混凝土。纤维增强混凝土用于修补可以大幅度提高修补混凝土的抗拉强度，目前用于修补的纤维增强混凝土有钢纤维增强混凝土、碳纤维增强混凝土和合成纤维增强混凝土。目前，植物纤维增强混凝土已经有一些应用，聚合物水泥混凝土的应用也比较多。

a. 玻璃纤维增强水泥混凝土。玻璃纤维是一种由熔融态的玻璃制成的人造纤维。普通的无碱或中碱玻璃纤维耐碱性很差，放置于 $Ca(OH)_2$ 的饱和溶液中或硅酸盐水泥生成的液相中，其抗拉强度会大幅度下降，从而失去增强作用。因此，用于水泥混凝土的玻璃纤维必须是抗碱的玻璃纤维。

采用混拌法将预先切短的抗碱玻璃纤维均匀地混加入水泥混凝土中，纤维的长度以25mm 为宜，根据研究，纤维体积率一般以 3%～5%为宜。抗碱玻璃纤维对水泥混凝土的增强作用是显著的，其抗折强度可提高到 15～20MPa，抗冲击强度可达 1.5～2.5MPa，弹性模量约为 2×10^4 MPa。水泥混凝土中渗入适量的抗碱玻璃纤维，其强度特性将会得到明显改善。但由于玻璃纤维与水泥混凝土的搅拌不易均匀，生产较为困难，抗碱玻璃纤维的碱腐蚀仍无法避免，且成本高，目前在路面中尚未得到大范围使用，主要用于路面修补。

b. 钢纤维增强混凝土。钢纤维混凝土是一种纤维与混凝土相结合而成的复合材料，通过两者之间的界面作用成为一体，在受力过程中，两种材料各施所长，可显著地提高混凝土的各项性能指标。纤维混凝土的抗拉强度、抗折强度与抗剪强度高；在动荷载下，抗冲击能力好，抗弯、抗冲击韧性优异，耐疲劳寿命长，并具有良好的阻止和抑制温度应力引起裂缝产生和扩展的能力。此外，纤维混凝土的抗冻性和耐磨性良好，纤维混凝土的这些性能和路面的要求基本一致，因而可减小路面厚度和延长路面的使用年限。

根据钢纤维的生产工艺，可分为四种类型：切断钢纤维、剪切钢纤维、切削钢纤维、熔抽钢纤维。

关于钢纤维的含量及纤维长度，应考虑它对力学性能及施工性能的影响。一方面，从理论上来说，纤维所受的应力与纤维的长径比（L/d）和界面黏结强度成正比，要提高纤维在混凝土中的增强效果，一是提高纤维长径比，二是提高钢纤维与基体之间的黏结强度。但另一方面，长径比过大，钢纤维混凝土的施工性能就会变得很差，混凝土和易性会降低，还会产生纤维结团现象，破坏拌和物的均匀性，从而影响钢纤维混凝土的质量，所以选择合理的长径比是很重要的，是既能提高钢纤维的增强效果，又能保证其施工性能的重要参数。就钢纤维本身而言，长径比取决于它的形状和表面情况。表 6-8 给出了钢纤维直径和长度对其力学性能的影响。不同含量钢纤维混凝土的性能如表 6-9 所示。

根据钢纤维含量及长度对其力学性质的影响，建议纤维含量（体积比）控制在 1.5%～2%为宜，长径比 L/d 在 60～100。

钢纤维混凝土的水泥宜用较高强度等级，一般为 42.5 级普通硅酸盐水泥，水泥用量较普通混凝土大，多在 350kg/m^3 以上，水灰比基本与普通混凝土接近（0.4～0.6），但若适当掺加部分粉煤灰，则可降低水灰比，并提高和易性。

集料最大粒径宜为 10～15mm，集料含量小于普通混凝土，从而使有限长度的钢纤维的增强效果尽量得以发展。

含量为1.5%钢纤维不同直径和长度对力学性质的影响　　表6-8

直径(mm)	$D=0.6$			$D=0.5$			$D=0.4$		
长度(mm)	25	38	50	25	38	50	25	38	50
抗拉强度(MPa)	5.1	5.96	6.45	5.91	6.68	6.54	7.12	8.02	11.05
抗压强度(MPa)	28.0	28.3	27.6	31.6	31.3	28.2	32.6	36.3	36.9
劈裂强度(MPa)	2.75	3.18	3.25	3.21	3.24	3.50	3.30	3.60	4.10
弹性模量(MPa)	31.95	30.90	34.10	31.00	32.20	32.60	34.26	31.85	35.66
韧性(kN·mm)	—	—		11.36	12.87	12.33	10.85	11.36	14.00
冲击强度	第一条裂缝出现时钢球下落次数				最后破坏时钢球下落次数				
	钢纤维混凝土2次		无纤维混凝土1次		钢纤维混凝土34次		无纤维混凝土2次		

钢纤维含量对混凝土力学性能的影响　　表6-9

性能 \ 纤维含量	0%	1%	1.5%	2%
抗弯拉强度(MPa)	4.37	5.8	6.54	7.01
抗拉强度(MPa)	28.97	28.4	31.3	32.1
劈裂强度(MPa)	2.53	3.58	3.42	3.63
韧性(kN·mm)	1.56	10.07	12.37	14.55

钢纤维混凝土的成本比普通混凝土高一倍以上,因此一般只用于薄层罩面和桥面的修补。另外,普通混凝土中加入钢纤维,其早期强度仍然不高,故用于快速修补时,仍要和快速修补剂配合使用。

(3)快速修补剂。

快速修补剂是在通用水泥中加入一定量的快速修补剂,使混凝土达到快硬早强和快速通车的目的。目前,我国快速修补剂主要有武汉理工大学研制的R-24,江苏省建筑科学研究院研制的JK系列快凝快速修补材料,江苏省交通工程公司研制的KS系列快速修补材料等。

①江苏省建筑科学研究院研制的JK系列快凝快速修补材料由部分氟铝酸盐、硅酸盐、硫铝酸盐和高效表面活性剂配制而成,具有价格低廉、强度高、层面黏结力强的优点,其配比如表6-10和表6-11所示。其强度指标为:28d抗弯拉强度为5.49MPa,28d抗压强度为47.5MPa,1d抗弯拉强度为3.10MPa,1d抗压强度为18.9MPa。

JK-4 修补剂配比　　表6-10

项目 \ 材料	水泥	JK-4修补剂	水	砂	石
质量(kg)	278	228	182	481	1 180
质量比	1	0.82	0.65	1.73	4.24

JK-24 修补剂配比　　表6-11

项目 \ 材料	水泥	JK-24修补剂	水	砂	石
质量(kg)	420	67	143	510	1 250
质量比	1	0.16	0.34	1.20	2.98

JK-24 是一种水泥早强剂，用于水泥混凝土路面修补。可以 24h 通车，其强度约为：24h 强度可达到 3.0～3.5MPa；48h 强度可达到 4.5～5.0MPa；28d 强度可达到 7.0MPa，28d 干缩率为 0.1%～0.15%。

已有的研究结果表明：养生温度的提高及水泥掺量的提高，有利于修补材料强度的提高。

②江苏省交通工程公司研制的 KS 系列快速修补材料，该系列分为 KS-6，KS-12，KS-24 三种，其特点是高强度、强黏结，修补后数小时即可通车。该系列修补混凝土的强度试验结果如表 6-12 所示，其主要配比如表 6-13 所示。

JK-24 快速修补混凝土的强度 表 6-12

编号	混凝土的配比					试验温度(℃)	24h 强度(MPa)	
	水泥	JK-24	水	砂	石子		抗折	抗压
1	420	67	143	510	1 250	25	3.5	24.4
	1	0.16	0.34	1.20	2.98			
2	420	67	143	510	1 250	24	2.99	20.4
	1	0.16	0.34	1.20	2.98			
3	445	71	160	534	1 326	24	3.38	22.3
	1	0.16	0.34	1.20	2.98			
4	445	71	156	490	1 286	33	3.8	34.3
	1	0.16	0.35	1.10	2.89			
5	445	71	156	490	1 286	33	4.2	38.7
	1	0.16	0.35	1.10	2.89			
6	445	35.6	156	503	1 313	25	3.86	33.2
	1	0.08	0.35	1.12	2.95			

KS 系列黏结剂性能及每立方米混凝土材料用量 表 6-13

名称	42.5 级水泥(kg)	KS 剂(kg)	水(kg)	砂(kg)	碎石(0.5～1.5)mm(kg)	碎石(0.5～1.5)mm(kg)	碎石(0.5～1.5)mm(kg)	28d 抗弯拉强度(MPa)	28d 劈裂强度(MPa)
KS-6	366	112.6	160	530	233.4	479	584	—	4.65
KS-12	346	89.2	160	536	236.2	485	590	6.25	4.56
KS-24	387.5	60	150	551	242.8	450	607	5.04	1.98
R-24	387.5	32	146	561	252.8	460	607	5.12	3.45

三类混凝土路面的修补材料各有优缺点：快硬水泥类使用方便、硬化快，但因为快硬水泥的生产厂家少，如果长途运输则经济性差；快硬混凝土耐久性好、抗拉强度高，但成本高；快速修补剂运输量小，成本较低，目前应用最广泛。

三、聚合物改性水泥混凝土

为了改善水泥基材料的流动性、柔韧性、界面黏结性能，常选用聚合物乳液。聚合物乳液主要由聚合物颗粒(尺寸在 0.1～1μm 之间)、乳化剂、稳定剂和分散剂等组成，其中固体成分含量在 40%～70%之间，乳化剂使聚合物颗粒均匀分散在水中，形成乳液，分散剂和稳定剂使乳液能在较长时间内不产生离析及絮凝。

选用聚合物乳液一般应考虑聚合物最低成膜温度、表面张力、粒度及其分布、机械稳定性和化学稳定性。

乳液通常是分子量很高的分散体,它的成膜特点是依靠分散体外相的挥发,其颗粒紧密堆积过程中的毛细管作用,压缩聚合物变形融合而形成连续膜的。所谓最低成膜温度,即在低于这一温度时,聚合物难以形成连续均匀的薄膜,其防水、黏结性能受到影响,从而影响修补效果。

聚合物乳液的表面张力关系到与水泥基材料的相容性。而乳液的粒度大小及分布影响到乳液的黏度、成膜性质及改性材料的使用性能。粒度越小,则运动越快,越易进入改性材料的粒子的间隙;渗透性越好,则改性效果愈好。

聚合物乳液的机械稳定性主要反映乳液对剪切应力的敏感程度,如果这一性能不佳,在储存和使用过程中,会发生聚结现象。化学稳定性是指聚合物与其他添加剂的相容性。若化学稳定性不好,轻则影响改性效果,严重时会引起破乳。

建筑上通常将具有防水作用的聚合物基料按分散介质的不同而划分为溶剂型基料和水性基料。水性基料是以水作为分散介质或溶剂的无机或有机高分子体系,水性基料可分为水溶性基料和乳液型基料,乳液型基料即高分子物质在乳化剂的存在下以微细粒子(0.1～10μm)分散于水中的基料。

聚合物乳液改性水泥混凝土材料包含如下组分,其中给出了两种较为常用的乳液类型:

(1)Acronal S400乳液(简称S400)。

丙烯酸酯聚合物乳液 Acronal S400稳定性好,与水泥有优良的相容性,并与水泥有适度胶联,可用于生产高强度、高抗拉、高弹性的防水材料,该产品耐久、耐酸碱腐蚀、耐候、耐老化性能优异,而且适应温度范围广。

S400具有柔性和双组分防水拉伸剪切黏结性能,主要用于柔性、双组分防水水泥黏结灰浆和柔性的水泥基屏蔽性涂层、制备与沥青乳液的混合物以及对水泥黏合剂和混凝土改性。

Acronal S400在10～30℃温度范围内,可在密闭的容器内保存。该乳液不会对健康构成威胁,其主要性质如表6-14所示。

Acronal S400技术性质 表6-14

项　目	性　质	指　标
产品规格	固体含量(ISO 1625,DIN 53 189)	57%±1%
	23℃温度时的黏度	300～750MPa·s
	pH值(ISO 1148,DIN 53 785)	7.0～8.5
分散体	20℃时的密度(ISO 8962)	约1.04g/cm³
其他性质	平均粒度	约0.1μm
	最低成膜温度(ISO 8962,DIN 53 785)	<1℃
	抗结霜性	无
涂膜的性质	20℃时的密度(ISO 8962)(ISO 1183,DIN 53 479)	约1.08cm³/g
	玻璃化转变温度 T_g(DSC)	约-6℃
	极限伸长率	>2 500%
	断裂时的拉伸应力	约0.3N/mm²
	表面	有黏着性

续上表

项　　目	性　　质	指　　标
涂膜的性质	在浸泡 24h 后的吸水率(ISO 1183,DIN 53 495)	5%～10%
	外观	清澈、透明
	抗老化	好
	耐光稳定性	好

(2)UCAR 合成胶乳 R161(简称 R161)。

UCAR 合成胶乳 R161 是一种苯乙烯/丙烯酸酯类共聚物。R161 乳液专用来改善水泥的柔韧性,具有良好的耐水、耐碱和良好的水泥兼容性,配方适用性广,柔韧性改性效果显著,特别适用于制造柔软的、耐水性好的双组分灰浆。其技术指标如表 6-15 所示。

UCAR 合成胶乳 8161 技术指标　　表 6-15

性　　质	指　　标
含固量	56%±1%
pH	7.5～9.0
布鲁克菲尔德黏度(3 号转子、60r/min、25℃)	0.2～2Pa・s
相对密度	约 1.03
胶乳外观	乳白色
干膜外观	透明、发黏
胶乳粒径	0.2～0.4μm
玻璃化转化温度	约－0.8℃
最低成膜温度	<1℃
胶膜最大抗拉强度:(参考 ASTM 方法 D412)	0.6N/mm^2
胶膜断裂延伸长度:(参考 ASTM 方法 D412)	2 400%
胶膜 24h 浸水试验吸水率	3%～4%

(3)消泡剂。

聚合物乳液在与水泥拌和过程中极易产生气泡,如果不消除,将会影响改性材料的强度,因此,必须使用专用的消泡剂来减少或消除泡沫。NOPCO8034 消泡剂是一种高效液态消泡剂,特别适用于细粒聚合物乳液,能很好地分散在乳胶中,微溶于水,其基本特性见表 6-16。

NOPCO8034 消泡剂特性　　表 6-16

项目	特性
密度(20℃ DIN 5175.7)	0.87～0.92g/mL
黏度(300C Brookfield,spindle 2,30r/min)	300～900Pa・s
含水率(K Fischer)	0～5%
外观	黄色不透明液体
离子特性	非离子
活性物质	100%
水溶性	可乳化

(4)减水剂。

在混合料中加入减水剂的目的是改善混合料的和易性。

(5)膨胀剂。

为了补偿聚合物改性水泥浆体灌入路面微裂缝后产生收缩，影响到界面黏结性能，在复合材料中应加入膨胀剂。常用的 UEA 膨胀剂属于硫铝酸盐膨胀剂，相对密度为 2.85，比表面积为 2 500～3 000cm^2/g，其化学成分如表 6-17 所示。

膨胀剂化学成分(%)　　表 6-17

烧 失 量	SiO_2	Al_2O_3	Fe_2O_3	CaO	MgO	SO_3	TiO_2
2.12	15.85	15.07	0.93	35.15	3.06	24.33	0.79

(6)早强剂。

早强剂可使用化学分析纯氯化钙试剂。

聚合物改性材料一般可分为两类：一类为聚合物乳液改性超细水泥，适合于修补宽度为 1～2mm 的裂缝；另一类为聚合物乳液改性普通水泥，适合于修补宽度为 2～3mm 的裂缝及面板的破坏。

聚合物在水泥砂浆和混凝土中的最佳掺量为 10%～20%。在此掺量范围内，水泥混凝土的抗折强度、抗拉强度、黏结性能、防水性能、抗冲击性、耐磨性等均有明显改善。掺聚合物乳液的水泥砂浆或混凝土的主要特点可归结为如下几点：

(1)拌和后的水泥砂浆和混凝土流动性好，用水量较普通水泥砂浆和混凝土低。

(2)当聚合物掺量为 10%～20%时，与普通水泥砂浆和混凝土相比，其抗拉与抗折强度可提高，延伸能力也有所提高。

(3)与旧混凝土黏结力强，以掺聚酯酸乙烯酯乳液的水泥砂浆为例，它与旧混凝土的黏结强度比普通水泥砂浆和混凝土高 9～10 倍。

(4)由于聚合物堵塞了硬化体中的孔隙，且加强了水泥石与集料的黏结，使其抗渗、耐腐蚀性能均有显著的提高。

(5)与普通水泥砂浆和混凝土相比，聚合物水泥砂浆和混凝土的抗冲击性可提高数倍至十几倍，耐磨性也可提高十几倍至几十倍。

(6)干缩水率随聚合物掺量的增大而减小，但因聚合物种类与养护条件而异。

掺聚合物乳液的水泥砂浆或混凝土的缺点主要是抗冻性差，容易起皮。

第五节　水泥混凝土路面的修补工艺

一、条带罩面法修补

条带罩面法修补是指将一定范围内的混凝土路面表面破损及疏松的混凝土凿除，刷洗干净后，用修补材料进行罩面的一种修补方法，它主要用于表面龟裂、交叉裂缝、检查井附近裂缝、蜂窝、摩擦系数不足、麻面、露石、脱皮等的修补。对贯穿板全厚的大于 3mm 小于 15mm 的中等裂缝和纵缝张开的处治，可采用条带罩面法进行修补，其修补工艺为：

(1)首先在缝的两侧各约 20cm 处平行于缝切 7～10cm 深的两条缝。

(2)在两缝内侧用风镐或液压镐凿除混凝土约 7～10cm。

(3)沿缝两侧 15cm,每隔 50cm 钻一钯钉孔,直径略大于钯钉的直径。

(4)用直径为 16 的螺纹钢筋制成长 30cm,钩长约 7cm 的钯钉。将孔槽内填满快硬砂浆,安装钯钉。

(5)人工将切割的缝内壁凿毛,并去除已破裂又尚未脱落的表面裸石,以增强新旧混凝土的结合。

(6)在修补面上先刷一层界面剂,然后浇筑快硬混凝土,并及时振捣密实,抹光和喷洒养护剂,喷洒面应延伸到相邻老混凝土面板 20cm 以上。

(7)适时用切缝机沿原缝位置切缝并灌填缝料。

图 6-27 和图 6-28 所示为条带罩面修补法示意图。对于面板存在面积较大、深度在 4~5cm 成片的坑洞,或剥落和板上端 1/3 板厚之内的其他表面病害,也可以采用罩面法进行快速修补,如图 6-29 和图 6-30 所示。

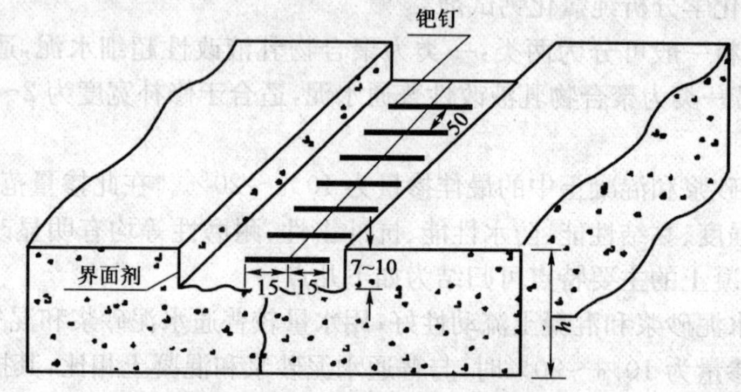

图 6-27　裂缝较宽断板的钯钉罩面示意图(尺寸单位:cm)

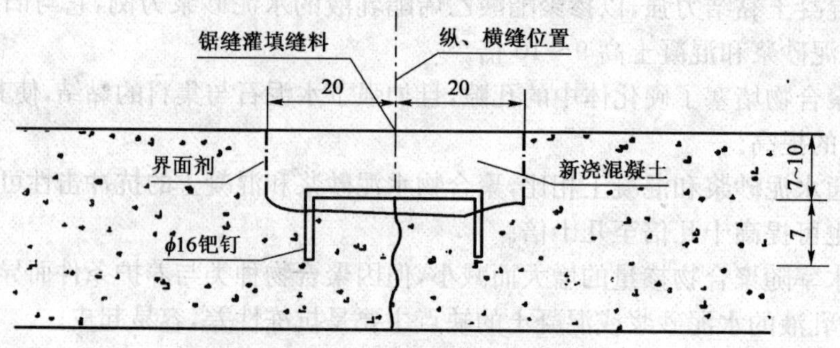

图 6-28　纵、横缝破损处钯钉罩面(尺寸单位:cm)

二、扩缝黏结法

扩缝黏结法是指将裂缝浅层或全深度扩缝,然后用修补材料进行黏结修补,使板体恢复使用功能。它主要用于横向裂缝、纵向裂缝、拱胀、接缝剥落、碎裂等的修补,也可用于坑洞的修补(图 6-29 和图 6-30)。

修补工艺流程:放样、切割、扩缝、翻挖、黏结界面清理、黏强剂配料、搅拌、浇筑、振捣、抹平、养护、观察、开放交通。开放交通的时间一般为 4~12h。

对于浅层剥落,接缝槽深度范围内(约 8cm)的碎裂,可采用浅层结合式边角修补的方法进行修补处理(图 6-31)。对于深层剥落、严重拱胀等破坏需要采用全厚式修补;当深层剥落仅局限于板角时,可采用角隅全厚式修补。

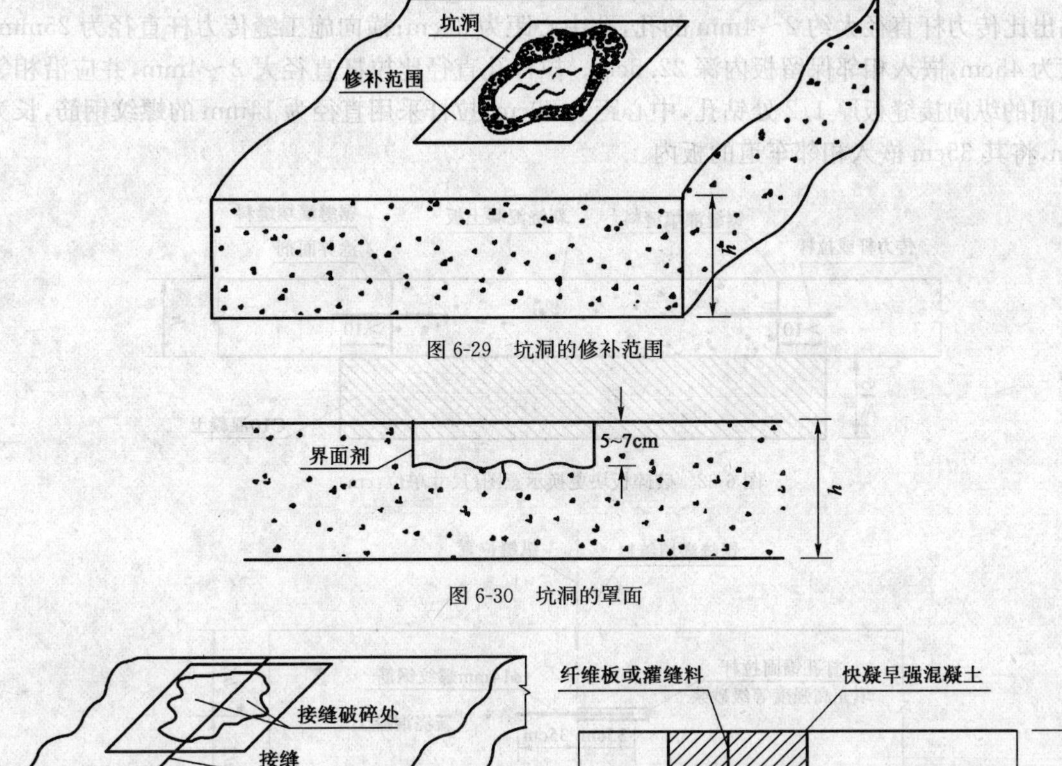

图 6-29　坑洞的修补范围

图 6-30　坑洞的罩面

图 6-31　扩展裂缝黏结法示意图

三、全厚修补法

1. 全厚式修补法适用范围

全厚式修补法是指将部分或整块破损混凝土板全部凿除，在对基层进行处理后重新浇筑混凝土的裂缝修补方法。这种修补方法主要适用于路面板断裂破碎及板边板角的破碎断板修补。当路面板块破坏情况满足下列条件时，可采取局部换板全厚式修补处理。

(1)对于严重裂缝、严重破碎、严重断角、严重补块和严重接缝类破坏的情况。

(2)当面板裂块中的一块占 60%以上面积，并保持稳定而没有任何沉陷、唧泥、松动等情况。

(3)经适当的横(纵)向锯切后保留的板长(宽)在 2.5m 以上的情况。

(4)局部换板处理的板块长(宽)度至少为 1.0m 的情况。

2. 全厚式修补工艺

全厚式修补工艺为：放样、破损路面切割清除、界面处理、材料配制、进料、搅拌、出料、浇注振捣、养护、观察检测、开放交通。

进行破碎板块的更换时，应将整块板凿除。凿除基层软弱松散部分，采用 C10 混凝土回填，应深入到四周旧混凝土板以下至少 10cm，厚度不小于 15cm。用超早强微膨胀水泥混凝土重新浇筑混凝土板块。

在处理完基层后，应修复、安设传力杆和拉杆(图 6-32 和图 6-33)。安装时，应在板厚 1/2 处钻出比传力杆直径大约 2～4mm 的孔，孔中心距为 30cm；横向施工缝传力杆直径为 25mm，长度为 45cm，嵌入相邻保留板内深 22.5cm。拉杆孔直径比拉杆直径大 2～4mm，并应沿相邻板块间的纵向接缝板厚 1/2 处钻孔，中心距为 70cm，拉杆采用直径为 14mm 的螺纹钢筋，长为 70cm，将其 35cm 嵌入相邻车道的板内。

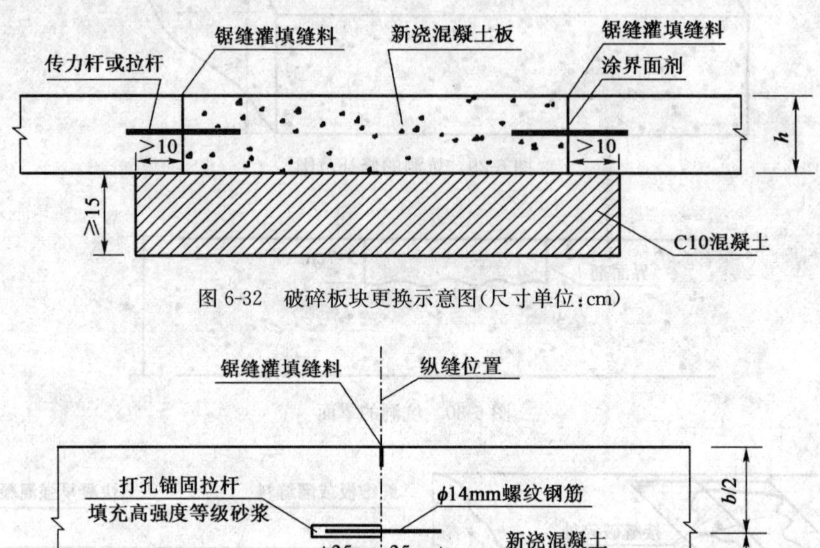

图 6-32　破碎板块更换示意图(尺寸单位：cm)

图 6-33　换板增加拉杆示意图

3. 全厚式修补技术要点

在快速修补技术中，对于修补区或更换板的长期性能和早期的通车能力要求较高。有些全厚修补失败的事例的主要原因是：荷载传递效率设计值偏低、传力杆或拉杆安装条件差，以及对施工质量控制差等。因此，施工工艺的关键技术要点为：

(1)传力杆或拉杆对齐和有效注浆对传力杆接缝的长期性能十分关键。施工中，可先进行放线定位钻孔点，再进行钻孔，以保证安设的传力杆或拉杆对齐；也可采用排钻，既能保证钻孔对齐的准确性，又能提高工作效率。

(2)注浆和安装传力杆的正确方法是先将砂浆或环氧树脂注入孔的底端，然后在插入传力杆的同时，轻轻扭动传力杆，以保证砂浆或树脂能与传力杆紧密结合，效果较好。

(3)合理锯缝和填缝对新旧混凝土的长期性能有十分重要的影响。在混凝土路面全厚修补法中应注意对接缝的及时灌填，以防止路面水渗入，引起板块再次破损断裂。

全厚修补法施工工作量大，较为费工费时，且修补费用较高，而且养生期影响交通。但由于这种修补技术工艺较为成熟，所以在混凝土修补中被广泛应用。

第六节　水泥混凝土路面板底脱空修复用压浆材料

水泥混凝土路面板底脱空，破坏了混凝土面板与基层密贴的要求，使混凝土面板失去了弹性支承，从而变弹性地基上的弹性薄板受力为悬臂薄板受力，进而使混凝土板过早发生断裂和严重碎板，同时使路面平整度变差，公路通行条件恶化，从而大大增加了路段养护、维修费用。压浆技术就是针对混凝土路面板在其使用周期内通过一定次数轴载的作用必然出现脱空而提出的恢复板底密贴，确保板底均匀支承的技术措施。其目的是通过压浆处理，使混凝土板受力状态符合混凝土板设计的理论，避免混凝土板过早破坏。

一、压浆设备及机具

压浆施工过程中所用设备种类较多，公路工程压浆时要求设备体积小、移动灵活、操作简便、安全等。特别是对于已经通车的公路进行病害处理时，这些要求应完全满足，否则将造成不必要的损失，或对正常的交通产生较大影响。

压浆工艺流程可分三个阶段，即准备工作阶段、压浆阶段和收尾阶段。

1.制浆设备

制浆可分为厂拌和工地现场拌和两种。若工程量较大，或者因工地现场条件限制无法制浆时，可采用集中厂拌法制浆，所用制浆设备有灰浆搅拌机、灰浆输送泵等。现场拌和可采用搅拌机等。

灰浆搅拌机的技术参数：①容量 180L；②功率 2.2kW；③搅拌轴转速 70r/min；④效率 $6m^3/h$；⑤装料高度 930mm；⑥外形尺寸：直径 900mm、高度 1 146mm。

灰浆输送泵的技术参数：①输送量 $3m^3/h$；②垂直输送距离 40m；③水平输送距离 150m；④工作压力 $150N/cm^2$；⑤电机功率 4kW；⑥柱塞往复次数 150 次/min；⑦排浆口胶管内径 51mm(2″)；⑧进浆交管内径 64mm(2.5″)。

2.钻孔设备

钻孔工作是压浆工程的重要内容，钻孔设备选择不当将直接影响施工进度。在压浆过程中，不宜连续成孔，否则会因为浆液串孔而造成浪费。一般情况下，钻好的孔应立即利用，或在压浆孔距离一定范围之外成另一孔。不同位置、不同路面层次、不同结构可选择不同的钻孔方法。

3.压浆设备

公路工程压浆孔一般较浅，与其他类型压浆设备相比较，压浆泵的压力不必过大，浆液颗粒粒径小，浓度小，因而在选择压浆设备时不需要大型的压浆设备，所需设备有压浆泵、压浆管、胀卡头等。

压浆泵类型较多，根据施工经验，适用于公路压浆的型号有：BW-150 型、BW-30 型，压浆时一般使用往返式活塞泵，流量可为 20～100L/min，压力在 1.0～1.5MPa。

压浆管采用花管，即在一定直径的钢管上布以梅花形小孔，孔径为 5mm，花管长度有1m、2m、4m，也可根据不同压浆深度临时加工。

胀卡头是压浆工作的重要部分，它是压浆管与混凝土板紧密衔接的媒介，为灰浆顺利压入板底提供了通道。胀卡头最大外径为 107mm，内径为 38mm，其截面面积为 $78.6cm^2$，在 1.5MPa压力作用下，其向上推力为 11 790N。为使压浆顺利进行，则胀卡头的最小旋紧力矩必须大于 1 200N·m。

4.运浆设备

采用集中厂拌法制浆的施工工艺时，需要运浆设备。拌和场制好的浆液应用专用运浆车送到压浆工地。浆液送到工地后，应首先储存于储浆罐中，在压浆前和压浆过程中应用搅拌机对储浆罐中的浆进行搅拌，防止出现离析、沉淀。

二、压浆材料

混凝土板底压浆是利用压浆泵的压力，将拌和良好的填充材料沿管壁、胀卡头挤入板底。挤入板底的材料经硬化后形成薄层，达到结构密实、水稳定性好且与混凝土板底密贴的目的。因而要求填充拌和物应有较好的黏聚性、较高的流动性，并要求在压浆过程中不离析、不泌水，所以必须慎重选择原材料。

板底脱空压浆处治材料为水泥、粉煤灰、水、膨胀剂，对各组成材料及配合比的选择分述如下。

(1)水泥。

水泥在压浆材料中作胶凝材料，应符合下列要求：①强度高、收缩性小、耐磨性强、抗冻性好；②物理、化学成分应符合国家有关规定；③水泥强度等级不低于425号；④具有良好的可泵性、保水性。

(2)粉煤灰。

作为掺和中介材料的粉煤灰应符合下列要求：①粉煤灰含碳量应在15%以下，泥土含量应小于3%；②粉煤灰经过0.08mm方孔筛的筛余量不得超过25%；③不得含有大于5mm的颗粒(应筛除)；④不得混有石子及其他杂物。

混凝土板底压浆处治材料中不用碎石和砂而采用粉煤灰作中介材料，其原因有四点：一是混凝土板底脱空空隙除板角、板缝、板边较大外，其他部分大多在1～2mm之间，空隙小不利于大颗粒物质填充；二是砂硬度高，对泵送设备与管路磨损较大，且它只能作掺合材料，而起不到中介作用；三是粉煤灰能与水泥的水化产物进行二次水化反应，使硬化物结构更致密，强度更高、收缩率更小；四是粉煤灰具有良好的球状颗粒外形与组成，适宜作压浆处治材料。

粉煤灰适宜作为压浆材料的机理如下：粉煤灰是煤粉炉中收集到的细颗粒粉末，其主要化学成分为SiO_2(40%～58%)、Al_2O_3(21%～27%)、Fe_2O_3(4%～17%)、CaO(4%～6%)，这些物质在燃烧过程中熔解成液态，排出炉体并经水淬冷却后形成玻璃体，含量最多可达85%以上，且大多呈球状。因而可有效地改善压浆拌和物的和易性与流动性，并对管壁磨损较小，能有效地减少压力损失，使混凝土板底填充物更加密实。

另外，为了提高压浆硬化物的强度，拌和物水灰比宜小些，但为了改善混合物的可泵性，拌和物水灰比宜大一些，更有利于施工。对于这一矛盾的调解，粉煤灰在压浆过程中起到了很微妙的中介作用。在粉煤灰的玻璃球体中，大约有30%是中空的，其上还有极小的针状洞穴，直径大约为30～100μm，正是这些微珠的存在，解决了水灰比大小的矛盾。为了保证拌和物的可泵性，在拌制时人为多加一些水，加大了水灰比，当拌和物通过泵管道挤入混凝土板下，在不断增加的压力和中空微珠的针状小洞穴的吸附效能的共同作用下，水泥颗粒周围水化后所产生的多余的水形成较厚的水膜被压入或吸入微珠内，相对减少了水灰比，从而提高了硬化后结构物的强度。被吸入微珠内的水，在终凝后的自然养生中，随着压力的降低，还可不断释放来参与养生，并能减少收缩。

在一般混凝土工程使用中，大都要求对粉煤灰磨细再加工。但在混凝土板底压浆过程中，则要求必须使用原状灰，原因是粉煤灰磨得太细，使机械磨损大，能量消耗高，掺加使用时粉尘污染更严重，同时也给包装运输带来困难，更重要的是原状灰中平均粒径较粗部分的颗粒组成在砂的筛分曲线范围内，压浆中有利于形成结构致密的填充层，而较细部分活性大，可提高填充物的强度和密实度。此外，如进行加工处理，粉煤灰中的球状玻璃体将遭破坏，将破坏粉煤灰的可泵性和中介作用。

(3)膨胀剂。

混凝土板下脱空压浆，是为了恢复混凝土板与基层密贴，从而形成均匀支承，但水泥粉煤灰浆硬化后，因材料特性的原因，存在着0.04‰左右的结构收缩，同时因温度的升降，其结构还要产生0.01‰左右的膨胀与收缩，因此，如果不采取措施，要达到混凝土板与基层密贴是不可能的。一旦板底不密贴，将会对混凝土板渗透性能产生影响。另外，经压浆处治后，尽管板底填充层水稳性较高，也很密实，能防止渗水进入基层，但由于填充物在板下形成连续表面，渗入水就沿稳定性不好的原基层下渗与扩展，因此，应在压浆浆体中加入防收缩的膨胀剂，以防渗水继续下渗与蔓延。

在向压浆浆体中加入膨胀剂时，应严格控制其用量，原因有二：一是混凝土板受力模式属弹性薄板理论，它要求板底均匀支承，而且混凝土板是一种准脆性材料，其抗压强度虽然很高，但其抗拉性能却较差，故薄板下不允许产生较大的负弯矩，即不允许板下产生孤立的硬性支承；二是混凝土板底脱空经压浆处治后，脱空区形成了一薄层致密结构层，其强度远小于混凝土板强度，但比基层强度大了许多，由于二者强度不一致，加之，压浆时若使填充物产生过大的膨胀量，即产生过大的自压力，则混凝土板下在受荷时必须待压浆硬化物自压力消除后，其他支承才能起作用，这样则会破坏密贴，其后患很大。

为使压浆处治后的混凝土板与基层密贴，其填充物必须密实，防水、抗渗、稳定性要好，且不宜产生过大的自压力，须使填充物硬化后，其膨胀量除抵消水泥粉煤灰浆的收缩外，还形成0.2MPa的自压力。要做到这一点，必须通过试验找出准确的膨胀剂加入量，控制其膨胀率，试验方法如下：

首先，按常规方法成型水泥、粉煤灰试块。在试块成型时，将试模顶面四周贴块，使试块表面高出试模边缘2mm，然后在试块表面覆盖涂抹了脱模剂的平板玻璃，再在平板玻璃上支百分表。试块在硬化过程中的体积膨胀或收缩，必然使试件高度在方向上有一微小变化，把这一微小变化通过百分表(精确至0.01mm)检测出来，填入线性变形测定表。根据测量值计算变形值(膨胀用“+”号表示，收缩用“-”号表示)，计算出的变化值与试件原边长的比值，称作压浆浆体的线性膨胀或收缩率。在测掺膨胀剂的试块膨胀率时，作为比较也应测定不掺膨胀剂试块的线性收缩率。

进行测试的试块，成型后置于干燥环境中养护，平均养护温度为13℃，2h后开始测定，则可得膨胀量随时间的变化曲线，从而可进一步得出最大膨胀率的大小及时间。

压浆常用的膨胀剂有水玻璃、三乙醇胺、氯化钠等。在膨胀剂品种的选择上，从使用方便、价格低廉、货源充足的角度考虑，明矾石是较为常用的膨胀剂，其基本性能如下：明矾石膨胀剂属硫铝酸盐膨胀剂，特别适用于配制补偿收缩，填充灌浆，它的主要组分为天然明矾石和无水石膏，将两者按一定比例配料磨成粉末。明矾石的主要矿物成分是硫酸钾铝[$K_2SO_4 \cdot Al_2(SO_4)_3 \cdot 4Al(OH)_3$]，它为生成钙矾石提供$Al^{3+}$与$SO_4^{2-}$，无水石膏为生成钙矾石提供$SO_4^{2-}$和$Ca^{2+}$。试验证明，在32.5级普通硅酸盐水泥中掺入6%明矾石膨胀剂时，除7d内有0.004 24的收缩外，7d后不再收缩，并略有膨胀，当掺量为8%时，即不再出现收缩，28d膨胀率可达到0.000 38。

(4)拌和水。

凡饮用水均可作为拌和水，非饮用水应符合：①硫酸盐含量不得大于2 700mg/L；②含盐量不得超过5 000mg/L；③pH值不得小于4；④洁净。

水泥粉煤灰和为混凝土板底脱空的处治材料，因水泥用量大，粉煤灰又具有一定的活性，故达到 3MPa 的抗压强度是有把握的，问题的关键是浆体要具有良好的可泵性、黏聚性、保水性。为达到上述要求，其配比如下：

①水泥∶粉煤灰∶水＝1∶2∶0.8；

②水泥∶粉煤灰∶水＝1∶2∶1。

以上配比均为质量比，实际配制时，视压浆状况，在确保和易性的前提下，应尽可能占用较小的水灰比。

三、压浆施工工艺及质量控制措施

1. 施工工艺

混凝土板底脱空处治工艺流程为：钻孔定位—钻孔—灰浆配制—压浆—压浆孔封堵—控制交通—弯沉检验。

(1)钻孔定位。钻孔定位是处治板底脱空的第一步，而且是关键的一步，其核心是划准位置、找准点，使砂浆能流到路面下的所有空隙内。定点一般应定在板的角隅和自由边上，因这些位置最易脱空，具体位置是孔中心定在距纵横缝、裂缝或自由边的最小尺寸为 20cm，最大尺寸为 30cm，钻孔中心确定后，应用红漆画出，以便按位置钻孔。

(2)钻孔。钻头直径必须保证一定精度，以便保证胀卡头有足够的胀紧力，其精度为 $\varphi 107^{+0}_{-0.1}$，钻孔必须将混凝土板块全部钻透，并取出完整板芯，否则视为废孔。

推荐使用金刚石钻孔机，其技术规格如下：功率为 2.2kW，转速为 950r/min，钻孔直径为 107mm，钻孔深度为 400mm。

技术要求：

①钻机固定良好，与混凝土板接触良好，不得有任何移动；

②安装钻头时注意清洁；

③打开水路，而后按动开关；

④先稍微接触混凝土板面，缓慢进钻，待钻进深为 2～3mm，钻头能很好定位时再快速钻进；

⑤钻孔结束，先断电、后断水；

⑥钻进困难时，应检查原因；

⑦不得使用钻杆变形的钻头。

(3)灰浆搅拌。

①检查搅拌机压浆泵各部件是否处于待运转的良好状态；

②严格控制材料配比，开工前应抽查其用量是否准确；

③搅拌第一盘灰浆前，应拌制适量纯水泥稀浆，以润滑搅拌机、压浆泵，待纯稀水泥从压浆头排出废弃后，再按规定的配比拌制灰浆；

④拌和机装料顺序为：水—膨胀剂—水泥—粉煤灰—出料，每盘总拌和时间不得少于 140s，最长不得超过 240s。

(4)压浆。压浆必须沿路右侧，顺车辆行驶的方向进行，顺序为钻孔定位—钻孔—压浆机组—压浆头压浆。

技术要求：

①钻孔机与压浆机之间的距离不可太长，一般为 30～50m；

②胀卡头的胀环应全部进入孔中，胀卡头的上压盖应与路面板贴实；

③胀紧螺母应旋紧，其最小扭矩为 12N·m，即两人加 1.5m 的套筒时用力旋转至转不动为止；

④每块板至少钻 4 个孔，压浆时，除一孔为注浆孔外，其他三孔作为排气、排渣孔。压浆过程中若排气孔被压满并溢出时，应用木塞或其他物体将其堵死，以提高压浆压力，增加其密实度；

⑤压浆时，若发现灰浆从混凝土板的纵横缝或其他裂缝中溢出时，也应及时采取措施，将其堵死；

⑥压浆压力达到 2.0MPa 时，压浆机将自动停机，可视为该孔已压满，可换孔继续压浆；

⑦松胀卡头前必须检查压浆机是否卸压，压力是否回零，否则不得卸卡头，以免发生伤害事故。

(5)压浆孔封堵。用灰浆或灰浆的岩芯压入压浆孔内，将压浆孔填满、封严。

(6)压浆完成后，压浆块上禁止车辆通行，待灰浆强度达到 5.0MPa 时，方可开放交通。因灰浆压入板底后脱水较快，其强度视气温的不同，一般 1～3d 即可形成。

(7)压浆经过 24～72h 后，用 JN-150 黄河车测压浆板弯沉，检验压浆效果。

2.质量控制措施

采用压浆技术处理公路病害是一种新的工艺，压浆工程的质量优劣，直接影响到公路行车安全及运营。影响工程质量的因素很多，因此必须采取多种措施，层层把关，以确保工程质量。

(1)严格控制材料质量。

水泥：必须按照设计文件中的要求购买符合强度要求的水泥。在施工前应做水泥的有关试验，包括安定性、细度、抗压强度、抗折强度、初凝时间、终凝时间等。

粉煤灰：应为新近生产的粉煤灰，对其化学成分进行分析。

水：用干净、无污染、可饮用的水。

膨胀剂：不能使用过期、失效、不符合要求的添加剂。

(2)保证浆体的质量。浆体应具备良好的流动性，以便在压力不太大的情况下浆体能获得较大的扩散半径，但对于孔隙较大、土体疏松或脱空区大的地方，必须使浆体具有较小的流动性和较大的触变性，以免扩散到不必要的地方或产生路基边坡跑浆现象。因此，在必要时可在浆体中掺入适量细砂或黏土，形成既经济又能保证质量的浆体，提高浆体中的固体含量，减少用水量，浆体还应具备析水少、稳定性好、结石率高、强度高等特性，以防止在压浆过程中浆体颗粒产生沉淀或离析而影响浆体的可泵性、可灌性，提高浆加固体的均匀性等，以便确保工程质量。

为了确保工程质量，依据要求，对浆体必须进行如下室内试验：配合比设计；稳定性、流动度；黏度；初凝和终凝时间；无侧限抗压强度；收缩性；密度。

3.施工过程的控制

(1)参数的控制。压浆参数有压浆压力、流量、压浆半径、单孔压浆量等技术参数，施工过程中要严格控制这些参数，以达到设计要求。

(2)施工中浆体沉淀、跑浆的处理措施。浆体沉淀及跑浆、冒浆是一个普遍存在的严重问题，也是影响有效压浆量、压浆质量的重要因素之一，因此必须采取诸多的预防及补救措施。

由于浆体是一种不稳定的悬浮稠液，水泥、粉煤灰的微粒在浆体处于静止状态时因自重作用会发生沉淀，为了避免浆体的沉淀，应尽可能缩短浆体从搅拌到压入板底中的时间，可采用在浆体中添加塑化剂或增加搅拌次数、延长搅拌时间等手段，存放及压入过程中的多次搅拌可使浆体在任何过程中都处于运动状态，不发生沉淀及离析现象，但时间不得超过初凝时间。

在过程中，浆体注入后有一定的压力，浆体向压浆孔的四周扩散，在路基边坡易发生跑浆现象。施工时，应设专人负责，一旦发现跑浆应立即停止压浆，并及时采取堵漏措施，待完全控制后再继续进行施工，或者采用间隙式压浆。另一种处理方法是当发生跑浆时，稳定固体结构，再压入普通的浆体，则不会再发生跑浆现象，既保证了工程质量，而且又减少了浪费。

本章参考文献

[1] 李华，缪昌文，金志强.水泥混凝土路面修补技术[M].北京：人民交通出版社，1999.

[2] 中华人民共和国行业标准.JTJ 073.1—2001 公路水泥混凝土路面养护技术规范[S].北京：人民交通出版社，2001.

[3] 中华人民共和国行业标准.JTG E30—2005 公路工程水泥及水泥混凝土试验规程[S].北京：人民交通出版社，2005.

[4] 傅智，李红.水泥混凝土路面施工技术规范实施与应用指南[M].北京：人民交通出版社，2003.

[5] 傅智，金志强.水泥混凝土路面施工与养护技术[M].北京：人民交通出版社，2003.

[6] 何兆益，杨希武.路基路面工程[M].北京：人民交通出版社，2006.

[7] 姚祖康.水泥混凝土路面设计理论和方法[M].北京：人民交通出版社，2003.

[8] 黄仰贤.路面分析与设计[M].北京：人民交通出版社，1998.

[9] 王琳.基于水泥混凝土路面断板裂缝破损研究的路面养护决策分析[D].西安：长安大学，2006.

[10] 熊剑平.聚合物改性水泥混凝土路用性能研究[D].西安：长安大学，2005.

[11] 陈华.水泥混凝土路面病害的防治与维修技术研究[D].重庆：重庆交通大学，2008.

[12] 何建杰.水泥混凝土路面快速修补材料与工艺研究[D].成都：西南交通大学，2004.

[13] 李丽峰.水泥混凝土路面裂缝环氧灌浆材料的研制[D].长沙：长沙理工大学，2007.

[14] 蒙华，李建，胡耀斗.水泥混凝土路面综合维修技术探讨[J].公路交通技术，2002(3)：17-20.

[15] 魏志刚.水泥混凝土路面性能评价及养护维修技术研究[D].长沙：长沙理工大学，2007.

[16] 温胜强.刚性路面无损检测与维修技术研究[D].大连：大连理工大学，2000.

[17] 孟凡星.水泥混凝土路面快速维修技术研究[D].天津：河北工业大学，2003.

[18] 李中秋.水泥混凝土路面维修技术研究[D].天津：河北工业大学，2002.

[19] 陈宏伟，韦红部，陈珂.国道324线水泥混凝土路面维修养护技术[J].山西建筑，2007(1)：274-275.

[20] 王波，李玉辉，刘启平，等.高速公路水泥混凝土路面裂缝病害修补材料研究[J].北方交通，2009(2)：23-26.

[21] 沈东，陈卓喜.公路水泥混凝土路面快速修补的工艺探讨[J].工程建设与管理，2007(2)：182-183.

[22] 丁启.水泥混凝土路面病害形成的原因及修补措施[J].山西建筑，2009(1)：253-255.

[23] 程秀梅.水泥混凝土路面常见病害及处理措施[J].青海交通科技，2009(1)：45-46.

[24] 张志勇,韩蒋飞,蒋双华. 水泥混凝土路面快速修补工艺研究[J]. 山西建筑,2009(2):303-304.

[25] 韩学文. 水泥混凝土路面裂缝及断板病害的处治对策[J]. 西部探矿工程,2009(2):186-188.

[26] 金志强,张晓东,沈祥浩. 旧水泥混凝土路面的维修对策[J]. 华东公路,1998(3):45-48.

[27] 刘柿英. 水泥混凝土路面的养护和维修体会[J]. 广东公路交通,1996(2):21-23.

[28] 战高峰,苗若愚,杨兆升. 水泥混凝土路面断板、破碎板维修方法试验研究[J]. 公路交通科技,1998(3):19-21.

[29] 李建萍. 水泥混凝土路面早期损坏原因及维修处理的探讨[J]. 广东公路交通,1996(1):29-32.

第七章　无机结合料稳定类材料

第一节　概　　述

在各种粉碎或原状松散的土、碎(砾)石、工业废渣中，掺入适当数量的无机结合料(如水泥、石灰或工业废渣等)和水，经拌和得到的混合料在压实与养生后，其抗压强度符合规定要求的材料称为无机结合料稳定类混合料，以此修筑的路面基层称为无机结合料稳定基层。

粉碎的土或原状松散的土，按照土中单个颗粒(指碎石、砾石和土颗粒)粒径的大小和组成，将土分成细粒土、中粒土和粗粒土。不同的土与无机结合料拌和得到不同的稳定材料，例如石灰土、水泥土、水泥砂砾、石灰粉煤灰碎石等。

由于无机结合料稳定材料的刚度介于柔性路面材料和刚性路面材料之间，因此常被称之为半刚性材料。以此修建的基础或底基层亦称为半刚性基层或半刚性底基层。

一、无机结合料稳定类材料的优点

(1)无机结合料稳定类材料，包括水泥稳定粒料类及二灰稳定粒料类等，均具有较高的抗压强度和抗压回弹模量值(介于 500～4 000MPa)，并具有一定的抗弯拉强度，因此无机结合料稳定类材料基层沥青路面具有较小的弯沉和较强的荷载分布能力。另外，由于此类材料基层刚度大，使得其上的沥青面层弯拉应力相对减小，从而提高了沥青面层抵抗行车的疲劳破坏能力。因此，无机结合料稳定类材料的基层具有很好的力学性能、较好的板体性及整体性，设计优良的无机结合料稳定类基层能满足高等级公路“足够的强度、适宜的刚度和耐久性、较小的变形”的技术要求。

(2)车辆轴载增加以及交通量的大量增加，使得对路面的承载能力要求越来越高，而无机结合料稳定类材料沥青路面能够适应现代重型交通的需要。

(3)由于采用水硬性结合料处治材料，使可用材料的范围更广，便于就地取材，有利于节省投资。

(4)由于结合料多采用水泥、石灰、粉煤灰以及其他工业废料，这样可以充分利用现有资源，保护环境，使社会效益和经济效益最大化，具有广阔的应用前景。

由于无机结合料稳定类基层沥青路面结构有其技术和经济的优点，在我国已建成的高速公路中，此类材料基层沥青混凝土路面约占 90%以上，成为我国高等级公路的主要结构形式。

二、无机结合料稳定类基层材料的缺陷

长期以来，人们普遍认为无机结合料稳定类材料基层，即半刚性基层的最大优点是板体性强，有很高的承载力。人们一直在充分利用它的这个优点，但是对它的缺点却并不重视。半刚性基层的缺点主要有如下几点。

(1)半刚性基层的收缩、开裂及由此引起的沥青路面的反射裂缝不同程度地存在着。国外

采用对裂缝进行封缝的方法，而在交通量繁重的道路或高速公路上，这种封缝工作十分困难，严重影响交通，也不安全。目前，在我国，各地根本没有发现裂缝就进行沥青封缝的习惯，因而开裂得不到有效的处理。裂缝的存在导致两种后果：首先是裂缝进水，导致沥青面层和基层界面条件的变化，出现灰浆，并形成裂缝处唧浆、坑槽；第二是车轮从裂缝的一侧经过到达裂缝的另一侧时，荷载变化不再连续，使路面裂缝两侧发生大的应力突变，还形成很大的上下剪切和表面受拉。

(2)半刚性基层非常致密，它属于不透水或者渗水性很差的材料。水从各种途径进入路面并到达基层后，不能从基层迅速排走，只能沿沥青层和基层的界面扩展、积聚。水进入路面的途径，除了降雨、降雪、化雪的表面水外，还有多种来源，如冬季由于冰冻引起的水分积聚和春融期间产生的积水，超限、超载车辆为了降温需要向轮毂不断喷水，以保持汽车的制动性能，中央分隔带的绿化浇水，挖方路段的裂隙水，路面铺筑过程中冲洗的水等。可以说，水进入沥青路面是不可避免的，如不能及时排走将造成危害。界面上水的存在改变了界面连续的边界条件，是路面的受力状态变得十分不利，成为导致路面损坏的直接原因，所以都称水是造成沥青路面损坏的元凶。半刚性基层沥青路面的内部排水性能是其致命的弱点。

(3)半刚性基层有良好的整体性，但是在使用过程中，半刚性基层材料的强度、模量会由于干湿和冻融的循环，在反复荷载作用下因疲劳而逐步衰减。例如，在季节性冰冻地区，由于每年多次的冻融循环，可能使基层结构受到很大的损失。这种结构对水的影响敏感，在长期浸水条件下，板体结构也会逐步破坏。这种结构明显反映为路面弯沉并不随龄期的增长不断减小，行车道的弯沉值增加比超车道要大得多。而一旦沥青路面开始出现破损，随着水的进入，弯沉又将迅速增大，并导致结构性破损。现在许多高速公路竣工验收阶段的弯沉很小，而随着时间的推移逐步变大。在损坏初期开挖许多路面可见基层往往是完好的，弯沉并不大，在路面损坏后开挖，基层结构则可能已经松散。由此说明，除了少数确实是因为基层施工不好的原因外，大部分基层发生结构性损坏，是发生在沥青面层损坏之后。

(4)半刚性基层沥青路面对重载车辆来说具有更大的轴载敏感性。重载车辆换算为标准轴载时，对柔性基层通常是按 4 次方换算，而对半刚性基层来说，随着基层和沥青面层的模量比的增大，换算轴载的次方数将不再是 4 次方，很可能是 12～15 次方。轴载加大 1 倍，对柔性基层的换算轴次将增大 16 倍，而对半刚性基层可能要变为数十万倍。也就是说，同样的超载车辆对半刚性沥青路面的危害要远大于对柔性基层沥青路面的危害，对路面的损失也大得多。

(5)半刚性基层损坏后，没有愈合的能力，且无法进行修补。基层一旦破坏，便无可救药，除了挖除重建，别无选择。这将给沥青路面的维修养护造成很大的困难。通常所说的进行补强实际上是不现实的，也是不可能的。在半刚性基层上加铺基层不能使二者成为整体。

(6)半刚性基层施工机械很难跨年度施工，无论是直接暴露还是铺上一层沥青下面层过冬，都避免不了发生横向收缩裂缝，从而为沥青路面的横向裂缝埋下了隐患。半刚性基层的暴露还可能影响强度的形成。在季节性冰冻地区，半刚性基层的冻融损坏几乎难以避免。

(7)我国沥青路面设计方法中，要求进行沥青面层及半刚性基层、底基层的弯拉应力验算，以控制疲劳开裂，由于无机结合料稳定类材料的模量值很高，导致面层底面极少出现拉应力状况，即沥青面层几乎完全处于受压状态，拉应力验算在设计时不起什么作用；同时，即使半刚性基层上的沥青面层会出现拉应力或拉应力增长，如果沥青路面结构设计受控于半刚性基层的拉应力验算指标，则可能会出现半刚性基层先达到破坏标准而不会对结构厚度起控制作用的现象。

总之，开裂、进水后难以排走，对重载车辆敏感性大是这种结构致命的缺点。此外，我国的半刚性基层沥青路面与国外有诸多的不同，具体有以下几点：

(1)国外半刚性基层的作用主要是加强路基，应用于路基水温状况不良路段，而我国将其作为主要的承重层。在国外，沥青路面的承重层，不仅依靠基层，更主要是依靠沥青层。

(2)当沥青层较薄时，直接使用于沥青面层下的半刚性基层的强度一般并不太高，为了减少收缩和改善渗水性能，不能太致密，水泥用量少，7d 设计强度一般为 3MPa 左右，只有用在底基层的水泥土要求可能高一些。而我国基层强度过高，铺筑沥青层前开裂严重的问题十分突出。

(3)水泥稳定碎石基层与贫混凝土有明确的区别，贫混凝土必须要切缝，以分散收缩裂缝，法国是每 3～5m 切一道，缝中灌注沥青。

(4)水泥稳定碎石基层上面经常设置级配碎石层作为过渡层，以减少反射裂缝和利于排水，形成倒装结构，我国设计规范也提到这种措施，但由于它将使弯沉增大而得不到采用。

(5)国外很少采用石灰粉煤灰稳定碎石，因为它细料含量太多，更不可能形成嵌挤型结构，而且更加致密，无法排水。

但近年来，由于设计弯沉减小，半刚性基层强度过大的情况有所发展，开裂的情况在不少路上还相当严重。

对半刚性基层不能排除水分问题，应尽可能减少半刚性基层中细料部分的比例，使基层中的粗集料形成嵌挤，同时改善沥青路面结构层的排水性能，例如：近年来广泛在沥青层的边缘设置纵向排水沟。

从路面结构方面来说，半刚性基层造价低的优点仍然是其他路面结构所无法比拟的，长期以来我国遵循“强基薄面”的方针，铺筑的是沥青层较薄的半刚性基层沥青路面，这一点已经深入人心，要想一下子得到改变是不现实的，也是不合理的。

依据水泥处治层在使用过程中的疲劳损坏性状和半刚性沥青路面结构设计理论，路面损坏分为两个阶段：水泥处治层出现疲劳损坏阶段和沥青面层出现疲劳损坏阶段；路面结构的总寿命为两阶段疲劳寿命之和。第一阶段设计建筑在基层开裂成大块的前提下，第二阶段设计时基层实际上已经成为碎块。按我国规范的方法计算也表明，在沥青层与基层的连续界面条件下，沥青层不会出现拉应力，在滑动界面条件下，沥青层底会出现拉应力。出现拉应力会对沥青路面的寿命产生不利影响。但即使这样，由于沥青层的应力与强度比所对应的疲劳损耗有可能低于半刚性基层，其疲劳寿命可能仍大于半刚性基层，即半刚性基层经常是早于沥青面层先达到设计标准而出现疲劳开裂破坏。也就是说，当沥青面层较薄时，半刚性基层沥青路面的结构设计受控于基层底部的疲劳开裂破坏，沥青面层底面的拉应力验算指标不会对结构厚度起控制作用。由于半刚性基层的强度、模量、抗疲劳性能等会因为重复荷载的作用及环境(干湿、冻融等)的影响而不断衰减，总是有一定使用寿命的，只要到了设计寿命，基层将会逐渐丧失功能，因此半刚性基层沥青路面的使用寿命不可能无限期的延长下去。

我国许多半刚性基层沥青路面的路面结构在超载车辆作用及施工质量等各种因素的影响下，提前达到了使用寿命。现在许多高速公路已经开始进入大修养护和加宽改造的阶段。使路面的损坏称为结构性破坏，这种破坏无法通过沥青面层的维修得到解决，大修作用往往成为“开膛破腹”式的，这是目前面临的一个大难题。

第二节 无机结合料稳定类材料的组成设计

一、石灰稳定类材料的组成设计

在粉碎的土和原状松散的土(包括各种粗、中、细粒土)中掺入适量消解后的石灰和水,按照一定的技术要求,经拌和后,在最佳含水率时摊铺、压实及养生,其抗压强度符合规定要求的材料为石灰稳定类材料。用石灰稳定细粒土时,简称石灰土;用石灰稳定天然砂砾土或稳定级配砂砾时,简称石灰砂砾土;用石灰稳定天然碎石或稳定级配碎石时,简称石灰碎石土。

对于石灰稳定类材料,石灰剂量是非常重要的参数,它是指石灰质量占全部土颗粒质量的百分比,即石灰剂量=石灰质量/干土质量。

石灰稳定类材料主要是由土(碎、砾石)、石灰和水组成。混合料的组成设计包括:根据强度标准,通过试验选取合适的土,确定必需的或最佳的石灰剂量(石灰剂量=石灰质量/干土质量)和混合料的最佳含水率。

1. 石灰土的强度标准

石灰土的强度标准根据相应的公路等级和在路面结构中的层位而定。在规定温度保湿养生 6d、浸水 1d 后无侧限抗压强度标准见表 7-1。

石灰温度细粒土的强度和压实标准 表 7-1

使用类型	高速公路和一级公路		二级以下公路	
	强度(MPa)	压实度(%)	强度(MPa)	压实度(%)
基层			≥0.8	中、粗粒土 97,细粒土 93
底基层	≥0.8	中、粗粒土 97,细粒土 95	0.5~0.7	中、粗粒土 95,细粒土 93

2. 混合料的设计步骤

(1)制备同一土样、不同石灰剂量的石灰土混合料,根据不同层位,可参照下列石灰剂量进行配制:

①做基层用。

砂砾土和碎石土:5%、6%、7%、8%、9%;

塑性指数小于 12 的黏性土:10%、12%、13%、14%、16%;

塑性指数大于 12 的黏性土:5%、7%、9%、11%、13%。

②做底基层用。

塑性指数小于 12 的黏性土:8%、10%、11%、12%、14%;

塑性指数大于 12 的黏性土:5%、7%、8%、9%、11%。

(2)确定混合料最佳含水率和最大干密度(采用标准重型击实试验),至少做 3 个不同石灰剂量混合料的击实试验,即最小剂量、中间剂量、最大剂量,其余两个混合料的最佳含水率和最大干密度用内插法确定。

(3)按最佳含水率与工地预期达到的密实度制备试件,进行强度试验,做平行试验的试件数量要满足规范要求。

(4)试件在规定温度(冰冻地区,20℃±2℃;非冰冻地区,25℃±2℃)下保湿养生 6d、浸水 1d,进行无侧限抗压强度试验,根据表 7-1 的强度标准,选定合适的石灰剂量,室内试验的平均抗压强度应符合式(7-1)的要求：

$$R \geqslant \frac{R_d}{1 - Z_a C_v} \tag{7-1}$$

式中：R_d——设计抗压强度；

C_v——试验结果的偏差系数(以小数计)；

Z_a——标准正态分布表中随保证率而变的系数，重交通道路应取标准率95%，此时Z_a=1.645，其他道路可取保证率为90%，即Z_a=1.282。

工地实际采用的石灰剂量应比室内试验确定的剂量稍多一些，其中厂拌法施工时，可只增加0.5%；路拌法施工时，宜增加1%。

二、水泥稳定类材料组成设计

在粉碎的土或原状松散的土(包括各种粗、中、细粒土)中，掺入适量的水泥和水，按照技术要求，经拌和摊铺，在最佳含水率下压实及养生成型，其抗压强度符合规定要求，此类材料为水泥稳定类材料。当用水泥稳定细粒土时，简称水泥土；用水泥稳定砂得到的混合料，简称水泥砂；用水泥稳定粗粒土和中粒土得到的混合料，视所用原材料，可简称水泥碎石、水泥砂砾等。

水泥是水硬性结合料，绝大多数的土类(高塑性黏土和有机质较多的土除外)都可以用水泥来稳定，改善其物理力学性质，适应各种不同的气候条件与水文地质条件。水泥稳定类基层具有良好的整体性、足够的力学性质、水稳定性和抗冻性。其初期强度较高，且强度随龄期的增长而增长。水泥稳定土可用于路面结构的基层和底基层，但水泥稳定土禁止作为高速公路或一级公路路面的基层，只能做底基层。在高等级公路的水泥混凝土路面板下，水泥土也不应做基层。

水泥稳定类材料中，水泥剂量以水泥质量占全部粗、细土颗粒(即砾石、砂粒、粉粒和黏粒)的干质量的百分率表示。当水泥稳定类材料用作底基层时，集料的最大粒径不应超过53mm；用作基层时，不应超过37.5mm，并且都应有较好的级配。二级以下公路，集料压碎值不得大于35%(底基层可到40%)；一级公路和高速公路，压碎值不得大于30%。混合料的组成设计与石灰稳定土基本相同。

1.水泥稳定类材料的强度标准

水泥稳定类材料7d无侧限抗压强度和压实度应根据公路等级和在路面结构中的层位而定，如表7-2所示。

水泥稳定土的强度和压实标准 表7-2

使用类型	高速公路和一级公路		二级及二级以下公路	
	强度(MPa)	压实度(%)	强度(MPa)	压实度(%)
基层	3.0～5.0	98	2.5～3.0	中、粗粒土97，细粒土95
底基层	1.5～2.5	中、粗粒土96，细粒土95	1.5～2.0	中、粗粒土95，细粒土93

2.混合料的设计步骤

(1)制备同一土样、不同水泥剂量的水泥稳定土混合料，一般按下列水泥剂量配制：

①做基层用。

中粒土和细粒土：3%、4%、5%、6%、7%；

塑性指数小于12的黏性土：5%、7%、8%、9%、11%；

其他细粒土：8％、10％、12％、14％、16％。

②做底基层用。

中粒土和细粒土：3％、4％、5％、6％、7％；

塑性指数小于 12 的黏性土：4％、5％、6％、7％、9％；

其他细粒土：6％、8％、9％、10％、12％。

(2)确定混合料最佳含水率和最大干密度。

至少做 3 个不同石灰剂量混合料的击实试验，即最小剂量、中间剂量、最大剂量，根据表 7-2强度标准选定合适的水泥剂量，室内试验结果的平均强度应符合式(7-2)的要求。按工地预定达到的压实度，分别计算不同水泥剂量试件应有的干密度。

$$R \geqslant \frac{R_d}{1 - Z_a C_v} \tag{7-2}$$

式中符号意义同前。

工地实际采用的水泥剂量应比室内试验确定的剂量稍多一些，其中厂拌法施工时，可只增加 0.5％；路拌法施工时，宜增加 1％。

三、石灰工业废渣综合稳定类材料组成设计

一定数量的石灰和粉煤灰，或石灰和煤渣与其他集料相配合，加入适量的水，经拌和、压实及养生后得到的路面结构层，当其抗压强度符合规定要求时，称为石灰工业废渣稳定基层。

石灰工业废渣混合料组成设计与石灰稳定土相仿，即根据表 7-3 强度标准，通过试验选取适宜于稳定的土，确定石灰与粉煤灰或石灰与煤渣的比例，确定石灰粉煤灰或石灰煤渣与土(包括各种集料)的比例(质量比)，确定混合料的最佳含水率。

二灰混合料的强度和压实标准　　表 7-3

使用类型	高速公路和一级公路		二级及二级以下公路	
	强度(MPa)	压实度(％)	强度(MPa)	压实度(％)
基层	0.8～1.1	98	0.6～0.8	中、粗粒土 97，细粒土 95
底基层	≥0.6	中、粗粒土 96，细粒土 95	≥0.5	中、粗粒土 96，细粒土 93

采用石灰粉煤灰混合料做基础时，石灰与粉煤灰的比例常为 1∶2～1∶4，稳定细粒土时，石灰粉煤灰与细粒土的比例为 3∶7～9∶1，与集料的比例应是 1∶4～3∶17；采用石灰煤渣混合料做基层或底基层时，石灰与煤渣的比例可以是 1∶1～1∶4，石灰煤渣与细粒土的比例可以是 1∶1～1∶4；石灰煤渣集料做基层或底基层时，石灰∶煤渣∶粒料的比例可以是(7～9)∶(26～33)∶(67～85)。

第三节　无机结合料稳定类材料的强度特征

一、力学性质

1. 强度特征

各种无机结合料稳定类材料都具有一定的抗拉强度。测定其抗拉强度的方法有三种：第一种方法是利用梁式试件，采用三分点加载，进行弯拉试验，测得的抗拉强度为抗弯拉强度；第

二种方法是用圆柱体试件直接拉伸测得的直接抗拉强度;第三种方法是用圆柱体试件沿其直径方向用线压力进行试验,直到被破坏,该强度称为间接抗拉强度或劈裂强度。同一种材料,用不同的方法测得的抗拉强度是不同的。近年来,部分国家建议采用抗拉强度来检验无机结合料稳定类材料层本身的强度,但广泛使用的无机结合料稳定类材料强度指标通常是7d无侧限抗压强度。

试验表明,对于一定的混合料,各种强度参数间是有直接联系的,但这种联系并不十分紧密,可能与集料类型有关。根据美国的比较试验结果,强度低的混合料的弯拉强度约为抗压强度的1/3,强度高的混合料的弯拉强度约为抗压强度的1/5,并可用下列关系式表示:

$$S = 0.51R^{0.88} \tag{7-3}$$

式中:S——无机结合料稳定类混合料的抗弯拉强度,MPa;

R——无机结合料稳定类混合料的无侧限抗压强度,MPa。

由于无侧限抗压强度是比较容易确定的参数,因此它是研究无机结合料稳定类材料性质以及施工质量控制时最经常采用的指标。我国的规范即采用这个强度指标。而3个抗拉强度指标中,间接抗拉强度的试验是最简便的。它使用的仪器简单,可以使用做抗压强度试验的仪器和试模,操作方便,试验精度也较高,因此,有些国家采用间接抗拉强度作为无机结合料稳定类材料及热拌沥青混合料的抗拉强度指标,并将其用到路面结构设计的应力验算中。

2. 应力—应变特性

无机结合料稳定类材料的强度和刚度都随龄期而增长,因此往往早期强度低,后期强度高。测定其应力—应变特性关系时,应采用最符合路面实际工作状态的试验方法——三轴压缩试验。通过试验发现,这一类材料的应力—应变关系曲线呈现出非线性性状。同一土样,其弹性模量是三向主应力的函数。然而,在应力水平较低时(低于极限应力50%),应力—应变曲线可近似视为线性的,按回弹应变量确定的回弹模量值,可以近似视为常数。

在不具备三轴压缩试验条件时,可采用室内承载板法测定无机结合料稳定类材料早期抗压回弹模量。承载板试验的试件为直径×高=150mm×150mm,承载板直径为37.4mm,面积为11cm²。试验时取承载板的单位压力为200～700kPa,逐级加载,同时记录承载板的沉降量,回弹模量按下式计算:

$$E = \frac{\pi p D}{4l}(1-\mu^2) \tag{7-4}$$

式中:p——承载板单位压力,kPa;

D——承载板直径,m;

l——相应于单位压力p的回弹变形,m;

μ——泊松比,可取0.25。

无机结合料稳定类材料的回弹模量值主要同土类、结合料剂量及龄期、侧限压力有关,在较大范围内变动。级配碎(砾)石的平均回弹模量值为400～500MPa,而采用不同结合料稳定后材料的回弹模量值则高达1 500～6 600MPa,刚性材料水泥混凝土弹性模量为30 000MPa,因此,无机结合料稳定类材料的刚性介于柔性及刚性材料之间,这就是它被称为半刚性基层的原因。

3. 干缩特性

无机结合料稳定类材料经拌和和压实后,由于水分挥发和混合料内部的水化作用,混合料的水分会不断减少。由此发生的毛细作用、吸附作用、分子间引力作用、材料矿物晶体或凝胶体间层间水的作用和碳化收缩作用等会引起无机结合料稳定类材料体积收缩。描述材料干缩特性的指标主要有干缩应变、干缩系数、干缩量、失水量、失水率和平均干缩系数。

干缩应变(ε_d)是失去水分引起的试件单位长度的收缩量($\times10^{-6}$)。

干缩系数是达到某失水量时,试件单位失水率的干缩应变($\times10^{-6}$)。

平均失水系数 α_d 是达到某失水量时,试件干缩应变与试件的失水率之比($\times10^{-5}$)。

失水量是试件失去水分的质量,g。

失水率是试件单位质量的失去量,%。

干缩量是水分损失时试件的收缩量,10^{-3}mm。

$$\left.\begin{aligned}\varepsilon_d &= \Delta l/l \\ \alpha_d &= \varepsilon_d/\Delta_\omega\end{aligned}\right\} \tag{7-5}$$

式中:Δl——含水率损失 Δ_ω 时,试件的整体收缩量,mm;

l——试件长度,mm。

影响无机结合料稳定类材料干缩特性的因素有:结合料的类型和剂量、被稳定土的类别、粒料的含量、小于 0.5mm 的细土含量、塑性指数、小于 0.002mm 的黏粒含量和矿物成分、制作室内试件的含水率和龄期等。

对于稳定粒料类,三类无机结合料稳定类材料的干缩系数的大小次序为:石灰稳定类>水泥稳定类>石灰粉煤灰稳定类。

对于稳定细粒土,三类无机结合料稳定类材料的干缩系数的大小排列为:石灰土>水泥土和水泥石灰土>石灰粉煤灰土。而同一类无机结合料稳定类材料在相同环境下的失水量、干缩应变和干缩系数的大小排序为:稳定细粒土>稳定粒料土>稳定粒料。

细小的干缩裂缝对稳定土的承载能力并没有多大影响。在开放交通的过程中,细小的干缩裂缝还有可能愈合。

减轻稳定土层干缩性的措施包括:

(1)控制细料含量和塑性指数。通过 0.075mm 筛孔的细料含量控制在 5%~7%。细粒土塑性指数不宜大于 4。

(2)结合料剂量尽量小一些。

(3)掺加粉煤灰。

(4)掺入一定量的粒料。

对于石灰、水泥、石灰粉煤灰几种不同结合料的无机结合料稳定类材料,还有一些针对各种结合料的措施,如在水泥稳定粒料中使用减水剂等。

4. 温度收缩特性

组成无机结合料稳定类材料的三个相,即不同矿物颗粒组成的固相、液相和气相在降温过程中相互作用的结果,使无机结合料稳定类材料产生体积收缩,即温度收缩。就组成固相的矿物颗粒而言,原材料中砂粒以上颗粒的温度收缩系数小;粉粒以下颗粒,特别是黏土矿物的温度收缩性比较大。黏土及其他胶体颗粒的温度收缩性的大小与其扩散层厚度成正比。无机结合料稳定类材料中胶结物有较大的温度收缩性。存在于材料内部的较大孔隙、毛细孔和凝胶孔中的水通过"扩张作用"、"表面张力作用"、"冰冻作用"三个作用过程,对无机结合料稳定类材料的温度收缩性质产生极大影响,使其在干燥和饱水状态下有较小的温度收缩值。

影响无机结合料稳定类材料温度收缩性质的主要因素是含水率、集料或土的含量、土的矿物成分、环境温度、龄期等。

试验表明，各种稳定土温度收缩特性的次序为：石灰土砂砾(16.7×10^{-6})＞悬浮式石灰粉煤灰粒料(15.3×10^{-6})＞密实式石灰粉煤灰粒料(12.4×10^{-6})＞和水泥砂砾(5%~7%水泥剂量为 $10\times10^{-6}\sim15\times10^{-6}$)。

无机结合料稳定类材料基层成型初期内部含水率大，且尚未被沥青面层封闭，基层内部的水分必然要蒸发，从而发生由表及里的干燥收缩。同时，环境温度也存在昼夜温度差，因此，修建初期基层的同时受到干缩和温缩的综合作用，必须注意养生保护。经过一定龄期的养生，基层上铺筑沥青面层后，基层内相对湿度略有增大，使材料的含水率区域平衡，这使无机结合料稳定类材料基层的变形以温度收缩为主。

二、无机结合料稳定类材料的强度形成原理

1. *石灰稳定类材料*

(1)石灰稳定土强度形成原理。

在土中掺入适量的石灰，并在最佳含水率下压实后，既发生了一系列物理力学作用，也发生了一系列的化学与物理化学作用，从而使土的性质发生了根本改变。初期，主要表现在土的结团、塑性降低、最大含水率的增大和最大密实度的减小；后期，主要表现在结晶结构的形成，从而提高其板体性、强度和稳定性。

①离子交换作用。熟石灰溶于水后，离解成 Ca^{2+} 和 $(OH)^-$，使其溶液呈碱性。随着 Ca^{2+} 浓度增大，二价 Ca^{2+} 就能当量替换土粒表面所吸附的一价金属离子 Na^+、H^+、K^+，使土颗粒表面所吸附的离子由一价变成了二价，减少了土颗粒表面吸附水膜的厚度，使土粒相互之间更为接近，分子引力随之增加。许多单个土粒聚成小团粒，结果导致土的分散性、湿坍性、黏附性和膨胀性降低。这个反应过程是随着 Ca^{2+} 在土中的扩散逐渐进行的，但初期进展迅速，是引起土发生初期变化的主要原因。

②结晶作用。在石灰土中只有一部分熟石灰 $Ca(OH)_2$ 进行离子交换作用，绝大部分饱和的 $Ca(OH)_2$ 自行结晶，熟石灰与水作用生成熟石灰结晶网格，其化学反应式为：

$$Ca(OH)_2+nH_2O\longrightarrow Ca(OH)_2\cdot nH_2O$$

这种晶体能够相互结合，并与土粒结合起来形成共晶体，把土粒胶结成整体，并且晶体 $Ca(OH)_2$ 与非晶体 $Ca(OH)_2$ 相比，溶解度几乎小一半，因而使石灰土的水稳定性得到提高。

③火山灰作用。熟石灰的游离 Ca^{2+} 与土中活性 SiO_2 和 Al_2O_3 作用生成含水的硅酸钙和铝酸钙的化学反应就是火山灰作用，其反应式为：

$$xCa(OH)_2+SiO_2+nH_2O\longrightarrow xCaO\cdot SiO_2\cdot(n+1)H_2O$$

$$xCa(OH)_2+Al_2O_3+nH_2O\longrightarrow xCaO\cdot Al_2O_3\cdot(n+1)H_2O$$

火山灰反应是在不断吸收水分的情况下逐渐发生的，具有水硬性质。火山灰作用是构成石灰土早期强度的主要原因。火山灰作用生成的胶凝物质和氢氧化钙晶体在土的团粒外围形成一层稳定的保护膜，填充颗粒空隙，减少了颗粒间的空隙和透水性，提高了密实度，是石灰土获得强度和水稳定性的基本原因。但这种作用较为缓慢。

④碳酸化作用。土中的 $Ca(OH)_2$ 与空气中的二氧化碳作用，其化学反应式为：

$$Ca(OH)_2+CO_2\longrightarrow CaCO_3+H_2O$$

$CaCO_3$ 是坚硬的结晶体，具有较高的强度和水稳定性，它对土的胶结作用使土得到了加固。当石灰土的表层碳酸化后则形成一层硬壳，阻碍了 CO_2 进一步渗入，因而碳酸化作用是个相当长的反应过程，也是形成石灰土后期强度的主要原因之一。

(2)影响石灰土强度的因素。

①土质。除有机质含量大的土和无塑性并缺少细料的粒料和砂性土外,只要土中的最大颗粒的粒径不超过规定的路面基层材料的最大粒径(37.5mm)或不超过规定的底基层材料的最大粒径(53mm),其他各种类型的土都可以用石灰稳定。但生产实践说明,黏性土较好,其稳定的效果显著,强度也高。当采用高液限黏土时,施工不易粉碎;采用粉性土的石灰土早期强度较低,但后期强度也可满足行车要求;采用低液限土质时,易拌和,但难以碾压成型,稳定的效果不显著。采用的土质,既要考虑其强度,还要考虑到施工时易于粉碎从而便于碾压成型,因此,采用塑性指数为15～20的黏性土为好,塑性指数偏大的黏性土,要加强粉碎,粉碎后,土中15～25mm的土块不宜超过5%。经验证明,塑性指数小于12的土不宜用石灰稳定。对于硫酸盐类含量超过0.8%或腐殖质含量超过10%的土,对强度有显著影响,不宜直接采用。用石灰稳定不含黏性土或无塑性的砂砾、级配碎石和未筛分碎石时,应添加15%左右的黏性土,并且该砂砾或碎石应具有较好的级配。

②灰质。石灰应为消石灰粉或生石灰粉,对于高速公路和一级公路,宜采用磨细生石灰粉。在同等石灰剂量下,质量好的石灰,稳定效果好。石灰质量应符合表7-4中III级以上的标准。使用等外石灰、贝壳石灰、珊瑚石灰等,应通过试验确定。

为了保证石灰的质量,要尽量缩短石灰的存放时间,石灰在野外堆放时间较长时,应妥善保管,不能遭日晒雨淋。

石灰的技术标准 表7-4

技术指标		钙质生石灰			镁质生石灰			钙质消石灰			镁质消石灰		
		I	II	III	I	II	III	I	II	III	I	II	III
有效钙加氧化镁(%),≥		85	80	70	80	75	65	65	60	55	60	55	50
未消解残渣(%)①,≤		7	11	17	10	14	20						
含水率(%),≤								4	4	4	4	4	4
细度	0.71mm②累计筛余,≤							0	1	1	0	1	1
	0.125mm累计筛余,≤							13	20		13	20	
钙镁石灰的分类,MgO(%)		55			>5			≤4			>4		

注:①5mm圆筛孔的筛余。

②方筛孔。

③石灰剂量。石灰剂量对石灰土强度影响显著。石灰剂量较低时(<3%～4%),石灰主要起稳定作用,土的塑性、膨胀、吸收量减小,使土的密实度、强度得到改善。随着石灰剂量的增加,强度和稳定性提高,但当剂量超过一定范围时,强度反而降低,因而存在最佳剂量。生产中常用的最佳剂量范围,对于黏性土及粉性土为8%～14%,对砂性土为9%～16%。剂量应根据结构层技术要求进行混合料组成设计确定。

④含水率。水是石灰土的重要组成部分。它促使石灰土发生物理化学变化,形成强度;便于土的粉碎、拌和和压实,并且有利于养生。不同土质的石灰土有不同的最佳含水率,需通过标准重型击实试验确定,并用以控制施工中的实际加水量。

⑤拌和和压实。土的粉碎程度和拌和的均匀性对石灰土的强度有很大影响。应尽可能采用粉碎与拌和效率高的机械,提高粉碎程度与拌和的均匀性。

压实对石灰土强度的影响也较大,试验资料表明:压实度每增加2%,抗压强度增加的最大值为29.7%,最小值为2.5%,平均增加14.1%。

⑥养生条件与龄期。温度和湿度对石灰土强度的形成有重要影响。温度高可使反应过程加快,一定的湿度可为 $Ca(OH)_2$ 结晶和火山灰反应提供必要的水。因此,要求石灰稳定土层施工期的最低温度应在5℃以上,并在第一次重冰冻(−3~5℃)到来之前1个月到一个半月完成,并且应该经历半个月以上温暖和热的气候养生。

石灰稳定土强度随龄期而缓慢增长,到28d龄期时,只能达到30%左右的强度。强度增长期很长,可达8~10年,石灰土强度与龄期关系可表示为:

$$R_t = R_1 t^{\beta} \tag{7-6}$$

式中:R_t——t个月龄期抗压强度;

R_1——一个月龄期抗压强度;

β——系数,β=0.1~0.5。

2.水泥稳定类材料

(1)水泥稳定类材料的强度形成原理。

在利用水泥来稳定土的过程中,水泥、土和水之间发生了多种复杂的作用,使土的性能发生了明显的变化。但由于水的用量很少,水泥的水化完全是在土中进行的,故作用速度比在水泥混凝土中进行得缓慢。水泥在稳定土中的作用,从工程观点来看,一是改变了土的塑性,二是增加了土的强度和稳定性。作用的形式归纳起来有如下几种。

①水泥的水化作用。水泥的水化作用简式如下:

硅酸三钙　$2C_3S + 6H_2O \longrightarrow C_3S_2H_3 + 3CH$

硅酸二钙　$2C_2S + 4H_2O \longrightarrow C_3S_2H_3 + CH$

铝酸三钙　$C_3A + 6H_2O \longrightarrow C_3AH_6$

铁铝酸四钙　$C_4AF + 7H_2O \longrightarrow C_4AFH_7$

水化反应产生出具有胶结能力的水化产物,是水泥稳定土强度的主要来源。水化产物在土的孔隙中相互交织搭接,将土颗粒包裹连接起来,使土逐渐丧失了原有的塑性。但此水化反应与水泥混凝土中的水化反应有所不同:a.土具有非常高的比表面积和亲水性;b.水泥含量少;c.土对水化产物有强烈的吸附性;d.土中存在酸性介质环境。特别是由于黏土矿物对水化产物中的 $Ca(OH)_2$ 极强的吸收和吸附作用,使溶液的碱性降低,影响了水化产物的稳定性;水化硅酸钙中的C/S会逐渐降低析出 $Ca(OH)_2$,使水化产物的结构和性能发生变化,从而影响到混合料的性能。因此,在选用水泥时,应优先选用硅酸盐类水泥,必要时,还应对水泥稳定土进行"补钙",以提高混合料中的碱度。

②离子交换作用。黏土颗粒表面通常带有一定量的负电荷,进而吸收周围溶液中正离子,如 K^+、Na^+ 等,而在颗粒表面形成一个双电层结构,这些与电位离子电荷相反的离子就称为反离子。黏土颗粒表面带上负电荷,即电位离子形成的电位称为热力学电位,滑动面上的电位称为电动电荷。由于反离子的存在,离开颗粒表面越远电位越低,经过一定的距离电位将降为零,此距离称为双电层厚度。由于各个黏土颗粒表面都具有相同的双电层结构,因此,黏土颗粒之间往往间隔着一定距离。

硅酸盐类水泥中,硅酸三钙和硅酸二钙占主要部分,其水化产物中的 $Ca(OH)_2$ 占25%,大量的氢氧化钙溶于水后,在土中形成一个富含 Ca^{2+} 的碱性溶液环境,Ca^{2+} 取代了 K^+、Na^+,成为反离子。同时,Ca^{2+} 双电层电位的降低速度加快,双电层厚度降低,黏土颗粒间距减小,相互靠拢,导致土的凝聚,从而改变土的塑性,使土具有一定的强度和稳定性。

③化学激发作用。随着水泥水化反应的深入,Ca^{2+} 数量超过上述离子交换的需要量后,

使混合料呈现出一种碱性环境，从而激发出黏土矿物中的部分 SiO_2 和 Al_2O_3 的活性，与溶液中的 Ca^{2+} 进行反应，生成新的矿物。这些矿物主要是硅酸钙和铝酸钙系列。这些生成物同样也具有胶凝能力，并包裹着黏土颗粒表面，与水泥的水化产物一起，将黏土颗粒凝结成一个整体，因此，氢氧化钙对黏土矿物的激发作用，进一步提高了水泥稳定土的强度和稳定性。

④碳酸化作用。水泥水化生成的 $Ca(OH)_2$，除了可与黏土矿物发生化学反应外，还可以进一步与空气中的 CO_2 反应生成碳酸钙晶体：

$$Ca(OH)_2 + CO_2 + nH_2O \longrightarrow CaCO_3 + (n+1)H_2O$$

碳酸钙生成过程中产生体积膨胀，可以对土体起到填充和加固作用，提高土的强度，但这种作用相对来说比较弱，并且反应过程缓慢。

(2)影响强度的因素。

①土质。土的类别和性质是影响水泥稳定土强度的重要因素，凡是能被经济地粉碎的土都可用水泥稳定，但稳定效果不同。实践证明：用水泥稳定级配良好的碎(砾)石和砂砾效果最好，不仅强度高，而且水泥用量少；其次是砂性土；再次是粉性土和黏性土。一般土的塑性指数不应超过 17，实际工作中往往选用塑性指数小于 12 的土。重黏土由于难以粉碎和拌和，故不宜单独用水泥稳定；有机质含量超过 2%或硫酸盐含量超过 0.25%的土，不应用水泥稳定。

②水泥品种及剂量。普通硅酸盐水泥、矿渣硅酸盐水泥和火山灰质硅酸盐水泥都可用于稳定土。通常情况下，硅酸盐类水泥的稳定效果好，铝酸盐水泥虽可用于稳定但效果较差。对终凝时间较长(6h 以上)的低强度水泥应优先选用。

水泥稳定土的强度随水泥剂量的增加而增长，不存在最佳剂量。但过多的水泥用量，虽获得强度的增加，经济上却不一定合理，且容易开裂。试验和研究证明：水泥剂量为 4%～8%较为合理。

③施工及养生。首先要保证稳定土一定的含水率，既要达到最佳密实度的含水率，又能满足水泥完全水化和水解作用的需要；其次是混合料须拌和均匀并充分压实。水泥土从开始加水拌和到完全压实的延迟时间要尽可能的短，一般要在 6h 以内。若时间过长，水泥开始凝结，碾压时不但达不到压实度要求，而且会破坏已结硬水泥的胶凝作用，反而使水泥稳定土强度下降。

一定的水分是水泥稳定土形成强度的必要条件，湿法养生可满足水泥水化形成强度的需要，而养生温度愈高，强度增长得愈快。

3. 石灰工业废渣综合稳定类材料

随着工业的发展，工业废渣逐渐增多，甚至到了污染环境的程度。利用工业废渣铺筑道路，不但能提高道路的使用品质，降低工程造价，且能变废为宝。常用的工业废渣包括：粉煤灰、煤渣、高炉矿渣、崩解过的达到稳定的钢渣，以及其他冶金矿渣、煤矸石等。粉煤灰中含有较多的二氧化硅、氧化钙或氧化铝等活性物质，应用最为广泛。因此，石灰工业废渣往往分为石灰粉煤灰类及石灰其他废渣类。用石灰稳定工业废渣时，石灰在水的作用下形成饱和的 $Ca(OH)_2$ 溶液，废渣的活性氧化硅和氧化铝在 $Ca(OH)_2$ 溶液中产生火山灰反应，生成水化硅酸钙和铝酸钙凝胶，使颗粒胶凝在一起。随着水化物的不断产生而结晶硬化，在温度较高时，混合料强度不断增长。因此，石灰工业废渣基层具有水硬性、缓凝性、强度高、稳定性好、板体性好，且强度随龄期不断增加，抗水、抗冻、抗裂且收缩性小等特点，能适应各种气候环境和水文地质条件，适用于各级公路的基层和底基层。但二灰土不应用作高级沥青路面的基层，而只能用作底基层。在高速公路和一级公路上的水泥混凝土面板下，二灰土也不应作基层。

材料要求如下：

(1)石灰。工业废渣基层所用的结合料是石灰或石灰下脚料。石灰的质量应符合Ⅲ级以上的技术指标，并且要尽量缩短石灰的存放时间。有效钙含量在20%以上的等外石灰、贝壳石灰、珊瑚石灰、电石渣等，应通过试验确定，当混合料的强度符合要求时，方可使用。

(2)废渣。主要以粉煤灰和煤渣为主，其他废渣的采用要求可参照执行。

粉煤灰中 SiO_2、Al_2O_3 和 Fe_2O_3 的总含量应大于70%，烧失量不超过20%，比表面积宜大于 2 500cm²/g。干、湿粉煤灰都可使用。干粉煤灰如堆在地上，应加水防止灰尘飞扬污染环境。湿粉煤灰含水率不宜超过35%，使用时，对湿凝成团的粉煤灰应打碎或过筛，同时清除有害物质。

煤渣的主要成分是二氧化硅和三氧化二硅，松干密度在 700～1 100kg/m³ 之间，最大粒径不应大于 30mm，颗粒组成宜有一定级配，且不得含有有害物质。

(3)粒料。用作二灰混合料的粒料应少含或不含塑性的土，一级公路和高速公路集料的压碎值应不大于30%，二级及二级以下公路的压碎值应不大于35%。

用于高速公路和一级公路的二灰级配集料，用作底基层时，其最大粒径不应超过37.5mm；用作基层时，混合料中集料的质量应占80%～85%，最大粒径不超过31.5mm，并应符合表7-5中的级配要求，小于0.075mm颗粒含量宜接近0，对于二级及二级以下公路，二灰集料混合料用作底基层时，最大粒径不应超过37.5mm；用作基层时，集料质量应占80%以上，并符合表7-5中的级配要求。

二灰级配集料混合料中集料的颗粒组成范围 表7-5

编号		1(砂砾)	2(砂砾)	3(碎石)	4(碎石)
通过下列筛孔的质量百分率(%)	37.5	100		100	
	31.5	85～100	100	90～100	100
	19	65～85	85～100	72～90	81～98
	9.50	50～70	55～75	48～68	52～70
	4.75	35～55	39～59	30～50	30～50
	2.36	25～45	27～47	18～38	18～38
	1.18	17～35	17～35	10～27	10～27
	0.60	10～27	10～25	6～20	6～20
	0.075	0～15	0～10	0～7	0～7

第四节　无机结合料稳定类材料的抗疲劳特性

一、无机结合料稳定类材料的疲劳破坏机理

作为非均匀的多相介质，无机结合料稳定类材料的疲劳过程是一个损伤逐步累积的过程。首先，在施工期间，由于水化热和质量不均匀等原因，其内部将产生大量的微裂缝和微孔隙等，这些缺陷即为无机结合料稳定类材料的初始损伤。存在微裂纹的材料在循环荷载作用下，微裂纹将会改变、扩展、连接并依据荷载的大小而稳定在一定的开裂水准上或者最终破坏。当循环荷载较小时，微裂纹仅仅发生一些小的变形与扩展，此时可认为无机结合料稳定类材料处于

弹性工作阶段。当循环荷载超过一定水准，将会导致结构内部一些微裂纹周围的应力梯度增大，从而失稳扩展，并有可能与临近的微裂纹连接贯通形成尺寸较大的裂纹。同时，由于结构内部应力水平的提高，也会导致一些黏结薄弱区域的黏结微破坏，产生新的微裂纹。微裂纹连接贯通到一定程度就会形成宏观裂纹。此时，若循环荷载继续作用，新的裂纹继续出现、发展，形成新的宏观裂纹，同时已形成的宏观裂纹将继续扩展。当循环次数增大至某一数值，宏观裂纹扩展速率加快，进入不稳定阶段，导致无机结合料稳定类材料迅速破坏。对无机结合料稳定类材料而言，其破坏过程首先是细集料与浆体之间的黏结破坏，然后是集料以及水泥浆体中各种缺陷的发展演化。

无机结合料稳定类材料的疲劳破坏机理可从以下几个方面进行分析。

首先，从无机结合料稳定类材料的微观层次上，可将其视为由土、水泥水化产物、未水化水泥颗粒、孔隙、裂纹等所组成的多相复合材料，不均质，但是连续的。以复合材料观点来研究无机结合料稳定类材料破坏现象是在微观层次上分析问题的自然结果。其次，复合材料中各相是通过界面结合成为整体的，无机结合料稳定类材料中通常存在着固—气、固—液、固—固、液—气四种界面。在作为胶结材料的硬化水泥浆体主要成分的 C-S-H 凝胶中，固—液界面特性对无机结合料稳定类材料强度、徐变等有重大的意义。而无机结合料稳定类材料中集料与硬化水泥浆体之间存在的固—固界面区，是其破坏的发源地，对疲劳破坏有显著的影响。

从能量的观点来看，无机结合料稳定类材料内部结构的形成、发展及破坏过程，就是能量的转化过程。在循环荷载作用下，无机结合料稳定类材料裂纹的产生、开裂与传播都要经过一个时间的累积过程，这些裂纹的扩展方向都受到所处应力场的制约，偏向加载方向(即轴向)发展。裂纹的传播并非随载荷的增加而增加，受应力幅值的影响极大，当所加的应力幅值很大时，无机结合料稳定类材料的破坏很快，甚至在几秒钟内便破坏了；另一方面，即使当载荷值开始下降之后，裂纹也会出现开裂和传播，即裂尖处的应力场是时间的函数，裂尖开裂是与应变率相关的，且依赖于整个动力过程。在循环荷载下，裂纹扩展阶段的循环周数直接影响到疲劳寿命的长短，相同试验条件下，试样的疲劳寿命不同。影响疲劳寿命的因素较多，影响静强度的因素也影响其疲劳强度或疲劳寿命，但影响的程度有差别。

二、无机结合料稳定类材料的疲劳方程

路面材料与结构的抗弯拉疲劳寿命是高等级公路路面结构设计的主要技术指标。对无机结合料稳定类材料基层沥青路面结构，我国目前的沥青路面设计规范中要求对路面结构的基层进行拉应力验算，其容许拉应力 $\sigma_s=\sigma_{sp}/K_s$，其中 K_s 是材料的抗弯拉结构系数与无机结合料稳定类材料基层材料的疲劳寿命关系，K_s 的大小影响着路面结构的安全性和经济性。K_s 过大，算出的路面结构可能较厚，反之，算出的路面结构可能不安全。因此，确定合理的 K_s 对无机结合料稳定类材料基层路面结构设计具有重要的意义。K_s 主要与疲劳寿命有关系。在国外的路面设计方法中，如 SHELL 设计方法、美联邦公路局的设计法、法国的 LPC 设计法、南非的设计方法中规定的路面损坏模型都有无机结合料稳定类材料基层的疲劳开裂损坏模型。

壳牌的路面设计方法中包括了弯拉应力疲劳标准，壳牌设计方法中的和法国所用的无机结合料稳定类材料的典型疲劳方程为：

$$\sigma = 1.332 - 0.108\lg N \tag{7-7}$$

澳大利亚的路面设计方法采用拉应变为标准，并提出大约 50%的破坏应变可以进行 10^6 次反复作用。该方法针对不同的水泥稳定材料规定了设计用的疲劳方程如下：

对于水泥稳定用作底基层的砂砾和水泥稳定亚砂土底基层(采用模量 2 000MPa),采用疲劳方程:

$$N=\left(\frac{280}{\mu\varepsilon}\right)^{18} \tag{7-8}$$

对于水泥稳定高质量的碎石和水泥稳定可用作基层的砂砾(采用模量 5 000MPa),采用疲劳方程:

$$N=\left(\frac{200}{\mu\varepsilon}\right)^{18} \tag{7-9}$$

南非 Otte 等对无机结合料稳定类材料提出的疲劳方程为:

$$\frac{\varepsilon_t}{\varepsilon_b}=1.0-0.11\lg N_f \tag{7-10}$$

式中:ε_t——应变;

ε_b——断裂时的应变;

N_f——疲劳破坏时的荷载作用次数。

美国 Dempsey 等认为无机结合料稳定类材料的疲劳曲线接近于波特兰水泥协会的疲劳曲线,建议采用疲劳方程:

$$\frac{\sigma_f}{f_r}=0.972-0.0825\lg N_f \tag{7-11}$$

我国"七五"期间,"高等级公路半刚性基层沥青路面结构设计和抗滑表层的研究"专题曾对 6%水泥砂砾和 20∶80 石灰粉煤灰(1∶4)砂砾进行了梁式试件弯曲疲劳试验,得出疲劳方程如表 7-6 所示。

无机结合料稳定类材料的疲劳方程 1　　表 7-6

材料种类		疲劳方程
水泥砂砾	50%存活率	$\lg N_f=12.114-10.091\sigma/R_b$
	95%存活率	$\lg N_f=11.841-8.729\sigma/R_b$
二灰砂砾	50%存活率	$\lg N_f=14.121-14.178\sigma/R_b$
	95%存活率	$\lg N_f=13.271-13.972\sigma/R_b$

"八五"期间,"高等级公路半刚性基层沥青路面典型结构设计研究"专题和沥青路面结构的可靠性研究两个课题又做了四种无机结合料稳定类材料的疲劳试验,试验得出四种无机结合料稳定类材料的疲劳寿命预估方程如表 7-7 所示。

无机结合料稳定类材料的疲劳方程 2　　表 7-7

材料种类		疲劳方程
水泥碎石	50%存活率	$\lg N_f=18.315-15.813\sigma/R_b$
	95%存活率	$\lg N_f=16.645-15.813\sigma/R_b$
水泥土	50%存活率	$\lg N_f=12.797-11.275\sigma/R_b$
	95%存活率	$\lg N_f=12.229-11.275\sigma/R_b$
石灰土	50%存活率	$\lg N_f=16.114-14.100\sigma/R_b$
	95%存活率	$\lg N_f=14.254-14.100\sigma/R_b$
二灰土	50%存活率	$\lg N_f=7.107-4.493\sigma/R_b$
	95%存活率	$\lg N_f=6.250-4.493\sigma/R_b$

为便于应用，将水泥碎石、水泥土、二灰砂砾的疲劳寿命预估方程用一个方程来表示：

$$\lg N_{\mathrm{f}} = 15.000 - 14.286\sigma/R_{\mathrm{b}} \tag{7-12}$$

试验表明，无机结合料稳定类材料的力学特性接近于线弹性材料，在疲劳试验过程中，残余应变随荷载作用次数的增加而增大，但与回弹应变的比值很小，特别是在中、长寿命区，残余应变更小。在试件临近破坏时，残余应变迅速增加，直至试件完全断裂，属于脆性断裂。无机结合料稳定类材料的回弹应变随荷载作用次数的增加而增大，在试件临近破坏时，回弹应变也有一个迅速增大的短暂过程。

山西省交通科学研究所曾进行二灰碎石、二灰砂砾、碎石灰土等几种无机结合料稳定类材料的抗弯拉疲劳试验。试验结果表明，石灰粉煤灰稳定材料的抗疲劳性能优于水泥砂砾，在相同应力水平下，前者能承受更多的荷载反复作用次数；石灰粉煤灰稳定材料疲劳关系线的斜率略小于水泥砂砾的疲劳关系线的斜率，这说明，应力水平的少量变化对石灰粉煤灰稳定材料疲劳寿命的影响更大；石灰土的抗弯拉性能最差。

《公路沥青路面设计规范》(JTG D50—2006)将各种无机结合料稳定类材料的疲劳方程按稳定集料类、稳定土类分别进行整理、回归，得出如下疲劳方程：

无机结合料稳定集料类　　$\sigma_{\mathrm{s}}/\sigma_{\mathrm{sp}}=2.8571N_{\mathrm{e}}^{-0.11}$

无机结合料稳定细粒土类　　$\sigma_{\mathrm{s}}/\sigma_{\mathrm{sp}}=2.2222N_{\mathrm{e}}^{-0.11}$

武和平采用疲劳试验的方法对四种无机结合料稳定类材料疲劳性能作了研究：

水泥碎石　$\lg N_{\mathrm{f}} = 15.4 - 15.81\sigma/S$

水泥土　$\lg N_{\mathrm{f}} = 10.99 - 11.28\sigma/S$

石灰土　$\lg N_{\mathrm{f}} = 13.01 - 14.10\sigma/S$

二灰土　$\lg N_{\mathrm{f}} = 5.01 - 4.49\sigma/S$

沙爱民采用弯曲疲劳试验对无机结合料稳定类材料也作了大量研究(采用的试件尺寸为100mm×100mm×400mm，采用应力加载控制方式，加载频率为8Hz)，得到的疲劳方程：

石灰砂砾(7 ： 93)　　$S_{\mathrm{f}}/S = 0.9989N_{\mathrm{f}}^{-0.0104}$

石灰砂砾(5 ： 95)　　$S_{\mathrm{f}}/S = 1.0763N_{\mathrm{f}}^{-0.0248}$

石灰砂砾(5 ： 95)　　$S_{\mathrm{f}}/S = 1.0137N_{\mathrm{f}}^{-0.0232}$

石灰砂砾(5 ： 15 ： 80)　　$S_{\mathrm{f}}/S = 1.0559N_{\mathrm{f}}^{-0.0496}$

叶国铮采用劈裂疲劳试验方法，时间采用10cm×10cm的圆柱体试件对水泥砂砾(7 ： 93)的疲劳性能作了研究：$\sigma/S=1.140-0.0863\lg N_{\mathrm{f}}$。

王昌衡用弯曲疲劳试验对水泥土进行了疲劳性能试验研究，得到存活率50%的疲劳方程：$S_{\mathrm{f}}/S=1.13199N_{\mathrm{f}}^{-0.03828}$。

刘忠根对水泥砂砾和二灰碎石的疲劳性能进行了研究：

水泥砂砾(5 ： 95)　　$\sigma/S = 1.0924 - 0.09851\lg N_{\mathrm{f}}$

二灰碎石(8 ： 32 ： 60)　　$\sigma/S = 1.0281 - 0.05851\lg N_{\mathrm{f}}$

二灰碎石(10 ： 40 ： 50)　　$\sigma/S = 0.9917 - 0.04321\lg N_{\mathrm{f}}$

长安大学贾侃对无机结合料稳定类材料进行了详细研究，且考虑了间歇时间、裂缝扩展时间、轮载横向分布、不利季节等因素的影响，对试验进行了修正，得到如表7-8所示的疲劳方程。

无机结合料稳定类材料的疲劳方程 3 表 7-8

材料种类			疲劳方程
水泥稳定砂砾		50%存活率	$\lg N = 17.022 - 13.228\sigma/R_b$
		95%存活率	$\lg N = 18.006 - 15.175\sigma/R_b$
水泥稳定碎石	悬浮密实结构	50%存活率	$\lg N = 16.929 - 13.687\sigma/R_b$
		95%存活率	$\lg N = 16.671 - 14.132\sigma/R_b$
	骨架密实结构	50%存活率	$\lg N = 15.278 - 10.421\sigma/R_b$
		95%存活率	$\lg N = 16.029 - 12.525\sigma/R_b$
	骨架空隙结构	50%存活率	$\lg N = 14.099 - 8.3457\sigma/R_b$
		95%存活率	$\lg N = 16.462 - 13.720\sigma/R_b$
水泥稳定土	均匀密实结构	50%存活率	$\lg N = 16.750 - 13.903\sigma/R_b$
		95%存活率	$\lg N = 16.349 - 13.887\sigma/R_b$
二灰稳定碎石	悬浮密实结构	50%存活率	$\lg N = 17.933 - 12.642\sigma/R_b$
		95%存活率	$\lg N = 20.222 - 16.509\sigma/R_b$
	骨架密实结构	50%存活率	$\lg N = 17.708 - 11.9801\sigma/R_b$
		95%存活率	$\lg N = 19.998 - 15.706\sigma/R_b$

当以单对数坐标对疲劳方程进行回归时，疲劳方程均可以得到如下形式：

$$\sigma/R_b = a + b\lg N_f \tag{7-13}$$

不同研究者得出的疲劳预估模型差别主要体现在回归系数 a、b 上的不同。

回归系数 b 反映了疲劳曲线的斜率，疲劳曲线越缓，疲劳寿命对应力水平变化越敏感。通常情况下，随着水泥含量的增加或组成级配良好而减小。对于水泥处治材料，b 值的变化范围一般为 0.140～0.083，对于贫混凝土，b 值的变化范围一般为 0.083～0.071。

回归系数 a 值在疲劳曲线中反映为疲劳曲线的截距，国内外 a 值的经验值接近于 1。

目前对无机结合料稳定类材料疲劳特性的研究主要采用室内疲劳试验的方法，将基层材料的初始状态同最终的疲劳寿命通过疲劳试验和应用统计分析方法联系起来。这是一种宏观的、表观的研究方法。关于无机结合料稳定类材料的疲劳问题，还存在如下不足。

它并未探讨疲劳损伤产生和发展的机理，也没有建立起统一的疲劳损坏标准。各种材料因素和试验条件因素对疲劳特性和寿命的影响，只能依靠试验数据和统计方法予以分析，使得分析结果缺乏统一性、必然性和唯一性。

由于无机结合料稳定类材料的组成和性质的差异较大，各国所采用的试验仪器和方法不统一，选用不同的无机结合料稳定类材料，因此，难以通过试验数据得到统一的室内疲劳关系式，而半刚性基层材料疲劳寿命随材料、结构、施工、环境和荷载作用等条件的不同，变异更大。更难在室内疲劳试验结果与路面疲劳寿命之间建立稳定、同一和可靠的预估模型。目前建立的疲劳预估模型难免带有经验性的特点。

加载控制模式是最重要的影响因素。两种加载控制模式由于经历不同的损伤累积过程，采用不同的疲劳破坏标准，使得其他因素对疲劳的影响表现出不同的变化规律和趋势，这种加载模式依赖型造成了疲劳预估关系式建立和选用的困难。

随着弯拉强度的提高，路用材料的抗疲劳特性逐渐增强，表现为疲劳曲线的位置上移和斜率逐渐减小。路面设计中要求根据疲劳方程得出不同材料对应的荷载疲劳应力系数，来考虑荷载疲劳作用的影响。目前的方法是根据每种材料的弯拉疲劳方程分别得到对应的荷载疲劳应力系数，未考虑材料强度对疲劳性能的影响。

现行沥青路面设计指标体系中的设计参数多为静态参数，材料的弯拉模量是受荷的初始值，在室内测定模量试验时，材料试件处于完好状态，并非在路面使用过程中重复荷载下的有效值。实际沥青路面结构中，由于材料自身的非均匀性、施工成型方式，以及温度、湿度等环境因素作用，在开放交通之前或之初产生了一定量的微裂隙，在重复行车荷载的作用下进一步扩展，会表现出材料模量值的降低。因此，现行材料弯模量设计值不能真实反映材料在环境、交通下的实际力学性状，直接选用室内试件的模量测定弯拉值作为路面结构分析的材料参数，会使计算结果出现较大偏差。

第五节　无机结合料稳定类材料的设计参数

一、国内外路面设计方法中模量取值

新建无机结合料稳定类材料一般呈板体性，可视为各向同性材料，在路面结构应力范围内表现为线弹性，结构分析时的材料参数为弹性模量。在使用过程中，无机结合料稳定类材料出现裂缝后，裂缝会继续扩展，性能逐步降低，模量逐渐下降。各国路面设计方法中对无机结合料稳定类材料模量的选用方法大致可以分为三种情况：单一模量法、两阶段模量法和衰变模量法。

1. 单一模量法

单一模量法是指路面结构计算分析时不考虑基层材料在使用过程中的模量衰变。我国和法国的沥青路面设计中即采用单一模量，表 7-9 为两国相同类型的基层材料的模量代表值。我国设计方法中的基层模量为静态弯拉模量，法国设计方法中的基层模量为动态弯拉模量。

中国和法国沥青路面设计方法中基层材料模量值(MPa)　　表 7-9

半刚性基层类型	中国		法国	
	抗压模量	劈裂强度	弹性模量	弯拉强度
水泥碎石	1 300～4 200	0.4～0.6	20 000～30 000	0.8～1.2
水泥砂砾	1 100～1 700	0.4～0.6	4 000～18 000	0.5～0.75
二灰碎石 二灰砂砾	1 100～1 700	0.5～0.8	30 000～40 000	1.15

2. 两阶段模量法

两阶段模量法以南非和澳大利亚为代表。南非的设计方法认为，无机结合料稳定类材料在使用过程中，性状分为两个阶段，即疲劳开裂前阶段和疲劳开裂后阶段。疲劳开裂前阶段又包括两个状态：材料完好状态(即材料的室内试验模量)和材料微裂缝状态。疲劳开裂后阶段也可分为两种状态：裂缝扩展阶段和材料碎裂为粒料阶段。表 7-10 所列为南非沥青路面设计方法中基层材料的两阶段模量值。

澳大利亚设计方法考虑无机结合料稳定类材料裂缝出现后的扩展效应，随着裂缝的扩展，刚度逐步下降到未掺加结合料之前的粒料水平。无机结合料稳定类材料完好阶段，弹性模量与无侧限抗压强度(UCS)之间的关系为 $E=1\ 500\mathrm{UCS}$。当对结构进行疲劳开裂后的力学计

算时，无机结合料稳定类材料的竖向模量取粒料水平 500MPa。

南非沥青路面设计方法中基层材料的两阶段模量值(MPa)　　表 7-10

半刚性基层类型	竣工初期		交通荷载引起的衰变		无侧限抗压强度
	材料完好	微裂缝阶段	宏观裂缝阶段	材料碎裂为粒料阶段	
水泥处治级配碎石	6 000～30 000	2 500～3 000	800～1 000	400～600	6～12
	3 000～14 000	2 000～2 500	500～800	300～500	3～6
水泥处治天然碎石	2 000～10 000	1 000～2 000	500～800	200～400	1.5～3
	500～7 000	500～2 000	400～600	100～300	0.75～1.5

3. 衰变模量法

衰变模量法以 AASHT2002 为代表，在结构计算时，考虑无机结合料稳定类材料随时间而逐渐衰变，见表 7-11。水泥处治粒料、水泥土和二灰处治集料的模量定义为弹性模量，石灰处治土定义为回弹模量。设计时，以 2～4 周为一分析段，不同分析段选用相应的模量值计算力学响应量。模量随疲劳损耗而下降的关系式如下：

$$E_{h}(D)=E_{b,\max}+\frac{E_{b,\max}-E_{b,\min}}{1+e^{-4+14D}} \tag{7-14}$$

式中：D——无机结合料稳定类材料的疲劳损耗率，以小数计；

$E_{b,\max}$——无机结合料稳定类材料完好时的最大模量值；

$E_{b,\min}$——无机结合料稳定类材料完全损坏后的最小模量值。

AASHTO 无机结合料基层材料的模量代表值(MPa)　　表 7-11

半刚性基层材料类型	破坏前模量代表值	破坏后模量代表值	弯拉强度
水泥处治集料	6 895	689	1.379
水泥处治开级配集料	5 171	345	1.379
水泥土	3 448	172	0.689
石灰、水泥、粉煤灰处治	10 342	276	1.034
石灰土	310	103	0.172

二、无机结合料稳定类材料模量有效值

室内试验结果表明，当试件疲劳寿命达到总疲劳寿命的 50%时，水泥稳定砂砾的模量约为初始值的 0.40～0.58；水泥稳定碎石(悬浮密实)的模量约为初始值的 0.37～0.50；水泥稳定碎石(骨架密实)的模量约为初始值的 0.45～0.60；水泥稳定细粒土的模量值约为初始值的 0.58～0.72；二灰稳定碎石的模量值约为初始值的 0.55～0.62。同时，疲劳寿命损耗 20%、80%时对应的模量比值及有效模量值范围见表 7-12 和表 7-13。

不同疲劳寿命时无机结合料稳定类材料模量比　　表 7-12

材料类型	水泥稳定砂砾	水泥稳定碎石(悬浮密实)	水泥稳定碎石(骨架密实)	水泥稳定土	二灰稳定碎石
应力比范围	0.55～0.70	0.60～0.70	0.60～0.70	0.65～0.85	0.65～0.75
20%疲劳寿命	0.53～0.68	0.42～0.61	0.58～0.70	0.65～0.75	0.62～0.69
50%疲劳寿命	0.40～0.58	0.37～0.50	0.45～0.60	0.58～0.72	0.55～0.62
80%疲劳寿命	0.35～0.48	0.28～0.37	0.39～0.51	0.51～0.65	0.50～0.57

不同无机结合料稳定类材料的有效模量值范围(MPa)　　表 7-13

材料类型	水泥稳定砂砾	水泥稳定碎石（悬浮密实）	水泥稳定碎石（骨架密实）	水泥稳定土	二灰稳定碎石
初始模量值	28 000	25 000	28 000	4 700	45 000
20%疲劳寿命有效模量值	14 840～19 040	10 500～15 250	16 240～19 600	3 055～3 525	27 900～31 050
50%疲劳寿命有效模量值	11 200～16 240	9 250～12 500	12 600～16 800	2 726～3 384	24 750～27 900
80%疲劳寿命有效模量值	9 800～13 440	7 000～9 250	10 920～14 280	2 397～3 055	22 500～25 650

三、弹性模量模量设计值

室内材料弯拉模量和实际路面结构层的弯拉模量开始衰变的初始模量不同，室内衰变是从材料完好状态开始衰变的，而实际路面结构中基层是从收缩微裂缝状态开始衰变的。若直接选用室内试件的模量测定值作为路面结构分析的材料参数会由于模量值偏大而使应力计算失真。因此，路面设计方法中，半刚性基层模量应选用实际路面使用状态下的有效模量。长安大学贾侃结合室内外试验结果，参照南非路面力学设计方法中含收缩裂缝的模量建议值，提出各种无机结合料稳定类材料的弹性模量设计值(表 7-14)。

无机结合料稳定类材料弹性模量参考值(MPa)　　表 7-14

材料类型	7d 浸水抗压强度	试件模量	收缩开裂后模量	疲劳破坏后模量
水泥稳定类	3.0～6.0	3 000～14 000	2 000～2 500	300～500
	1.5～3.0	2 000～10 000	1 000～2 000	200～400
石灰一粉煤灰稳定类	≥0.8	3 000～14 000	2 000～2 500	300～500
	0.5～0.8	2 000～10 000	1 000～2 000	200～400
石灰稳定类	≥0.8	2 000～4 000	800～2 000	100～300
	0.5～0.8	1 000～2 000	400～1 000	50～200

在对旧沥青路面进行路况评定和改建设计时，应按路面结构已承受的荷载累计作用次数和疲劳损耗比例，对这类材料的设计模量值进行折减。长安大学贾侃同样提出了各种无机结合料稳定类材料的模量折减系数(表 7-15)。

半刚性材料在不同疲劳损耗阶段的模量折减系数　　表 7-15

材料类型	疲劳损耗 20%	疲劳损耗 50%	疲劳损耗 80%
水泥稳定碎石	0.42～0.70	0.37～0.60	0.35～0.50
水泥稳定土	0.65～0.70	0.58～0.72	0.50～0.65
石灰一粉煤灰稳定类	0.62～0.69	0.55～0.62	0.50～0.60

本章参考文献

[1] 何兆益，杨锡武. 路基路面工程[M]. 北京：人民交通出版社，2006.

[2] 中华人民共和国行业标准. JTG E51—2009　公路工程无机结合料稳定材料试验规程

[S]. 北京：人民交通出版社，2009.
[3] 沙庆林. 高等级公路半刚性基层沥青路面[M]. 北京：人民交通出版社，1998.
[4] 沙庆林. 高速公路沥青路面早期破坏现象及预防[M]. 北京：人民交通出版社，2001.
[5] 沙爱民. 半刚性路面材料结构与性能[M]. 北京：人民交通出版社，1998.
[6] 姚祖康. 对国外沥青路面设计指标的评述[J]. 公路，2003.
[7] 姚祖康. 水泥混凝土路面设计理论和方法[M]. 北京：人民交通出版社，2003.
[8] 黄仰贤. 路面分析与设计[M]. 北京：人民交通出版社，1998.
[9] 武和平. 高等级公路路面结构设计方法[M]. 北京：人民交通出版社，1999.
[10] 王昌衡. 水泥稳定细粒土强度及疲劳特性的室内研究[D]. 长沙：湖南大学，1984.
[11] 刘忠根. 半刚性基层材料室内试验研究[J]. 吉林建筑学院学报，2003.

第八章 路面砂砾基层材料

第一节 概 述

一、天然砂砾的分布及特性

1. *天然砂砾石分布*

砂砾石是第四纪沉积物中的一种具有鲜明特征的松散粗碎屑堆积层。它既不同于已胶结的砂岩、砾岩，也不同于细粒的黏性土；它既不是独立的地层单位，也不属于同一的成因类型。

我国砂砾石层的分布与构造变动、地貌和第四纪地质发展相一致，具有很强的规律性，依我国的地貌特征可划分出明显不同的4个主要分布区域(图8-1)：①以冰川和冰缘堆积作用为主的青藏高原区[I]；②以风力和干燥剥蚀堆积作用为主的西北干燥区[II]；③以流水侵蚀堆积作用为主的东部山地丘陵区[III]；④以流水侵蚀堆积作用为主的冲积平原区[IV]。

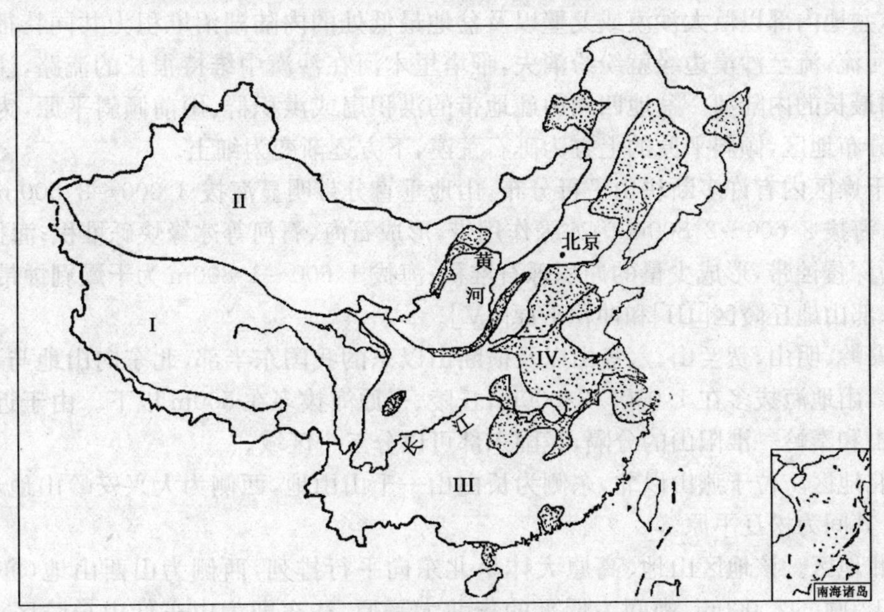

图8-1 中国大陆砂砾石层分区示意图

I-冰川冰蚀作用砂砾石分布区；II-风力和干燥剥蚀作用砂砾石分布区；III-流水作用河床砂砾石分布区；IV-流水和综合作用冲积平原砂砾石分布区

注：地图来自中国地图出版社1979年12月中华人民共和国地图集。

(1)青藏高原区[I]。

青藏高原区位于我国西南部，居于横断山以西、昆仑山以南地区，气候寒冷干燥，高原剥蚀面海拔为4 000～5 000m，其上耸立着一系列近东西向的高山，海拔多在6 000m以上。区内以冰川作用为主，所形成的冰面与冰缘堆积之砂砾石、块石层广有分布。

在青藏高原内部，地表径流仍不失其重要作用，形成许多冲积砂砾石层。在高原区地势低洼的地方还形成许多内陆湖积。雅鲁藏布江是青藏高原上主要流向外域的河，河谷大致顺东西向的深大断裂带发育，形成宽敞的河谷盆地，如谢通门宽谷与泽当宽谷等，谷宽达 3～5km，由巨厚第四纪砂砾石层堆积，分布广泛。在泽当雅鲁藏布江曲水大桥附近，河床砂砾石层厚度大于 50m，至拉萨市一段，拉萨河床砂砾石层厚达 123m，分为三层：上部 0～44m 为砂砾石层；中部 44～72m 为含块石卵石层，透水性强；底部 72～123m 为砂砾石层。而在临近的古河道中，砂砾石最大厚度达 600m。此外，在河谷地区还有泥石流或洪积砂砾石以及重力崩塌与滑坡物质，移入河床并混于河床砂砾石层之中。

(2)西北干燥区[II]。

西北内陆干燥区位于大兴安岭、阴山、贺兰山、昆仑山一线西北，由广阔的内蒙古高原和地形封闭的准噶尔、塔里木、柴达木等大型盆地以及阿尔泰山、天山、祁连山等块断山系配置而成。该区内降水很少，蒸发量大，风力与干燥剥蚀作用成为重要的外营力，并形成相应的砂砾(块)石堆积。

西北内陆高原和盆地，在过去地质时期曾广泛堆积了河湖相的砂砾石等地层，河水和湖水起了相当大的作用。随着时间的推移和内陆干燥气候的增强，河道逐渐干涸，出现砾石戈壁、沙漠，面积陆续扩大，只在相对低洼处分布着一些现代内陆湖积或盐沼，并有短小的内陆河流注入。

准噶尔、塔里木和柴达木是我国三个最大的内陆盆地，其四周以山麓洪积及山前倾斜平原堆积为主，盆地内部以巨大沙漠或戈壁以及盆地最低处的内陆湖沼堆积为共同特征。盆地周围的山地河流，流至沙漠边缘就纷纷消失，唯塔里木河在沙漠中维持很长的流路，注入台特玛湖，是我国最长的内陆河。盆地四周山麓地带的洪积扇或洪积群、山前倾斜平原，为砂砾(块)石的主要分布地区，倾斜平原的上方为砾石荒漠，下方逐渐变为细土。

西北干燥区内有许多断块山平行分布，山地垂直分带明显海拔 3 000～3 500m 为现代冰川作用带；海拔 2 600～2 800m 为冰缘作用带，形成石海、石河等冰缘块砾堆积；海拔 2 000～2 400m 为深侵蚀带，形成少量的冲积砾石堆积；海拔 1 600～1 800m 为干燥剥蚀带。

(3)东部山地丘陵区[III]和冲积平原[IV]。

大兴安岭、明山、贺兰山、六盘山以及横断山以东的我国东半部，北东向山地与平原、丘陵相同分布。山地海拔多在 1 000～2 000m，丘陵、平原海拔多在 500m 以下。由于近东西向的阴山—燕山和秦岭—淮阳山的分隔，我国东部可以分三个区域。

①东北地区。位于燕山以北，东侧为长白山—千山山地，西侧为大兴安岭山地，为流水侵蚀堆积区，其间为松辽平原。

②华北地区。该地区山地、高原大体呈北东向平行排列，西侧为山西山地(亦称山西高原)，海拔 1 000～2 000m，中间为低平的华北大平原，往东即为山东低山丘陵区，海拔多在 500～1 000m。华北大平原为由黄河冲积而成的冲积平原，北与海河平原、南与淮河平原相连接，面积十分巨大。

③华南地区。该区广泛分布着不同类型的山地、丘陵、盆地和高原。其中：浙、闽、粤、桂沿海地区，以低山丘陵为主，海拔大多在 500～1 000m，内部多有自成水系的中小河流，除珠江、韩江以外，很少有较大的三角洲平原；长江以南是以湘、赣流域为主的广大地区，北东向的山地、丘陵和盆地交错分布。长江出三峡后的冲积平原、洞庭湖、鄱阳湖平原以及三角洲平原，共同组成了长江中下游平原；云贵高原海拔在 2 000m 左右，以北为四川盆地，以南为广西盆地。

在上述三个地域内，流水作用相当强烈，形成了广泛的砂砾石堆积，在山地与丘陵区分布成与河流一致的线形，在相对沉降的凹陷区堆积成为宽阔平原。东部地区范围广阔，砂砾石堆积状况各不相同。

2. 天然砂砾石特性

(1)全国各地天然砂砾的级配具有不均匀性。虽然我国天然砂砾的蕴藏量大，但在不同的省区，天然砂砾级配相差很大。不但每条河流中的砂砾级配不同，甚至同一条河流中的砂砾级配也不相同，在河流的上、中、下游以及河道的内、外侧，天然砂砾的级配均有一定的差异，而且同一条河流的同一地点，在不同的季节，其砂砾级配也有变化。

(2)天然砂砾在各地的使用情况不同。天然砂砾在公路工程中的应用非常广泛，除了用于水泥混凝土及圬工砌体工程外，多作为半刚性材料用于路面基层、底基层。由于各地材料分布及供应情况不同，天然砂砾在各地的使用情况也不同。在石料丰富、破碎成本低、碎石价格便宜的地区，公路工程中天然砂砾使用较少。而在石料较为缺乏，破碎成本高的地区，应用比较广泛。另外，天然砂砾在二级及二级以下公路中的使用频率较高，但绝大多数应用于底基层。

(3)天然砂砾中含泥量变化大。调查资料表明，各地天然砂砾含泥量变化幅度大，其范围在0%～25%。当砂砾中泥土含量较大，超过7%时，多选用二灰砂砾。

二、天然砂砾在路面结构层中的应用

1. 国内应用状况

在我国早期的公路建设中，经常用到的是利用天然砂砾掺加一定数量的土形成泥结砾石基层。在过去的旧规范中，对作为基层的天然砂砾材料的含土量的规定为不超过15%，塑性指数为10～14，但是经过多年对沥青面层的使用调查发现，除了部分在干旱少雨地区路段外，局部路段还是发生了破坏。其主要是因为路段处于潮湿地带，路基潮湿。所以，对于无法改善的潮湿和中湿路基的路段，要将其作为沥青面层的基层，必须加强路基、路面的排水能力，做好排水、封水的处理。但对于西部干旱少雨的省区来说，由于路床总体上处于干燥状态，而砂石材料又很丰富，只要严格按照规范的要求控制含土量及其塑性指数，仍然可以采用级配砂砾基层。

为了提高该结构层的水稳定性，使其能在潮湿及中湿的路基上作为沥青面层的基层，目前国内公路建设中对天然砂砾石或级配砂砾石采用的通常做法是：将砂砾石按一定的级配组成，然后掺加一定比例的黏结料(石灰、粉煤灰或水泥)，将这种掺加了无机结合料并满足级配要求的混合料作为高等级公路的基层。石灰的掺量一般以土质量的10%左右为宜。而不掺加无机结合料的级配砂砾石适用于二级和二级以下公路的基层以及各级公路的底基层。

当用作基层时，砾石的最大粒径不宜超过40mm；当用作底基层时，砾石的最大粒径不宜超过50mm。以砂砾石直接作为公路的基层，所见报道较少，偶尔见有，也仅限于公路等级低，或所建公路位于河滩、河谷等砂砾石很丰富的地区。如湖南320国道芷江沙湾2.88km二级公路改建工程；从该公路使用实践来看，由于砂砾石基层的塑性指数过大和级配较差，路面在使用一年之后便出现大面积的网裂、辙槽、沉陷等病害。此外，黑龙江同化三村边防公路也采用级配砂砾石基层，从该公路使用实践来看，路面结构整体性较好，稳定性强，路面较平整，基本达到晴雨通车。

另外，为降低工程造价、解决材料运距远的问题，在一些工程中采用部分砾石代替碎石的方法来铺筑沥青路面的情况，已沿用多年。但对砾石沥青混合料的路用性能还需深入研究。

2. 国外应用状况

在国外，将天然砂砾石或轧碎的坚石广泛应用于道路基层的国家有：巴西、捷克斯洛伐克、南非、比利时、南斯拉夫、德国、丹麦、葡萄牙、法国、意大利、奥地利、印度、新西兰、加拿大等。而将天然砂砾石用于底基层的国家就更多了。

美国的纽约州交通运输部门对砂砾石材料作为路面不同结构层时的压碎值、塑性指数和砂当量制定了相应的规范，具体数据见表 8-1。

砂砾石材料性能要求　　表 8-1

材料性能指标	路面结构层层位		
	面层	基层	底基层
最大压碎值	20	20	25
塑性指数	2～9	0～5	0～8
砂当量	25～40	>40	>35

美国 AASHTO 的设计方法中，对沥青面层和砂砾石基层的最小厚度给定了一个建议值，如表 8-2 所示。

沥青面层和砂砾石基层的最小厚度(单位：in)　　表 8-2

交通(ESAL)	沥青混凝土	粒料基层
小于 50 000	1.0	4
50 001～150 000	2.0	4
150 001～500 000	2.5	4
500 001～2 000 000	3.0	6
2 000 001～7 000 000	3.5	6
大于 7 000 000	4.0	6

注：1. 最小厚度单位为 in，1in=25.4mm。
2. 数据引自 AASHTO(1986)。

在加拿大，道路运输部门还针对不同的交通量给出了粒料基层沥青路面的路面结构厚度的建议值。现将加拿大安大略(Ontario)省的柔性基层沥青路面结构组合列于表 8-3。

加拿大安大略(Ontario)省的柔性基层沥青路面结构组合　　表 8-3

结构层次(cm)	设计车道的累计标准轴次($\times10^6$)								
	0.5			1.0			10		
	路基(3)	路基(5)	路基(20)	路基(3)	路基(5)	路基(20)	路基(3)	路基(5)	路基(20)
沥青混凝土面层	9			13			18		
粒料基层	15								
粒料底基层	45～60	45	—	45～60	45	15	60～80	45～60	30
总厚度	69～84	69	24	73～88	73	43	93～113	78～93	63

注：括号内数值为路基土 CBR 值；标准轴载为 80kN。

此外，瑞士、芬兰、法国等一些国家针对将非黏结材性粒料用于基层还给出了交通量的限制，结果见表 8-4。

非黏结性粒料基层的极限值 表 8-4

国家	冻融或无冻融(深度:m)	轴载		使用范围	No.重车/日/方向	
		单轴(t)	双轴(t)	表处下基层	薄层沥青下的基层	厚层沥青下的基层
瑞士	冻融	10	18	达到 30 辆重车后不使用 3~4cm 单层材料	<100	<2 500
芬兰	冻融(1.6~2.3)	10	16	<500	>500	—
法国	冻融或无冻融	13	21	<50	<100	<750
澳大利亚	无冻融	8.5	15	没有交通限制,每一种情况分别检查		
德国	冻融(0.5~1.5)	10	16	交通量低	>10	无限制
荷兰	冻融	10	16	<50	用得少,无交通量限制	
意大利	无冻融	12	20	—	<50	50~1 000
捷克斯洛伐克	冻融(0.8~1.2)	10	13	<25	<50	<250
葡萄牙	无冻融	12	20	<60	<200	<1 000
波兰	冻融(0.8~1.4)	10	16	<4	<70	70~335
		8	14.5	<12	<200	200~1 000
加拿大	无冻融	8	14.2	无限制		

第二节 天然砂砾的物理性能

一、天然砂砾的组成

砂砾石表面光滑,一般没有破损的裂纹,基本上是椭球形,但也有不少是长扁形。天然砂砾石的主要成分、特性及密度、孔隙率等参数如表 8-5 所示。无论是哪种成分的砂砾石,其共同的特点是:视密度较大,孔隙率及砂砾石本身的含水率很小。砂砾石的这些特点表明:就单个砂砾石来说,其自身具有很大的强度,而砂砾石组成的混合料则具有较小的压缩性。

天然砂砾石的主要矿物成分及特性 表 8-5

矿物成分	特 性	真密度(g/cm^3)	视密度(g/cm^3)	孔隙率(%)
石灰石	深灰色、灰色,节理发育,有方解石脉,硬度大,致密坚硬	2.66	2.63	1.29
中粒砂岩	深灰色,含石英和方解石,硬度大,致密坚硬	2.93	2.87	2.05
粗粒砂岩	灰白色,以石英为主,颗粒磨圆度差,有层理	2.72	2.60	4.41
细砂岩	层理发育,以石英、长石为主,含白云母碎片	2.67	2.50	6.24
白云岩	灰白色,致密坚硬	2.66	2.60	2.26

二、天然砂砾的密度

砂砾石在 100~105℃烘至衡重时的质量与同体积 4℃纯水质量的比值称为砂砾石的比重,即

$$G_s = \frac{m_s/V_s}{\rho_w} = \frac{\rho_s}{\rho_w} \tag{8-1}$$

式中:m_s——砂砾石的质量,g;

V_s——砂砾石的体积,cm^3;

ρ_s——砂砾石颗粒的密度,g/cm^3;

ρ_w——水的密度;g/cm^3。

对于颗粒小于5mm的砂砾石,用比重瓶法测定。根据砂砾石的分散程度、矿物成分、水溶盐和有机质的含量,分别采用蒸馏水和中性液体测定。排气方法分别采用煮沸法和真空抽气法。

对于颗粒大于5mm的砾石和卵石等无黏性粗粒土,因有空隙存在,当粒径大于5mm的试样中20mm的颗粒小于10%时,比重测定方法用浮称法;20mm的颗粒大于10%时,用虹吸筒法。在用虹吸筒法时,应注意排气。

三、砂砾石的砾态

砾石形态是评价砂砾石混合料孔隙率、渗透性、抗剪强度等工程特性的重要依据之一。通常砂砾石具有三个相互垂直的轴,即最大长度(a)长轴、最大宽度(b)中轴和最大厚度(c)短轴。砂砾石砾态就是用这三个轴之间的比例关系求出的扁平度、球度以及磨圆度系数来表征的。

四、天然砂砾石混合料的结构

砂砾石混合料的强度与结构间有着密切的关系。其结构强度和刚度,主要取决于颗粒尺寸分布、颗粒形状和密实度。其中最重要的是颗粒尺寸分布,特别是粗集料和细集料的比例。按粗、细集料分布情况的不同,砂砾石混合料可区分为三种不同的物理结构,如图8-2所示。

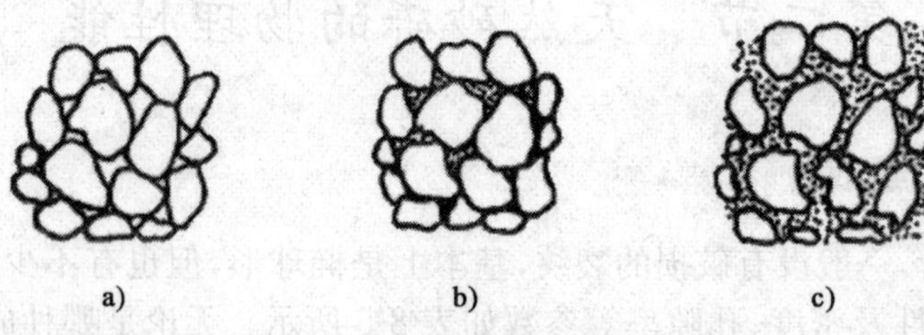

图8-2 砂砾石混合料的三种状态

第一种结构,如图8-2a)所示,仅含有少量或者不含细集料(<4.75mm的颗粒),粗集料相互接触、嵌挤,形成骨架结构,这种结构依靠粗颗粒之间的摩阻力获得其稳定性。不含细集料的砂砾石混合料,其密实度较低,但透水性好,不易产生冰冻破坏。

第二种结构,如图8-2b)所示,砂砾粗集料相互接触、嵌挤,形成骨架结构,含有适量的细集料填满粗集料的空隙。这类混合料仍然依靠粗集料间的摩阻力获取其稳定性,但抗剪强度提高了,密实度也提高了,透水性降低了,施工时易于压实。

第三种结构,如图8-2c)所示,细集料含量过多,粗集料被挤开,悬浮于细集料中,彼此失去接触。虽然施工时很易压实,但其密实度降低了,实际上不透水,其稳定性受水的影响较大。

第三节 天然砂砾结构层回弹模量

一、回弹模量影响因素

1. 材料性能

从材料性能的角度,影响砂砾石混合料回弹模量的主要因素有:砂砾石的级配和颗粒形状、细颗粒含量、含水率及密实度。

(1)级配和颗粒形状。

对于具有相同颗粒粒径分布和相同细颗粒含量的混合料而言，回弹模量随着颗粒最大粒径的增大而增大。随着颗粒粒径的增大，颗粒与颗粒之间的接触面积在减小，使得混合料在荷载作用下的总变形减小，从而增加了混合料的刚度。

与圆形或接近圆形的非破碎砂砾石相比，带有棱角或次棱角形的破碎粒料显示出更好的荷载扩散性能，其回弹模量也相应地有所提高。这是由于对于带有棱角的颗粒材料，在荷载作用下其颗粒之间表现出相互嵌挤与锁结作用，使得其具有较高的抗剪角度。

(2)细颗粒含量。

对粒料混合料的重复三轴试验研究表明，细粒含量(细粒含量指:通过 No. 200 目筛的百分比)也能对回弹模量造成一定的影响。Hicks 和 Monismith 观察到，对于部分破碎的粒料混合料，随着细粒含量的增加，密实度显著降低，从而使得回弹模量有所降低；而当粒料混合料全部采用破碎的颗粒时，其结果则相反。Jornby 在一份研究报告中指出，当黏土掺入到破碎粒料混合料中时，其刚度最初是增加，随着黏土掺量的增加，其刚度有较大幅度的下降。

(3)密实度。

Hicks 在对部分破碎的粒料混合料进行测试时发现，随着混合料相对密实度的增加，回弹模量也随之增加；而在全部破碎的粒料混合料测试中，回弹模量几乎没有什么变化。

Barksdale 和 Itani 研究认为，仅在中低应力水平时回弹模量的值才随着密实度的增加显著增加，在高应力水平时，密实度对回弹模量的影响不是很明显。Vuong 的试验研究认为，当密实度超过最佳值后，回弹模量对密实度的变化不是很敏感。

(4)含水率。

对于大多数未经处理的粒料混合料而言，无论是在试验室还是在现场情况下，含水率对弹性变形特征均有一定的影响。

Dawson et al. 研究结果表明:对于无黏性粒料混合料，当其含水率在最佳含水率以下时，随着含水率的增加，由于吸力的增加使混合料的刚度也增加；超过最佳含水率后，由于混合料趋于饱和，并产生了超孔隙水压力，混合料的刚度开始急剧下降。Haynes 和 Yoder 的研究报告也显示，当混合料的饱水度从 60％增加到 80％时，试样总的轴向永久性变形增加了 100％以上。Barksdale 观察到，与部分浸泡在水中的试样相比，完全浸泡在水中的试样的轴向变形增大了 68％。由于混合料抗永久性变形能力下降了，从而使回弹模量呈现下降趋势。

众多学者认为，含水率对回弹模量的影响还取决于分析方法。Hicks 认为，仅当采用基于总应力分析方法时，才会由饱水引起回弹模量下降。

2. 试验条件

(1)压实方法。

回弹模量与混合料的刚度直接相关，且随着压实功的增加而增加。混合料刚度根据材料种类的差异而不同，且与试样成型时的含水率相关。Magnusdottir et al. 认为，压实功(C. E)与落锤高度、落锤质量、落锤冲击的次数、试样层的层数及试样的体积相关。

(2)围压。

对于细颗粒土体，其回弹模量不依赖围压大小；对粗粒料土体，其回弹模量受围压影响比细粒土体大。对于砂砾石混合料，围压的增加能显著增加其回弹模量，通常回弹模量可描述为体应力的函数。

(3)偏应力。

Monismith et al. 研究结果认为，对于无黏性的粗粒料混合料，随着围压从 20kPa 增加到 200kPa，混合料的回弹模量增加了 500%。Nair 和 Smith 研究也认为，当主应力之和从 70kPa 增加到 140kPa，混合料的回弹模量增加了 50%。Allen 和 Thompson 比较分析了常围压试验(Constant Confining Pressure Tests，简称 CCP)结果和变围压试验(Variable Confining Pressure Tests，简称 VCP)结果，认为由常围压试验数据计算的回弹模量较高，且常围压试验条件下试样的侧向变形较大。随后，Brown 和 Hyde 的研究表明，当 CCP 试验中所采用的围压为 VCP 试验所用围压的均值时，两个试验能取得相同的回弹模量。

对于砂砾石混合粒，其回弹模量随着偏应力的增加而增加，表明在应力作用下由于颗粒重新排列，使混合料更进一步密实，表现出应力硬化的特点。

(4)应力状态。

众多研究均表明，对于未经处理的粒料混合料，其回弹模量高度依赖于围压的大小以及第一应力不变量。回弹模量随着围压及主应力之和急剧增加。同时，永久变形随着围压的增加而减小。与围压相比，偏应力对材料回弹模量的影响要小一些。在室内三轴试验中，既可以采用常围压，也可以采用变围压。Brown 和 Hyde 认为，在常围压三轴试验中，当围压大小与变围压试验中围压均值相同时，试验所得的回弹模量值是相同的。

(5)应力历史。

研究表明，对于粒料混合料，应力作用历史对其回弹特性有一定的影响。Boyce et al. 研究了以级配良好的破碎石灰石制作的试样重复三轴试验，研究结果显示，尽管材料曾受应力历史作用，但可以预先施加一定次数的循环荷载(按试验加载制度施加荷载)，以减少应力历史的影响，且在试验中应避免较高的应力比。

Hicks 报道，当对试样施加大约 100 次大小相同的循环荷载后即能够获得持续、稳定的回弹响应，应力历史的影响几乎可以忽略不计。Allen 建议在进行重复三轴试验之前对试样施加大约 1 000 次的循环荷载。也有学者认为，对于无黏性的粒料混合料，当所施加的历史应力保持在足够低的水平时(以不使粒料混合料产生永久性变形为准)，回弹模量基本上对应力历史不是很敏感。

(6)试样尺寸。

AASHTO 规范认为，对于基层粒料混合料，试验中采用的试样直径是所用粒料最大粒径的函数，并规定试验直径与高度的比值为 1∶2。据此，对于粒料最大粒径为 1in(25.4mm)的混合料，试样的直径为 6in(152mm)，高度为 12in(304mm)。但在实际操作中，由于缺乏合适的仪器设备，制作高度为 12in(304mm)的试样，并将该试样安置到三轴试样压力室中，存在一定的困难。

Taylor 的研究显示，当试样两端平整，长细比(高度与直径的比值)在 1.5～3.0 之间时，即能够取得可信的试验结果。根据 Lee 的观点，Taylor 的研究成果奠定了试验规范的基础，即采用三轴试验测试粒料混合料回弹模量时，试样长细比变化范围在 2.0～2.5 之间，且试样两端平整。

(7)试样端头条件。

在进行回弹模量测试试验之前，AASHTO 要求对试样预加 500～1 000 次的循环荷载，以保证试样与顶部、底端两个端头的均匀接触，这样做的主要目的是减少试样与端头之间的不均匀接触。Pezo et al. (1992)认为，在回弹模量测试试验之前预加荷载使得混合料的刚度变大，从而影响了回弹模量测试的真实性。

Nazarian 和 Feliberti(1993)认为，应对试样两端端头进行灌浆，而不是采用预加荷载的方法。对试样两端端头进行灌浆会产生一些其他问题。为了精确测试混合料的回弹模量，应测试试样的轴向变形，在对试样端头进行灌浆后，则不能够测试试样全长度范围内的变形。这是因为，在试样两个端头灌浆区域产生了较大的剪切强度，从而限制了试样的变形。因此，如果对试样两端头进行灌浆，则应在试样中间 2/3 的地方进行变形测试。对端头灌浆产生的另外一个问题就是试样中会产生孔隙压力。如果是在饱水状态下测试试样的回弹模量，则由于端头灌浆后不透水，试样内部产生的孔隙水压力将得不到消散。

二、回弹模量测试方法

1. 国外测试方法

目前，国外确定粒料混合料回弹模量的主要测试方法有：AASHTO T 307 法、欧洲试验方法以及美国公路与城市道路设计标准(NCHRP 1－37 A)，这些方法均采用三轴试验法确定混合料的回弹模量。

AASHTO T307 方法：采用在圆柱形试样上施加大小恒定的重复轴向荷载，单次荷载施加时间为 0.1s，荷载循环 10 次。试验过程中，试样受到周期性的轴向动态荷载作用以及通过三轴压力室施加的静态围压，通过记录试样总的轴向回弹变形以用来计算回弹模量。试验时，首先施加最少 500 次重复的轴向荷载(轴向荷载最大为103.4kPa)，接着将围压固定为 103.4kPa，施加大小为 93.1kPa 的重复轴向荷载。在预加荷载结束前，如果试样的轴向变形继续增大，则应将重复的轴向荷载作用次数增加至 1 000 次。之后，通过施加一系列大小不同的围压以及轴向压力即可得到某一特定围压及偏压力情况下的回弹模量。

欧洲试验方法：采用重复三轴试验技术测试材料的弹塑性及塑性变形，其试验标准为 CEN(ComitéEuropéen de Normalizations)，该标准在同一试验装置下采用两个不同的加载序列，即变围压和常围压。试样按要求的密实度和含水率成型，在试验之前，对试样预先施加预定的压力，施加的平均正应力 p 为 300kPa，偏应力 q 为 600kPa，围压 σ_3 为 100kPa，荷载循环作用次数为 20 000 次。预加荷载后，根据 CEN 加载程序，加载应力路径依次为 $q/p=0, 0.5, 1.0, 1.5, 2.0, 2.5$，每一个加载系列重复作用 100 次。

美国公路与城市道路设计标准(NCHRP 1－37 A)：试图将所有试验方法中关于重复荷载加载的最佳方式结合在一起运用。其具体的方法是：试样在最佳含水率下压实至所需密实度，试样预加大小为 103.4kPa 的围压、124.1kPa 的偏压，荷载重复作用次数为 200 次。如果在加载结束之前，试样的高度还在减少，则预加荷载重复作用次数应增加至 1 000 次。试验中，首先在保持循环荷载/围压之比不变的情况下增加循环荷载、围压；接着增加循环荷载/围压比值，进行下一个加载程序。加载过程中，当高度方向的变形量达到 5%时，终止试验。

2. 国内测试方法

在国内，常用来测定土基回弹模量的方法主要有：①现场承载板法；②贝克曼梁法；③换算法；④CBR 法；⑤室内试验测定法；⑥路表弯沉盆反算法(FWD 法)；⑦查表法；⑧室内小型承载板试验法；⑨改进的室内承载板试验。各种测试方法的特点及适用性简述如下。

(1)现场承载板法

该方法使用 BBZ－100 标准车和 φ30cm 的承载板，通过承载板对土基逐级加载、卸载的方法，测出每级荷载下相应的土基回弹变形值，排除显著偏离的回弹变形异常点，绘出荷载与回弹变形值的关系曲线，并取试验结束前各级荷载作用下的回弹变形值进行线性回归，由相应的公式计算求得土基回弹模量 E_0 值。本方法适用于在现场土基表面测试其回弹模量。所使用仪器结构及操作比较简单，价格低廉，但对于测试人员的技术要求较高，试验所使用的方法较为繁琐，费时费力，整个过程为人工操作，精度低，受人为因素和环境影响较大，工作量大，效率低。且现行规范中对于试验应当加载至什么时候结束存在争议，在实际测试中采用不同的最大荷载或最大应变，均可能使测得的结果产生较大的偏差。

(2)贝克曼梁法。

贝克曼梁利用杠杆工作原理，由载重汽车对路面加载，通过百分表观测路面回弹弯沉。这种方法所使用仪器结构及操作简单，技术要求低，价格低廉，因此广为施工单位所采用。同时，该法也适用于测定各类路基、路面结构的回弹弯沉，用以评定其整体承载力。

贝克曼梁法所测弯沉是最大回弹弯沉值，测定结果受轮载、轮压和加压时间(行驶速度)影响，且由于影响承载能力的变量较多，各测设点的弯沉值会有较大的变异，测定结果往往较难用于指导路面设计。

(3)换算法。

换算法则是通过积累现场大量承载板试验回弹模量 E_0 与压实度 K、土基稠度 ω_c 或与室内土基 CBR 值等资料，建立室内与现场的土基各种力学指标间的相关关系式，再根据相关关系式推算回弹模量值。这种方法是对查表法的修正，但由于不同地形、地质、水文、气候等条件的影响，相关关系式难以统一。

(4)CBR 法(加州承载比法)

所谓 CBR 值，就是试件贯入量达到 2.5mm 或 5mm 时的单位压力与标准碎石压入相同贯入量时标准荷载(7MPa 或 10.6MPa)的比值，用百分数表示。试验时，按路基施工时的最佳含水率及压实度要求在试筒内制备试件，为了模拟材料在使用过程中的最不利状态，加载前泡水四昼夜，在浸水过程中及贯入试验时，在试件顶面施加荷载板，以模拟行车荷载及路面自重对土基的作用力。贯入试验中，材料的承载能力越高，对其压入一定贯入深度施加的荷载越大。

(5)室内试验方法。

回弹模量室内模拟法就是以野外的含水率和压实度，在室内静压成型做小型承载板试验。试验所采用的试筒尺寸为 $D\times H=152\text{mm}\times170\text{mm}$，击实成型后试样尺寸为 $D\times H=152\text{mm}\times120\text{mm}$，承载板压头尺寸为 $D\times H=50\text{mm}\times80\text{mm}$。粒料混合料作为基层时，《公路土工试验规程》(JTG E40—2007)规定的粒料颗粒最大粒径为 37.5mm，而在实际工程应用中采用的粒料颗粒最大粒径甚至可达到 10cm。这表明，与粒料颗粒最大粒径相比，室内测试方法采用的试桶及承载板压头尺寸明显偏小，试筒对混合料的变形将产生较大的约束力，这种约束力会造成测试结果偏高，从而使试验结果失真。

(6)路表弯沉盆反算法(FWD 法)。

路表弯沉盆反算法是在路基表面采用落锤式弯沉仪测定动荷载作用下的路表弯沉盆曲线，由距离承载板中心不同处的位移传感器测出相应点位的弯沉值，根据实测弯沉盆采用弹性半空间体模型反算路基回弹模量。

该方法的优点：这种方法产生于 20 世纪 70 年代初，与传统的贝克曼梁法测量弯沉相比，其使用方便、快速、安全、节省人力，可模拟行车作用的冲击荷载下的弯沉量测，计算机自动采集数据，速度快、精度高，适于长距离、连续测定。

该方法的不足：采用落锤式弯沉仪测量的路基回弹模量值需要修正，所测弯沉盆数据需要按照弹性层状体系理论的计算模式和程序进行模量反算。同时,落锤式弯沉仪大多为进口国外产品,价格非常昂贵,对操作人员的技术要求很高,需要精心的维护,以确保测试数据的真实性。落锤式弯沉仪所测得的动态模量不能直接用于路面设计与施工检测,需要进行动静模量之间的换算,而目前对于换算方法的研究并未形成定论,还有待进一步研究以寻找准确的反算方法。以上论述表明,在全国范围内大面积推广使用路表弯沉盆反算法确定路基表面回弹模量是不现实的。

(7)查表法。

规范表推荐值主要为 20 世纪 50 年代～70 年代末我国公路部门在全国范围内进行的公路路基回弹模量实测及研究成果,是根据当时道路施工条件和修筑材料采用轻型压实标准确定的公路路基回弹模量推荐值。而 90 年代以来,随着我国以高速公路为主的高等级公路的大力发展,公路路基填筑材料开始多样化,出现了以大粒径颗粒材料为主的土石混填基层,普遍采用重型击实标准。通过轻型压实标准与重型击实标准的对比试验,认为在轻型压实标准路基回弹模量 E_0 建议值的基础上可以提高 15%～30%或更大幅度。这使公路路基回弹模量的取值误差增大,路基回弹模量取值的不准确性,势必影响到公路路面设计的质量和路面的使用年限,造成路面的早期损坏或不必要的浪费。

(8)室内小型承载板试验法。

按照《公路土工试验规程》(JTG E40—2007)对砂砾石材料回弹模量进行测定。室内小型承载板法是将按一定湿度和密度击实成型的试样(试样尺寸为 $D\times H=150\text{mm}\times150\text{mm}$,压头直径为 50mm)连同试筒一起置于杠杆压力仪上,根据杠杆原理,采用 5cm 直径的小承载板,通过逐级加载卸载获得压力和回弹变形的关系曲线(p-l 曲线),并根据圆形垂直刚性分布荷载作用下的弹性半空间体弯沉理论公式计算土样回弹模量。

这种方法测得的回弹模量值往往偏大,难以应用于路面结构设计。其主要原因是,试筒中的试样尺寸是有限的,且试样受到试筒筒底和筒壁的约束作用,导致其受力条件与弹性半空间体存在差别。

3. 改进的承载板测试方法

《公路土工试验规程》(JTG E40—2007)对砂砾石材料回弹模量测定存在以下缺陷。

(1)试筒尺寸。

《公路土工试验规程》(JTG E40—2007)回弹模量试验试筒尺寸为 $D\times H=152\text{mm}\times170\text{mm}$,筒内垫块尺寸为 $D\times H=151\text{mm}\times50\text{mm}$,击实成型后试样尺寸为 $D\times H=152\text{mm}\times120\text{mm}$。砂砾石作为基层时,最大粒径达到 37.5mm。试料粒径过大或试筒尺寸过小,必将在试料变形过程中,给颗粒带来较大的约束力,这种约束力会造成测试结果偏高,从而使试验结果失真。

(2)承载板尺寸。

《公路土工试验规程》(JTG E40—2007)回弹模量试验承载板尺寸为 $D\times H=50\text{mm}\times80\text{mm}$。砂砾石作为基层时,对于这种最大粒径达到 37.5mm 的混合料来说,混合料的均匀性直接影响到承载板下所压的是一个大粒径砾石还是细粒径砂砾,若是大粒径砾石,则所测的回弹变形偏小,回弹模量偏大;反之,若是细粒径砂砾,则所测的回弹变形偏大,回弹模量偏小。

(3)加载卸载时间的限制。

《公路土工试验规程》(JTG E40—2007)回弹模量试验测定回弹模量时规定,每级加载时间为 1min 时,记录千分表读数,同时卸载,让试件恢复变形。卸载 1min 时,再次记录千分表读数。回弹变形的定义是总变形减去残余变形的差值。试件加载后，随着试件向下变形，试件上所加荷载随之减少。而且加载时间 1min 时，千分表读数还在慢慢增大。此时测定的加载读数比总变形偏小。卸载 1min 时，千分表读数还在慢慢回退减小。此时测定的卸载读数比残余变形偏大。按照这种加载卸载时间限制测定的回弹变形将偏小，回弹模量偏大。

(4)回弹模量值的取定。

《公路土工试验规程》(JTG E40—2007)回弹模量试验是在预压后，以逐级加载卸载测定的回弹模量作为每级荷载下的回弹模量。但在实际设计中，我们关心的回弹模量应该是基层在重复荷载作用过后的回弹模量值，而不是第一遍加载卸载后测得的回弹模量值。

由于规范中回弹模量试验方法存在的缺陷，在规范基础上对试验方法提出了以下改进：

(1)试筒尺寸的改进。

郭庆国认为，只要满足 $D/d_{max}\geqslant 5$ 的条件，砂砾最大粒径与仪器尺寸(D 为试样最小尺寸，d 为砂砾最大粒径)之间处于合理关系，即可避免仪器约束的影响，获得良好的测试结果。为此，重庆交通大学梁乃兴等采用尺寸为 $D\times H=308\text{mm}\times 220\text{mm}$ 的试样进行回弹模量测试，具体设计如图 8-3 所示。

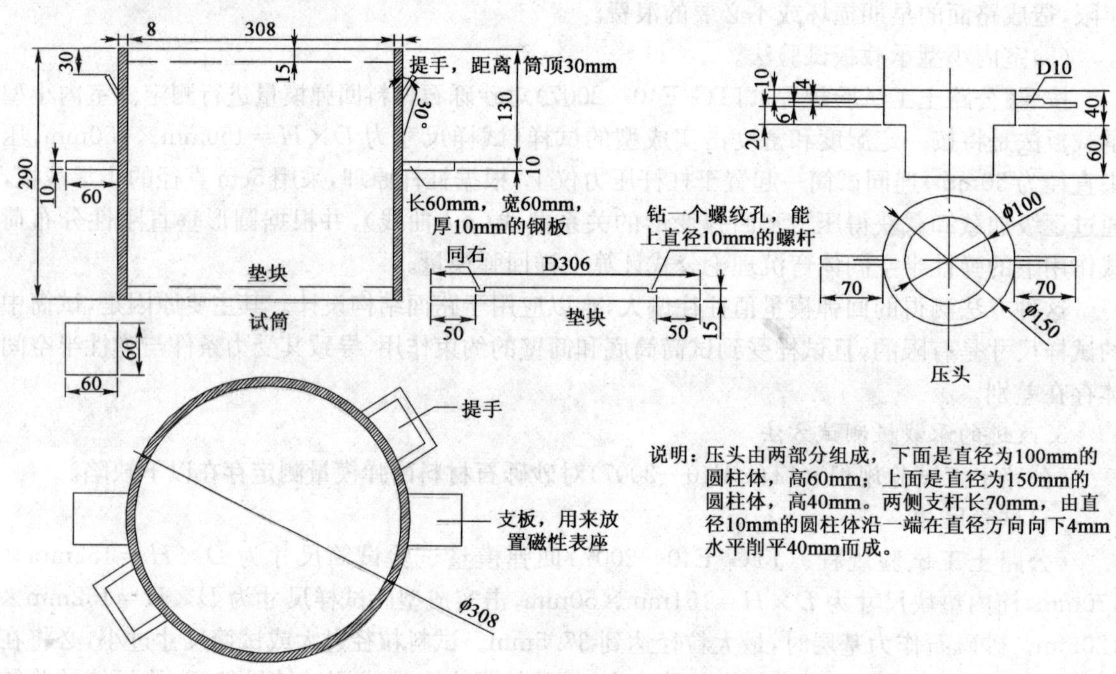

图 8-3 试筒及承载板尺寸(尺寸单位：mm)

《公路土工试验规程》(JTG E40—2007)规定的回弹模量试验试筒直径为 152mm，$D/d_{max}=152/37.5=4.05$，存在尺寸效应。加工的大试筒 $D/d_{max}=308/37.5\approx 8$，试样尺寸对试验结果的影响可以忽略，与砂砾石材料的实际受力情况更为接近，这样可以认为大试筒测定的结果是可信的。

(2)承载板尺寸的改进。

改进后的承载板直径为 100mm，是砂砾试样材料最大粒径的 3 倍。承载板由两部分组成，上面是直径 150mm、高 40mm 的圆柱体，用于放置千斤顶，下面是直径 100mm、高 60mm 的圆柱体。

(3)成型方式和试验仪器的改进。

由于试筒尺寸太大，无法用击实成型试件，故改用在2 000kN压力机上静压成型试件。同样，由于试样尺寸太大，无法用强度仪进行回弹模量试验，改用在加工的承载板上放置千斤顶，通过反力架施加荷载，进行回弹模量试验。

(4)加载卸载时间的改进。

每级荷载施加后，试件向下变形，通过反力架施加的力会慢慢减小，这时可用千斤顶慢慢加力使测力环读数回到预定荷载处。待重复几次后，力慢慢稳定在预定荷载处，幅度减小很小。这时千分表读数基本稳定，读取千分表读数作为加载读数。卸载后，待千分表读数1min内不变，则认为读数稳定，以此读数作为卸载读数。这样测得的加载读数和卸载读数能较准确地表征总变形和残余变形，所得的回弹变形认为可信。

(5)回弹模量值取定的改进。

在试样逐级加载卸载一遍后再在原试样上逐级加载卸载第二遍，发现测定的回弹模量值较第一遍加载卸载所得的回弹模量值非线性更明显，回弹模量较之第一遍增大，加载卸载第三遍后发现回弹模量与第二遍加载卸载后所得回弹模量基本不变。可以认为第二遍加载卸载后回弹模量趋于稳定。实际设计中我们关心的回弹模量应该是重复加载过后的路面材料的回弹模量，而不是第一遍加载时的模量。反复加载后，路面材料被进一步压密，颗粒之间趋于稳定，所测的回弹模量才是理论分析时认为可信的回弹模量。因此，采用两次平行试样第二遍加载卸载后所得的回弹模量值的平均值作为预定各级荷载作用下的回弹模量。

三、回弹模量计算模型

国内外的研究均表明：粒料类材料的模量均随作用的应力状态而变化，其应力应变的非线性特性使得材料的回弹模量在很大程度上受竖向和侧向应力大小的影响。回弹模量与应力的这种关系表明，可在试验测试的基础上，通过建立合适的本构模型来精确预测粒料混合料长期的力学性能。目前，国内外关于粒料混合料回弹模量预测的本构模型主要有：

(1)Seed et al. 建议的回弹本构模型为：

$$M_r = k_1 \sigma_3^{k_2} \tag{8-2}$$

式中：σ_3——围压。

(2) K-θ 模型：

$$M_r = k_1 \theta^{k_2} \tag{8-3}$$

式中：θ——体应力，$\theta = \sigma_1 + \sigma_2 + \sigma_3$；

k_1、k_2——材料类型，利用重复三轴试验数据进行回归分析得到，参考值见表8-6。

k_1和 k_2参考值 表8-6

湿度状况	粒料基层		粒料垫层	
	k_1	k_2	k_1	k_2
干	41.37～68.95	0.5～0.7	41.37～55.16	0.4～0.6
中湿	27.58～41.37	0.5～0.7	27.58～41.37	0.4～0.6
潮湿	13.79～27.58	0.5～0.7	10.34～27.58	0.4～0.6

该模型因其形式简单，故被广泛应用，如美国的AASHTO设计指南和AI法。AASHTO设计指南中粒料基层、底基层的k_2取0.6左右，基层的k_1＝3 000～80 000，底基层的k_1＝1 500～

6 000(M_r 的单位为 psi)。AI 法中，$k_2=0.6$，$k_1=6.7\times10^2\sim10\times10^2$(M_r 的单位为 MPa)。

尽管 K-θ 模型简单适有,但也存在一些缺陷。

首先,其方程的量纲很不稳定,常数 k_2 无量纲,当 θ 与 M_r 同量纲时,导致 k_1 的量纲不统一。

其次,试验数据表明,θ 与 M_r 之间的关系取决于偏应力 σ_d,而且粒料层的实际弹性模量不仅是 θ 的函数,还是粒料层中由表面荷载诱发的剪应力的函数。

另外,K-θ 模型意味着对于一个常侧限压力,回弹模量应该随重复作用的偏应力 σ_d 的增大而增大。但有资料表明,对于小于 70kPa 的偏应力来说,情况恰恰相反,Hichs 和 Monismith 也指出回弹模量随侧压力 σ_3 的增大而大大增加,仅随偏应力的增加而轻微增加。

(3)Uzan 将偏应力引入 K-θ 模型中,其表达式为:

$$M_r=k_1p_0\left(\frac{\theta}{p_0}\right)^{k_2}\left(\frac{q}{p_0}\right)^{k_3} \tag{8-4}$$

式中：θ——体应力;

p_0——大气压力;

q——偏应力;

k_1、k_2、k_3——回归系数。

(4)在三维空间中,Uzan 模型中的偏应力被八面体应力代替,其表达式为:

$$M_r=k_1p_0\left(\frac{\theta}{p_0}\right)^{k_2}\left(\frac{\tau_{oct}}{p_0}\right)^{k_3} \tag{8-5}$$

式中：θ——体应力;

p_0——大气压力;

τ_{oct}——八面体应力;

k_1、k_2、k_3——回归系数。

(5)美国公路与城市道路设计标准。

进一步地,在式(8-5)中加入“+1”,以避免当八面体应力趋于 0 时回弹模量计算值为 0,其表达式为:

$$M_r=k_1p_0\left(\frac{\theta}{p_0}\right)^{k_2}\left(\frac{\tau_{oct}}{p_0}+1\right)^{k_3} \tag{8-6}$$

(6)Kolospja 将材料的密实度引入到 K-θ 模型及 Uzan 模型中,其修正的模型表达式为:

$$M_r=A(n_{max}-n)p_0\left(\frac{\theta}{p_0}\right)^{0.5} \tag{8-7}$$

式中:n——粒料的孔隙率;

A——常数。

(7)为确定回弹模量,NCHRP 1－37A 研究项目提出了一个新的模型,该模型能够全面且较好地适合于试验统计数据。该模型的表达式为:

$$\log\left(\frac{M_r}{p_a}\right)=k_1+k_2\left(\frac{x-3k_6}{p_a}\right)+k_3\left(\frac{y}{p_a}+k_7\right) \tag{8-8}$$

式中:x,y——双应力参数,即(σ_3,σ_{cyc})或者(θ,τ_{oct}),其中 σ_3 指围压,σ_{cyc} 指循环偏应力;

k_6——材料特征参数,与无黏性的粒料材料在非饱和状况下的毛细管吸力有关;

k_7——材料特征参数;其他符号含义同前。

(8)近来,LTPP(Long-Term Pavement Performance)研究在 Uzan 模型中引入了一个高阶次量,其模型表达式为:

$$\log\left(\frac{M_r}{P_a}\right)=k_1+k_2\log\left(\frac{\theta}{P_a}\right)+k_3\log\left(\frac{\tau_{oct}}{P_a}\right)+k_4\left[\log\left(\frac{\tau_{oct}}{P_a}\right)\right]^2 \quad (8\text{-}9)$$

(9)非线性 LH 模型。该模型由重庆交通大学梁乃兴提出，他认为对于砂砾石类散体材料，其回弹模型是应力大、小主应力的函数。模型的表达式为：

$$E=(a+b\sigma_1)\sigma_3+c \quad (8\text{-}10)$$

式中：σ_1、σ_3——分别为大、小主应力，kPa；

a——试验参数，无量纲；

b——试验参数，kPa^{-1}；

c——试验参数，kPa。

第四节　天然砂砾的强度特性

一、抗压强度

砂砾石混合料的抗压强度可采用单位沉降量、压缩系数、压缩模量，以及孔隙比与压力的关系等指标进行评价。其主要参数的计算如下：

孔隙比的定义：孔隙比 e 指土中孔隙的体积与固体颗粒的体积之比。即

$$e=\frac{V_V}{V_S} \quad (8\text{-}11)$$

式中：V_V——空隙的体积（包括空隙水和空隙气的体积）；

V_S——固体颗粒的体积（包括砂砾石颗粒和黏土颗粒）。

单位沉降量为：

$$S_i=\frac{\sum\Delta h_i}{h_0}\times 1\,000 \quad (8\text{-}12)$$

各级荷载作用下变形稳定后的孔隙比为：

$$e_i=e_0-(1+e_0)\times\frac{S_i}{1\,000} \quad (8\text{-}13)$$

某一荷载范围的压缩系数计算公式为：

$$a=\frac{\dfrac{(S_{i+1}-S_i)(1+e_0)}{1\,000}}{p_{i+1}-p_i} \quad (8\text{-}14)$$

某一荷载范围内的压缩模量为：

$$E_i=\frac{(p_{i+1}-p_i)}{(s_{i+1}-s_i)/1\,000}\times\frac{1+e_i}{1+e_0} \quad (8\text{-}15)$$

式中：e_0——试验开始时试样的孔隙比；

e_i——某一荷载下稳定后的孔隙比；

$\sum\Delta h_i$——某一荷载下的总变形量，等于该荷载下百分表的读数，mm；

h_0——试样起始高度，mm；

S_i——某一级荷载下的沉降量；

p_i——某一荷载值。

二、抗剪强度

1. 抗剪强度特点

对于传统材料，当外荷载在材料内部引起的应力超过其相应的强度极限时，材料随即破坏。伴随着破坏过程，材料也就失去了抵抗外荷载的能力，即强度随之消失。砂砾石的抗剪切强度与传统材料有所不同，主要表现在：

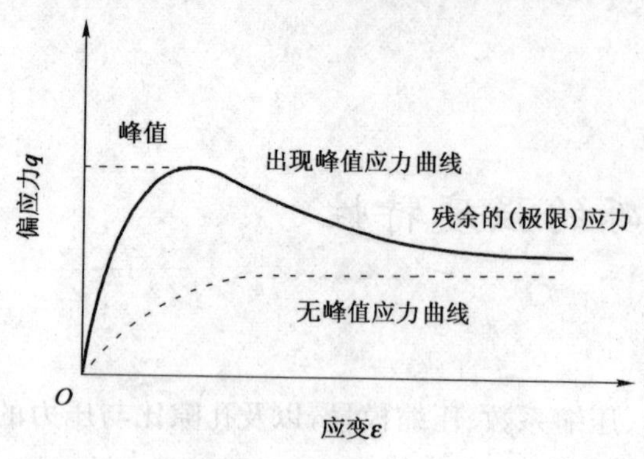

图 8-4 典型的砂砾石应力—应变曲线

(1)当砂砾石发生剪切破坏以后，其抗剪强度并不消失，根据其密实程度的不同仍维持原值或略有降低，如图 8-4 所示。也就是说，对于砂砾石，即使发生剪切破坏它仍具有一定的抵抗外荷载的能力。

(2)砂砾石抗剪强度不仅与材料自身的特性有关，而且也与外荷载在剪切滑移面上引起的正应力有关。

(3)在高应力条件下，强度包络线不再是直线而是曲线，随着应力水平的增加，抗剪强度将有所下降，并逐渐趋于某一稳定值。

2. 抗剪强度的构成

砂砾石混合料结构强度形成的特点是：矿料颗粒之间的联结强度，一般都要比矿料颗粒本身的强度小得多；在外力作用下，材料首先将在颗粒之间产生滑移和位移，使其失去承载能力而遭受破坏。因此，对于这种松散材料组成的结构强度，其中矿料颗粒本身强度固然重要，但是起决定作用的则是颗粒之间因嵌挤作用形成的强度，其抗剪强度可用库仑公式表示。抗剪强度主要取决于剪切面上的法向应力和材料的内摩阻角，并由下列三项因素组成：

(1)颗粒表面的摩阻力，与颗粒的粗糙程度有关。砂砾石的摩擦性质，涉及砂砾石颗粒之间的相对移动，其物理过程包含两部分。砂砾石颗粒间的移动，产生的滑动和滚动摩擦。滑动和滚动摩擦是由于颗粒接触面粗糙不平，形成微细咬合而产生的。在滑动过程中，不产生明显的体积膨胀。

(2)砂砾石颗粒与颗粒克服咬合而移动所产生的咬合摩擦。咬合摩擦，是由于相邻颗粒对彼此之间的相对移动起约束作用而形成的。因为颗粒相互咬合，阻碍了相对移动，因此颗粒必须首先竖立，跨过相邻颗粒才能移动。这种因剪切时体积膨胀而需克服的阻力，与混合粒的松紧程度和颗粒的形状有关。对于密实程度高的砂砾石混合料，剪胀分量在它的强度中将占很大的比例。因此内摩擦角不仅取决于摩擦分量，而且还取决于剪胀分量。但对于密实程度低的砂砾石混合料，剪胀并不发生，内摩擦角取决于摩擦分量。

(3)颗粒重新排列和重新定向所需的剪阻力和克服咬合作用所需的剪阻力。粒料的摩阻角的大小主要取决于石料的强度、形状、尺寸、均匀性、表面粗糙度以及施工的压实程度。砂砾石混合料一般有一定的级配，且含有结合料，按密实原则形成强度。

以上各个分量(以 φ 表示)随试样干密度 ρ_d 的变化而变化，其变化如图 8-5 所示。对于紧砂，强度主要来源于摩擦阻力和剪胀效应，这是由于峰值强度可在颗粒发生显著移动之前到达，因此，重新排列的可能性不大，其强度变化是剪胀性起主要作用的。对于松砂，强度主要来源于摩擦阻力和颗粒重新排列、定向效应。就砂砾石材料而言，无论压实程度如何，其颗粒的排列、定向作用与剪胀效应是互相影响而形成的。但不论紧砂还是松砂以及颗粒大小和形状，滑动摩擦 φ_u 可视为常数。

在高压力作用下，还应考虑颗粒的压碎作用，其作用类似于颗粒的重新定向和重新排列。颗粒压碎将吸收能量，而且在高压力下的破坏应变也会增大，进一步增加了颗粒重新定向和排列所需的能量。可以认为，在高压下，砂砾石强度的变化，主要由剪胀性、颗料破碎和颗粒的重新定向与排列所控制。

把砂砾石强度组成特点用传统的库伦－摩尔强度包线表示，如图 8-6 所示。该图显示，在低压下，密实度较好的砂砾石混合料的剪胀性使内摩擦角明显增大，强度包线坡度陡；随着围压的增加(因围压增加，导致法向压力增加，因此高的围压在图上反映为高的法向压力)，颗粒压碎作用影响逐渐加大。在中等压力范围，压碎作用部分抵消了已降低了的剪胀作用，但不能阻止强度包线由于剪胀作用的削弱所形成的平缓现象。在高压力下，由于压碎作用和重新排列作用需要大量能量，于是包线又沿一定坡度升高，甚至可以增大。

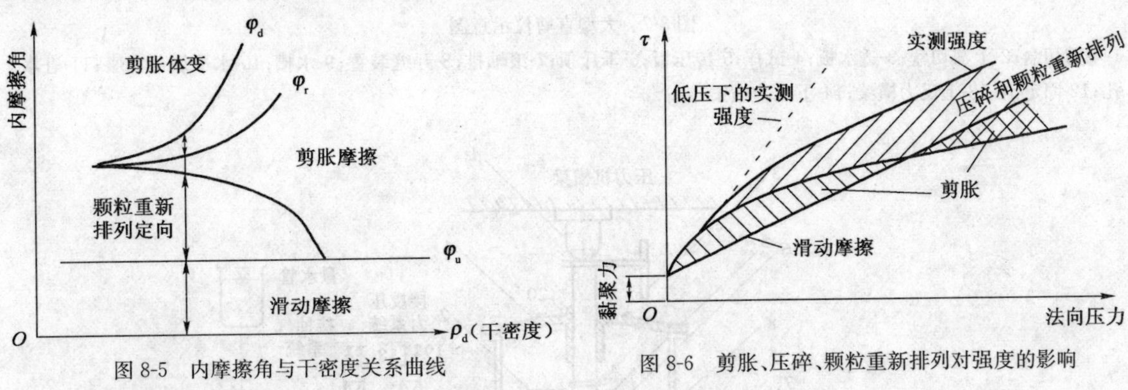

图 8-5　内摩擦角与干密度关系曲线

图 8-6　剪胀、压碎、颗粒重新排列对强度的影响

3. 抗剪强度测试

目前，土的抗剪强度的主要测定方法是直接剪切试验和三轴剪切试验。粗粒土颗粒粒径大，常规的土工试验仪器(正剪仪和三轴仪)因试样尺寸小而不能使用，为满足工程稳定分析计算的需要，人们设计和制造出大型三轴仪和直剪仪，开展粗粒土直剪试验和三轴剪切试验，测定粗粒土抗剪强度指标和研究粗粒土的抗剪强度特性。

(1)直接剪切试验。

砂砾石混合料的直接剪切试验，是常规室内试验的一种方法，它与细粒土的直接剪切试验相比原理是相同的，只是试料颗粒粒径大，采用的仪器尺寸大，故亦称为大型直接剪切试验。试验设备如图 8-7 所示。

(2)三轴剪切试验。

砂砾石的三轴剪切试验的基本原理和细粒土三轴剪切试验相同，只是试验的对象是颗粒粒径大的粗粒土，仪器的规模相对尺寸较大，故又称大型三轴试验，但仍是一种室内试验方法。具体试验装置如图 8-8 所示。砂砾石因颗粒粗，试样尺寸大，加上颗粒间黏结力小，只能进行扰动样的试验，所以只能用仪器制样，借助负压成型、饱和，固结也是在三轴仪上进行的。

具体试验方法，首先是根据试样尺寸与试料最大粒径的关系备好试验用料，再按密度要求制备好三轴试验样。置于压力室内，向压力室注满水，装好测试量表，然后施加代表土体承受的周围压力 σ_3，进行排水固结，待固结完成后，由小到大地施加轴向压力 σ_1，进行剪切，直至破坏，计算破坏时的 $(\sigma_1-\sigma_3)_f$ 值。以同样方法测得不同 σ_3 下相应的 $(\sigma_1-\sigma_3)_f$ 值。最后根据 σ_3 和 $(\sigma_1-\sigma_3)_f$ 值，绘制莫尔应力圆，图解出抗剪强度参数 C、φ 值(图 8-9)。

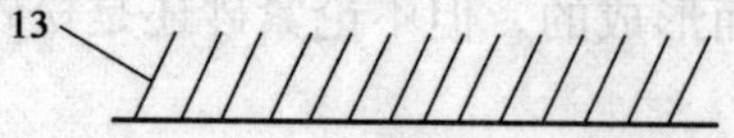

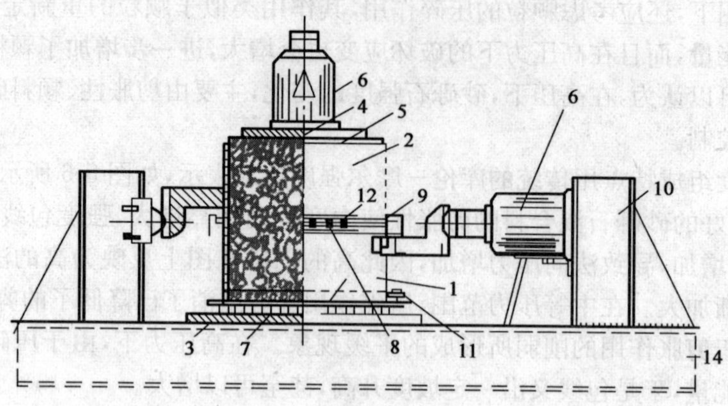

图 8-7　大型直剪仪示意图

1-下剪切盒；2-上剪切盒；3-透水板；4-试样；5-传压板；6-千斤顶；7-滚轴排；8-开缝装置；9-水槽；10-水平加荷支座；11-进水孔；12-固定销；13-上反力横梁；14-下反力横梁

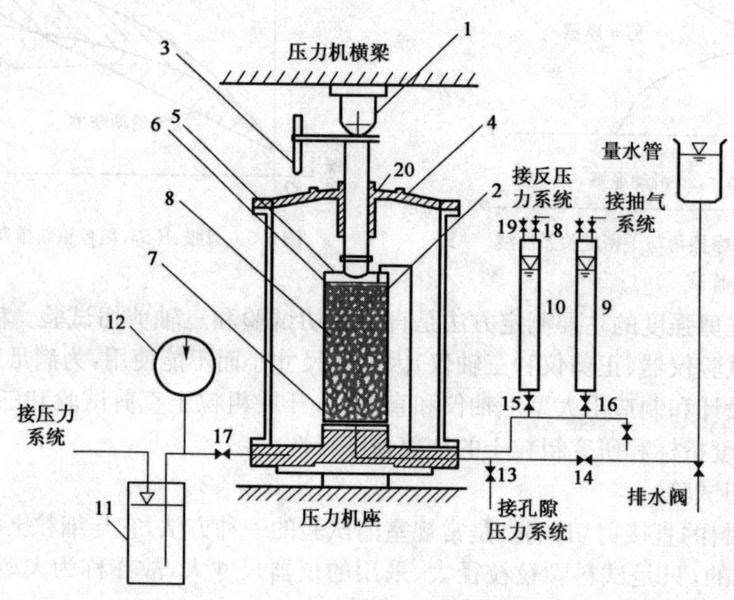

图 8-8　三轴剪切仪示意图

1-测力计；2-试样；3-轴向位移计；4-压力盖；5-顶帽；6-上透水板；7-下透水板；8-橡皮膜；9-量水管；10-体系管；11-压力库；12-压力板；13-孔隙压力阀；14-进水管阀；15-排水阀；16-量水管阀；17-周围压力阀；18-反压力阀；19-通气阀；20-排气阀

4. 抗剪强度的影响因素

(1)粗细颗粒含量比例。

粗粒土颗粒组成不同时，性能差别甚大。在我国，习惯用固定粒径 5mm 作为分界粒径，即将小于 5mm 的颗粒称为细粒，大于 5mm 的颗粒称为粗粒，含量用 P_5 表示。对于砂砾石、砂卵石、砾石土及风化石渣混合料，它们的共同的特点是抗剪强度都是由细料强度、粗料强度、粗细料之间的强度三部分组成。一部分人认为粗料形成骨架，细料填充孔隙，充填愈好，土体密度愈大，抗剪强度愈高，变形愈小。

当粗料含量小于 30%时，抗剪强度基本上仍决定于细料，随粗料含量的增大，抗剪强度增加甚微；当粗料含量在30%～70%范围时，抗剪强度决定于粗、细料的共同作用，并随粗料含量的增加显著增大；当粗料含量大于70%时，粗粒土因细料含量少，主要由粗料组成，这时抗剪强度主要取决于粗料，并随着粗料含量的增大，抗剪强度有所降低。因为当粗料含量大于70%时，细料填不满粗料颗粒间孔隙，密度减小，使抗剪强度减小。粗料含量愈大，抗剪强度减小愈多。

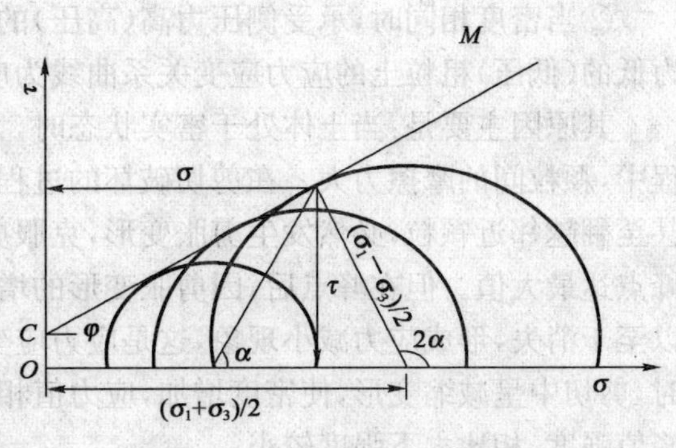

图8-9 三轴剪切试验 C、φ 值的确定

在土工试验规程中，粒径为0.05～0.1mm的颗粒虽被列为细砂范围，但其工程性质和黏土有相近之处。一般在砂石反滤、混凝土集料等规程中，将小于0.1mm颗粒的含量统称为含泥量，并加以定量限制。图8-10为碧口砂砾石试验资料中的小于0.1mm颗粒含量与抗剪强度的关系曲线。从抗剪强度与含泥量的关系曲线中可看出，当粒径小于0.1mm的颗粒含量大于10%以后，内摩擦角值有明显减小。尽管粗粒土的类型很多，其成因、颗粒形状、颗粒性质、级配不同，但它们有着一个共同的特点，即决定工程特性的主要因素是它们的颗粒组成，粗粒含量分为30%和70%两个特征点。

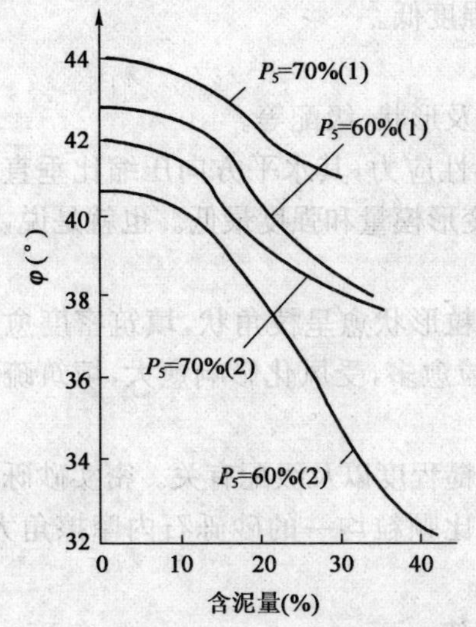

图8-10 砂砾石抗剪强度与含泥量关系曲线

(2)密度和围压。

由大量不同类型粗粒土（秒砾石、砾石土、石渣、堆石、砂）三轴剪切试验资料的分析结果看，有一个共同的特点，即应力应变关系曲线有应变硬化型与应变软化型两种，并随密度、侧压力大小的不同而有如下规律：

①在同一种土料中，当侧压力相同时，密度大（密实的）的粗粒土，其应力应变关系曲线为应变软化型；密度小（疏松的）的粗粒土，其应力应变关系曲线为应变硬化型。前者强度高，且有显著的峰值强度，在峰点后，强度随应变的增大而减小；后者没有峰值，且强度随应变的增大略有增大。两者的终值趋于接近，此值为通常所说的残余强度，如图8-11a)所示。

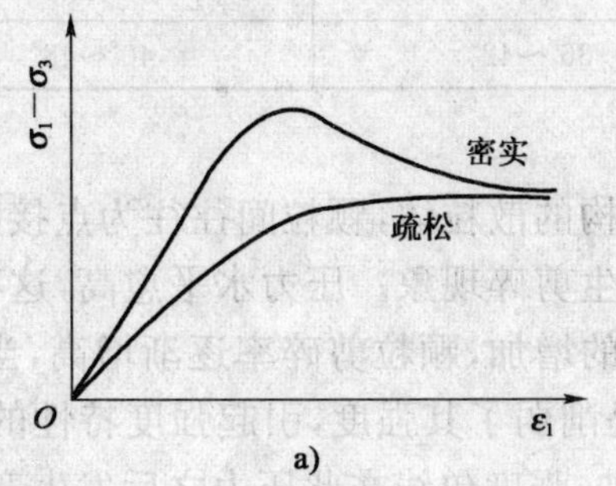

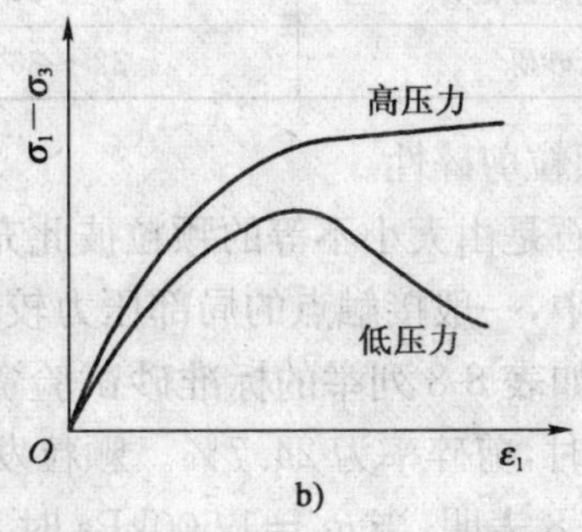

图8-11 不同条件下 $(\sigma_1-\sigma_3)$- ε_1 关系

a)压力相同；b)密度相同

②当密度相同时，承受侧压力高(高压)的粗粒土，应力应变关系曲线为应变硬化型，侧压力低的(低压)粗粒土的应力应变关系曲线为应变软化型，前者强度高，如图8-11b)所示。

其原因主要是：当土体处于密实状态时，大小颗粒相互填充密实，颗粒挤得很紧，在剪切过程中，颗粒间的摩擦力大。在剪切破坏的过程中，颗粒在剪切面或剪切带要发生移动或滚动，甚至翻越邻近颗粒，必然发生剪胀变形，克服剪胀变形做功的咬合力增大，形成应力值增高，至峰点达最大值。但在峰点后，因剪胀变形的增大，结构变松，剪胀变形引起的咬合力逐渐降低，以至于消失，形成应力减小现象，这是应力应变关系呈软化型的原因。相反，土体疏松、密度小时，剪切中呈减缩变形，使密度增加，应力值相应增高，应力应变曲线为应变硬化型，没有明显峰值强度，相比之下强度较小。

侧压力愈大，在剪切破坏过程中对土体颗粒的约束力愈大，应力最大值时的应变值也愈大，并且应力应变关系为应变硬化型。相反，侧压力愈小，对颗粒移动的阻力愈小，越易发生剪胀变形，在较小应变下应力达最大值，应力应变关系呈应变软化型，有显著的峰值。所以，粗粒土密度大的强度高，侧压力大的强度高，密度、侧压力小的强度低。

(3)砂砾石颗粒组成。

与砂砾石颗粒组成有关的因素有：排列情况、颗粒大小及形状、级配等。

天然砂砾石呈水平层沉积，承受垂直荷载，形成各向异性应力，其水平方向压缩比垂直方向的压缩高。若加荷方向与沉积方向一致，则产生最大的变形模量和强度最低。也就是说，在实际应用中，如果颗粒排列情况和沉积一致，则效果最好。

砂砾石颗粒愈坚硬，大小颗粒相差愈大，愈不均匀，颗粒形状愈呈棱角状，填筑密度愈大者，抗剪强度愈高；相反，颗粒软弱，级配愈均匀，浑圆状颗粒愈多，受风化影响愈大，填筑疏松者，抗剪强度小。

另外，砂砾石混合料的抗剪强度还与颗粒形状、表面粗糙程度以及级配有关。密实砂砾石和表面粗糙的砂砾石，内摩擦角较大。级配良好的砂砾石比颗粒均一的砂砾石内摩擦角大。表8-7是在不同密实状态下无黏性土的内摩擦角参考数值。

不同密实状态下内摩擦角参考值 表8-7

土的类型	剩余强度 (或松砂峰值强度 φ)	峰值强度	
		中密	密实
粉土(非塑性)	26°～30°	28°～32°	30°～40°
均匀细砂、中砂	26°～30°	30°～34°	32°～36°
级配良好的砂	30°～34°	34°～40°	38°～46°
砂砾	32°～36°	36°～42°	40°～48°

(4)颗粒剪碎性。

砂砾石是由大小不等的颗粒彼此充填而成粒状结构的散粒体，颗粒间往往为点接触。在剪切过程中，一般接触点的局部压力较高，颗粒容易发生剪碎现象。压力水平愈高，这种现象愈显著。如表8-8列举的标准砂试验资料表明，随 σ_3 的增加，颗粒剪碎率逐渐增高，当 σ_3 = 6 000kPa时，剪碎率为24.7%。颗粒发生破碎，必然是削弱了其强度，引起强度特性的变化。同时，表8-8表明，当 σ_3 =1 500kPa时，剪碎率显著增加，强度包线在此压力之后发生弯曲，可见，剪碎性是影响强度变化、强度包线呈曲线形的因素之一。

颗粒破碎对抗剪强度的影响可以从两个方面来理解。一方面，颗粒破碎降低了土的剪胀性，从而使抗剪强度降低；另一方面，颗粒破碎需要消耗能量，这又使得抗剪强度得以提高。因此，抗剪强度的变化是这两个方面共同作用的结果。

颗 粒 破 碎 资 料 表 8-8

σ_3 (kPa)		0	200	400	800	1 500	3 000	6 000
颗粒组成(%)	1～0.5mm	100	99.00	99.20	98.70	96.86	92.40	75.3
	0.5～0.25mm		1.00	0.70	1.08	2.46	5.09	14.40
	0.25～0.1mm			0.07	0.11	0.45	1.76	6.34
	<0.1mm			0.03	0.11	0.23	0.75	3.97
剪破率(%)		0	1.00	0.80	1.30	3.14	7.60	24.70

5. 抗剪强度参数

(1)内摩擦角。

对于内摩擦角 φ 值的确定，首推大型三轴试验，也有用大型直剪试验的。但大型直剪试验所得的结果比三轴试验大。这主要是由于尺寸效应及直剪仪对砂砾石的边界约束的影响。但在三轴试验中，同样存在尺寸效应。由于工地所用砂砾石最大粒径可达 10cm，甚至更大，而室内试验仪器受尺寸所限，在材料采用方面，如仪器直径为 D，允许颗粒的最大粒径为 d，则 d/D 应大于或等于 5。如不能满足要求，可采用以下三种方法对超粒径的砂砾石进行处理。这三种方法是：剔除法、等质量代换法、相似级配法。对于用小三轴试验来测定 c、φ 值的，郭庆国认为所得结果偏大，并给出了 φ 值与最大粒径及试样直径的关系图，测试结果分别如图 8-12 和图 8-13 所示。

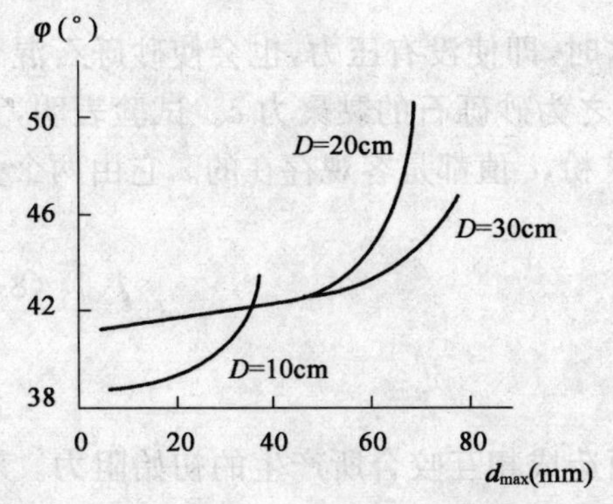

图 8-12 内摩擦角与最大粒径的关系图

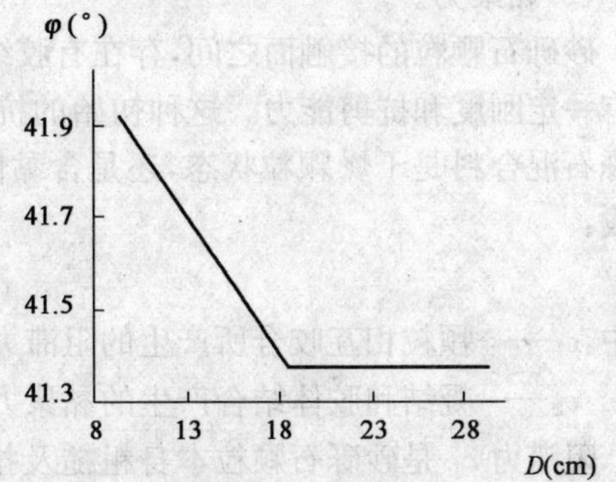

图 8-13 内摩擦角与试样尺寸的关系图

砂砾石内摩擦角是指在没有黏聚力的散体内部发生剪切破坏的瞬间，作用在颗粒内部剪切面上的正应力和合成应力的夹角。内摩擦角用散体抗剪强度试验法求得。根据试验结果所作的 $\sigma-\tau$（正应力和剪应力）图解，把抗剪强度曲线与横坐标 σ 的夹角，称之为内摩擦角 φ，而把内摩擦角的正切称为内摩擦系数 f。因此，内摩擦系数是散体在破坏瞬间沿剪切面的极限剪应力 τ 与正应力 σ 之比，即

$$f=\tan\varphi=\frac{\tau}{\sigma} \tag{8-16}$$

如果是砂砾石中含有部分黏土或黏粒，则具有黏聚力 c。因此，内摩擦系数则应为剪应力与黏聚力之差（$\tau-c$）与正应力 σ 之比，即：

$$f=\tan\varphi=\frac{\tau-c}{\sigma} \tag{8-17}$$

在砂砾石内部，当相互接触的颗粒发生相对位移时，总要产生一种内摩擦力。根据接触情况和状态，内摩擦力可分为滑动内摩擦力、静内摩擦力和波动摩擦力。砂砾石颗粒内部相互接触的面没有发生活动而是处于静止状态，但在力的作用下，已经有了一部分沿另一部分产生滑动的趋势，这种阻碍砂砾石颗粒转向运动的力，叫做静内摩擦力；散体内部的一部分沿另一部分平面或曲面滑动时，所产生的阻碍滑动的力，叫做滑动内摩擦力；砂砾石颗粒在另一个面上滚动时所产生阻碍滚动的力，叫做滚动内摩擦力。上述三种内摩擦力有其相应的摩擦系数和内摩擦角。通常所指的内摩擦角是指与静摩擦力相对应的摩擦角。

重庆交通大学梁乃兴及梅迎军等通过小型三轴试验对不同级配砂砾石与黏土混合料进行了测试，得出了不同配合比下混合料的内摩擦角及泊桑比，测试结果如表 8-9 所示。

三轴试验不同级配下的内摩擦角及泊桑比 表 8-9

级配 / 配比	天然级配		密实级配	
	φ	μ	φ	μ
100：0	45	0.23	42	0.25
90：10	39	0.27	36	0.29
80：20	36	0.29	28	0.35
70：30	29	0.34	—	—
60：40	28	0.35	—	—

(2)黏聚力。

砂砾石颗粒的接触面之间，存在有胶结物质和水时，即使没有压力，也会使砂砾石混合料具有一定刚度和抗剪能力。这种初始的抗剪能力称之为砂砾石的黏聚力 c。试验表明，无论砂砾石混合料是干燥颗粒状态，还是含黏性的潮湿矿粉，c 值都是客观存在的。它由两个分量组成：

$$c=c_1+c_2 \tag{8-18}$$

式中：c_1——颗粒相互咬合所产生的阻滞力；

c_2——凝结和胶体结合产生的黏聚力。

阻滞力 c_1 是砂砾石颗粒本身粗糙及排列错位而造成相互咬合所产生的初始阻力。对松散砂砾石而言，c_1 总是存在的。岩土力学中一般认为，无黏性砂土不存在 c_1 值是不同的，大量的试验结果及其他研究资料都证实了这一点。

黏聚力 c_2 产生的原因有：

①砂砾石颗粒间水膜与相邻颗粒间分子引力形成的黏聚力，即“原始黏聚力”c_{21}。如砂砾石被压密，颗粒间的距离减小，原始黏聚力则随之增大。

②砂砾石中化合物的胶结作用而形成的凝聚力，即“固化黏聚力”c_{22}。胶结物包括黏土矿物、硫化矿物、化学胶结物或有机物等。

总而言之，砂砾石颗粒的黏聚力，一方面与所含新性颗粒多少、湿度和压实度有关；另一方面与孔隙中所含水分的毛细管作用有关。黏土颗粒增多、湿度增大，在压力作用下，砂砾石会产生固结，黏聚力会增大。黏聚力的大小，对砂砾石颗粒流动性的影响较大。砂砾石颗粒黏聚力的大小，可以在测定内摩擦角的同时测得。

第五节　天然砂砾结构层的永久变形

一、永久变形的影响因素

影响天然砂砾结构层永久变形量和累积规律的因素主要从内外因两个方面考虑，总的来说，主要包括：受力状况（应力状况和应力水平、荷载作用次数、应力历史及主应力变向等）、粒料的物理性质及状况（集料类型、级配和细料含量、含水率和密实度）。

1. 受力状况

(1)应力状况和应力水平。

虽然影响砂砾石材料永久变形的影响因素相当复杂和多样，但是应力状况和应力水平无疑是这些因素中最为重要的因素。许多重复荷载三轴试验结果表明，松散砂砾石材料的轴向永久应变及其累积规律同重复偏应力的大小直接相关，随着偏应力的增大，轴向永久应变量和应变累积速率会相应增加。

侧限应力是除了偏应力外对轴向永久应变影响最大的因素之一。随着侧限应力的增大，砂砾石材料的永久应变累积量和增长速率会相应地减小。另外，一些研究者认为，砂砾石材料的永久变形不仅受到偏应力与侧限应力的影响，同时受偏应力同侧限应力的应力比控制。

(2)重复荷载作用次数。

砂砾石材料的永久变形是随着荷载作用次数的增加而逐渐积累的，因此，分析砂砾石材料永久变形行为时，对其在重复荷载作用下的分析是至关重要的。永久应变累积量同荷载作用次数增长的规律，与重复荷载的应力水平有关。在高应力水平时，永久应变会随作用次数的增加而持续增长，并导致材料的破坏。在应力水平足够低时，永久应变的累积速率会随作用次数的增加而不断减小到一定程度，使永久变形的累积量趋近于一个极限值，使材料达到稳定(平衡)状态。

(3)主应力方向改变。

道路结构在行车荷载作用下，砂砾结构层中的应力状况相当复杂。通常，砂砾结构层的竖向应力和水平向应力为正(压应力)。砂砾结构层中某单元在汽车荷载靠近、接触和驶离的过程中，单元的主应力方向将发生改变，即主应力轴发生了偏转。其中，单元的竖向应力和水平应力为正值，而剪应力会随荷载脉冲的经过而改变方向，由正值变为负值，导致主应力轴出现转向。研究表明，砂砾石材料在行车荷载作用下的主应力变向会产生较重复荷载三轴试验大得多的永久应变。

2. 材料物理性质

(1)颗粒形状。

一般地，当不同的材料压实成相同的密度时，具有棱角的材料与棱角光滑的材料相比永久变形要小。这是因为棱角状颗粒材料相互嵌挤作用较好，具有更高的抗剪摩擦角，而由于圆粒状的砾石表面的嵌挤作用较弱，产生的塑性变形要明显大于棱角状的碎石。

Barksdale 和 Itani 等研究了集料形状和表面特性对车辙的影响，得到的结论是扁平状的碎石产生的车辙多于其他形状碎石，表面光滑的正方形圆砾石产生的车辙要比碎石大得多。

(2)级配。

通常，级配良好的密实粒料具有较单粒径的开级配粒料要大的抗永久变形能力。

(3)细料含量。

当细料的含量超过界限值时，永久变形将会增加。在弹性区域（应力远低于剪切强度），细料含量对永久变形的影响不大，但在破坏区域附近则影响很大。这说明细料含量过大会阻止大粒径颗粒之间的嵌锁。

(4)含水率和压实度。

含水率对粒料的永久变形有重大影响，特别是在粒料中的细料含量较高时。尽管粒料层内有适量的水时，可以提供正面的孔隙水压力而增加粒料层的强度，但是如果含水率过高的话，会减少有效应力，并导致材料抗永久变形性能的下降。

含水率的影响程度取决于粒料的水饱和程度。在低于最佳含水率时，增加含水率可以对强度和劲度产生积极的影响：在含水率增加到接近饱和时，粒料会在行车荷载的快速作用下产生较大的孔隙水压力，从而降低有效应力，减小其抗永久变形的能力。许多室内和野外的试验结果都表明，高饱和度和低透水性（排水不良）的组合会产生超孔隙水压力和低有效应力，从而导致粒料的劲度（模量）和抗永久变形能力的下降。

压实度对粒料的长期性状有重要影响，许多研究者研究了压实度对粒料材料永久变形性能的影响，证明增加压实度可以大大改善粒料在重复荷载作用下的抗永久变形能力。

二、永久变形计算模型

1. 以荷载作用次数为基础的模型

Barksdale 等(1972)对不同基层材料的永久应变状况进行了广泛的重复加载三轴试验（作用次数为 10^5 次）后发现，在给定的偏应力比条件下，轴向永久应变的积累同加载次数的对数成正比：

$$\xi_p = a + b\log N \tag{8-19}$$

式中：a、b——试验确定的参数。

Sweere(1990)研究了粒料的长期力学响应，发现在荷载重复作用次数少的情况下可以用上述半对数关系式拟合，但当重复荷载作用次数超过 10^6 后，该模型公式就不再适用了。为此，建议在大量重复作用次数时采用双对数关系式：

$$\xi_p = AN^b \tag{8-20}$$

由式(8-20)可得

$$\log\xi_p = a + b\log N \tag{8-21}$$

式中：a——与材料所受的应力有关的参数；

b——与材料性质有关的参数，对于基层材料 b 在 0.1～0.2 范围内。

Wolff 等采用重车模拟设备(HVS)在足尺试验路段上进行数百万次作用后，对上述双对数关系式提出了质疑，他认为永久变形由两阶段构成：初始阶段（作用 120 万次之前），永久变形快速发展，但增长率不断减少；第二阶段，永久变形的发展速率要慢得多，其增长率趋近于一个定值。由于双对数关系式对大荷载作用次数的永久应变不能给出可靠的估计，Wolff 等建议采用下述应力–应变模型：

$$\xi_p = (mN + a)(1 - e^{-bN}) \tag{8-22}$$

式中，a、b、m 均为回归系数。

上述研究表明，永久应变会随作用次数无限累积。一些研究还表明，当作用的重复应力保持在某一水平下时，所产生的永久应变最终会停止增加，达到平衡状态。

Khedr 对石灰岩碎石进行永久应变性状研究后认为，永久应变累计速率随着作用次数呈对数下降，可采用的式(8-23)表述：

$$\frac{\xi_{1p}}{N} = AN^{-m} \tag{8-23}$$

式中：m——材料参数；

A——材料的应力—应变参数，为剪应力比和回弹模量的函数。

2. *以应力状况为基础的模型*

许多研究结果表明，应力水平对永久应变的发展有重大影响，永久应变的性状主要受某种形式的应力比控制。

Lashine 等对部分饱和的碎石进行了重复荷载三轴排水试验，进行 20 000 次重复作用后量测到轴向永久应变稳定在一个不变的水平，它可直接同偏应力和侧限应力的比值相关联：

$$\xi_{1p} = 0.9 \times \frac{\delta_1 - \delta_3}{\delta_3} \tag{8-24}$$

Barksdale 等(1972)对几种松散粒料进行了全面的研究，使用邓肯—张双曲线模型在轴向偏应力与围岩的比值和永久应变之间建立了函数关系。他提出的双曲线形式的永久变形预估方程为：

$$\xi_p = \frac{(\delta_1 - \delta_3)}{K\delta_3{}^{n}} \div \left[\left(1 - \frac{(\delta_1 - \delta_3)R_f}{2(c \cdot \cos\varphi + \delta_3 \sin\varphi)}\right)\frac{1}{(1 - \sin\varphi)}\right] \tag{8-25}$$

式中：$K\delta_3^n$——初始的切线模量，它是围压的函数，其中 K、n 均为常数；

c,φ——黏结力系数和内摩擦角；

R_f——与土的抗压强度和大气压强(参考强度)的比值相关的常数。

Lekarp 等分析了粒料的重复加载三轴试验结果后发现，在累计永久应变、应力路径长度以及最大剪应力和法向应力之间可以建立以下简单的关系：

$$\frac{\xi_{1p}(N_r)}{L/p_0} = a\left(\frac{q}{p}\right)_{max}^{b} \tag{8-26}$$

式中：$\xi_{1p}(N_r)$——在作用 N_r 次($N_r>100$)后累计轴向永久应变；

L——应力路径长度，$L^2 = q^2 + p^2$；

p_0——参照应力，取 1kPa；

a、b——回归系数。

3. *以应力水平和荷载作用次数综合效应为基础的模型*

Kim 等依据采用 13 种应力组合对基层粒料进行了常侧限应力三轴试验的结果(共 3 250 组数据)，将永久应变累计同作用次数和应力水平联系起来。通过回归分析，他们认为，下述指数或对数形式的模型具有较高的相关性：

$$\xi_{1p} = Aq^b\delta_3^c N^d \qquad (R^2 = 0.843) \tag{8-27}$$

$$\xi_{1p} = A\left(\frac{q}{\delta_3}\right)N^d \qquad (R^2 = 0.617) \tag{8-28}$$

式中，A、b、c、d 为由回归得到的模型参数。

Ullidtz(1999)提出式(8-29)的经验模型，利用该模型可以根据简单的塑性参数计算累积塑性变形。

$$\xi_p = a \times \left\{\frac{N}{10^6} \times \left[\frac{\delta_v}{b} \times \left(\frac{E}{c}\right)^{\alpha}\right]^{\beta}\right\}^{\gamma} \tag{8-29}$$

式中：　δ_v——层顶的竖向压应力；

E——材料的弹性模量；

$a,b,c,\alpha,\beta,\gamma$——系数。

4. 以统计回归分析为基础的砂砾石基层永久变形

同济大学根据对典型路面结构粒料基层路面永久变形量的分析，采用数学统计回归方法建立了粒料永久变形量与主要路面设计参数的回归方法，并建立了粒料永久变形量与主要路面设计参数（当量轴载作用次数 N，路面厚度 h_1，模量 E_1，基层厚度 h_2，模量 E_2，土基模量 E_0）之间的经验回归关系，其式如下：

$$\delta = 539.397N^{0.28401}h_1^{-1.28861}E_1^{-0.21178}h_2^{0.61133}E_2^{-1.17655}E_0^{-0.01992} \tag{8-30}$$

同时，该研究发现，柔性路面的粒料层永久变形量可达到半刚性基层沥青路面的 2.57 倍，车辆轴载是影响粒料基层永久变形的主要因素。为避免粒料基层产生过量的永久变形，因此要限制重载和超载车辆。

第六节　砂砾石结构层的压实特性及控制标准

一、压实影响因素

砂砾石的压实效果往往和颗粒组成、粒料含量、细料性质、压实功能、压实方法等因素有关。反映压实效果的特性指标多采用干密度（压实度、相对压实度也是以干密度为基础），密度愈大，则孔隙愈小，土体愈密实，说明压实效果愈好。

1. 压实功能和干密度的关系

当压实功能较小时，随压实功能的增大，干密度迅速增大，但当压实功能增至某值以后，干密度的增长率减小，压实效果降低。其原因是，当土体颗粒受外力作用之后，内部应力发生变化，失去原来的平衡状态，颗粒之间为克服摩阻力，彼此移动，互相填充，出现新的排列，从而使孔隙减小，密度增大；施加的外力愈大，促使颗粒移动、充填的能量愈大，土体愈趋密实；当土体密实至一定程度之后，颗粒间的孔隙甚小，即使增大压实功能，颗粒再要移动、充填也是相当不易的，则干密度的增长率降低，这时再增大压实功能，必然是不经济的。

2. 压实方法对干密度的影响

砂砾石混合料由于受外力的作用，为克服颗粒间的摩擦阻力，颗粒互相填充而变得密实。压实方法不同，施加于土体上的作用力的大小以及作用原理不同，压实效果也不同。如采用夯实法时，土体承受的是冲击力；当采用平碾碾压时，土体承受的是碾的重力；当采用振动碾时，土体不但承受碾的重力，还要承受振动力。实践证明，对于砂砾石混合料，振动法压实效果最好，而且工效较高。在土石坝施工、道路工程等应用中，重型振动碾被广为应用。

3. 含水率对干密度的影响

(1)含有黏粒的砂砾石。

在同一击实方法相击实功能下，干密度与含水率之间呈抛物线形的变化规律，即当含水率低时，压实干密度随含水率的增加而增大；当含水率增至某值时，压实干密度达到最大值，再进一步增大含水率，压实干密度反而随含水率的增大而减小。一般称这个干密度的最大值为最大干密度，其对应的含水率为最佳含水率。干密度与含水率这一关系的形成原因为：

①当混合料的含水率较小时，混合料中的水与颗粒表面的电荷强力作用，成为吸附牢固的强结合水，颗粒间通过强结合水连接在一起，颗粒在外力作用下只有克服其间很大的黏滞阻力

才可能发生位移，即若要得到较大干密度，则击实功必要增大，因而在击实功一定的情况下，干密度值较小。

②随着混合料含水率的增大，颗粒表面的水膜增厚，颗粒之间表层电荷力减弱，颗粒之间发生位移所需克服的摩擦力明显减小，增加的水量犹如滑润剂的作用，因此在相等外力做功的条件下，颗粒镶嵌比较顺利，干密度值有较快的提高。

③随着干密度值的增大，颗粒排列更加密集，孔隙通道变细，使孔隙中的气体排出愈来愈困难，同时，土体对仪器侧壁的正应力增大，加大了土体侧壁的摩擦力。另外，随着含水率的增大，混合料的饱和度增大，孔隙水压力增高，由此降低了干密度递增速率，曲线变得平缓，出现缓慢增长的势头，当含水率达到最佳含水率时，增长势头达到最大干密度值。

④当含水率超过最佳值时，孔隙中水的体积增加，饱和度增大，孔隙水压力抵消了相当一部分外力，而且一部分排气通道被孔隙水堵塞成封闭气体，封闭气体在外力作用下体积收缩，外力消失后又恢复到原体积，由此消耗了一部分击实功，加上土体侧壁摩擦力的存在，使引起颗粒位移的有效功进一步减小，从而造成干密度值下降。

(2)不含黏粒的砂砾石。

含水率也是影响粗粒土压实效果的因素之一。对于不含黏粒的砂砾石，当含水率为零时，干密度值较大，稍增大含水率，干密度反而减小，直至出现干密度值最小的谷点；但在此点之后，干密度值又随着含水率的增大而增大。曲线出现双峰值，这是无黏性砂砾土独有的特征。其原因主要是无黏性砂砾土颗粒较粗，且颗粒间黏结力趋于零，当含水率很小时，在外力作用下大小颗粒之间易于相互充填，形成较高的密度；当稍增加含水率后，在颗粒表面形成了一层薄膜水，增大了分子引力，颗粒间形成似黏结力，在外力的作用下，颗粒移动不但要克服摩阻力，还要克服由水分子形成的似黏结力，因而不易压实，干密度较小；以后随着含水率的增大，水膜增厚，水分子引力逐渐减小，以致消失，同时还在颗粒间起润滑作用，减小了摩阻力，颗粒在外力作用下易于移动和相互填充，可达到较高的密度值。

4.级配对最大干密度的影响

砂砾石材料颗粒组成不同时，性能差别很大。反映在颗粒级配上，一种为连续级配，一种为缺乏中间粒径的不连续级配。前者表现在颗粒组成积分曲线上比较连续，颗粒组成微分曲线呈单峰形；后者反映在颗粒组成积分曲线上会出现平缓段，在微分曲线上呈多峰形。分析认为，多峰形的出现，标志着这类粒料材料颗粒组成的不连续性，谷点明显地将粒料材料分为粗、细两部分，把大于谷点粒径的颗粒称为粗料，小于谷点粒径的颗粒称为细料，谷点粒径为粗、细料的区分粒径。许多资料也都证明，这类分界粒径通常在1～5mm处，以2mm较多。另外，许多资料分析统计结果表明，无论是缺乏中间粒径的粒料，还是连续级配的粒料，它们的颗粒组成中，d=2～5mm颗粒的含量一般都比较少。所以，在我国，习惯用固定粒径5mm作为分界粒径，即将小于5mm的颗粒称为细料，大于5mm的颗粒称为粗料，含量用P_5表示。一般认为，粗料形成骨架，细料填充孔隙，填充愈好，土体密度愈大，抗剪强度愈高，沉陷变形愈小。也就是说，颗粒组成是决定砂砾石材料工程特性的主要因素。

图8-14和图8-15分别为最大干密度、最佳含水率与砂砾石级配及含量的关系。由测试结果可知：无论哪一种级配的混合料，最大干密度都是随着砂砾石含量的增加而先增加后减小的；而最佳含水率则随着砂砾石含量的增加而减少。这主要是由于砂砾石颗粒的密度较大，而其自身又致密、坚硬、不易吸水的缘故。

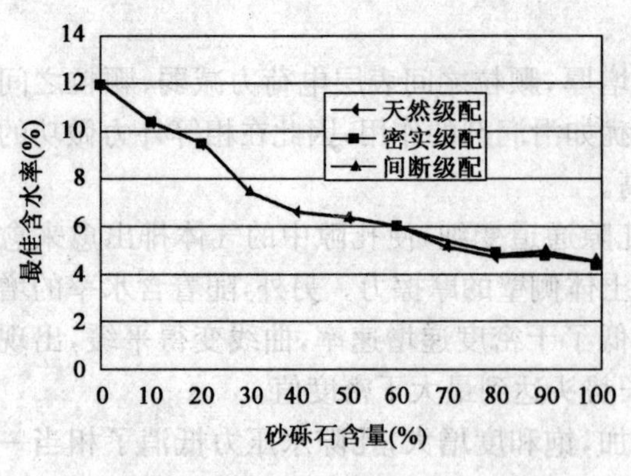

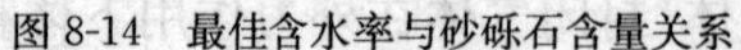
图 8-14　最佳含水率与砂砾石含量关系

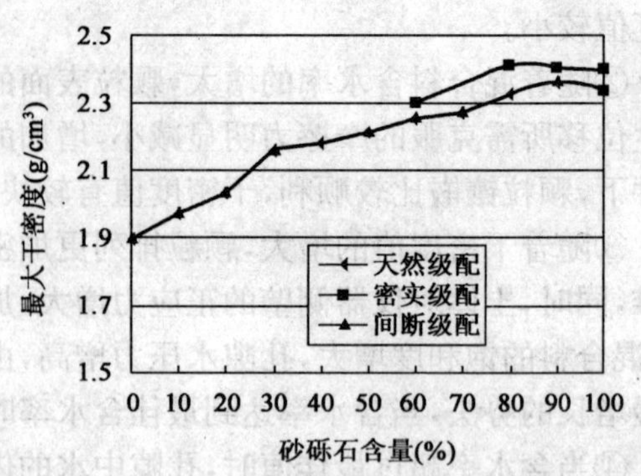

图 8-15　最大干密度与砂砾石含量关系

尽管粒料材料的产地、矿物成分、颗粒性质、颗粒组成不同，但干密度随粗料含量的变化有共同的规律，即当 $P_5=0$ 时，随细料性质的不同，密度大小不同；当土体粗料增加时，因粗料颗粒大，相应颗粒个数少，可代替同质量的、比表面积大的多个细料，势必形成单位体积土质量增大，这就是干密度随粗料含量增大而增大的原因。从微观来看，在 $P_5\leqslant30\%$范围内，细料占绝大多数，粗料颗粒被细料所包裹，干密度仍决定于细料，粗料只起影响作用，故在此范围内，密度增长率较小。当 $P_5\geqslant30\%$以后，粗料开始起骨架作用，在细料、粗料彼此填充的联合作用下，干密度增长较快。当 P_5 为 70%左右时，粗料形成完整骨架，细料又能填满孔隙，干密度值最大。$P_5>70\%$以后，由于细料含量减少，填不满粗料的孔隙，故粗料起主要作用，细料只起影响作用，出现干密度随粗料含量的增大而减小的现象。

图 8-16 为中国水利水电研究院土木工程研究所王昆耀等的研究成果。研究表明：最大干密度在 P_5 为 65%左右最大。当砂砾石含量小于最佳含量时，随着砂砾石含量的增多，粗颗粒由悬浮在细粒中到逐渐形成稳定的骨架；当砂砾石含量超过最佳含量后，最大干密度减小，说明砂砾石颗粒虽然形成了骨架，但细小颗粒并未完全填充砂砾石颗粒之间的孔隙。

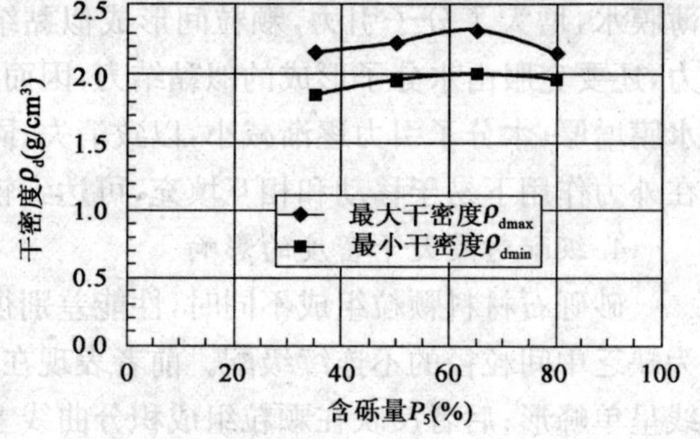

图 8-16　干密度与含砾量关系

二、压实标准

路基压实度的评定是路基施工过程中的重要工作，其评定方法的选择关系到评定结果的可靠性。大粒径砂砾石与细粒土在颗粒组成和压实性方面有很大的不同，不能用简单的 $k=\gamma/\gamma_0$ 来评价土的压实度。由于室内试验设备的局限性，施工现场填土的颗粒粒径大于标准试验所用的土样的颗粒粒径可能很多，填土中含有超粒径的颗粒是很正常的。含有超粒径的砂砾石材料可能处于不同的物理状态，在评定时宜选用合适的密实度指标和方法进行压实度计算。

世界各国、各地区采用的方法都不尽相同，其各自的方法或措施各有优缺点，主要有直接方法和间接方法两种。

1. 直接压实控制指标

(1)干密度。

当压实标准为干密度时，衡量压实质量的关系式为：

$$\rho_d \geqslant \rho_{d0} \tag{8-31}$$

只要压实后实测的干密度值 ρ_d 大于或等于设计要求压实质量控制的干密度标准 ρ_{d0}，则为合格。

(2)相对压实度。

$$\frac{\rho_{dmax}(\rho_d-\rho_{dmin})}{\rho_d(\rho_{dmax}-\rho_{dmin})} \geqslant D_r \tag{8-32}$$

或：

$$\rho_d/\rho_{dmax} \geqslant P \tag{8-33}$$

式中：D_r、P——分别为压实质量标准要求的压实度和压实值；

ρ_{dmax}、ρ_{dmin}——分别为同一土样的最大和最小干密度。

(3)孔隙率。

当压实标准采用孔隙率时，衡量压实质量标准需满足：

$$\frac{V_v}{V} \leqslant n \tag{8-34}$$

式中：n——压实质量要求的孔隙率；

V_v——孔隙体积(包括孔隙气体积和孔隙水体积)；

V——土体中的体积。

2.间接法

(1)用压实参数作为压实质量控制标准。依据经验，在规定的压实机械(规格、型号、碾重、振动频率和行驶速度等)条件下，用一定的填筑层厚度、碾压遍数等压实参数进行压实则合格。

(2)压实计间接质量控制法。压实计由加速度计、数据处理装置和指示表等组成。将加速度计装在振动碾轴上，数据处理装置和指示表装在驾驶室。碾压遍数不同，则土体的紧密程度不同，测得的波形也不同。碾一遍时，土体比较疏松，可以近似地视为松软的弹性体，振动碾压在土上做垂直方向振动时，受到的反作用力小，测得的波形基本上为正弦波。随着碾压遍数的增加，土体逐渐压实，密度、强度、弹性模量等参数相应增加，对振动碾的反作用力增大，使加速度波形发生畸变，波形畸变的程度与土体压实程度之间存在一定关系，由此可了解压实程度。目前多将压实计作为堆石、砂砾料等粗粒土压实质量控制的辅助手段。根据压实标准要求，将预置开关预置到某一数值，当压实计读数等于或大于此数值时，指示灯亮，提醒驾驶员压实已满足要求，若指示灯未亮则说明尚需继续碾压。另外，也可根据压实计读数和密度关系，获得压实密度，判别压实质量是否满足要求。

(3)表面沉降量控制法。当填筑的粗粒料铺平后，在表面设置 10～20 个测点，涂上油漆做好有色标志，用水准仪测定各点高程，经碾压密实后，再测定碾后各点高程，计算沉降量的平均值与铺土厚度之比，求得沉降率，根据沉降量或沉降率判断压实后的密实程度。

至于定量判别标准，L·福斯布拉德提到如下两种，值得应用中参考：

①一般认为，当沉降率达 4%～5%时，是充分压实的标准；

②规定振动碾压实时，最后两遍压实的沉降量小于 10mm，则认为达到压实标准。

另外，还可利用准备好的沉降量与密度关系曲线，由测得的沉降量，获得粗粒土压实的密度，判别其是否满足要求。

(4)用面波密度仪测定粗粒土密度的方法。面波密度仪是以表面波理论为依据，采用电子技术的仪器，它由控制检测装置、发射激振器、接收传感器等部分组成。

利用面波仪测定粗粒土压实后的密度时，将发射激振器及接收传感器安装在粗粒土填筑层的表面，为使激振器、传感器与检测的粗粒土表面有良好的接触，在有凹凸处用细砂或土填平，根据粗粒土材料的颗粒粒径大小和填筑厚度选择检测仪器发射频率、检测水平安装距离(L)和采样次数(T)。

(5)测定粗粒土密度的附加质量法。附加质量法是依据单自由度体系的振动理论，将压实粗粒料(包括地基土)等效为“质量弹簧系统”，利用“附加质量”，根据不同体系的振动频率，求得地基土的参振质量，由地层纵波传播速度与参振体积的关系，求得参振体积，有了测点的质量和体积，便可得测点土体的密度。根据使用情况表明，附加质量法不仅不会破坏土体，而且参与体积大，能较好地反映大粒径填石料的压实状况，是一种理想的测定粗粒土压实密度的好方法。

(6)静荷载模量法。在测点放置一块钢板，施加静荷载测得压实后粗粒土的变形模量，以此模量为依据，在原先测定好的变形量与干密度关系曲线上求得粗粒土的压实干密度，从而判别填筑是否满足要求。

(7)动弹性模量法。利用锤击法(或振动碾压上装设的加速度计测得的读数)求得压实后粗粒土的动弹性模量，在原先测定好的动弹性模量和干密度关系曲线上查得压实粗粒料干密度值，从而判别压实是否满足要求。

(8)压实遍数法。先根据规定的碾压机械和参数，进行一系列试验，得到压实遍数和干密度关系曲线。实际压实时，根据碾压遍数，便可查得干密度，也就是用压实遍数控制压实标准，亦能获得干密度指标。

第七节　砂砾石基层材料的技术要求及施工技术

一、砂砾石基层材料的技术性能要求

1. 基本技术性能要求

大部分砂砾石就单个颗粒来说，强度大，不易压碎。但对于个别砂砾石，如颗粒属于扁长形的，则极易压断，特别是当这种颗粒在混合料中的排列属于长轴与作用力垂直时，则更易压断。压断后的颗粒要产生变位，使上部分的混合料处于一种不稳定状态。因此，对于混合料中扁长形的砂砾石应予以剔除，或者控制扁长形颗粒所占百分率在一定的范围。级配砂砾石在道路工程中应用时，其技术指标要求如表 8-10 所示。

2. 级配组成

用级配砂砾石作基层时，砾石最大粒径不应超过 37.5mm，用作底基层时，砾石最大粒径不应超过 53mm。砂砾石颗粒粒径过大时，存在的主要问题是难以压密实，使混合料中存在较大的孔隙率，特别是大粒径颗粒的底部周围较细一级的砂砾石颗粒难以压密实。在车辆荷载的作用下，此处容易出现颗粒移动位置的现象，导致基层沉陷，面层跟着出现沉陷。另外，在有较大粒径的颗粒附近，如有渗透水的作用，细小颗粒因缺乏必要的密实、嵌挤作用，容易出现流动现象。因此，对于超粒径部分的颗粒，应予以剔除。

砂砾石中小于 0.075mm 的黏粉颗粒对砂砾石的性能也有很大的影响。以密实原理组成的混合料，其最大干密度、压缩模量及三轴试验所得的剪切模量均要比以天然级配组成的混合

料最大干密度大。从这一方面来讲，以密实原理组成的砂砾石混合料性能要好于天然级配组成的砂砾石混合料。但这仅限于雨水量少、冰冻不是很明显的地区。由前面天然级配砂料混合料、密实级配砂砾石混合料的水稳定性试验可知，在其他粒径组大致相同的情况下，小于0.075mm部分的细小颗粒含量对于混合料的膨胀性有较大影响。该部分含量越大，膨胀量越大。在分析冰冻机理的基础上也可知，小于 0.075mm 部分的砂砾石越多，冰冻现象越明显，破坏性也就越大。

砂砾石技术指标要求 表 8-10

技术指标		控制要求	
洛杉矶磨耗值	不大于(%)	40	
石料压碎值	路面结构层	基层	底基层
	高速公路和一级公路	—	不大于 30%
	二级公路	不大于 30%	不大于 35%
	二级以下公路	不大于 35%	不大于 40%
石料磨光值	不小于	40	
石料冲击值	不小于(%)	25	
视密度	不小于(t/m^3)	2.45	
吸水率	不大于(%)	3	
细长扁平颗粒含量	不大于(%)	20	
<0.075mm 颗粒含量(水洗法)	不大于(%)	1	
软石含量	不大于(%)	5	
破碎砾石的破碎面积	不小于(%)	40	

国内外对砂砾石在道路工程应用中的级配要求如下。

(1)国外相关要求。

美国和南非对未稳定类基层材料的级配要求见表 8-11。

未稳定类基层材料的级配要求(美国四州和南非) 表 8-11

筛孔尺寸(mm)	通过百分率(%)								
	California2 类		Minnesota		Texas 柔性基层 1类 A 型	Washington State		South Africa/CSRA	
	37.5mm	19.0mm	6 类	5 类		CSTC	CSBC	公称尺寸 37.5mm	公称尺寸 26.5mm
50.0	100								
45.0					100			100	100
37.5	90～100								
31.5							100		
26.5								84～94	100
25.0		100	100	100					
22.4					65～90				
19.0	50～85	90～100	90～100	90～100		100		71～84	85～95

续上表

筛孔尺寸(mm)	通过百分率(%)								
	California2 类		Minnesota		Texas 柔性基层 1 类 A 型	Washington State		South Africa/CSRA	
	37.5mm	19.0mm	6 类	5 类		CSTC	CSBC	公称尺寸 37.5mm	公称尺寸 26.5mm
16.0							50～80		
13.2								59～75	71～84
9.50			50～85	50～90	50～70				
6.30						55～75	30～50		
4.75	25～45	35～60	35～70	35～80	35～55			36～53	42～60
2.00			20～55	20～65				23～40	27～45
0.600	10～25	10～30							
0.425			10～30	10～35	15～30	8～24	3～18	11～24	13～27
0.075	2～9	2～9	3～7	3～10		10.0(max)	7.5(max)	4～12	5～12

美国 South Dakota 州要求各种材料的基层和垫层的级配满足表 8-12 的要求。

美国 South Dakota 州部分规范指标 表 8-12

筛孔尺寸(mm)	通过百分率(%)					
	底基层	砂砾垫层	集料基层	石灰石		砂砾面层
				基层	砂砾垫层	
50.0	100					
25.0	70～100		100	100		
19.0		100	80～100	80～100	100	100
12.5			68～91	68～90		
4.75	30～70	50～75	46～70	42～70	56～70	50～78
2.36	22～62	38～64	34～58	29～53	29～53	37～67
0.425	10～35	15～35	13～35	10～28	10～28	13～35
0.075	0.0～15.0	3.0～12.0	3.0～12.0	3.0～12.0	3.0～12.0	4.0～15.0

美国 Louisiana 州的基层集料有砂砾石(砂、土、硅质砾石和石或回收的水泥混凝土的混合物,通过 0.425mm 筛孔的材料要求液限最大为 35,塑性指数最大为 12)、贝壳(可以是贝壳矿或者蛤壳和贝壳矿的混合物,但是蛤壳占的比重不得大于 70%,这种材料中不能有超过 5%的杂质)、砂—贝壳(体积比分别为 65%的贝壳和 35%的砂,砂必须为硅质材料,液限不得大于 25,塑性指数不得大于 6,其中的有机杂质不得超过 4%,)、石料(通过 0.425mm 筛的部分液限不得大于 25,塑性指数应小于 4)、回收的水泥混凝土以及轧制的矿渣(通过 0.425mm 筛的部分为非塑性的)6 种集料,其级配要求见表 8-13。

日本道路公团对于基层和底基层的规定必须符合表 8-15 的级配范围。设计要领还指出:粒料基层混合料的级配中,若通过 0.075mm 筛孔量多,则遇水会软化,寒冷期又会引起冻胀,所以,对通过 0.075mm 筛孔的细料要控制在可以压实及稳定的范围内,此种细料含量应尽可能少为好。

加拿大 Manitoba 省的砂砾基层级配要求见表 8-14。

美国 Louisiana 州基层用集料的级配要求 表 8-13

筛孔尺寸(mm)	通过百分率(%)			
	砂土砾石	砂—贝壳中的砂	碎石料	回收的水泥混凝土和轧制的矿渣
37.5	95～100		100	100
25			90～100	90～100
19			70～100	70～100
4.75	40～65	85～100	35～65	35～65
0.425	20～50	65～100	12～32	12～32
0.075	10～25	0～35	5～12	5～12

加拿大 Manitoba 砂砾基层规范(单位:%) 表 8-14

筛孔尺寸(mm)	通过百分率(%)				
	A类		B类	C类	
	砂砾	石灰石	砂砾或石灰石	砂砾	石灰石
37.5				100	
25				85～100	100
19	100	100	100		
16	80～100				
4.75	40～70	35～70	30～75	25～80	25～80
2	25～55		25～65		
0.425	15～30	10～30	15～35	15～40	
0.075	8～15	8～17	8～18	8～18	8～20

基层和底基层材料用配合比设计标准级配范围(日本道路公团) 表 8-15

筛孔尺寸(mm)	通过百分率(%)			
	底基层粒料	上基层		
		粒料	沥青稳定	
			I型	II型
50	100	100	100	100
40	90～100	80～100	95～100	95～100
30			70～100	70～100
20	55～100	55～100	55～90	55～100
10		38～80	30～70	30～100
5	30～70	28～60	17～55	17～100
2.5	20～55	18～47	10～42	10～100
0.6			5～28	5～40
0.4	5～30	5～23		
0.3			3～22	3～25
0.074	2～10	1～7	1～10	1～10

英国使用天然砾石及碎石作道路基层材料的标准级配范围见表 8-16。

力学性质稳定的天然砾石用作道路基层料的标准粒径分布范围(英国) 表 8-16

英国标准筛孔尺寸(mm)	通过百分率(%)			
	最大标准尺寸			
	37.5mm	20mm	10mm	5mm
37.5	100	—	—	—
20	80～100	100	—	—
10	55～80	80～100	100	—
5	40～60	50～75	80～100	100
2.36	30～50	35～60	50～80	80～100
1.18	—	—	40～65	50～80
0.6	15～30	15～35	—	30～60
0.3	—	—	20～40	20～45
0.075	5～15	5～15	10～25	10～25

各国所用级配砂砾的标准粒径分布范围大同小异。如最大粒径为 37.5mm 的粒径分布范围比较如表 8-17 所示。

最大粒径 37.5mm 级配砂砾基层标准粒径分布范围 表 8-17

筛孔尺寸(mm)	通过百分率(%)					
	美国①	英国②	加拿大③	日本④	南非	中国(砂砾)
37.5	100	100	100	100	100	100
31.5				80～100		90～100
26.5	80～100		85～100		84～94	
19.0	70～90	80～100		70～95	71～84	73～88
16.0						
13.2(12.5)	55～80			50～80	59～75	
9.5		55～80				49～69
4.75	35～60	40～60	25～80		36～53	29～54
2.36	25～50	30～50		20～55	23～40	17～37
1.18						
0.6	12～30	15～30				8～20
0.425			15～40		11～24	
0.3						
0.15						
0.075	5～10	5～15	8～18	2～10	4～12	0～7

注:①美国印第安纳州的密级配。

①英国天然砾石用作道路基层材料的标准级配。

②加拿大 Manitoba 砂砾基层规范 C 类。

③日本道路公团次高级沥青路面的基层材料级配范围。

表 8-17 中列出 5 个其他国家及我国基层粒料的粒径范围,从中可看出:①各国的级配中,

粗集料(大于4.75mm者)与细集料的比例差异不大,大致为4:6;②各种筛孔尺寸的粒径范围也差不多,其中值在$\left(\frac{d}{D}\right)^{0.45}$左右,甚至属密级配类型;③同其他国家比较,我国现行标准范围是合适的。

(2)国内相关要求。

级配砂砾用作基层和底基层时,集料的质量应符合《公路路面基层施工技术规范》(JTJ 034—2000)的要求:用作基层时,砾石的最大粒径不应超过37.5mm;用作底基层时,砾石的最大粒径不应超过53mm。建议级配砂砾基层的颗粒组成满足表8-18的要求。

推荐的级配砂砾基层的颗粒组成范围 表8-18

最大粒径(mm)	通过下列方孔筛(mm)的质量百分率(%)												
	37.5	31.5	26.5	19.0	16.0	13.2	9.5	4.75	2.36	1.18	0.6	0.3	0.15	0.075
37.5	100	88~100	79~93	68~84	61~80	54~76	46~69	30~54	18~40	12~29	8~20	5~16	2~13	0~10
31.5		100	88~100	72~92	65~88	58~85	50~78	31~59	17~44	12~31	8~22	6~17	4~14	2~10

用作底基层的砂砾、砂砾土或其他粒状材料的级配和材料质量,应符合《公路路面基层施工技术规范》(JTJ 034—2000)的要求。

二、施工技术

1.备料

首先进行料场场地硬化。进入料场的不同粒级的砂砾石,应按指定位置进行卸料堆放,不得混卸。对每批进场的砂砾石必须抽检其质量,质量不合要求者不得进场。

2.工艺流程图

砂砾石在道路基层、底基层施工的工艺流程图如图8-17所示。

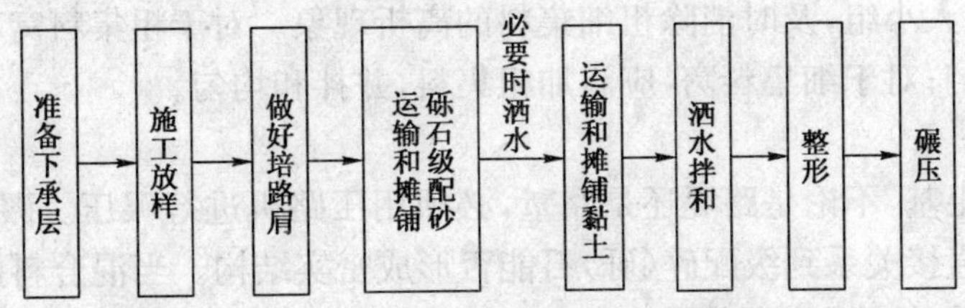

图8-17 级配砂砾石基层施工工艺流程图

(1)制作硬路肩。

为了保证砂砾基层边部的厚度和稳定,使路面边缘不产生纵向裂缝,应在铺装之前,培好路肩,如图8-18所示。这是施工前准备工作中最重要的一个环节,直接关系到两侧边缘的级配碎(砾)石能否碾压密实。这是因为,砂砾石属松散颗粒材料,压实时,易松散,难以成形。若在有边界约束的情况下,压实时,颗粒就不容易向外松散,压实也就较容易,也能产生更大的密实度。同时,为及时排掉多余的水分而又不使水渗入路基、降低路基强度,应每隔5m做一道泄水槽。

(2)拌和。

为了防止临时洒水拌和后水分不能吸入集料内部而出现含水率过大的假象,通常需要事先让水吸入饱和。施工时,可将0~13.2mm、4.75~26.5mm、9.5~37.5mm三级集料分别堆放的砂砾石,在拌和前一天用洒水车配合装载机喷水,并饱湿焖料12h左右,然后在第二天用稳定土拌和机按施工配合比进料拌和均匀。

(3)运输。

采用自卸汽车运至工地现场待铺。砂砾石混合料在装料中，拌和机的出料口距离车厢的高度应尽可能的小，且装料次序应按图 8-19 进行（如车辆载质量较小，可按一层装料，载质量较大时，可按二层装料）。

图 8-18 制作完的硬路肩图

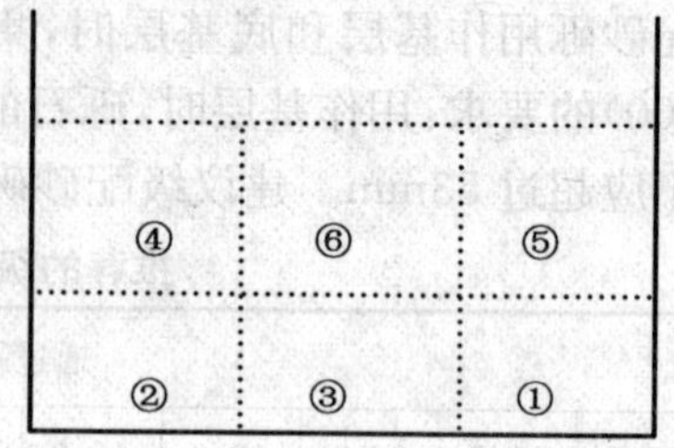

图 8-19 装料次序示意图

(4)摊铺。

运来的砂砾石混合料在倒在下承层之前，在下承层上应洒一点水，但不要太多。其主要作用是使砂砾石混合料与下承载层之间能较好地结合在一起。

采用摊铺机摊铺时，可选用沥青混凝土摊铺机、水泥混凝土摊铺机或专用的稳定土摊铺机进行摊铺，摊铺机最好装有双夯锤。碎石混合料运至摊铺机前时，应有专人指挥卸料。在摊铺机料仓中余半仓料时，运输车应及时缓慢接上仓，慢速将料卸入料仓，卸完后立即开走，以便下一车及时卸料。摊铺机后应设专人来消除粗细分离所造成的集料离析现象。

没有摊铺机时，可以用带有自动找平装置的平地机摊铺混合料。采用平地机摊铺时，首先，据摊铺层的厚度和要求达到的压实度，计算每车混合料的摊铺面积；将混合料均匀地卸在路幅中央，路幅宽时，也可将混合料卸成两行，然后用平地机将混合料按松铺厚度摊铺均匀。在平地机后设一个三人小组，及时消除粗细集料的离析现象。对于粗集料窝和粗集料带，应添加细集料，并拌和均匀；对于细集料窝，应添加粗集料，并拌和均匀。

(5)碾压。

对于下承层，即土基，不论是路堤还是路堑，必须用压路机进行碾压。碾压是级配碎（砾）石施工的关键环节，直接关系到级配碎（砾）石能否形成密实结构。当混合料摊铺完毕，含水率大于最佳含水率 1%左右时，可开始碾压。

压实时，宜采用吨位较大的振动压路机。因为振动压实时，振动产生的快速连续冲击力作用于土体表面，每冲击一次对土体产生一个压力波，使土体颗粒间的摩擦力减小，小颗粒易处于运动状态，彼此相互填充。再加上振动碾静压力的作用，可进一步促使颗粒的填充，使压实效果较好。若采用平碾、凸块碾、汽轮胎碾等碾压形式，则只产生静压力而没有振动压力。实际上，振动碾的压实是静重产生的静力和振动产生的压力波的动力联合作用，在土体内产生了压应力和剪应力的结果。

碾压施工应遵循“先轻后重，先弱后强，先慢后快，先边缘后中间”的原则，具体碾压施工应分为初压（静压）、复压（振压）和终压（静压）三道工序。初压时，可采用自重 180kN、激振力 350kN 的振动式压路机关闭振动装置进行碾压，静压 1～2 遍。复压时，可采用大于 180kN 的振动压路机进行振动碾压 4～5 遍，至压实面稳定、无明显的轮迹为止。终压时，采用压路机静压 1～2 遍，整平即可。

在压实过程中，如发现土过干、表层松散，则应适当洒水；如土过湿，发生“弹簧”现象，应采用开挖晾晒、换土，或掺加水泥、石灰等措施进行处理。

(6)接缝处理。

级配碎(砾)石的工作缝较水泥稳定碎石基层的接缝容易，即使重复碾压或者扰动也不会破坏前一天压实成型的混合料。通常可以将第一天施工完成的级配砾石接缝处的混合料，留2～3m不碾压。第二天洒水到最佳含水率后，和新摊铺的混合料一起重新拌和、整形，一起碾压。

(7)养生。

图8-20和图8-21分别为试验路级配砂砾基层顶面弯沉及模量随时间变化的关系，由图可以看出，砂砾基层刚施工完成时，强度较低，铺筑面层前应进行必要的养护，养护期限至少不低于15d，此时基层应完全封闭，必须禁止施工车辆通行，不能立即施工面层，以保护基层不受扰动或破坏。

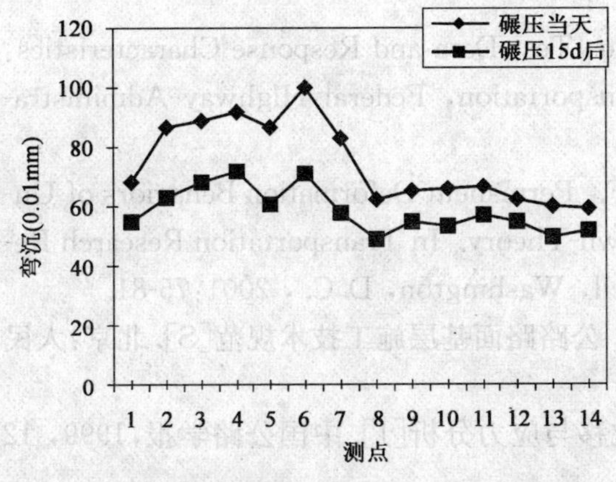

图8-20　级配砂砾基层顶弯沉随时间变化图

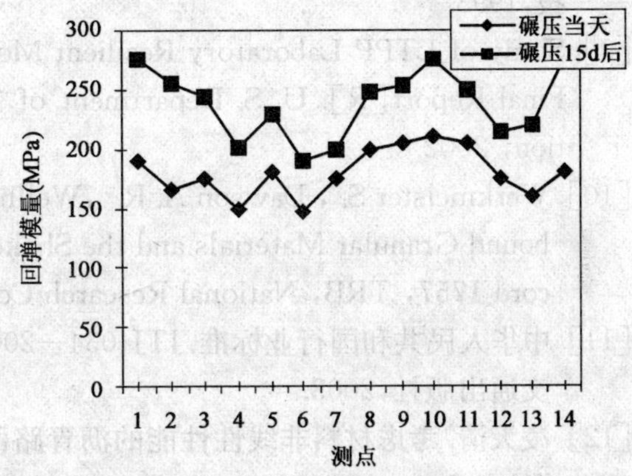

图8-21　级配砂砾基层顶回弹模量随时间变化图

养护宜采用湿草进行。将草均匀铺好后，应立即洒水，并在养护期间保持草的潮湿状态。也可以用洒水车经常洒水养生，每天洒水的次数视气候而定。由于砂砾石容易松散，养护时禁止任何车辆在基层表面行驶。

在有条件的地方，也可采用沥青乳液进行养生，沥青乳液的用量按0.8～1.5kg/cm^3(指沥青用量)选用，宜分两次喷洒。第一次喷洒沥青含量约为35%的慢裂沥青，使其能够稍透入基层表面。第二次可喷洒浓度较大的沥青乳液。

养生结束后，应先清扫基层，并立即喷洒透层沥青或黏层沥青。在喷洒透层沥青或黏层沥青后，宜在其上撒布5～10mm的小砾石，用量为前铺一层的60%～70%。

(8)注意事项。

在急弯、陡坡地段，不宜铺砂砾石基层。在急弯地段(一般指曲线半径小于25m)，在行车作用下，砂砾颗粒容易发生粗细离析现象；在陡坡地段(一般指纵坡坡度大于6%)，上坡车辆产生与牵引力方向相反的水平作用力(摩擦力与汽车重力分力等)，坡度越大，水平力也越大。砂砾石基层不能承受汽车的水平力作用。如汽车制动，面上颗粒就会发生扩散移动。特别是农用四轮车和手扶拖拉机行车速度慢，水平力作用时间长，车开过之后，新铺的砂砾石基层会像翻“泥鳅”似的遭到破坏。针对急弯、陡坡地段，应采用水泥或石灰稳定级配砂砾石，以增强基层混合料颗粒的抗离析作用。

本章参考文献

[1] Г. К. 克列因. 散体结构力学[M]. 陈大鹏，王荣鋆，徐文焕，等，译. 北京：人民铁道出版社，1962.

[2] 吴爱祥，孙业志. 散体动力学理论及其应用[M]. 北京：冶金工业出版社，2007.

[3] 石金良，刘麟德，等. 砂砾石地基工程地质[M]. 北京：水利水电出版社，1991.

[4] 郭庆国. 粗粒土的工程特性及应用[M]. 郑州：黄河水利出版社，1998.

[5] 陈宏伟. 粗粒土压实试验研究[D]. 西安：长安大学，2003.

[6] 梅迎军. 天然砂砾石基层承载能力研究[D]. 重庆：重庆交通大学，2003.

[7] 新疆交通科学研究所. 天然砂砾路用性能及施工控制技术研究[R]，2004.

[8] 刘开明，屈智炯，肖晓军. 粗粒土的工程特性及本构模型研究[J]. 成都科技大学学报，1993.

[9] Study of LTPP Laboratory Resilient Modulus Test Data and Response Characteristics：Final Report[R]. U. S. Department of Transportation，Federal Highway Administration，2002.

[10] Werkmeister S.，Dawson A. R. ，Wellner F.. Permanent Deformation Behaviors of Unbound Granular Materials and the Shakedown-Theory. In Transportation Research Record 1757，TRB，National Research Council，Washington，D. C.，2001：75-81.

[11] 中华人民共和国行业标准. JTJ 034—2000 公路路面基层施工技术规范[S]. 北京：人民交通出版社，2003.

[12] 凌天清. 考虑材料非线性性能的沥青路面位移与应力分析[J]. 中国公路学报，1999，12(1)：1-6.

[13] Lekarp F.，Isacsson U.，Dawson A.. State of art 2：Resilient response of unbounded aggregates[J]. Journal of Transportation Engineering，ASCE，126(l)，2000：76-83.